U0142827

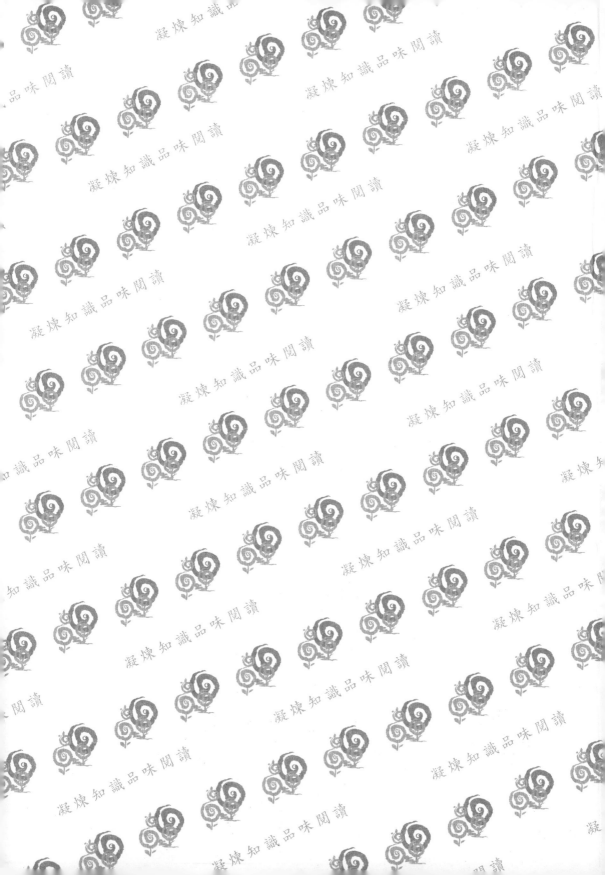

證券交易
法律風險探測

施茂林 編著

五南圖書出版公司 印行

目　錄

第六章　論內線交易之不法意圖——以樂陞公開收購案為例　王士豪　*231*

第七章　內線交易中視而不見的構成要件——論證券交易法第157條之1第5項「正當投資人」　李禮仲　*259*

第十四章　財務報告虛偽或隱匿之責任追究及舉證分配
王志誠 *487*

第十五章　財報不實之民事責任
林國全 *533*

第○章

導論
——證券交易法適用上爭議綜觀與回應

施茂林

壹、證券交易法實踐圖譜

貳、證券交易法之檢討

參、證券交易風險系列論壇

肆、學者專家之法律解讀與論述

伍、證券交易法適用上爭議之探究

陸、證券交易法律風險省思

壹、證券交易法實踐圖譜

　　為發展國民經濟，保障投資，乃制頒證券交易法，於民國57年4月30日經總統公布施行，先後於70年11月13日、72年5月11日、77年1月29日、86年5月7日、89年7月19日、90年11月14日、91年2月6日、91年6月12日、93年4月28日、94年5月18日、95年1月11日、95年5月30日、98年6月10日、99年1月13日、99年6月2日、99年11月24日、101年1月4日、102年6月5日、104年2月4日、104年7月1日、105年12月7日修正。從歷次修正之意旨，在在揭示法律有其不周延或不完備之處，乃予研修，俾使法律更加好用實用，但事實顯示，實際情況未達到修法意旨所期待目標，也彰顯證券交易法之立法有其特殊性。

　　證券交易法立法目的在促進經濟發展，保障投資人權益，當然包括資金投入證券市場，活絡證券市場，建構完整資本市場，而為規範約制證券交易市場，必有法律責任之設，以供企業經營者、投資者利於遵循，企業界能知悉法律分際。但多年來施行結果，涉及違反證券交易法之民事、刑事及行政訴訟案件日益增多，延伸法律適用爭議也日漸增加，不僅檢察機關、法院法律見解不一，律師也認為證券交易法存在很多法律問題，主管機關也有其看法，造成法律爭議層出不窮。學者專家經常評析法律規定體例紊亂，法規規範不嚴謹，構成要件不明確，刑罰價值不合理等，工商企業界也頻頻為困擾，一經查辦刑事犯罪行為，常歷經多年時間，是以各界對證券交易法有相當多歧見，顯示證券交易法存有相當多之法律問題，需作調整與修正。

　　違反法律規定，即有法律責任，包括民事責任、刑事責任及行政責任，此三種責任各有其體系，並有其理論基礎，而刑事責任之處罰基於刑法謙抑思想，一般係最後不得已之手段，因之，以民事責任規範原不必動用刑罰制裁，但國內長期迷漫刑罰萬能理論，常認民事制裁功能

不彰，緩不濟急，乃走向刑罰途徑，更加重刑責以遏止犯罪，此在財經法律尤爲明確。對照證券交易法之犯罪條文加多，刑度加重，然行之多年，重刑化處罰是否發揮原定目的功能，眾人週知其實有限。而在司法實務上，套用加德納Howard Gardner多元智能論，無論學界、司法界、律師界都有不同類型之解讀，對各刑罰規範分別有其灼見，司法上遇到具體案件，更有其不同思維與抉擇，使刑事處罰條文之適用產生歧異性，凸顯重刑化之思路是否的論，值得反思。

依據法務部統計處編印104年法務統計年報，全國地方法院檢察署新收案件，99年爲1,899,851件、100年爲1,917,535件、101年爲1,879,003件、102年1,847,528件、103年爲1,973,300件、104年爲2,012,754件，有逐年增加之趨勢。其中違反證券交易法案件，99年共123件、100年共73件、101年爲165件、102年爲197件、103年爲59件、104年爲287件。兩相對照，違反證券交易法所占比例不高，但因涉嫌人多數爲上市、上櫃公司董事長、總經理或重要經營群幹部，每次檢調啓動偵查機制時，眾方矚目，引發諸多連鎖效應。

上開違反證券交易法在偵查時，常大量曝光，新聞報導案件如同滾雪球擴大，社會喧騰一時，但常在人們記憶淡忘時，判處無罪收場，令許多人感嘆費力諸多，無疾而終。例如一位上市A公司副董事長等人12年前買入上市公司股權主控經營權，先後向甲掌控公司購買電子器材製造假買賣，而以假交易，眞掏空方式掏空公司近7億元，在高院更二審中，判處副董事長、投資長、營運長等9年至7年2月不等徒刑；更三審認爲檢察官舉證不足以證明彼等有掏空、背信等行爲，判決無罪。此判決無罪之案件，究係檢調偵查無方、搜證不全、事實不明、證據不足抑或係法院審理有誤、見解或法律規範不明、要件不全，實有探究之必要。

按刑法乃國家對於犯罪者，以剝奪法益爲手段，所加之公法上之刑罰制裁，以防衛社會，昭示公義價值。一般認爲刑法並非治安之萬靈

丹，更非萬能，而需基於理性考量，方採取不得已之最後手段，因之，現代刑法思想體系，由刑法謙抑之基本思維出發，展開刑法保障機制，保護機能及規律機能，其中強調手段目的之衡平性，堅守罪刑法定主義，重視構成要件與法律效果明確性原則；避免發生國家隨意剝奪人民權利之濫權情事。證券交易法中有諸多刑罰規範，自應注意構成要件明確性，維護法律安定性。

衡諸司法實務，證券交易法之規範是否明晰？構成要件是否明確？有無齟齬不合之標準？司法人員偵審時是否具體明確可適用？是否對同一法條為不同解釋？是否有歧異不定之見解？均影響法律之明確性原則，嚴重打擊人民對司法之信賴，再者，證券交易法構成要件不明確，而將責任一昧歸咎司法機關，有失公允，是以立法者包括主管機關，應負起責任，明確規範犯罪行為並清楚地揭示於構成要件，使企業、投資人、司法人員得以遵循並確切執行。

法院判決被告罪刑，都有其事實認定與採用之證據，可說有憑有據，但被告及部分投資者未必認可，常提出強烈質疑，甚且認為法院不懂證券交易之實情。茲以違反證券交易法第155條第1項第4款操縱股價而言，舉二案例說明。案例一：判決被告操縱股價犯行，認為證券投資人是價格之接受者而非價格之制定者，個別投資人或集團投資人如以其個別之力抬高、壓低或維持股價，都是「操縱股價」，但常在證券市場買賣股票者指出，為買到一定數量之股票來攤平成本，需以最優之價格委託買進，更何況委託價並不一定等於成交價，此為市場慣用之買賣方式，法院以狹隘角度認此係操縱股價，與市場常規有違，否則以「穿價」、「漲停板價」、「跌停板價」委託買賣股票，有構成犯罪之嫌。又案例二被告於96年10月1日10時以25至25.5元買入K公司股票380張，後2小時無買賣股票，至12時50分K股票已跌停板並被鎖死，尚有405張掛單未賣出，被告於12時55分以漲停板26.2元委託買入150張，成交價為跌停價25.9元，13時再以跌停價25.9元委託買進120張，成交價亦

為25.9元，共98張，餘未成交，法院以被告當時成交價僅為25.9元，並無漲勢強勁或買盤強勁情況下，再於13時10分、14分、18分持續以漲停價委託買進50張、30張、60張，分別以25.8元、25.7元、26元各成交30張、22張及43張，致成交價由24元上漲至26元，遠高於收盤價25.7元，判決被告操縱股價罪刑，投資人認為買賣股票並無違法性，綜合K股短短七個營業日股價下跌5.2元，何來連續高價買進影響股價上漲，再者被告上開交易日並未連續買進，又無大量拉尾盤以影響股價，亦無連續多日讓股價跌停板，而發生讓投資人賣不掉股票之情況，談不上有強勢買盤之事，強烈質疑法院判斷有問題。

違反證券交易法之行為人，對其行為有權利作有利之辯解，但不容諱言，市場買賣股票之行為有其投資之思路、下手交易模式、買賣之不同方法等，則投資人之考量可能與整體市場之走勢、變動相近而如其算計，亦有可能誤判而失利，甚且眾多投資人下手交易，在電腦撮合下，投資人及證交所事實上難以左右或控制，在五檔交易下，如何認定有操縱行為，當非易事，不論主管機關或司法機關在具體案件上，除需有證券交易之專業知能外，尤須瞭解當時整體市場之變化狀況，深入勾稽比對，釐出事實真相，方能掀出真正操縱者，而繩之以法，否則可能與規範目的有違。

2016年間發生一件坑殺散戶之大案，董事長被求刑30年，為財經案件所罕見，引發社會高度關注，專家分析主事者自導自演以假公開收購方式，透過層層吃貨拉抬股價，再出貨演出坑殺散戶的三部曲，從頭騙到尾，首先用人頭假私募、用低價吃下可轉債接著找內線交易高手護盤，釋放利多利空消息，吸引投資戶入殼，然後藉惡意併購騙局，高價出脫，不法獲利40億元。分析其歷程，散戶顯然缺乏敏銳度與風險意識，而行為人無視公權力存在，大肆遂行其不法獲利目的，主管機關竟渾然不覺，監理機制何在？最後不法者縱經判決有罪確定，但散戶求償無門，現有嚴峻的證券交易法又何用？主管機關監理無力，投資者難期

自公開市場得到法律保障，不知公權力何在？

　　近年來，工商企業活動發達，公司規模日益擴大，爲走向國際市場，工商企業如何取得中長期資金，並健全發展資本市場，已爲經營公司之重要課題，也有諸多企業從證券交易市場集資，取得資金，積累財務實力。而有心投資證券者，亦經由證券交易市場投資股票，得到相當股利報酬，逐漸使證券集中交易市場，在國民經濟中占有極重要的地位。爲使上市櫃公司及公開發行公司之營運上軌道，防制公司負責人與經理人等有不法行爲，並保護投資大眾，證券交易法規定如何完備健全？如何寬嚴適中？如何落實？如何防弊等需有明確規範，但不能因噎廢食，過度干預企業經營，亦需注意，避免證券交易過於嚴峻，執法不當，反造成企業經營發展障礙，因此有關證券交易法之疏漏不周密等，應予修正，使之具體明確，俾投資人、企業界及司法機關易於瞭解與適用。

貳、證券交易法之檢討

　　民主政治本於法治原則，以法律規範作爲國家、公務員及人民遵循之規則，人民之權利與自由繫於完備之法律與政府之嚴守遵循，任何法律依其立法目的，作體系規定，要求系統分明、體例齊備，架構完整，規範清楚及法文明確，並需注意法律龐雜必造成適用之困擾，在內容規範應明晰正確，具體可行，避免空泛、嚴苛、多義、難解等現象，利於法院裁判之審判與依循，而證券交易法涉及層面廣，攸關企業經營以及資本市場之健全，尤需合於上述法典理念之精神。

　　按刑事處罰係國家對行爲人採取之最後手段，如有其他民事、行政責任，非有必要，基於刑法謙抑原則，不予刑事制裁，而且基於人權保障，採取嚴格罪刑法定主義，在規範刑度時，有其刑罰價值體系，輕重嚴明，位階清楚，論處被告，並應注意罪刑相當原則、比例原則及公平

原則，務其罪當其罰，罰當其刑。

　　證券交易法在體例上分爲總則、有價證券之募集、發行、私募及買賣、證券商、證券商同業公會、證券交易所、仲裁、罰則及附則等章，層次分明。惟有關證券商、證券商同業公會、證券交易所等證券交易行爲之處理、運作、管理及組織，是否獨立專法規範或與其他有價證券等交易、運作等同列爲專法，有深入研議之必要。又總則章內涵括立法目的、法律適用、主管機關、名詞解釋、內控制度、獨立董事、審計委員會、薪酬委員會、證券業務、證券商、證券金融事業之核准、有價證券管理、財務報告文件虛僞隱匿民事責任、時效、國際合作等，可謂包山包海，與一般總則規定大相徑庭，實需依其性質，分別納容成不同章節，保持總則一般之規範特色，如獨立董事、審計委員會、薪酬委員會成一專章，證券商部分納入本法證券商章，又民事責任與第174條之1，宜在同一章節。

　　證券交易法係在規範股票等有價證券之交易行爲以及公開發行公司負責人、受僱人執行公司業務之行爲，與傳統刑法分則之犯罪觀念有所不同，有其特殊之涵義，審視各該刑事處罰之規定，採用許多財經活動之名詞或一般性用語，不若刑法分則各罪之用詞嚴謹，第155條所稱：「足以影響市場秩序」、「抬高或壓低市場價格」、「同爲購買或出售之相對行爲」、「高價買入」或「低價賣出」、「有影響市場價格或市場秩序之虞」、「連續委託買賣或申報買賣而相對成交」、「意圖影響交易價格」、「散布流言或不實資料」、「操縱行爲」等，其用語爲不確定概念，涵義不明確，觀念模糊亦不易確定，而且不易具體化呈現，似此大量採用不確定觀念，引起學者解釋之歧異，在司法實務上乃出現不同見解，爲數甚夥。又如第171條第1項規定之「使公司爲不利益之交易，且不合營業常規」，論者之解釋有出入，在具體案例上常發生各審認定不同現象；再者第174條第1項規定：「散布於眾」、第二項之「重大虛僞不實」、「錯誤」等亦產生解釋之爭議，觀測上述各該法條之犯

罪，刑度奇重，法文不宜空泛，應採明確內容，利於適用。

按刑法以處罰故意為原則，例外處罰過失犯，證券交易法第171條之刑事處罰，並未涉及過失犯之處罰，當均以故意犯為對象，然因法文之文義不明，其究係處罰故意犯或過失犯或二者均罰，令人生疑。如第174條第2項第2款有關之「錯誤」、「未盡善良查核責任」之規定，實難以解釋係出於故意，若謂係過失為之，是否合於本款規範原意，亦生疑竇。再者第2款末段所稱：「未依有關法規規定、一般公認審計準則查核，致未予敘明」，是否限於故意犯，仍有疑義。又本條第1項第3款規定：「發行人或其負責人、職員有第三十二條第一項之情事，而無同條第二項免責事由」，對照第32條第2項文字：「前項第一款至第三款之人，除發行人外，對於未經前項第四款之人簽證部分，如能證明已盡相當之注意，並有正當理由確信其主要內容無虛偽、隱匿情事或對於簽證之意見有正當理由確信其為真實者，免負賠償責任；前項第四款之人，如能證明已經合理調查，並有正當理由確信其簽證或意見為真實者，亦同。」有無將過失犯論列，亦有適用上之歧異。

本法刑事罰態樣諸多，原應依其性質與類型作不同之歸整，使各犯罪規範類別清楚，態樣明晰，然有諸多法條之內容包羅過廣，性質相差甚巨，不僅一般人不易窺其全貌，即使法律人若不精通證券交易法，亦不易解讀辨明，甚且執法主管機關或司法機關亦有誤解之事。此如第171條第1項第1款至第3款之規範之犯罪行為南轅北轍，又如第174條之規定常被解讀為財報虛偽不實之犯罪，但仔細研讀，涵括申請事項虛偽記載、公開說明書虛偽隱匿、提出帳冊資料虛偽記載、帳冊報表文件虛偽記載、調查前提出更正報告減免刑責、以報刊文書電影表示不實投資判斷、違法貸借作保背書及偽變造掩飾工作底稿文件等九類，面相甚廣，與一般所論財報不實不僅不一致，甚而其內容尚有與財報無關連之妨害調查、貸款保證以及減免刑責之制裁；再如同法條第2項之犯罪行為包含律師出具虛偽不實意見書、會計師重大虛偽不實報告意見或未予

敘明以及未經主管機關核准發行募集有價證券等三類型，其間顯然缺乏連通性，而其未經核准募集發行之處罰更與律師、會計師專業文書不實無涉，凡此俱見本法條須有扒梳整合之必要性。

刑罰乃國家對犯罪之人以剝奪法益之手段所加之刑事處罰，以申明非難、懲儆之旨，並申公義價值，其目的在導正犯罪者，防衛社會，預防再犯，透過保障機能、保護機能及保全社會與教育機能達到規範目標。而行為人之犯罪行為輕重不一，侵害法益程度有異，對犯罪行為依其類型而有不同之刑罰，構築一套嚴密之刑罰價值體系，此在刑法分則各犯罪行為之處罰刑度明顯呈現其輕重等級。觀之證券交易法之刑事處罰，為特別刑法（附屬刑法）之一，係國家為實現管理、督導證券交易秩序與紀律目的所設之特別處罰之規定，雖與固有之普通刑法有其差異性，但在刑罰制裁之刑度上，亦應呼應刑罰之價值規範，避免輕易失衡。

證券交易法採重刑化有關自由刑之有下列數類型：(1)七年以上有期徒刑、(2)三年以上，十年以下有期徒刑、(3)一年以上，七年以下有期徒刑、(4)七年以下有期徒刑、(5)五年以下有期徒刑、拘役、(6)三年以下有期徒刑、(7)二年以下有期徒刑、(8)一年以下有期徒刑等類。初看體例尚明，惟依各罪構成要件及涉及之事實，從司法實務上具體呈現之案例事實以觀，是否相當？能否合於罪當其罰，罰當其刑之情形，容有探討空間。若以同一法定刑之普通刑法案件與證券交易法之案情比較，尤令人有難以論辯之感。

按刑罰原有應報、強制、威嚇功能，商鞅乃曰：「禁姦止過，莫若重刑」「去姦之本，莫深於嚴刑」，韓非子亦云：「名主峭其法而嚴其刑」，證券交易法刑事制裁之規定，其法定刑極重，揆其立法意旨，乃在嚴刑重罰，禁制違反證券交易安全、秩序之行為。惟多年來違反證券交易法之案件日增，其屬重大違法犯罪之案件亦屢見不鮮，是以有識者對其是否發揮其刑罰之目的，頗有疑問，而在具體案件上，因法定刑

過重，涉案當事人均卯足全力提出有力事證或作法律上之辯駁，火力十足，爭取最好之結果。而且法院在構成要件模糊下，為防刑罰擴張有違罪刑明確原則，於審理時鑑於其刑度重，極為用心與嚴謹，在證據上之要求趨於嚴格，在法律適用上趨於限縮，法律適用亦有其一定見解，以致起訴案件常是無罪定讞，是從司法實務上之運作，法律過於嚴苛之刑度，反適得其反，清末沈家本曾謂：「大抵法太重則勢難行，定律轉同虛設」，值得深思。

晚近法律經濟學逐漸受到重視，學者試圖從經濟成本效益分析法律規範，也從經濟分析考量犯罪之追訴審判，採取刑事司法資源之有效分配，對輕罪者無須花費太多司法成本追訴，其為重大犯罪則不計成本強力追究打擊，以伸張刑事公義價值。就證券交易法之規範內容以觀，謂其為行政法範疇，反不如歸類為民商法範圍，而本法旨在促進經濟發展，保障投資，健全資本市場，對於違反證券交易秩序、紀律與安全之行為，為保護社會，投資者權益，當應有效制裁。然如從實務上觀察，諸多不合常規交易、特別背信、內線交易、操縱股價案件，從調查、偵查以迄審判及至確定常需三到五年，甚而更長，達不到制裁目的，其中原因多端，但刑度重，反不易定讞，顯不合經濟成本效益，因之立法上宜精算其效能最大化，採取適當刑度，以求速斷速決。

又資本市場之投資原容由投資客依其專業、所得資訊、個人經驗、主觀喜愛、市場走向等選擇各類金融商品，其屬公司股票之有價證券亦然，若募集、發行、買賣有詐欺、虛偽不實等情事，即得依刑法詐欺、偽造文書、偽造有價證券等罪追究論罰。對於未經主管機關核准而募集、發行、買賣者，是否需予刑事制裁，需從犯罪性與刑法本旨、規範目的等嚴肅考量，若無刑事制裁之必要，仍可課予行政處罰，無需以刑事制裁。

現行證券交易法第171條第1項第2款非常規交易規定，係在防制有影響力之內部人，從事損害公司交易行為，以保護公開發行公司之財產

法益，乃對公司董事、監察人、經理人及受僱人列為處罰對象，並未包括大股東在內，而衡諸工商企業經營層而言，擁有公司多數股票之大股東，表面上不擔任董事、監察人，也不擔任經營之總經理、執行長、經理，但實際上主控公司之人事、財務營運等，形同影武者，且由發生之財經案例以對，常發號司令，操控利益輸送、不法舞弊之非常規交易，與其以共同正犯、教唆犯或幫助犯論罪，不如參照公司法第8條第3項規定，對於實質上執行董事業務或實質控制公司人事、財務業務經營而實質指揮董事執行業務之大股東，明定為本罪適用主體，反能達到制裁目的。

證券交易法第157條規定，內部人具備「實際知悉發行股票公司有重大影響其股票價格之消息」及「在該消息未公開前或公開後十八小時內，對該公司之上市或在證券商營業處所買賣之股票，買入或賣出」客觀要件外，是否需要有主觀目的之要件，實務上認為：此內線交易之禁止……未規定行為人主觀目的之要件。故內部人於知悉消息後，並買賣股票否有藉該交易獲利或避免損失之主觀意圖，應不影響其犯罪之成立（最高法院91年度台上字第3037號、99年度台上字第2684號刑事判決參照）。是否妥適，有研議之必要，立法上究屬疏漏或有意如此規定，亦待立法釐清。

證券交易法有關商業賄賂犯罪規定於第172條第1、2項、第173條，在收賄部分，區分違背職務與不違背職務二者，而在行賄部分僅處罰違背職務之行賄，而不罰不違背職務行為，與貪污治罪條例規定對於公務員行賄，不論違背職務與不違背職務行為均與處罰有所不同。基於商業賄賂破壞市場經濟秩序，妨害公平競爭，並損害公司利益，破壞社會，而且公開發行公司涉及廣大投資人，傷害公司之正常發展，對於不違背職務行為之行賄，是否立法禁止，尚有探討空間。

股票交易市場係透過市場供需，來決定交易價格之制度。由於市場係自由競爭，凡有興趣者均可進場從事有價證券之交易，而且從事交易

者不論係出於投資或投機，均意在獲取差價利益，越多越好，因之，容易引發不法不軌之人用盡心思進行股票交易，方式多樣，手法多層，縱使當日並未成交，於開盤前掛買單、賣單都會影響股票之開盤價及當日股票之走勢，可見基於證券交易市場之公平性及公正性，對不法違規之交易行為均需禁止，明文規定刑事制裁、民事責任及行政裁罰，以維證券交易市場之正常正規運作。

本文對於證券交易法之疏漏不週，提出個人看法，以就專家，並供關心人及主管機關參酌，至於如何修正調節，使證券交易法規定明確週密，尚待專家深層研究，主管機關更需檢視現有規定之問題，作最適切之修正，使證券交易法規模完備明確，利於實施適用。

參、證券交易風險系列論壇

中華法律風險管理學會係研究法律風險與預防控管及管理防範為主，強力推動法律風險理念，協助公司治理之實踐，加強企業違法違規行為之防範與管理，增強企業界法律專業與處理技巧，並建立政府機關、企業及民間團體聯繫平台，強化風險控管機制，降低損害爭議，提升企業經營效能。多年來，對於企業忽略法律風險所發生之案例相當重視，乃匯聚企業界、律師界及學術界會員深入探究有關證券交易法案件更是列為重點，經常舉辦研究會、研討會、論壇及專題演講，並提出法律風險評量與管理對策，提供工商企業界參考，適時由律師提供民刑事與商務法律之扶助與服務。

台灣法學研究交流會旨在研究傳統民刑事、財經法律，以及最新趨勢法學，邀集學者專家推動法學、法制與司法制度之研究提升法律功能，結合國際法學術機構與研究團體，積極辦理相關法學專業學術交流，宣導法律治理，提倡全民守法、崇法、護法信念，共同打擊犯罪，宣揚法律公義與扶助之精神，促進社會福祉、人身安全、法律、經貿投

資、勞動保障及兩岸法制，經多年努力有其成效。其間對於工商企業經營與法律規範之研究極重視，網羅眾多司法界、學術界及律師界專業人士，舉辦學術研討會、論壇等，共同探討財經法律議題，匯集共識。

又臺灣諸多大學院校法律學院系所對於證券交易法適用上之法律爭議，亦相當重視，從不同法律議題詳細研究，在中華法律風險管理學會及台灣法學研究交流協會提議後，經多名有志學者專家之唱和與回應下，在民國105年及106年間先後在臺北、臺中及臺南辦理10場企業證券交易風險系列論壇，由中華法律風險管理學會及台灣法學研究交流協會、中華談判管理學會、中華法治改進促進會、財團法人秋圃基金會及臺灣大學管理學院、亞洲大學、逢甲大學、成功大學、臺北大學共同主辦，討論議題為證券交易法適用疑慮與修法芻議，各報告人深入探索，清晰論述，讓與會人員有深刻印象，對於證券交易法之立法與適用解釋相關問題有充分認識。

第一場論壇於2016年2月20日在臺灣大學管理學院一號館隆重舉行，有法律專家學者、律師、企業界人士以及財經金融及法律主管人員等百人參加，得到良好回響，認為有擴大辦理之實益，以匯聚各界意見，作為修法之參考。

本人在第一場研討會引言中，特地從三件內線交易及股票炒作之案件，分析其間法律爭議與當事人批判聲音，指出法律之規範過於抽象，構成要件不夠明確，繼而舉出二件證交法第174條有關財報登載不實及公司款項貸借與個人之案件，經法院判決罪刑，但仍存有規範目的與刑罰可罰性之探討空間，顯示證交法之刑罰奇重，與法律刑罰價值體系不相符合，是否妥適亦值研議。接著以企業界忽視法律風險，常不思考行為在法律上之評價，以致自以為是的營運行為，涉有特別背信問題，亦常有非常規交易問題，呼籲企業主必須正視法律風險問題，避免陷入法律泥沼。

研討會結束時，本人強調當前上市櫃公司及公開發行之公司涉有

證券交易法之民事、刑事及行政處罰者有一定比例,其中除企業忽視法律風險責任有關外,因證券交易法規定抽象不具體,要件空泛不明確,致企業涉及法律責任時,常飽受困擾,且依多件外界瞭解之財經案件觀之,常經過多年時間方行結案,影響公司運轉及業務之開創。再從今天各主談人之演講中,指明證券交易法之刑事罰與證券交易程序與紀律有關,現有論者主張將公司犯罪及營運上犯罪亦納入,更會造成體例凌亂,架構龐雜,規範齟齬,有再深究之餘地。

第一場論壇圓滿結束,聽眾都收獲滿滿,有許多企業人士表示聽完演講才知道證券交易法有這麼多問題,想到企業界常有負責人被法辦,才瞭解這個法律原來這麼嚴格;一上市公司董事長表示證券交易法內容很多,處罰這麼重,規定的不夠完備,主管機關應該早日修正,陳律師則說:為當事人辯護時,常覺得法律要件寬鬆,適用上有諸多問題,印證今日演講,更體認修法的必要性,同時,有多位聽眾在結束後在現場頻頻向主講人請益,討論熱烈。

3月19日上午9時至13時30分在臺灣大學管理學院一號館舉辦第二場研討會,會場擠滿了關心本議題的工商企業人士、董事長、總經理、律師、司法官等,多位司法官在會前表示證券交易法在司法實務上發現諸多問題,有探討之空間,前銓敘部朱武獻部長也在致詞中,就其參與退輔基金投資股市之經驗認為證券交易法有其通用之問題,當天在大家廣泛討論下,匯聚修法共識,對資本市場之健全有相當之助益。

本次邀請前行政院陳沖院長到場致詞,提到在企業經營之刑法風險論壇中,指出經濟行為問題究應以經濟手段或法律手段解決,需有高度思維,以規範內線交易等刑事處罰,避免影響資金市場之正常運作。

本人在開場白致詞時,再次強調現行證券交易法之刑事處罰規範抽象、構成要件不明、刑罰價值體系紊亂,實有整理研修之必要;並說明舉辦系列論壇,主要是很多企業界人士之反應、法律學者教授研究之建議、司法機關適用上之困擾、律師界多年來承辦案件之感言以及主管

機關監理上之法律疑義，經與多個法學團體研商，共同主辦有意義之活動，特別感謝臺灣大學江炯聰教授協調讓研討會順利開展。

在中間休息時及結束後，有律師、企業主紛紛向主講教授請教證券交易法適用上之問題，讓大家更體認證券交易法重新思考與構建修正之重要，本人也在結束時，預告第三場次將於4月23日也在臺大管理學院舉辦，希望各位來賓「吃好逗小報」，讓熱心人士踴躍參加。

2016年4月23日下午1點30分假臺大管理學院舉辦第三場，每個主講人卯足全力，將研究精華，在短短四十分鐘詳實說明，大家收獲良多。家族經營企業的楊董事長夫婦在聆聽「企業經營之刑法風險」研討會後，表示今天的報告給他們很多的啟示，原先他們對證券交易法規定並不瞭解，所以知悉這個研討會，特定抽空參加，對未來公司上市櫃時，有正確認知。遠從臺中趕來參加的吳董事長表示曾在大陸研習法律，自認有些心得，但對臺灣財經法律很陌生，昨天從大陸回來就特定前來聆聽，釐清了許多觀念，也對特別背信、內線交易有明確認識。另外上市公司劉董事長聽了這場研討會報告，感觸良多，認為很多大企業經營群對證交法並不重視，也不清楚法規之嚴重性，主管機關應多督促，瞭解企業困難，建議這系列活動應多宣導，讓更多企業有正確體認，提升企業經營實效。

今天參加的貴賓有前財政部長、行政院副院長邱正雄、法務部朱家崎司長、花蓮高分檢刑泰釗檢察長等，而參加研習之熱心人士，有企業董事長、總經理、管理階層、法務專業人員、律師、教授以及檢察官、法官等，將整個會議擠得滿滿的；楊教授感觸的說，很久沒有看到法律論壇有這麼多人參加，表示大家對這個議題的重視，也彰顯研討會的價值。

2016年6月18日下午1點30分假臺大管理學院舉辦第四場研討會，現場聽眾包括法官、檢察官、律師、大學教授、企業人士及法律系學生等等150人參加，主講人認真解析，分享研究心得，與會人員用心聽講，

並在演說中發言互動，大家腦力激發，共同探討證券交易法適用上發生爭議之原因。

　　本人致詞說到，有學生讀了證券交易法不甚瞭解，再回頭找老師討論，才知這個法精深博大。對辦案的檢察官跟法官來講，也有很多的無奈，因為不是他們的問題，是法律規定的要件讓偵審上依法論罪，有學者批評證券交易法各罪根本沒有要件、要件不明，解釋時乃產生很多不同看法，很多觀念又跟構成要件不合，因之如何適用？檢察官也不好拿捏，法官更是無奈，所以很多判決，像內線交易存有諸多不同看法，所以有學者批評法官判決有如月亮，初一十五不一樣。至於主管機關公務員對法律修訂欠缺素養加上本身內行的又不是法律，不易拿捏，因此證券交易法對很多人而言是一個挑戰，今天舉辦系列研討會，讓大家思索有關證券交易法是否需要修？如果修怎修最好？讓該法可以完備、簡明、又好用。

　　到場的刑泰釗檢察長及其他貴賓致詞，認為本會舉辦這研討會很有前瞻性，也肯定選定主題研討會證券交易法適用的疑慮與修法很正確，因為在偵辦實務很早就注意到證交法裡有很多問題，不僅在產業界造成很大困擾，在經濟上也面臨很大困境，臺灣在拚經濟之餘，如何營造一個法制環境，需要大家努力，並將證券交易法作適當之修正。

　　在臺北辦完四場研討會，移師臺中。首場由亞洲大學財經法律系主辦，於2016年10月1日下午1時至5時30分在亞洲大學哈佛講堂舉辦，會場擠滿了關心本議題的工商企業人士、董事長、總經理、法學教授、律師、主任檢察官、檢察官等120多人參加，盛況一時。

　　亞洲大學財經法律系系主任王國治在開幕式引言致詞，1934年美國出現了世界上第一部內線交易相關法規，我國證券交易法原本沒有內線交易相關的規定，至1988年修改證券交易法時，參考美國對於內線交易相關法規而制定。內線交易，亦作內幕交易，是指：於獲悉未公開且後來證實足以影響股票或其他有價證券市價的消息後，進行交易，並有

成比例的獲利發生的行為。證券交易法第157條明文規定，規範目的資訊平等跟信賴關係理論，在美國、歐洲、日本、中國、香港等有很多案例，臺灣比較有名案例如台開、胖達人內線交易案等，從胖達人案件中大家當知道從一個麵包事件衍生到內線交易事件，其中被告不認罪到無罪過程中，一般人對這個概念似乎有點不大清楚，感覺認罪的人被判刑，不認罪的人卻無罪，產生一些紛爭。目前重點灰色地帶「重大消息範圍及其公開方式」，其實法規已經規範在證券交易法第157條之1第5項及第6項重大消息範圍及其公開方式管理辦法，但一般人還是不瞭解，從學界來看，以美國的判決、判例的部分，就是說關鍵點不是「何時簽無拘束力意向書」、「實地查核才算重大消息成立起點」，美國規定相對寬鬆，法院認為價格、購併架構出來，重大消息就算成立。國內法界部分，檢察官偵辦內線交易案主要是依據金管會移送的資料為基礎展開偵辦，由於金管會多以買進賣出的比例和時間點作為推估，對於企業內部消息，僅憑藉事後資訊判斷，以致對所謂獲悉重大消息時間點及認定有所爭議，常有逆轉改判無罪情形。

2007年、2008年間，檢方偵辦多起重大內線交易案，引發不少上市、上櫃公司大老闆反彈，法務部當時邀集公司主管「政令宣導」時，這些公司大老重砲轟擊檢調草率辦案，影響金融秩序，並以法院定罪率低，質疑地檢署濫權起訴。法界坦言，重大消息明確時間點不可能有統一標準，無法以談判、簽約、董事會決議切割，況且從實務上，購併並非易事，常空穴來風或無疾而終，過嚴的法律認定，易讓投資者誤踩紅線。商業部分，既然有灰色地帶，其情可憫，可以判決歸還不法所得，或判緩刑，需要這麼重的罪嗎？因此企業界對此灰色地帶的恐懼，超越對法治政府的信任，才會說出「是非顛倒」的評語。因之，王主任說明舉辦本論壇希望各位學者專家提供寶貴意見，多角度探索，讓規範能明確化。

四個專題演講報告完後，本人特別說明當初論壇取名為企業經營之

刑罰風險緣由，是回應各界對證券交易法案件適用上引發疑慮，而舉辦系列研討會深入探究，並進一步說明企業界對證券交易法可能陌生，也可能不以為意，甚至於明知故犯，導致需負重大刑事責任；對投資人、對股東、對企業體、對員工、對臺灣經濟發展都有不利結果，希望藉系列性探討，激起社會高度關注，也提醒企業界必須重視證券交易法的法律風險。

本日前來聽講的企業負責人與經營重要幹部有多位表示，以往忙於公司業務，對於法律規範較少接觸，證券交易尤其陌生，聆聽各學者專家報告後，得到不少啟發，未來在工商活動中，將評量業務中的法律風險。陳總經理提及友人因違反證券交易法纏訟良久，其實是忽視法律規範的原因；李董事長也回應，未來公司在處理業務上需多注意法律風險責任。

第六次企業經營之刑罰風險論壇，由逢甲大學財經法律所負責籌辦，於2016年11月26日下午1時起在逢甲大學商學大樓8樓第八國際會議廳舉辦，會場擠滿了關心本議題的工商企業人士、董事長、總經理、法學教授、律師、法官等百人參加，座無虛席。

在開幕式時，本人提出法務部調查局104年偵辦經濟案件之情形說明工商企業界經營事業涉及犯罪之情形，2015年共偵辦677件，涉案金額123,208,615,914元，其中證券交易法共116件，涉案金額49,407,883,929元，期貨交易法共28件，涉案金額2,450,824,916元，銀行法共63件，涉案金額50,178,856,102元，商業會計法9件，涉案金額183,851,905元，可以看出企業界涉案部分可能是知法犯法，也有部分是欠缺法律風險意識。

從司法處理之刑事案件中，本人先後舉出了十多個案件，說明涉案被告違反證券交易法案件之情形，如對於公司財產報表不依實揭露涉有不實被判處三年徒刑；因虛偽三角貿易美化帳面財務，經法院量刑四年；因將公司研發新技術交與自己新成立公司生產，判處有期徒刑六

年；因由親信先行買下土地再高價賣與公司套利，被判處七年徒刑；又有多件內線交易、操縱股價或私下對作炒股等判處罪刑，甚而可歸出一套模式：有併購、有重大營運行為、有組織變革等就會發生內線交易。再以目前樂陞、復興航空、浩鼎等案件而言，內線交易聲音不斷，在在表示部分企業主對於遵法意願及法律風險不足，為健全資本市場，維護投資人與股東權益，企業主應加強法律風險意識與管理能力。

東海大學法律系黃啓禎教授提到修法建議，證交法第174條第5款為七年以下，第171條第1款為十年以下，這裡就牽涉到特別法優於普通法問題，或者是重法優於輕法問題。目前實務以重法優於輕法為標準，這個看法有問題，在行政法遇到這個問題曾報請法務部來解釋，就是說重法優於輕法這個原則，在行政罰法第24條也有這樣的規定，可是如果在實務裡面法條那麼多，結果刑度比較高的卻是普通法，特別法刑度卻是比較輕，就形成不一致現象，是令人頭痛問題。法務部資訊小組結論為特別法優於普通法，他贊成這結論，依其研究的結果答案在中央法規標準法第一條，因特別法優於普通法是中央法規標準法第16條規定，重法優於輕法為刑法規定，因在法律秩序裡面，中央法規標準法定位為僅次於憲法位階的法律，優於刑法，所以會出現特別法刑度較輕問題，黃教授建議把競合條文放在同一條裡面變成其中一款，就是法規重新整合，就不會有特別法普通法問題，可以解決這樣問題，刑度也可以再去討論。

本次研討會反應熱烈，很多企業界表示對證交法之規定與適用，有進一步體認，營造業的施經理提到服務的公司目前無上櫃、公開發行打算，但研討會提到財務報表編製等，公司還是要注意，注意法令遵循；朱律師也提到我國證交法法條規範有自己的規定，跟歐美不一樣，這種規定是否合適？希望經由系列論壇討論，喚起大家的注意，更瞭解說證交法刑罰要平衡，什麼樣子的法律規範才不會阻礙正常交易行為？如何處罰合宜不能太重。

　　出席的研究生紛紛表示參加研討會後，才深刻體會到證交法法律責任風險的威力，如亞洲大學林同學認為證券交易法的確要修，因為實質上被害人只有財產上的損失，因為財產上的損失而刑度那麼重有失比例原則；此次研討會印象最深刻就是關於江朝聖教授講解的關於內線交易的構成要件，重大消息明確跟實際知悉之間的關係，其中重大消息明確跟實際知悉的判斷時點十分的重要。而江教授也認為未來在修法時應該要把重大消息明確跟實際知悉定義清楚，因為如果構成犯罪的主觀要件跟客觀要件不明確，那麼法官在判決時自由心證下可能就會造成困難，而官司也會拖很久，對於被告或是受害者都是一種身心折磨，時間一拖久也很浪費司法資源。

　　又逢甲財法所同學提到證交法的刑與利是不相當的，經濟的部分應該用經濟來懲罰，例如科罰金，今天從這裏面獲利多少就科幾倍的罰金，在他能力可行的範圍之內易科罰金，為什麼證交法要動用這麼高刑罰來處罰，不合理的。善意欺騙者在法律上的處罰需要這麼大嗎？是他一直思索之問題。

　　第七次企業經營之刑罰風險論壇，於2017年6月1日下午1時至5時30分在成功大學舉辦，會場來了關心本議題的工商企業人士、法學教授、法官、檢察官、律師等人參加。

　　首先由成功大學法律系系主任陳俊仁致詞，非常感謝大家蒞臨，今天這個盛會能夠舉辦要感謝中華法律風險管理學會和台灣法學研究交流協會對於學術活動，向來是不餘遺力的支持。關於證券交易法修法的議題，推崇四位主講者學有專精，希望大家借助學界群策群力，集思廣益，讓臺灣證券交易法制度有更好的未來，踴躍參與討論，不管是在會場上或中間休息甚至會場後，多多交換意見，相信必能使這活動更加圓滿。

　　本人致詞提到今天的研討會要謝謝陳主任團隊籌辦，這幾年越投入越驚訝證交法問題很多，剛剛跟蔡教授談到教證交法老師一定非常辛

苦，因法律制定一定是結構很完整，體系脈絡分明，規範非常清楚，但證交法幾乎沒有這樣情況，章節安排跟我們想得不太一樣，總則篇也有罰則規定，也有賠償的條文，再看刑事處罰規範，更是讓大家很訝異，一個條文包山包海，甚麼都有，要把它類型化也沒辦法，要把它體系化也辦不到，有刑事也有民事。另外第174條財報不實又參雜別的規範，所以越研究越覺得這樣規範五花八門、天馬行空，企業界老闆越接觸越徬徨失措，因要件過分空泛，太多不確定法律概念，主管機關、法院及檢察官適用上也發現常有爭議性，案件辦起來很辛苦，律師答辯更是挑戰，學界研究後，見解也是五花八門，可見這個法顯現太多問題；所以從去年開始在很多學者司法界朋友的支持下開辦一系列論壇，每位學者報告幾乎看法都不一樣。希望這是一個開端，從北到南延續的去討論這議題，讓大家去思考，達到一定的共識，經由各學者專家之努力讓證券交易法凸顯了許多問題，代表這法律需要好好地規整，讓體系、結構、法令完備明確，符合大家期待。

臺南高分檢謝檢察長也出席並提到，證券交易法從民國57年到現在，中間修正多次，目前行政院關於第171條第2項有關於犯罪所得這一部分改為犯罪獲致財物或不法利益，範圍比原來不法所得有點限縮，這一個修法到底對不對？可能將來再評估，在實務上，法院判決對達一億以上這個金額計算非常分歧，造成很多案件糾結在不法所得計算，以致無法確定。希望法律規定能更明確一點，不要因各法官見解不同，讓當事人感覺好像在碰運氣。

蔡文斌律師提到，自己擔任兩家上市櫃公司獨立董事，也是薪酬委員會召集人，認為內線交易誅連廣泛，因為關係人再登入時都要填寫，其中根本平常都不往來的也必須在列，內線交易第171條真的問題很大，如果法律本身要件不夠明確的話，必造成相當困擾。獨立董事在運作也不易拿捏？確實有好好檢討之價值。

總結時，本人強調證券交易法立法目的，強化公司治理，建立健康

的資本環境，使證券市場能夠有秩序的運作。檢視證券交易法有沒有達到這個目的？一般人普遍認爲沒有達到這情況，檢察官和法官偵審案件時，也常發現法律的規範很難用，要件不明，名詞空泛，甚至於不確定法律概念太多，用起來相當困難，刑度這麼強、這麼高，要重判很難，所以很多個案情形出現因案情相近而有不同的法律見解，不管在高院，甚至於最高法院，都出現類似的狀況。謝檢察長也提到有時候會認爲有幸或不幸，引起司法會被質疑，沒有辦法被接受，當前常有人提到司法判決沒有辦法滿足到國民的法律感情，跟證券交易法有相當大的關係。

肆、學者專家之法律解讀與論述

企業經營之刑罰風險系列論壇主要聚焦在證券交易法適用疑慮與修法芻議，在舉辦之前，經由規劃邀請有研究之學者專家到場發表論文，提出諸多法律規範之缺失、不週以及法律適用上之爭議問題，對釐清規範問題與適用上疑義事項，頗有參考借鏡之實益。

第一場研討會先由臺北商業大學連鎖加盟與法律研究中心執行長李禮仲副教授報告：「內線交易視而不見的構成要件」，首先探討美國證券交易法上之「理性投資人」之定義與範疇，與我國內所稱「正當投資人」概念之異同，並論述美國司法實務認定「理性投資人」所應具備之條件，作爲我國司法實務對個案中正當投資人之界定標準之參考。李副教授指出我國檢察官於個案中對正當投資人應負舉證之責，以符合人權之確保，並健全我國證券市場交易環境。最後提到我國司法內線交易案起訴多、成案少、判刑者更少，以致造成外界認爲檢察官對內線交易過度濫訴之見解。又內線交易所涉刑責重大，但在諸多構成要件上仍屬抽象，司法實務對不明確之法律概念又沒有一致見解，以致不易定刑，特別是長久以來司法實務忽略不當投資人之構成要件，而正當投資人之範圍界定，會進而影響消息是否具重大性之內線交易構成要件與其法律

性質問題。我國最高法院已明白指出「詳細論述消息對投資人買賣證券之影響程度，始可判定重大消息之成立日期」，屬法院須職權調查之事項，俾使「重大影響其股票價格之消息」；此一構成要件於實務認定上趨於明確及具體，使行為人得事先預見其行為之可罰性，因此充分保障司法人權，落實兩公約所揭示之無罪推定原則，強化檢察官舉證責任，是檢察機關責無旁貸的任務。

第二場由鄭惠宜律師報告：「證券交易法第155條第1項第4款—連續炒股」，說明證券交易法第155條第1項第4款於104年修法提案背景、股市監視制度與案件移送偵辦標準、本罪主、客觀構成要件解釋及最佳五檔買賣委託價量措施，結語認為修法目的雖在限縮不法炒作罪之處罰範圍，但「有影響市場價格或市場秩序之虞」的要件仍屬抽象，難以認定，充其量僅能排除極端案例，效果不大。立法紀錄顯示希望主管機關對影響市場價格或市場秩序訂定標準，但在目前無授權條款下，仍窒礙難行。燦坤炒股案對於本罪就不法炒作罪之主、客觀構成要件之解釋，值得借鏡。本罪最主要依靠監視報告來判斷是否有影響市場和股價，但必須留意若屬意見分析或是受調查局函詢製作者，顯然非特信性文書，法官須在參酌其他客觀事證，綜合判斷，而非據之作為裁判基礎。目前證交所或櫃買中心在制度上有最佳五檔資訊揭露，監視報告應先做出過濾，法官和檢察官於辦案時也應一併留意，俾偵審案件之認定最合於實際狀況，得其實情。

第三場李永瑞教授報告：「證券交易法上非常規交易罪之檢討」，李永瑞教授提到本文研究之目的，希望藉由博達案判決之辨正與檢討，針對證券交易法非常規交易罪之性質及定位，能夠徹底釐清，以期實務判斷能有正確之認識適用及未來立法上能夠有所檢討改進。李教授說明非常規交易罪之具「背信行為」的性質，乃以「公司資產」為行為客體、以「公司財產法益」為保護客體，因此，應認其為公司法上之「特別背信罪」，亦即所謂的「公司犯罪」，而非「證券交易犯罪」。

而且，根據立法理由及過程，以及博達案最高法院有罪定讞判決已明確之釐清，確認其性質爲「特別背信罪」，其所侵害的法益厥爲「公司財產法益」而非「證券市場交易秩序」，因此，非常規交易罪之立法層次的檢討，不應於證券交易法層次上規範，宜於公司法層次上妥爲規範，並定明其性質爲「公司犯罪」，不宜與內線交易、操縱股市、證券詐欺與資訊不實等典型的「證券交易犯罪」並列規範於證券交易法上。又現行證券交易法第171條第1項第2款所謂的非常規交易罪，乃至於同條項第3款的背信罪，乃針對「公司資產」直接攻擊破壞，而造成「公司財產法益」遭受損害，既均非典型的證券交易犯罪類型，並非直接破壞、危害影響「證券市場交易秩序」，宜從證券交易法中予以刪除，而後於公司法上予以彙整後統一規範，方爲正途。

鄭克盛律師在第四場報告：「證券交易法連續炒作構成要件及犯罪所得認定之實務研析與修法建議」，提到企業經營者角度、公司董監事等站在企業經營風險角度可能會遇到的經營風險違約交割行爲（證交法155I①）、內線交易行爲（證交法157-1）、連續炒作行爲（證交法155I④）、相對交易行爲（證交法155I⑤）、約定交易行爲（證交法155I③）、其他操縱行爲（證交法155I⑦）、犯罪所得金額之加重（證交法171II）。投資大眾要注意的市場交易風險違約交割行爲（證交法155I①）、內線交易行爲（證交法157-1）、連續炒作行爲（證交法155I④）、相對交易行爲（證交法155I⑤）、約定交易行爲（證交法155I③）、其他操縱行爲（證交法155I⑦）、犯罪所得金額之加重（證交法171II）。結論對於連續炒作的構成要件，長期透過實務見解的累積，仍然有眾多的爭議，此部分宜透過立法手段予以明確化；有關影響市場價格與秩序之虞，未來有賴案例累積以明確此要件之界線，建議企業應建立避險機制，定期教育訓練，灌輸最新法律規定見解，並納入企業標準作業程序範本，加上不定期考核，維持對法律風險的最佳判斷，降低可能損害。

　　2016年3月19日第二場研討會首先由臺大陳志龍教授，提出證券交易法諸多法律問題，如第171條之罪並無構成要件，在證明犯罪時，沒有待證事實，造成司法實務見解不一，形同證券交易之黑暗司法。陳彥良、陳俊仁教授也分別說明內線交易重大消息認定之困難，從德國、美國證券交易法檢視內線交易有其規範缺失。施汎泉律師則強調現行實務對於連續交易要件之判斷基準有不同見解，應考量操縱市場法制之再進化。

　　陳志龍教授在「證券交易法第171條之構成要件與法律效果」報告中，提到證券交易法的刑事實務案件顯現之爭議問題，其實，是存有很多的不確定性。如其入罪的依據，並沒有「罪刑法定原則」，其出罪的標準，亦沒有符合刑法的標準。在此，造成很多人的「假案」、「冤案」、「錯案」，且證券交易法第171條之中，並無所謂的「構成要件」，沒有構成要件的話，法官其在證明犯罪的時候，就沒有待證事項，沒有待證事項，要證明的時候就非常的困難，這時候就會變成一大堆所謂的法院見解，或者外國的學理來充實，會發生很嚴重的問題，因此陳教授認爲證券交易法需要轉型正義。

　　臺北大學法律系陳彥良教授主講：「內線交易重大消息認定—兼由法學方法論觀察證券交易」，提到內線交易案件必需有財經法學本身之法學方法論，而回歸證交法條文本身之體系與意義，重大消息明確性之具體化，且不做鋸箭式之解決爭議方式，輔以刑法之基本理論加以調整，方爲正道。

　　施汎泉律師主講：「健全市場的萬靈丹？由實務判決觀操縱市場法制之再進化」，表示實務上也常發生投資股票不知不覺中觸碰了炒作股票的紅線，不知道如何去判斷如何叫做合理投資？如何構成炒作股票？有必要來判斷實務對證交法第155條炒作股票的構成要件當中有何問題存在，以及目前實務的判斷存在何問題？他說明現行實務對於連續交易構成要件之判斷基準，基本法條規範—證交法第155條第1項第4款，

意圖抬高或壓低集中交易市場某種有價證券之交易價格，自行或以他人名義，對該有價證券，連續以高價買入或以低價賣出，而有影響市場價格或市場秩序之虞，就法條純字義層面之構成要件，主觀要件：(1)操縱股票價格之不法意圖、(2)是否引誘他人跟進之不法動機（存有爭議），客觀要件：(1)連續委買（抬高）或委賣（壓低）、(2)高價買入或低價賣出，而實務運作下常見之參酌基準：(1)是否大量使用人頭帳戶？(2)是否致使個股價量異常而與同類股走勢背離？(3)是否「做開盤價」或「拉尾盤」？(4)是否有盤中誘引掛單後而減單之情況？(5)成交數量占市場總成交量比重是否過高？(6)異於常情之委託是否具有合理投資動機？施律師也對證交法第155條第1項第4款104年修法增加「而有影響市場價格或市場秩序之虞」，提出質疑：(1)構成要件模糊之灰色地帶，合理投資與操縱行為難以區分。此部分問題於本此修法後似乎並未獲得解決。(2)行為人主觀意圖是否不法仍難以認定。(3)證交所或櫃買中心分析報告所為價值判斷之拘束力。(4)未建立專業鑑定機構，用以判斷投資手段之合理性。

　　第四場陳俊仁教授演講：「從美國證券交易法檢視我國內線交易法制的規範缺失」，從美國證券交易法檢視我國內線交易法制的規範缺失，我國內線交易法制雖然係繼受美國法制，但是有相當的出入，如臺灣內線交易規範「揭露義務」之課予，雖然與美國內線交易規範相近，但是就此揭露義務人之範圍，則可能過於龐大，進而產生臺灣內線交易法制適用範圍可能過廣之疑慮。除此之外，我國內線交易法制因定義寬鬆，所可能導致適用範圍過廣之議題，亦與行為人於行為之前，是否有揭露作為義務之「預見」（foreseeability）的爭議。陳教授也提到雖然人民有知悉法律之義務，且不得因不知法律規定而免責，然就行為人於行為時是否對於其依據內線交易法制，而負有作為義務之預見，仍有再加以商確斟酌之空間。又我國內線交易罪之主觀要件僅以行為人知悉重大影響其股票價格之消息，且在該消息未依法公開前買入或賣出該公司

股票爲已足，而無視該重大消息與買賣行爲間之關連性，在實務適用上，有過苛之問題。

　　2016年4月23日研討會首先由大通商務法律事務所主持律師陳峰富演說證券交易法重要案例與法制內涵，針對證券交易法之常見案例類型——財報不實、特別背信罪、非常規交易、內線交易與短線交易、操縱條款，分享經驗與看法。他提出財報不實（證交法第20條第2項、第174條、第14條、商會第71條）案例有過水交易、循環交易、虛增營收、未揭露關係人交易等。特別背信罪（證交法第20條第1項、第171條第1項第3款），包括詢價圈購、庫藏股之交易、兩岸關係企業之補貼款等。陳律師表示，實務上，公司損害金額很容易計算，犯罪所得的實際金額卻很容易吵翻天。非常規交易（第171第1項第2款）案例有子公司與母公司之交易、土地交易、併購、股權買賣等。有關內線交易（第157條之1、第157條）認爲是很困難的領域，一般是重大消息公開18小時之後，內部關係人才能進場交易。操縱條款（第155條第1項、第2項）案例有違約交割、相互委託、連續交易、相對成交、散佈不實訊息、概括操縱等，陳律師認爲需研討是否應廢除違約交割？又綜合觀察，集上述五大類型之大成的案例，即爲轟動一時的力霸集團案。陳律師指出，投資人經濟自主權自由原則，法律應不予限制，考量證交法訂的都是重罪，應以嚴謹的證據法則來判斷當事人是否故意犯罪，「不要輕易使人家破人亡。」此外，同一類事件有不同判決結果，有時有罪，有時無罪，因此也不能一昧引用，產生更多爭議。

　　東吳大學法學院洪秀芬副教授淺談證券交易法幾點修法建議，洪教授認爲證券詐欺規範之適用範圍，在2000年7月證交法修正前，第6條原規定爲「本法所稱有價證券，謂政府債券及公開募集、發行之公司股票、公司債券……」，第6條修正後，大幅擴增了證交法適用範圍，因而即使以未公開發行的有價證券爲詐欺買賣工具，仍須受證交法規範，使證券市場之詐欺行爲規範擴大適用到非證券市場的私人證券買賣行爲

上，公開發行公司重視企業資訊公開，應受證交法之管理規範，或雖不論是否爲公開發行公司但涉及證券市場大眾投資人之保障者，亦須受證交法規範。例如，非公開發行公司之股票向不特定人進行公開招募而有詐欺行爲，仍應受證交法第20條第1項、第171條第1項之規範。蓋此時涉及投資大眾之保障，但若是持有非公開發行公司股票者僅與特定人進行該股票買賣而有詐欺行爲，則不宜適用證交法之證券詐欺規定，而依普通刑法詐欺罪處罰即可，否則將使證交法不當擴大適用於與證券市場投資保障無關的私人買賣行爲。洪老師對內線交易規範需再省思，受規範對象的侷限性，因內線消息而禁止之行爲過於狹隘，本國法僅規定不得交易，因內線消息而中斷交易是否應受規範？像德國法規定以下幾種禁止行爲類型：（一）應用內線消息爲自己或爲他人計算或爲其他人買進或賣出、（二）在未被授權下告知他人或促使他人得知內線消息（消息傳遞行爲）、（三）根據內線消息，建議或以其他方式促使他人買進或賣出內線證券（建議或引導行爲）。又獲悉說、利用說之爭議，是否應增訂豁免條款？再者預定交易計劃；爲擔任該交易標的公司之董事或監察人爲目的而買入、清算人或破產管理人爲執行其職務而進行之交易、無買賣決定權之代理人受本人指示而進行之交易、其他；參考歐盟2014年市場濫用規則、市場濫用刑事制裁指令，除現有民、刑責任規範外，是否亦可增加行政責任？例如德國法規定，若出於重大輕忽違反消息傳遞、建議或引導行爲者，視爲違規行爲而處以罰鍰。

臺北商業大學連鎖加盟與法律研究中心執行長李禮仲副教授在第三場次報告「疑雲滿樓的證券交易法第171條第2項構成要件—論「犯罪所得」之解釋及判斷標準」，首先說明民國80、90年代我國金融犯罪風起雲湧，如黃宗宏—台鳳炒股案、楊瑞仁—國票案（炒作高興昌股票）、呂學仁—訊碟掏空案、葉素菲—博達案（不合營業常規掏空公司）都喧騰一時。且91年我國金融市場陸續發生重大舞弊案件，造成國家整體金融環境衝擊，影響金融體系安定，因此91年行政院提出證券交易法等金

融七法修正草案，於93年上半年立法院即順應民意完成金融七法修正；然而，倉促立法結果，引發證券交易法第171條第2項法條文義、犯罪所得如何計算不明確、條文與立法理由規定不一致。李教授認為依罪刑法定原則，在計算證券交易法第171條第2項之內線交易犯罪所得時，僅能以行為人直接取得且與案件之重大消息公開有相當因果關連為限，亦即應將非行為人實施犯罪行為而直接取得之物，故於多數人共同透過某家公司買賣股票案件類型中之內線交易犯罪所得計算，自應以各行為人之直接犯罪利得為論罪之基準，在法無明文下，不得將該公司之所得併入行為人之所得，且與重大消息之公開並無相當因果關連之其他經濟上或非經濟上因素所導致股票價格漲跌之變化幅度等全數予以排除。證券交易法第171條第2項對於犯罪所得如何計算等要件皆未明確訂定，致目前司法實務尚無統一解釋，顯有欠缺憲法法律明確性之基本原則，侵害人民身體自由權益甚鉅，立法者應儘速通盤檢討修正。然於證券交易法第171條第2項修正前，計算內線交易犯罪所得金額，應先予扣除與重大消息無相當關連之其他經濟上或非經濟上因素所導致股價變化幅度後，再以認定行為人犯罪所得金額是否達一億元以上，進而得以適用證券交易法第171條第1項或第2項規定予以酌定刑度，始屬公允及符合立法目的。

6月18日第四場研討會邀請前司法院院長賴英照專題演講，強調我們為誰制定證交法？為誰發展資本市場？這是需要正視面對的問題，大家一起努力解決。又指出證券交易法就是一部陽光法案，用公開揭露資訊的方式來管理資產市場，所以認為第一需要貫徹證券交易法公開揭露，揭露個別經營人的薪酬，第二要務實執行公司法第196條規定，讓股東有機會決定薪酬，第三認真實現證券交易法發展和平經濟的立法目的。

政治大學法學院榮譽教授賴源河以內線交易規範之探討為題，探討消息傳遞人責任之認定、消息受領人責任之認定、知悉說或利用說、

重大消息之範圍、重大消息之明確時點、犯罪所得之認定，舉了多個案例，如台開案講解犯罪所得之認定，小結應採客觀處罰條件說較爲適當。基於立法理由，可知犯罪所得達一億元以上者，對社會經濟之影響更爲嚴重，爲嚇阻此種嚴重破壞社會經濟之內線交易而設此加重刑罰規定。若採加重構成要件說，行爲人必須對於「犯罪所得達一億元以上」有所認識，惟會因舉證上之困難，可能使行爲人得以藉此規避加重之處罰，而架空此加重規定，致難達前述之立法目的。最後討論共同正犯之犯罪所得是否應合併計算，有肯定說、否定說、合併計算說，但爲了避免違反罪刑法定主義之疑慮，建議未來應對此以立法之方式明文規定。

　　文化大學法學院院長何曜琛特別提到2016年1月15日訊息面暫停交易制度上路，內容爲公司預計於營業日交易時間內（下午5時前）公開或召開董事會決議特定重大事項時，上市櫃公司應主動向證交所或櫃買中心申請暫停交易。發現重大影響股東權益或證券價格之媒體報導或其他資訊，且上市櫃公司無法完整說明者，證交所或櫃買中心於必要時得主動暫停該上市櫃公司有價證券之交易。違反暫停交易相關規定處罰新臺幣5～500萬元之違約金。提醒企業因應之道：公司內部人縱橫股市宜循原則，以例行性方式交易股票、勿突然大量買進或賣出、從寬認定重大訊息、及早公開、公司重大訊息之傳遞方式及防止洩漏，建立及落實公司治理（含內控內稽）制度，內部人員持股取得與轉讓必須注意防範落入內線交易之疑慮。

　　交通大學科技法律學院林志潔副院長以證券交易犯罪與重大性之構成要件爲題報告，談到證券犯罪環繞著資訊之真實，資訊公開、正確、透明之重要性，公開發行公司之日常營運活動中，每日所產生之財務資料及憑證等多不計數，是否一旦存有不實即成立刑事責任？經營商業活動瞬息萬變，是否一有損害即屬受託義務之違反？以財報不實犯罪爲例，認爲財務資訊不實之刑事責任宜先以「重大性」作爲初步過濾之判準，且不論是用證券交易法第171條1項1款或第174條1項5款之規定，皆

應限縮在行為人具有主觀上之故意為限，不得僅以財務資訊具有不實即以刑罰相繩。再以內線交易犯罪為例，認為財經刑法之不確定法律概念及許多解釋空間，使得檢辯雙方得就法律構成要件仁智互見，又如何認定重大消息？如何判斷重大性？我國刑法體系主要承自歐陸法系，惟在證券相關犯罪卻主要參考美國立法例，造成二體系融合時產生規範混亂之情形，實有待立法者對證券犯罪相關規範為通盤檢討及修正改進。

在亞洲大學舉辦第五場研討會時，張進德講座教授特由上市櫃公司常涉及之稅捐文書申論，在「稅捐文書申報不實，是否構成偽造文書及財報不實罪」，提出很多案例。從稅捐稽徵法、商業會計法跟證券交易法對於財報不實，還有不正當的方法欠缺構成要件明確性、稅捐稽徵法是否為基本法、財報不實構成要件不明確提出他的看法，對證券交易法在實務上如何運作以及怎樣修法提出精闢見解。

朱從龍律師在報告：「證券交易民事賠償責任實務問題」中，提到證券交易法體例紊亂，如第20條與第20條之1，立法體例上面位置不對。在證券交易法常常有一些法條沒有規定得很詳細，可能立法委員想交給司法機關法官或檢察官利用具體案件來解釋，但在這過程當中就會有法律風險產生，當事人受累受苦，覺得不公平。證券交易法民事責任對象合不合理？職員是否用第20條之1，不是公開發行公司職員責任上面是否要給予合理化的限制？需予審慎考量，他說明的很詳細，讓與會人員有深入瞭解，也在綜合座談時，有專家就提出其見解呼應。

廖大穎教授主講：「內線交易刑責與企業併購—公開收購股權」，提到證交法第43條之3公開收購股權期間，禁止買賣被公開收購公司股票等有價證券，如此規定是不足的；證交法第157條之1雖有相關公開收購之規定，但無規範何人有揭露外部資訊的義務，重大消息公開管理辦法第3條所規定「被收購公司應揭露的相關事宜說明」是隔靴搔癢。證券交易法第157條之1第2項明定損害賠償責任……，且依規定得將賠償額提高至三倍；惟就此民事求償部分，反而造成當日善意從事相

反買賣之人不當得利之虞，頗為人所質疑外，問題是受害何在？如此懲罰性的賠償制度，歐陸法系國家之所以不承認的理由，乃在於該制度懲罰與嚇阻之目的，與回復原狀之填補性損害賠償的本質上不同，應屬刑事制裁，實非民法所應處理的層面，所以有檢討修正之空間。

　　錢世傑調查官報告「證券犯罪之數據分析與法令修正」，建議公開收購是否要提供擔保？主管機關是否也可以提供風險告知？司法機關內部辦案資訊是否能強化保密機制……例如：司法機關記者室電話是否全程錄音？獨立董事的角色有效嗎？聯貸銀行審核不實，責任誰負擔呢？提出了諸多司法實務與企業經營發生之事例，強調法令之研修，有其必要性。

　　第六場研討會在逢甲大學舉辦，中正大學財經法律系王志誠教授報告「財務報告虛偽或隱匿之責任追究及舉證分配」，提到證券交易法第171條第1項第1款與第174條第1項第5款及第6款之適用爭議；證券交易法第174條第1項第6款前段規定，顯然對於經理人或會計主管為財務報告內容虛偽記載之行為主體者，設有特別規定，其刑度較證券交易法第171條第1項第1款規定為輕，應如何正確適用法律，顯有疑義；證券交易法第174條第1項第6款但書之性質，該條款究為窩裡反條款（污點證人條款）或自白條款，似有疑義。再就持有人能否適用對市場詐欺理論之爭議而言，王教授認為立法者將持有人納入請求權人之範圍，似乎過度擴張對投資人之保護，不具有正當性。關於損害賠償範圍之計算方法，究應採「毛損益法」抑或「淨損差額法」，我國司法實務之見解雖無定論，但最高法院似有採取「淨損差額法」之趨勢，值得注意。

　　輔仁大學財經法律系郭大維教授報告「論我國證券交易法財報不實之民事責任—從實證面觀察」，歸納到涉案企業以上市公司居多，最常見的財務不實手法是以製造虛偽交易，虛增營業額的方式美化財報。投資人倚賴投保中心提起民事求償的比例較投資人自行起訴高出許多，財報不實案件多向大臺北地區之法院起訴，可能我國公開發行公司主營業

所多設於大臺北地區之故，此類事件之審理時間遠較民事事件平均之審理時間冗長許多，顯見我國實務在財報不實民事訴訟之審理上，仍有努力及改進之空間。「持有人之信賴」只能依賴原告口頭證詞，少有其他物件佐證，如此將使舉證及審判變得相對困難；再者，可能擠壓購買人或出賣人所分得之賠償金額，亦可能產生全體或大部分股東自己告自己的窘境，從而將持有人列為適格請求權人之立法，並非妥適。我國法律未就財報不實賠償金額之計算方式明文規範，對訴訟兩造而言，存在法院選擇賠償金額計算方式之風險，我國應立法或以實務見解統一賠償金額之計算方式，使原、被告得以預見，較能保障訴訟雙方之權益。

東海大學法律學系江朝聖副教授報告內線交易構成要件中「實際知悉」與「消息明確」之關係，提到實務常將消息成立（明確）時點與被告實際知悉之時點混淆，未來在修法時應該要把重大消息明確跟實際知悉定義清楚。江副教授見解認為假交易、虛增營收係重大消息，證交所函電、發函要求說明、實地查核、證期會要求更改認列年度均屬調查過程，並非重大消息本身；歷史資訊之消息成立時點，於該資訊確定後即已成立；行為人何時知悉重大消息，應就個案事實認定；歷史資訊成立時點認定，公司營收隨期間屆至而確定，是否重編財報、調降財測於該期間屆至即已確定，發展中的資訊成立時點認定，公司併購案，歷經談判、協商最後終告確定（成局或破局），其消息之時間之認定，並不容易。

建業法律事務所王士豪律師報告「論內線交易之不法意圖—以樂陞公開收購案為中心」，探討內線交易罪成立？內部人有實際獲悉發行股票公司有重大影響其股票價格之消息，在該消息未公開或公開後某時間以前，買入或賣出該公司股票；違約交割罪成立？無論行為人目的，主觀上明知自身並無資力，成交後無法履行交割，足以影響市場秩序者，即有違約交割罪之犯罪故意。

第七場次在成功大學舉辦時，首先由臺灣大學法律學院蔡英欣副

教授報告檢視公開發行公司機關設計之法規範—公司法與證交法之交錯領域，提到在經歷2006年和2010年兩次修法後，證交法正式介入公開發行公司機關設計之規範。而在同時，公司法並未因證交法之修法，進行過任何調整，依舊維持既有之規範。問題是，證交法所引進之新制度，為了改善對董事會之監督功能，乃於2006年修法，引進了獨立董事制度（證交法第14條之2、第14條之3）及審計委員會制度（證交法第14條之4、第14條之5），2010年又再度修法引進薪資報酬委員會制度，藉此杜絕處於虧損狀態之上市櫃公司，支付給董監事之酬勞卻仍增加之不合理現象，無論是獨立董事或審計委員會，從公司法之觀點言，究竟該如何定位？此種乍看之下對當事公司有利之法規範模式，即提供當事公司多種選項，實則，在無任何配套措施之現況下，反而造成更多法律適用上之疑義與不安。深究問題之根源，應重新檢討或界定證交法之功能，是否包含規範公開發行公司之機關設計，抑或應將權限專屬於公司法。蔡教授認為此等立法選擇，造成公開發行公司之機關設計，由公司法與證交法共同規範，而在法規範重疊之架構下，衍生出各種法適用上之問題。如要根本解決此等問題，從證交法之立法目的、證交法與公司法之規範事項言，公開發行公司之機關設計，宜由公司法專責此規範事項，不宜由證交法獨創各種制度，造成現行法下法規範重疊之奇特現象。

交通大學科技法律研究所林建中副教授報告：內線交易法的偵測問題：如何衡量一座冰山？以事證分析法研究內線交易法偵測問題，結論是在兩天前該漲的就先反應先漲一半掉了，意思是假如沒有事件影響股價，則股價是20元，在事件發生時漲至30元，而事件公布前2、3天就看到上漲到25元，透露出有人已經事先知道這件事情，而且已買了股票將價格炒高，此種情形如何認定內線交易?如何偵測證明並非易事，可得到結論臺灣內線交易還蠻多的。

中國文化大學法律學系陳盈如副教授報告證券交易法下私募制度之相關規定與檢討，說明私募在我國企業募資方式占有舉足輕重之角

色，私募制度從立法以來已歷經十五年，尚未有過修法之紀錄。惟目前的私募制度需要修正以及重新考量的部分，大大小小亦有不少，如實務上常見以彌補虧損爲由，不變更章程之形式減資，無償銷除已發行股份總數（股東持股比例不變，但持股股數下降）。減資後再隨即辦理私募增資，以低於票面金額方式發行新股給私募應募人，實際上增加公司累積虧損，並產生各種利害衝突情形，如2016年陽明海運減資53.27%再增資私募百億。目前私募制度下，學說與實務上所面臨之問題有私募有價證券上市上櫃買賣問題、事後報備制之疑義、現行法私募股東會決議門檻過高問題、私募重要資訊揭露問題、違反私募有價證券轉讓限制之法律效力、歸入權與內線交易之規定應對私募有價證券有適用、私募之原有公司經營團隊利益衝突問題等等，陳副教授將其逐一列出並加以探討，並建議可能之修法方向，希冀在將來證交法修法時，相關單位能夠對於相關問題加以思考並做出適當之法規上修正。

　　胡峰賓律師報告論會計師財務報表簽證不實之民事責任—以實務見解爲探討核心，首先說明審計失敗之意義係指財務報表有重大不實，會計師仍出具「無保留意見」，當受查者財務報表有重大不實，不論其發生原因爲何，會計師未能查出而要求其調整更正，仍出具「無保留意見」，或會計師已知其重大不實，卻未能指出其不實處並出具妥適之「無保留意見」外之其他意見，則屬審計失敗，並舉各國著名審計失敗之案例，如安然事件、世界通信事件、山登事件、南方保健事件等。接續說明證券交易法關於會計師簽證不實之賠償責任—證券交易法第20條之1，交易因果關係之認定，我國法院實務，從「相當因果關係說」朝「詐欺市場理論」之趨勢；損失因果關係之認定，我國實務以財務報表不實的實情揭露後股價下跌而認定損失因果關係；會計師責任比例之認定，依據證交法第20條之1規定，財務報表不實，除發行人董事長及總經理外之其他董事、監察人、曾在財務報表上簽章之發行人職員及簽證之會計師，應依其責任比例負賠償責任，如博達案判決認爲會計師應負

擔之責任比例為3%，但無說明其理由。

證券交易法之內容涉及之層面廣闊，整場研討會之報告與座談無法對各規定剖析，但從檢調、法院、律師、學者及主管機關之研究，已可窺見證券交易法存有甚多法律問題，各學者專家對同一法條之見解常常相反，以彼等長期研究，部分並實際操作，竟出現如此歧異及標準不一，足徵本法確有法制上之缺陷，當非僅屬解釋之問題。同時，司法實務適用上發生諸多適用上之疑義、齟齬與衝突，益證本法不論是法律架構、法條用語、構成要件以及刑罰輕重等都有修正調整之空間，主管機關金管會與證交所宜有更明確合於法律真義的規範，儘早作適度修正，以導正證交市場之秩序，便於企業投資者遵循，減少不必要爭議。

伍、證券交易法適用上爭議之探究

證券交易法之諸多規定紊亂，體系混雜，要件不明，用語空泛，採用眾多不確定概念，因而學者解讀常有不同，見解差異性大，仁智異見，未能有較一致性之見解，在司法實務上，因個案案情與內容不盡相同，事實也有出入，法院判決之解釋與看法亦常有歧異，造成適用上諸多疑義。本文乃依多年研習、觀察所見所聞與所得對部分規定略予分析說明，以供參考，對各學者專家及法院判決則不一一列述或評析或說明。

一、通謀操縱股價犯罪

證交法第155條第1項第3款規定：「意圖抬高或壓低集中交易市場某種有價證券之交易價格，與他人通謀，以約定價格於自己出售，或購買有價證券時，使約定人同時為購買或出售之相對行為。」係在處罰行為人串通交易，自屬必要共犯。惟法文所稱通謀之範圍為何，是否與

證券種類、行為態樣、交易時間等均需相同一致，或大致相當即成立犯罪，容有討論之餘地。而在必要共犯間之通謀，有主以民法第87條第1項解釋需限於虛偽交易，有認為刑法不法之構成要件無需以民法規範為準，應衡量立法精神，以本款重在禁止操縱股票市場之目的，應以有無互相謀議之事實為要，凡共犯間「經通謀之相對買賣後，即各自買回，各持有之股票種類、數量，仍維持交易前之狀態，如B既為確實買並未再賣出與A，各人持有之股票數量已因真實買賣而互有消長，自非虛偽交易。」（臺灣高等法院89年度重上更（三）字第84號刑事判決參照），自應認相對委託包括虛偽交易與真實交易在內。

又本款之成立，需行為人主觀上須有「抬高或壓低集中交易市場某種有價證券之交易價格」之「意圖」，惟因證券交易須透過證券交易市場撮合成交，並非行為人間直接可以成立交易行為，如何判斷有無意圖，有其困難性。若採嚴格標準衡量，可能需委託價格與約定價格相近，數量上相當，時間接近，如此顯難成立本款之罪，若採寬鬆標準，可能失之嚴苛。

二、連續買賣股價犯罪

證券交易法第155條第1項第4款連續買賣各款，法文明定：「意圖抬高或壓低集中交易市場某種有價證券之交易價格，自行或以他人名義，對該有價證券，連續以高價買入或以低價賣出，而有影響市場價格或市場秩序之虞。」其要件需在主觀上有抬高或壓低集中交易市場某種有價證券之交易價格之意圖，客觀上高價連續買入或低價連續賣出該證券，有影響市場價格或市場秩序之虞。

所謂以高價買入或以低價賣出，不能單以價格之高低為準，需從市場整體價格觀測，其明顯有抬高或壓低之行為，當在禁止之列。若以某股票維持在一定價格之平盤時，該股價原應下跌，而以操縱手法使其不致跌價，後股價之該跌而未跌，實質上乃有抬高效果，此出於行為人抬

高之意圖，應以本罪繩之；反之，非意圖抬高或壓低該有價證券之交易價格時，則依其所犯情節涉及證券交易法第一百五十五條第一項第六款規範之範疇（參照最高法院97年度台上字第6546號刑事判決）。

判斷行為人主觀上是否有意圖市場行情之意圖，主要以有無異常交易為判斷基準，需綜合交易量、交易前後之變動狀況、交易型態、行為人交易習性、交易占有比例、以多數人頭隱藏交易等情況深入探究。臺灣高等法院89年度上訴字第3286號刑事判決曾說明：某種上市股票突有連續價量俱揚情況，則應考究當時同類型股是否有同樣情況？整個交易市場（大盤走勢）是否同樣活絡？……，須考量：(1)股票之價、量變化是否背離集中市場走勢？(2)股票之價、量變化是否背離同類股股票走勢？(3)行為人是否有以高於平均買價、接近最高買價或以漲停價委託或以拉尾盤方式買入股票？(4)行為人有無利用拉抬後之股票價格賣出系爭股票獲得鉅額利益？亦即造成交易暢旺，乘機出售圖利之客觀情事，足供參考。

又「有影響市場價格或市場秩序之虞」，在犯罪之類型上，有解為類似「具體判斷的抽象危險犯」之性質，需以連續買賣之交易行為有影響市場機能之可能性，若交易量小，規模不大，不該當其要件。又此「有影響市場價格或市場秩序之虞」是否以引誘他人買賣為要件，學者間之見解不同，有認為法律條文既未如此規定，不以誘使從事買賣有價證券為限，另有主張行為人為連續買賣行為，以帶動證券市場之變動，本即在誘使他人買賣，宜採肯定說，在司法實務上，尚乏統一性見解。

本款連續買賣之規定，係指連續以高價買入或低價賣出之行為。所謂連續當指多次交易行為，法院對連續之認定，有採以往連續犯所指「基於概況犯意為之」觀念，有則以接續犯之概念認定，有則稱連續以高、低價買賣，係以單日交易或三日以上或一週或二週為斷，因法文未明定，解釋上將因時間之長短而涉及本罪之成立，合理見解以相當期限之特定期間為斷，在具體案件上觀測其交易方式、型態、影響市場變動

狀況等審斷，而此連續行為，宜認為成立單純一罪。

由於買賣股票之行為人有其思考模式、習性、交易手法、採用型態等情況，外觀上出現連續高價買入或低價賣出情形，在證交所監測時，可釐出其合於本款連續買賣之模組，然細觀其原因與類型多端，在具體案件上，行為人常抗辯：「係補足其他董事、監察人之持股數」、「公司在買進庫藏股」、「準備爭取經營權」、「出於投資之獲利目的」、「避免投資損失擴大」、「代人操作股票」、「基於投資理財方便」等，當需審斷抗辯事由之正當性、合理性，主觀上是否有影響市場行情之意圖為準。

由於證券交易法並未禁止投資人對同一股票先買後賣或先賣後買行為，投資人買回已出售股票，難認為不法，而且未限制每日買賣各類股票數量及價格，如單純以股票買賣數量作為判斷證券交易活絡與否之標準，失之草率，需深度考量是否有誘使他人買賣股票之意圖，所進行連續買賣，有影響市場價格或市場秩序之虞。司法實務上需注意基於行為人主觀上之意圖，而從事足以產生虛偽不實或足以令人誤解之交易活動之表象，以免過於空泛，本罪解為抽象危險犯，其為小規範交易，很難達致此程度，是以操縱條款之要件，宜透過個案之解釋與適用使之具體明確化，不宜過於空泛。

三、內線交易犯罪

企業從事工商活動與經營過程，常有重大營運、財務或組織變革聯盟等情事，均攸關投資之重要參考資訊與依據，內線交易之禁止僅限於發行股票公司有重大影響其股票之消息。由於內線交易對資本市場有重大影響，其一為影響市場的公平交易（Fairness），其二影響市場的誠信正值（Integrity），其三影響市場的穩定（Stability），對企業將帶來極高財務風險、商譽嚴重損害、股價不利波動，而且國內投資人之評

價也降低。再者，公司內部人與公司間有特殊信賴關係，本即應忠於職責，負有不作爲之義務，竟然內線交易，違背平等性及資訊不對等資訊原則，具有可罰性。

本條要件之一爲重大訊息，觀諸證券市場以公開揭露制度係公平交易之基石，但資訊甚多，所有資料均予公布揭露將使投資人陷於「資料海」當中，反而不易凸顯眞正重要的資訊。因此重大性成爲判斷發行公司有無揭露義務或更正已發布之資訊標準、判斷公開說明書「主要內容」之標準，及內線交易亦需該未揭露的消息具有重大性爲要。所謂重大消息係指「公司之財務、業務」或「公司股票的市場供求或公開收購」等消息，其具體內容對其股票價格有重大影響，或對正當投資人之投資決定有重要影響，例如辦理減資、合併、收購、分割、股份交換、轉換或受讓等投資計畫、發生內部控制舞弊、非常規交易或資產掏空、取得或處分重大資產；又如上市（櫃）股票有進行或停止公開收購者、上市（櫃）股票有重大違約交割、變更原有交易方法、停止買賣或終止上市（櫃）之情事或事由者。

依據證券交易法第157條之1第5項規定：「第一項所稱有重大影響其股票價格之消息，指涉及公司之財務、業務或該證券之市場供求、公開收購，其具體內容對其股票價格有重大影響，或對正當投資人之投資決定有重要影響之消息」，第二項授權主管機關訂定「證據交易法第157條之1第5項及第6項重大消息範圍及其公開方式管理辦法」。該辦法對於有關公司之財務、業務之重大消息、有關該證券之市場供求之重大消息及有關公司有重大影響其支付本息能力之重大消息分別於第2、3、4條予以列舉明定，觀其內容，相當詳盡。

由於證券市場交易之型態相當複雜，涉及內線消息之情形非常多元，在判斷上有其困難性，尤其在內線交易案件上常出現不同認定標準，檢察官之見解與法院看法有異，第一、二、三審認定異常出現齟齬，甚且南轅北轍，道出上開重大消息管理辦法仍無法解決認定上之問

題。

學者對於消息是否爲內線消息提出不少判斷基準，例如：(1)是否有影響性：指該消息對理性投資人之投資決定是否有明顯之影響性、(2)是否重大性：指其消息對於投資判斷是否因之產生重大變動影響者、(3)是否具體性：指該消息是否爲確定而有具體執行可能性或方案策略者、(4)是否明確性：指其消息有相當事實憑藉，而非主觀預期、推測、評估之訊息，因之在判斷時，需綜合當時交易之現況、市場實情等綜合研判，以合理投資人之角度觀測，是否影響投資決定？是否影響股價波動等作爲基準？尙不能僅因上開重大性即認成立本罪。

本條公開之涵義，立法未作解釋，依公開之字義及精神以觀，係指消息已置於不特定或特定多數投資人達於可共見共聞之情形，而非僅爲公司內部少數人聞悉，依重大消息管理辦法第6條規定，屬於公司財務、業務之重大消息及該證券之市場供求之重大消息，其公開方式係指經公司輸入公開資訊觀測站。有關公司有重大影響其支付本息能力之重大消息，第二項規定，係指透過下列方式之一公開：一、公司輸入公開資訊觀測站。二、臺灣證券交易所股份有限公司基本市況報導網站中公告。三、財團法人中華民國證券櫃檯買賣中心基本市況報導網站中公告。四、兩家以上每日於全國發行報紙之非地方性版面、全國性電視新聞或前開媒體所發行之電子報報導。就此規範，是否合適，論者有不同看法，有認爲以形式上輸入公開資訊觀測站爲準，則消息已正式公開，又外界均已認知或因媒體報導已實質公開或經由Line群組傳遞，已成爲多數人所悉而尙未經登載於觀測站，是否在內，不能無疑，何況股票市場小道消息或市面傳言甚多，投資人因無法取得第一手資料參證，常眞假難辨，不易作出正確之投資決定，而認此情形已屬公開，顯有不當。

消息管理辦法已予列舉內線意涵，合於其規範會成立內線交易罪，實務上，有公司發布消息前後三個交易日收盤價均無明顯異動，可見該公司財務預測是否調降或更新，對於投資人投資判斷之影響程度極

小，認行為人等出售股票時點所獲悉公司更新財務預測之「可能性」及其影響「程度」均甚低微，經綜合權衡判斷，尚難認該所獲悉者係屬於「重大」影響公司股票價格之消息（最高法院98年度台上字第6492號刑事判決參照）。

又重大消息之產生，依各消息之性質有所不同，一般而言，常從構思、籌劃、研擬到溝通、磋商、會議，再進行協議、訂約，並經董事會討論、審查及決議，然後成型定案，接續進而執行實施，其過程可能需有相當時間，何時為消息成立時點，不易確定。重大消息管理辦法第5條規定：「所定消息之成立時點，為事實發生日、協議日、簽約日、付款日、委託日、成交日、過戶日、審計委員會或董事會決議日或其他依具體事證可得明確之日，以日期在前者為準。」顯然無確定之時點，則在具體案件時，何者為成立時點，不免產生認定困難及爭議性。最高法院99年度台上字第3770號刑事判決對此認為：重大消息於達到最後依法應公開或適合公開階段前，往往須經一連串處理程序或時間上之發展，之後該消息所涵蓋之內容或所指之事件才成為事實，其發展及經過情形因具體個案不同而異。以公司與他人業務合作之策略聯盟而言，可能有雙方之磋商（協議）、訂約、董事會通過、一方通知他方變更或終止（解除）合作、實際變更合作內容或停止合作、對外公布停止合作等多種事實發生之時點。於有多種時點存在時，依上揭規定，為促進資料取得平等，以維護市場交易之公平，應以消息最早成立之時點為準。故認定重大消息發生之時點，及內部人何時獲悉此消息，自應綜合相關事件之發生經過及其結果，為客觀上之整體觀察以為判斷。

關於「獲悉發行股票公司有重大影響股票價格之消息」，係指獲悉在某特定時間內必成為事實之重大影響股票價格之消息，並不限於獲悉時該消息已確定成立或已為確定事實為必要。換言之，認定行為人是否獲悉發行公司內部消息，需就相關事實之過程及結果整體觀察，不能僅機械性地固執於某特定、具體之事實發生時點。（最高法院101年

台上字第4351號、101年台上字第855號、100年台上字第1449號裁判參照）。

又違反證券交易法第157條之1第一項規定之犯罪所得，如何計算，實務上有不同方法，是否得以同法第三項規定之損害賠償責任之數額計算，有主得予同視以供認定，實務上曾採之，但認為二者有不同規範目的，實為二不同計算之觀念。

四、違反第171條犯罪

證券交易法第171條第1項第2款之非常規交易罪，係因公開發行股票公司不法行為日益翻新，手法日益高明，嚴重影響投資人權益，損害公司之利益，惡性重大有嚴予處罰之必要，而因不法行為型態龐雜，只要形式上具有交易行為之外觀，實質上對公司不利益，而與一般常規交易顯不相當即屬之。其不合營業常規，更需參酌時空環境變遷及社會發展情況而定，不能拘泥於立法前社會已知之犯罪模式，是以掏空資產、利益輸送、低價高買、高價低賣、詐欺貸借等情形均在內。

又非常規交易罪，本質上係背信行為，與第3款背信罪在適用上如何釐清，需從立法意旨與犯罪動機、核心目的與犯罪手法予以區別，在實務上出現認二者係一行為觸犯數罪名，依想像競合犯從一重處斷。又因法文明定「以直接或間接方式，使公司為不利益之交易，且不合營業常規」自係包含為不利益交易，「而且」不合常規交易，兩行為連動，再論及「致公司遭受重大損害」，三要件有其一體性連貫關係，適用上應予注意。又商業判斷法則能否引用在非常規交易罪，以減輕行為人負擔，論者見解不一，有主張可以作為阻卻違法之正當理由，有則主張直接規範在非常規交易之構成要件內。

本條「致公司遭受重大損害」規定，係抽象危險犯或是具體危險犯？在適用上亦需考量，按抽象危險犯不以存有具體危險為必要，其行為本身即被認具有危險性，而具體危險犯則需行為已確實引起保護法益

之危險，學者乃認本罪為具體危險犯，有關重大損害，需以該非常規交易所生損害情形與公司之規模資產、營業額、連動損失等為判斷基準。

第171條第1項第3款規定特別背信與侵占罪，係刑法背信與侵占罪之特別規定，在適用特別背信時，行為人是否需具備「為自己或第三人不法之利益或損害本人利益之意圖」，又侵占罪是否亦需「為自己或第三人不法所有之意圖」，有認法文未規範，無需如此考慮，但有主此既屬財產犯罪，回歸其本質，需有不法之意圖，再稽之第171條第3項規定：「有第一項第三款之行為，致公司遭受損害未達新臺幣五百萬元者，依刑法第三百三十六條及第三百四十二條規定處罰。」應認需有不法之意圖。

又非常規交易犯罪與特別背信侵占罪之犯罪主體，法文明定為：公司董事、監察人、經理人等，性質上為身分犯，其等身分者，與有身分人具有犯意聯絡行為分擔，彼此朝同一犯罪目的，共同對於有身分者有非常規交易、背信等使足當之，若無此身分者與有身分者行為雖有合致，但雙方各有其目的，相互居於對立之對向關係，而無共同犯意聯絡，尚難論以共同正犯，常見者有上市公司採購經理向供應商抽取回扣、佣金而有特別背信行為，亦不論採購經理與供應商為共同正犯。

證券交易法第171條第1項及第2項犯罪，係以犯罪所得是否達一億元為科刑論罪之基準，第6項又規定：「犯第一項或第二項之罪，其犯罪所得利益超過罰金最高額時，得於所得利益之範圍內加重罰金」，亦以犯罪所得為加重罰金之基準，而犯罪所得如何計算，法無明文，回歸刑法總則亦無明確規定。新修正刑法第38條之1第4項規定：「犯罪所得，包括違法行為所得、其變得之物或財產上利益及其孳息。」亦非計算方法，致學說上有不同之見解，各級法院亦有其計算方式，即同一案件歷經第一審、第二審、第三審及發回更審中各次審判之計算結果亦有異，案件在第二、三審間徘徊，足見計算所得成為法律適用上一大問題。

上開第171條第1項之罪，有違反有價證券募集發行、私募、買賣或財務報告、財務業務文件虛偽隱匿規定，有操縱股價行為、有內線交易犯罪、有非常規交易罪，以及特別背信與侵占罪，類型殊多，犯罪手法不同，有關犯罪所得之方式亦明顯有異，法文僅概括規定，顯難有一致性計算方法，更不易有統一之計算模組，因之各法院有歧異性之審認，亦不足奇。

以眾所關注之內線交易所得之計算方式，歸納學者研究與司法實務之見解，有關連所得法、實際所得法及擬制所得法等，法院判決有兼採實際所得法與擬制所得法，因其計算方式之不同，犯罪所得會有高低，影響法定刑之適用，行為人必全力以赴採取有利於己之計算，不免影響各法院審理之態度與見解，以多件內線交易案因計算方法之不同以致久懸未決，司法實務上宜有統一見解，使法律適用之爭議減低。

證券交易法第20條第2項規定，發行人依本法規定申報或公告之財務報告及財務業務文件，其內容不得有虛偽或隱匿之情事；違者依同法第171條第1項第1款論罪。而第174條第1項第5款則規定，發行人、公開收購人、證券商、證券商同業公會、證券交易所或第18條所定之事業，於依法或主管機關基於法律所發布之命令規定之帳簿、表冊、傳票、財務報告或其他有關業務文件之內容有虛偽之記載，予以處罰。兩相比較，其犯罪構成要件極為近似，前者係以公司財務報告為投資人投資有價證券之主要參考依據，為使投資大眾明瞭公司之現況及未來展望，其財務報告之編製自應具體允當真實揭露公司之財務狀況，乃經申報或公告，影響市場重大，而後者尚未申報或公告即遭查獲，因尚未影響投資大眾，並未致生嚴重之後果，其情節較輕。

五、收賄罪

證券交易法對於收賄、行賄之客體，明定為不正利益而未如刑法及

貪污治罪條例規定包括「賄賂」在內，是否有意省略，有深究之必要。蓋賄賂與不正利益在刑事法體系，分別有其涵義，脈絡分明，若本法未予規定，當限於不正利益，則收受賄賂事實遠比不正利益具體明確，社會對其非難性更高，置此賄賂不論，既非事理之常，法理亦有不當，如認為收受賄賂可論以證券交易法第171條第1項第3款特別背信罪，為免捨近求遠，所以適用時，應將賄賂認定為不正利益為當。

又企業之採購事項常發生收受回扣或佣金之事，是否論以收受不正利益罪，又行為人究係職務行為或違背職務行為，均有討論之空間，檢察官以刑法第342條背信罪或證券交易法第171條第1項第3款特別背信罪提起公訴，法院亦出現成立背信罪或特別背信之判決，亦待釐清。

六、財報不實犯罪

上市、上櫃公司製作假帳之情形，常有所聞，從博達案件發生後，財報不實問題方為各界關注，例如2001年、2002年皇統與其他公司以假交易方式虛增營業額；陞技公司與新加坡Kobian公司涉及180億元不實交易，飛鷹公司於1999年至2003年在財報記載不實之技術移轉與鑑賞價值內容共一億一千萬元，負責人被判賠償鉅款。2004年爆發博達案，董事長以跨國財務操作方法，讓帳上63億元現金憑空消失。又如2007年雅新公司應收帳款營收虛增一百多億元，獲利虛增20餘億元，大幅異常增加，涉有財報不實。2008年爆發歌林自2004年起與美商Syntax Brillian（SBC）假交易涉及財報不實。2015年群聯涉嫌作假帳被法辦，冠德副董事長涉嫌作假帳等等。分析許多作假帳之手法，藉由財報作假進一步掏空公司，最終導致公司下市，因此財報不實成為公司下市之導火線。

國際上恩農案也是明例，戴爾公司在2002～2006年間因英代爾停止支付回扣，導致淨利萎縮，向股東隱瞞獲利下滑真正原因，股價受累

大滑。在日本東芝企業（Toshiba）虛報獲利事件，更是驚動世界，自2008年至2014年間，虛報稅前淨利共一千五百六十二億日圓，約新臺幣三百九十五億元，前後七年財務獲利大灌水，可說從奧林巴斯事件以來，加速減弱日本市場之信賴度，影響可謂相當深遠。

財務報表主要係指資產負債表、損益表、現金流量表、以及業主權益變動表或累積盈虧變動表或盈虧撥補表（商業會計法第28條），常見財報不實之操作型態有下列數種，而且操作方式更加多元複雜，有時大膽到極為誇張程度，甚而連公司都懷疑自己的財報。

1. 運用會計原則之選擇
2. 運用會計估計之裁量權
3. 運用管理階層之意圖
4. 運用收支認列時點之調整
5. 運用海外第三地紙上公司或實質關係人
6. 運用關係人（含轉投資公司交易之安排）
7. 使用不正確之會計原則
8. 運用財報發布的時間差
9. 運用稽查人員能力、時間及對產業知識之不足
10. 運用專家意見掩飾
11. 運用詐騙手段矇騙
12. 虛增業績，美化帳面
13. 運用不同國家法律規定之差異

財務報表本於忠於股東與投資者所託，反應財報之眞實，而觀察常見之財報不實之原因，主要與股價、融資、紅利及法規等因素有關，而其目的往往在粉飾經營之失敗與隱瞞經營者之貪婪。對於各種財報不實之操作手法，有則自認極為高明，有則認已做到天衣無縫，有的認為只是在法律邊緣游走，等東窗事發，推說對手在惡整，或稱這是財務技巧，非在作假帳，有的抗辯是權宜做法，後來已更正，有自認是資優生

股票，只是一時弄錯，甚而有怨嘆：就算作弊，別人還不是一樣，最多是集體作弊，令有識者，驚呼諸多企業主之法律風險意識何以如此淺薄。

證券交易法第174條第1項第5款有關財務報表之內容有虛偽之記載，如何認定？若依目前部分公司財務報表之數字，常運用特定之會計方法推算而來，然因選用之折舊計算方法不同，其所得之結果數字，亦有不同，即以公司資產之折舊而言，所用之四、五種折舊計算方法，其資產之折算與帳面金額亦有差異，因此財務報表顯示之金額數字未必為絕對值，如以不同折舊方式推算，因數字不同，是否即認定為虛偽？其數字之顯示是否為虛偽之記載，不能無疑。

證券交易法第20條之1所列財務報告不實之民事責任，明定需以財務報告之「主要內容」含有虛偽或隱匿之情事為其要件，但同法第20條第2項及第171條第1項第1款所列財務報告不實罪、同法第174條第1項第5款或第6款所列財務報告虛偽記載罪之法條文字則以「內容」含有虛偽或隱匿之情事為要件，設若非屬重要內容或主要內容之虛偽或隱匿，是否構成財務報告不實罪，存有疑問。若刑事責任之成立，無需以主要內容為準，則民事損害賠償責任成立要件顯然比刑事責任構成要件嚴格，是否妥適合理，頗有斟酌之餘地。

一般認為證券交易法第20條之制定，係源自美國證券管理委員會（U.S. Securities and Exchange Commission）於1942年所頒訂之Rule10(b)-5，而依據該條規定，除行為人需有「故意」或「間接故意」（scienter）之外，尚須隱匿或虛偽之事實具有「重大性」（material fact），足以影響理性投資人之判斷，始足當之。學理上亦認美國證券交易法第10條(b)項及Rule10b-5所規範之行為類型包括不實陳述或隱匿（misrepresentation or omission in corporate statement）、內線交易（trading while in possession of material nonpublic information, insider trading）及操縱行為（manipulation），而美國聯邦最高法院針對訊息重大性之判斷主要採取「事件發生可能性/事件影響幅度標準（probability/magnitude analysis）」之相對客觀分析模式，且進一步提出判斷方向及指標。因之，如係無關宏旨之事項，不足以影響投資人之決定者，在證券市場上並無任何足使投資人陷於錯誤投資決策之風險，似非本條之規範範圍。

最高法院99年度台上字第8068號刑事判決意旨：至於企業與關係人間無交易或非屬重大之交易，雖依會計研究發展基金會九十二年五月三十日（92）基秘字第一四一號解釋函，謂若關係人與企業間具有實質控制關係存在，不論是否有關係人間之交易，其所有關係人皆應予以揭露，俾財務報表使用者瞭解關係人關係對企業之影響，並據以規範企業編製財務報告時仍應遵照上開解釋函辦理。惟鑒於會計研究發展基金會所發布之解釋函係處於浮動性之狀態，其發布之程序未若法律、行政規則有依法公告、協商修改之程序，亦不似經該基金會選編製定發布為各號財務會計準則公報之嚴謹，已形成人民對於刑罰權之預見，本乎刑罰明確性原則，殊無據以為充足或擴大證券交易法第20條第2項空白構成要件事實內容之餘地。從而對此企業與關係人間無交易或非重大之交易事項縱有未依前揭解釋函予以揭露之情形，衹須依編製準則第5條第2項規定，由主管機關通知其調整更正財務報告，或依違反證券交易法第14條第3項後段之規定，處以同法第178條第1項第2款之行政罰鍰為已足，而無科以刑罰之必要，庶符刑法謙抑及比例原則等語，再觀察司法實務上，如臺灣臺南地方法院98年度金重訴字第1號刑事判決、臺灣桃園地方法院102年度金訴字第5號刑事判決亦採此見解可參。

財務報告之內容、適用範圍、作業程序、編製及編製準則，依證券交易法第14條第2項之規定，採授權主管機關訂定「證券發行人財務報告編製準則（採國際財務報導準則版本）」及「發行人編製財務報告相關補充規定」。發行人依證券交易法規定申報或公告之財務報告業務文件，內容有虛偽或隱匿情事，應負證券交易法第171條第1項第1款、第174條第1項第5款、第6款之刑事責任，又發行人及其負責人、職員及簽

證會計師等依證券交易法第20條之1規定亦應負民事賠償責任。

財團法人中華民國會計研究所發展基金會所發布之財務會計準則公報第6號「關係人交易之揭露」第2條第2項第5款規定，公司之董事、監察人、總經理、副總經理、協理及直屬總經理之部門主管均屬企業之關係人（參照最高法院101年度台上字第4507號刑事判決）。依據國際會計準則第24號9段及第4項規定，個人如為財報報導個體之主要管理人員，該個人及所控制之個體均為關係人。而主要管理人員，係指直接或間接擁有規劃、指揮及控制該個體活動之權利及責任者，包括該個體之任一董事。準則第24號第10條則規定，判斷關係人之範圍應注意實質關係；而非僅注意其法律形式，是以企業職務稱呼為經理、協理、副總經理、總經理等是否為上述主要管理人，需深入探求，而職務稱呼非為經理者，專門委員、總監、特別助理等，是否即非經理人，亦需注意實質關係，司法實務上就涉案被告是否為主要管理人，有不同之認定。

公司設置協理，無非係代表上訴人公司對客戶投資理財直接提供分析意見或建議，且上訴人公司係從事證券投資顧問事業，則能否僅憑被上訴人製作之投資規劃，須經上級核可，即認其非公司之經理人？尚非無疑（最高法院97年度台上字第2351號民事判決參照），但另一判決則認為：「上訴人處理一般財務事務既須接受總經理及董事長之指示，其處理此項事務並公司決策性事務猶須由總經理及董事長核決，以此以觀，則上訴人處理事務已無獨立之裁量權及決策權，兩造間之關係，能否謂係委任關係，則非無疑（最高法院100年度台上字第670號民事判決參照）。

經董事會會議紀錄曾決議職為總經理，認為卷附上訴人所提出之被上訴人九十六年度年報，其中「總經理、副總經理、協理、各部門及分支機構主管資料」項下又已具體明確載明上訴人係被上訴人之總經理，就任日期為八十五年九月二十日；且該等內部控制說明書及年報並已經董事會決議通過，……被上訴人董事會似已實質上決議通過認可聘任上

訴人為該公司之總經理，能否謂被上訴人董事會因未於董事會議事錄正式記載曾決議聘任上訴人為該公司之總經理，即認上訴人與被上訴人間未生公司法上經理人委任之效力（最高法院100年度台上字第1624號民事判決參照）。

又證券交易法第20條之1、20條第2項、第171條第1項第1款之法律用語固有不同，惟第20條第2項之規範目的，在於避免投資人因不實資訊做成錯誤之投資決定，甚且若非重大事項之虛偽或隱匿不致造成投資決策之變化，應解為以主要內容不實為限，即其虛偽或隱匿之資訊具備重大性使足影響投資人之投資決定。再從體系論之，證券交易法第20條第2項之財務報告不實當與同法第20條之1之主要內容為相同解釋，而以具備重大性為限。至於證券交易法第174條第1項第5款或第6款所規定之財務報告虛偽記載罪，雖亦僅以其「內容」含有虛偽之記載為要件，本質上既屬對於理性投資人從事證券詐欺之行為，從規範目的來說，解釋上應以所虛偽記載者歸屬重要內容或主要內容為限，不與同法第20條第2項所規定之「內容」限為主要內容一節另作不同之解釋，始符合目的性限縮解釋之旨。

我國學者多數亦認為證券交易法第20條第2項所規定之財務報告，必須達到發行人重要內容有虛偽或隱匿，進而對投資人之決策判斷有重大影響而言。（參閱余雪明，證券交易法，財團法人中華民國證券暨期貨市場發展基金會，92年4月4日，第619頁；曾宛如，論證券交易法第20條之民事責任—以主觀要件與信賴為核心，臺大法學論叢，33卷5期，93年9月，第59頁；劉連煜，證交法第二十條第二項資訊不實規範功能之檢討—資訊內容具重大性是責任成立要件，臺灣法學雜誌第131期，2009年7月1日，第196頁、第197頁；王志誠，財務報告不實罪之判定基準：以重大性之測試標準為中心（下），臺灣法學雜誌第200期，2012年5月15日，第113頁至第120頁；賴英照，股市遊戲規則—最新證券交易解析，2014年2月第三版，第732頁）

又國際會計準則（IFRS）對於虛偽隱匿係以重大性爲準，我國財務會計準則公報第6、7條及審計準則公報第51號等亦重大性明文規定，有關財務報表上某項目之遺漏或錯誤影響個別或集體報表使用者所做之經濟決策，方爲重大，若誤載未影響決策者，可認爲非重大性失誤。而證券交易法第20條第2項及第171條第1項第1款所規定之財務報告不實罪，縱然僅以財務報告之「內容」含有虛偽或隱匿之情事爲要件，解釋上應本保障投資之立法目的，考量理性投資人於作成投資決定時，是否實質可能認其爲重要內容爲判斷基準。換言之，資訊之不實，具有重大性，即重要內容涉有虛偽或隱匿之陳述使得構成犯罪。所謂重要內容，係指某種資訊之表達或隱匿對於投資人之投資決策具有重要影響而言。

財務報表旨在提供使用者或參閱者獲得正確詳實之內容，以瞭解上市櫃公司之財務狀況，其記載是否需鉅細靡遺，將所有會計、財務資料等完全登載，論者有不同看法；有主凡屬可供其參閱者瞭解知悉之財務報表資訊均應詳細登載，另有認爲財務報表之內容甚多，其主要內容爲資產負債表、損益表、股東權益變動表及現金流量表等四大表，於審斷財務報告之虛偽眞實，以四大表爲準。其對公司財務狀況不生影響之事項無需記載，主要已依金管會訂定之證券發行人財務報告編製準則、中華民國會計研究發展基金會公布之財務會計準則公報、解釋等編製，將公司財務狀況、經營結果及現金流量等予以記載，不致影響或誤導投資人理性判斷及決策，其不影響財務狀況實情，而未在財務報告揭露者，即非財報不實。事實上財務報表，除現金與銀行存款可透過銀行、客戶函證或現金存款簿，與報表反覆核對後確認，其餘部分，大多利用特定之會計方法推算，本質上係估算而得之資料，且企業選擇之折舊方法各有不同，其推算之數字亦未必相同，因之判斷財報是否不實，應考量重大性原則或重要性原則，財務報告或財務業務文件中非屬「主要內容」或財務報告中非具有重大性或重要性之資訊，縱使未予揭露，而不影響理性投資人之投資決策之訊息縱有虛偽或隱匿之情事，尚不違反證券交

易法第20條第2項、第20條之1第1項、第174條第1項第5款或第6款等規定，始稱允洽。

七、民事賠償責任

為保護投資人權益，維持證券交易市場之公平與正義，證交法第20條第1項規定：「有價證券之募集、發行、私募或買賣，不得有虛偽、詐欺或其他足致他人誤信之行為。」第3項規定：「違反第一項規定者，對於該有價證券之善意取得人或出賣人因而所受之損害，應負賠償責任。」有關本條詐欺行為所生損害賠償責任之性質，學者所見有異，有認侵權行為類型之一，有主係獨立的法定責任之性質，亦有認為本條旨在強調證券市場之特殊性，必要時得排除民法侵權行為之規定。而在實務見解有解為屬民法第184條第2項所稱之保護他人法律，係屬侵權行為之特別類型規定，民法第184條以下有關侵權行為之規定，亦有其適用（臺灣高等法院臺中分院93年度金上字第4號民事判決），是以本條之賠償責任性質，顯有深入探討之空間。

又違反第20條第1項有民事、刑事責任，在刑事責任部分，依刑法第13條之精神，無論虛偽、詐欺或其他使人誤信等行為，均需出於行為人故意，否則尚不為罪。至於民事責任部分，雖有主以故意為限，但民事侵權行為責任，一般均包括故意、過失在內，實務上亦有不以故意為限，於有欠缺善良管理人注意義務之過失時，亦應負責。

證交法第157條之1第3項規定：違反內線交易規定者，對於當日善意從事相反買賣之人買入或賣出該證券之價格，與消息公開後十個營業日收盤平均價格之差額，負損害賠償責任。有關傳遞消息之中間人，依同條第4項規定需與消息受領人連帶負擔損害賠償之責，但中間人因未有實際買賣有價證券之行為，基於民法第272條第2項規定，連帶責任須以法律明定，則損害賠償請求權人對於此中間人，能否對其請求民事賠

償，不能無疑。又得請求民事損害賠償之人為當日善意從事相反買賣之人，證券交易商是否為被害人？有認為證券經紀商與委託之投資人之請求權各自獨立，競合存在，但證券經紀商受投資人委託於證券集中交易市場以行紀方式買賣有價證券者，係依投資人之指示而為交易，本身不負買賣有價證券盈虧之利益或損失，其實質上受有損害之人為委託買賣之投資人。

又內線交易（insider trading），係指具有特定身分之人知悉重大影響證券價格或投資人投資決定之消息後，於該消息未經公開或公開後一定期間內，進行買賣該證券之行為，證券交易法第157條之1明文禁止，違反者除有刑事責任，亦需負民事責任。從歷年來內線交易制定及修正理由，明顯揭示懲罰常有特定消息之人從事不當之交易行為，為促社會投資人與公司內部人屬於平等地位公正交易，減少投資人對證券市場公平性之疑慮，健全證券市場之發展，保障投資人之權益。

又從立法理由中可以瞭解係參考美國立法例所制定。按美國禁止內線交易之理由，源於「資訊平等理論」、「信賴關係理論」及「私（竊）取理論」，並逐步發展而來。就我國而言，並非採其中單一之理論，需兼採三大理論以實其說，最高法院99年度台上字第2015號民事判決認為：禁止內線交易之理由，學理上固有所謂資訊平等理論、信賴關係理論或私取理論之區別，惟實際上均係基於「公布消息否則禁止買賣」之原則所發展出來之理論，即具特定身分之公司內部人於知悉公司之內部消息後，若於未公開該消息前，即在證券市場與不知該消息之一般投資人為對等交易，該行為本身即已破壞證券市場交易制度之公平性，足以影響一般投資人對證券市場之公正性、健全性之信賴，故內線交易之可非難性，並不在於該內部人是否利用該內線消息進行交易而獲取利益或避免損害，而是根本腐蝕證券市場之正常機制，影響正當投資人之投資決定甚或進入證券市場意願，故各國莫不超脫理論爭議，而以法律明定禁止內線交易，對違反者課以民、刑責任。

　　證券交易法對於發行人、負責人曾在財務文件上簽章之發行人、職員、會計師、律師、工程師、專門職業及技師人員等都有損害賠償之規定，惟賠償之價額如何計算，有其困難度。

　　又非內線交易之投資者，如因有人從事內線交易，而在期間內之買賣行為有所獲利，是否需予扣除，亦值研議，若從一般買賣股票之投資人常常僅是個人操盤買賣之行為，並非因從事內線交易方發生獲利，予以扣除，實不合理。

　　對會計師而言，證券交易法賦予相當民事責任，第20條之1規定：「會計師辦理第一項財務報告或財務業務文件之簽證，有不正當行為或違反或廢弛其業務上應盡之義務，致第一項之損害發生者，負賠償責任。」，第32條對於公開說明書之不實，規定會計師曾簽章證明其所載內容之內部或一部或陳述意見，應負賠償責任，兩種民事責任之客體、責任型態、損害賠償方式及請求權人等均不同，舉證責任之分配亦有不同，前者之賠償採責任比例，後者採連帶賠償責任。

　　有關責任比例之規定係95年1月11日修法時，在第20條之1增訂，針對發行人、發行人之董事長、總經理以外之過失責任，採應比例責任賠償原則，並未給予法院決定不採該原則之裁量空間，法院需審酌發行人、董事長、總經理以外之每一違法人員，其導致或可歸屬於原告損失之個別行為特性，及該違法人員與原告損害間因果關係之性質與程度，認定各該違法人員於該案中應負擔之賠償責任比例，並據此決定其賠償數額。又修法前，上開違法人員之行為是否亦適用，司法判決上曾認亦涵攝在內，應擴及適用（最高法院101年度台上第2037號民事判決、臺灣高等法院101年度金上字第75號民事判決參照）。

　　關於責任比例之標準，立法時未予規範，適用時相當模糊，要如何有科學化、客觀化、合理化、數量化之評價標準，大有探討空間。有關責任比例之計算，在具體個案時，經由原被告雙方主張及攻防，再經法院之審判，必有不同之標準，尚需經相當期間，經由諸多案例之認定審

認，才可能有一致性標準，在司法實務，爲解決案件之爭議，宜由專業人員鑑定或由主管機關提供專業意見以供審認。

陸、證券交易法律風險省思

公司治理爲我國現代企業經營之核心目標，尤其自美國爆發安隆醜聞及世界通訊等事件以來，公司治理更高度被重視，其目的在追求企業經營效益最大化，兼顧公司利益、股東、債權人之權益以及公共利益，因之，法令遵循、法律風險管理以及內控遵守法律規範，落實公司經營者之責任，盡到最高法律責任。

從發生之企業事件中，林林總總，其中最被關注及責難乃是違反證券交易法，每當重大財經案件爆發時，立即成爲新聞重心，有識者即從公司治理角度去探討公司責任與內部人爲何置法律於不顧，故意觸犯證券交易法，是以企業要有法律風險意識，做好預防與控管工作。

企業發生利益輸送、掏空挪移、侵占豪奪、五鬼搬運、不法舞弊等，涉及利益龐大以2000年至2016年之財經犯罪案件計有92家企業，367個經營者涉案，起訴金額高達二千七萬多億元，足見企業不法貪瀆之情形有其嚴重性。而依其情節與證券交易法第171條第1項第1款及第2款、第3款非常規交易、特殊背信及侵占等犯罪相當，此種因特別刑法之明文規定，而存有法律風險責任，甚爲明確，企業經營者需有法律風險之認知，避免法律風險發生，然觀察發生案例，有明知有法律風險仍故意違犯者，亦有未體察法律風險而蹈法網者，實足供企業界警惕，對法律風險不能忽略而不予置理。再者，當公司發生非常規交易、侵占、背信而危及公司財力、經營、企業成長及信譽時，內部人相當清楚實情，一旦東窗事發或引爆時，必使公司股價重挫，甚而無量下跌，內部人等如予交易，極易成立內線交易罪，需有定力，不從事買賣股票，更重要的是具備法律風險意識，做好預防管理，以免身陷內線交易法律泥

沼。

　　證券交易法第174條對於財報等文件虛偽不實等，明定構成犯罪，督促企業經營層需遵循法令規章與會計準則，不能有造假虛偽不實等內容，各企業負責人及經理人需有法律風險觀念，避免有虛假情事。在實務上，公司負責人因不諳會計專業，有關會計事項之記載、調整等常請益會計師，依其建議或提供意見作業或修整，仍被認為會計帳冊不實而被究辦定罪，因之，會計專業人員之意見或建言，若不合法律需求，仍有法律風險，企業主不能不辨。

　　近年來全球盛行併購，其超過百億美元規模經常可見，如輝瑞併購愛力根1,100萬美元、蘋果收購潮牌耳機大廠Beats Electronics 903億美元、陶氏化學Dow Chemical與杜拜合併4.35兆美元、安布英博（AB In-Bev）併SABMille1,200億美元、中國為走向世界商業大舞台安邦購下南韓東洋壽險、崇鑫投資濟州半導體、聚美投資Skin化妝品之金額驚人，產生企業極大化、產量集中化、利潤超高化、市場壟斷化等現象，成為企業發展的方向，對產業世界產生極高影響。

　　企業併購類型有合併、收購、股份轉換及分割等方式，常涉及相關公司與關係企業資產、產業、經營等變動，對於公司實質利益有重要影響，也因有重大變革及調整，對股東之變動有極大波動，在證券市場上能瞭解與掌握此項內線消息，俾能搶得機先，有機會獲得股價升降之差價利益，就既有發生案例觀察，內線交易常發生在併購時機，從法律風險管理角度，企業併購幾乎成為法律風險源。

　　企業併購不會憑空產生，由天下降，一般都經由長期醞釀、溝通協調、磋商協議、研議定案等，最後達成併購完成法定程序，其所有過程都是新訊息，每一階段都是內部消息，因之，消息時點是持續的，包括起意時、提出意向書時、研議時、與對方企業試探時、交換資訊時、磋商時、共識時、提供財報會計文件時、簽訂MOU時、董事會決議時、股東會通過時、訂立契約時、正式公告時等等，都有消息面，是以併購

中之訊息均為滾動式消息，則從事股票買賣時，容易涉及內線交易問題，對企業內部人及關係人而言，都是法律風險。

　　證券交易法經多次修正後，有重刑化趨向，從前文說明，明白揭示部分刑事處罰刑度，遠遠超過普通刑法之刑罰思維，對企業而言，對於證券交易法之特別刑罰規範，需充分瞭解，明瞭其禁制與處罰，在經營過程，防範有違反證券交易法刑罰行為，以免構成犯罪，面臨重刑風險危機。目前公司治理廣為企業界所推崇，政府機關與學界也廣泛鼓吹，要預防違反證券交易法之法律風險實現，最務實做法就是從公司治理做起，認真落實。

　　近年來，違反證券交易法的案件在整體經濟犯罪上有一定比例，從調查、偵查、審判以迄執行時程以觀，其三年結案遠比三年以上者為少，而長達五年或以上者經常可見，致涉案企業人士陷於法律網，久久不能脫身，其長期在法庭上攻防，苦不堪言，必無法全力投入事業或開展新版圖，即使無罪定讞者，亦身心煎熬，而判決有罪致入囹圄，更是身心俱疲，由此，提醒企業人士不能漠視證券交易法所規律之法律風險責任。

　　財團法人證券投資人及期貨交易人保護中心常對違反證券交易法需負民事責任之人提起集體訴訟，常有企業負責人、經理人除疲於應付刑事官司外，更面臨被投保中心求償之風險，甚至會計師因不實簽證而被求償之件數，逐年增加，常見其金額從數千萬元至上億元，至一億多元不等，益見投保中心從民事賠償責任訴訟，證明企業負責人、經理人與會計師、律師專業人士對於證券交易法所定之民事責任風險需多予認知，避免違犯情事。

　　近年來，財團法人證券投資人及期貨交易人保護中心對於上市、上櫃公司違反證券交易法，提出損害賠償之訴訟，為數甚夥；例如有S公司董事長、財務經理、會計副理為美化公司帳面，規避存貨損失之提列，與境外公司進行帳面交易，藉循環交易美化財務，以詐偽方式，

欺瞞投資大眾，依證券交易法第20條、第20條之1、公司法第23條、民法第28條、第184條等規定，應負賠償責任，請求董事長、監察人、經理、副理及簽證會計師與事務所等連帶給付147,653,296元及法定利息，引起部分上市公司經營層之重視，警覺民事責任奇重，需對證券交易法之規定需有所瞭解，避免法律風險出現。

　　證券交易如涉及內線交易犯罰，處三年以上十年以下有期徒刑，得併科新臺幣1,000萬元以上2億以下罰金，而犯罪所得逾1億元，可處七年以上有期徒刑，法定刑度奇重，任何企業負責人、經理人及員工需對此有風險意識。企業為保護公司形象，保護內部人員勿踏犯法網，應採法律風險管理機制，對於可能接觸到重大消息者，應勸導不要買賣股票，平日在各類教育訓練中充分且懇切提醒與宣導，對於董監事及主要參與經營群員工可要求儘量不要買賣公司股票，並訂立稽核機制，有效執行。

　　臺灣證券交易所對於每日股票交易情形，有監視機制，對於異常交易會深入觀測分析，對於認有證券交易法第155條、第157條之情形會檢視是否有違法之行為，而在認定「股票價格變動較大」、「所占該股票市場總成交量一定比例上」等，其內部設有參數標準，外界對其認定股票交易標準、選擇標準等相當關注，證交所並未對外公開，其具體內容將成為投資者之法律風險，又「臺灣證券交易所股份有限公司公布或通知注意交易資訊暨處置作業要點」、「臺灣證券交易所股份有限公司公布或通知注意交易資訊暨處置作業要點有關異常標準之詳細數據及除外情形」等，對於投資而言，不能不瞭解，以免陷入法律漩渦中。

　　本書多數作者在前述論壇中就各個議題有深入探討與說明，也提出許多法律規定存在之問題，並論述法律適用上之爭議，凡此都提醒現有證券交易法有不少法律風險，而學者專家在同一議題上對法文與要件及解釋上有不同看法，加上實務界相異見解，彰顯其間存有諸多不確定之法律風險訊息，涉案之被告雖可引用有利於己之法律見解，但未必被接

受，更體會法律風險之威力與影響性。

　　台灣法學研究交流協會與臺大、逢甲、成功、臺北、亞洲大學等合辦之學術研討會中，各學者專家均本其多年研究之心得在會中深度闡述，會後再經彼等認真撰寫剖繪，各篇均字字珠璣，經商得他們首肯，送請專家審閱修正後，錄輯成本書，此外，並商請學有專精之專家撰文，納融在書內，以充實本書底基內涵。

　　經濟犯罪之界定各有不同範圍，以法務部多年來之界定，範圍甚廣，包括刑法偽造貨幣、有價證券、財產犯罪以及證券交易法、銀行法、保險法、證券投資信託及顧問法等罪，財金主管機關亦常將違反證券交易法犯罪與違反銀行法犯罪同列在經濟犯罪或金融犯罪之列，司法實務上亦會將違反證券交易法案件列為金融犯罪內涵。而且特別法部分，以財經犯罪為大宗，並為社會高度重視之案件，稽以財經金融案件之調查、偵查及審理有其共通性，在司法實務上有其相互參鑒之處，學理上亦有其連通之理論，有關金融犯罪之偵查審判實務有其參探之處。

　　再者，違反證券交易法第20條第1項規定，於蒐集、發行、私募、買賣有價證券時，有虛偽、詐欺或其他足致他人誤信行為時，應依同法第171條第1項第1款論罪罰，粗看似無違反金融法規之問題，惟實務上，不法吸金而以有價證券集資時，涉及銀行法第29條之1：「以借款、收受投資、使加入為股東或其他名義，向多數人或不特定之人收受款項或吸收資金，而約定或給付與本金顯不相當之紅利、利息、股息或其他報酬，以收受存款論」，將構成銀行法第125條之罪，則此種犯罪行為同時成立證券交易法第171條第1項第1款及銀行法第29條之1之罪。又未向主管機關申報，而募集及發行有價證券，涉犯證券交易法第174條第1項第3款之罪名，其以有價證券從事非法吸金，亦同時設有銀行法第125條之罪，職是證券交易法與銀行法將發生競合適用問題。

　　又銀行人員為操縱股價，違背其職務，而挪移銀行資金，從事影響證券市場股票價格之行為，涉及銀行法第125條之第一、二項之背信

罪及證券交易法第171條第1項第1款之罪，二者在舊法依牽連犯論斷，
而銀行為上市、上櫃公司時，此種特別背信行為時，亦有可能犯有證券
交易法第171條第1項第3款背信或侵占罪，再從發生之司法案例觀之，
行為人之不法犯罪行為，同時涉犯證券交易法、銀行法、金融控股公司
法、票券金融管理法等，亦有相當多案件。再者，於舉辦上述論壇時，
有學者專家建議可將金融法律風險納為研討會主題，是以本書為利於研
讀及研究，特將拙作「我國金融犯罪之具象與刑事司法析論」乙文，收
錄本書內供參。

　　從上述說明及學者專家之論述，已明顯指出現行證券交易法規定有
諸多不合理，及不適當之處，在法律適用上亦相當多之爭議問題，不僅
主管機關無法週延適用，司法機關亦不易有一致性之處理模式及見解，
致學者專家一再指摘修法必要性，企業主也常反映其面臨之困境，連證
券市場也會因違反證券交易法案件時涉及證券之交易。主管機關基於職
責，對於攸關企業經營、經濟發展與資本市場發展之證券交易法，更是
責無旁貸，應以積極態度正面檢視現有法律規範問題，稽核所有法律爭
議規定，有系統規整，重予研修。

　　本書之編纂主要蒐羅參與研討會學者專家之法學論著，借學者專
家多角度之研究與檢討，使證券交易法在立法上、司法上及實務應用上
所呈現之法律爭議，凸顯相關之法律問題，供關注之各界人士有深刻體
會；也期待主管機關、司法機關及學者專家齊心檢討研究及修正，俾立
法上有明確規定，減少法律上之疏漏不備，促導司法機關之法律見解也
應趨於一致，並期待企業界能認識證券交易法之法律風險，有效管理與
防範法律風險之發生，斯乃企業之福，亦方屬正辦。

第一章

企業貪腐的法律規範[**]
——以最高法院102年度台上字第1768號刑事判決為例

詹德恩[*]

壹、前言

　　無論是「貪腐」、「貪污」，或是「腐敗」，在英文單字同為「corruption」，我國傳統法律概念在討論這個名詞時，通常指政府官員濫用職務權力，牟取自己，或非法為他人取得不法利益，損害國家或社會利益，甚至影響民眾對政府的信賴。

　　2005年4月18至25日在泰國曼谷舉行的第十一屆聯合國預防犯罪和刑事司法大會（11th United Nation Congress on Crime Prevention and Criminal Justice）在其總結報告[1]指出，「腐敗」是21世紀面對的威脅和趨勢。冷戰後時代的巨變造成了世界的相對混亂，為腐敗行為創造新機會和新誘因。對過去自由市場的不干涉主義提出質疑，因為社會的政治和經濟體系會各自產生不同類型的腐敗，沒有哪種體系是完全可以避免腐敗的發言。易言之，腐敗已非單存在政府部門，同時亦存在私營企業。

　　長期以來，企業通常會將自己視為貪婪公職人員的受害者，因為是彼等索賄，為了能夠讓企業順利經營，或是謀取更高利潤，所以在「受逼迫」情境下被動行賄。然近年來存在企業的貪腐問題，已經不再限於「受逼迫被動行賄」，企業主、高階經理人不單只是「受害者」，有可能角色轉換成為「加害者」。從收取回扣、賤賣資產、與利害關係人交易，到利用重大訊息進行內線交易，從公司非法取得不當利益等。其可能攫奪的不法利益遠超過公務員的貪腐。尤其甚者，此種犯罪黑數高，往往是在貪腐行為完成，被告或犯罪嫌疑人潛逃出國後，不法行為經由媒體大肆報導後，司法機關才著手偵辦。

　　2013年以生產臺灣精品之一hTC手機著稱的宏達電（HTC），發生高階主管舞弊不法案、2014年鴻海科技集團（Foxconn）發生高階經理人在辦理採購過程中強索回扣弊案，以及宏碁電腦（Acer）的高階經理

人進行內線交易，皆屬企業貪腐。雖該等公司負責人素以強調企業社會責任，實踐公司治理的企業家，卻無法避免公司經理人發生類似集體式的舞弊。

一般公司行號發生貪腐舞弊事件，所侵害的僅為公司利益，但若是巷口雜貨店發展成公開上市（櫃）公司再發生貪腐舞弊，所侵害的法益就不單是公司利益，而是所有透過資本市場投資該公司的股東。所以證券交易法（以下簡稱「證交法」）立法旨意不僅要發展經濟，更要保障投資，亦即避免上市（櫃）公司的大股東、高階經理人，以欺騙（fraud）方法遂行企業貪腐而損害投資人的利益。

綜觀現行證交法，對於企業貪腐的防範尚稱完備。例如第20條對有價證券募集發行私募買賣、財務報告有虛偽不實情形、第30條在發行募集有價證券時若為虛偽之公開說明書、第155條的操縱股價、第157條的內線交易、第171條第1項第2款的非常規交易、第3款的背信與侵占俱屬企業貪腐的類型，以及第174條第1項第8款非法將公司資金借貸他人，俱有可能由企業大股東、高階經理人，或自行實施，或與外部人聯合遂行，皆屬企業貪腐的犯罪類型。

時代在進步，金融商品不斷推陳出新，犯罪手法也與時俱進。2006年華○永○證券在辦理承銷益○公司初次上櫃前公開承銷普通股股票之詢價圈購配售業務時，該公司董事長許○偉意圖為自己不法之所有，將華○永○獲配售2,454張益○公司普通股股票，使用34個人頭戶承購1,255張，攫奪不法利益超過新臺幣（以下同）7億元。本案論其本質係一種在發行過程中的欺騙，惟查證交法第5條[2]對於發行人的規範並未包括承銷商，致司法機關難以證交法第20條有違發行誠實義務相繩，而陷入特別背信有無，以及侵害法益究為若干及所憑依據的泥沼中。

貳、最高法院102年度台上字第1768號刑事判決簡介（益○承銷）

一、本案事實

許○偉2006年2月間係華○永○證券之董事長，林○生為該公司承銷部副總經理，負責該公司證券承銷業務，渠等分別為證券交易法第171條第1項第3款所稱之已依該法發行有價證券公司之董事、經理人。林○芳則係元○企業股份有限公司財務部副總經理，並負責許○偉所掌控之鴻○、元○公司、永○、茂○、正○、佳○、鴻○、芳○、元○公司等14家實質關係人公司之資金調度。

華○永○證券與金○證券、倍○證券於2006年2月間，共同包銷益○公司初次上櫃前公開承銷普通股股票之銷售，對外辦理公開承銷2,648張（千股）股票，其中10%（265張）採公開申購配售方式辦理，另90%（2,383張），採詢價圈購配售方式辦理，且另由益○公司協調股東提供已發行普通股股票132張，供主辦證券承銷商採「詢價圈購配售」進行過額配售。華○永○證券獲配售2,454張、金○證券、倍○證券各獲配售30張。其詢價圈購每股議訂以218元溢價發行，期間益○公司於興櫃之收盤價格為每股614.67元至629.72元，迄2006年3月7日即益○公司上櫃掛牌之前一日，興櫃之收盤價格為每股850.09元，亦即獲圈購配售益○公司上開股票之投資人有機會獲取鉅額之價差利潤。

許○偉、林○生明知證券商承銷或再行銷售有價證券處理辦法及相關規定，如有承銷團之董事利用他人名義參與應募之情形時，應拒絕之，若圈購人身分牴觸上開規定，不得參與圈購等情，竟共同基於意圖為自己及第三人牟取前述益○公司股票上櫃後鉅額價差利益之犯意聯絡，由許○偉指示與渠等有犯意聯絡之林○芳，於徵得徐○隆等33人之同意後，利用前開人等之帳戶，向華○永○證券遞件申請認購，惟伊34

人之購置股票資金皆由許某統一調度支付，前述34人獲配之股票於2006年3月至2008年3月間，分別由林○芳依循許○偉之指示出售一空後資金亦流入許某所實質掌控之漢○、芳○等公司。計許○偉等人利用前開違背職務之行為，共獲取之不法利益達7億4,604萬3,000元。

二、法院見解異同

（一）一審見解[3]

華○永○證券原為上櫃之公開發行股票公司，2001年12月19日轉換為華○金控之證券子公司，改為華○金控百分之百控制（持股）之公司，華○永○證券股票自同日起停止買賣，被告許○偉等人是否可能構成證券交易法第171條第1項第3款之違背職務罪，自應先審究華○永○證券於95年2月間是否仍為依證券交易法發行有價證券之公司。

金控法第29條第4項規定之立法理由謂，金融機構轉換為金融控股公司後，該金融控股公司之銀行、保險或證券子公司原為公開發行公司者，除本法另有規定外，仍應準用證券交易法有關公開發行之規定。所謂「準用」，在法學意義上係指將性質相近，但未規定亦予「適用」之情形，透過法律明文規定，使該性質相近者得於合乎規範目的、性質不相牴觸之範圍內「準用」之。華○永○證券於2001年12月19日轉換為華○金控之證券子公司，自當日起華○永○證券即終止上櫃，改為華○金控百分之百持股之公司，華○永○證券是否仍得認為係公開發行公司，即非無疑。

證券交易法之立法目的及規範對象，主要係為規範公開發行公司之資訊揭露及有價證券在資本市場上之交易買賣，本件華○永○證券經轉換為華○金控之證券子公司後，其所發行之股份既已轉為由該金控百分之百持有，事實上已無從於證券集中交易市場進行買賣交易。從而，其準用之部分應僅指關於財務合併報表之部分。

（二）二審見解[4]

被告等利用34個人頭帳戶圈購益○公司股票，經證券櫃檯買賣中心查核計算，出售股票獲利7億4,604萬3千元。被告許○偉經金管會裁處，解除華○永○證券公司之董事長職務、林○生停止6個月業務之執行。被告之行為獲取不法利益超過1億元，且因其等不以公平、合理之方式，破壞公平正義、股市投資大眾之信賴，使華○永○證券公司商譽遭到嚴重破壞，不再得到政府主管機關、投資大眾、一般民眾之信任，並於一定期間內無法再從事公司上櫃前公開承銷之業務，致華○永○證券公司遭受損害達500萬元以上。

金管會2010年4月15日以金管證券字第0990016645號函謂，華○永○證券公司轉換為華○金控之證券子公司，依金控法第29條第2項、第4項之規定，自2001年12月19日起，應由華○金控上市，另華○永○證券公司終止上櫃，惟仍應準用證券交易法有關公開發行之規定。另金管會2010年6月22日金管證券字第0990030701號函謂：「華○永○證券公司目前仍為依證券交易法發行股票之公司，自有旨揭法條（即證券交易法第171條第1項第3款）之適用。」

是以，華○永○證券公司終止上櫃僅係終止該公司之有價證券商營業處所買賣，並未改變其公開發行公司之身分，亦即華○永○證券公司仍屬公開發行公司，自仍有證券交易法第171條第1項第3款之適用。

（三）三審見解[5]

原判決認上訴人等前揭違背職務之行為，致使華○永○證券公司所遭受者，乃影響股市投資大眾對該公司信賴之「商譽」及該公司「於一定期限內，無法從事公開承銷業務」等損害。然縱認華○永○證券公司之「商譽」確因上訴人等前揭違背職務之行為而遭受損害；因「商譽」乃無形資產。原判決並未敘明華○永○證券公司因上訴人等違背職務之

行為，「商譽」受損所致具體金額損害之認定標準，且未說明華○永○
證券公司因「於一定期限內，無法從事公開承銷業務」所受具體損害究
為若干及其所憑依據。對上揭疑義未說明其認定標準及所憑依據，即遽
認上訴人等本件違背職務之行為，致使華○永○證券公司遭受損害金額
逾500萬元，即嫌速斷。

原判決引據稱證券櫃檯買賣中心計算表，說明上訴人等因本件違背
職務之行為，共獲取不法利益7億4,604萬3,000元。然原判決以櫃檯買賣
中心上揭函文及所附計算表記載內容之意義作為證據方法，其性質屬於
書證，其上所載之內容屬於「供述證據」，依刑事訴訟法第159條第1項
規定，除法律有規定者外，不得作為證據，而上訴人等已爭執其證據能
力。乃原判決未敘明櫃檯買賣中心上揭函文及所附計算表，是否符合傳
聞法則例外，而得為證據之理由，遽認具有證據能力，並引為認定上訴
人等應成立本件犯罪之依據，有違背證據法則及判決理由不備之違誤。

（四）本案目前發展

本案2015年8月21日臺灣高等法院102年度金上重更（一）字第8號
刑事判決：以許○偉共同犯刑法背信罪，處有期徒刑肆年，犯罪所得之
財物新臺幣7億4,156萬餘元，與林○生、林○芳連帶沒收。林○生共同
犯刑法背信罪，處有期徒刑壹年，犯罪所得之財物新臺幣7億4,156萬餘
元，與許○偉、林○芳連帶沒收。林○芳共同犯刑法背信罪，處有期徒
刑拾月，緩刑肆年，並應於本案林○芳部分確定後陸月內向公庫支付新
臺幣壹佰萬元，犯罪所得之財物新臺幣7億4,156萬4,000元，與許○偉、
林○生連帶沒收。

惟最高法院2016年7月13日以最高法院105年度台上字第1733號刑事
判決，謂前述判決對於「華○永○證券公司因被告等上開違背職務之行
為，致所受具體損害金額若干？此項疑點是否涉及專業上之判斷，能否
由金融專業人員或專業機關對此項損害金額加以鑑定？以上疑點攸關本

件被告等所爲究應成立證券交易法第171條第1項第3款之罪，抑僅應依修正前刑法第342條第1項規定論斷，自應詳加調查認定，並於理由內加以剖析論敘說明，始足以爲適用法律之依據。若調查途徑已窮，仍無法確認華○永○證券公司實際受損金額，亦應說明應依據何項法理原則，採取有利於被告等之認定，始爲適法。乃原判決就上開重要疑點並未詳盡調查能事，亦未於理由內加以論敘說明，遽謂華○永○證券公司實際損失金額尚不能明確計算，而對被告等論以修正前刑法第342條第1項之背信罪，依上述說明，難謂無調查未盡及理由欠備之違誤」原判決撤銷，發回臺灣高等法院。

參、特別背信罪構成要件（證交法第171條第1項第3款）

刑法第342條對於背信罪及未遂犯處罰早有明文規定，鑑於金融市場發生重大舞弊，不僅造成國家金融環境衝擊，更影響金融體系安定，而發行有價證券公司之董事、監察人或經理人，如利用職務之便挪用公款或掏空公司資產，更將嚴重影響企業經營及金融秩序，並損及廣大投資人之權益。

爲建構透明紀律、公平正義之金融市場環境，我國自2000年起，分別在金融控股公司法（第57條）、銀行法（第125條之2）、信託業法（第48條之1）、票券金融管理法（第58條）、保險法（第168條之2），針對金融機構負責人或職員，意圖爲自己或第三人不法之利益，或損害金融機構之利益，而爲違背其職務之行爲，致生損害於金融機構之財產或利益者，特別設有違背職務之罪、加重違背職務之罪，以及加重共同違背職務之罪。

證交法第171條於2004年4月28日修正時，除適當提高其刑責，以收嚇阻違法之效外，特於第1項增訂第3款：「已依本法發行有價證券公司

之董事、監察人或經理人，意圖為自己或第三人之利益，而為違背其職務之行為或侵占公司資產。」之規定。惟參酌學者意見，認為前開條文以公司遭受重大損害為要件，是以已依本法發行有價證券公司之董事、監察人或經理人，凡有違背職務或侵占公司資產的行為，不論背信、侵占之情節如何輕微，一律以第1項之重刑相繩，尚有未妥。遂於2012年1月4日又經修正為：「已依本法發行有價證券公司之董事、監察人或經理人，意圖為自己或第三人之利益，而為違背其職務之行為或侵占公司資產，致公司遭受損害達新臺幣五百萬元。」

不論金融控股公司法第57條、銀行法第125條之2、信託業法第48條之1、票券金融管理法第58條、保險法第168條之2等所規定的違背職務之罪，或證交法第171條第1項第3款的特別背信罪，旨在對違背職務行為人採取差異性的加重處罰，其基礎不僅為單純保護個別金融機構或企業之個人法益，而係因前述不法內涵涉及公共利益，易言之，行為人違背職務結果，不僅直接損害金融控股公司、銀行、信託業、票券金融公司、保險公司，或「已依證券交易法發行有價證券公司」之廣大投資人、存款人、要保人（被保險人）等社會大眾利益，故應加重刑度以保護公眾法益[6]。

證交法第171條第1項第3款係刑法背信罪之加重刑責特別規定，故即便條文中並未如刑法之背信罪明確列出「致生損害於本人之財產獲其他利益者」此一構成要件，然其構成要件仍應和刑法背信罪同而論之，故行為人同時應以該違背職務之行為有「造成公司損害」為構成要件之一，始足以證交法特別背信罪之刑名相繩。惟被告或犯罪嫌疑人損害公司的資產，為有形資產，抑或無形資產，自非所問；其關鍵在於如何計算出被告或犯罪嫌疑人所侵害的法益是否達500萬元方屬為要。

證交法第171條第1項第3款的構成要件為：一、公開發行有價證券公司之董事、監察人或經理人之行為；二、意圖為自己或第三人之利益；三、為違背其職務之行為或侵占公司資產；四、公司遭受損害達新

臺幣500萬元。第3款適用公司的範圍與第2款[7]相同，適用於公開發行公司。但為避免情輕法重，故適用對象與第2款有所不同，僅限公司之董事、監察人或經理人而排除受僱人，然受僱人可能因個案成立第3款之幫助犯或共同正犯[8]。

背信罪或侵占罪本質為實害結果犯，第3款禁止的行為在意圖為自己或第三人之利益，「為違背其職務行為」，或「侵占公司資產」的行為，而且必須損害金額達500萬元以上始成立本款之罪，若未論損害金額俱以本款論斷，顯有未符處罰平衡性之原則，爰損害金額未達500萬元須以刑法第342條的背信罪，或第335條、第336條第2項侵占罪相繩。

肆、本案的思與辨

一、金融控股公司旗下銀行子公司、證券子公司、保險子公司是否仍屬證交法第171條規範之「已依本法發行有價證券公司」？

昔對證券市場不法案件偵辦，多以對於上市櫃公司股票進行內線交易，或操縱股價居多，屬對已發行的有價證券在交易市場買賣進行舞弊詐欺。有價證券在發行過程發生不法者並不多見，本案或許為首案[9]。

本案被告許○偉為華○永○證券董事長，在該公司與金○證券、倍○證券於2006年2月間，共同包銷益○公司初次上櫃前公開承銷普通股股票之銷售，對外辦理公開承銷股票2,648張時，基於不法獲利之意圖，以欺詐手法進行舞弊購入前開股票。華○永○證券原為上櫃之公開發行股票公司，2001年12月19日轉換為華○金控之證券子公司，自當日起終止上櫃。公司法第156條第3項規定，公司得依董事會之決議，向證券主管機關申請停止公開發行。惟在未申請停止發行情況下，當依證交法第2條前段規定：「有價證券之募集、發行、買賣，其管理、監督依

本法之規定。」爰華○永○證券當否受證交法規範，其理自明。

查金融控股公司法第24條第1項規定，金融機構經主管機關許可，得將全部營業及主要資產負債，以營業讓與之方式轉換爲金融控股公司。同法第29條第1項規定，轉換爲金融控股公司之金融機構，應以百分之百之股份轉換之。故該金融機構必定成爲金融控股公司百分之百持股之一人公司。爰金控法第29條第2項規定，原上市（櫃）公司者，於股份轉換基準日終止上市（櫃），並由該金融控股公司上市（櫃）。

銀行、證券商、保險公司在轉換爲金融控股公司後是否仍屬證交法第171條第1項第3款的「已依本法發行有價證券公司」？蓋金融控股公司法第29條第4款[10]規定，轉換完成後除法另有規定外，仍應準用證交法有關公開發行之規定。在司法實務有不同見解，有認爲「準用」，在法學意義上係指將性質相近但原本並無適用之情形，透過法律之規定，使性質相近者，得於目的範圍內「準用」，惟「準用」並非「適用」，應在性質上符合者始予準用。故準用之部分應屬財務合併報表部分，其餘部分則不在準用之列[11]。

另本案二審認爲，上櫃證券公司轉換爲金融控股公司後，僅係終止該公司之有價證券商營業處所買賣，並未改變其公開發行公司之身分，自仍有證交法第171條第1項第3款的適用。

二、被告許○偉在承銷案中以詐欺手法進行詢價圈購侵害何人法益？

益○案三審發回高院理由有二：一爲縱認被告違背職務之行爲致華○永○證券之「商譽」遭受損害；因「商譽」乃無形資產。原判決並未敘明華○永○證券因上訴人等違背職務之行爲，「商譽」受損所致具體金額損害之認定標準，且未說明華○永○證券因「於一定期限內，無法從事公開承銷業務」所受具體損害究爲若干及其所憑依據。次認，原判決引證券櫃檯買賣中心對於犯罪所得計算爲證據，有違證據法則[12]。

　　2006年2月間華○永○證券包銷益○公司公開承銷普通股股票之銷售，其中華○永○證券獲分配2,454張。查益○公司與華○永○證券議定承銷價格為218元，2006年2月7日至10日辦理詢價圈購期間，益○公司於興櫃之收盤價格為每股614.67元至629.72元，迄益○公司上櫃掛牌前一日，興櫃收盤價格為每股850.09元。

　　證交法第71條，證券承銷商包銷有價證券，於承銷契約所訂定之承銷期間屆滿後，對於約定包銷之有價證券，未能全數銷售者，其賸餘數額之有價證券，應自行認購之。易言之，如果華○永○證券在承銷期間屆滿後，對於約定包銷之有價證券，未能全數銷售者，自應予以自行認購，終觀上述股價漲跌情形，華○永○證券自可因而獲利。惟查因益○股票一旦上櫃每張即有60萬元差價，參加抽籤人數逾55萬件，中籤率不到萬分之五，約每2,000人才有1人抽中，吸金效應高達1,200億元[13]。推斷無可能發生「未能全數銷售者，其賸餘數額之有價證券，應自行認購之」情事，實難有致華○永○證券遭受損害情事。

　　益○案發生後主管機關當時若依證交法第66條第1項第3款進行對華○永○證券進行「對公司或分支機構就其所營業務之全部或一部為六個月以內之停業」，或可推論因許○偉之犯行，致華○永○證券「不再得到政府主管機關、投資大眾、一般民眾之信任，並於一定期間內無法再從事公司上櫃前公開承銷之業務，致華○永○證券公司遭受損害達500萬元以上」[14]。惟查本案發生後，2007年9月金管會依證交法第66條第2款，對華○永○證券命令該證券商解除其董事、監察人或經理人職務，解除許○偉董事長職務，另依證交法第56條規定，停止林○全等三位經理人3至6個月業務執行[15]。若證券從業人員因違反證交法由主管機關予以行政處分，對其工作權予以暫時性的限制，苟有破壞華○永○證券公司商譽之虞，惟商譽屬於無形資產如何推斷其生損害且達500萬元自應有鑑價標準及結果，方符合刑事訴訟法第154條第2項：「犯罪事實應依證據認定之，無證據不得認定犯罪事實。」亦即國際公認之刑事訴訟無

罪推定基本原則。

許○偉出於不法獲利之意圖，在益○公司詢價圈購配售作業過程中，以詐欺為手段，大量使用人頭（34個），以欺騙手法購取原應由不特定之投資人進行詢價圈購的益○公司股票，侵害應屬股市不特定投資人之法益。

三、最高法院對於證據法則之認定不當

最高法院認為：「犯罪事實，應以證據認定之，此項證據，應以合法具有證據能力為限」固非無見，然在證據能力的認定，卻云「原判決以櫃檯買賣中心上揭函文及所附計算表記載內容之意義作為證據方法，其性質屬於書證，其上所載之內容屬於供述證據，……，係被告以外之人於審判外之書面陳述，……，不得作為證據。……遽認有證據能力，並引為認定上訴人等應成立本件犯罪之依據，有違背證據法則……」，實有對傳聞證據擴張解釋之嫌。

傳聞法則（hearsay rule）源自英美法，刑事訴訟法第159條第1項規定，被告以外之人於審判外之言詞或書面陳述，除法律有規定者外，不得作為證據。係以否定其證據能力為原則，但在符合若干例外情形之下，仍容許其得為證據，亦即例外承認某些傳聞證據具有證據能力。這些「例外」的形成，無非兼顧現實期求發現真實，出於信用性與必要性之考量。所謂信用性，謂某項傳聞法則依其取得或作成情況，具有足以替代被告反詰問之信用性擔保者，仍得作為證據（sufficient trustworthiness to guarantee the confrontation interests）[16]。查刑事訴訟法第159條之4[17]規定：「除顯有不可信之情況外，從事業務之人於業務上或通常業務過程所須製作之紀錄文書、證明文書，得為證據。」

對於證券犯罪所得計算應以犯罪行為既遂或結果發生時該股票之市場交易價格，或當時該公司資產之市值為準。至於計算方法，可依據相

關交易情形或帳戶資金進出情形或其他證據資料加以計算。例如對於內線交易可以行為人買賣之股數與消息公開後價格漲跌之變化幅度差額計算之，不法炒作亦可以炒作行為期間股價與同性質同類股或大盤漲跌幅度比較乘以操縱股數，計算其差額。[18]又證交所或櫃買中心所製作之股票交易分析意見書，為彼等之法定業務，客觀交易情形所進行之統計分析，而其統計分析之數據資料，如某日某檔股票之股價、帳戶買賣多少股票、該檔股票近期股價及成交量、大盤及同類股之漲、跌幅等，係記載股市交易之客觀事實，且該等數據資料，均係以電腦作業予以記錄、保存，並就客觀上所發生之事實予以引用，自屬上開規定之業務文書。至該分析意見書中判斷所列證券帳戶之股票交易有無涉犯證交法等之分析意見，係屬證明力問題，經核並無違背證據法則[19]。

證券交易所之「股票交易分析意見書」係該所依證券交易所管理規則第22條及實施股市監視制度辦法規定之法定業務，○○公司股票之客觀交易情形所進行之統計分析，為業務上應予記錄之文書，非個人主觀意見或推測之詞，其製作過程，並無顯不可信之情狀，原判決認依刑事訴訟法第159條之4規定有證據能力，並無採證違背證據法則之違法[20]。

四、論以刑法背信恐陷速斷

無論刑法的背信罪，或證交法的特別背信罪，其犯罪主體需是公司法第8條所謂公司負責人，包括董事、監察人、經理人、股份有限公司之發起人、監察人、檢查人、重整人或重整監督人，在執行職務範圍內，亦為公司負責人。另對於公開發行股票之公司之非董事，而實質上執行董事業務或實質控制公司之人事、財務或業務經營而實質指揮董事執行業務者，亦與公司法董事同負民事、刑事及行政罰之責任。犯罪客體則不論其資產型態為有形或無形，凡公司財物或財產上利益皆屬之。

如前述，證交法第171條第3項係背信罪的特別處罰，其構成要件：

行為人必須是公開發行有價證券公司之董事、監察人或經理人之行為；主觀行為必須是意圖為自己或第三人之利益，並有違背其職務之行為或侵占公司資產情事；侵害公司財產法益達500萬元。易言之，若侵害法益未達500萬元則以刑法相繩（證交法第171條第3項）。本案三審直指，所受損害若干及所憑依據攸關上訴人等究應成立證交法第171條第1項第3款之罪，抑僅應依刑法第336條、同法第342條相繩[21]。

背信罪行為指違背為他人處理事務之任務本旨行為，舉凡依具體個案之財產事務意旨，參酌一般商業交易行為之風險，得認依其任務本旨之適當處理義務有所逾越或違背之行為，皆謂違背任務。本罪之行為主體，僅以具備為他人處理財產事務身分之人為適格。所謂為他人處理事務，須所處理者係屬財產上之事務，且行為人出於為本人之意思而處於他人事務處理狀態中，始足當之。

早期德國刑法學界及實務界，對於背信罪本質曾有不同見解：學術界採濫用理論，認為背信行為本質在於權利的濫用，行為人基於法律原因，而對他人之財產擁有處分權，背信行為即是對於此等財產處分權的濫用，而造成他人財產損失。實務界則持信託違背理論，認為背信行為本質乃係信託義務之違背，行為人基於法律原因，負有經營或管理他人財產之義務，背信行為即為違背此等信託義務的失信行為。背信罪係為他人處理事務之人，出於不法之獲利意圖或損害意圖，違背其任務致生損害於將事務委託其處理者之財產利益，背信罪之行為人與被害人之間存有因處理事務而形成的信託關係，所侵害的客體為財物或財產利益[22]。

綜上，背信罪的本質為實害結果犯，以財產事務處理之行為致生一定財產或利益損失之後果為其要件。惟所謂財產損害只要客觀上確實存在或發生已足，至於多寡則非所問。準此，若因本案未有證交法第171條第1項第3款之適用，而以刑法背信罪相繩，恐有判決理由不備淪於速斷之譏。

五、以證券詐欺罪相繩之法律困境

司法實務在偵辦證券市場不法案件，多以有價證券發行後在證券市場交易時所衍生的不法情事，如內線交易等。另有價證券在發行前即進行舞弊的證券詐欺則有財報不實（證交法第20條）、公開說明書有虛偽隱匿情事（證交法第32條）等案例。承銷商舞弊（dealer fraud）並且係在詢價圈購（book building）時即施用詐術，欺罔他人，取得承購股票的權利，攫取上市（櫃）後鉅額差價，我國證券市場過去並未發生。

證交法第20條，有價證券之募集、發行、私募或買賣，不得有虛偽、詐欺或其他足致他人誤信之行為，旨在維護證券市場交易秩序，並保護投資人，違反者除依證交法第171條第1項[23]予以刑事處罰，另在第20條第2項課以民事責任，如能充分發揮其功能，對於證券市場的健全必有正面效果。本案違反發行誠實義務與否其爭點在於承銷商是否為證交法第5條所稱發行人？[24]易言之，「有價證券之募集、發行、私募或買賣」其意義，究指有價證券之募集、發行、私募或買賣之主體（發行人或買賣人），抑指有價證券之募集、發行、私募或買賣之情況，如指前者，僅能認定為有價證券發行或買賣之人，範圍自無法涵蓋承銷商；但如果解釋為有價證券之募集、發行、私募或買賣之情況，則義務主體不但包括實際為募集、發行、私募或買賣之人，尚可涵蓋與募集、發行、私募或買賣有價證券相關之人在內[25]。證交法第5條發行人的定義相當狹隘，適用上容易造成部分犯罪者成為本法無法規範之死角，形成不公義。但如果強加適用則會衍生法律適用不合邏輯的矛盾[26]。

伍、代結論

企業貪腐是一種身分犯，被告需有一定社會經濟地位，有機會及權力濫用企業或社會對其信賴方足以遂行犯罪。從刑事法的概念來看，前

述公司貪腐皆屬於金融犯罪，司法（警察）機關自應代表國家行使追訴權，將不法者繩之以法，以達維護公平正義目的。以下謹從法律面、防制面提出個人管見代結論。

一、法律面

（一）修法建議

打擊企業貪腐是否需要另立專法，或是對於刑法、證交法予以修正？特別刑法是基於特定目的，規範特定範圍人、事、物的刑事法；特別刑法的制訂，明顯是為表現一般預防目的，是心理強制說的極端表現，強調嚴刑峻法的積極一般預防，希望藉著刑度、判決顯示國家實施刑罰的決心，但許多實證研究發現，只有部分有犯罪傾向者，會因刑罰威嚇而形成心理的強制，多數犯罪人，可能不受一般預防理論威嚇理論邏輯的拘束[27]。

證交法的立法精神在於建立維繫金融市場的誠信原則及忠實義務，保障不特定的投資人。但當面對規範疏漏，法院應如何處理？有主張解釋法律應以法條文義為依歸，不能逾越文義的界限，特別是在解釋文義明確的條文時，應遵循條文的文義。但也有論者認為，執法者必須考量法律適用結果，及對社會的影響，解釋法律不能拘泥在法條的文義，以實現公平正義[28]。惟證交法在1968年4月30日制訂公布後46年間的修正，除少數例外，多數修正是局部的，如此行固然可解實務難題之燃眉之急，卻因為缺乏通盤考量，往往顧此失彼，製造新的問題[29]。

詢價圈購是現行IPO案件主要公開發行方式，旨在透過證券商專業，發現有價證券最適當承銷價格而成功發行有價證券，幫助發行人順利籌措資金，且搭配過額配售的執行，發揮價格支撐功能，故證券商在整個過程擁有相當大的裁量權，但因不透明，弊端時有所聞，惟今已有個案進入司法程序，而且如本文所述，能否遽然以證交法第171條第1項

第3款，或刑法第342條論斷實有討論空間。著者認爲，若將證交法第5條關於發行人規定修正爲「本法所稱發行人，謂募集及發行有價證券行爲之人」，將承銷商含括在內，或可對在辦理詢價圈購過程中的「貪婪者」有所遏阻。

為防堵國內上市公司藉貸出鉅額資金，或為貸款保證，以掏空公司資產行為，避免太○案、博○案的再度發生，參考國外立法例增訂證交法第174條第8款，禁止公司董事、經理人或受僱人違反法令擅將公司資金貸與他人，然其對公司財產的不利益，其性質與證交法第171條第1項第3款相似，此種法律上疊床架屋，在適用上缺乏明確分際情形，應予修法釐清。

1998年3月，順○裕公司申請現金增資100億7,000萬元，同時發行公司債20億，同年4月刊印的公開說明書記載，增資目的在興建「廣三名人雙星」，以及償還銀行借款。募資完成後，公司負責人卻將資金用來購買順○裕及台○商銀股票，最後造成順○裕虧損92億元，顯與公開說明書記載明顯不符。這樣的欺騙行為，可以依證交法第171條處罰，以不實資訊誘騙投資人購買股票，刑度為3年以上10年以下；亦符合證交法第174條對於公開說明書虛偽或隱匿情事的構成要件，刑度為1年以上7年以下，應該用那一個法條處罰？同樣的事實、同樣的法律，卻得出不同的結論，再再顯示證交法的處罰規定疊床架屋，顯有未當，而且因條文適用缺乏明確分際，影響當事人權益甚大[30]。

（二）重刑化的省思

1998年至2003年發生亞洲金融風暴，國內資本市場亦發生多起弊案，投資人在資訊不透明情況下，「誤觸」地雷股，股票淪為壁紙損失慘重，在保護投資人及民氣可用的大纛下，2004年4月28日證交法的修正，將第171條對於違反發行誠實義務、操縱股價，以及內線交易的

刑罰由7年以下提高至3年以上10年以下，並有視犯罪所得加重的條款，其處罰的行為加入非常規交易（第171條第1項第2款規定）及背信與詐欺（第171條第1項第2款規定）。姑不論財產犯罪與侵害生命法益的犯罪（刑法第276條過失致死），以及國際公罪的販運人口（人口販運防制法第31條、第32條）惡性相較是否罪刑相當，隨著企業貪腐犯罪型態複雜化動輒被告數十人，甚至上百人（力〇案），犯罪地點走向海外（博〇案），犯罪手法涉及多種衍生性金融商品（紅〇案、元〇結構債案），面對高刑度的法條適用，法院對於證據要求更加謹慎，在犯罪構成要件不盡明確下，有可能造成追徵犯罪所得及民事賠償機制的延遲，致犯罪人行險致富[31]。

　　資本市場應該如何管理？資本市場本尊重個人自由意志，民眾可以自主的進行投資交易，經濟活動帶動了社會進步；管理過當擔心阻礙經濟發展，若有不及恐不特定投資受到傷害，原本即是主管機關的兩難，惟刑罰乃國家機器加諸人民最強烈的所有權剝奪，自當嚴守罪刑明確性及罪刑相當性原則，此乃法治國的基本精神之一，治亂世用重典的刑事政策只可能得到治絲益棼的結果。

（三）益〇案的法律適用

　　如前述，益〇案論以證交法的特別背信罪，或刑法的普通背信罪，恐有構成要件不備之危險。行為人使用詐術，使人發生錯誤，此一發生錯誤的人因處分財產，導致處分者本人或第三人蒙受財產上的不利益，而施用詐術的人或第三人則因此獲得不法的財產利益。所謂詐術，是以作為或不作為方式，傳遞與事實不符的資訊。

　　益〇案被告許〇偉出於不法獲利之意圖，以詐欺為手段，大量使用人頭，騙得原應由不特定的投資人進行詢價圈購的益〇公司股票，侵害不特定的投資人原可購得益〇公司股票而取得之財產法益。其行為施

用詐術，欺罔他人，使人陷於錯誤，取得應屬第三人之財物，前開施用詐術，欺罔他人之不法行為與取得益○公司股票核有因果關係。縱詢價圈購益○股票並非交付許某本人，而係由伊使用之人頭在形式上，惟詐欺罪所謂本人或第三人之物交付，指將財物移轉於人，至於移轉於行為人或行為人以外之第三人，在所不問，惟其所移轉之物須非行為人所有[32]。爰許○偉自有刑法第339條詐欺罪的該當。

二、預防面

（一）積極的行政監督

證交法立法目的不但在發展經濟，同時保障投資，對於資本市場的管理，目的事業主管機關的監督即時性遠高於司法的制裁。以2012年發生的基金經理人舞弊案為例，無論彼等操縱任何一檔的股票，其買進賣出股票必須透過證券商，易言之，若證券商落實洗錢防制機制，有效申報可疑交易報告，勞退基金或可減少損失。

查我國證券商統計至2013年6月計有119家、從業人數高達36,709人[33]，但對於可疑交易報告的申報，自2008年至2012年總計24件，詳下表1-1。另從實證研究發現：證券業從業人員對法規遵循認知受「機構責任認知」影響最大[34]，綜上，可以大膽推論，證券業從業人員怠於申報可疑交易報告係受公司政策影響。雖洗錢防制法第8條對怠於申報的金融機構訂有行政罰，孟子離婁篇「徒法不足以自行」，著者認為是對主管機關在執行洗錢防制機制最好的寫照。

又觀益○案，證交法第74條規定，證券承銷商除依第71條規定外，於承銷期間內，不得為自己取得所包銷或代銷之有價證券。違反者依同法第177條之1[35]論處，科以相當於所取得有價證券價金額以下之罰鍰。但不得少於新臺幣12萬元。回顧前揭華○永○證券的承銷舞弊案，違反前開規定有無昭然若揭。行政應依法行政，主管機關對於資本市場的管

理若單純考慮經濟發展而不受法律之拘束，追求公平正義將淪爲口號，
災難將隨之而來。

表1-1　我國證券商2008年至2012年申報可疑交易報告統計

	2008	2009	2010	2011	2012
證券商	0	8	4	8	4
本國銀行	1,053	1,454	4,060	6,927	5,579

資料來源：整理自法務部調查局洗錢防制工作年報。

（二）企業忠實義務

　　根據安永聯合會計師事務所（Ernst & Young）2013年11月21日公
布《亞太區舞弊調查報告》指出，只有40%受訪者表示，所任職的企業
已明訂反賄與反貪政策或行爲準則，若相較於2012年全球舞弊調查的
81%，以及今年初歐洲、中東、印度與非洲的57%，亞太區企業在反貪
腐作爲上明顯落後。更有近五成受訪者認爲，任職的企業所制訂的反賄
與反貪政策雖立意良善，但實際執行成效不彰。特別是中國大陸地區，
過去兩年有16.5%公司曾經發生舞弊情形，這些案件以侵占資產、詐取
佣金及薪資最高，約占五成[36]。

　　「富與貴是人之所欲也，不以其道得之不處也」[37]。大家都熟知自
由經濟大師亞當・史密斯（Adam Smith）的國富論（An Inquiry into the
Nature and Causes of the Wealth of Nations, 1776）講經濟，強調自利，
由於個人重視自利，追求自利，才促進整個社會的經濟利益。但在國
富論出版前史氏即曾出版道德情操論（The Theory of Moral Sentiments,
1759）一書。史氏的經濟學不是不顧倫理，而是建立在審愼與公正的美
德之上，所謂審愼包含健康、財富，以及社會地位與聲望。公正是一種
絕對的義務，絕對義務必須履行，否則道德會譴責，法律會制裁[38]。

公開發行公司尊重法律，以及主管機關的行政命令，是一種信賴義務（fiduciary duty），在資訊揭露上應忠於平等原則，這是提升資本市場效率的基礎[39]。史氏道德情操論中提出的：審慎的美德（the virtue of prudence）、公正的美德（the virtue of justice），以及利他的美德（the virtue of beneficence）正可有效予以詮釋。如何達到前述目標，惟有在公司建立良好的倫理及法令遵循制度（ethics & compliance program）。完備的倫理及法令遵循制度需依行業別有所差異，例如金融業與食品業的法令遵循制度將不同；因部門差異而有不同的標準，以金融業而言，負責交易者與後台行政支援者對彼等要求法令遵循的力道自應有所差異。良善的倫理與法令遵循制度其要求對象是由上而下的，亦即企業領導階層必須以身作則，然而制度卻須有雙（上、下）向溝通管道，與時俱進更新修正，不讓制度有灰色地帶，如此方能使我國資本市場更透明，及時且正確地揭露任何攸關公司的重大資訊，減少企業貪腐發生的空間。

註 釋

* 銘傳大學犯罪防治系副教授。

** 本文刊載於檢察新論第16期（2014.07）經中華法律風險管理學會
邀請，收錄於本書。

1. The 11th Congress: Synergies Responses: Strategic Alliance in Crime
   Prevention and Criminal Justice, available at http://www.un.org/events
   (last visited Sep. 20, 2013).

2. 證券交易法第5條：「本法所稱發行人，謂募集及發行有價證券之
   公司，或募集有價證券之發起人。」

3. 臺灣板橋地方法院98年度金重訴字第2號刑事判決。

4. 臺灣高等法院101年度金上重訴字第3號刑事判決。

5. 最高法院102年度台上字第1768號刑事判決。

6. 王志誠，〈證券交易法上特別背信罪之構成要件〉，《臺灣法學
   雜誌》，2012年9月，208期，頁109。

7. 證券交易法第171條第1項第2款：「已依本法發行有價證券公司之
   董事、監察人、經理人或受僱人，以直接或間接方式，使公司為
   不利益之交易，且不合營業常規，致公司遭受重大損害。」

8. 劉連煜，〈掏空公司資產之法律責任〉，《月旦法學教室》，
   2007年6月，56期，頁85。

9. 2011年6月6日臺灣士林地方法院檢察署起訴通○公司詢價圈購弊
   案，亦屬在發行過程中發生不法者，該案係證交所承辦人索賄。

10.金融控股公司第29條第4款：「依本法規定轉換完成後，金融控股
   公司之銀行子公司、保險子公司及證券子公司原為公開發行公司
   者，除本法另有規定外，仍應準用證券交易法有關公開發行之規
   定。」

11.參閱臺灣臺北地方法院96年度重訴字第19號刑事判決：「次按
『轉換為金融控股公司之金融機構，應以百分之百之股份轉換
之。前項轉換為金融控股公司之金融機構為上市（櫃）公司者，
於股份轉換基準日終止上市（櫃），並由該金融控股公司上市
（櫃）。金融機構轉換為金融控股公司後，金融控股公司除其董
事、監察人應依第二十六條第六項規定辦理外，並應符合證券交
易法及公司法有關規定。依本法規定轉換完成後，金融控股公
司之銀行子公司、保險子公司及證券子公司原為公開發行公司
者，除本法另有規定外，仍應準用證券交易法有關公開發行之規
定』，金融控股公司法第二十九條定有明文。次依行政院就金融
控股公司法第二十九條第四項規定之提案說明為『為踐行財務業
務應行公開揭露及盈餘公積之提撥，以達金融機構之穩健經營及
資本健全，於第四項規定金融機構轉換為金融控股公司後，該金
融控股公司之銀行、保險或證券子公司原為公開發行公司者，除
本法另有規定外，仍應準用證券交易法有關公開發行之規定』。
而所謂『準用』，在法學意義上係指將性質相近但原本並無適用
之情形，透過法律之規定，使性質相近者，得於目的範圍內『準
用』。查，本件中信銀行因金融控股公司法之實施，於九十一年
五月十七日轉換成為中信金控之子公司，該公司雖仍有股份，惟
依金融控股公司法第二十九條第一項之規定，其公司股份完全為
中信金控所持有，中信銀行是否仍得認為係公開發行公司則不無
疑問，且依金融控股公司法第二十九條第四項之規定，其係準用
證券交易法有關公開發行之規定。本件中信銀行既係『準用』而
非『適用』，應認係性質上符合者始予以準用。惟證人即金管會
主管官員邱○貞於本院審理時證述：金融控股公司法第二十九條
規定，銀行轉換為金控後，下面的銀行是準用公開發行的規定，
因為他的股票是由金控百分之一百持有，和一般公開發行股票的

公司不同。他準用的目的是因爲讓他財務資訊公開等語（參見本院卷十四第一二頁），因而準用之部分應屬財務合併報表部分，其餘部分則不在準用之列，因而本院認爲中信銀行得否認爲係公開發行公司而有證券交易法第一百五十七條第一項第二款非常規交易、同條項第三款董監背信之適用即非無疑。」

12. 同前註5。

13. 「益通抽籤55萬人瘋狂，吸金1200億」，蘋果日報，2006年2月4日，http://www.appledaily.com.tw（造訪日期：2014年3月12日）。

14. 同前註5。

15. 金管會96年9月29日金管證二字第0960055360號裁處書。

16. 朱石炎，《刑事訴訟法論》，三民，2011年4月，修訂三版，頁175-178。

17. 刑事訴訟法第159條之4：「除前三條之情形外，下列文書亦得爲證據：一、除顯有不可信之情況外，公務員職務上製作之紀錄文書、證明文書。二、除顯有不可信之情況外，從事業務之人於業務上或通常業務過程所須製作之紀錄文書、證明文書。三、除前二款之情形外，其他於可信之特別情況下所製作之文書。」

18. 李永然、李宗翰，剖析我國證券交易法上犯罪所得之認定與疑義，資料來源：永然聯合法律事務所網頁，http://www.law119.com.tw/newdesign（造訪日期：2014年4月11日）。

19. 最高法院102年度台上字第3211號刑事判決。

20. 最高法院100年度台上字第988號刑事判決。

21. 同前註5。

22. 林山田，《刑法各罪論》，作者自版，1996年10月，頁761-765。

23. 證券交易法第171條第1項第1款：「有下列情事之一者，處三年以上十年以下有期徒刑，得併科新臺幣一千萬元以上二億元以下罰金：一、違反第二十條第一項、第二項、第一百五十五條第一

項、第二項、第一百五十七條之一第一項或第二項規定。」

24.同前註2。

25.賴英照，《證券交易法逐條釋義》（第一冊），作者自版，1996年8月，頁327-328。

26.劉連煜，《新證券交易法實例研習》，元照，2004年9月，增訂三版，頁39-40。

27.張麗卿，臺灣貪污犯罪實況與法律適用，《法學新論》，2011年2月，28期，頁7-9。

28.賴英照，證券法律未竟之業，《中原財經法學》，2012年6月，28期，頁21-22。

29.同前註，頁2。

30.「名家觀點──賴英照：證券法律的兩個世界」，經濟日報，2014年2月7日，A4版。

31.賴英照，同前註25，頁659，〈對於證券交易法刑罰加重的探討另見〉；郭土木，〈非常規交易與掏空公司資產法律構成要件之探討〉，《月旦法學雜誌》，2012年2月，201期，頁122-155；林志潔，〈論證券交易法第一七一條第一項第二款非常規交易罪〉，《月旦法學雜誌》，2011年8月，195期，頁79-100。

33.蔡墩銘，《刑法精義》，翰蘆，2002年2月，頁620-621。

33.資料來源：金管會證券期貨局網頁，http:// www.sfb.gov.tw（造訪日期：2014年1月5日）。證券業從業人員計算，僅以專營業者為統計基礎，兼營業者從業人員未納入。

34.詹德恩，〈證券從業人員法規遵循認知研究〉，《會計與財金研究》，2012年9月，5卷2期，頁62。

35.證券交易法第177條之1：「違反第七十四條或第八十四條之規定者，處相當於所取得有價證券價金額以下之罰鍰。但不得少於新臺幣十二萬元。」

36.資料來源：安永聯合會計師事務所網頁，http://www.ey.cim/TW/（造訪日期：2013年12月10日）。

37.語出《論語・里仁》。

38.孫震，《經濟發展的倫理基礎》，臺灣商務印書館，2006年8月，頁46-47。

39.Stanislav Dolgopolov, A Two-sided Loyalty?: Exploring the Boundaries of Fiduciary Duties of Market Makers, 12U.C. DAVIS BUS. L.J. 60 (2011).

第二章

證券交易法上非常規交易罪之檢討

李永瑞[*]

壹、前言

　　公司，最初是由股東出資匯聚資金形成資本所設立、與股東個別獨立存在之社團法人的商業組織，其目的係爲營利而設立（公司法第1條），惟因公司法人本身僅爲一抽象概念性的存在，至其具體的運作仍須仰賴自然人（如董事、監察人、經理人等公司負責人）而爲業務經營；及至公開發行而向社會大眾募集資金，則又涉及國民經濟發展與投資保障問題，乃有證券交易法規範之適用（證券交易法第1條，以下簡稱證交法）。

　　按我國證交法於民國（下同）89年7月19日修正時，針對公司董監事等人利益輸送、掏空公司資產的不法行徑，增訂第171條第2款（即現行法第1項第2款，下稱本款規定），規定：「**已依本法發行有價證券公司之董事、監察人、經理人或受僱人，以直接或間接方式，使公司爲不利益之交易，且不合營業常規，致公司遭受損害者，處七年以下有期徒刑，得併科新臺幣三百萬元以下罰金**」。93年修正時，則將本款規定原本「**致公司遭受損害**」之結果要素，修正爲「**致公司遭受重大損害**」。

　　關於本款規定，通稱「非常規交易罪」或「不合營業常規交易罪」。根據立法資料顯示，當初行政院最初及再修正草案對本款（第2款）規定原均以「**利益輸送行爲**」名之（對第3款方以「**掏空公司資產等不法行爲**」名之）[1]，而證交法學者則多以「**掏空資產**」一詞含括第2款之「**不合營業常規交易**」及第3款之「**董監經理人背信**」[2]，律師、會計師等實務專家尤然。

　　由於本款規定於構成要件上使用了「**爲不利益之交易**」、「**不合營業常規**」此等抽象詞語，論者或實務乃多認爲涉及**不確定法律概念**，甚至有認爲違反**法律明確性原則**或**罪刑法定原則**之虞。然而，本款規定所欲規範者究竟爲何種刑事不法行爲，首應探究者，至爲重要的便是：本

款規定其實質上所欲保護（即刑事不法行爲所侵害或威脅）的法益究竟爲何的問題[3]。

有鑑於法律規範涉及法律事實與現象，因此，欲探究本款規定所欲規範的刑事不法行爲爲何？抑或說本款規定是否有違反法律明確性原則或罪刑法定原則之虞？乃可從法院於實際案例的認知與探討中先進行考察。即：一方面藉由法院對本款規定的理解來窺知，法院所認爲本款規定所欲掌握的刑事不法行爲，究竟爲何？另方面則藉由此等案例事實來探討本款規定究應爲如何規範，始爲正確合理？

本文於此擬以近年來涉及本款規定之實際案例的司法裁判—博達案—作爲問題探討開端的案例導引，並藉以探索及呈現本文之研究動機及問題意識，亦即：實則，從博達案裁判的考察中，可以看出我國最高法院近來實務對於非常規交易罪之認定顯未能釐清而有所誤會。

按本款規定增訂後適用本款規定首度有罪定讞的重要案件，即93年間引爆一連串地雷股事件的**博達案—最高法院98年度台上字第6782號刑事判決**—本案判決即認定博達科技股份有限公司（下稱**博達公司**）董事長葉○菲等構成本款規定之最後的定讞判決。

以下，將先扼要整理有關博達案之案例事實及裁判要旨（「**貳、一、（一）**」），再概略整理自博達案以來的近期實務見解（「**貳、一、（二）**」），接續則針對本款規定非常規交易罪的立法規定進行考察與辨正（「**貳、二、（一）**」），再針對博達案的見解進行檢討與釐清（「**貳、二、（二）**」），據以爲還原本款規定之原始面貌—**特別背信罪**，並初探檢討其應然的立法體例（「**參**」），以期作爲接續探討**特別背信罪之實體法課題**的基礎，最後略作結語（「**肆**」）。

貳、非常規交易罪之本質的檢討

在依「**哲學研究方法**」針對非常規交易罪本款規定進行考察與

辨正以為本質的檢討（下述「二、（一）」），及針對博達案的見解進行檢討與釐清（下述「二、（二）」）之前，茲依「案例研究方法」，先概略整理有關博達案之案例事實及裁判要旨（下述「**貳、一、（一）**」），再概觀自博達案以來的近期實務見解（下述「**貳、一、（二）**」），以期能呈現問題狀況而作為本質思維的導引。

一、非常規交易罪近期審判實務之狀況

（一）博達事件

1. 案例事實

依原判決認定之事實[4]，本案主要被告葉○菲等人身為博達公司之董事、經理人或受僱人，為使博達公司相關帳冊所載獲利能力達到股票上市標準，期股票能在證券市場上市，乃與國內多家知情廠商之負責人共同基於製作內容不實之業務文書、會計憑證、帳冊、財務報告及為不利且不合營業常規交易之概括犯意聯絡，與配合廠商於國內從事「假」交易，以虛增公司營業額及獲利能力，待股票獲准上市後，為繼續虛增公司營業額與盈餘、使財務報告合理化、虛增博達公司帳面資產、減少因「假」交易產生之鉅額應收帳款，復與國外人頭公司或國內配合廠商，繼續從事國內、國外「假」交易，或操作衍生性金融商品之買賣，使博達公司為不利益且不合營業常規之交易。

其具體的操作手法大致為：在美國加州、香港、英屬維京群島、英屬開曼群島等地先後設立或購買多家人頭公司，以其員工等擔任負責人，將博達公司生產之電腦周邊產品賣給國內配合之廠商，再輾轉賣回博達公司，或將博達公司生產之砷化鎵磊晶片、電腦周邊商品，或將瑕疵品偽裝為正常品，賣給國外之該等人頭公司，貨物實際上運至香港存放，更換包裝、嘜頭後，賣回國內配合之廠商買入後，再賣回給博達公司，歷次買賣形式上皆製作相關文書、帳載、資金流向，而將同批貨物

於國內、國外眾多人頭公司或配合公司間，反覆進行不利益且不合營業常規之循環交易，使博達公司受有支付大量關稅、運費、匯款手續費、匯兌損失、營業稅等之損害，各配合廠商亦開立銀行帳戶交給葉○菲等人指定之博達公司受僱人保管、使用。

2. 裁判要旨

本案最高法院判決要旨因此認為：「依原判決認定之事實，葉○菲等人操作之國內、國外循環虛偽交易，或購買CLD、發行ECB、應收帳款買賣等衍生性金融商品操作等行為，目的在虛增博達公司營業額及獲利能力，或繼續美化、合理化帳面上虛偽營業額及獲利能力，並非為公司及股東謀取利益，其交易目的顯非合法、正當。又交易之態樣，係將貨物賣給國內配合廠商，再賣回博達公司，或將瑕疵品、同一批貨品賣給海外人頭公司，貨物存放在香港，更換包裝或嘜頭後，賣回臺灣，再銷回博達公司，且一再循環、重複同樣的行為，時間長達五年半，每年操作海內、外循環交易之次數頻繁，銷貨額占博達公司營收比例少者36.47%，多者達76.06%，或實際上以人頭公司認購所發行之ECB，卻設計為公開發行，洽由特定人認購，為詐欺、虛偽之手法，使人誤信，致得順利發行，再於公開市場上出售以詐取鉅款，或偽稱已收到「應收帳款」，或偽為出售「應收帳款」，實際上係買回連結以此「應收帳款」發行之債券等。以上各類型交易，形式上固有交易之外觀與行為，然實質上博達公司為該等交易之最初銷售者及終端買受者，且歷次交易均以博達公司之資金實際支付各項稅費或鉅額佣金，使博達公司受到重大損失，顯見此等交易之發生及交易之內容，欠缺正當性、合理性，明顯脫逸一般以營利為目的之公司於正常交易狀態下被期待應有或被容許之作為。從而，原判決認係不利益且不合營業常規之交易，於法並無不合。」

本案最高法院並認為：「本罪所稱之『公司重大損害』，通常雖

指金錢等財物損失，且以損失金額與公司規模等衡量損失是否重大，然法無明文限於金錢等有形之財物損失，如對公司之**商業信譽、營運、智慧財產**等造成重大傷害者，雖未能證明其**具體金額**，仍應屬對公司之損害。葉○菲等人長期、大量、頻繁進行不合營業常規交易之行為，除造成博達公司各種稅費、金錢重大損失外，亦使博達公司之資金週轉失靈，營運失常，商譽嚴重受損，終至無法經營。因此，原判決認符合致博達公司遭受重大損害之要件，亦無違法可言。」

　　針對本款規定之性質，本案最高法院判決理由，乃與**傳統學說實務認定係屬特別背信罪者**明顯不同，略謂：「公司經營者應本於善良管理人注意義務及忠實義務，為公司及股東謀取最大利益，然時有公司經營者或有決策權之人，藉由形式上合法，實質上不法或不正當之手段，將公司資產或利益移轉、輸送給特定人，或為損害公司利益之交易行為，損害公司、股東、員工、債權人、一般投資大眾之權益，甚至掏空公司資產，影響證券市場之穩定或社會金融秩序。有鑑於此，立法院於89年修正之證券交易法第171條第2款規定：『已依本法發行有價證券公司之董事、監察人、經理人或受僱人，以直接或間接方式，使公司為不利益之交易，且不合營業常規，致公司遭受損害者，處七年以下有期徒刑，得併科新臺幣三百萬元以下罰金』。本罪構成要件所稱之『**不合營業常規**』，為不確定法律概念，因利益輸送或掏空公司資產之手段不斷翻新，所謂『**營業常規**』之意涵，自應本於立法初衷，參酌時空環境變遷及社會發展情況而定，不能拘泥於立法前社會上已知之犯罪模式，或常見之利益輸送、掏空公司資產等行為態樣。該規範之目的既在保障已**依法發行有價證券公司股東、債權人及社會金融秩序**，則除有法令依據外，**舉凡公司交易之目的、價格、條件**，或交易之發生，交易之實質或形式，交易之處理程序等一切與交易有關之事項，從客觀上觀察，倘與一般正常交易顯不相當、顯欠合理、顯不符商業判斷者，即係不合營業常規，如因而致公司發生損害或致生不利益，自與本罪之構成要件該

當。此與所得稅法第43條之1規定之『不合營業常規』，目的在防堵關係企業逃漏應納稅捐，破壞租稅公平等流弊，稅捐機關得將交易價格調整，據以課稅；公司法第369條之4、第369條之7規定之『不合營業常規』，重在防止控制公司不當運用其控制力，損害從屬公司之利益，控制公司應補償從屬公司者，迥不相同，自毋庸爲一致之解釋」[5]。

（二）博達事件後之近期實務見解

觀諸前開本案最高法院判決理由，基本上，有關本款規定之性質，相較於過往學說實務多數所採取之**「特別背信罪」**的見解，本案最高法院似乎係將其當作與特別背信罪迥然不同之「不合營業常規致公司生不利益」的一種獨立形式犯罪類型來看待。

同時，在本案之後，最高法院似即定調採取此種見解。近期實務見解，例如，最高法院99年度台上字第6731號刑事判決（寶成建設案）、最高法院100年度台上字第3285號刑事判決（科橋電子案）等，基本上均採此種見解[6]。

又值得注意者是，對於本款規定所謂「公司遭受重大損害」之要件，本案最高法院乃作廣義解，略謂：「再本罪所稱之『公司重大損害』，通常雖指金錢等財物損失，且以損失金額與公司規模等衡量損失是否重大，然法無明文限於金錢等有形之財物損失，如對公司之商業信譽、營運、智慧財產等造成重大傷害者，雖未能證明其具體金額，仍應屬對公司之損害」。亦即，其認並不限於金錢等有形之財物損失，「如對公司之商業信譽、營運、智慧財產等造成重大傷害者，雖未能證明其具體金額，仍應屬對公司之損害」[7]。

按我國實務上有關上市上櫃公司之負責人等涉嫌掏空公司資產案例甚夥，以往即有震撼證券市場的**國產汽車案、東隆五金案、華隆案**等，近年來，除本案外，更有從股王到地雷股動搖證券市場的**太電案、力霸案、中信銀行紅火案、元大證券結構債案、聯電和艦案**等等。

　　尤其，在89年修法增訂本款規定後，因其構成要件「使公司為不利益之交易，且不合營業常規」，援用了所得稅法上之「不合營業常規」及公司法關係企業專章「為不合營業常規或其他不利益之經營」等涉及關係人交易等詞語，導致本款規定性質之界定，不僅實務上發生困難，學說上亦頗有爭議，其問題狀況，由是可見一斑。

　　職是之故，有關本款規定之刑事不法行為究竟所指為何？其所欲保護之法益究竟為何？顯然發生爭議與疑義。因此，乃有值得從刑事實體法、金融法等觀點予以深入探究之必要。

二、非常規交易罪之辨正

（一）非常規交易罪之本質的辨正檢討

　　根據上述博達案於實務運作所呈現的問題狀況來看，值得深入探討與研究、亟待解決的首要問題厥為：有關本款規定「非常規交易罪」所欲處罰的刑事不法行為究竟為何？究應如何掌握，方屬妥適？也就是何謂「非常規交易」或「不合營業常規交易」？

　　實則，此即涉及犯罪本質的問題。亦即：本款規定所欲保護之法益究竟為何？換言之，唯有確認本款規定所欲保護之法益為何，方能知悉其究為結果犯或行為犯？實害犯或危險犯？進而探究其構成要件應為如何之設計方為適當？乃至於其於法律體例上之定位應如何措置較為妥適？亦即，其應規定於證券交易法抑或公司法上甚或刑法上方屬妥當？[8]凡此問題，均非常值得進行深入的探究。

　　不過，按照我國學說及實務的見解觀之，向來並未見明確與深入的檢討與探究，其主要的探討僅著眼於本款規定之性質是否為特別背信罪而有相對立之見解：

　　其一、按照我國傳統學說乃至於實務見解，基本上，以往多認為：本款為刑法背信罪（第342條）的特別規定，應優先適用。並有進

而認為：刑法第342條第2項有明訂未遂犯的處罰。本條則未規定未遂犯之處罰，應予修正補足[9]。

其二、相對的，近來則分別有實務及學說，基於保護法益不同及法條適用上避免被同條第3款架空的疑義等理由認為，本款規定**不宜解釋為背信罪之特別規定**，主觀要件上無須存在圖利自己或公司之意圖，但仍須具備「使公司為不合營業常規且不利益交易」之故意；其規範目的是以**市場秩序及大眾投資人的權利**為保護核心，故其保護法益為**大眾投資人權益及市場安定**，而非如同條項第3款特別背信罪之**個別公司的整體財產利益**，如同一事實同時適用第2款及第3款時，此時為一行為觸犯數罪名，為想像競合[10]，實務見解亦有傾向於此者[11]。

關此對立見解，首先應釐清者是，解釋論上，「**本款規定之性質是否為背信行為**」，與「**本款規定所要保護之法益為何**」，理論上應為二件事。亦即：本款規定性質上是否為背信行為，乃屬形式上不法行為形式態樣的問題，與保護法益係屬實質上犯罪之保護客體（保護法益為何）的問題，應為不同層次的問題[12]。

易言之，縱令將本款規定界定為**特別背信罪**，其保護法益，仍可能與刑法背信罪所保護者乃「個人財產法益」不同，而屬「公司財產法益」。惟基於實務運作的觀點，本款規定與刑法背信罪之關係，解釋論上，似得認為「**法規競合**」（即與刑法背信罪乃就同一事項規範）[13]。至於本款規定與第3款規定，在第3款規定於100年12月12日之修法前，解釋論上，亦仍宜認為「**法條競合**」，而非「**想像競合**」。蓋以：倘若確認非常規交易罪的行為客體應為「公司資產」，則其保護客體即法益應為「公司財產法益」，至於第3款董監背信罪，由於亦是以「公司資產」為行為客體，但因其在100年12月12日修正前並無如本款規定有「**致生公司遭受重大損害**」之結果要素，且本款規定並無未遂規定，故解釋上似得將第3款規定認為是本款規定之未遂規定[14]。

不過，究其實際言之，有關本款規定與第3款規定之關係，終究必

須追本溯源，方能夠徹底釐清。實則，之所以會有此等立法（89年增訂本款非常規交易罪，嗣又於93年增訂第3款董監背信罪），主要乃起因於立法者的不解與誤解：立法者因不解本款規定實即特別背信罪的初衷緣由，於是，才不明就裡地又增訂第3款規定董監背信罪，此舉等於是畫蛇添足，而既然是不明就裡、畫蛇添足之舉，本來就會造成解釋論上的困擾，因此，最終仍須回歸立法論的探討，方能一舉終局解決此項罪數或競合的問題，而不陷入解釋論的迷宮作繭自縛。

按刑法論理而言，刑法的解釋適用，依序應為「**犯罪論**」、「**罪數論或競合論**」及「**刑罰論**」等等，而刑法既以保護法益為主要任務，則每個構成要件的保護法益為何，基本上，自為解釋適用的開端及重點所在。由是可知，保護法益為何，方為上游的根源問題，至於罪數或競合，不過為下游旁支細流的問題，上游不清下游何明？據此，自不應以罪數或競合的問題據以確認保護法益為何，否則，不啻為倒果為因。要言之，本款規定之保護法益為何的本質課題，終究方為上游關鍵問題癥結所在。

至於本款規定所欲保護之法益究竟為何？倘若根據以往的實務及學說見解，將本款規定所欲保護之法益界定為「**公司財產法益**」，則其保護法益之性質或應認屬「**個人法益**」（惟本文認為應可解為「**超個人法益**」，詳後述）；相對的，若按照近來實務及學說見解，將本款規定所欲保護之法益界定為「**證券市場秩序之安定及大眾投資人之權益**」，基本上，應是認為本款規定之保護法益為「**證券市場秩序安定及大眾投資人權益**」[15]，亦即一種「**超個人法益**」。

關此根本問題，本文擬採取如下之基本觀點作為研究的出發點，論證於下（此處的論證，擬從**刑法機能**的本質理念著眼，藉以確立基本定位，並作為後續檢討的基礎）：

1. 從刑法保障機能的觀點言

按刑法之主要目的乃在「**保護法益**」，因此，刑法具有「**保護機能**」，另方面，刑法亦具有「**規律機能**」及「**保障機能**」，即預告一定行為為犯罪行為及其刑罰效果，藉使國民知所進退、措其手足，並保障國民免於刑罰權的恣意發動。惟，凡此前提，均仍需奠基於保護法益的明確。

換言之，保護法益必須明確，方足以指示出其違法性，而其構成要件行為才得以明確。否則，保護法益若不明確，則將難以指示其違法性，則其構成要件行為自然難以明確。而保護法益的確定，一般則需自構成要件行為侵害關係上予以考察[16]。

首先，從立法原意觀之，如同立法理由所指，已發行有價證券公司之董事、監察人、經理人及受僱人等相關人員，使公司為不合營業常規或不利益交易行為，嚴重影響公司及投資人權益，有詐欺及背信之嫌，同時受害對象包括廣大之社會投資大眾；發行公司相關人員使公司從事不利益之輸送行為，影響股東權益甚鉅，應嚴格禁止。換言之，立法者原本欲規範直接禁止者乃發行公司相關人員之利益輸送「**致公司遭受損害之行為**」，至於「**大眾投資人或證券市場安定**」充其量頂多屬於遭受波及影響。據此，立法者設立本款規定所欲保護之法益，應為「**公司財產法益**」[17]。

同時，其直接攻擊之對象亦即行為客體，從構成要件上之文義便可清楚明白得知，應為「**公司資產**」[18]。蓋：本款規定自始即設有「**致公司遭受損害**」之結果（93年增修為「**致公司遭受重大損害**」），按照刑法學理，結果犯之「**結果（狹義結果）**」，一般乃指針對「**行為客體**」所致生的結果，據此，**本款規定之結果既然是「致公司遭受損害」，則其行為客體自然係指「公司資產」，要無疑義。**亦即，對「**公司資產**」進行利益輸送（予行為人本人或其他人）而「**致公司遭受損害**」。

反之，倘若將本款規定所欲保護之法益界定為「**大眾投資人權益及**

證券交易市場安定」，則如何之「不利益交易」、「不合營業常規」，方始破壞「大眾投資人權益及證券市場安定」，反而可能益加模糊、難以確認。

舉例言之，以上開博達案最高法院見解謂：「舉凡公司交易之目的、價格、條件，或交易之發生，交易之實質或形式，交易之處理程序等一切與交易有關之事項，從客觀上觀察，倘與一般正常交易顯不相當、顯欠合理、顯不符商業判斷者，即係不合營業常規，如因而致公司發生損害或致生不利益，自與本罪之構成要件該當」為例。如此一來，在均為公開發行公司之關係企業中，公司負責人按照公司法第369條之4規定，「控制公司直接或間接使從屬公司為不合營業常規或其他不利益之經營」，幾乎都「與一般正常交易顯不相當、顯欠合理、顯不符商業判斷」，且多半都會「因而致公司發生損害或致生不利益」，惟依公司法第369條之4的規定，原本只需於會計年度終了時為適當補償即可，即使未為適當補償，亦屬應負民事損害賠償責任而已，但依上開博達案見解，卻已然觸犯本款規定非常規交易罪，應負刑事責任。依此觀之，將造成民事不法與刑事不法之難以界分，若此，顯然不足以保障國民免於遭受刑罰權恣意發動，亦顯然不具構成要件明確性可言。實則，非常規交易固然可能涉及掏空公司資產，但卻非必然。

因此，從刑法乃在保障國民免於受到刑罰權恣意發動的觀點，若採取近來實務與學說的立場，認為本罪保護法益為「大眾投資人權益及證券市場安定」的結果，將使本款規定不需主觀意圖的限制[19]，並將使本款規定之內涵益加模糊不清，此將會使國民動輒得咎，殊有不妥[20]。當然，這同時涉及構成要件明確性、刑法保障機能及刑法規律機能，則於下接續闡述說明。

按所謂罪刑明確性原則，乃罪刑法定主義的實質內涵，係指刑罰法規的適用對象是一般國民，故為使一般國民對於自己的行動具有預測可能性，自然必須以一般國民為標準，即一般國民須自法律條文的規定，

得理解該條文究竟在處罰何種行為以及如何處罰，始符罪刑明確性之要求[21]。

據此，此處乃考察熟諳證券交易理論與實務的教授、律師、會計師等證交法的專家學者的多數見解，藉以間接瞭解一般國民的預測可能性。蓋：一般國民無論參與或瞭解企業經營或證券交易，通常乃透過這些證券交易的學者專家來告知並指導其客戶或學生的行止以為應對進退，因此，一般國民自然亦是按照上開學者專家的理解詮釋來理解本款規定。也因此，這些學者專家的一般性認知，便應堪稱為最佳的試金石。

首先是我國證券交易法教授**賴英照氏**明確指出：**本款為刑法背信罪（第342條）的特別規定**，應優先適用。而在控制公司與從屬公司之間的交易，本款的適用，應有適當的限制。如有不合營業常規交易，即認為構成證交法第171條的刑事犯罪，將使關係企業的營運遭遇困難。執法機關應斟酌實際情形妥為解釋，以免矯枉過正[22]。

其次則是資深執業律師**陳峰富氏**略謂：背信罪之主觀要件與客觀要件均與證券交易法第171條第1項第2款非常規交易之規範相同，但因證交法之行政刑罰應為特別法，故應依證交法論處，不宜科處行為人想像競合犯[23]。

再者則為資深會計師**陳伯松氏**直接指出略謂：證券市場有**四大重罪**（證券交易法第171條）：(1)虛偽、欺詐、隱匿（第20條）；(2)**掏空公司**（第171條第1項第2、3款）；(3)內線交易（第157條之1）；(4)在交易市場上炒作（或違約）（第155條）。或用譬喻說法略謂：股市猶如賭場，也最忌諱有人耍老千。從證券交易法第171條（刑期三至十年）可以看出，股市中有**四大老千**：(1)虛偽不實、詐欺、隱匿訊息（簡稱做假帳，詳參第20條）；(2)**背信、侵占、非常規交易**（簡稱掏空，詳參第171條第1項第2、3款）；(3)內線交易（詳參第157條之1）；(4)在市場上炒作（詳參第155條）[24]。亦以非常規交易為掏空公司資產之不

法行徑。

綜觀上述熟諳證交法的教授、律師及會計師之認知理解，均以「利益輸送」、「掏空公司資產」來理解本款規定，即認定本款規定為公司負責人掏空資產的規定。因此，本款規定之性質應界定為對「公司資產」所為之背信行為，故其保護法益應為「公司財產法益」[25]。至於「大眾投資人或證券市場安定」，充其量頂多屬於事後或間接遭受到波及影響而已。

否則，假如連這些教授證交法的專家學者、熟諳證券交易理論與實務的資深律師、會計師等均以「利益輸送」、「掏空資產」來理解本款規定，則如何還能以本款規定之保護法益為「大眾投資人之權益及證券市場秩序之安定」，從而，「舉凡公司交易之目的與一般正常交易顯不相當、顯欠合理、顯不符商業判斷者，即係不合營業常規」（參博達案裁判理由）來說明一般國民能夠理解的範圍呢？故此，若竟為如此認識而為論述，則就構成要件明確性的觀點而言，即顯然深值存疑。

以上，乃從構成要件明確性、刑法之保障機能觀察，界定本款規定之保護法益應為「公司財產法益」，本罪規定之性質應為「背信行為」，因此，基於證券交易法乃為附屬刑法並非特別刑法，而本罪規定本質上為背信行為之觀點而言，解釋適用本罪時，仍應回歸背信行為之基本原理來解釋適用，亦即，仍須按背信行為之客觀要件、主觀要件來判斷，特別是主觀不法意圖（損害意圖或獲利意圖），如此一來，方始足以限制本罪的恣意認定，同時，亦才足以確定本罪之保護法益（詳後述「第二款」）。

2. 從刑法保護機能的觀點言

如前所述，我國近來實務與學說見解多從立法體例、規範目的的角度，認為本款規定之保護法益為「證券市場秩序安定及大眾投資人權益」，亦即本款規定於證券交易法上，依證交法第1條之規範目的、立

法初衷，其乃在保障「已依法發行有價證券公司股東、債權人及社會金融秩序」（參博達案最高法院判決理由），亦即「證券市場秩序安定及大眾投資人權益」。

事實上，有論者研究指出，現行證券交易法之刑事規定，若從保護法益的角度來考察的話，大致上可區分為二大類：一是「證券交易秩序之安全」，諸如證券詐欺罪、資訊不實罪、內線交易罪、操縱市場罪等，另一則是「證券交易投資人財產之安全」，諸如非常規交易罪、加重背信罪、加重侵占罪等[26]。由是即可窺見解釋論上的未必，即：並非立法體例規定在證券交易法上，其保護法益，就必然是或應由本法之立法目的導出是「證券交易秩序之安全」。

實則，根據本文前述討論即可得知，由於本款規定之性質乃屬「結果犯」，其行為客體為「公司資產」，故其保護法益係「公司財產法益」，而其行為性質是「背信行為」，故其實際上為「特別背信罪」。因此，若將本款規定之保護法益界定為「公司財產法益」、本罪具「背信行為」之性質，據此，於法律的解釋適用上，自可有一明確的標準可尋—即按特別背信罪判斷—。

如此一來，亦方不致發生如上開博達案最高法院見解所言：「所謂『營業常規』之意涵，自應本於立法初衷，參酌時空環境變遷及社會發展情況而定，不能拘泥於立法前社會上已知之犯罪模式，或常見之利益輸送、掏空公司資產等行為態樣」一樣的虛無飄渺、漫無邊際，極容易造成認定困難或判斷恣意，極容易產生爭議，乃至於反而可能致使實務難以適用而本款規定遭到棄置的下場，此當非人民所樂見「公司負責人掏空公司資產卻無罪」的結果。

因此，根據立法過程、立法理由、構成要件形式（結果犯）及保護法益（公司財產法益）等論據，本文主張，應揚棄從「非常規交易」的行為形式面來認定甚或作修法之提議，而應改從其為「背信行為」破壞「公司財產法益」的實質面來詮釋並作修法之再建構。否則，一再於

「非常規交易」的形式面作探求與界定，只不過是治絲益棼，終將徒勞無功而已，蓋：道高一尺、魔高一丈，意欲掏空公司資產之公司負責人，總是能夠找到擺脫「非常規交易」之法條束縛，甚至獲得律師、會計師、鑑價公司等的幫助而解套脫困[27]。

例如，資深商事法學者即言道：「關係人交易之類型繁多，而「不利益交易」與「不合營業常規」等要件皆屬不確定法律概念，構成要件相當模糊，認定上顯有困難；實務上為合於罪刑法定原則，對其認定亦較嚴格，以致不易入罪，使該條適用之機會大為降低」[28]。實屬一語道破箇中關鍵。

換言之，與其採取近來實務及學說之見解，將本款規定保護法益界定為「**大眾投資人權益及證券市場安定**」，使構成要件益加模糊不清，導致實務上採取嚴格認定，反而造成本款規定適用機會大幅降低，形成利益輸送、掏空公司資產的行為無法定罪，大眾投資人權益無法確保、證券市場不能安定的反效果，倒不如回歸**傳統實務及學說之基本定位**—**背信行為**，惟應將本款規定保護法益明確界定為「**公司財產法益**」，使實務終得回歸背信罪的基本標準來判斷，俾避免本款規定適用機會大幅降低的下場，而使保護法益獲得真正的確保，方屬妥當（**至於本款規定應為如何之修法，則將據此基本定位進行通盤檢討**）。

3. 從刑法規律機能的觀點言

事實上，根據立法背景、立法過程可知，財政部最初的修正草案即是以「**嚴格限制利益輸送**」為由作為提案版本[29]，而之所以會有此一提案，乃因當時發生「華隆利益輸送案（以下簡稱華隆案）[30]」所致。然而，陰錯陽差的是，按照財經會稅學者的一貫見解，其等所謂的「**利益輸送**」一詞，其實，則是指涉民國60年間所得稅法增訂第43條之1所稱「**非常規交易（之調整）**」而言[31]。

依照財經會稅學者之「常規」觀點，以稅法學者黃茂榮教授之定義

及說明為例,氏略謂:「利益輸送在我國尚非法典上的正式用語,沒有立法上的定義。在實務上通常以之指稱利用對價顯不相當之交易,將財產利益從一個法律主體移轉至另一個法律主體的安排輸送」、「本來基於私法自治原則具體化下來之契約自由原則,契約當事人所約定之「給付」與「對待給付」的對價關係,在規範上皆「推定」為「相當」。惟該「相當性」之「推定」,在現行法上不但在民法第74條,而且在營業稅法第17條、所得稅法第43條之1受到質疑」、「稅法對於此種(按:即利益輸送)問題在所得稅法第43條之1(按:即非常規交易之調整)作了直接規定,在營業稅法作了相關的規定」[32]。

綜合上述立法背景、立法過程可知,財政部最初的提案版本,確實受到稅法上「利益輸送」、「非常規交易」或「不合營業常規交易」此等概念用語的干擾影響,以致最終形成立法,應無疑義。

然而,必須釐清的是,稅法上所謂的「利益輸送」、「非常規交易」或「不合營業常規交易」,無論是本質上或規範目的上,要與公司法上之「利益輸送」、「非常規交易」以及刑法上之「利益輸送」、「背信行為」,均有顯著差異[33]。可以說,關此同一概念用語,在不同法制運作上,乃有天壤之別。

不幸的是,因此陰錯陽差的緣故,我國學說或實務,無論受到干擾影響程度或有差別不一,但均或多或少受到稅法上「非常規交易」概念用語的干擾影響,實屬令人深感遺憾之事。

例如,前揭博達案最高法院判決理由中固然明白指出「(規範目的)迥不相同,自毋庸為一致之解釋」,然而,其卻顯然忽略掉:此款規定本質上屬刑法上之「利益輸送」、「背信行為」以及規範上與稅法上之「利益輸送」、「非常規交易」的差異所在。亦即:其並未徹底釐清:稅法上之「非常規交易」,本質上僅屬稅法上之租稅規避而已,連行政不法行為都未必該當,更遑論背信此等刑事不法行為,致仍受困於「非常規交易」形式外觀行為的窠臼當中,而忽略掉:在實質層面上,

稅法上之「利益輸送」、「非常規交易」，在私法上乃屬合法行為，僅在稅法上屬脫法規避稅捐行為，故應予調整補稅；而公司法上之「利益輸送」、「非常規交易」，原則上亦屬控制公司暨其負責人基於集團綜合所為的合法行為（在尚未會計年度終了前），僅於會計年度終了時未給予從屬公司適當補償時方才產生私法上的損害賠償責任；至於刑法上之「利益輸送」、「掏空公司資產」，則具背信行為本質，僅於行為人客觀上違背任務而為利益輸送行為致公司遭受損害，且主觀上有背信故意及不法之損害或獲利意圖時，方才構成本款規定之非常規交易罪[34]，導致最終仍未能有所釐清與辨正。關此，誠屬遺憾至極，應重新檢討、徹底釐清，方屬為是。

究其實際言之，所得稅法第43條之1所謂「非常規交易之調整」的規定，性質上乃屬「脫法避稅之防杜」，其與「合法節稅」與「違法逃稅」等，係屬租稅規劃之前提，法院於概念上尤須嚴格釐清辨明，否則，人民將無從措其手足。

按，在現代租稅國家，國家財政收入，主要乃仰賴租稅，同時為國家施政的重要依據。因此，租稅不容規避，否則，國家施政即陷入困境，也因此，固然私法上強調契約自由原則，但亦不容許濫用私法自治、契約自由之法律形成自由，藉以規避稅法。否則，即破壞量能平等課稅之理想，導致國家的崩解。從而，為防杜人民假藉契約自由之形式而實質規避租稅者，乃需有租稅規避防杜條款，所得稅法第43條之1「非常規交易之調整」，即為典型適例。

正由於經濟活動複雜多變，稅法通常只就常規交易設定課稅條件，按照納稅義務人負擔能力賦予其稅捐債務，惟其為規避租稅，倘若選擇偏離常規之法律安排時，私法上雖仍依契約自由原則承認其所意欲的私法效果，但在稅法上則不免為脫法行為，仍應按常規交易成立相同之稅捐債務，允許稅捐稽徵機關就其「非常規交易」予以調整[35]。

職是，在關係企業的相關場合，縱令公開發行公司相關人員確有濫

用契約自由原則，使控制公司或從屬公司為不合營業常規之交易安排，藉以規避或減少納稅義務者，亦僅發生稅捐稽徵機關得根據所得稅法第43條之1「非常規交易之調整」，認定納稅義務人規避稅捐，依法予以調整，**納稅義務人仍應補稅而已**。亦即，該等公司間的私法契約在私法仍屬有效，僅在稅法上構成規避稅捐應予補稅而已。

然而，按照前揭博達案最高法院判決及部分論者的見解，卻極為可能已然構成本款規定非常規交易罪。而一則僅為稅法規避應予補稅的問題而已，一則卻已然構成重大經濟犯罪，其間的差距懸殊及價值謬誤，應堪稱不言可喻。

故，面對本款規定「**非常規交易罪**」之規範，倘若真如前揭博達案最高法院判決及部分論者的見解，依「**非常規交易**」之外觀行為形式而認定是否構成非常規交易罪，則從**刑法的規範機能**以言，無論是一般公司的負責人，即使是經營大型企業見過大風大浪之公開發行公司的負責人，恐怕都難以窺知法律規範的要求進而為應對進退（即：究竟何種商業經營活動，才符合最高法院所稱的「**常規交易**」，而不會誤觸此等所謂「**非常規交易**」的法網）。

事實上，在現今工商社會高度發達時代，人民、企業從事商業活動，基於契約自由原則，從事各項商業交易，可謂是五花八門、令人目眩神迷，其間，涉及企業「**利益輸送**」者固然有之，或有**規避稅捐意圖**者，惟亦有基於**長期商業交誼等商業判斷**（例如上次給我賺、這次換你賺，從個別交易言未必合乎商業判斷，但長期觀之則是。）之目的者，不一而足，實在是百款千樣、千變萬化，難有定論。因此，若欲論以刑事犯罪，勢必需藉助客觀行為、主觀故意、意圖等要件，方能確認。

從而，針對人民企業的商業活動，倘若不是依照特別背信罪的構成要件，客觀上有違背所託任務導致財產可能損害、主觀上有違背任務的故意及不法所有或損害意圖者，僅以客觀上「**與一般正常交易顯不相當、顯不合理、顯不合商業判斷**」，即認定構成「非常規交易」之重大

經濟犯罪而科以重刑，則不僅是對人民企業商業活動契約自由的不當箝制，亦顯然過於模糊難辨而使人民企業難能產生正確的規範意識而為適當的遵從。

況且，非常規交易其認定本身在稅法上即具有灰色空間，即「非常規交易」乃屬一高度不確定之法律概念[36]。倘若仍從「非常規交易」外觀形式據以認定構成重大經濟犯罪者，其結果自亦容易流於恣意，人民企業自亦難以信服或遵從。是以，前揭博達案最高法院判決之見解實有不當之處，難謂具有說服力。

實則，回歸原點，從上述立法背景、立法過程考察，便可明瞭：財政部最初的提案版本確曾受到稅法上之「利益輸送」、「非常規交易」或「不合營業常規交易」此等用語的干擾影響。

關此，綜觀立法背景、立法過程便可清楚得知：本款規定最初乃因80年間發生華隆利益輸送案（嗣後乃被檢察官許阿桂依背信罪提起公訴）引發社會議論，於是81年間財政部長王建煊乃提出本款規定新增條文修正草案於立法院說明，惟因當時的議論多由稅法學者所發述，而稅法學者所稱的「利益輸送」實際上乃所得稅法第43條之1「非常規交易之調整」之脫法避稅的問題（而非刑法利益輸送背信罪的問題），因而導致本款規定於條文文字也援引了「不合營業常規」此等稅法用語，於是乎，方才導致迄今仍未休止的一連串誤解。此項陰錯陽差、概念誤為援引的立法背景，實即本款規定理解困難、治絲益棼的根源所在[37]。

實則，立法者原本所欲規範者本為「刑法上之利益輸送」，卻因上開立法過程的陰錯陽差，張冠李戴成「稅法上之利益輸送」，誤為援引稅法上「非常規交易」之概念作為構成要件之一，方才導致今日的一連串誤解。是故，本款規定原本應置重於前段條文之「為不利益之交易」上，但因此項概念用語的誤為援引，才導致近來實務與學說反而注重在後段條文之「不合營業常規」上，此恰可堪稱為「差以毫釐，失以千里」的最佳寫照。

　　要言之，以上已分別從刑法的三大機能：**保障機能、保護機能**及**規律機能**等面向，界定本款規定的性質應爲「**特別背信罪**」，而其所欲保護之法益應爲「**公司財產法益**」。唯有作此等理解，方能符合刑法規範之機能與任務。

　　職此之故，以下即根據上開釐清與辨正爲基礎觀點，針對現行法本款規定之非常規交易罪進行檢討，並針對博達事件之案例事實所涉法律規定等問題予以釐清。

（二）博達事件之本質的辨正釐清

　　如前所述，有關證券交易法第171條第1項第2款規定之非常規交易罪，於問題的探討上，一般多起因於本款規定是否爲特別背信罪之規定，大致上有肯否不同見解之爭議。關此問題，除涉及**保護法益爲何**的問題外，其實還另涉及到**行爲形式爲何**的問題。茲此再予進行考察並作綜合探討，據以確立本款規定之性質及其保護法益，並作爲立法體例之初探檢討的基礎。同時，恰可藉此釐清博達事件之案例事實所涉法律規定的眞象。

1. 從保護法益面向予以考察

　　首先，就保護法益的面向予以考察，有關本款規定之保護法益爲何，如前所述，基本上乃有「**證券市場秩序之安定及大眾投資人之權益**」及「**公司財產法益**」二種不同的見解，不過，亦可能尚有其他不同的見解。

　　例如，有關背信罪之保護法益，論者有認爲，唯有在資本主義並不發達的國家，對於人民自律自主從事商業活動並不信任，才會利用國家刑罰權介入事實上的民事糾紛中；反之，在深信自由放任的資本主義的國度，則是不會有背信罪的規定。並據此認爲，背信罪之被害人與加害人間擁有信賴關係，而爲確保「**人民間的商業上信賴關係（個人法**

益）」時，乃欲確保基礎的「對於委任關係建設起來的經濟秩序的國民信賴（社會法益）」，因之形成雙重信賴關係，如何保障因此頗有壓力，但以刑法謙抑的觀點而言，應認為，背信罪真正所欲確保的是，更為基礎的「對以委任關係建設起來的經濟秩序的國民信賴」，而這種信賴關係是「社會法益」[38]。

問題是，倘若考察財產犯罪之歷史沿革，卻可發現結論剛好相反：在資本主義興起以前，原本並無背信罪之類型，及至資本主義逐漸興盛後，才有背信罪之處罰，確立後並逐漸重要。其原因主要在於：財產犯罪之類型，原以對於財產利用型態而形成，主要有**盜罪**、**背信罪**及**欺罔罪**三種基本類型。中古社會，認物之支配不能脫離事實上持有，故其財產之利用型態，限於自己持有中加以利用，因此，除盜罪外，原不可罰。近代社會，因資本主義興起，財產之利用型態，已不限於自己持有之利用，並及於委託、貸與他人之方法，及依與他人商品交換而實現其價值之方法，加以利用。自此，方始形成**背信罪**及**欺罔罪**二種基本類型[39]。

同時，背信罪的保護客體即保護法益，無論是刑法背信罪或是特別背信罪，基本上仍屬於「**財產法益**」（至於究屬個人法益或超個人法益，需分別依其情形而定另外討論。例如，在特別背信罪乃屬「**公司財產法益**」時，則需認為是**超個人法益**，詳後述），而非所謂「**委任關係建立起來之經濟秩序的國民信賴**」或「**違背信賴關係**」行為本身，至於「**委託信任關係**」的身分或「**違背信任關係**」的行為本身，則並非是結果不法而應僅屬行為不法層面的問題。

亦即，在背信罪時，行為人因受委託而為本人處理財產事務，因此與本人之財產法益（在特別背信罪，即公司財產法益）產生直接緊密的關連性，其竟違背其受託任務而為背信行為（行為不法）致破壞本人的財產法益（結果不法），而完全滿足不法之內涵。

事實上，在**博達案**中，最高法院判決乃認為：「不合營業常規之虛

僞交易行爲，使博達公司爲不利益之交易，致博達公司受有開立信用狀費用、匯款手續費等損害」構成「非常規交易罪」。然而，最高法院此等認定，似尚有斟酌餘地。

蓋以：被告博達公司董事長從事此等虛假交易的目的，某種程度來講，其實乃是在試圖挽救博達公司的持續營運，根本就沒有背信的意圖，自然也就不涉及背信與否的問題。因此，此等開立信用狀費用、匯款手續費等「損害」，嚴格來講，僅是爲挽救公司持續營運所付出的「營運費用」，並不是非常規交易罪或背信罪所稱的「損害」。

換言之，固然，被告從事此等虛假交易的目的，實際上有藉此來欺瞞證券交易大眾投資人，可能涉嫌資訊不實（參證交法第171條第1項第1款前段、第20條第2項）或證券詐欺（參證交法第171條第1項第1款前段、第20條第1項），但此應已屬後話或另事，要與非常規交易罪之要件事實認定本身，殊不能混爲一談[40]。

再者，本案最高法院對於「公司重大損害」乃作廣義解釋，認爲：「本罪所稱之『公司重大損害』，通常雖指金錢等財物損失，且以損失金額與公司規模等衡量損失是否重大，然法無明文限於金錢等有形之財物損失，如對公司之商業信譽、營運、智慧財產等造成重大傷害者，雖未能證明其具體金額，仍應屬對公司之損害」。

其中，所稱「公司之商業信譽、營運、智慧財產等」指涉「無形之財物損失」（對照所稱「金錢等有形之財物損失」），頗有值得探究檢討之處。

按本款規定原本即規定有「致公司遭受損害」之結果要素，93年證交法修正時再修正爲「致公司遭受重大損害」[41]。

由於本款規定之性質乃刑事處罰規定，並非民事損害賠償規定。因此，縱令無形資產或所謂無形之財物損失，在民事責任時，解釋適用上均可能構成所謂的「損害」，甚至可能包含所謂的「衍生性損害」等間接損害，但在刑事責任上，基於罪刑法定類推禁止之原則，仍有其解釋

之界限在，原則上不能漫無邊際。

　　尤其是，本案最高法院判決所稱之「**商業信譽**」，其內涵所指為何，殊待確認。依商事法學者研究指出，就我國目前司法實務而言，雖肯定侵害商譽之法律求償，但其立論基礎，則是基於「**侵害人格權**」的觀點，即其性質乃屬「**非財產上損害**」，亦即「**精神上、名譽上的賠償**」。而我國公司法第156條第4項雖曾承認「**商譽**」作價入股之概念，但100年6月13日公司法修正時，立法理由略以「**商譽並非一種可以隨時充作現物之財產出資，僅係公司合併因支出成本高於其資產公平價值而產生會計處理之科目，不宜作為出資標的**」，爰予刪除此項股東得以商譽出資入股的規定[42]。

　　要言之，無論將所謂商譽界定為「**非財產上損害**」或「**公司無形資產**」，除非立法上有明文規定（例如著作權法、商標法），否則，性質上或論理上，均應非經濟犯罪或財產犯罪的行為客體才是[43]。

　　同時，一般社會大眾乃至於法律實務或學者，之所以會率皆將「**博達案**」視為「**掏空公司資產**」的典型案例，主要乃因：博達公司於93年（2004年）當年度第一季的財務報表上仍顯示約有**新臺幣63億**之「**現金及銀行存款**」，但卻在同年度第二季末無法償還到期約30億的公司債。關此情事，一般乃被形容成所謂「**帳面上的63億現金如同一夕蒸發**」。然而，事實上，自始至終，博達公司都不曾真正擁有過這項63億的現金或銀行存款。

　　根據資深會計師及財務金融專家學者按照「公開資訊觀測站」博達公司歷年度的財務報表等資料分析研判，博達公司一直以來都在「**美化帳面**」，在87年至90年間（1998年至2001年間），多利用「**應收票據及帳款**」、「**存貨**」兩個科目，而至少自91年（2002年）起更開始玩起「**搬現金給大家看**」的戲法，並轉移至「**現金及銀行存款**」科目。由於經營事業並未從公司外部賺錢進入公司（反而是每年貼錢），因此，幾年來雖籌資近300億，但長期擴廠、轉投資與營業貼錢的結果，逐漸形

成資金巨大缺口，而須發行海外可轉換公司債償還銀行借款，然後再發行全球存託憑證來償還海外可轉換公司債。在此東支西挪期間，又與國外銀行簽訂所謂「信用連結債券（Credit Linked Note, CLN）契約」，亦即，其將公司的**應收帳款**（這就是所謂現金63億的由來，而這些應收帳款又是由假交易所產生，自然根本無從收現）賣給國外銀行，再由國外銀行將這些應收帳款證券化爲「信用連結債券」，出售給國外投資者。而簽證會計師在查核92年年報時，曾向存款的國外銀行函證博達帳上現金，所得的回函是「帳上存款並沒有限制用途」，但三個月後，這63億卻變成「受限制的現金存款」，而且在博達出事後，立刻被國外銀行轉銷，如同人間蒸發[44]。因此，既然博達公司實際上從未擁有這項63億的現金或銀行存款，那麼，「博達公司63億現金的公司資產被掏空」的說法，自然也就無從說起。

這也正是爲何本案檢察官起訴及本案最高法院所認定的「**致公司遭受重大損害（掏空公司資產）**」所指的是「**致博達公司受有開立信用狀費用、匯款手續費等損害**」或「**對公司之商業信譽、營運、智慧財產等造成重大傷害者，雖未能證明其具體金額，仍應屬對公司之損害**」，而非一般人所以爲的「帳面上的63億現金」的緣由所在。

至於「**開立信用狀費用、匯款手續費等損害**」或「**公司商業信譽**」，如同上述，既然難謂爲是特別背信罪或非常規交易罪所指之「**（利益輸送）掏空公司資產**」、「**致公司遭受重大損害**」，則本案最高法院所認定本案主要被告葉○菲等人該當於本款規定之非常規交易罪，至此，即可明確認定「**無從證立**」。因爲被告葉○菲等人在博達案所爲的犯行，實際上，根本即非此處所稱非常規交易罪或董監背信罪，而應是**證券詐欺罪**。

2. 從行為形式面向予以考察

其次，就行爲形式的面向再予考察，如前所述，基本上有「**特別背**

信罪」與「非特別背信罪」二種對立的見解，以往的學說、實務見解多採取前說，惟近來的學說、實務見解則多傾向後說。

然而，假若如同後者將本款規定界定並非特別背信罪，而認其保護法益為「證券市場秩序之安定及大眾投資人之權益」者，則其構成要件行為，應即為法文所稱「使公司為不利益經營，且不合營業常規」而已。惟，倘若果真如此，則在處理成罪與否的問題上，關此法文的認定，將極其容易陷入兩難的境地而無法自處。

亦即：假如認定嚴格，本款規定勢必將束諸高閣、英雄無用武之地，此在資本主義思維、特別強調經濟發展，尤其是政經不分、執政者頗受企業家操弄的國度裡，多半只有等到再度爆發力霸案此等重大掏空案件，引發民心恐慌時，才會再度殺雞儆猴、略施薄懲地查緝一下；反之，如果認定寬鬆，本款規定則將形同行為犯甚至舉動犯（「重大損害」的要件將無法發揮作用），而人民（無論是企業家或經理人）都將人人自危，此無論對企業經營或經濟發展都將會有不利的箝制或威脅。

這是因為：非常規交易行為通常一定會使公司資產遭受損害（只是多或少而已），則如何區別「重大」及「非重大」？尤其在寬鬆認定時，博達案判決似即有此種傾向，將使公司負責人非常容易動輒得咎，而為避免公司不慎觸法，公司負責人勢必僅能採取最保成守舊的經營措施，然此將可能會使公司營運陷入舉步維艱、難以自處的境地。

蓋：在關係企業的場合，為追求「綜效（Synergy）」，集團企業有時候不可避免地會需要進行一些非常規交易進行調節，此亦所以公司法第369條之4會有所謂「控制公司使從屬公司為不合營業常規或其他不利益經營之補償義務及賠償責任」之規定的緣由所在。固然，相類似的概念或用語，因不同的規範目的有其不同的規範範圍，但，終仍不可避免會有重疊的部分，一旦寬鬆認定，勢必將會使公司經營陷入動輒得咎的困窘境地。

然而，如前所述，無論如何，從立法理由、立法過程、刑法之保

護機能、保障機能及規律機能等各種角度觀察都可得出：本罪所欲規範的刑事不法行為，實為公司負責人等利益輸送「致公司遭受損害之行為」，因此，其行為直接攻擊之對象即行為客體乃是「公司資產」，亦即，其本質為「背信行為」，並無疑義。此亦所以，熟諳證交法的學者、律師及會計師方才紛紛不約而同地以「利益輸送」、「掏空公司資產」來認知理解本罪的犯罪行為。至於博達案所涉犯行，實際上，則是「證券詐欺」，要非「利益輸送」的不法行徑，根本是二回事。

實則，公司負責人等對公司資產加以利益輸送（予自己或第三人），就是掏空公司資產，換言之，公司負責人等「利益輸送」就是「掏空公司資產」，這二個概念其實只是同一件事不同角度的觀察或是換種說法而已，絲毫不能更動「利益輸送」即是「背信行為」的本質。

同時，如同上述，由於本款規定之非常規交易罪，其行為直接攻擊的對象即行為客體乃「公司資產」，因此，自可得出：本款規定之保護法益，乃是「公司財產法益」而非「證券市場秩序之安定及大眾投資人之權益」。至於本款規定究應回歸刑法背信罪，抑或宜於證券交易法或公司法上為特別背信罪之規範，詳如後述。

要言之，本文以為，本款規定所謂「使公司為不利益之經營，且不合營業常規」，不宜單純從字面文義之形式層面來認知，而更應從立法理由所稱「利益輸送」（乃至於實務運作）之實質層面來考察，據此乃得確認：本款規定具有「背信行為」之本質。

有關背信罪之本質，如眾週知，向來即有濫用權限說及違背任務說兩大論爭，其後則更各自衍生出各種不同見解。惟，無論如何，背信罪乃屬財產犯罪，其保護法益乃本人（於特別背信罪即公司）之財產法益，即：因行為人之背信行為而使本人之財產法益遭受損害，行為人係因本人之託付任務賦予權限而負有保護其財產的義務，倘若竟然違背其任務濫用權限致本人受損者，自應加以譴責，故，背信罪因此具有身分犯的性質。

據此，按照「權責相符」的原理，行為人（於此即公司的負責人）既然因受託付為他人處理事務而因此具有一定的裁量權限，則受人（於此即公司）之託忠人之事，自應盡忠職守，倘若行為人未能盡忠職守竟違背其任務濫用其權限而致本人財產法益遭受損害者，自然應負起責任。換言之，行為人乃因受公司託付而具有保護其財產法益的身分，倘若竟未能盡忠職守而違背其任務濫用權限致公司遭受損害，對此自然應予負責。

三、小結

茲據上述討論後，已確立非常規交易罪之具「背信行為」的性質，以及乃以「公司資產」為行為客體、以「公司財產法益」為保護客體，因此，自應認其實為公司法上之「特別背信罪」，亦即所謂的「公司犯罪」，而非「證券交易犯罪」[45]。

惟於此處必須特別強調說明者是，儘管非常規交易罪實質上即為「特別背信罪」而具有「背信行為」的性質，但其與「刑法背信罪」係屬於「侵害個人法益的犯罪」、「實害犯」則仍頗有差異，即：其應屬「侵害社會法益的犯罪」、「危險犯」。

按公司資本因最初乃股東投資而形成，公司資產應屬股東全體所有，以股份有限公司為例，股東依股份自由轉讓原則（公司法第163條）乃得隨時轉讓其股份而退出公司，相對的，其他人亦得因隨時受讓他人股份而成為公司股東，亦即，公司股東因此而具有不特定性（此在上市櫃之公開發行公司時更是如此，散戶股東更是隨時來來去去）。

因此，當公司負責人等涉及利益輸送而掏空公司資產時，其所侵害的客體在外觀上雖然是特定的「公司資產」、「公司財產法益」，但實質上影響的則是多數或不特定股東的財產利益及公司利害關係人等的權益（例如公司債權人，蓋：公司資產乃公司債權人債權之總擔保），乃至於會影響到經濟秩序（蓋：公司營業經濟秩序本身就是社會經濟秩

序的一環,特別當該公司是上市櫃之公開發行公司時,影響層面自然更大)。

據此,此等「公司財產法益」之保護法益,其性質實則應為「社會法益」,故,**特別背信罪**因此是「侵害社會法益的犯罪」,為一種「經濟犯罪」,性質上係屬「危險犯」。

綜據上述,本款規定為「**特別背信罪**」,乃「**經濟犯罪**」,是「**公司犯罪**」而非「**證券交易犯罪**」,性質上屬「**侵害社會法益的犯罪**」、「**危險犯**」。以下,即根據此等基本定位,接續略作立法論上的初探檢討,以期我國立法體例上能夠有所改進,而有助益於實務之運作。

參、非常規交易罪之立法體例的檢討

在針對非常規交易罪本款規定之立法體例,依「**比較研究方法**」進行深入檢討之前(下述「二、(一)、(二)」),茲先就非常規交易罪之立法體例所造成的問題狀況略作分析(下述「一、(一)」),再依「**案例研究方法**」,就和艦案及紅火案之實務見解所造成的問題狀況略作分析(下述「一、(二)」),據以說明非常規交易罪之立法體例應有加以檢討的必要性。

一、非常規交易罪之立法層次檢討的必要性

(一)非常規交易罪立法體例造成之問題狀況

我國證交法於89年增訂所謂「非常規交易罪」後,經最高法院判決有罪首度定讞之判決,亦即93年間引爆一連串所謂地雷股事件的博達案—98年度台上字第6782號刑事判決,同時,自本案判決後,我國司法實務似即定調將本款規定視作一種處罰「不合營業常規行為」的行為犯

甚至形式犯。

然而,仔細探究立法理由及立法過程,便可清楚明白,當時立法者所欲規範直接禁止者,乃公司負責人等「利益輸送」「致公司遭受損害之行為」,實即「掏空公司資產」。換言之,公司負責人受公司託付處理公司事務,卻將公司資產「利益輸送」予自己或第三人,「掏空公司資產」致公司遭受損害,事實上,其不法行徑即是所謂典型的「背信行為」,亦即其所侵害者是「公司財產法益」而非「證券市場交易秩序」,是本罪之性質,實為公司法上之「特別背信罪」,是「公司犯罪」但非「證券交易犯罪」。

殊不料,職司法律審的最高法院,不但未能對此立法本旨有所釐清,反而誤入歧途且更加走火入魔,略稱「舉凡公司一切與交易有關之事項,從客觀上觀察,與一般正常交易顯不相當、顯欠合理、顯不符商業判斷者,即係不合營業常規」,並將「公司商業信譽、營運等造成重大傷害」直接解為「公司重大損害」,此種解釋儼然將本款規定視作行為犯甚至形式犯看待,已有嚴重失卻罪刑明確性原則之虞。

實則,觀諸博達案的事實便可得知,其不法行徑實為證券詐欺行為(而非利益輸送行為),但最高法院卻假藉博達案對本款規定之非常規交易罪作擴張解釋甚至已屬類推適用,最終竟促成此種見解定調,此舉對於利益輸送行徑防制、公司財產法益之保護,不但不見得會有正面幫助,更且已有嚴重違反罪刑明確性原則之虞,顯與刑法之構成要件保障機能與規律機能等有所不符,甚或背道而馳,殊有誤解與不妥之處。

根據本文前述針對非常規交易罪及對博達案判決之辨正與檢討(「貳、二」),即可得知:非常規交易罪規定於證券交易法上之立法體例,無論理論上或實務上,均有問題存在:

1. 理論上,從刑法之機能加以考察,即有諸多可議之處外,亦即:

(1)從保障機能言,因構成要件非常不明確,容易導致人民一時不

慎便誤觸法網，或是過度謹慎而採取保守經營對策致影響公司經營甚至於經濟發展，過與不及，均難措其手足；

(2)從保護機能言，因究竟是保護公司財產法益或是證券交易市場秩序並不明確，容易導致檢審實務誤以本款規定處罰資訊不實或證券詐欺行為（如博達案判決即是），或者是誤以較輕之刑法背信罪處罰公司負責人利益輸送行為（如後述（二）之和艦案判決即是），最終均使本款規定保護公司財產法益之目的落空，過與不及，均非所宜；

(3)從規律機能言，因究竟是稅法上之非常規交易調整、公司法上之關係企業利益調整、刑事法上之背信、利益輸送，規範目的非常不明確，容易導致人民因不解真正之規範意義而誤觸法網，或是刻意採取規避對策而難以規範，過與不及，均失卻規範的功能。

2. **實務上**，從**實務之解釋適用**加以考察，除了實際上已經導致博達案判決本身誤將**證券詐欺行為**依本款規定非常規交易罪（**利益輸送行為**）來論處外，此外，其於解釋適用上尚會衍生諸多爭議或疑義的問題，茲再詳予檢討如後述。

（二）非常規交易罪立法體例檢討之必要性

我國在89年間於證交法上增訂了所謂的「非常規交易罪」，另於銀行法上增訂了「負責人背信罪」，嗣後再於93年間於證交法上增訂所謂「董監背信罪」，並依「金融七法」修正案，同步提高包含證交法「非常規交易罪」、「董監背信罪」與銀行法「負責人背信罪」等犯罪之法定刑，而且形成所謂「分級重刑」此等非常特殊的規範模式。

關此法律增修的結果，如前所述，導致在93年間爆發一連串地雷股事件時，以**博達案**為開端，即被檢察官引用上開「非常規交易罪」予以起訴，其後各級法院亦均直接接受檢察官之起訴法條並據以為審判（即**使在現行刑事訴訟法並未採行卷證不併送制度、訴因制度，法院得變更起訴法條**的現狀下），嗣後，即由最高法院依非常規交易罪予以定罪而

成為首度有罪定讞的判決，同時，其判決見解（舉凡公司一切與交易有關之事項，客觀上顯不合理相當、不符商業判斷者，即係不合營業常規）並隱然形成實務一貫定調的見解。

然而，本文探求本款規定非常規交易罪之立法過程及立法理由，則發現本款規定之所謂非常規交易罪，其立法背景（立法者主觀意思）最初係導因於80年間爆發「華隆利益輸送（背信）案」的爭議所引發的立法提案，且立法理由（客觀立法目的）中並明確表明，本款規定之目的在懲處「公司負責人之利益輸送行徑」。由是可知，本款規定實即所謂「公司特別背信罪」。

遺憾的是，僅因當初在立法提案文字上不慎誤引了稅法上「非常規交易（Non-Arm's Length）」的用語，方才導致實務乃至於最高法院在不明就裡的情況下，將博達案證券詐欺的行徑，誤以本款規定之非常規交易罪予以定罪，最終並導致實務見解行為犯甚至形式犯的定調。然而，本款規定之性質實為特別背信罪、結果犯，即係屬攻擊公司資產、侵害公司法益之犯罪，亦即為公司犯罪，而非證券交易犯罪。本文因此特別予以釐清並予辨正，已如前述。

同時，據此非常規交易罪之辨正及檢討，便可發現，本款規定之非常規交易罪，其性質實即公司特別背信罪，但因我國法制並未在公司法上規範，加上目前實務見解（博達案判決以來）的誤解及不解，導致於實務上遇有公司負責人涉嫌利益輸送、掏空公司資產時，即使該公司為上市、櫃之公開發行公司，檢察官及法官仍對其依刑法第342條之背信罪予以偵查追訴審判，例如著名的聯電和艦案（以下簡稱和艦案）便是適例。

在和艦案中，新竹地檢署檢察官乃是依據刑法第342條之背信罪提起公訴，一審、二審法官亦均未變更法條（刑事訴訟法（以下簡稱刑訴法）第300條），但由於刑法背信罪刑度僅為五年以下有期徒刑，而非如證交法之非常規交易罪（當時刑度則為七年以下有期徒刑），以至於

一度嘗因刑訴法第376條第5款限制上訴第三審之規定而發生可能無法上訴第三審的疑慮，此即肇因於我國目前檢審實務對於非常規交易罪之性質、內涵並不瞭解的緣故所造成[46]。

另外，即使日後於公司法上明文規定特別背信罪後，惟因93年修訂金融七法中針對各金融機構負責人等規定頗多修訂或增訂**特別背信罪**（如：銀行法第125條之2、證券交易法第171條第1項第3款、金融控股公司法第57條、票據金融管理法第58條、信託業法第48條之1、信用合作社法第38條之2、保險法第168條之2），而此等金融機構通常性質上亦為公司，亦即此等金融機構負責人同時即為公司負責人，因此，不可避免地，將可能發生罪數或競合的問題，此時，究竟是法規競合抑或是想像競合，即可能發生爭議，例如著名的**紅火案**即為適例。

在紅火案中，由於中國信託商業銀行股份有限公司（以下簡稱中信銀行）屬於銀行，故本案第二審法院即臺灣高等法院乃認為，中信銀行董事長等人涉及觸犯銀行法第125條之2第1項銀行負責人背信罪，雖同時合於證券交易法第171條第1項第3款董監背信罪及刑法第342條背信罪之要件，但依重法優於輕法、特別法優於普通法之法規競合法則，應依**銀行法銀行負責人背信罪**一罪處斷[47]。

然而，**法條競合或法規競合與想像競合**，其差異主要乃在於所涉保護法益是否具有同一性，若具法益同一性時，應屬**法條競合或法規競合**，但如保護法益不同時，則應屬**想像競合**，因此，上述紅火案第二審法院的法律見解是否正確妥適，即涉及到證交法董監背信罪與銀行法銀行特別背信罪之保護法益是否相同的問題。關此，其實涉及對於金融市場及金融法規範目的之認識。

簡言之，銀行乃屬間接金融、資金市場，銀行法之規範目的乃在：**維持金融市場健全發展，俾保障存款人權益、適應產業發展、使銀行信用配合國家金融政策**（銀行法第1條），故銀行特別背信罪之保護法益應為「**間接金融、資金市場秩序**」；相對的，證券市場則屬直接金

融、資本市場，證交法之規範目的則在：**維持證券市場健全發展，俾保障投資及發展國民經濟**，故按理似應認證交法董監背信罪之保護法益為「直接金融、資本市場、證券市場交易秩序」[48]。

若果如此，依照實務見解認為證交法董監背信罪之保護法益為「證券市場金融秩序及投資人權益」，而銀行特別背信罪之保護法益應為「間接金融市場秩序（包含存款人權益等）」而言，既然此二罪之規範目的及保護法益均有所差異不同，則此二罪之間的競合關係，按理應非「法規競合」而是「想像競合」為是。

要言之，根據上述和艦案及紅火案等實務案例之初步考察，即可發現：證交法上之非常規交易罪之本質，有釐清及重新認識的必要性，而其與刑法背信罪、銀行法上之特別背信罪等規定間的關係為何，亦有重新檢討的必要性。

凡此問題關鍵癥結，都指向於本款規定非常規交易罪之立法體例定位的問題上，因此，自有需要徹底釐清、重新檢討之必要性。否則，立法體例的紊亂，只會一再造成檢審實務對特別背信罪本質之不解以及解釋適用上的困難而已。從而，茲此檢討立法體例如下所述。

二、非常規交易罪之立法層次的檢討

（一）不應於證券交易法層次上規範

實則，有關公司負責人等利益輸送、掏空公司資產的不法行徑，從比較法的角度觀之，參照美日等國的法律規範制度即可得知，美日等國於證券交易法制上並未針對此等利益輸送、掏空資產的不法行為予以規範，而多是在公司法等層次上加以立法[49]。

以日本為例，歷來即都在公司法層次規範所謂的「**特別背信罪**」，而非證券交易法層次。按日本採「**民商分立制**」，原本，係在「**商法**」中第二編規範「会社（即公司）」，另外則規定「証券取引法

（即證券交易法）」。針對公司負責人等的背信行為，乃規定在其商法第486條，是即所謂的「**特別背任罪（即特別背信罪）**」[50]。

嗣後，日本分別於2005年（平成17年法律第86號）從「商法」中獨立出來新訂「会社法（即公司法），2006年5月1日起施行」及2006年（平成18年法律第65號）將「証券取引法」改訂為「金融商品取引法（即金融商品交易法），2007年9月30日起施行」。不過，針對公司負責人等涉及利益輸送、掏空資產的不法行為，仍然是於公司法第960條等處[51]規範所謂「特別背信罪」，而非在證券交易法的層次上予以規範[52]。

事實上，我國商事法學者針對公司不法行為之追訴規範亦曾明白指出：雖然此類公司多係公開發行，為證券交易法規範的主要對象，但「證券交易法」所應規範的係「**證券發行、交易等細節程序事項**」，一旦涉及利害關係人之利益衝突或關係人交易等重大情節，理論上應由「公司法」規範之，且應於其下增訂相對應之民事責任，並強化民事責任之追訴才是[53]。

本文認為：確實，證券交易法原本所規範的內容，應係「**與證券發行、交易有關的事項**」為是，因此，縱令是違法行徑已達刑事不法層次，亦應是以「**與證券發行、交易直接相關的事項**」，可能造成社會大眾投資人誤信或受損，而直接衝擊「**證券市場交易秩序**」者，才適合於證券交易法層次予以規範刑事責任，如此，方能形塑建構證券交易法的體系[54]。

關此，觀諸美日等國證券交易法上向來均僅以**內線交易、操縱股市、證券詐欺與資訊不實**此等典型證券交易犯罪類型加以規範，並未有**公司負責人背信**此等犯罪類型，即可清楚得知。當初我國立法者於增訂公司負責人背信此等犯罪類型時，顯然並未思慮及此。即：對於公司不法行為應為如何規制以進行法規範整體關連性思考的處理，終才造成現今實務誤解、理論難述的困窘情境。

（二）允宜於公司法層次上妥為規範

茲因相對於**內線交易、操縱股市、證券詐欺或資訊不實**等證券交易犯罪，本款規定的非常規交易或背信，則是公司負責人等涉及背信等挪用公款、利益輸送或掏空公司資產的不法行為，此等不法行為，直接攻擊的對象即行為客體乃「**公司資產**」，而其侵害的保護客體即法益則為「**公司財產法益**」而非「**證券市場交易秩序**」。

如此一來，其所規範者，既非涉及「**與證券發行、交易直接相關的事項**」，而是涉及「**公司負責人背信，致公司財產法益遭受損害的不法行為**」，依其性質，自**不適合於證券交易法的層次上予以規範**，以免造成實務於法律解釋適用上的誤解或困難。即如前述，若非**寬鬆認定**致生類如**博達案**將證券詐欺的行徑亦解為非常規交易，即可能**嚴格認定**因法重情輕而對證據法則採取嚴格的認定導致本款規定無用武之地，反而容易使從事不法行徑的公司負責人因此僥倖逃脫刑事制裁，實殊非得宜。

而且，正因其為公司負責人卻將公司資產利益輸送予自己或第三人，掏空公司資產，造成公司**財產法益**受損，並危及公司**營業經濟秩序**，茲有必要於公司法上針對公司負責人等的行為加以規範。同時，由於公司的資產，事實上是公司的股東匯聚資金形成資本，經過營運所逐漸累積形成的，因此，公司資產若遭到公司負責人等利益輸送、挪用掏空而受減損，相對應的，股東的權益自然遭受相應的減損，基於刑事責任與民事責任的對應關係，亦應宜於公司法同時規範刑事責任及相應的民事責任，以資股東運用，並達同時明確規範公司負責人等及股東等人的作用為是[55]。

從而，相對於其他國家或有逕自在普通刑法層次加以規範者（如先前所提中國刑法第169條之1「背信損害上市公司利益罪」），基於上述諸多考量，本文因此認為，有關本罪的立法體例，應仿日本立法例，於公司法層次上加以規範為宜，以建構公司法的公司犯罪體系。

至於在公開發行公司的場合，因其股東人數非常眾多且不特定，影響層面自較為深遠複雜，似可區別非公開發行公司與公開發行公司而為輕重不同罰責的規範，亦可符合**罪刑相當性原則**的要求，而非如現行法以**犯罪所得金額多寡**為標準之無端。

綜據上述以言，本文主張，現行證券交易法第171條第1項第2款所謂的非常規交易罪，乃至於同條項第3款的董監背信罪，乃針對「**公司資產**」直接攻擊破壞，而造成「**公司財產法益**」遭受損害，既然均非典型的證券交易犯罪類型，並非直接破壞、危害影響「**證券市場交易秩序**」，自應從證券交易法中予以刪除，而後於公司法上予以彙整後統一規範，方為正途。

三、小結

茲據上述討論，本文就本款規定之所謂「**非常規交易罪**」，根據立法理由及過程，針對博達案最高法院定讞判決等予以釐清辨正，乃確認其性質為「**特別背信罪**」，所侵害的法益應為「**公司財產法益**」而非「**證券市場交易秩序**」。因此，本款規定性質應為「**公司犯罪**」。

既然本款規定之所謂「**非常規交易罪**」，其性質為「**公司犯罪**」而非「**證券交易犯罪**」，其保護的法益為「**公司財產法益**」而非「**證券市場交易秩序**」。從而，就立法體例而言，自然不宜與**內線交易、操縱股市、證券詐欺與資訊不實**等典型的「**證券交易犯罪**」並列規範於證交法上，而應從證交法上予以刪除，改於公司法上重新檢討另行規範為宜。

肆、結語

我國證交法於89年7月19日增訂所謂「**非常規交易罪**」後，經最高法院首度判決有罪定讞之判決，即93年間引爆一連串所謂地雷股事件的**博達案**─98年台上字第6782號判決，同時，自本案判決以後，我國司法

實務似即定調將本款規定視作一種處罰「不合營業常規行爲」獨立形式的犯罪類型。

然則，觀諸博達案的事實便可得知，其不法行徑實爲證券詐欺行爲（而非利益輸送行爲），但最高法院卻假藉博達案對本款規定非常規交易罪作擴張解釋甚至已屬類推適用，最終竟促成此種見解定調，此舉對於利益輸送行徑防制、公司財產法益之保護，不但不見得會有正面幫助，可能無法發揮刑法之保護機能，更且已有嚴重違反罪刑明確性原則之虞，顯與刑法之構成要件保障機能與規律機能等有所不符，甚或背道而馳，殊有誤解與不妥之處。

本文研究之目的，即是希望藉由博達案判決的辨正與檢討，針對證券交易法上非常規交易罪之性質及定位，能夠徹底釐清，以期實務運作針對此罪能有正確之認識適用及未來立法體例上能夠有所檢討改進。

不過，本文雖以非常規交易、利益輸送、掏空公司資產、背信或侵占爲研究主軸，範圍廣泛涉及刑法法益論、構成要件論、違法性論[56]、罪數論、共犯與身分犯論、經濟犯罪論，甚至於刑事政策等各項範疇，業已涵蓋解釋論、適用論、立法論，甚至法本質論等各種不同層次的問題。

然而，必須說明者是，本文固然希望藉由嘗試釐清問題、解決問題的整體性探討，能夠對於公司負責人以非常規交易進行利益輸送、掏空公司資產之特別背信行爲提供有效防制對策，但，囿於此項議題牽涉綦廣、錯綜複雜的緣故，絕非本文此項研究探討，便可力能所及。簡單講：這牽涉到「法律的有效性」與「法律的實效性」的區別問題[57]。

按，法律一經立法院三讀通過、總統公布施行，便已具備有效性，然而，法律規範要能真正具備實效性，絕非單靠法律規定加以制裁且有效施行便可輕易達成。歷來貪瀆犯罪、金融犯罪治亂世用重典、嚴刑峻罰的防制方式，每每卻因法重情輕、罪罰不均的緣由遭致力有未逮、治絲益棼的下場，其實早已清楚地告訴我們答案。

　　亦即，單就**制裁規範**言，單純欲僅靠嚴刑峻罰的方式，並不能夠有效達成其目標。即以**金融七法**為例，民國93年的修法，即是期望藉由治**亂世用重典、嚴刑峻罰**的方式，達成有效防制金融犯罪的立法目的，例如，特別針對犯罪所得在新臺幣一億元以上之所謂重大金融犯罪予以提高刑罰。其結果，因未能在構成要件明確性予以有效界定，只不過再次使法官因法重情輕、罪罰不均反而在證據法則採取更加嚴格的認定而未敢遽以定罪，再度造成難以有效追訴定罪的結果而已。

　　由是可知，按照所謂「**整體（全）刑法學**」的觀點，欲求法律的實效性，絕非依靠治亂世用重典、嚴刑峻罰的立法規範即可確實輕易達成，而是必須在整體法制上有完整的配套措施，始克有功。

　　例如，就**制裁規範**言，縱令行為人的不法行為構成法益侵害情形重大而具有應罰性及需罰性，但在**刑事法制層面**上，仍須按照**罪刑明確性、罪刑相當性**的基本原理而為規定其犯罪與刑罰，否則，反而極為可能產生反效果，歷來**貪瀆犯罪、金融犯罪**的防制失敗，便是明證。

　　同時，也不能單純以為僅需依靠制裁規範，即認為可以有效地防制經濟犯罪、金融犯罪，蓋：道高一尺、魔高一丈，行為人往往會千方百計、想方設法地規避查緝，此亦所以非常規交易手法一再推陳出新的緣由所在，故宜另作**預防規範**。

　　此部分則宜需透過公司治理或金融監理等**行政法制層面**進行規範，另外，在**民商法制層面**方面，即如民商法學者所言，應宜在公司法上增訂相對應之民事責任，並強化民事責任之訴追機制。

　　職是之故，欲單靠本文於刑事法制上針對本款規定之概念釐清與確立，並非即可完全有效防制利益輸送、掏空公司資產之非常規交易犯罪或特別背信罪，而是需要整體法制上完整的配套措施，方能克竟其功[58]。

　　綜據上述，本文僅係針對本款規定之所謂「**非常規交易罪**」，根據立法理由及過程，針對博達案最高法院有罪定讞判決以來的裁判予以釐清辨正，確認其性質為「**特別背信罪**」，其所侵害的法益厥為「公司財

產法益」而非「證券市場交易秩序」，因此，本款規定，其性質為「公司犯罪」，實不宜與內線交易、操縱股市、證券詐欺與資訊不實等典型的「證券交易犯罪」並列規範於證券交易法上，故應從證券交易法上予以刪除，改於公司法上重新檢討規範為宜。

註 釋

* 東海大學法學博士。本文節錄自拙著博士論文「特別背信罪實體
與程序交錯之研究」第二章「非常規交易罪之辨正與檢討」，再
增補若干新近資料而成。謹此感謝匿名審稿委員的寶貴意見，使
本文得作必要的修正，而避免更多缺失。又前法務部長施茂林教
授，理論與實務兼備，對於非常規交易罪有其極為獨到精闢之見
解，拙著博士論文因獲啟發、受益甚多，本文亦同，謹此表達由
衷感謝之意，惟文責仍由本人自負。

1. 見《立法院公報》88卷51期3051號下冊，頁286、89卷39期3098號
上冊，頁239。而依行政院最初修正草案說明，乃以「使公司為不
合營業常規或不利益交易行為，嚴重影響公司及投資人權益，有
詐欺及背信之嫌」、「受害對象尚包括廣大之社會投資大眾」為
由而加以處罰，此項說明後經立法院財政經濟司法委員會聯席審
查會討論後以「照審查會意見修正通過」。見《立法院公報》89
卷39期3098號上冊，頁337。

2. 參賴英照，《最新證券交易法解析》，元照，2009年10月再版，
頁745-771；劉連煜，《新證券交易法實例研習》，元照，2010年
9月增訂八版，頁345-370。

3. 論者即曾指出此項不合營業常規交易屬不確定法律概念，可能違
反法律明確性原則甚至罪刑法定原則，參王志誠，〈不合營業常
規交易之判定標準與類型〉，《政大法學評論》66期，2001年6
月，頁164-167。不過，關鍵癥結仍在，要探究一項行為是否構成
刑事不法，從立法、執法到司法，從最初、論證到最終，終究必
須先探究其所欲保護的法益究竟為何？否則，根本亦無從判斷：
其究竟為實害犯或危險犯？究竟為具體危險犯或抽象危險犯？更
遑論：行為人之行為是否構成犯罪（侵害或威脅到保護法益）？

同時，方能據此導引出正確之立法體例究應置於何等層次。此即
所謂法益之刑法解釋的指導機能及犯罪體系的確立機能。關於法
益之機能，詳參甘添貴，《刑法總論講義》，瑞興，1992年9月再
版，頁48。

4. 關於本案事實概要，乃直接整理自最高法院98年度台上字第6782
號刑事判決理由本身的敘述，俾資彰顯其適用本款規定之涵攝過
程，並凸顯出其對本款規定之誤解（錯誤認知），藉以為辨正與
釐清本款規定之構成要件（抽象）事實究應為何。蓋：依三段論
法，本案最高法院欲將本案具體事實涵攝納入本款規定以前，勢
必先認知（解釋）本款規定之構成要件抽象事實，而其認定得涵
攝納入本款規定之本案具體事實必然符合構成要件抽象事實，方
可得出結論。如此一來，其所認定之本案具體事實，抽象來看，
應即是其所認知本款規定之構成要件抽象事實。據此，其實便可
反問本案最高法院：本案具體事實行為人之行為，亦即本款規定
之抽象事實，其所破壞的保護法益究竟為何？

5. 不過，本件博達案仍被認為，跟過往掏空公司資產案例多為買賣
未上市櫃股票、不動產交易或公司負責人挪用公司資金之傳統方
式相較，恰為晚近以海外有價證券發行或利用國外人頭公司交易
或借貸等方法套出公司資金之「掏空手法」的典型案例。參賴英
照，同前註2，頁753-754。

6. 針對此種實務趨勢，即有商事法學者採此解讀方式，認「我國司
法實務似已逐漸形成共識」，參王志誠，〈商事法實務導讀〉，
《台灣法學雜誌》169期，2011年2月1日，頁150；同，〈商事法
實務導讀〉，《台灣法學雜誌》181期，2011年8月1日，頁165；
同，〈商事法實務導讀〉，《台灣法學雜誌》195期，2012年3月1
日，頁173-174。

7. 學說有明確採取贊同之見解者，見王志誠、邵慶平、洪秀芬、陳

俊仁合著，《實用證券交易法》，新學林，2011年3月一版，頁444。

8. 例如，日本乃區分其身分及情形分別規定所謂「特別背信罪」於其公司法（第960條、第961條）之上；中國則是規定所謂「背信損害上市公司利益罪」在其刑法（第169條之1）當中（詳後述）。

9. 學說方面，參賴英照，同前註2，頁749（該書2006年8月初版，487頁即已如此主張）；劉連煜，同前註2，頁349；謝憲杰，〈證券交易法中非常規交易規範制度之研究—以證券交易法第171條第1項第2款之探討爲中心〉，國防管理學院法律研究所碩士論文，2007年，頁63-64；施茂林，〈財務槓桿操作，投資？投機？〉，《法律簡單講：從法律書學不到的制勝法則》，2008年4月初版，頁73；施茂林，〈「背信」金鐘罩，企業主難脫逃〉，《法律站在你身邊：法律風險防身術》，2011年8月初版，頁179；郭土木，〈非常規交易與掏空公司資產法律構成要件之探討〉，《月旦法學雜誌》201期，2012年2月，頁131。而實務方面，最初，臺中地方法院91年度重訴字第170號刑事判決（以本款規定爲掏空公司資產行爲，本案臺灣高等法院臺中分院92年度上重訴字第17號刑事判決同此），嗣後，或因93年間增訂第3款董監背信罪導致二款規定難以區辨的緣故，多半不採此見解，不過，仍有部分判決傾向此說，臺北地方法院92年度訴字第2128號刑事判決（不另論刑法背信罪）、最高法院95年度台上字第7025號刑事判決（三陽案，統括爲背信而對原審無罪判決撤銷發回更審）、臺北地方法院96年度矚重訴字第3號刑事判決（力霸案，明認「本質上屬於特別背信罪之一種」，本案臺灣高等法院98年度矚上重訴字第23號仍認爲「本質上屬於背信罪之一」，惟本案最高法院102年度台上字第3250號刑事判決則認「其構成要件包括「使公司爲不利益之

交易」及「不合營業常規」二者，此罪雖含背信（或特別背信）之性質，但尚有交易係不合營業常規之要件，即非背信罪所得涵括）。

10.解釋論上採此等基本立場者，見潘彥洲，〈證券交易法第一百七十一條第一項第二款非常規交易犯罪之研究〉，臺灣大學法律研究所碩士論文，2006年7月，頁67-69；林志潔，〈論證券交易法第一七一條第一項第二款非常規交易罪〉，《月旦法學雜誌》195期，2011年9月，頁85-86，惟後文（82、84頁處）所引之財政部送交立法院函文「利用職務之便挪用公款或利用職權掏空公司資產，將嚴重影響企業經營及金融安定」的說明作為非常規交易罪的保護目的是保護抽象的廣大投資人的論證理由，其實恰是同條項第3款董監背信罪之立法說明（只不過該文認為第3款是保護個別公司的整體財產法益）。此不正顯示出第2款與第3款可以用同一份函文說明？不正說明利益輸送與掏空公司資產其實是一體兩面的同一件事，只是角度不同而已，將公司資產利益輸送給自己或第三人，不就是掏空公司資產？不就是背信？

11.就非屬特別背信罪言，我國實務上如前揭博達案（最高法院98年度台上字第6782號刑事判決）、寶成建設案（最高法院99年度台上字第6731號刑事判決）、科橋電子案（最高法院100年度台上字第3285號刑事判決）及協和國際案（臺灣高等法院98年度金上重更（一）第50號刑事判決），似傾向此種見解。

12.例如，有學者即認為，公務員圖利罪的本質是背信，因為公務員違背人民的委託而危害人民的利益，正是背信罪的內涵，如果廢除公務員圖利罪，仍可依刑法第342條背信罪論處，並依第134條公務員犯瀆職罪章以外之罪者加重其刑至二分之一。參許玉秀，〈公務員圖利罪〉，《台灣本土法學雜誌》3期，1999年8月，頁99。換言之，依其此等觀點，刑法背信罪是貪污罪、特別背信罪

等之概括規定，即是從行為形式層面加以考察，但其保護法益仍有不同，貪污罪的保護法益是「國民對公務員廉潔及公正執行職務之信賴」。

13. 此即類似放火罪與毀損罪之關係。按放火罪為公共危險罪，原含有毀損性質在內，同時具有對社會法益之犯罪與對他人財產法益之犯罪的性質，故放火罪與毀損罪，可認為具有共通之保護法益在，成立放火罪即無再論處毀損罪之必要，應認為構成法條競合（參甘添貴，《罪數理論之研究》，元照，2006年4月初版，頁146）。蓋：其行為客體乃屬同一個（均為「他人託付處理之資產」），僅保護法益範圍有所不同，一如放火燒燬他人住宅，一樣是毀損他人之物（該同一住宅），僅保護法益範圍有所不同，放火罪所保護者是多數人的生命健康財產等安全（危險犯），而毀損罪保護者則為單純個人的財產安全（實害犯），至於特別背信罪所保護者主要是多數或不特定股東以及公司債權人等利害關係人的財產安全（故為危險犯），而刑法背信罪保護者則僅為個人的財產安全（實害犯）。

14. 不過，實務上，最高法院100年度台上字第3285號刑事判決（科橋電子案）則是認為：本款規定之適用，不限於以「真實交易」而利益輸送、掏空公司資產的行為，也包含「虛假交易」的行為。而且「不因行為後立法者為期法律適用之明確，另明文增訂本條項第3款之公司、董事、監察人及經理人背信侵占罪，而認虛假交易非屬本條款之不合營業常規交易罪」，似認本款規定保護法益為「證券市場秩序」，而同條項第3款保護法益則為「公司財產法益」。無論如何，必須說明者是，此處乃依第3款規定修法前尚未增修結果要素而為解釋論上之嘗試，至於修法後，在構成要件要素上，第3款規定已變成與本款規定幾乎一致，均為結果犯，導致本款規定與第3款規定於解釋論上更難區分，則僅能從立法論上重

新徹底檢討,例如:合併成為一種犯罪類型—特別背信罪,並分項增設未遂犯規定。

15. 例如,郭土木,同前註9,頁130,即認為:本款規定保護者,包含「公開發行有價證券公司之廣大不特定的投資大眾,以及整體交易市場健全發展的社會法益」。另有論者則認為:本款規定應屬刑法背信罪之特別規定;其性質為結果犯、實害犯;而從證券交易法第1條立法目的出發,其保護法益包含國家法益、社會法益與個人法益,但所謂個人法益應只限於該公司之個人,而不及於其他股東;其行為客體應屬公開發行公司之財產及利益。參謝憲杰,同前註9、頁63-64、頁55-56、頁57。

16. 柯耀程教授針對刑法規範之形成即略謂:構成要件,主要係由行為主體、行為、行為客體及法益四項基礎要素所組成,同時法益侵害須由行為所致,即具有因果關係。而犯罪類型,即是以行為造成何種(法益)侵害關係作為類型理解的基礎。而在構成要件的類型化上,亦宜以法益侵害為基礎形成罪名,輔以行為形式差異,最為周延。參柯耀程,〈財產犯罪之構成要件形成〉,《月旦法學雜誌》163期,2008年12月,頁5-7。而在檢討刑事立法,例如刑罰法規的違憲審查時,在法理(法釋義學)上首要檢驗的便是「應罰性」(亦即是否侵害法益而具社會侵害性之行為),其次在刑事政策上需檢驗者才是「需罰性」(亦即是否有依某種刑罰予以制裁的必要)。參照許玉秀大法官,〈釋字第594號解釋部分協同意見書〉(94.4.15)。

17. 實則,綜觀立法過程便可清楚得知:本款規定最初乃因應80年間發生華隆利益輸送案(嗣後被檢察官許阿桂依背信罪起訴)引發社會議論,於是81年間財政部長王建煊提出本款規定新增條文修正草案並於立法院說明,惟因當時的議論多由稅法學者所發述,而稅法學者所稱的「利益輸送」實際上乃所得稅法第43條之1「非

常規交易之調整」之脫法避稅的問題（並非刑法利益輸送背信罪的問題），因而導致本款規定於條文文字也援引了「不合營業常規」此等稅法用語，於是乎，方才導致迄今仍未休止的一連串誤解。此觀當時（80年5月間）《實用稅務》「利益輸送」專欄即可得知。張五嶽會計師於該期「趨勢與省思」前言專欄即以此作引言略謂：「華隆案爆發後，利益輸送頓時成為輿論的熱門話題。利益輸送所涉及問題的層面甚廣，我們在稅言稅，就藉此來探討一些稅法上存在已久的老問題。」參張五嶽，「課稅 求真求實」，頁5。此一專題探討「稅法上利益輸送」的其他文獻，詳參註31所列。此項陰錯陽差、概念誤為援引的立法背景，實足作為歷史解釋之根據。證交法教科書在論及非常規交易罪時，亦頗有直接引用華隆案作為本款規定的適用案例者，足供佐證。參賴英照，同前註2，頁754-762；劉連煜，同前註2，頁351。要言之，立法者原本欲規範者為「刑法上之利益輸送」，故本款規定應置重於前段條文之「為不利益之交易」的實質層面上，但因為此項概念的誤用，導致近來實務與學說卻注重在後段條文之「不合營業常規」的形式層面上。此恰足堪稱為「差以毫釐，失以千里」的最佳寫照。

18. 柯耀程教授即指出：法益固為構成要件的核心要素，但法益僅為一抽象理解式的概念，是行為對法益的侵害關係通常必須透過行為攻擊的對象即行為客體來加以判斷，故行為客體是行為侵害法益的橋樑，具有判斷犯罪的媒介作用。參柯耀程，《刑法構成要件解析》，三民，2010年3月初版一刷，頁28。

19. 例如，論者即有認為，相對於同條項第3款之規定，本款對規範主體之主觀意圖並未有特別規定，故從文義解釋出發，此一犯罪行為自不以具有特別之不法意圖為其主觀要件。參王志誠、邵慶平、洪秀芬、陳俊仁合著，同前註7，頁444。

20.實則，「非常規交易」一詞，被認爲是不確定法律概念，同時，從實務發展觀察，非常規交易行爲具有複雜性、多樣性，變化多端、不一而足，甚至有「推陳出新」的形容，參王志誠，〈非常規交易法則之實務發展〉，《財稅研究》40卷1期，2008年1月，頁20-21；林仁光，〈論公開發行公司取得處分資產之規範－由防範掏空資產與利益輸送出發〉，載於《現代公司法制之新課題－賴英照大法官六秩華誕祝賀論文集》，元照，2005年8月初版，頁616-620。由是可知，事理有盡而人事無窮，故，欲以形式層面「非常規交易」此一高度不確定的法律概念而規範複雜多樣容易「推陳出新」的商業交易，只怕是治絲益棼、徒勞無功，甚至是誤入歧途，博達案即屬適例。因此，理論上，殊應回歸實質層面以法益侵害面作引導針對背信行爲進行探討，方是正途。

21.參甘添貴，同前註3，頁24。按法律明確性原則，根據我國大法官歷年來解釋的共識是：法律規定所使用之概念，其意義依法條文義及立法目的，非受規範者難以理解，並可經由司法審查加以確認者（釋字第432號、第491號、第602號、第636號及第659號解釋參照）。

22.參賴英照，同前註2，頁749-750。另外，劉連煜教授基本上亦認爲，非常規交易行爲仍係違背職務之背信行爲，爲背信罪之特別規定。參劉連煜，〈掏空公司資產之法律責任〉，《月旦法學教室》56期，2007年6月，頁83-85。惟其又認爲：若爲虛假交易時應適用第三款相繩，第二款應只適用於眞實交易但屬不合營業常規交易之情形。則頗具獨特性，似仍受稅法「非常規交易」概念影響所致。最高法院101年度台上字第5291號刑事判決（台路案）似即參考此項學者見解所爲。恰與前揭註14先前同院100年度台上字第3285號刑事判決（科橋電子案）迥異。由是可見，實務對於本款規定的不確定，以至於見解持續變化當中。

23. 參陳峰富，〈跨國關係企業之移轉訂價與非常規交易〉，載於
《現代公司法制之新課題—賴英照大法官六秩華誕祝賀論文
集》，元照，2005年8月初版，頁62-63。另外，惇安法律事務所
編撰，《解密商業刑事風險檔案》，商訊文化，2011年2月初版，
80頁亦採此等基本立場，認為「非常規交易行為本質上是背信行
為的一種，證券交易法基於保護投資大眾考量，特別將之獨立成
為一種犯罪型態，並加重處罰」。

24. 參陳伯松，《財報水滸傳》，聯經，2007年7月初版，頁170-
172。

25. 事實上，針對背信罪的罪質，黃榮堅教授即嘗言道：背信罪在客
觀上以為他人處理事務而違背其任務，致生損害於本人之財產或
其他利益為不法構成要件。所謂造成財產或其他利益的損害，是
違背本人意思的損害本人利益的「利益輸送」。參黃榮堅，〈親
愛的我把一萬元變大了〉，《月旦法學雜誌》12期，1996年4月，
頁52-53。關此，實已一語道破：「利益輸送」其實就是一種「背
信行為」！林東茂教授亦恰舉「公司董事將公司的資產賤售自己
的關係企業或其他人，這種有害經濟秩序的利益輸送行為，主要
的處罰規定是背信罪」為例來說明此等利益輸送屬背信之「經
濟犯罪」。參林東茂，〈經濟刑法導論〉，《東海法學研究》9
期，1995年9月，頁185。而賴英照教授認本款規定為「特別背信
罪」，針對本款規定所欲防制的構成要件事實，正亦是以「利益
輸送」的概念來描述。參賴英照，〈打擊利益輸送的法令必須周
延務實〉，《實用稅務》341期，2003年5月，頁5。

26. 參靳宗立，〈證券交易法之刑事規制與解釋方法—以特別背信
罪為例—〉，《台灣法學雜誌》166期，2010年12月15日，頁18-
19。惟本文以為，以「公司資產」為行為客體、「公司財產法
益」為保護法益的非常規交易罪（即所謂公司法上之特別背信

罪），原則上，應從證券交易法中刪除，移至公司法予以規範，始為正軌（詳後述檢討）。在日本，一般即認為，其公司法第960條之特別背信罪，乃因公司之董事等基於圖利加害之意圖而為違背其任務加損害於公司所成立的犯罪，為一種關於公司經營的犯罪，係屬於經濟犯罪。參芝原邦爾・西田典之・佐伯仁志・橋爪隆，《ケースブック経済刑法》，有斐閣，2010年9月第3版，頁51。

27.例如，鑑價實務上經常聽到的經典問話（笑話？實話！）是：欲辦理鑑價的人詢問鑑價公司：「請幫我估價！」，得到鑑價公司的回答通常會是：「請問：您想估多少錢？」。此類如會計學界的經典笑話：「一加一等於多少？」若問數學家的回答是「二」、問物理學家，則會思考在討論什麼物質或單位後再回答，但若問會計師，他會把你拉到隱密房間問你：「你希望是多少？我都辦得到！」此一方面顯示會計具有可因應現實狀況調整之務實面向，另方面亦點出其可以從中動手腳的彈性空間。因此，會計學依照雙式簿記原理所編製的資產負債表借貸一定平衡看似一門精確的科學，然對事件的解釋與數字多少的認定等相關會計事務並非科學，而是依照會計準則及其規定，容許企業選擇會計政策的結果。參吳琮璠，《新會計學：實務運用與法律觀點》，智勝文化，2012年6月初版，頁65。

28.參王文宇，〈從公司不法行為之追訴論民、刑、商法之分際〉，《月旦法學雜誌》103期，2003年12月，頁52-53。

29.最初的提案版本乃民國81年間王建煊擔任財政部長時提出，氏於立法院說明即謂：「發行公司相關人員以直接或間接使公司從事不利益之輸送行為，影響股東至鉅，應嚴格禁止。有違反情事者，科以刑事責任（修正條文第一百七十一條第二款）」。當時草案條文文字即為「已依本法發行有價證券公司之董事、監察

人、經理人或受僱人，以直接或間接方式，使公司爲不利益之交易，且不合營業常規，致公司遭受損害者」。見《立法院公報》89卷39期3098號上冊，頁238。如眾所知，王建煊氏爲著名稅法學者，氏著《租稅法》、《稅務法規概要》，皆是如此定義「非常規交易」：「所謂「非常規交易（Non-arm's-length-Transactions）」係指兩個具有密切關係之營利事業，如母子公司或姊妹公司，爲規避或減少納稅義務，而對彼等相互間收益、成本與費用之攤計，透過交易行爲，所作不合營業常規之安排而言」「使得……經由非常規交易移轉來之利潤亦可獲得不納稅之利益」。氏著《租稅法》，文笙，1985年2月十版，頁161、氏著《稅務法規》，文笙，1992年2月十版，頁107。由此立法過程及用語文字對照觀察可知，此項最初提案確實曾受到稅法「非常規交易」用語的干擾或影響。

30. 華隆案是一個統稱，主要包含華隆集團所涉三個個案：臺中購地案、竹南購地案及國華人壽股票購買案。簡述如下：1.臺中購地案：華隆公司董事長兼總經理翁有○涉嫌使華隆公司於77年3月間以每坪約新臺幣（下同）20萬元買進臺中市西屯區11筆土地，78年2月間又以每坪約21萬元出售其兄翁大○，79年1月間復由華隆公司以每坪約69萬元向翁大○標購售回。2.竹南購地案：國塑竹南廠土地及廠房79年間由新竹地院第三次拍賣無人應買流標，國華人壽董事長兼總經理翁一○等人與其兄翁大○涉嫌使墊款國塑債權人鄭○南依拍賣底價約15億元承受後，即由國華人壽以約25億元向其購買，買賣價金形式上由鄭○南取得，實際上多由翁大○帳戶兌領。3.國華人壽股票購買案：華隆公司持有國華人壽股票於79年11月間每股價值超過120元以上，且79年度盈餘甚豐，每股將配息70元，約有3億5千萬元股利，翁大○即與時任華隆公司董事長之弟翁有○涉嫌將國華人壽股票500萬股以每股120元（當時

市價約667.9元以上）出售，高價低賣予翁大○（以張○宜、游○德二人名義取得）。案例事實摘要參見：財團法人中華民國證券暨期貨市場發展基金會編著，〈案例五　華隆利益輸送案〉，《違反證券交易法案例彙編（壹）發行市場》，自版，2006年2月，頁113-116（歷審裁判參頁117-259）。

31. 民國80年間，因爆發華隆案緣故，《實用稅務》197期（80年5月）因此製作「利益輸送」專題封面報導，張五益會計師於該期「趨勢與省思」前言專欄即以此作引言略謂：利益輸送在租稅實務上稱爲非常規交易（Non-arm's length transactions）。這種交易之所以成立，避稅或其他不法或不當之財富移轉爲其主要目的。參張五益，〈「課稅　求眞求實」〉，頁5。而該期封面報導各財稅專家發表專文，略爲：王泰允，〈利益輸送之定義‧管道‧目的〉，頁6-9；鄭俊仁，〈利益輸送的代名詞─避稅與套利〉，頁10-13；黃茂榮，〈法律上應如何對待利益輸送〉，頁14-16；蔡蜂霖，〈談企業違規、違法及關係人交易之查核〉，頁17-20；吳惠林，〈從政府經濟管制談利益輸送〉，頁21-23。此等財經會稅專家一致所謂的「利益輸送」，實即稅法上之「非常規交易」。事實上，前述王建煊擔任財政部長81年間的提案，應即是因應此等華隆案風暴所爲的修法對策。頗値玩味者是，華隆案翁大○等人後來於93年間背信罪判決無罪定讞，但93年間爆發的博達案葉○菲等人卻係因（證交法第171條第2款）本款規定之非常規交易罪而判決有罪定讞。

32. 參黃茂榮，〈法律上應如何對待利益輸送〉，《實用稅務》197期，1991年5月，頁14-16；同氏著《稅捐法論衡》，植根，1991年8月，頁164-165。另外，黃淑惠，〈談非常規交易與逃漏稅〉，《稅務旬刊》1516期，1993年11月，7頁亦是以「利益輸送」一詞說明「非常規交易」。

33. 稅法上的「利益輸送」，如上所述，實乃涉及關係企業間規避租稅的利潤調整問題。而公司法上的「利益輸送」，則是關係企業間綜效下利益調控。此項設計係仿自德國「事實上關係企業」之規範，賦予企業經營者，可為整體集團利益之考量，暫時犧牲從屬公司之利益，以成就整個集團的最大利益。參劉連煜，《現代公司法》，元照，2010年9月增訂六版，頁585。至於刑法上的「利益輸送」，即如本文前述，本質上即為背信行為。

34. 準此以言，證交法學者有從文義解釋認為，本款規定不以具有不法意圖為其主觀要件云云。參王志誠、邵慶平、洪秀芬、陳俊仁合著，同前註7，頁444。顯屬未能釐清本款規定之背信罪的特質，導致僅從構成要件行為外觀形式著眼，此與本案最高法院判決見解相同，最終均仍將淪於「非常規交易」的外觀形式窠臼之中。

35. 此為現今稅法學者大多數見解，參葛克昌，〈脫法避稅與法律補充〉，《月旦法學教室》76期，2009年2月，頁117-118；黃士洲，〈脫法避稅的防杜及其憲法界限〉，收於氏著《掌握稅務官司的關鍵》，元照，2005年1月初版，頁349。有爭議的部分僅是，因與德國採取「一般防杜條款」模式不同，我國與日本乃採「個別防杜條款」模式，故於無防杜之明文規定時即生爭議，參黃俊杰，《納稅者權利保護》，元照，2008年1月2版，頁77。

36. 稅法學者因之乃認為，「非常規交易」本身不僅為高度不確定之法律概念，於稅法領域之中本即有其適用之界限，且因其涉及納稅義務人之營業自由及財產權利，乃屬商業交易關係之例外情形，而應由稅捐稽徵機關舉證說明「常規交易」內容為何、納稅義務人主張為何不採，否則將與憲法保障營業自由之本旨有違，必須謹慎。參黃源浩，〈租稅天堂、不合常規交易與行政程序之瑕疵補正〉，《法學新論》9期，2009年4月，頁109-110。

37. 此觀當時（80年5月間）《實用稅務》「利益輸送」專欄即可得知。張五益會計師於該期「趨勢與省思」前言專欄即以此作引言略謂：「華隆案爆發後，利益輸送頓時成為輿論的熱門話題。利益輸送所涉及問題的層面甚廣，我們在稅言稅，就藉此來探討一些稅法上存在已久的老問題。」參張五益，〈「課稅 求真求實」〉，頁5。此一專題探討「稅法上利益輸送」的其他文獻，詳參前註31所列。

38. 參李茂生，〈刑法新修妨害電腦使用罪章芻議（上）〉，《台灣本土法學雜誌》54期，2004年1月，頁244-245。

39. 參陳樸生，〈背信罪在財產犯罪之體系的地位〉，《刑法分則論文選輯（下）》，五南，1984年，頁844-846。故有謂：若稱專門保護財產之靜的持有價值的竊盜罪或強盜罪為財產罪之第1世代，而保護交換經濟上以財產活用為交易之相對人的詐欺罪為財產罪之第2世代者，則保護使用他人而為組織性的財產活用之內部人的背信罪即為財產罪之第3世代。參松原芳博，〈背任罪〉，《法学セミナー》704號，2013年9月號，頁92。

40. 劉連煜教授即曾針對博達案指出，士林地方法院93年度金重訴字第3號刑事判決認為「不合營業常規之虛假交易行為，使博達公司為不利益之交易，致博達公司受有開立信用狀費用、匯款手續費等損害」，此種認定恐屬牽強，參劉連煜，同前註22，頁81。賴英照教授亦曾就另案提及「虛增營業盈餘的行為」，依法院多數見解，屬證券詐欺的範圍等，似非「不合營業常規交易」之規範對象。參賴英照，同前註2，頁750。由於本款規定並未如其他典型證券交易犯罪（例如內線交易、操縱市場、資訊不實或證券詐欺）均設有民事損害賠償規定，因此，頗為弔詭並因此引發博達案真正觸犯者並非「非常規交易罪」而應為「證券詐欺罪」的反思便是：博達公司投資人所提起之民事損害賠償訴訟，主要即係

根據「證券詐欺」之規定（93年修正前證交法第20條第1項、第3項）爲根據而提起並獲得勝訴判決。參士林地方法院93年度金字第3號民事判決、臺灣高等法院97年度金上字第6號民事判決。

41.此爲立法院財政、司法兩委員會審查會所修正通過。見《立法院公報》93卷2期院會紀錄，頁134。

42.見《立法院公報》100卷47期，頁240。商事法學者研究指出，商譽，在會計學上得被認列爲公司的「無形資產」，但僅出現在企業併購時具有非常態性的出資，故稱「合併商譽」，並非積極的股東財產而隨時可充作現物出資，參廖大穎，〈商譽入股〉，《月旦法學教室》114期，2012年4月，頁24-26。

43.但，證交法學者則有明白承認者，應即是本案最高法院判決採取肯定見解的依憑由來。見賴英照，同前註2，749頁略謂：「所謂重大損害，通常係以損失金額與公司規模（資產、營業額等）爲衡量因素；惟如對公司商譽造成重大損害，雖未證明其具體損失金額，仍應屬之」；劉連煜，同前註22，81頁同此見解。

44.關此，詳參葉銀華，《蒸發的股王：領先發現地雷危機》，商智文化，2005年一版，頁50-55；陳伯松，〈從財報看博達案〉，收於前註24，頁148-158。

45.按日本在其公司法上即有規定所謂的「特別背信罪」。依該國學者之見解，即有認爲：關於公司經營依刑法而爲保護作爲對象者，大致上可分爲「公司之財產」及「經營之公正」。而其公司法所規定之特別背信罪（960條、961條）即是以侵害公司之財產而形成之犯罪。參山口厚編著，《經濟刑法》，商事法務，2012年11月初版第一刷，頁1-2。惟該書（古川伸彥執筆部分）乃認爲：第960、961條之特別背信罪爲實害犯，而第962條（未遂罪）、963條（危及公司財產罪）等爲危險犯。本文則認爲，第960、961條之特別背信罪亦爲危險犯，故爲經濟犯罪（關此，詳

參後註50）。關此，主要是著眼於公司經營經濟秩序，乃以公司資本／公司財產為基礎。從公司資本為公司經營之基礎的角度而言，掏空公司資產／侵害公司財產，勢必會危及公司經營經濟秩序，而此正為公司法所保護之利益。

46. 最高法院罕見地以違反商業會計法的案情與背信罪有相牽連，將之與已定讞的背信罪全部發回臺灣高等法院更審後，曹○誠因此怒嗆法官，以致於鬧得滿城風雨（參中央社記者賴又嘉99年3月23日報導，〈和艦案更審 曹○誠怒嗆法官〉）。臺灣高等法院檢察署收到更一審無罪判決後，即由當時檢察長顏大和召集蒞庭檢察官及新竹地檢署檢察官開會研商，以判決沒有違背法令，參照刑事妥速審判法維護被告權益的精神，最後決定不上訴，全案定讞（參蘋果日報記者呂志明、蕭文康99年10月8日報導，〈和艦案 曹○誠無罪定讞〉）。茲因刑事妥速審判法立法過程中，正好在上開和艦案全案發回更審期間，嗣有立委提出「一、二審維持無罪判決、檢察官不得上訴」之速審法草案後經立法院通過，因此，引發外界有因人設事之嫌，廣稱為「曹○誠條款」（參TVBS 99年4月4日報導，〈限縮檢方上訴 立委擬修「曹○誠條款」？！〉、中央社記者周永捷99年4月4日報導，〈速審法增曹○誠條款？立委：限制濫訴〉）。

47. 此項中信銀行利用其香港分行資金購買巴克萊銀行發行之保本連動股權型結構債，時價約新臺幣二十億，日後卻以十億元轉讓給「紅火公司」，紅火公司贖回時因此賺得逾新臺幣十億元價差，其董事長涉嫌同時違反銀行法特別背信罪、證交法特別背信罪、刑法背信罪等，此即所謂「紅火案」，參中央社記者黃意涵102年5月31日報導，〈紅火案 辜○諒二審判9年8月〉、〈紅火案屬重大犯罪 二審重判〉。

48. 直接金融（direct finance）主要是利用有價證券透過市場使資金

從有餘的主體直接流向資金不足的主體。間接金融（indirect finance）則是金融機關自資金有餘之主體的一方籌措資金，而對於資金不足之主體的他方進行授信而爲間接的資金仲介。擔當間接金融的機關，即爲間接金融機關。仲介此等資金交換作業的金融機關，稱爲金融仲介（financial intermediation）。參大垣尙司，〈金融と法(6)─基本的な資金調達手法②デット型投資ファイナンス(1)〉，《法学教室》336号，2008年9月号，頁119-120。日本另外還發展出所謂集團投資計畫（指投資信託業者於市場上運用有價證券集合零星資金而爲運用）及聯合貸款（Syndication Loan）等市場活用型之間接金融型態，稱爲「市場型間接金融」。參大垣尙司，〈金融と法(9)─基本的な資金調達手法②デット型投資ファイナンス(4)〉，《法学教室》339号，2008年12月号，頁90。

49. 另外，中國則於2006年間提出刑法修正案（七），增訂刑法第169條之1「背信損害上市公司利益罪」，同時，並增訂刑法第185條之1，針對金融機構受託處理的財產，新增「背信運用受託財產罪」，該法已於2006年6月29日生效。其刑法第169條之1乃規定：上市公司的董事、監事、高級管理人員違背對公司的忠實義務，利用職務便利，操縱上市公司從事下列行爲之一，致使上市公司利益遭受重大損失的，處三年以下有期徒刑或者拘役，並處或者單處罰金；致使上市公司利益遭受特別重大損失的，處三年以上七年以下有期徒刑，並處罰金：（一）無償向其他單位或者個人提供資金、商品、服務或者其他資產的；（二）以明顯不公平的條件，提供或者接受資金、商品、服務或者其他資產的；（三）向明顯不具有清償能力的單位或者個人提供資金、商品、服務或者其他資產的；（四）爲明顯不具有清償能力的單位或者個人提供擔保，或者無正當理由爲其他單位或者個人提供擔保的；

（五）無正當理由放棄債權、承擔債務的；（六）採用其他方式損害上市公司利益的。上市公司的控股股東或者實際控制人，指使上市公司董事、監事、高級管理人員實施前款行為的，依照前款的規定處罰。犯前款罪的上市公司的控股股東或者實際控制人是單位的，對單位判處罰金，並對其直接負責的主管人員和其他直接責任人員，依照第一款的規定處罰。根據其立法年代（後於我國證交法立法）及規定用語（致使公司利益遭受重大損失）觀之，似即參考我國證交法本款規定而來，但在立法體例上，其卻又頗為獨特地將之納入刑法典而非證券法當中。不過，需注意者是：其規定許多類此「特殊類型的背信罪」，但卻無「普通背信罪」的規範。

50.關於日本商法罰則之沿革，詳參平野龍一等編著，《注解特別刑法第4卷·経済編》，青林書院，1991年12月第二版，頁3-12（佐々木史朗執筆）。針對日本商法第486條之特別背信罪，學說有明確表示其屬「超個人法益」者，略謂：因背信行為而對公司造成損害的公司犯罪，乃侵害到社會上多數股東、債權人及其他利害關係人之利益（超個人法益），從而，商法及有限公司法上之公司犯罪的處罰規定，因此處於經濟刑法之一部的位置」。參中山研一·神山敏雄·斉藤豊治／編，《経済刑法入門》，成文堂，1999年3月3版，頁15（神山敏雄執筆）。關此商法第486條之特別背信罪，最初實係受德國影響而為立法。而在德國，關於（商事公司）背信，以前曾在公司法上為特別規定（舊有限公司法81條a），而在1970年時已經刪除，關此，在今日即適用其刑法第266條（背信）之一般構成要件，惟其判例就刑法第266條則仍然維持舊有限公司法第81條a所開展的原則，亦須考慮原本財產所有人（股東）的財產利益及有限公司債權人的利益。參クラウスティーデマン著，西原春夫、宮瑝浩一監訳，《ドイツおよびEC

における経済犯罪と経済刑法》，成文堂，1990年11月初版，頁229-230。由是可知，德日二國學者在很早以前即已認為，公司負責人等所涉特別背信罪，乃為經濟犯罪，其保護法益為「超個人法益」。

51.第960條（董事等之特別背信罪）　以下所列之人，意圖為自己或第三人之利益，或加損害於股份有限公司，而為違背其任務之行為，致生損害於該股份有限公司財產上之損害者，處十年以下徒刑或科或併科一千萬日圓以下罰金。一、發起人。二、設立時之董事或設立時之監察人。三、董事、會計參與人、監察人或執行人。四、依民事保全法第56條規定之假處分命令所選任之董事、監察人或執行人或代行執行人職務之人。五、第346條第2項、第351條第2項或第401條第3項（包含第403條第3項及第420條第3項準用的情形）規定所選任之臨時董事、會計參與人、監察人、董事長、委員、執行人或應執行董事長職務之人。六、經理人。七、關於事業之種類或特定事項而受委任之使用人。八、檢查人。2.以下所列之人，意圖為自己或第三人之利益，或加損害於清算股份有限公司，而為違背其任務之行為，致生損害於該清算股份有限公司財產上之損害者，與前項相同。一、清算股份有限公司之清算人。二、依民事保全法第56條規定之假處分命令所選任代行清算股份有限公司清算人職務之人。三、依第479條第4項準用第346條第2項或依第483條第6項準用第351條第2項規定所選任之臨時清算人或執行代表清算人職務之人。四、代理清算人。五、監督委員。六、調查委員。

第961條（公司債債權人會議代表人等之特別背信罪）　公司債債權人會議代表人或決議執行人（第737條第2項規定所稱之決議執行人，下同），意圖為自己或第三人之利益，或加損害於公司債債權人，而為違背其任務之行為，致生公司債債權人財產上之損

害者，處五年以下徒刑或科或併科五百萬日圓以下罰金。

第962條（未遂罪）　前二條罪之未遂，罰之。

52.因此，在日本，即使是論及上市公司董事等的刑事責任問題，一樣還是要回到公司法第960條所規範的特別背信罪等來處理。參森田章，〈取締役の義務と責任〉，《上場会社法入門》，有斐閣，2010年第2版，頁219。又，日本公司法學者在說明「公司法之意義及目的」時嘗提及：公司法乃為調整以下可預想之利益對立的情事：①公司利益←→交易安全、②股東利益←→公司債權人利益、③多數派股東利益←→少數派股東利益、④有效率的經營←→防止經營者的獨斷專行。參弥永眞生，《リーガルマインド会社法》，有斐閣，2009年11月第12版，頁1-2。由是即知，公司法之保護法益甚廣，並非僅止於公司及股東的利益而已，還包含交易相對人、公司債權人、少數股東甚至經營者的利益。就特別背信罪而言，為避免公司資產不被利益輸送致無端減少，由於公司資產是股東投資所形成，並為公司債權人債權之總擔保，因此，其保護法益至少應包含股東的財產利益與公司債權人等的權益為是。

53.參王文宇，同前註28，頁55。劉連煜教授見解亦屬相同，在本款規定草案時期，其即針對本款規定草案認為，（公司利益輸送）各該行為之刑事責任，宜交由公司法及刑法（例如刑342、336 II）綜合判斷處理，似不宜率由（證交法）草案之本條（指第171條）規定加以規範。參劉連煜，〈公司利益輸送之法律防制〉，《月旦法學雜誌》49期，1999年6月，頁104。

54.有關證券交易法之規範內容及體系，詳參拙著，〈證券交易法之規範內容及體系～以規範目的之貫串為中心～〉，《國立臺中科技大學通識教育學報》第2期，2013年12月，頁109-129。

55.蓋：公司制度同樣為一種為求利益好處所設計帶有手段技術性質

的法律制度，帶有利益好處的反面，便不可避免的會有濫用的危險。因此，對於公司經營者的不法行為，為求制裁與預防，自然得於公司法上個別地設置嚴格的罰則而為規範。參大隅健一郎・今井宏・小林量，《新会社法概說》，有斐閣，2010年第2版，頁589。

56. 此即關涉到所謂「商業判斷原則」或稱「經營判斷法則」於特別背信罪有無及如何適用之問題，關此，已涉及刑事實體法與程序法之交錯，詳參拙著博士論文第四章「特別背信罪之程序法課題及與實體法的交錯」。前法務部長施茂林教授堪稱國內學界最早針對此問題提示從「阻卻違法事由」以為定位的論者。詳參施茂林，〈商業判斷原則之蝴蝶效應發展〉，收於施茂林等共著，《商業判斷原則與企業經營責任》，新學林，2011年12月一版，頁15-16。德不孤必有鄰，拙著博士論文論點因獲支柱，謹此表達致敬之意。

57. 參韓忠謨，《法學緒論》，自版，1991年5月增訂版，頁57-59。

58. 針對掏空公司資產等危害社會多數或不特定人之財產利益的經濟犯罪不法行徑，強調「誠信經營」之企業倫理的精神重建，固亦重要，但此僅止於自律規範而已，法令管理之他律規範，尤其處在臺灣不做事不錯事的官僚風氣底下，更需特別強調。畢竟，唯有政府法令管理的妥適規範，才能導引企業的適度自律，否則，政府的消極不為規律，只會導致企業的無所適從甚至不知自律。事實上，在臺灣，對食品安全、服飾安全、居住安全、交通安全乃至於經濟安全等社會公共安全的事項，政府長期以來多半並未正視及妥適規範，才會不斷爆發塑化劑、毒澱粉、毒餐盒、毒服飾、毒玩具、毒兒童雨衣、毒兒童服裝、毒家具用品、摻偽假油、排放廢水、海砂屋、輻射屋、921震毀屋、豆腐渣工程、拼裝客運、掏空資產、銀行超貸、非法吸

金、內線交易、炒作股市等重大危害社會多數或不特定人食衣住行育樂生活利益的情事。而長期不正視及妥適規範的結果，一旦爆發重大事件，終致造成社會大眾民意反撲，形成仰賴亂世用重典的社會氛圍，然而，一再重刑立法規範的結果，卻未必能夠形成有效規範的情況，蓋：一旦立法規定情輕法重，通常反而只會造成司法實務檢審機關消極抵制，以避免對被告過度嚴苛，最終結果，過猶不及，一再惡性循環之下，終究仍是無法形成良好的妥適規範狀態。實則，關鍵癥結主要乃在行政執法，部分則在司法，而未必是立法不夠嚴格的問題。因此，立法規範的基本方向應當是：罪刑明確、罰責適當，方才符合罪刑明確性及罪刑適當性的基本要求。

第三章

證券詐欺與關係人交易認定之疑義

鄭克盛[*]

壹、前言

近年來檢調偵辦公開發行公司所涉嫌證券交易法之案件，由傳統眾所熟知之「連續炒作行爲」[1]、「內線交易」[2]等典型犯罪行爲，於犯罪類型上趨向更多元化，例如「特別背信行爲」[3]、「財報不實行爲」[4]、「非常規交易行爲」[5]等，在類型上除有更多的發展，更因商業活動的變化性高，有許多案情已非前揭典型證券交易法犯罪類型之新犯罪類型，偵查機關實有需改以廣義之證券交易法第20條第1項之「詐欺行爲」[6]，作爲案件起訴主要法條之趨勢，故對於證券交易法第20條第1項之「詐欺行爲」實有予以探究之必要。

另關係人交易，就本質而言並非違法行爲，然因關係人交易中，基於主體上之關係，站在公開發行公司及股東利益之立場，具有較高之交易風險性，證券交易法設計上遂透過直接揭露制度[7]，或者間接以是否構成非常規交易之檢視來管理此部分風險，管理者往往若不謹慎即易構成財報不實之風險。然而證券交易法所規範之「關係人」所指爲何?更重要的是「實質關係人」究所指爲何，在進行相關檢視時，往往是最重要的爭點所在。

基於證券交易法第20條第1項之爭議頗多，無法逐一論述，本文乃以前者爲經，關係人交易爲緯方式，焦點研討關係人交易下，若未爲適當揭露時，除了易構成證券交易法第20條第2項不實財報之成立外，是否亦有構成證券交易法第20條第1項證券詐欺行爲之可能與犯罪態樣。

貳、證券詐欺罪之梳理

一、證券交易法第20條第1項之適用

證券交易法立法目的在保障投資，而保障投資必須透過防範證券

詐欺，始能達成。證券市場上之不法行為，不論種類為何，均可被歸類為廣泛之證券詐欺。公開說明書不實、操縱市場、內線交易等行為即係由原本抽象之證券詐欺概念中所衍生。因此，學理上有謂證券交易法第20條第1項規定係屬「一般證券詐欺」，其構成要件乃指虛偽、詐欺或其他足致他人誤信之有價證券之買賣等行為，而同條第2項之「財報不實」及其他「內線交易」、「操縱市場」等類型，則稱之為「特殊證券詐欺」。證券交易法第20條第1項係參考美國反詐欺條款之精神，明定：「有價證券之募集、發行、私募或買賣，不得有虛偽、詐欺或其他足致他人誤信之行為」，違反者，依同法第171條第1項第1款規定論處罪刑[8]。在判斷是否構成20條第1項之罪責時，容有以下幾點要點；

（一）有價證券買賣之交易相對人是否因行為人所為之虛偽、詐欺或其他足致他人誤信行為而陷於錯誤，應綜合行為時客觀上通常一般人所認識及行為人主觀上特別認識之事實為基礎，再本諸客觀上一般人依其知識、經驗及觀念所公認之因果法則而為判斷，既非單純以行為人主觀上所認知或以客觀上真正存在之事實情狀為基礎，更非依循行為人主觀上所想像之因果法則判斷認定之[9]。

（二）在主體上，第20條第1項條文本身並未就主體範圍為明確界定，一般而言，對於證券之發行人及其負責人、或是直接參與詐欺行為之職員或高管人員以及業管人員即應屬之。因第20條第1項之犯罪態樣不僅限於財報不實，實務上多有著重於發行人或在財務報告或財務業務文件上簽名或蓋章者，以及辦理財務報告或財務業務文件簽證之會計師之論述，於此，似乎不足。至於為主要行為以外之人，往往非公司內部人員，若是基於共同犯罪之正犯或教唆、幫助之從犯，則回歸傳統刑法第28條為處理。

（三）證券交易法第171條第1款詐偽罪之成立要件，係以違反同法第20條第1項「有價證券之募集、發行、私募或買賣，不得有虛偽、詐欺或其他足致他人誤信之行為」之規定，始足當之。是行為人倘於募集、

發行、私募或買賣行為完成後，始為詐偽行為時，即難以本罪繩之[10]。

（四）另外，證券交易法第155條固然有規定「其他操縱行為」[11]，然此主要是針對保護股價交易價格之市場機制為出發，特別針對股價操縱行為所為之規定，與證券交易法第20條第1項之一般詐欺行為仍應視為是構成要件不同之不同犯罪類別。

二、第20條第1項的典型態樣

（一）重大訊息為不實公告；例如重大訊息公告中刻意為不實內容之公告，將虛假之利多題材公告以達散布利多消息之目的。

（二）應為公告之事項而故不為公告，例如，依證券交易法第36條第2項第2款，證券交易法施行細則第7條，公開發行公司取得或處分資產處理準則第30條第1項第5款、第4條第6款等規定，應將足以影響股東權益及證券價格之外來收購股權重大訊息公告申報而故不為之。

（三）對於私募事項之不實公告，例如私募之應募人為關係人，然就應募人關係公告為「無」，若屬刻意隱匿則可能有證券詐欺適用之餘地。

三、第20條第1項與第2項適用之疑義

（一）按證券交易法第171條第1項第1款所定違反第20條第2項「發行人依本法規定申報或公告之財務報告及財務業務文件，其內容不得有虛偽或隱匿之情事」之罪，其法定刑與同款違反同法第20條第1項的「證券詐欺罪」相同，而此財務報告申報公告不實罪，所保護之法益亦應與證券詐欺罪相同，即係保護「個人財產法益之集合」，亦可謂「不特定多數投資人的財產法益」，性質上屬於「個人法益之集合」的「超個人法益」。而其規定「申報或公告之財務報告及財務業務文件，其內容不得有虛偽或隱匿之情事」，乃是因為此等行為對於不特定多數投資

人的財產法益，具有普遍、典型之危險性，立法者為了保護此等法益，所特別確立之標準行為模式，亦可謂其屬於證券交易法第20條第1項「有價證券之募集、發行、私募或買賣，不得有虛偽、詐欺或其他足致他人誤信之行為」的特別例示規定[12]。

（二）故就結論而言，證交法第20條第1項為概括規定，第2項則就具重要交易資訊指標之財務報告再為強調及明確規定，在符合第2項之構成要件時當以之為論，若行為人之詐欺行為並非透過財務報告或製作相關會計報告之方式為之，例如以不實公告之方式進行，則屬於第20條第1項適用之情形。

參、關係人交易的梳理

當某甲與企業發生商業往來，致使企業於特定交易中曾承擔一定程度的風險或者因交易而付出一定的成本時，先不論未來或有的獲利機率多高，此時若因某甲與企業具有特定的關係，將使得企業管理者於商業判斷上較易受質疑而應承擔較多的監督。該企業為公開發行公司，則股東或潛在投資股東亦應提早知道此一關係人交易的性質與風險高低，以便保障股東權與投資人之知悉權，維持市場交易機制之健全。特定交易相對於企業另一方的主體如何會被認定為關係人？

一、關係人之認定

（一）法院判斷標準；法院運作實務上就筆者之整理，並未獨創出法院單獨的判斷標準，多參考者係106年6月28日修正[13]之證券發行人財務報告編製準則（採國際財務報導準則版本）第7條、第9條十四（四）、第15條（十七）等之規定，及財團法人中華民國會計研究發展基金會所發布第6號財務會計準則公報訂定之關係人交易之揭露準則第2段第1項、第3項規定，證券發行人於財務報表上對其與關係人之重大

交易事項即應加註釋，至關係人之判斷，應依企業與其他個體（含機構與個人）之間，是否具有控制能力或在經營、理財政策上具有重大影響力，或受同一個人或企業控制之實質關係而論。是以，就公司關係人之判斷，若判決如未予調查清楚，尚有應於審判期日調查之證據而未予調查之違法[14]，故實務上多係借用會計上之準則標準為參考。

（二）財務會計準則公報第6號

財團法人會計研究發展基金會所公布之財務會計準則公報第6號貳第2段內容：「凡企業與其他個體（含機構與個人）之間，若一方對於他方具有控制能力或在經營、理財政策上具有重大影響力者，該雙方即互為關係人；受同一個人或企業控制之各企業，亦互為關係人。具有下列情形之一者，通常即為企業之關係人（但能證明不具有控制能力或重大影響力者，不在此限）：

(1)企業採權益法評價之被投資公司。

(2)對公司之投資採權益法評價之投資者。

(3)公司董事長或總經理與他公司之董事長或總經理為同一人，或具有配偶或二親等以內關係之他公司。

(4)受企業捐贈之金額達其實收基金總額三分之一以上之財團法人。

(5)公司之董事、監察人、總經理、副總經理、協理及直屬總經理之部門主管。

(6)公司之董事、監察人、總經理之配偶。

(7)公司之董事長、總經理之二親等以內親屬。

在判斷是否為關係人時，除注意其法律形式外，仍須考慮其實質關係。」可知，財務會計準則公報第6號，首重判斷標準為一方對於他方具有控制能力，或在經營、理財政策上具有重大影響力，是否有受同一個人或企業控制，仍須具體考量其實質關係。故關係人可分為一般關係人與實質關係人，前者即上開公報所列之關係，然需注意的是此公報

主要係提供會計師在編製財務報表時，作爲是否構成關係人而應於財務報告中予以揭露的標準，刑事法律在構成要件之判斷上援引沿用，應更注重公報中「但能證明不具有控制能力或重大影響力者，不在此限」、「在判斷是否爲關係人時，除注意其法律形式外，仍須考慮其實質關係」否則將有相當之危險性。

二、實質關係人之判斷

相對於前揭財務會計準則公報第6號所列之「通常即爲企業之關係人」，在實務上越來越多的案例出現的是針對非屬上開所列之關係，然因具有實質控制能力或重大影響能力而被認定爲是所謂實質關係人，以下並補充幾點說明：

（一）實質關係人認定之參考標準；就實務上往往有「影子董事」[15]、「總裁」等人透過層層防火牆或掌控董事選任等手法，以建立起實質控制力，進而進行關係人交易以達利益移轉之目的，卻規避相關監督，故認定實質關係人確有其高度之必要性。至於，在實質關係人之判斷上，應依企業與其他個體（含機構與個人）之間，是否具有控制能力或在經營、理財政策上具有重大影響力，或受同一個人或企業控制之實質關係而論。實務上相關的判斷情況有下列情形：

1. 103年8月13日修正後證券發行人財務報告編製準則第18號規定[16]，充分揭露關係人交易資訊，於判斷交易對象是否爲關係人時，除注意其法律形式外，亦須考慮其實質關係。具有下列情形之一者，除能證明不具控制、聯合控制或重大影響者外，應視爲實質關係人，須依照國際會計準則第24號規定，於財務報告附註揭露有關資訊：「1.公司法第六章之一所稱之關係企業及其董事、監察人與經理人。2.與發行人受同一總管理處管轄之公司或機構及其董事、監察人與經理人。3.總管理處經理以上之人員。4.發行人對外發布或刊印之資料中，列爲關係企業之公司或機構。」又國際會計準則第24號「關係人揭露」亦規定個體若符合下

列情形之一，則與報導個體有關係：「……受『爲報導個體或其母公司之主要管理階層之成員』個人控制。關係人間資源、勞務或義務之移轉（即關係人交易）應予揭露。」[17]。

2. 持有海外子公司或海外投資公司股份達50%之比重作爲是否有控制力之判斷標準[18]。

3. 公司法第369條之3亦規定有左列情形之一者，推定爲有控制與從屬關係：一、公司與他公司之執行業務股東或董事有半數以上相同者。二、公司與他公司之已發行有表決權之股份總數或資本總額有半數以上爲相同之股東持有或出資者[19]。

4. 依關係企業合併財務報表及關係報告書編製準則第6條（「關係企業之控制與從屬關係時，除依據其法律之關係外，應考慮其實質關係。公開發行公司有下列情形之一者，應依本準則規定編製關係企業營業報告書及關係企業合併財務報表。但有相關事證證明無控制與從屬關係者，不在此限。一、取得他公司過半數之董事席位者。二、指派人員獲聘爲他公司總經理者。三、對他公司依合資經營契約規定，擁有經營權者。四、對他公司資金融通金額達他公司總資產之1/3以上者。五、對他公司背書保證金額達他公司總資產之1/3以上者。」），亦可作爲實質關係人之認定標準[20]。

（二）實務上曾有就財務會計準則公報第6號第2段第5項所稱之「公司」爲擴張解釋之情形，此所指的主體爲何?應限於作爲判斷對象的公司本身，是否及於集團的子公司或孫公司?轉投資事業是否應包含在內?這些都無法有明確的界線，將使企業管理者在是否揭露上面臨高的風險。

（三）筆者在實務工作上，曾嘗試尋覓交易所及櫃買中心就實質關係人部分更進一步或更明確之認定標準而未果，亦曾於法庭活動上詰問監理部門人員此部分之標準，亦未獲得更明確更具體之參考標準。故無論監管單位或法院實務部分，目前仍以「具有實質控制能力或重大影響

能力」為判斷。

三、關係人交易未揭露之責任

特定交易之主體上被認定為是關係人交易，則是否每筆關係人交易若未為揭露或漏未揭露即屬違法？

（一）主觀要件

按證券交易法第20條第2項「發行人依本法規定申報或公告之財務報告及財務業務文件，其內容不得有虛偽或隱匿之情事」之罪，所規定「發行人依本法規定申報或公告之財務報告及財務業務文件」，因為依其性質，必然會經法定方式為多數不特定之投資大眾所周知，因而有將不特定多數投資人之財產法益置於受侵害風險之下，故在此「特定行為模式」下，行為人必然具有「造成不特定投資人財產實害之（未必）故意」。故就刑事責任上，應限於故意，至於民事責任上因涉及侵權行為之認定，而有將主觀範圍擴及之重大過失等討論，則屬另一範疇。

（二）重大性要件

1. 學者有認為，所謂「虛偽或隱匿」應為適當之限縮解釋，而應認為該等虛偽或隱匿之資訊具有「重要性」（即「重要事實」、「重要資訊」，或稱「重大性」），方屬相當。亦即指行為人作為或不作為傳遞之資訊必須是對於「不特定多數投資人」或「一般投資人」而言，在投資判斷有重要關係的事項，蓋此時對於不特定多數投資人的財產法益也才具有普遍之危險性[21]。

2. 按行政院金融監督管理委員會證券期貨局上開號函（四）除載前開內容外，另載明：「惟是否構成違法，尚須審酌未揭露之關係人交易是否當期損益及財務狀況有重大影響，及會計師是否確實依據審計準

則公報第六號『關係人交易之查核』執行關係人查核程序，該部分將涉及個案內容之實質判斷」[22]。

3. 實務上曾有以「與關係人進、銷貨之金額達新臺幣一億元或實收資本額百分之二十以上之重大交易」作為是否構成「重大性」的探討，「又按我國現行法規命令對「重大交易」之規定，在證券發行人財務報告編製準則第13條第13款中規定：「財務報告為期詳盡表達財務狀況、經營結果及現金流量之資訊，對下列事項應加註釋：十三、與關係人之重大交易事項」；在同編製準則第15條第1款第7目規定：「財務報表附註應揭露本期有關下列事項之相關資訊：一、重大交易事項相關資訊：（七）與關係人進、銷貨之金額達新臺幣一億元或實收資本額百分之二十以上」，惟關係人交易揭露之目的並非在嚇阻關係人交易之發生，而是在於充分揭露關係人交易之條件以避免關係人間利用非常規交易進行利益輸送，關係人交易之所以具有可非難性與違法性，在於關係人間利用非常規之重大交易進行利益輸送，而使現行法對於提高財務報告於資訊透明度之及時性、真實性、公平性與完整性以建立成熟資本市場機能形同虛設。惟實務上公開發行公司經營規模大小差異甚大，有營業額上千億者，亦有營業額僅數千萬者，如僅以一億元或實收資本額百分之二十為標準，恐有過於僵化之嫌，不利投資人瞭解公司交易資訊，是上開法條所規定之達新臺幣一億元或實收資本額百分之二十以上之交易係「應」揭露，但非指「只有」交易金額達到一億元或實收資本額百分之二十以上之交易始須揭露，此可由上開證券發行人財務報告編製準則第13條第13款之規定中未將金額及比例於法條中定明可知。是以，重大性標準應是以是否會影響到投資人投資決策判斷的，即具有重大性。

4. 基此，「實質性」或「重大性」之判斷更形重要，然筆者所主張，亦絕非單純以是否會影響投資人之買股意願作為判斷，若該準則係來自會計領域，似應先回歸於會計價值之判斷，即該交易或是風險範圍是否具有會計上之重要性，或者更進一步的是，該近期，法院審理程序

中判斷構成要件是否該當，於判斷是否構成關係人?是否構成實質關係人？是否具有實質影響力?是否具有重大性?多有經法定程序採行會計鑑識之鑑定[23]，這部分容下補述。

四、關係人交易構成犯罪之態樣

關係人交易可能涉及的犯罪態樣甚多，以下僅就較典型常見之模式提出說明：

（一）傳統財報不實之犯罪

1. 舉例而言，未將子公司之財務報表合併編入之情形即時常發生，近年兩岸往來頻繁，臺商多於大陸成立子公司，礙於早期大陸投資之限制，多有便宜行事以公司隱匿之海外投資公司進行轉投資甚或主要股東個人進行名義投資，營運數年後公司也在臺上市，此時若有不慎即易面臨關係人交易未揭露的風險。依據財務會計準則公報第7號「合併財務報表」，其肆、會計準則第26款亦規定「母公司應於取得對子公司之控制能力之日起，開始將子公司之收益與費損編入合併財務報表中。母公司應於喪失對子公司之控制能力之日起，將子公司收益與費損編入合併財務報表」，可知母公司於年中取得子公司之控制能力，於製作其與子公司之合併財務報表之基準起始日即爲取得控制能力之日[24]。

2. 按關係人交易揭露之目的並非在嚇阻關係人交易之發生，而是在於充分揭露關係人交易之條件以避免關係人間利用非常規交易進行利益輸送，關係人交易之所以具有可非難性與違法性，在於關係人間利用非常規之重大交易進行利益輸送，而使現行法對於提高財務報告於資訊透明度之及時性、眞實性、公平性與完整性以建立成熟資本市場機能形同虛設。財務報告爲期詳盡表達財務狀況、經營結果及現金流量之資訊，編製準則第13條總計臚列有25款應在財務報告加以註釋之事

項，其中第13款即係「與關係人之重大交易」，而財務會計準則公報第6號「關係人交易之揭露」，其參、揭露準則第4款亦規定「每一會計期間，企業與關係人間如有『重大交易事項』發生，應於財務報表附註中揭露下列資料（略）」（按：編製準則第16條亦有「發行人應依財務會計準則公報第6號規定，充分揭露關係人交易資訊」之規定），均明定企業與關係人間有重大之交易事項，始應於財務報表之附註揭露，是發行人編製之財務報告對此「與關係人之重大交易」事項有所隱匿者，自該當於證券交易法第171條第1項第1款之申報（公告）不實罪[25]。

（二）非常規交易之情形

1. 例如公開發行公司對外購置資產，因付出價金，所購買之資產是否符合合理的對價，本就常發生所謂鑑價合理性與否之爭議，若交易之相對人被認定為關係人，此時被認定為違法的風險性更高。

2. 有關此部分之判斷上，曾有公開發行公司向關係人購買不動產處理要點（已於91年12月12日廢止適用）第肆點為參酌，對於涉有非常規交易之認定標準如下：「

一、公開發行公司向關係人購買不動產，如按下列二種方法設算或評估不動產成本結果，均較交易價格為低者，即認定涉有非常規情事：

（一）按關係人交易價格加計必要資金利息及買方依法應負擔之成本。所稱必要資金利息成本，以公司購入資產年度所借款項之加權平均利率為準設算之，惟其不得高於財政部公布之非金融業最高借款利率。

（二）關係人如曾以該標的物向金融機構設定抵押借款者，金融機構對該標的物之貸放評估總值，惟金融機構對該標的物之實際貸放累計值應達貸放評估總值之七成以上及貸放期間已逾一年以上。但金融機構與交易之一方互為關係人者，不適用之。合併購買同一標的之土地及房屋者，得就土地及房屋分別按上列任一方法設算或評估不動產成本。

二、公開發行公司雖依前項規定認定涉有非常規情事，但如因下列情形，並舉有客觀證據及取具不動產專業鑑價機構及簽證會計師之具體意見，以佐證未有非常規情事者，不在此限：

（一）關係人係購買素地再行興建，公開發行公司舉證符合下列條件之一者：

1. 素地以前項規定之方法設算或評估，房屋則按關係人之營建成本加計合理營建利潤，其合計數逾實際交易價格者。所稱合理營建利潤，應以最近三年度關係人營建部門之平均營業毛利率或財政部公布之最近期建設業毛利率孰低者爲準。

2. 同一標的房地之其他樓層或鄰近地區相近時期之其他非關係人成交案例，其面積相近，且交易條件經按不動產買賣慣例應有之合理之樓層或地區價差評估後條件相當者。所稱鄰近地區成交案例，以同一或相鄰街廓且距離交易標的物方圓未逾五百公尺爲原則；所稱相近時期，以一年內爲原則；至所稱面積相近，則以其他非關係人成交案例之面積不低於交易標的物面積百分之五十爲原則。

3. 同一標的房地之其他樓層相近時期之其他非關係人租賃案例，經按不動產租賃慣例應有之合理之樓層價差推估其交易條件相當者。

（二）公開發行公司舉證向關係人購入之不動產，其交易條件與鄰近地區相近時期之其他非關係人成交案例相當且面積相近者。所稱鄰近地區成交案例，以同一或相鄰之街廓且距離交易標的物方圓未逾五百公尺或其公告現值相近者爲原則；所稱相近時期，以一年內爲原則；至所稱面積相近，則以其他非關係人成交案例之面積不低於交易標的物面積百分之五十爲原則。」

上開標準係因欠缺一體適用及與時俱進性而被廢止適用，然仍表現了有關非常規交易上，若無具體客觀之標準，極易令人民無所適從。更況乎涉及關係人交易時，更加易涉犯刑事訴追之法律風險。

3. 且宜注意的是，實務上對於非常規交易之適用，不確定性容有

擴大之趨勢。按證券交易法第171條第1項第2款非常規交易罪所指之「公司」，固指已依該法發行有價證券之公司而言。然依該罪之立法、修法背景，著眼於多起公開發行公司負責人及內部相關人員，利用職務為利益輸送、掏空公司資產，嚴重影響企業經營，損害廣大投資人權益及證券市場安定。考量利益輸送或掏空公司資產手法日新月異，於解釋該罪「以直接或間接方式，使公司為不利益交易，且不合營業常規」要件時，應重其實質內涵，不應拘泥於形式[26]。

肆、關係人交易違反證券詐欺行為之研討

一、重大資訊公告之證券詐欺類型

依臺灣證券交易所股份有限公司對有價證券上市公司重大訊息之查證暨公開處理程序[27]第4條規定有重大訊息之定義，其中「

十、重要備忘錄或策略聯盟或其他業務合作計畫或互不競爭承諾或重要契約之簽訂、變更、終止或解除、改變業務計畫之重要內容、完成新產品開發、試驗之產品已開發成功且正式進入量產階段，或新產品、新技術之重要開發進度，對公司財務或業務有重大影響者。

十五、董事會或股東會決議直接或間接進行投資計畫達公司股本百分之二十或新臺幣拾億元以上，或前開事項有重大變動者。無面額或每股面額非屬新臺幣十元之公司，前開股本百分之二十之計算應以淨值百分之十替代之。

二十、符合下列規定者：

（一）上市公司及其股票未於國內公開發行之子公司取得或處分資產符合主管機關所訂「公開發行公司取得或處分資產處理準則」第三條資產之適用範圍且有第三十條及第三十一條各款規定應辦理公告申報情形者，惟屬下列情事之一者除外：

1. 已依本項第十一款辦理合併、分割、收購或股份受讓公告者；

2. 已依本項第二十四款辦理取得或處分私募有價證券公告者。

二十三、上市公司依「公開發行公司資金貸與及背書保證處理準則」第二十二條規定應辦理資金貸與他人公告申報者。

二十四、上市公司及其子公司取得或處分私募有價證券者。」

以上之情形，上市公司本應依該公開處理程序為重大資訊之公告，然若策略聯盟夥伴、進行投資之被投資方、處份資產之買賣方、貸與被保證之一方、私募基金之認募一方，依照本文參之討論下，被認定為是關係人甚或是實質關係人時，而在公告之當時又未於「關係人欄位」為適當之公告，就立即提高被質疑是否為隱匿關係人交易不實公告之風險，甚而進一步被視為有違反證券交易法第20條第1項之可能。

二、私募對象之證券詐欺類型

依公開發行公司辦理私募有價證券應行注意事項[28]，其中該注意事項二（五）規範關係人構成與否是依證券發行人財務報告編製準則規定認定之。另該注意事項三（三）則規定，原則上應採公開募集方式發行私募有價證券，但若有亟有資金需求且經交易所或櫃買中心同意時，得洽特定人，然仍絕對排除應募人為公司內部人或關係人。四（二）則就洽特定人應募時，若為關係人者，則應於董事會中充分討論應募人之名單、選擇方式與目的、應募人與公司之關係，並於股東會召集事由中載明，未符前揭規定者，前揭人員嗣後即不得認購。所訂私募普通股每股價格不得低於參考價格之八成；所訂私募特別股、轉換公司債、附認股權特別股、附認股權公司債、員工認股權憑證之發行價格不得低於理論價格之八成。應募人為公司內部人或關係人者，應併揭露應募人之名單、選擇方式與目的、應募人與公司之關係。應募人如屬法人者，應註明法人名稱及該法人之股東持股比例占前十名之股東名稱及其持股比

例，暨該法人之股東持股比例占前十名之股東與公司之關係。

故治特定人認購私募有價證券時，是否為關係人交易即顯得相當重要，在程序與條件上都更加嚴格，事實上私募順利認購本為利多消息，對於不特定之多數投資人，對於應募人是否為關係人，亦有一定之判斷。依照本文參之討論下，被認定為是關係人甚或是實質關係人時，而在私募專區之公告事項中又未於「關係人欄位」為適當之公告，就立即提高被質疑是否為隱匿關係人交易不實公告之風險，甚而進一步被視為有違反證券交易法第20條第1項之可能。

三、會計鑑識之適用

（一）會計鑑識之必要性

誠如本文先前所述，對於關係人是否構成?實質關係人之認定上，是否具有控制力或實質影響力？對於特定關係人交易是否因具有重大性而有揭露之必要？均屬涉及會計實務之重要法律判斷，固然最終的法律價值仍由執法者為之，然就先前所建架之基礎，不妨帶入專業的會計鑑定判斷。

（二）實務上運用之情形

1. 磐英科技股份有限公司案，該案主要是被告等是否涉及隱匿財報之爭議，該案由起訴、第一審、第二審後，經最高法院發回二次後方確定[29]，其中辯方曾於高等法院更一審程序中提出由辯方自行委託之某A會計師事務所所製作之「財務鑑識報告書」，磐英公司與「五家境外公司」間之交易性質，雖然該案件在確定前，對於該份報告書之爭執多停留於有無證據能力?是否符合刑事訴訟法上鑑定人之意見等，然該案就是否有實質交易的認定，能採行會計鑑識之調查方法，仍有其相當程度之意義。

2. 另在國勝企業股份有限公司案[30]中，法院曾將簽證會計師之工作底稿送請專家證人鑑定，針對相關交易對象是否構成關係人為結論。

（三）有關會計鑑識之人員，若有必要時，究竟是證人或鑑定人方式於法庭上呈現，鑑識會計之呈現方式若是以法庭上證人詰問的方式進行，則這部分之爭議本質上係刑事訴訟法之傳統認定問題，按證人之陳述，求其真實可信，而鑑定人之鑑定，重在公正誠實，故兩者應具結之結文內容有別。又鑑定證人固具證人與鑑定人二種身分，然所陳述者，既係以往見聞經過之事實，且具有不可替代性，自不失為證人，適用關於人證之規定；惟如所陳述者或併在使依特別知識，就所觀察之現在事實報告其判斷之意見，仍為鑑定人。從而，應分別情形命其具證人結，或加具鑑定人具結。其人究屬證人或鑑定人，自應分辨明白，依法命具結，倘有違反或不符法定程式，其證言或鑑定意見即屬欠缺法定程式，而難認係合法之證據資料[31]。

伍、結論

一、在金融犯罪手法日新月異之際，檢調單位所查獲證券詐欺或影響市場秩序之行為亦不斷在變化，然而典型的犯罪手法已越來越不典型，例如炒作的手法已由過去的單一集團炒作發展成一部分團體負責量的控制、一部分團體負責價的影響，甚至參與的公司派僅提供利多或利空題材，卻並未有多少之交易量，造成偵查的困難。本於罪疑惟輕之原則，檢調恐僅能就片段的行為進行追究，例如涉及證券交易法第20條第1項的單純公告不實，或非常規交易等則有越來越多的趨勢。

二、此外，當關係人交易時，若有心隱藏者，多會以財務會計準則公報第6號為本，避開表列式的認定標準，致使實質關係人交易的數量亦有增加趨勢。

三、前開兩點係站在偵查犯罪之立場為論，但站在證券發行人或公

開發行公司負責人之立場，往往有更高的機會面對檢調單位就某交易之主體受到質疑可能為（實質）關係人交易，此時首應檢視相對於公司的對造，是否為法定的關係人，會計準則公報第6號主要係提供會計師在編製財務報表時，作為是否構成關係人而應於財務報告中予以揭露的標準，若符合所列的關係人時，亦應就該交易是否疏未揭露為相關補救措施。若未符合而被質疑為實質關係人時，除了就是否構成實質關係人進行法律評價，亦就是否有重大性一併評估，及早就構成要件之重點予以準備資料，當可降低被迫面對後續法律程序之成本。

　　四、現行法制上，對於實質關係人之判斷，係依企業與其他個體（含機構與個人）之間，是否具有控制能力或在經營、理財政策上具有重大影響力，或受同一個人或企業控制之實質關係而論。目前實乏更進一步明確之認定。

　　五、若對於關係人是否構成?實質關係人之認定上，是否具有控制力或實質影響力？對於特定關係人交易是否因具有重大性而有揭露之必要?等事項眞有需要深究之必要時，不妨帶入專業的會計鑑定判斷，作為論理之基礎。

參考資料

1. 賴英照，《股市遊戲規則—最新證券交易法解析》，再版。

2. 王志誠，〈金融機構關係人交易之監控機制—從力霸企業集團事件談起〉，《月旦法學雜誌》，第143期，2007年4月。

3. 王志誠，〈財務報告不實之「重大性」要件—評高等法院一○○年度金上重訴字第十八號刑事判決及最高法院一○二年度台上字第四八五號刑事判決〉，《月旦法學雜誌》，第238期，2015年3月。

4. 王志誠，〈財務報告不實罪之判定基準：以重大性之測試標準為中心（上）〉，《台灣法學雜誌》，第198期，2012年4月。

5. 王志誠，〈財務報告不實罪之判定基準：以重大性之測試標準為中心（下）〉，《台灣法學雜誌》，第200期，2012年5月。

6. 王志誠，〈財務報告附註事項之揭露及刑事責任——以關係人交易及財務支援之資訊揭露為中心〉，《台灣法學雜誌》，第275期，2015年7月。

7. 郭土木，〈財務報告虛偽隱匿刑事責任重大性認定之再探討——兼評台南高分院101年度金上重訴字第284號刑事判決（二）〉，《台灣法學雜誌》，第278期，2015年8月。

8. 張心悌，〈控制股東與關係人交易〉，《台灣法學雜誌》，第102期，2008年1月。

9. 曾淑瑜，〈經濟犯罪之事實認定與證據取捨—兼論財務報表虛偽隱匿之處罰〉，《台灣法學雜誌》，第196期，2012年3月。

10. 曾淑瑜，〈證券犯罪類型化之研究〉，《台灣法學雜誌》，第223期，2013年5月。

11. 洪令家，〈論證券交易法財報不實之刑事責任〉，《中正財經法學》，第12期，2016年1月。

註 釋

* 大展聯合法律事務所律師、中國政法大學民商法博士、政治大學國際貿易碩士、曾任臺灣臺北地方法院檢察署檢察官。

1. 證券交易法第155條第1項第4、5款。

2. 證券交易法第157條之一。

3. 證券交易法第171條第1項第3款。

4. 證券交易法第20條第2項、第20條之一、第174條第1項第4、5款。

5. 證券交易法第171條第1項第2款。

6. 或稱一般詐欺行為，以與同條第2項的財報不實或內線交易、炒作行為等特殊詐偽行為做區分。

7. 指的是重大訊息公告、私募專區公告或者財務報告之揭露。

8. 最高法院102年度台上字第3250號刑事判決摘錄。

9. 最高法院102年度台上字第3250號刑事判決二十三（六）。

10.最高法院104年台上字第3088號刑事判決意旨。

11.證券交易法第155條第1項第7款。

12.臺灣高等法院104年度金上重更（二）字第11號刑事判決。

13.該準則部分或全部條文尚未施行，最後施行日期：民國107年01月01日。該準則106年6月28日修正之第9～12、15、23、31條條文及第19條條文之格式一、一之一、二、二之一、三、四、五之一、五之三及五之八自107會計年度施行。

14.最高法院102年台上字第485號刑事判決意旨，並就最新法規修法為內容更新。

15.所稱法人董事或其他有代表權之人，包括雖未經登記為董事，但實際為該法人之負責人即有權代表法人之實質董事在內，最高法院101年台抗字第861號民事裁定意旨。

16. 103年08月13日證券發行人財務報告編製準則，採國際財務報導準則版本而移列第18條。

17. 臺灣新北地方法院103年度金重訴字第4號刑事判決。

18. 臺灣士林地方法院100年度金訴字第5號刑事判決。

19. 臺灣臺北地方法院101年度金重訴字第15號&102年度金重訴自第16號刑事判決。

20. 臺灣高等法院94年度金上重訴字第2號刑事判決。

21. 參賴英照，《股市遊戲規則—最新證券交易法解析》，再版，2011年2月，頁732。

22. 最高法院96年度台上字第4684號刑事判決意旨。

23. 例如最高法院105年度台上字第1948號刑事判決，曾以證人方式進行是否構成關係人交易及是否應予揭露之判斷依據。

24. 臺灣士林地方法院100年度金訴字第5號刑事判決。

25. 最高法院99年度台上字第8068號判決參照。

26. 最高法院105年度台上字第2368號刑事判決意旨。

27. 106年3月7日修正，該程序部分或全部條文尚未施行，最後施行日期：民國107年01月01日，該程序106年3月7日修正之第8條第2項所訂本國上市公司至少一年辦理一次法人說明會之規定，自中華民國107年起實施。

28. 103年12月30日修正。

29. 歷審案號有；臺灣新北地方法院96年度金重訴字第3號判決、臺灣高等法院98年度金上重訴字第16號判決、最高法院刑事判決99年度台上字第8068號判決、臺灣高等法院刑事判決100年度金上重更（一）字第1號判決、最高法院刑事判決103年度台上字第3243號判決、臺灣高等法院刑事判決103年度金上重更（二）字第13號判決、最高法院105年台上字第3418號刑事判決方確定。

30. 臺灣臺北地方法院刑事判決87年度訴字第882號、臺灣高等法院刑

事判決九十三年度上易字第一四六二號。

31.最高法院105年台上字第1948號刑事判決。

第四章

不法炒作與合理投資之分際

——證交法第155條第1項第4款之立法觀察與司法省思[**]

鄭惠宜[*]

壹、前言

　　證券交易法第155條第1項第4款係反操縱條款中實務界最常見的犯罪型態，由於構成要件不明確，加上實務運作時，高度仰賴證交所、櫃買中心製作之股票交易分析意見書，導致此種案件之偵辦、審理常倒果為因，被告陷入有罪推定之狀態。又本罪之犯罪所得未逾新臺幣一億元時，法定刑在三至十年之間，若犯罪所得達新臺幣一億元以上，法定刑則從七年以上開始起跳[1]。投資大眾常因不慎，誤觸法網，陷入刑事訴追、身陷囹圄之風險，接踵而來的投保中心民事求償，更令不諳法律之投資人苦不堪言，是以本文擬從民國（以下同）104年立委提案背景出發，先讓讀者瞭解本款實務運作之困境，次就證券市場監視制度，說明檢、調偵辦此款之重點，末就法院近期判決內容，檢討法院審案時對「高價買入、低價賣出」認知上的盲點，與股市交易制度齟齬之處，並就「有影響市場價格或市場秩序之虞」的新增構成要件提出不同的思考，希冀透過立法面、偵辦面、審理面的觀點，讓讀者瞭解本款實務運作的方式，並試圖就審判實務的盲點提出解決之道。

貳、立法面的觀察

一、本款104年修正背景

　　本款從民國57年立法，歷經40年未實質修正，然隨著政治經濟環境與證券市場發展狀況，當時的立法顯無法與時俱進，與當前實務運作產生扞格，尤有甚者，本款「連續」、「高價買進」、「低價賣出」之要件屬不確定法律概念，投資人常無所適從，甚至在外資、法人等大型專業機構進行投資、國安基金進場進行護盤時，亦有觸法之虞，司法判斷亦莫衷一是。基於法律明確性原則，立委遂於104年6月提出相關修正案。

當時修正草案總說明有謂：「法務部統計，目前600多位企業家，因涉嫌觸犯本法規定而經司法機關偵查及偵辦中，相較於日本就涉嫌炒作股票案件，每年僅移送1至2件之情況，實有天壤之別」[2]，更凸顯本款之執法標準過於恣意，立法技術過於粗糙，自有修正之必要。復論及實務上，雖就「連續」、「高價買進」、「低價賣出」等要件，有「股票監視制度」、「有價證券監視報告函送偵辦案件作業要點」作為移送檢察機關偵辦股票操縱行為之依據，且就股票交易異常之情形，設有「公布或通知注意交易資訊暨處置作業要點」為防範，然上開規範皆為臺灣證券交易所（以下簡稱證交所）制定，證交所本身僅為公司組織並非行政機關或證券交易法主管機關、更非偵查機關，故上述規定已與中央法規標準法第5條，關於人民權利義務事項，應以法律定之有違[3]。

事實上，本款構成要件不明確，亦被學者、專家所詬病，前法務部部長施茂林教授曾表示，現行證券交易法之刑事處罰規範抽象、構成要件不明、刑罰價值體系紊亂，實有整理研修之必要。學者陳志龍教授就證券交易法刑事實務案件，亦曾指出證券交易法存有很多不確定性，其入罪的依據，不符合罪刑法定原則，造成很多人的「假案」、「冤案」、「錯案」，更凸顯本款實務運作之困境[4]。

二、104年新增加之構成要件

本款條文原為：「意圖抬高或壓低集中交易市場某種有價證券之交易價格，自行或以他人名義，對該有價證券，連續以高價買入或以低價賣出。」屬於行為犯的態樣，亦即「連續高價買入或低價賣出」不論其結果是否造成市場正常價格之破壞，均成立犯罪，然此種立法型態，衍生眾多問題，立委呂學樟等人遂提案建議將本款條文修改為：「意圖抬高或壓低集中交易市場某種有價證券之交易價格，自行或以他人名義，對該有價證券，連續以高價買入或以低價賣出，<u>且其交易異常足以影響市場正常價格，達到公告處置標準。</u>」

　　查呂學樟立委當時增訂此項構成要件理由略以，證交所對於證券交易市場之監視，本制訂有「臺灣證券交易所股份有限公司實施股市監視制度辦法」，並依據該辦法第4、5條對於證券交易市場成交情形異常之有價證券，另制定「臺灣證券交易所股份有限公司公布或通知注意交易資訊暨處置作業要點」，其中對於有價證券之漲跌幅、成交量、周轉率、集中度、本益比、股價淨值比、資券比、溢折價百分比等將交易異常之情形，有具體及數據化之規定，故除增加「足以影響市場正常價格」之要件外，並將上開交易異常之標準，列為炒作要件之一，使本罪之要件明確[5]。

　　惟在立法院討論時，主管機關認為上開公告處置標準目的為提供投資人注意交易和交割安全，與股票是否遭炒作無必然關連，且該處置標準數對外公開資料，恐易造成有心炒作股價者蓄意規避查核，故反對將公告作業處置標準納為構成要件，遂移除上開達到公告處置標準，僅新增「而有影響市場價格或市場秩序之虞」之要件[6]。

參、偵辦面的觀察

　　不法炒作罪在實務成案過程中，大抵都是透過證交所或櫃買中心監視部之內部選案標準[7]，將有炒股之虞的案件製作交易意見分析書後，移送檢調偵辦，然而主管機關、證交所、櫃買中心為避免內部選案標準遭有心人士濫用，導致一般投資人無從知悉這條紅線標準為何？本文嘗試彙集實務見解等公開資訊，配合前述立法理由，以證交所的監視制度為主[8]，介紹監視制度的相關法規內容、交易異常標準、案件移送偵辦標準，俾利讀者瞭解此類案型之偵辦重點。

一、股市監視制度之法源依據

在證券交易法第93條、第95條、第99條、第102條、第137條及第154條規定授權下所訂定之證券交易所管理規則第22條第1項：「**證券交易所對集中交易市場，應建立監視制度，擬具辦法申報本會（即金融監督管理委員會，以下簡稱金管會）核備，並確實執行。**」再者，證券交易法第138條及證交所章程第36條授權下，所制定之證交所營業細則第9條之1：「**本公司應依證券交易所管理規則規定訂定實施股市監視制度辦法及其相關作業規定，以維護本公司市場交易秩序。**」、第28條之2：「**上市有價證券其市場價格與交易情形顯著異常，而有影響市場交易、結算、交割秩序之虞者，本公司得限制全部或部分證券商對該有價證券受託或自行買賣之數量，或採行其他經監視業務督導會報決議之處置。（第1項）前項所稱顯著異常及限制買賣數量之標準，由本公司擬訂報請主管機關核准後實施，修正時亦同。（第2項）**」

由是觀之，證交所在證交法之授權下，對集中交易市場應建立監視制度，而當上市有價證券價格或交易異常，有影響市場交易、結算、交割秩序之虞，證交所可採行相關處置，至於異常標準則由證交所擬定後報請金管會核准實施。準此，證交所為實施監視制度，訂有「**臺灣證券交易所股份有限公司股市監視制度辦法**」（下稱股市監視制度辦法），其中股市監視制度辦法第3條：「**本公司於所設之證券集中交易市場發現有價證券之交易有異常情形達一定標準時，為提醒投資人得將其名稱及交易資訊之內容於市場公告。**」此處的異常標準即為「臺灣證券交易所股份有限公司公布或通知注意交易資訊暨處置作業要點」（下稱公布或通知注意交易資訊暨處置作業要點）、「臺灣證券交易所股份有限公司公布或通知注意交易資訊暨處置作業要點第四條異常標準之詳細數據及除外情形」（下稱異常標準之詳細數據及除外情形），合先敘明。

二、公布或通知注意交易資訊暨處置作業要點

104年呂學樟等立委爲讓本罪之構成要件明確化，欲將「公布或通知注意交易資訊暨處置作業要點」納爲構成要件之一，最終因主管機關反對予以妥協。然誠如股市監視制度辦法第3條所言，特定個股必須達到以下標準，證交所才會對外公開提醒投資人注意，可知此要點在不法炒作罪之監視制度上扮演舉足輕重的角色。

（一）內容概述

「公布或通知注意交易資訊暨處置作業要點」係按照股市監視制度第4條[9]、第5條[10]所制定，規範重點如下：

1. 第2條、第3條：係規範**個股盤中監視**之異常標準，一旦符合，證交所即通知證券商注意之交易異常標準，以確保證券交割安全。

2. 第4條、第5條：係規範**個股盤後監視**之異常標準，若符合，證交所會公告個股交易資訊（漲跌幅度、成交量、週轉率、集中度、本益比、股價淨值比、券資比、溢折價百分比等），證交所會標示爲「注意股票」，並公告週知。

3. 第6條、第7條：係規範「處置股票」之標準以及處置措施，以及個股符合第6條之標準，證交所會標示爲「處置股票」，並公告週知。

4. 須特別說明者爲該要點第4條是立法者原想納入構成要件的異常標準，其規定內容如下：「本公司於每日收盤後，即分析上市有價證券（不含指數股票型基金受益憑證及以其爲標的之有價證券、外國債券、政府債券、普通公司債）之交易，發現有下列情形之一時，公告其交易資訊（漲跌幅度、成交量、週轉率、集中度、本益比、股價淨值比、券資比、溢折價百分比、借券賣出數量等）：一、最近一段期間累積之收盤價漲跌百分比異常者。二、最近一段期間起迄兩個營業日之收盤價漲

跌百分比異常者。三、最近一段期間累積之收盤價漲跌百分比異常，且其當日之成交量較最近一段期間之日平均成交量異常放大者。四、最近一段期間累積之收盤價漲跌百分比異常，且其當日之週轉率過高者。五、最近一段期間累積之收盤價漲跌百分比異常，且證券商當日受託買賣該有價證券之成交買進或賣出數量，占當日該有價證券總成交量比率過高者。六、本益比、股價淨值比異常及當日週轉率過高，且符合較其所屬產業類別股價淨值比偏高、任一證券商當日成交買進或賣出金額占當日該有價證券總成交金額比率過高或任一投資人當日成交買進或賣出金額占當日該有價證券總成交金額比率過高等三種情形之一者。七、最近一段期間累積之收盤價漲跌百分比異常，且券資比明顯放大者。八、臺灣存託憑證收盤價與其表彰股票所屬國交易市場收盤價計算之溢折價百分比異常者。九、當日及最近數日之日平均成交量較最近一段期間之日平均成交量明顯放大者。十、最近一段期間之累積週轉率明顯過高者。十一、最近一段期間起迄兩個營業日之收盤價價差異常者。十二、最近一段期間之借券賣出成交量占總成交量比率明顯過高者。十三、其他交易情形異常經監視業務督導會報決議者。有價證券當日無前項計算異常標準所使用之收盤價格者，依營業細則第五十八條之三第二項第二款之原則所決定價格替代。有價證券升降幅度計算公式含有以標的證券或標的指數等計算因素者，一段期間累計漲跌百分比差幅之計算，準用第二條第二項之規定。有價證券交易單位低於一千單位者，其成交（委託）量交易單位數據標準，準用第二條第四項規定。（第1項）第一項各款異常標準之詳細數據及除外情形，本公司另訂之。（第2項）第二項所稱之規範即為「臺灣證券交易所股份有限公司公布或通知注意交易資訊暨處置作業要點第四條異常標準之詳細數據及除外情形。」

（二）警示股處理流程

如上所述，在「公布或通知注意交易資訊暨處置作業要點」會依個股交易異常情節之輕重，被公告為「警示股」（即注意股票、處置股票），以下將更進一步介紹特定股票被公告為警示股，證交所後續處理流程：

1. 注意股票：若符合「公布或通知注意交易資訊暨處置作業要點」第4條所列異常標準之數據，尚須注意是否有「證交所公布或通知注意交易資訊暨處置作業要點第四條異常標準之詳細數據及除外情形」。

2. 處置股票：按上開作業要點第6條，若一段期間內多次公布注意交易資訊，就會被列為處置股票，會由電腦撮合改為人工撮合處置交易，同時會視情節輕重，一盤撮合時間將延長從5分鐘至30分鐘不等。

3. 末按股市監視制度辦法第7條：「本公司對於各種市場異常情形，經調查追蹤，即將有關資料完整建檔備供稽考，並對涉及違反法令者，逕行舉發或簽附有關調查報告報請主管機關核辦。」在實務上，證交所此際會製作股票交易分析意見書送金管會核辦，金管會再依職權移送檢調告發，檢調再繼續接力查辦是否有不法炒作之情事，

三、秘而不宣的「有價證券監視報告函送偵辦案件作業要點」

最高法院94年度台上字第1043號判決清楚指出：「財政部所頒訂之『有價證券監視報告函送偵辦案作業要點』，雖規定於一定期間內連續以高價買入或低價賣出特定股票，致其交易價量異常而達到一定之成交比例者，即可作為移送偵查之標準。但該要點並未對外公布，投資者無從得悉其內容，亦無遵守之義務。況該作業要點之規定，僅能據以認定有炒作股價之嫌疑，尚不能作為論罪科刑之依據等。」[11]此項實務見解與104年立法理由不謀而合，更凸顯「有價證券監視報告函送偵辦案作

業要點」未對外公布，投資者無從得悉其內容，自無遵守之義務。

實則，「有價證券監視報告函送偵辦案作業要點」係證交所83年12月8日台財政（3）第02122號函制定，並於84年3月10日經主管機關證券暨期貨管理委員會以台財證（三）字第16113號函准予備查，其目的為避免濫行告發情事，便利監視系統電腦參數設計使用，僅供查核作業實務參考，作為是否向檢調機關「告發」的標準。**當中更論及「直接」函送檢調機關，並副本抄送主管機關。**針對證交法第155條第1項第4款規定內容如下：1.於一個月內該有價證券至少有5日達本公司成交價異常標準。2.投資人或可能相關投資人集團於一個月內有5日以上成交買進或賣出之成交量均大於該股各該日成交量20%以上。3.一個月內有5日以上，且各日連續多次之委託買進（賣出）價格高（低）於成交價或以漲（跌）停板價格委託，且對成交價有明顯影響[12]。這項移送標準是否仍有效存在，目前從公開資訊無法求證，但投資人仍應戒之慎之，避免誤觸法網之風險。

四、小結

綜上所述，由於「公布或通知注意交易資訊暨處置作業要點」所列之異常標準偏向技術細節性規定，確實不宜逕自列為不法炒作罪之構成要件，以免異常標準變動頻率過高，有違法安定性。然本文認為縱如金管會表示此項異常標準僅提醒投資人留意，與炒股無必然關連，但仍無礙以此標準作為新增「有影響市場價格或市場秩序之虞」之判斷，蓋立委提案之立法理由已清楚揭示有參考「公布或通知注意交易資訊暨處置作業要點」之異常標準，司法機關在審理時自可將上述異常標準納為判斷衡量因素，意即若行為人被認定炒股期間，皆遵循市場行情價格買賣，同時該股亦無交易異常被公告注意股票之狀況，應可執此作為有利抗辯，法院亦應於審理時留意此項對被告有利之證據。

肆、審理面的觀察

　　長久以來最高法院所闡釋「高價買入、低價賣出」對於不法炒作罪「高價買入、低價賣出」，一直處於沒有明確操作標準可循的窘境。如今隨著時空、制度變革，新法加入「有影響市場價格或市場秩序之虞」構成要件，若事實審法院未能充分瞭解實務運作的狀態，常會發審判實務見解與股市交易制度背道而馳之窘竟。故本文嘗試從股市交易制度中最為投資人參考的最佳五檔價量揭示制度出發，檢視實務判決對此制度之內容，提出目前實務見解的盲點和需要改進之處。次就修法新增之「有影響市場價格或市場秩序之虞」構成要件，彙整目前學者看法、實務見解，再從修法背景提出此要件應參考的標準。

一、最佳五檔揭示價量制度與高買低賣之認定

（一）何謂「最佳五檔買賣價量」揭露資訊

　　證交所自92年1月2日起，為使投資人瞭解市場下單行情，提高撮合成交機率，開始實施揭露「未成交之最佳五檔買賣委託價量新措施」，提供投資人更充分之資訊作為買賣決策參考[13]。**所謂最佳五檔係每一盤電腦撮合前市場上已經存在但「尚未成交」之委託價格及數量，投資人參考此一資訊，可以判斷以何價、量委託，最能在其經濟利益及成交機會間取得平衡，又此處的五檔並非股價升降單位，須請讀者明辨。**

　　未成交最佳五檔價量資訊通常以下表4-2呈現，說明如下：

　　1. 就買方言，係前一盤撮合後，尚未成交買單中，最高至第五高有買單之檔位價格與張數（即表4-2中最佳五檔價量資訊揭示框中左方之買進價格、買進數量），而尚未成交之最高第五檔委託買進價，即為「揭示買價」即32.55元；

　　2. 就賣方而言，則為前一盤撮合後，尚未成交賣單中，最低至第5

低有賣單之檔位價格與張數（即表4-2中最佳五檔價量資訊揭示框中右方之賣出價格、賣出數量），而尚未成交的最低第五檔委託賣出價，即為「揭示賣價」即32.60元；

3. 至於揭示當盤已成交之價格，則為「揭示成交價」即32.60元。

表4-1　【上市】1504東元　　　　　　　　（元，交易單位）

最近成交價	漲跌價差（百分比）	當盤成效量	累積成交量	揭示買價	揭示買量	揭示賣價	揭示賣量	崩盤	最高	最低	說明
32.60	▼-0.55(-1.66%)	1	892	32.55	60	32.60	100	32.60	32.75	32.50	

表4-2　最佳五檔價量資訊揭示　　　　　　（元，交易單位）

買進數量	買進價格	賣出價格	賣出數量
-	-	32.80	101
-	-	32.75	20
-	-	32.70	19
-	-	32.65	41
-	-	32.60	100
60	32.55	-	-
138	32.50	-	-
35	32.45	-	-
125	32.40	-	-
29	32.35	-	-

從上面的介紹，讀者應該可以明白，在股市交易實務，股票之成交價格，因買賣雙方委託價量變化而有不同，揭示當盤之成交價未必等同下一盤之成交價，故投資人如欲於下一盤買賣，應參考揭示前一盤已經委託但尚未成交之價量資訊，即最佳五檔價量資訊，而非當盤之揭示

成交價。且基於供需原理，欲買入股票之投資人，應參考賣盤之五檔資訊，欲賣出股票之投資人，應參考買盤之五檔資訊，自不待言。

（二）實務見解對最佳五檔價量揭示資訊之態度

近年來檢方起訴涉嫌炒股的案件，法院對於被告主張其於下單時，係參考最佳五檔揭示買賣價量進行委買、委賣之案件，是否屬於合理價量下單，呈現兩派對立見解，茲分述如下：

1. 否定說

按最高法院106年度台上字第9號判決：「原判決已敘明證券交易法第155條第1項第4款所謂『以高價買入』，係指以高於平均買價、接近最高買價或以當日之最高價格買入等情形，至『以低價賣出』，則係指以低於平均賣價、接近最低賣價或以最低之價格賣出而言等旨；據此，於判斷上訴人是否合於本款「以高價買入」之要件，自應將其買入價格與市場之買方價格為比較，又其是否係「以低價賣出」，則應將其賣出價格與市場之賣方價格為比較。原判決謂：上訴人之出價是否合於上開法定「以高價買入」，應觀察是否為當時市場買方之高價，而非與當時市場之賣價相比較，又是否屬「以低價賣出」行為，則係在於其出價與市場賣價相比較是否為低價，而不在於與市場之買價相比較是否為低價等旨（見原判決第二四頁），並無前後齟齬之處。」由是觀之，本款高價是指「高於平均買價」、「接近最高買價」或以「當日之最高價格」買入等情形，至於低價，則係指以「低於平均賣價」、「接近最低賣價」或以「最低之價格賣出」而言。

再者，結合本案二審判決即臺灣高等法院臺中高分院102年金上訴字第1801號判決之附表四影響股價分析，節錄部分內容如下表4-3所示：

表4-3　臺中高分院102年金上訴字第1801號判決【附表四】：影響股價分析

（單位：仟股、元）

日期	投資人	委託、成交情形	前一盤揭示價格			成交價格變化情形		成交量占該時段比重 %	金雨股票		委託價是否在5檔揭示範圍內
			成交	委買	委賣	價格變化	影響檔數		收市價	漲跌幅 %	
940608	吳○○	於09：49：54：74以高於最佳4檔揭示買價15.3元，委託買進5仟股，前述委託於09：50：05：70成交5仟股	15.00	15.00	15.30	15.00→15.30	↑6	100.00	15.30	-3.16	是，惟該等連續委託之成交數量占同時段該股票市場成交量百分比甚高，且影響成交價上漲6檔。
	呂○○	於09：58：48：30以低於最佳5檔揭示賣價15.1元，委託賣出20仟股，前述委託於09：59：05：72成交20仟股。	15.35	15.10	15.35	15.35→15.10	↓5	100.00			是，惟該等連續委託之成交數量占同時段該股票市場成交量百分比甚高，且影響成交價下跌5檔。

　　從表4-3判決附表四可知該判決雖有確認被告是否在最佳五檔揭示範圍內委買、委賣，惟從「委託、成交情形」欄觀之，該判決所謂「高價買入」應觀察是否為當時市場買方之高價，係亦即被告下單時是否高於「前一盤揭示買價」為準，而非與「當時市場之賣價」相比較；又是否屬「以低價賣出」行為，則在於被告出價與市場賣價相比較是否為低價，意即被告下單時是否低於「前一盤揭示賣價」，而非以「當時市場之買價」比較是否為低價。並進一步推論被告在下單時既然明知可以用較低的價格買入特定股票，較高的價格可以賣出特定股票，卻捨此不為，自有炒股意圖。

2. 肯定說

　　最高法院105年度台上字第2304號判決有謂：「況○○○、○○○一再辯稱係依據臺灣證券交易所股份有限公司（下稱證交所）自九十二年元月起揭露之『五檔買賣價量資訊』……進行本件股票買賣，倘若無訛，原判決附表三所謂『影響股價』欄之上漲或下跌若干檔之交易價格，是否均在證交所揭示『五檔買賣價量資訊』之價格範圍內？如確係參考上開資訊買賣，何以能認為操縱股票價格？此攸關上訴人等前揭股票交易行為是否有炒作股價之判斷，原判決未詳加認定，並說明憑以認定之依據，自難昭折服。」

　　再者，臺灣高等法院臺中分院102年度金上字第41號判決：「揭露未成交的『最佳五檔』價量資訊，就買方而言，係撮合後尚未成交買單中之最高至第五高有買單之檔位價格與未成交張數；就賣方而言，係撮合後尚未成交賣單中之最低至第五低有賣單之檔位價格與未成交張數。惟上開制度實施後，投資人所觀看之交易資訊，並非撮和前之資訊，而為個股撮和後之結果，即剩餘未成交委託之最佳五檔買賣價量資訊，該期間新增、取消、改量等委託資料並無法顯示。前揭最高法院判決對於『低價』係指『低於當時揭示價之定義』，究指低於『揭示成交價』或

者低於『揭示最佳五檔價格』，即非無疑。……因此，被告委託買賣價格既係參考櫃檯買賣中心實施之『揭露最佳五檔買賣價量資訊』，本屬投資人之合理參考價格，尚不得單憑被告以上開價格買進、賣出股票而逕認被告有何抬高股價之意圖。」

從上開判決，可知部分實務見解認為不法炒作罪的「高價」、「低價」構成要件，究竟是要以「揭示成交價」或是「揭示最佳五檔價格」為據，仍有存疑，且進一步認為最佳五檔揭示價格應可認是最符合投資人經濟利益或成交機會的合理價格，除非檢察官有其他證據可以證明被告有炒股意圖，否則不得認定被告有炒作股價，是以此派實務見解肯認投資人參考最佳五檔價量資訊買賣，可作為無炒股意圖之認定。

（三）本文見解

1. 否定說高價買入、低價賣出之標準，誤用最佳五檔揭示制度，將導致無法提高投資人撮合機會之揭示目的

上述兩說，本文認為肯定說較為可採。否定說所列的最高法院判斷高價、低價的抽象法律見解，所謂「高價買入」應觀察是否為當時市場買方之高價，而非與當時市場之賣價相比較；「低價賣出」行為在於其出價與市場賣價相比較是否為低價，如此看似言之成理的論述，卻因為事實審法院誤解「未成交之最佳五檔買賣委託價量揭露措施」制度，推導出投資人是否高價買入之判斷應與「前一盤揭示買價」比較；是否低價賣出則應與「前一盤揭示賣價」比較，與現行電腦撮合制度、市場供需制度嚴重背離，不但不可能提高投資人撮合機率，反而與最佳五檔價量揭示制度設計目的悖離，本文分析如下：

(1)最佳五檔揭示價量資訊係「前一盤」未成交的參考價，並非投資人下單時的「當盤」狀況，否定說的臺灣高等法院臺中高分院102年金上訴字第1801號判決對此已有誤解。相形之下，肯定說中臺灣高等法院臺中分院102年度金上字第41號判決看法才是正確，蓋投資人所觀看

之交易資訊，並非撮和前之資訊，而為個股撮和後之結果，即剩餘未成交委託之最佳五檔買賣價量資訊，該期間新增、取消、改量等委託資料並無法顯示。是以，證交所每盤新的撮合，投資人下單時根本無法得知當盤會有多少人買賣？其他投資人會用什麼價格下單？自不存在投資人「明知」當盤得以較低價格委託買進或以較高價格委託賣出股票之前提，是以否定說見解的立論基礎已失所附麗。

(2)進一步套用否定說的見解，更可以顯出其認定高價、低價標準之矛盾，我們先回顧上述東元的最佳五檔揭示價內容：

表4-4　東元最佳五檔價量資訊揭示　　最近成交價32.60　（元，交易單位）

買進數量	買進價格	賣出價格	賣出數量
60	32.55（揭示買價）	32.80	101
138	32.50	32.75	20
35	32.45	32.70	19
125	32.40	32.65	41
59	32.35	32.60（揭示賣價）	100

　　A. 若依否定說所列標準，投資人欲買入東元公司之股票，不得高於當時前一盤最佳五檔價量資訊中買盤之價格（即揭示買價），換言之最多僅能32.55元下單，否則就該當高價買入之構成要件，惟從前一盤所揭示之賣盤未成交五檔價，賣方投資人願意賣出的價格起碼要在32.60元以上，如此將不可能會有撮合成交之可能。

　　B. 若依否定說所列標準，投資人欲賣出東元公司之股票，不得低於當時前一盤最佳五檔價量資訊中賣盤之價格（即揭示賣價），換言之最多僅能32.60元下單賣出，否則就該當低價賣出之構成要件，惟從前一盤所揭示之買盤未成交五檔價，買方投資人願意出價最高的價格32.55元，如此亦不可能有撮合成交之可能。

2. 高價買入低價賣出一定違法的迷思

上述實務見解的歧異，追本溯源導因於本款高價、低價認定之問題，蓋否定說所列最高法院對於「高價買入」、「低價賣出」之定義，為實務判決慣用之見解[14]，其所提出「平均買（賣）價」、「接近最高（低）買（賣）價」、「當日之最高（低）價格」，本文可以理解基於實務運作之考量，不希望遽用漲、跌停價作高買低賣之標準，故以較為彈性標準便於實務操作。然斯項見解背後藏有隱憂，如前司法院院長賴英照大法官，曾指出股票市場炒作雖然有基本型態，然隨著犯罪手法不斷翻新，若一律以此作為本款認定標準，並非妥適[15]，即為適例。

本文認為實務最大的盲點主要受制於不法炒作罪法條高買、低賣的文字，認為股市投資「低買高賣」才是常態，「高買低賣」絕對異常，而有炒股意圖，從而忽略證券流通市場是一個自由交易之場所，雖然「逢低買進、逢高賣出」為一般投資人之操作策略，惟證券市場是基於買方及賣方間對立之投資解讀而交錯形成之市場，若無人「逢低賣出」，何人可「逢低買進」？若無人「逢高買進」，何人可「逢高賣出」？與「逢低買進，逢高賣出」此一原則「反向操作」之一方，是否就一定違法？如此一族群完全消失，則證券市場豈不成為一靜止之市場[16]！因此有學者更進一步參考美、日法例，認為類似本款之立法，規範重點並非在於如何認定「高價」、「低價」之問題，重點在於連續買進或賣出之行為以引誘他人買賣，進而提出宜刪除高價、低價等文字，避免徒增困擾[17]，本文認為此項見解，可以正本清源，殊值參考。

二、「有影響市場價格或市場秩序之虞」之解釋與運用

（一）學界看法

本項構成要件之修法背景已如前所述，有學者指出新增之構成要件類似具體判斷的抽象危險犯，排除一些極端案例，蓋舊法時代僅要行為

人主觀上有拉抬或壓低價格之意圖，而有連續買入或賣出之行爲，理論上縱使僅有一、兩張，亦會符合本款構成要件文義之射程範圍，而有成罪之可能。換言之，新法架構下，行爲人必須買賣數量達到可以干擾市場，才有犯罪之可能，從法理而言，新法所增加之構成要件，某程度在行爲人之投資自由和一般人不應受詐害之權益保護，作了一定程度的調整[18]。另有學者同意金管會在修法時的意見，認爲證交所或櫃買中心所公告之交易異常處置標準僅是證券市場監視之一環，此制度之形成與操縱市場之認定，實無直接必然關連。本次新增之構成要件，亦是過去實務所遵循之準則，所以此次修法對司法判決應無重大影響[19]。

（二）實務見解

最高法院105年度台上字第2304號判決指出：「證券交易法第一百五十五條第四款違法炒作股票罪之成立，除應考量上開法條所定構成要件外，**對於行爲人連續以高價買入或低價賣出特定有價證券行爲，客觀上是否有致使該特定有價證券之價格，不能在自由市場供需競價下產生之情形，亦應一併考量**。亦即本罪之成立，固不以該特定有價證券價格是否產生急遽變化之結果，或實質上是否達到所預期之高價或低價爲必要。但仍須考量其行爲客觀上是否有致該特定有價證券之價格，不能在自由市場因供需競價而產生之情形存在，始符合本罪之規範目的。是行爲人是否成立本罪，**自應就其連續以高價買入或低價賣出特定股票行爲，如何導致該股票在市場買賣競價上產生異常及影響股價異常（如盤中成交價振幅、成交價漲跌百分比、盤中週轉率、成交量、收盤價漲跌比等），就其判斷標準，予以說明**。原判決僅於其附表三就上訴人等買賣南港輪胎公司股票之日期、時間、買賣名義人、委託、相對成交情形、合計當日市場成交比例、影響股價（即上漲或下跌幾檔）、當日漲跌幅等情形予以論列，雖於理由貳、四、（六）、2.內說明其中數日買

進或賣出股票數量達當日市場成交量百分之五以上，或有高於成交價四至六檔之價格積極買進及低於成交價三至七檔積極賣出等情（見原判決第四十一頁），惟對於上開股市交易資料究竟依憑何項交易規則或標準，認定上訴人等之股票交易行為已有異常，足以影響股市價格或秩序，而有操縱股價之意圖，並未予以說明或提出任何參考之標準及依據。」

本判決是不法炒作罪新增「有影響市場價格或市場秩序之虞」之要件後，最高法院闡釋最為詳盡之指標判決，當中清楚的點出，必須就行為人之高買低賣特定股票之行為，**如何導致該股票在市場買賣競價上產生異常及影響股價異常（如盤中成交價振幅、成交價漲跌百分比、盤中週轉率、成交量、收盤價漲跌比等）**，就其判斷標準，予以說明。不能僅泛論行為人買進或賣出股票達市場成交量5%、且其買進有高於前一盤揭示成交價、或賣出有低於前一盤揭示成交價導致當盤股價跳檔，遽論行為人買賣股票交易行為異常，必須提出具體的參考標準及依據，始足當之。

（三）本文見解

對照學說及實務見解，本文認為實務判決更能體現立法者的修法原意，茲將理由分述如下：

1. 異於前一盤揭示成交價下單買賣，導致當盤股價跳檔係必然之結果，自不可遽認有影響股價之虞

證券交易所電腦揭示最佳五檔中之「當時揭示成交價」是投資人當盤買賣股票之參考指標，然「揭示成交價」係上一盤最後成交之價格，且通常賣盤的揭示五檔價會高於揭示成交價，買盤的揭示五檔價則會低於揭示成交價。因此，投資人欲買股票，必然須以高於揭示成交價1檔以上（係指股市升降單位，與五檔價量資訊無關）賣盤之價格方能成交

買到股票；欲賣股票者，則須以低於揭示成交價1檔以下買盤之價格方能成交賣出股票。從而，只要有投資人買股票成交，股價一定會上漲；反之，股價則下跌。最高法院的上開判決就是體悟到現實交易的狀況，才會指出不能僅泛論行為人買進股票之委託價有高於前一盤揭示成交價、或賣出股票之委託價有低於前一盤揭示成交價，導致當盤電腦撮合後股價跳檔之節骨，即遽論行為人買賣股票交易行為異常，必須提出具體認定交易異常的參考標準及依據。

2. 修法理由既已揭示以證交所之交易異常標準為判斷此要件之參數，司法審判者自須予以尊重，以免此要件淪為具文

上開最高法院所提及原審應就如何導致該股票在市場買賣競價上產生異常及影響股價異常（如盤中成交價振幅、成交價漲跌百分比、盤中週轉率、成交量、收盤價漲跌比等）標準一節，臺灣證券交易所（下稱證交所）依證券交易法授權所訂定之證券交易所管理規則第22條與證交所營業細則第9條之1、第28條之2規定設有監視制度，已如本文參、一之介紹。為實施監視制度，證交所在實施股市監視制度辦法第4條、第5條中針對交易異常的態樣有所規範，具體判斷標準更進一步在「證交所公布或通知注意交易資訊暨處置作業要點」、「證交所公布或通知注意交易資訊暨處置作業要點第四條異常標準之詳細數據及除外情形」體現，此亦為立法委員提案立法理由所揭示。

再者，參照證交所官網之投資人知識網說明，證交所在每日收盤後，會依上開標準分析，一旦發現異常情形時，即公告該證券名稱及其交易資訊內容，藉此提醒投資人應於下單投資前，先查詢公布注意股票，加強自己對異常個股的風險意識[20]。故本文認為公布或通知注意交易資訊暨處置作業要點、交易異常標準及除外情形等規定，為法院在認定行為人是否「有影響市場價格或市場秩序之虞」要件，必須參考之標準，如此也更貼近立法原意，避免此要件淪為具文。

伍、結語

　　不法炒作罪在證券交易法的刑事案件領域是所謂的重罪，若被告採無罪答辯，從實證觀察可知一個案子從偵查到判決確定，幾乎要歷經超過十年以上的時間[21]，漫長的審理歲月，常令人痛苦難耐。事實上，撇除有心炒作的案件不說，更多投資人常是因為不諳法律規定，客觀上不符合實務所謂的低買高賣邏輯，導致誤觸本罪，即便其委託下單係參考證交所、櫃買中心所公告之最佳五檔價量揭示資訊，買賣股票交易時個股未被警示為交易異常，仍被司法實務認定為有罪之冤案。

　　本文以上的分析，無疑是透過立法面、偵辦面、審理面的觀點，釐清目前司法審判實務的盲點，希望能減少冤案、錯案的發生，畢竟法律有時而窮，司法審判並非空中樓閣，故各項構成要件解析，必須結合股市交易實務的制度，才能充分評價行為人之買賣股票行為，是否具有刑事可非難性。本文提出的觀察、想法，或有不成熟之處，但衷心希望能讓更多先進意識到上開問題，使證券市場的遊戲規則能更趨健全，投資人能更安心投資，實乃本文最深的期待。

 註　釋

* 本文作者學歷爲國立臺北大學財經法律學系法學士、國立臺北大學法律學研究所法學碩士。現爲建業法律事務所資深律師，曾任最高法院法官助理、臺灣臺北地方法院法官助理。

** 本文主要內容曾於105年2月20日中華法律風險管理學會、台灣法學研究交流協會主辦之「企業經營之刑罰風險管理系列論壇—證券交易法適用疑慮與修法芻議」發表，感謝前法務部長施茂林教授惠予卓見，讓本文內容更加豐富，思考更爲周延，惟一切文責應由筆者自負。

1. 證券交易法第171條：「有下列情事之一者，**處三年以上十年以下有期徒刑，得併科新臺幣一千萬元以上二億元以下罰金**：一、違反第二十條第一項、第二項、第一百五十五條第一項、第二項、第一百五十七條之一第一項或第二項規定。（第1項）犯前項之罪，其犯罪所得金額達**新臺幣一億元以上者，處七年以上有期徒刑，得併科新臺幣二千五百萬元以上五億元以下罰金。**」

2. 參立法院議案關係文書，院總第727號委員提案第17779號之1，案由：本院財政委員會報告審查委員呂學樟等29人擬具「證券交易法第155條條文修正草案」案，2015年6月12日印發。

3. 中央法規標準法第5條：「左列事項應以法律定之：一、憲法或法律有明文規定，應以法律定之者。二、**關於人民之權利、義務者**。三、關於國家各機關之組織者。四、其他重要事項之應以法律定之者。」

4. 參「證交法打掉重練？學者唇槍舌劍」，自由時報，2016年3月19日，瀏覽網址：http://news.ltn.com.tw/index.php/news/society/breakingnews/1637420。瀏覽日期：2017年6月25日。

5. 同前註2。

6. 同前註2。

7. 以筆者的辦案經驗，亦有遇過被告遭人檢舉後調查局委請證交所製作交易分析意見書，亦有特定人疑似洗錢，調查局洗錢防制中心函請證交所將特定人設為關連群組，就其買賣進行分析。

8. 證交所規範者為上市有價證券，而以下所介紹的監視制度在櫃買中心亦有類似的規範體例，詳參「櫃檯買賣有價證券監視制度辦法」、「財團法人中華民國證券櫃檯買賣中心櫃檯買賣公布或通知注意交易資訊暨處置作業要點」、「財團法人中華民國證券櫃檯買賣中心櫃檯買賣公布或通知注意交易資訊暨處置作業要點第四條第一項各款異常標準之詳細數據及除外情形」，本文囿於篇幅，不予贅述。

9. 臺灣證券交易所股份有限公司實施股市監視制度辦法第4條：「前條所定異常情形有嚴重影響市場交易之虞時，本公司即在市場公告並得採行下列之措施：一、對該有價證券以人工管制之撮合終端機執行撮合作業。二、限制各證券商申報買進或賣出該有價證券之金額。三、通知各證券經紀商於受託買賣交易異常之有價證券時，對全部或委託買賣數量較大之委託人，應收取一定比率之買進價金或賣出之證券。四、通知各證券商於買賣交易異常之有價證券時，增繳交割結算基金。五、暫停該有價證券融資融券交易。六、報經主管機關核准後停止該有價證券一定期間之買賣。（第1項）前項措施之標準、方式及期間，以及第三條交易異常標準、公告方式，由本公司擬訂作業要點，於報奉主管機關核備後實施。（第2項）本公司認為有價證券之交易異常有嚴重影響市場交割安全之虞時，或於其他必要情形，經監視業務督導會報決議，得採行第一項或其他處置措施。（第3項）」

10. 臺灣證券交易所股份有限公司實施股市監視制度辦法第5條：「本

公司發現有價證券買賣申報或交易有異常情形時，得於開盤前或交易時間內通知受託買賣證券商請其注意，並得依證券交易所管理規則第二十二條第二項之規定，向證券商、上市公司查詢或調閱有關資料或通知提出資料說明，必要時得將其資料說明透過資訊系統或於證券商營業處所公告之。（第1項）前項有價證券交易異常情形，必要時得通知本公司共同責任制交割結算基金特別管理委員會。（第2項）」

11. 類似見解亦可參最高法院99年度台上字第2826號刑事判決。

12. 參最高法院92年度台上字第4613號刑事判決，以及新聞報導：「炒作股票移送標準曝光」，蘋果日報，2003年11月18日。瀏覽網址：http://www.appledaily.com.tw/appledaily/article/finance/20031118/504604/，瀏覽日期：2017年6月27日。

13. 證交所91年5月8日台證交字第200625號函：「公告事項：一、本案分兩階段實施，第一階段就撮合取消兩檔限制、盤中採取瞬間價格穩定措施及收盤改採五分鐘集合競價，並揭露最佳一檔買賣價量先行實施，訂於本（91）年7月1日起開始上線，並俟六個月後再實施第二階段揭露最佳五檔買賣價量。」

14. 觀察最高法院之刑事判決內容，最高法院102年度台上字1583號判決、103年度台上字第2975號判決亦同此意旨。

15. 參閱賴英照，《最新證券交易法解析》，頁610，2014年2月第3版。

16. 同樣的看法，可參臺灣臺北地方法院98年度金重訴字第36號判決。

17. 參劉連煜，《新證券交易法實例研習》，元照，頁624-625，2016年9月。

18. 參劉連煜，同前註17，頁625。

19. 參林仁光，〈2015年公司法與證券交易法發展回顧〉，《台大法

學論叢》第45卷特刊，2016年11月，頁1078。

20.參臺灣證券交易所投資人知識網 > 投資風險 > 交易風險提示，
瀏覽網址：http://investoredu.twse.com.tw/Pages/TWSE_Investmen-
tRisk1_3.aspx，瀏覽日期：2017年6月26日。

21.以著名的燦坤炒股案，從一審（臺灣高雄地院92年訴字第1427
號）開始，到最後判決確定，曾歷經最高法院四次發回更審，其
自民國92年起訴後，到102年8月15日才告無罪判決確定（最高法
院102年台上字第3349號），中間歷時長達十年，有興趣讀者可上
司法院法學檢索系統查詢。

第五章

內線交易相關爭議問題
——以重大消息爲中心

陳彥良[*]

壹、前言

　　由Savigny開始，法學方法受利益法學的影響，規範及法律判斷均包含價值判斷的要素；因此，現代法學方法的課題即在於尋找使價值判斷客觀化的方法。財經法學亦同，但更具有強烈之個人和市場利益傾向。財經刑法則更應有一條更清楚的路徑使財經刑法之解釋特別是內線交易認定不至於落入恣意的困境。

　　近年以來有許多件電子業內線交易案遭檢方起訴，某種程度造成科技業的寒蟬效應，而明基的內線交易案也是一個極受到重視之案子，在明基內線交易案一審宣判之後，陸續有英華達、鈺創、普訊、力晶等案件，除了普訊案一審在去年遭判9年徒刑外，其他大都獲判無罪，目前明基內線交易案進入二審後，李焜耀仍獲無罪判決。

　　而明基案之背景為，西元2005年6月7日，明基（BenQ）董事長李焜耀宣布與德國西門子（Siemens）之行動裝置部門合併。依照明基與西門子間之契約內容，西門子須自該年10月1日起，以淨值無負債之方式將其行動裝置部門移交予明基，且西門子必須支付2.5億歐元（約為新臺幣95億元）予明基；再者，西門子亦需以5,000萬歐元（約為新臺幣19億元）購買明基之股票。而明基得自該年10月1日起繼續使用Siemens商標18個月，其後得使用BenQ-Siemens雙品牌5年，期限屆滿後則應使用BenQ品牌[1]。自明基與西門子合併後，其營收不如預期，故明基於2006年7月11日正式宣布將裁撤其餘德國慕尼黑行動通訊總部之277位員工並結束約250位外包之員工[2]，加上先前整併德國Ulm研發中心裁員約200人，又出售丹麥Aalborg研發中心給摩托羅拉，減少約250位工程師，三次裁員人數將超過700人。但是持續虧損之情形並未減緩。但由於明基之虧損持續擴大，非採取上述方式即可加以解決，故明基於2006年9月28日宣布停止增資德國子公司，其八月份所通過之增資4億美元之

計畫亦中止,而德國子公司亦向德國法院聲請破產(insolvency protection),由德國法院進行後續之程序[3]。而明基向德國法院聲請破產之行為,已影響明基德國子公司員工之權益,故明基子公司之原公司西門子擬向明基提起訴訟[4]。此外,在國內,更發生了明基內線交易案,此將於後文中詳述。

貳、明基內線交易案事實及爭點

根據明基內線交易案一審判決[5]內所載公訴述明之意旨略為:被告丙、丁及丑於95年1月間分別為明基公司之董事長、總經理及財務副總經理,其等因執行各該公司業務,於95年1月中旬知悉明基公司母公司94年度之營收虧損約37億餘元,且因購併德國西門子公司手機事業部門(下稱德國西門子手機部門)失利,致94年度合併營收之虧損更行擴大,詎渠3人為減少上揭掛名於寅、戊、呂秀雯及卯等4人建華證券公司證券存戶內明基公司股票股價因之下跌衍生之損失,渠3人即基於概括犯意聯絡,於上開消息尚未公開前,推由被告丑指示不知情之明基公司員工卯,自95年1月20日起至同年2月20日止,連續多次在臺灣證券交易市場以如附表二至五所示價格,在臺灣證券集中交易市場賣出如附表二至五所示掛名於寅等人之明基公司股票,共獲得款項230,403,250元。嗣明基公司於95年3月14日21時46分在臺灣證券交易所公開資訊觀測站公告「94年第4季自結合併營收為663億元,稅前虧損為57.2億元,稅後虧損為60.2億元,單季每股淨損為2.45元」等訊息,明基公司股價於該訊息公開後,持續下跌,被告丙、丁、丑3人所掌控上開明基公司股票藉此減少損失約49,592,000元。

在一審及二審之判決中,法律之爭點於一判決中明文:「(一)明基公司於95年3月14日21時46分在臺灣證券交易所公開資訊觀測站公告「94年第4季自結合併營收為663億元,稅前虧損為57.2億元,稅後虧

損爲60.2億元，單季每股淨損爲2.45元」之訊息是否爲證券交易法第157條之1第1項所規範之「重大影響股票價格之消息」？（二）關於該「重大影響股票價格之消息」何時成立、確定？（三）被告……等人是否出售股票前是否業已獲悉重大消息？（四）明基公司併購德國西門子手機部門將造成明基公司94年度第4季虧損之消息是否業於被告丙○○、丁○○、丑○○等人上開出售明基公司股票前已公開，而非屬證券交易法第157條之1所規範之內線消息。」。

　　由上述可知判決中重要之法律爭執處在於重大消息之認定，以及此重大消息何時成立和確定、重大消息之公開，以下將就加判決爭點以評述。

參、重大消息之判斷

　　於本案中，地方法院述及重大消息之判斷，特別是證券交易法第157條之1第4項（99年6月修法前）可知，重大消息之意涵有二：第一、關於公司之財務、業務或公司股票的市場供求或公開收購的消息；第二、該等消息對公司股票價格有重大影響或對正當投資人的投資決定有重要影響。證券交易法第一百五十七條之一第四項重大消息範圍及其公開方式管理辦法第2條、第3條明言：「我國證券交易法於77年增訂第157條之1時，雖對重大消息之具體事項爲何，並未有所著墨，但從當初本條之立法理由可知，我國法係仿自美國立法例，則美國立法例及實務見解亦可作爲我國法解釋之重要參考。」故於判決中亦有引述美國實務判斷之基準，美國最高法院TSC Industries, Inc. v. Northway, Inc.案採取「理性之股東極可能認爲是影響投票決定之重要因素」爲標準。而在Basic Ins. v. Levinson案則認應依事情發生之機率及其發生在公司整體活動中之影響程度等兩項因素綜合判斷。由美國聯邦最高法院前述2個判決意旨，可歸結出下列結論，重大消息並非以單一事件作爲衡量基準，

而應綜合各項因素作整體之判斷。某一事件對公司之影響，屬確定而清楚時，法院之判斷基準應是：一項未經公開之消息，是否「理性之投資者」於知悉此一消息後，「非常可能」會重大改變其投資決定；或者，將該未經公開之消息，與理性投資者已獲悉之其他消息合併觀察後，理性投資者便會對該股票之價格或投資與否之決定，予以重新評估。如某一事件本身屬於「或許會或許不會發生」或「尚未確定，僅是推測性」之性質時，則判斷「重大性」之基準應該是：就該事件最後發生之可能性與該事件在整個公司所占之影響程度加以評估，如事件影響確屬深遠，即令當時發生之可能性不大，亦可能成為重大事件；而如當時事件發生之可能性極大，雖該事件對公司整體影響效果較為輕微，亦仍可能被認為係屬重大事件[6]。據本案地方法院明言，依上開我國之相關規定、辦法及參諸外國立法例，均得作為法院判斷證券交易法第157條之1所定之「有重大影響其股票價格之消息」之參考，而作出下述之結論，在證券市場交易中，上市、上櫃公司之營收、財務狀況，乃屬投資大眾所欲知悉之重大事項，且現今一般理性之投資人往往會參照公司定期公布之營收、財務狀況，評估該公司之經營績效、獲利能力、財務及將來之發展性，作為是否繼續投資之依據，是該資訊不僅對公司股票價格具有重大影響，對正當投資人之投資決定亦有重要之影響，是本院認公司營收、財務之狀況，實屬上開「重大消息範圍及公開方式管理辦法」第2條第15項「其他涉及公司之財務、業務，對公司股票價格有重大影響，或對正當投資人之投資決定有重要影響者」之範疇。明基公司94年第4季之合併營收及股東權益係由盈轉虧，甚至虧損之金額、每股之淨損甚大，而此重大之變化對理性投資人改變投資意願實具有相當之影響性，顯屬證券交易法第157條之1第1項所規範之「重大影響股票價格之消息」無訛。

本案中高等法院的判決中[7]，並未再如地方法院述明採用美國實務之判斷基準，高等法院認為，明基公司94年第4季之合併營收及股東權

益係由盈轉虧，甚至虧損之金額、每股之淨損甚大，對照前述「證券交易法第一百五十七條之一第五項及第六項重大消息範圍及其公開方式管理辦法」第2條內容，此顯係該條第11點所指之「公司營業損益或稅前損益與去年同期相較有重大變動，或與前期相較有重大變動且非受季節性因素影響所致者」情形，且參酌證券交易法第157條之1第5項規定，此等公司重要之財務訊息，其重大之變化，對理性投資人改變投資意願實具有相當之影響性，顯屬證券交易法第157條之1第1項所規範之「重大影響股票價格之消息」。

本文認為，由上述判決理由可知，本案中地院明確開始採用類似「綜合式」之分析，而高等法院雖肯認本案事實證券交易法第157條之1第1項所規範之「重大影響股票價格之消息」，但對於論理主張並未詳為論述，相較於我國最高法院於華映內線交易之判決[8]，相當程度的使用「可能性與影響程度」[9]，本案高等法院除了直接認定此顯屬「證券交易法第一百五十七條之一第五項及第六項重大消息範圍及其公開方式管理辦法」第2條第11點所指之「公司營業損益或稅前損益與去年同期相較有重大變動，或與前期相較有重大變動且非受季節性因素影響所致者」情形，似可表明其認定之論理基礎。

其實證交法第157條之1第5項對第1項所稱有重大影響其股票價格之消息，定義為：「指涉及公司之財務、業務或該證券之市場供求、公開收購，對其股票價格有重大影響，或對正當投資人之投資決定有重要影響之消息。」採抽象、概括立法，原因係重大消息難以明定，為避免掛一漏萬，而做概括性規定。

有關公司財務、業務的重大消息以及該證券之市場供求，依主管機關「證券交易法第157條之1第5項第6項重大消息範圍及其公開方式管理辦法」第2條、第3條規定，以及證券交易法施行細則第7條可作為認定參考，然而我國法院見解，認重大消息之意義仍應以證交法第157條之1規定意旨為依歸，不以列舉事項為限[10]。國內實務上對於重大內線消息

之認定，多以涉及公司財務、業務之消息爲主[11]。但不可否認的，於重大消息之認定，也會因案件類型不同而有不同之認定。

對於我國現行法就重大消息，對於重大性係採用抽象定義的方式，再輔以主管機關所訂之管理辦法加以判定，此雖具有一定之彈性，但欠缺明確之判定法則，將使主管機關、公司內部人及法官等對於重大事項認定不一，而流於恣意之判斷。故似可以用各法院判決的累積，除體系法則外亦加入案例法則對於認定加以類型化而能對「重大性」的概念加以具體化[12]。也正是因爲如此才需要法院對於重大性之判定有更明確的論理，使我國內線交易法規更具有安定性。特別是說我國證交法第157條之1除了定義內線消息的法律意義外，在解讀上也要明確劃分重大消息與企業日常營業中之事務和經濟活動，而區別之界限在於第1項所謂之「重大影響股票價格」這要件同時也是一個反面限制。而規範界定之思考也包括了由理性投資人角度加以判定[13]，這可由證交法第157條之1第5項中規定了「對正當投資人之投資決定有重要影響之消息」可得而知。

至於所謂「對其股票價格有重大影響」，以德國法而言，對於交易市場股票價格之影響（Kursrelevanz）也是重大性判斷基準之一，亦爲決定內線消息之要件[14]，若消息公開，對該內線證券在交易所或市場之價格產生顯著影響[15]，此爲判斷消息是否具「重大性」之重要條件，也就是說該事實也必須重大影響到於交易所中公開交易之有價證券[16]之價格，才屬於必須特別公開揭露之資訊客體。這一個客觀構成要件之訂定，也造成了判定上之困難，特別是在時間點上之判斷，究竟是從那一個時點決定，在事實上影響之步驟中才達到對其財產或財務狀況之重要影響進而影響到有價證券之價格[17]。此時間點依通說而言乃指一般業務執行期間，所生之事實影響到財務狀況。至於對交易所行情有重大之影響則必須依個案來判斷，而以德國一般統計之情形而言，在百分之五的價格行情內之波動仍屬正常之範圍，故所謂重大之變動應至少是百分之

五以上之行情波動，再視實際個案判斷之[18]。故為符合該要件，應視理性投資人是否將其所有可取得資訊納入投資決策考量，及此一消息是否使投資人為買或賣之決定。首先應檢驗單單此消息有無可能合理的對價格產生重大性影響。我國在實務上似亦可嘗試由判決實務中累積一個較明確之基準來判定至少何種行情波動方符合為「對其股票價格有重大影響」。

肆、重大消息之成立與確定

內線交易之探討中，有一個極為重要之問題在於，是否以重大消息「成立」或「確定」為要件，本案中於地方法院之判決有加以討論，首先於判決理由中其有述明否定說如下：「條文並未限制為「獲悉發行股票公司有重大影響其股票價格之消息『成立或確定』時」[19]，因此若將行為人買賣有價證券限定只在「重大消息成立後至公開前」始有內線交易之該當，不僅過於限縮該法條之適用，而與文義不合，且實務上，證券交易所或櫃檯買賣中心對上市、上櫃公司所謂「重大消息確定成立時」至「公開」間，有規定時間限制，上市、上櫃公司通常須在「消息確定成立日」之「次營業日交易時間開始前」公布（參見財團法人中華民國證券買賣中心對上櫃公司重大訊息之查證暨公開處理程序第3條），是證券交易法對內線交易禁止之規定，如對該法條侷限解釋為僅規範該短短數日間內部人之不法交易行為，實非允當，且恐怕會造成公司內部人故意延後消息成立時點，以便為內線交易預留更多操作空間，而失其立法本旨。」但是於判決中，地方法院係採肯定說，其認為「重大消息均有其形成之過程，可能須經過談判、協商、內部作業程序等階段，甚至可能因為外部因素而隨時產生變化，故若僅以「未公開」作為禁止交易之認定時點，而不加以認定該重大消息何時確定「成立」或重大消息明確形成之時點，則將使具有刑罰之證券交易法第157條之1構成

要件不明確，而使行為人無法預見自己何時買賣有價證券之行為可能觸法，實與刑法所揭示之「罪刑法定主義」、「構成要件明確性原則」有悖。且參酌證券交易法第一百五十七條之一第四項重大消息範圍及其公開方式管理辦法第4條就重大訊息之成立時點亦有明確規範。」

　　而本案中高院對於地院所持之肯定說並未有其他意見，但地院與高院在成立時點之部分認定有所不同，地院認為，本案公訴人所認知重大消息既為明基公司94年度第4季自結合併營收之消息，其中尚包括「稅前純益」、「稅後純益」等項目，而按「合併營收」係指母公司將其所有具有一定控制性之子公司或孫公司之營收狀況合併編製，並扣除公司間相互交易之部分而言，則關於該消息之成立、確定時點，除與明基公司母公司自身該季之損益有關外，尚繫其子公司或孫公司是否確實將該季損益情形回報予明基公司。……其中遲至95年3月13日始提出會計師查核報告者即為原屬德國西門子手機部門之BenQ Mobile France SAS公司，及明基公司94年及93年12月31日合併財務報表所載會計師查核報告出具日期為95年3月13日等情事，足認關於明基公司購併德國西門子手機部門之子公司94年第4季之損益數字係遲至95年3月13日始得確認，此外，復應將該季應認列購併德國西門子手機部門之補償款計入後，明基公司第4季之自結合併營收始告確定，是上開重大消息於95年3月13日始有成立之可能。

　　本案中高院[20]並不認同地院認為「會計師查核報告出具日期為95年3月13日等情事，足認關於明基公司購併德國西門子手機部門之子公司94年第4季之損益數字係遲至95年3月13日始得確認」。本案高等法院認為「此一重大影響股價消息，於95年1月17日晚間7時21分許，因明基公司財務長已推估出明基公司94年第4季稅後純益虧損「68億3470萬6000元」，就明基公司內部而言，明基公司因併購德國西門子手機部門一案將致94年度有五、六十億元以上之虧損金額之訊息，應已明確。被告游克用辯稱：會計師於95年3月13日始簽證查核完畢，明基公司於95年3月

14日21時46分即於證券交易所公開資訊觀測站公告94年第4季稅後純益虧損「60.2億元」，該消息係於95年3月13日會計師簽證查核完畢始明確云云，自非可採。」

本文認為，由上可知本案在地院見解傾向採取消息成立或確定時作為犯罪之認定標準，此種見解係過於僵化，特別亦有其他法院認為不應以消息成立為犯罪認定標準，在判決中明言，「所謂『獲悉發行股票公司有重大影響股票價格之消息』，指獲悉在某特定時間內必成為事實之重大影響股票價格之消息而言，並不限於獲悉時該消息已確定成立或為確定事實」[21]。雖然2010年6月修正之證交法第157條之1第1項，增訂須在該「消息明確後」，始有禁止內線交易之適用，但其「明確」二字仍必須加以解釋，其並非指成立，故修正之立法理由中以歐盟為例提出三個判斷標準，分別是：1.有可靠且客觀存在之事證證明該資訊並非謠傳；2.如該資訊涉及一段過程，過程中有不叫階段，則每一階段或整個過程皆可被視為具有性質明確的資訊；3.資訊不需要包括所有相關資訊才能被視為明確[22]。

因歐盟2014年頒布禁止市場濫用規則Market Abuse Regulation（EU）No 596/2014於歐盟各會員國已經直接強制適用，故現今歐盟法的重要性更加提升，歐盟所謂之明確係指，指「該消息係已存在或可合理期待其即將發生」，在此定義下，所有被廣為認可之事件或狀況，對人類或其環境發生影響者，不論為評估、意見陳述、分析比較、預測與謠言，皆可成立「內線消息」。也就是說所謂「消息明確後」只是在排除純粹之臆測或是謠傳[23]，以歐盟之見解來看，所謂明確是指該消息已存在或者是具有足夠之可能性在將來會存在或發生，而在德國證交法舊法第13條1項3句中明文規定，對於將來有「足夠可能性」（hinreichend Warhscheinlich）之消息亦得屬內線消息之範疇[24]，並非是一定要百分之百具體方為內線消息[25]。再者謠言訊息係基於事實所產生者，亦可能構成內線，因為謠言訊息雖非真實，但其所代表之市場動態資訊卻是可能

使理性投資人基於該訊息而做出投資決策。故謠言訊息是否屬內線交易資訊之一種，應視有無符合內線消息之構成要件觀之，其包括：謠言之來源、是否有得以驗證之事實為謠言訊息之基礎和整體市場狀況，包括整體狀況與公司所屬個別產業之狀況；另外亦必須觀察該受影響公司之財務情形，最後再做整體系統性判斷。總而言之，明確具體性係包括形成之可能，而非單指已形成的事實。至於所謂足夠之可能性是否得以量化，依通說和實務之見解必須是發生之可能性至少超過百分之五十[26]。

此處也必須理解，內線消息之明確，也有階段性判斷之可能，因為重大影響行情之事實很多並非立即而突然的發生，一個行為如何去獲知其真實之本質，有時需要時間來檢驗，最常見的便是於併購時如何去判定善意或非合意併購，則需視目標企業的意願而定，而在整個進行的過程中便可能需要數週的時間去等待。由開始契約之協商（Vertragverhandelung）直至董事會之同意而締結契約，並不是到董事會決議同意購併時，方符合明確性要件。在此期間所為之內部行為，依絕大多數之見解[27]，其並不是每個階段都會成為內線消息，也就是說，並非每一個步驟都必須獨立出來而有「揭露或禁止交易」之適用。但是在完成一階段之作為後，使併購計畫完成之可能性提高到被認為將來會完成此併購，而於正確之時間點，此將對資本市場有本質上重大影響之事實，這個重大消息便已經明確，因無須等至事情最終發生時才會發生影響力，如此之認定方式，將使得資訊不對稱之情形獲得最大可能性之矯正[28]，並得以防止內線交易之發生。且於「證券交易法第一百五十七條之一第五項及第六項重大消息範圍及其公開方式管理辦法」第5條（修法前第4條）之2010.12.22該條修法理由中明文，「按所謂重大消息應係以消息對投資人買賣證券之影響程度著眼，衡量其發生之機率及對投資人投資決定可能產生的影響做綜合判斷，而不以該消息確定為必要，爰將「其他足資確定之日」修正為「其他依具體事證可得明確之日」，以避免外界錯誤解讀重大消息須確定始為成立」由此可知並非消息確定方為成立。

於本案中地方法院認為在會計師查核報告出來時，即「會計師查核報告出具日期為95年3月13日等情事，足認關於明基公司購併德國西門子手機部門之子公司94年第4季之損益數字係遲至95年3月13日始得確認，此外，復應將該季應認列購併德國西門子手機部門之補償款計入後，明基公司第4季之自結合併營收始告確定，是上開重大消息於95年3月13日始有成立之可能。」此等見解實為有誤。因財務報表之確定與發行公司之財務資訊是否已達重大消息之明確性實屬不同之問題，也就是說公司之虧損就算是未經會計師查核確認，只要有足夠之可能性，仍是符合明確性之要件。而本案中高等法院認為「明基公司財務長已推估出明基公司94年第4季稅後純益虧損「68億3,470萬6,000元」，就明基公司內部而言，明基公司因併購德國西門子手機部門一案將致94年度有五、六十億元以上之虧損金額之訊息，應已明確。」也就是財務長之推估之時點已符合達到重大消息之要件的足夠之可能性，且其非單純之臆測或謠傳，在此階段，該公司有巨額虧損之重大消息便已明確。

伍、重大消息是否已公開

內線消息之構成要件，其中有一個極重要的判斷標準，除了前述重大性、明確性之外，也包括了「未公開」這一個要件，本案中地院認定此重大虧損之消息，因媒體多有報導已為大眾所知悉，自屬已公開，其明文，「另關於明基公司購併德國西門子手機部門將造成明基公司94年度第4季合併營收虧損一情，依德國西門子公司於94年11月10日製作完成並於網路上公布之2005年會計年度獲利公告虧損內容……均一再提及明基公司購併德國西門子手機部門時，該德國西門子手機部門於該年度之虧損達8.1億歐元，則平均每季虧損達2.025億歐元。參以明基公司業已公布之94年度上半年度合併財務報告稅前純益28億餘元、稅後純益54億餘元；94年前3季財務報告之稅前純益為59億餘元、稅後純益為79億

餘元（參見公開資訊觀測站公告之訊息），則一般理性之投資人均可由上開公開之資訊中得知依明基公司單季之營收淨利尚不足以彌補德國西門子手機部門單季之虧損；況參以自明基公司於94年6月7日宣布購併德國西門子手機部門之後，國內相關財經、股市等報章雜誌均不斷報導德國西門子手機部門虧損之消息，並提及明基公司併購德國西門子手機部門之後將造成明基公司多季的虧損，甚至提及外界普遍不看好明基公司併購德國西門子手機部門等消息，有相關報導在卷可查，益徵明基公司購併德國西門子手機部門將造成明基公司94年度第4季合併營收虧損之消息，早已為投資大眾所知悉，是難謂該消息猶屬證券交易法第157條之1所規範之「內線消息」。」

　　而高等法院則採否定說[29]，「德國西門子手機部門虧損連連，甚至嚴重至平均每季虧損達2.025億歐元一事，與明基公司因併購德國西門子手機部門以致其94年度第4季虧損確實數字為何，對明基公司及我國證券市場之不特定投資大眾而言，係不同意義之事件，且被告游克用所引用之上述德國西門子公司網站訊息，係英文資料，焉可能期待我國一般市場上之投資大眾能對該等國外網站之外文資料知之甚稔，甚至於決定買賣明基公司股票時引為參考資訊。再依當時媒體報導，雖然明基公司因該併購案將導致其94年度第4季呈虧損狀態一事已為市場上所預見，然確實之數字如何？所呈現虧損情形究竟有多嚴重？明基公司於何時會提出有確實數字之報告？等各節，自仍為市場上所關注，畢竟於95年3月14日21時46分以前，明基公司94年度因此併購案將呈虧損狀態，因無任何正式文件及官方資料，亦無確實數字出現，於市場上僅能被認為是一種甚囂塵上之說法，而當明基公司於95年3月14日21時46分於公開資訊觀測站公布上開財務之重大訊息，94年度第4季稅後虧損高達60.2億元，對前3季均呈獲利狀態之明基公司而言，自屬足以影響公司股價之極重大消息，且明基公司第4季稅後虧損60.2億元一事，係至此始公布於眾，於先前市場大眾所預知明基公司94年度第4季將呈虧損一

事，自係二事。自上開明基公司股價於95年3月15日、16日、17日、20日等均係下跌之結果，益證，上開明基公司於95年3月14日晚間於公開資訊觀測站所揭露之關於其第4季稅前虧損57.2億元及稅後虧損60.2億之訊息，對明基公司股價確實有重大影響，被告猶辯稱該虧損消息早為市場大眾所預知，早已成立云云，自不可採。」

本文認為，此處之爭點在於何謂證交法上之「公開」，以公司法而言，公司法僅於第28條規定公告之方式[30]，有關內線交易法規之公開方式亦有一定之規定，並非任意公開便生內線交易法制中公開之效果，內線消息公開之辦法，依第157條之1之規定，係授權主管機關就「公開方式等相關事項」訂定辦法，依該主管機關規定，「證券交易法第一百五十七條之一第五項及第六項重大消息範圍及其公開方式管理辦法」（以下簡稱公開辦法）第六條規定：

「第二條及第四條消息之公開方式，係指經公司輸入公開資訊觀測站。第三條消息之公開，係指透過下列方式之一公開：

一、公司輸入公開資訊觀測站。

二、臺灣證券交易所股份有限公司基本市況報導網站中公告。

三、財團法人中華民國證券櫃檯買賣中心基本市況報導網站中公告。

四、兩家以上每日於全國發行報紙之非地方性版面、全國性電視新聞或前開媒體所發行之電子報報導。

消息透過前項第四款之方式公開者，本法第一百五十七條之一第一項十八小時之計算係以派報或電視新聞首次播出或輸入電子網站時點在後者起算。……」

在重大消息範圍辦法頒布前，所謂「公開」，有部分法院實務判決見解認為[31]，乃此重大消息已置於不特定或特定之多數人可共見共聞之情形下，應認為符合第一百五十七條之一有關公開之規定，故依此實務見解，若一個重大影響股票價格之消息經媒體報導而處於多數人得以共

見共聞之情形時，自屬已公開。亦有部分實務見解認為該重大消息雖經報章記載，公司應依規定公告及申報方謂「公開」[32]，此處爭議仍多，故現今重大消息範圍辦法乃將公開方式加以明定。至於是否應以前述方式為唯一公開之方式，特別是對於媒體之報導應否構成公開，以地院之見解，自是認為其已達公開性，因「相關報導，在卷可查，營收虧損之消息，早已為投資大眾所知悉，是難謂該消息猶屬證券交易法第157條之1所規範之內線消息。」地院此種見解實然有誤。

而高院之見解，首先其已明言，「為可能期待我國一般市場上之投資大眾能對該等國外網站之外文資料知之甚稔，甚至於決定買賣明基公司股票時引為參考資訊」，由此似可得知，公開方式所用之語言及媒體，應以本國人得親近之媒體和語言為之。且「因無任何正式文件及官方資料，亦無確實數字出現，於市場上僅能被認為是一種甚囂塵上之說法」，故就算媒體有大幅報導，亦不能稱之為已公開。

再者得討論的是，若僅以辦法中明訂之法定方式為唯一之公開方式是否過於狹隘，此於本案判決中並無明言，但有法院判決[33]似不排除股東會之公告與會議紀錄亦得作為內部消息公開之方式，惟其公告與紀錄之內容必須明確充分，以便投資人判斷公司之獲利或虧損。其以充分明確得為投資人判斷公司獲利或虧損為要件。法院此等見解依筆者之看法，不確定性太高，未必能採用。投資人與公司在資訊取得上本就處於不平等之地位，要求公開發生對股東權益及證券價格有影響之重大事項之法定形式，內部人才可買賣，這才能有效對抗內線交易（Insider-handel），因為愈明確的公開相關事項之形式，愈能減少內部弊端之產生。公開揭露制度為證券交易法主要規範內容之一，其旨在達成「充分與公平之公開」之資訊流通，據以透過此方式達到防止詐欺、改善資訊不對稱及保護證券市場投資人之目的。也就是所謂資訊機會平等原則（informationelle Chancegeleichheit）[34]，且依投資人保護之觀點而言，公司仍應依規定完成法定之義務加以公告及申報方得認定為已公開[35]，

對於處於資訊不平等之地位的投資人方屬公平。總而言之，如果認為重大性消息已由報章雜誌所報導便符合公開要件，並不妥當。且報導與傳聞在我國新聞處理上有時相當難以判別，投資人並無法確認消息之真假，故原則上仍以符合法定公開要件方得認定為重大消息已公開較為適宜，且對公開發行公司而言，踐行此一法定方式並不困難，亦多有資力為之。是故，此種要求不算過苛。特別以目前辦法中所要求之特定之形式來完成公開並非過苛。

至於是否應有例外，以「公開辦法」第6條觀之，其將「涉及公司之財務、業務，對其股票價格有重大影響，或對正當投資人之投資決定有重要影響之消息」和「公司有重大影響其支付本息能力之消息」此二種消息之公開方式限於單一方式，即必須由經公司輸入公開資訊觀測站方為公開，在2006年5月6日原第5條（現第6條）之立法理由中也明文「第二條之重大消息係指公司所能決定或控制者，考量資訊公開平台「公開資訊觀測站」僅供公開發行公司發布重大訊息，且該平台業已行之有年，投資人已習於該平台查詢公司之重大消息，爰明定涉及公司財務、業務消息之公開方式，應經公司輸入公開資訊觀測站。」也就是說此種消息是公司所能決定和控制，故實不應給予例外。至於公開辦法第3條所稱之「涉及該證券之市場供求，對其股票價格有重大影響，或對正當投資人之投資決定有重要影響之消息」，「公開辦法」中提供了4種不同之公開方式，可見在公開方式要求之強度上較前者為弱，或可認為在例外的情形下，有等同於公開辦法中4種公開方式一樣效果之情況時，可認為已公開，但法院在判斷此重大消息是否已公開之時，仍應兼顧不同資訊之特性加以從嚴審查，僅有在已完全符合資訊機會平等之情況下，且投資人已足資做正確之判斷時，例外得採行不同於「公開辦法」中之公開形式要求。

本案中，因該重大消息係屬涉及公司之財務、業務，對其股票價格有重大影響之消息，故公開之時點係於95年3月14日晚間於公開資訊

觀測站所揭露之關於其第4季稅前虧損57.2億元及稅後虧損60.2億之訊息時。

陸、知悉說與利用說之討論

在內線交易之主觀構成要件部分一直都有爭議，內部人是否需「利用」內線消息，抑或是僅需「知悉」內線消息進而對該公司之上市或在證券商營業處所買賣之股票，買入或賣出，便有內線交易罪之該當。於本案中，高等法院明確採取知悉說[36]，「按證券交易法第157條之1之禁止內線交易罪，旨在使買賣雙方平等取得資訊，維護證券市場之交易公平。……於99年6月2日證券交易法修正時改列為第5項，並修改文字為「第一項所稱有重大影響其股票價格之消息，指涉及公司之財務、業務或該證券之市場供求、公開收購，其具體內容對其股票價格有重大影響，或對正當投資人之投資決定有重要影響之消息；其範圍及公開方式等相關事項之辦法，由主管機關定之。」然無論修正前後，此內線交易之禁止，僅須內部人具備「明確知悉發行股票公司有重大影響其股票價格之消息」及「在該消息未公開前，對該公司之上市或在證券商營業處所買賣之股票，買入或賣出」此二形式要件即足當之，並未規定行為人主觀目的之要件。再有重大影響股票價格消息，皆有其基礎事實與形成決定之過程，為免對決策具有影響力者以遲延或其他不正之方法影響藉以獲利，就公司內部人獲悉重大消息之時點，應就該決策形成過程，本於經驗法則或論理法則決定之（最高法院99年度台上字第4091號判決意旨參照），合先說明。」

本文認為，無論是利用說或知悉說皆有所本，其實主張利用說之學者和判決多認為，法條中雖未明文規定「利用」此一要件，惟自證交法第157條之1的立法理由中仍可得而知，且內線交易的構成仍應以行為人主觀上具有不法意圖為要件，不可不論其特殊主觀構成要件要素，即

利用內線消息的目的。因此，我國「內線交易」禁止規定之解釋上，須與其核心概念「證券詐欺」相一致，不應有所偏離[37]。而我國的實務判決中亦有見採取利用說之例子，例如有臺北地方法院94年度訴字第1152號刑事判決認為，「……顯見重大消息與買賣股票行為間之關連性，不得棄而不論，仍應探究『利用』與否」，以及與力晶案判決中[38]，「不論基於資訊平等、信賴關係或私取利益之角度，均不能忽略行為人「利用」消息與買賣股票間之關連性。申言之，「公開否則不得買賣」之義務，係因獲悉未公開消息之人「利用」此消息而侵害市場投資之公平性，亦即獲悉內線消息之人，較諸其他投資人，具有私取之利益，或「利用」此消息，進而為買賣股票之行為，始有違反信賴義務，造成兩方地位不平等可言。……知悉未公開重大消息之人，固無須具備藉由買賣股票交易獲利或避免損失之主觀意圖，但仍不能排除其買賣股票之起念與重大消息之獲悉間，具有『利用』之相當關連性……。」

採知悉說之見解主要是認為由證交法第157條之1文字上，並未見「利用」二字，且如果將「利用」消息當為構成要件，更加會造成舉證上之困難[39]。此見解並未有誤，另有修正說認為，過於嚴格採用知悉說之見解，亦可能有使內部投資人過易入罪，而打擊過廣之問題，使實質上很多本質上不會損害市場之公正性及投資人之信賴之行為被認為是內線交易，可能反而有害證券交易之發展，故應明文引入豁免條款確有必要[40]。

其實無論是利用說或是知悉說，這也都應是立法者之選擇，以最近證交法第157條之1修法而言，此次修法並未將知悉內線消息改為利用內線消息，而是將「獲悉」改為實際知悉，很明顯的立法者已做出了明確之選擇，放棄了部分立委主張之「利用說」，學者也明示贊同[41]。早期德國實務上也是採利用說，而在條文中明訂「利用」二字，並作為主觀構成要件[42]，也因為「利用」（Ausnutzen），該字已隱含著主觀的意味，但此將使有無內線交易之證明變得更為困難，目前德國也已修法不

再使用「利用」二字，而改爲「運用」（Verwendung）[43]，也就是對主觀之要求降低，現今歐盟市場濫用規則相關規定之部分也都由主觀要件向客觀要件移動，且在德國之學說上也將所謂「運用」列爲客觀構成要件而非主觀構成要件[44]。我國目前修法方式仍符合世界之一般標準，不致過於難以證明內線交易，而造成市場秩序之崩壞。

以國際上之趨勢而言，無論是歐洲或是德國之立法者都已揚棄完全要求主觀要件之利用說，而主張客觀運用即符合內線交易構成要件[45]，但是德國刑事責任部分仍是須有故意之主觀要件亦或是重大過失方有自由刑之問題。在故意的要件下，至少必須有間接故意（bedingt Vorsatz）方可成立[46]，而根據通說，所謂運用，是對內線消息有所認知，且爲購買或出賣有價證券之所有的共同原因之一即可，即要有因果相關性（Kausalzusammenhang）。以我國而言，在解釋上雖不要求利用內線消息，但立法者將「獲悉」改爲「實際知悉」某程度而言，也是再度提醒採證上應更加嚴謹，不能憑空入罪[47]，而以本條文修法精神一體性觀之，解釋上似也未必適合採嚴格之「知悉說」，筆者認爲該條解釋上仍應做目的性之限縮[48]，內部人仍應對內線消息之運用有所認知，也就是說內線消息與買賣行爲仍要有因果關係，但並不是如利用說之見解，內線消息必須是作爲趨使其決策之重要因素之一，只要內線消息與買賣之聯結，彼此之間有心理上之因果關係（psychische Kausalität）[49]而是行爲人共同決定的原因之一便可[50]。如此一來也可避免我國內線交易罪過於苛嚴，反而傷害了資本市場。

柒、結論

並非所有的資訊皆爲內線消息，首先其必須具有重大性，即有重大影響其股票價格之消息，此指涉及公司之財務、業務或該證券之市場供求、公開收購，其具體內容對其股票價格有重大影響，或對正當投資人

之投資決定有重要影響之消息。在此重大性判斷上，實務上已明確開始採用類似「綜合式」之分析，此為正確的方向，但必須注意對於交易市場股票價格之影響（Kursrelevanz）也是重大性判斷基準之一，亦為決定內線消息之要件之一，若消息公開，對該內線證券在交易所或市場之價格產生顯著影響，才是具有「重大性」，而影響之比例以德國實務來看至少要有百分之五之波動，我國是否從之，仍必須視市場規模而定，宜速有一個客觀標準為上。

　　2010年6月修正之證交法第157條之1第1項，增訂須在該「消息明確後」，始有禁止內線交易之適用，但其「明確」並非指確定或成立，所謂明確係指有可靠且客觀存在之事證證明該資訊並非謠傳。如果該情況或事件涉及一段時程，則有階段性判斷之適用，每一階段或整個過程都有可能被視為具有性質明確的資訊，對於將來有「足夠可能性」（hinreichend warhscheinlich）之消息亦得屬內線消息之範疇，此處亦可相當程度的使用「可能性與影響程度」，但以德國實務而言，所謂足夠之可能性至少應有百分之五十以上之機會。

　　證交法第157條之1所謂之公開，原則上應以「證券交易法第一百五十七條之一第五項及第六項重大消息範圍及其公開方式管理辦法」中明訂之法定方式為唯一之公開方式，特別是「涉及公司之財務、業務，對其股票價格有重大影響，或對正當投資人之投資決定有重要影響之消息」和「公司有重大影響其支付本息能力之消息」，因此為公司所能掌控，且報導與傳聞在我國新聞處理上有時相當難以判別，投資人並無法確認消息之真假。至於「涉及該證券之市場供求，對其股票價格有重大影響，或對正當投資人之投資決定有重要影響之消息」，在「公開辦法」中提供了4種不同之公開方式，可見在公開方式要求之強度上較前者為弱，或可在例外的情形下，若有等同於「公開辦法」中4種公開方式相同揭露效果之情況下，可認為已公開。

　　我國證交法之內線交易罪之構成要件，並不包括「利用」內線消

息，而是採取知悉說，此由證交法第157條之1修法結果可得而知，因立法者並未將「知悉」內線消息改為「利用」內線消息，而是將「獲悉」改為「實際知悉」，很明顯的立法者已明確採取知悉說，但採取知悉說並不代表不要求任何的因果聯結關係，明確知悉內線消息仍應是內部人買賣行為意思形成過程（Willensbildungsprozess）的原因之一，方有內線交易罪之該當。

總而言之，內線交易案件必需有財經法學本身之法學方法論，而回歸證交法條文本身之體系與意義，且不做鋸箭式之解決爭議方式，輔以刑法之基本理論加以調整，方為正道。

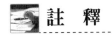 **註　釋**

* 臺北大學法律學院教授，德國Mainz大學法學博士。

1. 斷尾求生 西門子倒貼明基 西門子將支付二‧五億歐元現金與服務，並認購明基5%股份；明基則不用花一毛錢，李焜耀表示可望與西門子創造雙贏，工商時報，03版，民國94年6月8日。

2. 明基德國行動通訊總部 大瘦身上季營收出貨不如預期，將裁撤277位員工，占德國員工人數十分之一，經濟日報，A11版，2006年7月12日。

3. 不堪虧損 明基與西門子拆夥收購手機部門一年 虧損約252億臺幣 德國政府接管3,000名當地員工、德國廠 未來不排除清算，聯合報，B01版，2006年9月29日；明基斷尾 投資德國子公司喊停併購西門子手機部門一周年前夕，交出德國子公司經營權，保留BenQ Siemens品牌，認列過去三季虧損約250億元，經濟日報，A01版，2006年9月29日。

4. 明基放棄德廠 西門子擬提告3,000人飯碗不保 德國政經界譁然 邦總理帶頭上街 明基：依德國法律處理，經濟日報，A02版，2006年9月30日。

5. 臺灣桃園地方法院刑事判決96年度矚重訴字第1號。

6. 臺灣桃園地方法院刑事判決96年度矚重訴字第1號，有關美國實務以上兩重要判決之詳述可參見：劉連煜，《內線交易構成要件》，2011，元照，頁126以下。

7. 臺灣高等法院98年度矚上重訴字第61號刑事判決。

8. 最高法院98年度台上字第6492號刑事判決。

9. 劉連煜，《內線交易構成要件》，2011，元照，頁159。

10.法院認為施行細則第7條屬例示規定，內線交易不以該條列舉事項

為限。見臺南高分院92年度上訴字第1276號刑事判決。

11.劉連煜，《公司法理論與判決研究（二）》，2000年9月，頁5。

12.劉連煜，《公司法理論與判決研究（二）》，2000年9月，頁20。

13.Buck-Heeb, Kapitalmarktrecht, 3. Aufl., 2009, Rn. 226 ff.

14.Buck-Heeb, Kapitalmarktrecht, 3. Aufl., 2009, Rn. 237.

15.Pawlik in: KK-WpHG, § 13 WpHG , Rn. 42 ff.

16.有關於有價證券於該中之定義已明訂於§ 2 Abs. 1 WpHG.

17.Pawlik in: KK-WpHG, § 13 WpHG , Rn. 44 ff.

18.Vgl. Pfitzer/Oser (Hrsg.), Deutscher Corporate Governance Kodex, 2003, S. 185.

19.此處條文係指2010年6月2日修正前之證交法第157條之1。

20.臺灣高等法院98年度矚上重訴字第61號刑事判決。

21.最高法院94年度台上字第1433號刑事判決。

22.曾宛如，〈新修正證券交易法—資訊揭露、公司治理與內線交易之改革〉，《台灣法學》第155期，2010.07.01，頁23。

23.賴英照，《證券交易法解析簡明版》，元照，2011，頁215。

24.Fuchs , WpHG,2009, § 13 Rn. 66.

25.Langenbucher/Katja, Aktien- und Kapiralrecht, 2008, § 15 WpHG Rn. 23 ff. 因歐盟2014年頒布禁止市場濫用規則Market Abuse Regulation (EU) No 596/2014於歐盟各會員國直接強制適用，故德國證交法有關內線交易市場濫用相關條文已經刪除。

26.Pawlik in: KK-WpHG, § 13 WpHG , Rn. 93.

27.Vgl. Assmann/Schneider (Hrsg.), WpHG, § 15 Rn. 46.

28.Vgl. Assmann/Schneider (Hrsg.), WpHG, § 15 Rn. 15.

29.臺灣高等法院98年度矚上重訴字第61號刑事判決。

30.公司法第28條，「公司之公告應登載於本公司所在之直轄市或縣（市）日報之顯著部分。但公開發行股票之公司，證券管理機關

另有規定者，不在此限。」

31.最高法院八十六年上易字第二○一七號判決。另可參見賴源河，《證券法規》，元照出版，2006.05，頁268。

32.臺灣高等法院八一年上易字第三○五一號刑事判決。

33.臺灣高等法院91年度上易字第1604號刑事判決。

34.Fischer, Insiderrecht und Kapirtalmarktkommunikation, 2006, S. 24.

35.賴英照，《最新證券交易法解析》，元照，2006，頁380。

36.臺灣高等法院98年度囑上重訴字第61號刑事判決

37.莊永丞，〈從美國內線交易被告持有內線消息與使用內線消息之論爭，論我國證券交易法應有之立場與態度〉，《東吳法律學報》第二十三卷第一期，2011.07，頁39。

38.新竹地院97年度囑訴字第2號刑事判決。

39.林國全，〈證券交易法第一五七條之一內部人交易禁止規定之探討〉，《政大法學評論》，第四十五期，1992.06，頁264-265。

40.劉連煜，《內線交易構成要件》，2011，元照，頁93。

41.劉連煜，《內線交易構成要件》，2011，元照，頁98。

42.Fuchs , WpHG,2009，§ 14 Rn. 50.

43.Vgl. Assmann/Schneider (Hrsg.), WpHG, § 14 Rn. 23 ff.

44.Vgl. Assmann/Schneider (Hrsg.), WpHG, § 14 Rn. 24.

45.Fuchs, WpHG, 2009, § 14 Rn. 51.

46.Park, Kapitalmarktstrafrecht, 2. Aufl., 2008, Rn. 261.

47.劉連煜，〈內部人「獲悉」或「實際知悉」內線消息之認定—評最高法院九十九年台上字第一一五三號刑事判決〉，《月旦裁判時報》第3期，2010.06，頁87。

48.亦有論者謂我國內線交易法制採市場論失之過苛，參見：陳俊仁，〈處罰交易或處罰未揭露〉，《月旦民商法雜誌》第32期，2011.06，頁38。

49.Fuchs, WpHG, 2009, § 14 Rn. 55.
50.Fuchs, WpHG, 2009, § 14 Rn. 57.

第六章

論內線交易之不法意圖
——以樂陞公開收購案為例

王士豪律師

摘要

在刑事犯罪構成要件之理論上，包含主、客觀構成要件，而主觀構成要件上，包含行為人的故意、過失及不法意圖，若欠缺主觀構成要件，即不應認定構成犯罪行為。但我國實務見解，在處理證券交易法內線交易案件時，依據「平等取得資訊理論」，認為在證券市場中，基於資訊公開原則，投資人應該都同時取得相同資訊，如果內部人利用了尚未公開的資訊，就應予以非難。因此認定只要具備「獲悉發行股票公司有重大影響其股票價格之消息」及「在該消息未公開前，對該公司之上市或在證券商營業處所買賣之股票，買入或賣出」此二形式要件即構成內線交易。內部人於知悉消息後，並買賣股票，是否有藉該交易獲利或避免損失之主觀意圖，應不影響其犯罪之成立[1]。但如果發生非自發性之行為或非可歸責於己之事由時，若仍只論形式要件，而不論主觀要件，將造成容易入人於罪之疑慮[2]。本文針對樂陞案中關於內線交易部分之事實，參考學者見解、實務見解，探討在加入主觀構成要件之因素後，是否會有不同之研究結論。

壹、前言

105年8月間，臺灣發生首宗公開收購違約案例，百尺竿頭數位娛樂有限公司（以下簡稱百尺竿頭公司）於105年5月31日，由百尺竿頭公司負責人樫埜由昭宣布以每股新臺幣128元公開收購樂陞科技股份有限公司（以下簡稱樂陞公司）3.8萬張股票，百尺竿頭公司宣布公開收購樂陞公司股票當天，樂陞公司股票收盤價格為每股102元，與百尺竿頭公司宣布的公開收購價格尚有一段價差，若投資人購買樂陞公司股票後等待百尺竿頭公司公開收購，每張樂陞公司股票即有26,000元（【128-102】*1,000 = 26,000）之買賣價差利潤，因此吸引眾多投資人買入樂

陞公司股票，期待於百尺竿頭公司公開收購時，可以小賺一筆。所以在百尺竿頭公司違約不進行公開收購時，樂陞股票之股價暴跌影響層面既深且廣、受害人數眾多。本案例發生後，因為是國內首例，且受害投資人眾多，而引起了相當多的討論，其中對於樂陞公司董事長許金龍的質疑，更是排山倒海而來，一時之間，許金龍猶如過街老鼠般，人人喊打，認為許金龍必須對百尺竿頭公司公開收購違約負起全責。

但是許金龍作為被公開收購公司的負責人，為何要替百尺竿頭公司負起公開收購違約之責任？其中特別是檢方質疑本案有內線交易之嫌疑，則許金龍屬於被公開收購方之負責人，表面上似與公開收購方無關，則何以認定許金龍早已知悉公開收購破局此一重大消息，而具有內線交易主觀意圖，為本文探討之重心，至於公開收購法制之相關探討，受限於篇幅，則不在本文討論之列，敬請讀者留意。

另臺北地檢署於106年1月24日將本案偵結起訴[3]，認定許金龍共有七大犯罪事實，因為只有新聞稿可供參考，在沒有其他資料可以佐證之情形下，本文還是將討論的範圍，限縮在內線交易部分，以避免淪為空言妄論。並將本案之大事記及股價變化，一併臚列於後，以利對照參考。

樂陞案大事記（本案已於106年1月24日起訴，爰將臺北地檢署發布之新聞稿內容一併整理於內）。

表6-1　樂陞案大事記

日期	大事記
102.08.07	樂陞公司102年第1次私募新臺幣346,500,000元，應募人為Cinda Creative Industry Investment Fund L.P.。（臺北地檢署認定Cinda基金為許金龍實質掌控之紙上公司，屬於虛偽策略性投資人，而於公開資訊觀測站上為Cinda基金為策略性投資人之不實公告，使許金龍得以市價之八成取得樂陞公司股票。）
102.08.08	樂陞公司102年第2次私募新臺幣355,500,000元，應募人為動游有限公司。

表6-1　樂陞案大事記（續）

日期	大事記
102.12.23	樂陞公司102年第3次私募新臺幣300,600,000元，應募人為Eminent Global Limited。（臺北地檢署認定Eminent公司為許金龍實質掌控之紙上公司，屬於虛偽策略性投資人，而於公開資訊觀測站上為Eminent公司為策略性投資人之不實公告，使許金龍得以市價之八成取得樂陞公司股票。）
103.06.25	樂陞公司國內第三次無擔保轉換公司債募集新臺幣肆億元整。
103.09.30	樂陞公司103年第1次私募未完成，原擬應募人為百尺竿頭數位娛樂有限公司。
103.10.16	樂陞公司103年第2次私募新臺幣368,320,000元，應募人為遊戲橘子數位科技股份有限公司。
103.12.24	樂陞公司103年第3次私募新臺幣249,480,000元，應募人為真好玩娛樂科技股份有限公司、葫蘆數位娛樂有限公司。（臺北地檢署認定葫蘆公司為許金龍實質掌控之紙上公司，屬於虛偽策略性投資人，而於公開資訊觀測站上為葫蘆公司為策略性投資人之不實公告，使許金龍得以市價之八成取得樂陞公司股票。）
104.12.01	樂陞公司104年第1次私募新臺幣524,960,000元，應募人為百尺竿頭數位娛樂有限公司。（臺北地檢署認定百尺竿頭公司為許金龍實質掌控之紙上公司，屬於虛偽策略性投資人，而於公開資訊觀測站上為百尺竿頭公司為策略性投資人之不實公告，使許金龍得以市價之八成取得樂陞公司股票。）
104.12.31	樂陞公司104年第2次私募新臺幣1,549,800,000元，應募人為Mega Cloud VR Investment Limited及Triple Collaboration Investment Limited。（臺北地檢署認定Mega Cloud公司及Triple Collaboration公司為許金龍實質掌控之紙上公司，屬於虛偽策略性投資人，而於公開資訊觀測站上為Mega Cloud公司及Triple Collaboration公司為策略性投資人之不實公告，使許金龍得以市價之八成取得樂陞公司股票。）
105.02.25	樂陞公司國內第四次有擔保轉換公司債募集新臺幣伍億元整。（105.04.02起可轉換為普通股，轉換價格每股新臺幣76.3元。4/6收盤價格為每股新臺幣114元）
105.02.25	樂陞公司國內第五次有擔保轉換公司債募集新臺幣伍億元整。（105.04.02起可轉換為普通股，轉換價格每股新臺幣76.3元。4/6收盤價格為每股新臺幣114元）
105.02.26	樂陞公司國內第六次無擔保轉換公司債募集新臺幣壹拾億元整。（105.04.03起可轉換為普通股，轉換價格每股新臺幣77.7元。4/6收盤價格為每股新臺幣114元）

表6-1 樂陞案大事記（續）

日期	大事記
105.05.30	百尺竿頭數位娛樂有限公司更換負責人為樫埜由昭。
105.05.31	百尺竿頭公司負責人樫埜由昭宣布以每股新臺幣128元公開收購3.8萬張樂陞股票（占發行股數25.71%，當天收盤股價為每股新臺幣102元），並於公開資訊觀測站公告公開收購申報書、公開收購說明書、公開收購之法律意見。
105.06.01	百尺竿頭聲明，看好樂陞競爭優勢，將不會介入樂陞經營權。
105.06.07	樂陞公司公告：經審閱百尺竿頭公司所提出之公開收購申報書、公開收購說明書及其他書件，並經委託安侯建業聯合會計師事務所出具價格合理性意見書，百尺竿頭對本公司普通股之公開收購價格每股128元，落於上開價格合理性意見書之每股價值區間116元至139元內。……本審議委員會認為本次公開收購條件尚符合公平性及合理性之原則，基於保護全體股東之立場，仍籲請本公司股東詳閱百尺竿頭於公開收購公告及公開收購說明書中所述參與及未參與應賣之風險，自行決定是否參與應賣。
105.06.09	樂陞公司、百尺竿頭聯合聲明：百尺竿頭收購樂陞股權 將取1席董事
105.07.14	公告延長公開收購期間105年7月21日起至105年8月19日止（原訂公開收購期間：105年6月1日起至105年7月20日止）、公開收購之法律意見。
105.07.22	經濟部投資審議委員會105年7月22日第1136次委員會議核准。
105.08.17	受委任機構中國信託商業銀行代公開收購人公告收購樂陞科技股份有限公司普通股，已達收購數量暨公開收購條件均已成就（將於公開收購期間屆滿後5個營業日內【含第5個營業日】辦理應賣股份交割及收購對價支付事宜）。
105.08.22	中國信託商業銀行股份有限公司公告：百尺竿頭公司為辦理因應本次公開收購而進行增資之款項結匯與增資程序所需之作業時間，預訂於105年8月31日以前（含105年8月31日）完成交割。 收購款尚未入帳，樂陞公司股價盤中跌停。
105.08.30	百尺竿頭公司公告：自本次公開收購伊始，樂陞科技股份有限公司即因市場之各種謠言與投機行為等而導致其股價波動與後期之大幅下跌。本公司之資金提供方決議不續以每股新臺幣128元之價格完成公開收購樂陞公司股票……並已授意本公司受委任機構中國信託商業銀行股份有限公司將所有應賣的股份於2016年8月31日9:00以前返回予原應賣人之證券帳戶……。
105.09.06	樂陞公司獨立董事陳文茜辭任。

表6-1　樂陞案大事記（續）

日期	大事記
105.09.09	樂陞公司可轉債配銷涉內線與炒作，金管會移送檢調。
105.09.30	樂陞公司董事長許金龍被臺北地方法院裁定羈押禁見。
105.10.10	樂陞公司監察人許飛龍辭任。
105.10.24	安永聯合會計師事務所會計師終止委任。
105.11.07	樂陞公司獨立董事李永萍、尹啓銘辭任。

樂陞公司之股價變化如下。

表6-2　樂陞公司之股價變化

日期	股價	日期	股價	日期	股價
105.04.01	115	105.06.17	106	105.08.30	78
105.04.06	114	105.06.20	106	105.08.31	70.2
105.04.07	108.5	105.06.21	106	105.09.01	63.2
105.04.08	112.5	105.06.22	105.5	105.09.02	56.9
105.04.11	112.5	105.06.23	102.5	105.09.05	51.3
105.04.12	101.5	105.06.24	101	105.09.06	46.2
105.04.13	102	105.06.27	102	105.09.07	41.6
105.04.14	103	105.06.28	102	105.09.08	45.75
105.04.15	104	105.06.29	103	105.09.09	44.65
105.04.18	108.5	105.06.30	102.5	105.09.10	41.5
105.04.19	107.5	105.07.01	101.5	105.09.12	39
105.04.20	108	105.07.04	97.8	105.09.13	39.2
105.04.21	110.5	105.07.05	98.4	105.09.14	35.9
105.04.22	114	105.07.06	97.2	105.09.19	39.45
105.04.25	105	105.07.07	98.6	105.09.20	40.5
105.04.26	106.5	105.07.11	98	105.09.21	41.05
105.04.27	103	105.07.12	100	105.09.22	39.8

表6-2　樂陞公司之股價變化（續）

日期	股價	日期	股價	日期	股價
105.04.28	103.5	105.07.13	98.5	105.09.23	40.5
105.04.29	102.5	105.07.14	98	105.09.26	37
105.05.03	103	105.07.15	102	105.09.29	37.4
105.05.04	97.8	105.07.18	104	105.09.30	33.8
105.05.05	99	105.07.19	103	105.10.03	30.45
105.05.06	103	105.07.20	105.5	105.10.04	27.45
105.05.09	102	105.07.21	106	105.10.05	26.6
105.05.10	96.4	105.07.22	109.5	105.10.06	23.95
105.05.11	93.7	105.07.25	110.5	105.10.07	21.6
105.05.12	84.4	105.07.26	107	105.10.11	19.45
105.05.13	80.5	105.07.27	106	105.10.12	17.55
105.05.16	81.6	105.07.28	105	105.10.13	15.8
105.05.17	86	105.07.29	103	105.10.14	17.3
105.05.18	94.3	105.08.01	103.5	105.10.17	15.65
105.05.19	92.4	105.08.02	103	105.10.18	17.2
105.05.20	94.4	105.08.03	102	105.10.19	18.9
105.05.23	95	105.08.04	105	105.10.20	20.75
105.05.24	92	105.08.05	103.5	105.10.21	19.1
105.05.25	97.5	105.08.08	105.5	105.10.24	17.85
105.05.26	97.5	105.08.09	104.5	105.10.25	16.2
105.05.27	98	105.08.10	104.5	105.10.26	16.1
105.05.30	102	105.08.11	107	105.10.27	14.5
105.05.31	105	105.08.12	108.5	105.10.28	13.05
105.06.01	114	105.08.15	107.5	105.10.31	11.75
105.06.02	107	105.08.16	107	105.11.01	12.9
105.06.03	106	105.08.17	98	105.11.02	14.15
105.06.04	106	105.08.18	105.5	105.11.03	15.55

表6-2　樂陞公司之股價變化（續）

日期	股價	日期	股價	日期	股價
105.06.06	112.5	105.08.19	99.5	105.11.04	14
105.06.07	110	105.08.22	89.6	105.11.07	12.65
105.06.08	111.5	105.08.23	90.8	105.11.08	12.05
105.06.13	109.5	105.08.24	84.2	105.11.09	11.05
105.06.14	110.5	105.08.25	92.6	105.11.10	12.15
105.06.15	109	105.08.26	83.5	105.11.11	10.95
105.06.16	108	105.08.29	76.4	105.11.14	11.8

　　樂陞公司股價走勢圖如下。

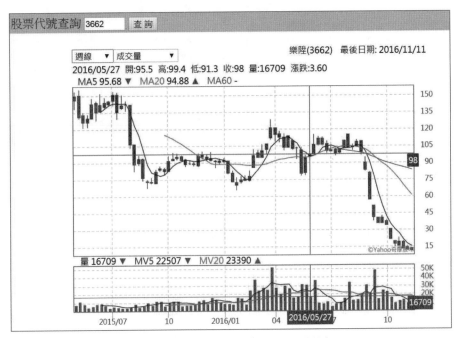

圖6-1　樂陞公司股價走勢圖（週線）

圖6-2　樂陞公司股價走勢圖（日線）

貳、禁止內線交易之理論

一、禁止內線交易之理由

關於內線交易是否應予以禁止，學者認爲有下列理由[4]：

1. 公平交易：公司經營上如果有利多消息，股價通常會隨之上揚，反之，若是利空消息，股價也會隨之反應而下跌。在利多或利空消息公開之前，內部人若因爲先掌握利多或利空消息，而搶先購入或賣出股票，而賺取利益或規避損失，對於參與證券市場的其他投資人而言，顯然不公平，影響投資人對證券市場的信心。

2. 促進證券市場的效率：由市場機制決定股價的合理價格，是證

券市場的重要功能，禁止內部人利用未公開的重要消息來賺取利益或規避損失，可以讓內部人沒有延遲公開重要消息的誘因，讓重要消息能更快公開，資訊流動更迅速，市場投資人進而能根據重要消息，來合理分配其投資，發揮市場機制下有效分配資源的功能。

3. 防止道德危險：若允許內部人利用未公開的重要消息，將造成內部人可皆由操控重要消息的公布與否，來控制股價，進而賺取利益或規避損失，而內部人所獲得的積極利益或消極利益，與公司經營之成果毫無關連，造成內部人無心於公司之經營，可能為了股價上的積極利益或消極利益，而違反法律規定，增加內部人經營上之道德危險。

4. 違背受任人的信賴義務：內部人如董監事或經理人，受公司及股東的委任，對於公司或股東有受任人的信賴義務，利用未公開的重要消息來賺取利益或規避損失，屬於違背受任人的信賴義務。

5. 促進公司決策的健全：公司經營時，多半是由基層向上提供相關資訊，高層再據以做成決策，若允許利用未公開的重要消息，將造成每一階層的員工，都可能為了利用該消息，而延後陳報或隱匿消息，將造成公司做成決策時的資訊不完整，影響公司決策的健全。

6. 公司財產的正當利用：公司的重要消息，特別是利多消息，通常是公司耗費人力物力而來，例如投入研發人力及資本，而開發之新型產品，而此重要消息，也屬於公司財產，如果讓內部人私自利用，無異等於是挪用公司財產。

二、美國理論演變

我國關於禁止內線交易之法律規定，主要仍是參考美國法，特別是1934年制定之證券交易法Section 10(b)及Rule 10b-5，其理論基礎如下[5]：

（一）「資訊平等」理論（information equality）：或稱「戒絕交易，否則公開」理論（abstain or disclose theory）

此一理論認為，取得公司未公開之重要消息後，若要進行股票交易，只能選擇公開此一重要消息，否則就應該停止交易。美國證管會於1961年在In re Cady,Roberts&Co.案中[6]，即採取此一看法。美國第二巡迴法院嗣後在SEC v. Texas Gulf Sulphur Co.案中[7]，也採取了相同的看法。此一理論，重視的是投資人必須處於資訊平等的地位，不容許任何人利用未公開的重要消息在證券市場進行交易，而形成不公平的情形。

（二）信賴關係理論（或稱受任人義務理論）（fiduciary duty theory）

上述資訊平等理論適用的對象，並不限於內部人，任何有可能取得未公開重要消息的人，都適用資訊平等理論，而受到拘束。但是此一適用結果，造成受拘束人的範圍過大，且不易界定。美國聯邦最高法院於1980年在Chiarella v. United States案例中[8]，認為行為人是否負有上述「戒絕交易，否則公開」之義務，應該要看行為人對於市場投資人是否負有受任人或信託人義務，或者是基於信賴的相類似關係[9]，上述義務應只存在於公司董事、大股東或高階員工等內部人。簡言之，只有具受任人義務或其他的信賴關係時[10]，行為人才具有上述「戒絕交易，否則公開」的義務，縮小了行為人的適用範圍。

（三）私取理論（misappropriation theory）

美國聯邦最高法院採取資訊平等理論，縮小行為人適用範圍後，於1997年在United States v. O'Hagan案中[11]，改採擴大行為人適用範圍之見解，認為行為人雖然不屬於公司內部人，但是如果有機會或途徑，例如受公司委任或雇用，而可以接觸到公司未公開的重要消息，基於其受

委任或雇用之義務，仍然不可以將該未公開重要消息據為己有，並不當的使用該重要消息來獲取利益。例如投資銀行的職員利用其職務上知悉的購併消息[12]、法律事務所之職員利用其職務上知悉的客戶消息[13]。劉連煜教授並認為，私取理論之精髓，在於行為人之行為構成對其雇主資產、消息來源之私自侵吞，凡此行為即可構成違反內部人交易之責任[14]。

（四）消息傳遞責任（tipper/tippe liability）理論

以上理論，主要都是針對本身擁有未公開重要消息的行為人，本身進行股票交易的規範，但對於擁有消息者本身並未買賣股票，而是將消息透漏給第三人即消息受領人時，該消息受領人是否也受到拘束？若該消息受領人不當利用該未公開重要消息，但因不具有上述理論所述之忠誠、信賴等義務，而不構成內線交易，將形成交易秩序的漏洞。美國聯邦最高法院於1983年在Dirks v. SEC案中[15]，認為必須是因為內部人違背忠誠、信賴等義務而洩漏未公開重大消息時，消息受領人才會也要負擔「戒絕交易，否則公開」之義務。如果內部人並未違反忠誠、信賴等義務，消息受領人是偶然之情況下知悉未公開之重要消息，則該消息受領人應不受內線交易規定之拘束。

我國實務上亦曾出現類似案例：「況陳廣中如有意透漏此重大消息，渠始自101年12月13日簽署保密聲明書起，即因光寶公司啟動評估本件併購案而知悉此事，隨著本件併購案件發展逐步明朗，而具有高度成立之可能性，陳廣中即可早一步透露予他人以便他人利用內線消息事先投資佈局，甚或提高融資額度，預先準備自備股款，以求獲利最大化，豈有迨至102年1月30日上午即此併購案之重大消息公布之同日，始提供被告此一重大消息之必要？……被告辯稱其係於102年1月30日，為陳廣中腳底按摩之際，因恰巧聽聞陳廣中使用行動電話談論公務，因陳廣中細聲談話，且以手摀住話筒，僅能聽見陳廣中提及合併或收購建興、開會之詞句等語，與證人陳廣中之證述相合，亦與常情相符，

尚屬非虛。則被告在此偶然聽聞之情況下，僅能獲得其所供述之上揭隻字片語，且無法向陳廣中進一步詢問細節，甚或求證本併購案件眞實性等情，亦堪認定。⋯⋯本件被告固有上開於102年1月30日，因偶然聽聞陳廣中於電話中談及合併或收購建興、開會之內容，隨後買入建興公司股票之情，然因起訴書所載被告所聽聞之內容過於片段、籠統，未臻明確，被告自亦無從該當實際知悉該重大消息，縱其有於上開建興公司股票禁止內線交易期間內買入、賣出股票之行爲，惟其交易行爲仍不足認有侵害證券市場投資之公平性可言，故被告自不構成違反證券交易法第157條之1第1項第5款之內線交易罪，是揆諸上揭說明，本件不能證明被告犯罪，自應爲無罪判決之諭知。」[16]

三、歐盟規定

歐盟議會暨其理事會（European Parliament and of the Council）於2003年1月28日發布「內線交易及市場操縱指令（或稱市場濫用）」，後於2014年4月16日公布「市場濫用規則」取代前述指令，另制定「市場濫用刑事處罰指令」[17]。關於內部人之規定，任何基於下列身分而持有內線消息者均屬之：1.身爲發行人或排放額度市場參與者之行政、管理、監督機關之成員；2.發行人或排放額度市場參與資本持有者；3.透過執行雇傭、專業或其他職責，而得以接觸消息者；4.涉及犯罪行爲者。除上述情形外，任何取得內線消息且**明知**該消息爲內線消息者。另外，**推薦**或**誘使**他人從事內線交易之行爲，亦在禁止之列[18]。

四、英國規定

英國於1993年制定刑事正義法（Criminal Justice Act 1993，簡稱CJA 1993），用以規範內線交易之行爲。關於內部人之定義，必須該行爲人知道其持有的消息屬於內線消息，且該行爲人是從內部來源而知悉或持有該消息。內部來源包含：1.基於有價證券發行人之董事、職員、

股東身分而取得者；2.基於雇傭、職務或專業而取得者；3.直接或間接從上述二類身分人員知悉或取得內線消息[19]。

關於內線交易構成要件行為部分，包含：1.對受消息影響之有價證券為交易行為；2.鼓勵他人對受消息影響之有價證券為交易（不論他人是否知道該消息是否為未公開重要消息）；3.非基於正當執行職務而將該消息洩漏於他人[20]。

參、內線消息之實際知悉與利用

一、實務見解

最高法院91年度台上字第3037號判決意旨[21]：證券交易法第一百五十七條之一規定「公司董事、監察人、經理人、持有該公司股份超過百分之十以上之股東、基於職業或控制關係獲悉消息之人、自上述人獲悉消息之人，獲悉發行股票公司有重大影響其股票價格之消息時，在該消息未公開前，不得對該公司之上市或在證券商營業處所買賣之股票，買入或賣出」，此即一般所謂「內部人內線交易」之禁止。按禁止內線交易之理由，**學理上有所謂「平等取得資訊理論」**，即在資訊公開原則下所有市場參與者，應同時取得相同之資訊，任何人先行利用，將違反公平原則。故公司內部人於知悉公司之內部消息後，若於未公開該內部消息前，即在證券市場與不知該消息之一般投資人為對等交易，則該行為本身即已破壞證券市場交易制度之公平性，足以影響一般投資人對證券市場之公正性、健全性之信賴，而應予以非難。而此內線交易之禁止，僅須內部人具備「獲悉發行股票公司有重大影響其股票價格之消息」及「在該消息未公開前，對該公司之上市或在證券商營業處所買賣之股票，買入或賣出」此二形式要件即成，並未規定行為人主觀目的之要件。故內部人於知悉消息後，並買賣股票，是否有藉該交易獲利或避

免損失之主觀意圖，應不影響其犯罪之成立；且該內部人是否因該內線交易而獲利益，亦無足問，即本罪之性質，應解為即成犯（或行為犯、舉動犯），而非結果犯。……所謂「非自發性之行為或非可歸責於自己之事由」，係指「其他董事持股質押而遭金融機構強制賣出」，並未包括「董事自行決定斷頭賣出之行為」，……。故董事因股票被質押而自行斷頭賣出股票之行為，應非屬「非自發性之行為或非可歸責於自己之事由」。

最高法院94年度台上字第1433號判決意旨[22]：修正前後證券交易法第一百五十七條之一之禁止內線交易罪，旨在使買賣雙方平等取得資訊，維護證券市場之交易公平。故公司內部人於知悉公司之內部消息後，若於未公開該內部消息前，即在證券市場與不知該消息之一般投資人為對等交易，該行為本身已破壞證券市場交易制度之公平性，足以影響一般投資人對證券市場之公正性、健全性之信賴，而應予非難。是此內線交易之禁止，僅須內部人具備「獲悉發行股票公司有重大影響其股票價格之消息」及「在該消息未公開前，對該公司之上市或在證券商營業處所買賣之股票，買入或賣出」此二形式要件即足當之，**並未規定行為人主觀目的之要件**。從而乙○○、甲○○○二人於知悉訊碟公司內線消息後，在該消息未公開前即出售股票，其**主觀意圖是否為清償借款，並不影響本件犯罪之成立**。

依上述實務見解之意旨，似認為依據平等取得資訊理論，在資訊公開原則下所有市場參與者，應同時取得相同之資訊，任何人先行利用，將違反公平原則，內部人只要具備「獲悉發行股票公司有重大影響其股票價格之消息」及「在該消息未公開前，對該公司之上市或在證券商營業處所買賣之股票，買入或賣出」此二形式要件，即構成犯罪，而毋庸檢驗行為人之主觀要件。進而言之，實務見解似認為無需檢驗行為人是否具備利用內線消息之主觀意圖，僅要具備形式要件即可。

二、學者見解

我國立法時之立法理由略爲：「對『利用』內部消息買賣公司股票圖利之禁止……」，因立法理由中出現「利用」之字樣，故產生「知悉說」、「利用說」之爭論[23]。有學者認爲雖然我國立法時是參考美國法而來，但因「平等取得資訊理論」所規範之行爲人過廣，因此美國聯邦最高法院已修正該理論，改採「忠實義務理論」，認爲內部人基於對公司之忠實義務，故不得濫用其知悉之內線消息，以避免造成對公司及市場投資人不公平的現象。而且「忠實義務理論」在我國立法前，美國聯邦最高法院就已有諸多案例採取此理論，故我國在繼受美國立法例及其理論時，不應固守於舊理論，而應適用修正後之「忠實義務理論」[24]。如果沒有利用未公開的內線消息，自然也沒有侵害市場資訊公平性的問題[25]。

上述實務見解，認爲無需檢驗行爲人之主觀意圖，雖然有助減輕追訴犯罪時的舉證負擔，使該等犯罪在認定上較爲容易，但在我國立法朝「亂世用重典」之方向傾斜，內線交易之刑度較其他犯罪行爲重之情形下，對於被告難謂無過苛之嫌。莊永丞教授即認爲，犯罪是否成立之關鍵仍在於行爲人的主觀上是否有故意、過失、不法意圖等，且行爲人對於其行爲的認知爲何，乃係緊扣刑法上評價後的結果，故有關內線交易之犯罪自應以具有主觀不法意圖爲要件。內線交易之犯罪行爲，應與其他刑事犯罪相同對待，構成要件上應檢驗行爲人主觀上是否有「利用」意圖[26]，才能顯示被告之不法意圖，雖然可能增加訴訟上的舉證困難，但實體法上構成要件體系，不應因爲舉證困難而退縮，否則即有可能違法無罪推定原則。

亦有學者認爲，自文義觀之，我國條文只有規定「知悉」此一要件，並無「利用」之字樣，雖然立法理由中有「利用」之文字，但是否就認爲立法者是要採取「利用說」？賴英照教授認爲，我國立法時，美

國採取利用說之案例均尚未出現，當時流行之學說為持有說，因此認為並不能直接從立法理由中得出我國法必然須採取利用說之結論[27]。林國全教授亦認為，要探求行為人主觀上具有利用消息之意圖，事實上在舉證顯有難處，可能造成許多案件都無法舉證成功[28]。且2010年5月4日修正證券交易法第157條之1時，僅將「獲悉」改為「實際知悉」，應可認為立法者已放棄採取「利用說」，而係採「獲悉說」[29]。然亦有學者認為，上述條文修正，屬於多此一舉之修正[30]，不論修正前之「獲悉」，或是修正後之「實際知悉」，仍然都要判斷行為人的主觀意圖，並非修正後改為「實際知悉」，即可置主觀要件於不論。另有學者認為，上述條文修正僅具有宣示意義[31]，因為實務上認定被告之犯罪事實時，本來就不以直接證據為限，綜合間接證據後進行推論，亦屬合法[32]。

三、小結

本文以為，在獲悉說及利用說各有所本之情形下，必須考量我國實務運作情形及犯罪防制之需求，若行為人可舉證證明其無利用內線消息之意圖時，應認為不構成內線交易之犯罪行為[33]；行為人若無法舉證合理說明，則可認定其構成內線交易犯罪行為。或至少在立法上，應考量制定例外豁免條款[34]，以緩和目前實務上認為不需檢驗主觀要件之嚴苛性。雖有學者認為無需明文制定豁免條款，交由法院依個案情形認定即可[35]，惟本文認為，在當前社會對於法官認事用法之過程，常以放大鏡檢視之常態下，仍以明文制定豁免條款為宜。

肆、樂陞案之問題意識

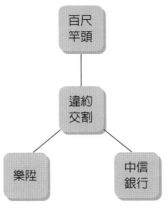

圖6-3　交易關係示意圖

　　以本件公開收購違約案例而言，客觀上之違約行為人為百尺竿頭公司，而非樂陞公司，然而輿論及偵查方向，似乎都認為樂陞公司負責人許金龍應該要負責，則樂陞公司負責人許金龍與百尺竿頭公司間，是否有知情共謀的情事存在，就成為本案的關鍵因素。在本案偵結起訴前，外界尚無法一窺檢察官之調查所得證據為何，而僅能憑有限的資料，來推敲樂陞公司負責人許金龍對於本件公開收購違約案例，是否具備犯罪之主觀意圖。

　　臺北地檢署於106年1月24日將本案偵結起訴後，認定許金龍等人隱匿許金龍主導及預定收購資金為陸資等情，而違法公開收購，涉犯證券詐欺及內線交易罪。根據新聞稿之內容，許金龍與樫埜由昭、王○、林○漢、潘○州等人於105年5月15日在臺北君悅飯店會面，協議由樫埜由昭為名義負責人出資2成、王○（大陸籍）出資8成，公開收購樂陞公司股票3萬8,000仟股。潘○州即規劃投資架構，隱匿許金龍主導及預定資金為陸資之事實，而於105年5月31日公告公開收購訊息並向經濟部投

資審議委員會（下稱投審會）申請。嗣於105年7月22日經投審會審查通過。許金龍等人並未籌集資金，之後105年8月17日應賣數量達到標準，許金龍等人竟故意違約不支付款項，並推由樫埜由昭對外公告延期至105年8月31日。至105年8月30日17時30分許，百尺竿頭公司乃對外公告無法完成本件公開收購之交割，因而造成近2萬名應賣人之重大損失，損害金額達28億餘元。

依據上述新聞稿的內容，似乎是因為許金龍要引進大陸地區的資金，來投資購買樂陞公司股票，為了隱瞞資金來源，因此安排由許金龍實質控制的百尺竿頭公司作為收購主體，另安排樫埜由昭擔任百尺竿頭公司負責人。且臺北地檢署也認定許金龍等人於105年5月15日在臺北君悅飯店會面，協議由樫埜由昭為名義負責人出資2成、王○（大陸籍）出資8成，公開收購樂陞公司股票3萬8,000仟股。則問題在於，預定進行公開收購的大陸地區資金，許金龍原本就知道是騙局一場？還是大陸地區資金臨時縮手，而導致公開收購破局？

如果是前者，則檢察官的認定並無任何問題，許金龍自然亦應對其行為負法律責任。如果是後者，是否可以歸責於許金龍？如果許金龍在審判中，可以證明當初確實有大陸地區資金要進行公開收購，則許金龍是否必然構成犯罪？

在臺北地檢署公開新聞稿之前，輿論即曾質疑，若百尺竿頭公司不欲主導樂陞公司，為何不參與價格較低之樂陞公司私募案即可？而是以高價進行公開收購？而公開新聞稿之後，若果真有大陸地區資金欲投資樂陞公司，亦可直接利用百尺竿頭公司參與樂陞公司私募即可，何以要大費周章進行公開收購？

根據上述新聞稿，檢方似乎是認為許金龍之犯罪起源在於，許金龍先利用其實質掌控之紙上公司為虛偽「策略性投資人」，隱匿參與私募者與許金龍為實質關係人，而在公開資訊觀測站為參與私募者係「策略性投資人」之不實公告，使許金龍得以時價之八成價取得樂陞公司私

募股票。許金龍之後利用樂陞公司投資大陸Tiny Piece公司（下簡稱TP公司）、同步公司之機會，以個人身分與交易相對人簽訂密約，安排以時價出售私募股票，進而不法獲利共約新臺幣（下同）39億1,154萬9,266元。

首先，應討論者，為許金龍以時價八成取得私募股票，是否違法？若檢方所指的密約，實際上是樂陞公司與TP公司、同步公司確實有併購之商業上考量，而被併購之公司方，因受限於大陸籍身分，而採取向許金龍購買私募股票的方式，來持有樂陞公司股票，此在商業活動上，並非不可想像。其次，檢方並沒有在新聞稿中說明許金龍參與私募的資金來源為何，若資金均為許金龍個人所有，則身為樂陞公司負責人，利用私募之方式，將資金投入其所經營之樂陞公司，使樂陞公司得以充實營運資金，則對於樂陞公司而言，似乎並無任何不利益可言，除非檢方能證明樂陞公司當時完全沒有與TP公司、同步公司投資併購之需求，而全然只是為了讓許金龍賺取差價。再者，依「公開發行公司辦理私募有價證券應注意事項」第4條第1項第4款規定，樂陞公司僅須於所訂私募普通股每股價格低於參考價格之八成時，應併將獨立專家就訂價之依據及合理性意見載明於股東會開會通知，以作為股東是否同意之參考。反面推論之，代表許金龍以時價八成取得樂陞公司私募股票，似不違法，且檢方亦未於新聞稿中說明，許金龍如何能確保日後出售私募股票時，樂陞公司之股價一定能維持在私募價格之上。

關於內線交易罪之構成要件，實務見解向來認為證券交易法第171條1項第1款內線交易罪之成立，僅須符合內部人有「實際獲悉發行股票公司有重大影響其股票價格之消息」及「在該消息未公開或公開後某時間以前，買入或賣出該公司股票」之要件，即足當之；至於行為人是否有「利用」該消息買賣股票圖利之主觀意圖，並非所問[36]。

我國刑法第12條第1項明文規定：「行為非出於故意或過失者，不罰」。無論採取何種刑法理論，最終仍然取決於有何客觀事證來輔助判斷主觀犯意，或許因此實務上對於客觀事證多所著墨，對於主觀意圖則

甚少說明。特別在經濟犯罪這種取證不易的案件中，容易發生囚徒困境。共同被告間為了避免重刑或交換減刑，而主動承認犯罪並指證其他共同被告。

在本件新聞稿中，檢方認為許金龍於上開公開收購消息成立明確後，即於公開前之105年5月16日至105年5月31日之期間，透過其實質掌控之人頭買賣樂陞公司股票，獲利約1,518萬5,000元。於消息公開後（105年6月1日），樂陞公司股價大漲至每股114元（上漲8.57%）時，出售1,496仟股。若共同被告能證明許金龍確實有利用上開重大消息而買賣股票，成立內線交易罪自不待言。本件之重大消息，檢方似認為是「公開收購」，但「公開收購破局」是否也屬於重大消息？

檢方認為許金龍等人共同謀議「日資為名、陸資為實」之方式，以百尺竿頭公司名義，虛偽公開收購樂陞公司股權，而涉嫌證券詐欺罪嫌，檢方似認為公開收購自始即為一場騙局。則針對虛偽的不實重大消息，以事後對股價及投資人的影響程度而言，本文認為本件之重大消息應該是「公開收購破局」，而非僅為「公開收購」，簡言之，檢方認為「公開收購」之重大消息於105年6月1日即公開，因此許金龍在105年5月16日至105年5月31日之間買賣股票，才構成內線交易罪。但本文認為本件之重大消息應該是「公開收購破局」，因此至105年8月30日百尺竿頭公司對外公告無法完成本件公開收購之交割前，皆屬於重大消息未公開之狀態。詳言之，內線交易之管制期間，應自105年5月16日延長至105年8月30日，以徹底保障無辜受害之投資人，使其有另一求償之管道與機會，以及剝奪相關被告之不法所得。

伍、結論

樂陞公司公開收購違約事件，為我國有史以來首件公開收購違約，造成眾多無辜投資人因此受害，因此本文嘗試就內線交易部分為論

述，但因本件尚在司法審理中，相關資料並未完全公開，因此僅能就有限的新聞資料，嘗試梳理案情。

就檢方認定的「日資爲名、陸資爲實」公開收購而言，若能證明此公開收購自始至終即爲虛僞，則本文認爲本件之重大消息，應爲「公開收購破局」，且內線交易之管制期間，應自105年5月16日延長至105年8月30日，以徹底保障無辜受害之投資人，使其有另一求償之管道與機會，以及剝奪相關被告之不法所得。

但若檢方亦認定此公開收購爲眞，僅因嗣後陸資未能到位，導致公開收購破局，則許金龍對於陸資未能到位是否知情？換言之，許金龍是否也有可能屬於受害者？此部分因資料不足，本文不敢妄下斷言，但爲維護刑法構成要件體系之完整，縱使舉證上可能有所困難，但在實務上係結合直接及間接證據綜合判斷之情形下，本文仍認爲必須檢驗許金龍之主觀犯罪意圖爲妥。

註　釋

1. 最高法院91年度台上字第3037號刑事判決；94年度台上字第1433號刑事判決。

2. 莊永丞，〈以內線交易和不法操縱行為為中心—探討證券詐欺之主觀要件〉，《台灣法學雜誌》第286期，頁162頁，2015年12月。

3. 網址：www.tpc.moj.gov.tw/HitCounter.asp?xItem=460184&mp=009。

4. 賴英照，《最新證券交易法解析》，自版，頁445-446，2011年2月再版2刷。

5. 劉連煜，《內線交易構成要件》，元照出版有限公司，頁13-36，2011年7月初版第1刷。涂春金、劉柏江，〈重新省思內線交易之立法—以刑事責任為限〉，《銘傳大學法學論叢》，第24期，頁136-140，2015年12月。

6. 40 S.E.C.907 (SEC 1961)。賴英照，《最新證券交易法解析》，自版，頁454-455，2009年10月2版。

7. 401 F. 2d 833 (2nd Cir. 1968), cert. denied sub nom. Coates v. SEC, 394. 賴英照，《最新證券交易法解析》，自版，頁455-457，2009年10月2版。

8. 445 U.S. 222 (1980).

9. 涂春金、劉柏江，〈重新省思內線交易之立法—以刑事責任為限〉，《銘傳大學法學論叢》，第24期，頁138，2015年12月。

10.劉連煜，《新證券交易法實例研習》，元照出版公司，頁362，2008年9月增訂6版。張新怗，〈內線交易消息傳遞之民事責任〉，《臺北大學法學論叢》，第74期，頁114，2010年6月。

11.521 U.S. 642 (1997)。賴英照，《最新證券交易法解析》，自版，頁462-465，2009年10月2版。劉連煜，《內線交易構成要件》，

元照出版有限公司，頁16，2011年7月初版第1刷。

12. 664 F. 2d 12 (2nd Cir. 1981), cert. denied, 464 U.S. 863 (1983).

13. 578 F. Supp. 425 (S.D.N.Y. 1984).

14. 劉連煜，《內線交易構成要件》，元照出版有限公司，頁22，
    2011年7月初版第1刷。

15. 463,U.S. 646 (1983)。賴英照，《最新證券交易法解析》，自版，
    頁459-460，2009年10月2版。劉連煜，《新證券交易法實例研
    習》，元照出版公司，頁366-367，2008年9月增訂6版。

16. 臺灣高等法院104年度金上訴字第53號刑事判決。參考網址：
    http://jirs.judicial.gov.tw/FJUD/index_1_S.aspx?p=pkIk9OSdX0xAD3
    TcffXzDRdd0%2bsJtKDpBCHpQTSPV6%2bLS4Y%2fd7PUFA%3d%
    3d。

17. 涂春金、劉柏江，〈重新省思內線交易之立法—以刑事責任為
    限〉，《銘傳大學法學論叢》，第24期，頁142，2015年12月。

18. 涂春金、劉柏江，〈重新省思內線交易之立法—以刑事責任為
    限〉，《銘傳大學法學論叢》，第24期，頁142-144，2015年12
    月。

19. 同前註，頁147。

20. 曾宛如，〈建構我國內線交易之規範；從禁止內線交易所欲保護
    之法益切入〉，《台大法學論叢》，第38卷第1期，頁270，2009
    年3月。郭大維，〈論我國內線交易法制—由英美兩國對證券市
    場內線交易之規範談起〉，《軍法專刊》，第56卷第4期，頁59-
    60，2010年8月。

21. 參考網址：http://jirs.judicial.gov.tw/FJUD/index_1_S.aspx?p=avArs3
    Cv53eBDIcayKE4xkOkNmFs43nVfsfl8noME9c%3d。

22. 參考網址：http://jirs.judicial.gov.tw/FJUD/index_1_S.aspx?p=czA4B
    7jlo0s54IxY6IRDWTq6TuVupgC1K%2f11czu6Mn8%3d。

23.賴英照,《股市遊戲規則—最新證券交易法解析》,自版,頁
527-531,2011年2月再版二刷。林國全,〈證券交易法第一五七
條之一內部人交易禁止規定之探討〉,《政大法學評論》,第
45期,頁264-265,1992年6月。劉連煜,《新證券交易法實例研
習》,自版,頁471-473,2010年9月增訂8版。

24.莊永丞,〈以內線交易和不法操縱行為為中心—探討證券詐欺之
主觀要件〉,《台灣法學雜誌》第286期,頁161,2015年12月。

25.林孟皇,〈內線交易實務問題之研究—以我國刑事責任規定的解
釋適用取向為中心〉,《法學叢刊》第210期,頁61-62,2008年4
月。

26.武永生,〈內線交易案件獲悉與利用之爭論—股市之極限遊戲規
則(一)〉,《銘傳大學法學論叢》第十期,頁175-225,2008年
12月。

27.賴英照,《股市遊戲規則—最新證券交易法解析》,自版,頁
533-534,2011年2月再版二刷。

28.林國全,〈證券交易法第一五七條之一內部人交易禁止規定之探
討〉,《政大法學評論》,第45期,頁265,1992年6月。

29.劉連煜,《內線交易構成要件》,元照出版有限公司,頁98,
2011年7月初版第1刷。

30.涂春金、劉柏江,〈重新省思內線交易之立法—以刑事責任為
限〉,《銘傳大學法學論叢》,第24期,頁151,2015年12月。

31.林孟皇,〈內線交易重大消息的明確性與實際知悉—2010年新
修正內線交易構成要件的解析〉,《月旦法學》,第184期,頁
155,2010年9月。

32.劉連煜,〈內部人「獲悉」或「實際知悉」內線消息之認定—評
最高法院99年台上字第1153號刑事判決〉,《月旦裁判時報》,
第3期,頁87,2010年6月。

33.臺灣臺北地方法院95年度重訴字第17號刑事判決。參考網址：
　http://jirs.judicial.gov.tw/FJUD/index_1_S.aspx?p=EQ3Rl%2bDqj8Hk
　mATIs3iSiqv4E0Ujjac0dOAnTS%2bmjAo%3d。

34.何曜琛、戴銘昇，〈無利用消息意圖之內線交易—最高法院99
　台上字第2015號民事判決〉，《台灣法學雜誌》第118期，頁21-
　32，2011年8月1日。

35.劉連煜，《內線交易構成要件》，元照出版有限公司，頁301，
　2011年7月初版第1刷。

36.最高法院105年台上字第1598號、104年台上3057號、103年台上字
　第442號、102年台上字第4868號刑事判決。

第七章

內線交易中視而不見的構成要件
——論證券交易法第157條之1第5項「正當投資人」

李禮仲

壹、前言

我國於民國77年增訂證券交易法第157條之1，明文禁止具特定身分之人，利用內部消息買賣公司股票圖利之內線交易行為，目的在於維護證券交易市場之公平性，以達健全我國證券市場發展之立法目的，本條對於內線消息之規定為「發行股票公司有重大影響其股票價格之消息」，於實務運作上，因本條構成要件高度抽象且具有不確定性，往往使人民無所適從，而立法者於99年6月2日修正本條第5項規定其係指「涉及公司之財務、業務或該證券之市場供求、公開收購，其『具體內容』對其股票價格有重大影響，或對正當投資人之投資決定有重要影響之消息。」

準此，所謂重大消息包括關於公司財務、業務的消息，及公司股票的市場供求或公開收購的消息，而其具體內容均須對公司股票價格有重大影響或對正當投資人的投資決定有重要影響者，始足當之[1]。

新修正證券交易法已進一步強調行為人實際知悉的重大消息，該消息除須達明確程度外，更須具備對股票價格有重大影響或對正當投資人的投資決定有重要影響「具體內容」，是在歷次修法一再強調消息應具「重大」、「明確」及「具體內容」等要件導引下[2]，顯見立法者係嚴格要求內線交易之重大消息，其「具體內容」是必須對公司股票價格有重大影響或達到對「正當投資人」之投資決定有重要影響，始得限制實際知悉重大消息之內部人從事交易。

新修法後確立法院與審理個案時，應立於正當投資人之視角，實質審究行為人實際知悉之消息其具體內容是否對正當投資人之投資決定有重要影響。

然而，觀之目前相關法規、判解函釋對正當投資人之定義均付之闕如，則仍無法使「重大影響其股票價格之消息」之定義趨於明確。蓋內

線交易所涉刑責重大，自應符合「罪刑法定原則」及「構成要件明確性原則」之要求，使行為人得事先預見其行為之可罰性，以保障人權。

故本文認為何謂「正當投資人」此構成要件誠值吾人關切究明，俾使人民有法可循，避免形成資本市場寒蟬效應，否則將有違我國制定禁止內線交易規範以健全我國證券市場發展之立法目的。本文將就我國證交法所移植之母國（美國）之法律與司法判例對「正當投資人」之意涵與性質予以探討與分析，再就我國證交法未定義「正當投資人」對當事人司法權益之損害，及不利我國資本市場正常發展之影響因果加以探究，是以，我國證交法應重新確認「正當投資人」之性質與定義，俾使「重大影響其股票價格之消息」此一構成要件於實務認定上趨於明確及具體，使行為人得事先預見其行為之可罰性，不只充分保障司法人權，同時健全我國資本市場之法制俾利資本市場之發展。

貳、我國「正當投資人」概念源自於美國法上之「理性投資人」、「理性股東」

我國民國77年1月29日增訂公布證券交易法第157條之1第4項規定：「第一項所稱有重大影響其股票價格之消息，指涉及公司之財務、業務或該證券之市場供求，對其股票價格有重大影響，或對正當投資人之投資決定有重要影響之消息。」本項迭經修正並移為現行第5項，觀諸本條可以得知於立法之初即是使用「正當投資人」一詞，雖立法理由對何謂正當投資人未有所著墨，但自立法者不使用「投資人」一詞，而加以「正當」二字為規範，是顯見本條規定之投資人非指道聽塗說之散戶投資人，否則，立法者何須徒增「正當」投資人此一構成要件，而不單純使用投資人一詞？

此外，再從立法理由可知，我國立法係仿自美國立法例[3]。因此，美國司法實務上之見解，在不違反我國立法之前提下，可供為我國法於

解釋適用上之重要參考。

我國對內線交易之處罰規定，係參照1934年美國證券交易法第10條第2項及美國聯邦證券管理委員會發布之Rule 10b-5而來，屬證券詐欺其中一種型態，美國Rule 10b-5自司法判例累積形成之未明文要件，包括對重大性消息之不實陳述或隱匿，且投資人信賴該虛偽不實陳述。

因為重大性消息被界定為理性投資人於其作投資決策時，會加以考量的重要資訊，所以利用理性投資人的標準，用以區別是否為重大性消息和非重大性消息，進而影響被告的揭露義務，蓋此即我國證券交易法第157條之1第5項之立法意旨，故是否屬於內線消息，須檢驗該資訊是否會對於正當投資人作成投資判斷之決定有重要影響。

美國此一重大性消息之測試基準，源自TSC Industries, Inc. v. Northway, Inc.案[4]，美國聯邦最高法院於本案認為：「一項遺漏之事實，是否為一件重大的事實，取決於一位合理的股東（reasonable shareholder）是非常可能（極可能）因該被遺漏之事實，而認為對其決定如何行使投票有重要影響。」[5]

此判決後經美國證券交易法之相關案例所沿用，確立判斷某一消息是否具有「重大性」的基準為[6]：「一項未經公開之消息，假如一位『理性投資人』（reasonable investor）知道這項消息，在其為投資決定時，非常可能會認為此項消息，對其投資決定會有重要影響，則此一消息即為重大消息。」

以此對照我國證券交易法第157條之1第5項之條文用語「對正當投資人之投資決定有重要影響之消息」，為兼採美國實務上，對於已存在之重大訊息，其公開可影響合理及理性投資人作成投資決策之判斷[7]，故我國於內線交易規範使用之「正當投資人」一詞，其概念實等同美國法所稱之理性股東、理性投資人。

參、美國司法實務認定正當投資人所應具備之條件

誠然，不論於美國或我國，在內線交易司法審判實務上最難認定的問題，莫過於針對上述重大性消息之測試基準所生之不確定法律概念如何確認系爭案件有無重大內線消息的存在或成立。所謂理性、正當投資人究指證券市場專業的投資人（professional investor）？或包括盲從、散戶投資人（price taker）[8]？

此問題有待司法實務於案件中進一步加以澄清，美國聯邦最高法院雖未指明[9]，但觀察美國司法實務判決逐漸形成、確立對於理性、正當投資人之資格要求，難謂盲從、散戶投資人係屬理性、正當之投資人，參酌美國法院歷年來之判決，歸納正當投資人須具備之條件如下：

一、Zerman案─理性投資人應具備融資融券帳戶性質之基本知識[10]

Zerman公司向Hutton公司購買證券，其後於1982年起訴Ball（Hutton公司前CEO）、Fomon（Hutton公司主席）和Hutton公司，Zerman主張其購買證券是基於信賴被告的諸多不實陳述和遺漏，其中被告等人未有就融資融券之性質與相關交易規則為告知。

於本案，法院之見解認為，姑且不論融資融券帳戶的性質已於經Zerman簽署之融資融券協議書揭露的事實，原告所稱未揭露的資訊，是得以期望任何理性投資人皆具備的基本知識，此點至為顯然。是以，一名「理性投資人」應具有對融資融券帳戶性質之基本知識。

二、Donald J. Trump案─理性投資人對一般經濟情勢應有所認知[11]

被告Trump於1988年11月向公眾募集發行6.75億美元的第一抵押貸

款投資債券,用以購買、建造Taj Mahal賭場酒店及其開幕營運,所提供之債券利率為14%,較當時平均債券利率9%為高。

原告主張被告Trump於債券發行的公開說明書之記載,有誤導性陳述和重大誤導之遺漏事項而違反聯邦證券交易法,其中,被告隱匿「東北區已疲弱的經濟情勢,和與內華達州拉斯維加斯賭場具有潛在的競爭關係」一事。

就此,法院認為,被告不會僅因未能提醒投資者東北地區本已疲弱的經濟情勢而有違反證券欺詐之虞,進而言之,作為一名理性的投資人,即應明瞭東北區之經濟衰退情勢,有無於公開說明書揭露此一訊息,並不會實質影響公司致投資者的公開說明書揭露資訊之綜合質量。

是以,美國聯邦上訴法院明確表示「理性投資人對一般經濟情勢應有所認知」。

三、Dodds案—理性投資人須明瞭分散投資原則,且具有閱讀和瞭解冗長且複雜之公開說明書的能力[12]

於1990年2月,Dodds係一名年約45歲並受有十年級的教育的寡婦,訴訟主張被告有虛偽陳述和遺漏,誘使其從事不適合的有限合夥企業之證券投資。她的丈夫去世之前,Dodds除家用零用金外,並無參與家中的財務事務與投資決策,惟在此案例,上訴法院要求Dodds,一位理性的投資人,應對分散投資有所認知,且對於自身風險承擔能力具有獨立思考之能力。

此外,上訴法院更進一步指出,當公司之公開說明書已揭露部分投資皆有風險且流動性不足之情形,即已通知投資人該情形並不適合保守的投資組合。即「理性投資人」是具有閱讀和瞭解冗長且複雜的公開說明書中,關於投資風險和非流動性之揭露,不可僅係信賴其股票經理人基於適合性原則所作之口頭陳述。

於本案，雖然Dodds一再主張公開說明書過於冗長，然而，法院認為公開說明書具有索引目錄以及清晰之章節標題，故實無法因文件冗長即得作為持有但不閱讀之藉口。

四、Merck公司案—正當投資人有能力自行做數學研究以瞭解金融市場之基本概況[13]

2005年於美國第三巡迴上訴法院訴訟，Merck公司係一製藥大廠，其計畫為其百分之百持有之子公司Medoc公司IPO，在IPO前，Medoc所採用的積極收益認列實現政策，其部分細節於Merck公司向SEC美國證管會的登記聲明中揭露，華爾街日報文章經分析此揭露事項後，已預測Merck的股票將會下跌，其後經進一步的揭露後，Merck的股票確是大幅下跌，致Medco的IPO計畫取消。

後經Merck股東提起集體訴訟，主張Merck和Medco涉犯證券詐欺罪，且Merck主管於登記聲明中有重大不實陳述或遺漏。

於此案中，法院認為所謂之理性投資人，係得於已公開、可得而知的相關資訊中，具有「自己做數學研究」之能力以瞭解金融的基本概況。

承上所述，美國司法實務判決認定正當投資人應對一般經濟情勢應有所認知、具有對融資融券帳戶之基本知識，並明瞭分散投資原則，以及具有閱讀和瞭解冗長且複雜之公開說明書與自行做數學研究之能力，則所謂「盲目之散戶投資者」實難以符合「理性、正當投資人」之資格要件。

肆、正當投資人之界定應由檢察官負舉證之責

於TSC案中，聯邦最高法院表示，重大性的爭議可以歸類為法律及事實問題的混合，是事實如何適用於法律標準的問題。客觀的事實只是

決定重大性的起點（starting point）而已。

做重大性的判斷時，必須仔細的評估一個「理性股東」會從一組特定的事實中得出什麼推論，以及這些推論對他的重要性何在，而評估的工作交由事實的審判者（即陪審團）決定。只有在已被證明的隱匿，「顯然對投資人如此的重要，凡理性之人不會對重大性此一問題採不同之看法」時，才算是解決了作為「法律性質」的重大性問題[14]。

反觀我國司法實務判決在認定行為人內線交易罪責時，就重大消息成立時點之認定，法院從未調查及詳論該消息之具體內容對正當投資人之投資判斷有如何之重大影響，惟近來我國最高法院102年度台上字第3250號刑事判決已有指出：「……對於前述意向書之拘束力如何，所簽訂之意向書與股份買賣簽約成立之日，究竟『何者始為系爭重大消息之成立日期』，並未綜合事件之發生經過及其結果，『以該消息對投資人買賣證券之影響程度』……詳為論列說明其所憑之理由……即謂發生之可能性極高，而逕認簽訂意向書該日為本件重大消息成立（明確）之日，自屬理由欠備之違法。」

上開判決認定法院應就「消息對投資人買賣證券之影響程度」詳為論述始可判定重大消息之成立日期，此見解方向應予肯定，然而遺憾者是仍留下「何謂正當投資人」此未解問題，該判決與我國其他司法實務判決未有就正當投資人之界定有任何論述，更遑論有就客觀事實對正當投資人之重要性為評斷，顯見司法實務尚未正視「正當投資人」之概念，已有違反司法院大法官釋字第545號解釋意旨之虞，不確定法律概念之規範，應藉由司法程序審查而予以確認，始符合法律明確性原則，而未牴觸憲法保障人民權利。

再者，我國在98年已正式批准「公民與政治權利國際公約」及「經濟社會文化權利國際公約」並通過該兩公約施行法[15]，兩公約所揭示落實無罪推定原則、強化檢察官舉證責任以確保司法人權已屬普世價值與規範。

　　則於內線交易案件中，是否有影響正當投資人投資決策之重大消息存在，為刑事被告構成內線交易犯罪之構成要件，故就正當投資人之界定，影響個案於追訴行為人從事股票交易時是否確有內線消息之成立，此應由檢察官負舉證責任為是。

　　此外，正當投資人之界定實為對被告之利益有重大關係事項，則依刑事訴訟法第163條第2項，亦應屬法院應依職權調查之事項，否則，法官於自由心證之形成過程無足夠憑據而恣意擅斷，顯與刑事訴訟法之基本證據原理原則相違背，現行司法實務未就正當投資人為界定、判斷，即係嚴重疏於堅守「無罪推定」、「罪疑唯無」及「檢察官應負舉證之責」等刑事訴訟法與兩公約所揭示之基本原則。

伍、結論

　　內線交易所涉刑責重大，惟其在諸多構成要件上仍屬抽象，長久以來司法實務更是就正當投資人構成要件視而不見。

　　正當投資人此一概念，參酌美國法制背景下的理論發展，於歷經漫長學說理論之探討、司法實務判例之補充規定，正當投資人須具備對一般經濟情勢之認知、明瞭分散投資原則、證券業的佣金報酬結構、信用交易與抵押品之關係，以及具有閱讀和瞭解冗長且複雜之公開說明書與自行做數學研究之能力等資格要件，則所謂盲從、散戶投資人難謂符合此資格要件。

　　由於對於正當投資人之範圍界定，會進而影響消息是否具重大性之內線交易構成要件與其法律性質問題，實為對被告之利益有重大關係事項，應由檢察官應負舉證之責，且我國最高法院至少已明白指出「詳細論述消息對投資人買賣證券之影響程度，始可判定重大消息之成立日期」為法院之裁判說理義務，故亦屬法院須職權調查之事項，俾使「重大影響其股票價格之消息」此一構成要件於實務認定上趨於明確及具

體，使行為人得事先預見其行為之可罰性，以充分保障司法人權，並落實兩公約所揭示之無罪推定原則、強化檢察官舉證責任，司法機關責無旁貸。

是以，我國金融監督管理委員會應確認證交法中「正當投資人」之性質與定義，俾使內線交易犯罪中「重大影響其股票價格之消息」此一構成要件於實務認定上趨於明確及具體，使行為人得事先預見其行為之可罰性，才能充分保障當事人（被告）司法人權，同時健全我國資本市場之法制俾利資本市場之發展。

註　釋

1. 賴英照，《股市遊戲規則—最新證券交易法解析》，2011年2月再版二刷，頁507。

2. 劉連煜，《內線交易構成要件》，元照出版社，2011年7月，頁308。

3. 民國77年1月29日增訂第157條之1立法理由如下：「……三、對利用內部消息買賣公司股票圖利之禁止，已成為世界性之趨勢，美、英、澳、加拿大、菲律賓、新加坡……等國均在其公司法或證券法規明定不得為之，違反者須負刑事責任。為健全我國證券市場發展，爰參照美國立法例(1934年證券交易法第10條規則5判例、擬議聯邦證券法典第202條第56款、第1603條、美國加州公司證券法第25402條、第25502條等)，增訂本條，並於第一百七十五條增列刑責」。立法院公報，第76卷第96期，頁75-76。

4. TSC Industries, Inc. v. Northway, Inc., 426 U.S. 438 (1976).

5. 節錄判決原文如下：「an omitted fact is material if there is a substantial likelihood that a **reasonable shareholder** would consider it important in deciding how to vote.」

6. 劉連煜，《新證券交易法實例研習》，元照出版社，2011年9月增訂九版，頁474。

7. 郭土木，《證券交易法論著選輯》，100年2月3日初版，郭土木出版，頁340。

8. 劉連煜，《內線交易構成要件》，元照出版社，2011年7月，頁127-128。

9. 賴英照，《股市遊戲規則—最新證券交易法解析》，2011年2月再刷二版，頁505。

10. 美國聯邦第二巡迴上訴法院1984年Zerman v. Ball案（Zerman v.

Ball, 735 F.2d 15, 21 (2nd Cir. 1984)）。

11.美國聯邦第三巡迴上訴法院1993年In re Donald Trump Casino Sec. Litig.案（In re Donald Trump Casino Sec. Litig., 7 F.3d 357, 377 (3d Cir. 1993)）。

12.美國聯邦第二巡迴上訴法院1993年Dodds v. Cigna Sec., Inc.案（Dodds v. Cigna Sec., Inc., 12 F.3d 346, 351 (2nd Cir. 1993)）。

13.美國聯邦第三巡迴上訴法院2005年In re Merck & Co. Sec. Litig.案（In re Merck & Co. Sec. Litig., 432 F.3d 261, 270–71 (3d Cir. 2005)）。

14.戴銘昇，〈證券市場中資訊「重大性」測試基準之介紹——以美國聯邦法院之重要判決為中心〉，《證交資料》第548期，96年12月，頁37。

15.按公民與政治權利國際公約第14條第2項：「受刑事控告之人，未經依法確定有罪以前，應假定其無罪。」；公民與政治權利國際公約及經濟社會文化權利國際公約施行法第2條：「兩公約所揭示保障人權之規定，具有國內法律之效力。」

第八章

內線交易構成要件中「實際知悉」與「消息明確」之關係
——評最高法院104年台上字第2017號刑事判決

江朝聖（東海大學法律學系副教授）

壹、前言

　　證券交易法（以下簡稱證交法）第157條之1禁止內線交易，違反者，依該條須負民事責任，並可依同法第171條第1項科以刑責。該條之條文文字並未使用消息「成立」之文字，但被告卻常提出從事證券交易時，重大（內線）消息尚未成立之抗辯，換言之，內線交易只成立於消息成立後至消息公開後十八小時間之證券交易行為。若消息尚未成立，則不能成立內線交易。因此，被告從事證券交易時，重大消息是否成立，常成為法庭上攻、防焦點，也吸引眾多學者投入內線消息成立時點之研究。2010年6月，證交法該條加入消息「明確後」之三字，法庭上消息成立時點之攻防仍然激烈，只是換個名稱，亦即以消息「明確」與否為辯論焦點。本文認為消息明確與成立係相同之概念，因此，以下行文將交互使用「成立」與「明確」之用語。

　　學界對於內線交易構成要件中之消息何時明確及其他個別內線交易之構成要件有諸多討論[1]，但對於各構成要件之關係，討論相較為少，本文嘗試補充此項研究上的缺口。本文認為，內線交易構成要件中，「重大消息」、「消息成立」及被告何時「知悉」等三項要件，有密切之關係，且對於重大消息為何？若未有正確之認定，其他兩項要件亦將產生認定上偏差。為使討論具體，本文以最高法院104年台上字第2017號刑事判決之案例，作為討論內線交易上開三項構成要件關連性之素材。論述上，先敘述該案之事實，繼而整理歷審判決理由，並歸納各審法院相同與不同看法之處。最後再以學說為基礎，評析該案歷審判決理由，最後提出本文看法。本文以我國現行司法實務檢討為中心，不以一般常見的比較法學為研究方法，因此亦未引用外國立法例與文獻。

貳、案例事實及歷審判決

一、本案事實

A股份有限公司（以下簡稱A公司）係由B股份有限公司（以下簡稱B公司）董事長甲及其姪婿乙、丙合資成立，B公司為A公司之最大股東。A公司股份於2002年9月27日於臺灣證券交易所股份有限公司（下稱證交所）上市交易。A公司從事液晶面板上游零組件彩色濾光片（Color Filter，下稱CF）之研究、開發、製造及銷售業務。甲以B公司法人代表人身分擔任和A公司董事。乙擔任A公司董事長兼總經理，2002年9月間，乙雖卸任總經理職務，仍擔任董事長。乙於A公司股票上市前，另以親友名義成立C股份有限公司（以下簡稱C公司），營業地址登記於A公司員工宿舍，並由乙之特助掛名擔任董事長，該公司無任何員工，相關文書作業均由A公司財務處及營業處職員兼辦。

2002年上半年間，A公司之主要客戶H公司雖曾向A公司預定相當數量之CF貨物，惟須經H公司對A公司之第四代生產線生產之CF認證通過，並依H公司之實際需求下單後，始得出貨。上揭CF係屬客製化產品，僅能銷售予H公司。依據收入實現之會計原則，A公司本須將銷售予H公司之CF貨物出貨至H公司，貨物風險移轉H公司後，亦即應於商品風險及報酬移轉時，始能在財務報表之損益表及資產負債表上，認列為A公司之營業收入，否則僅能列為存貨。

丙於2002年8月間召集A公司財務長丁等人，將C公司新增為A公司之代理商，因H公司每月所需之CF貨量非如預期，遂將此等CF貨品及每月月底未能銷售予H公司之存貨，全數以「作帳」方式銷售C公司，俾使帳面上減少A公司存貨及增加營業收入。

2003年5、6月間，因A公司前揭「作帳」方式銷售C公司情事遭證交所調查，證交所承辦人以電話聯絡當時已未視事之A公司財務長丁查

詢，並表示該公司之財務報表有重編之虞。丁得知後，即透過時任A公司之總經理等人轉達上情予甲知悉。於1、2週後，甲主動邀約丁會面，研議如何因應證交所調查。同年7月14日，證交所正式發函A公司，要求說明與C公司交易之真實性，並派員赴A公司財務處進行實地查核。證期會於同年10月15日行文A公司，要求將銷貨C公司營業收入認列之時點由2002年更正為2003年，A公司收到公文後，於同日下午4時25分3秒，在「公開資訊觀測站」上公告主旨為「依證券暨期貨管理委員會來函要求於文到後20日內重編2002年度、2003年第一季及2003年上半年度財務報告」。A公司即於當月31日公告重編2002年度、2003年度第1季及2003年上半年度財務報告，導致A公司股價於次（11月3日）營業日以跌停價16.3元收盤。甲於2003年6月9日至10月15日間，指示不知情之職員賣出於他人帳戶名下之A公司股票。基此，甲遭檢察官以違反證交法第157條之1及第171條第1項起訴。

二、歷審判決

（一）地方法院[2]

本案經臺北地方法院審理，於2013年6月28日就被告A涉及內線交易部分為無罪判決，其主要理由係以：「本案重大消息之成立、確定日為2003年10月15日，公訴意旨所指被告甲利用前述人員及帳戶進行A公司股票之交易時間，均在重大消息之成立、確定日前」，茲將判決之主要理由整理如下：

1. 「證期會決定A公司之2002年度、2003年第一季及2003年上半年度財務報告更正且重編」乃本案之重大消息

案發時發行人申報且公告之財務報告進行重編，無非係該財務報告該當於2001年6月21日修正發布後之證券交易法施行細則第6條第1項（按：本條於2002年1月31日、2002年3月25日細則修正時並未變更）所

定「依本法第三十六條所公告並申報之財務報告，有未依有關法令編製而應予更正者，應照主管機關所定期限自行更正，並依下列規定辦理：一、更正稅後損益金額在新臺幣一千萬元以上，且達原決算營業收入淨額百分之一或實收資本額百分之五以上者，應重編財務報告，並重行公告。二、更正稅後損益金額未達前款標準者，得不重編財務報告。但應列為保留盈餘之更正數。」之情形，A公司於2003年10月15日公告證期會要求重編財務報告之訊息，而於該公司重編財報後，因而在財務報告上產生「2002年度稅後淨利減少46,788仟元，每股盈餘減少0.12元」、「2003年第一季稅後淨利增加5,751仟元，每股盈餘增加0.01元」及「2003年上半年度稅後淨利增加54,814仟元，每股盈餘增加0.11元」之情形，此有證交所A公司股票交易分析意見書可佐，顯見重編財務報告對該公司2002年度、2003年上半年間之財務狀況發生重大變化，且使上開年度財務報告產生如附表二所示之調整。復參酌修正後重大消息範圍及公開方式管理辦法第2條第9款之（二）之規定，已將「編製之財務報告發生錯誤或疏漏，有證券交易法施行細則第6條規定應更正且重編」列為重大消息之一，從而**證期會決定重編財務報告並去函A公司要求財務報告重編一事，確屬現行證券交易法第157條之1所定之重大消息，應**可認定。

主管機關通知A公司財務報告重編，雖與A公司重編財務報告誠屬二事，然A公司一旦收受主管機關通知，該公司重編財務報告幾乎已成定局，此觀A公司於2003年10月15日在公開資訊觀測站所發布之訊息，關於因應措施部分僅載以「依主管機關來文辦理」等語，可見一般。……況證人即A公司上開財務報告之簽證會計師到庭證稱：「……重編財報是對市場一個很不好的作為，因為上一個年度經過股東會承認的報告，現在要去更改，這是一個很嚴重的事情」、「……因為證期會通常會來函，我們收到那個函就是確定財報要重編」等語，足認「主管機關之重編財務報告通知」與「A公司重編財務報告」間具直接關連

性。且衡以「重編財務報告」屬修正後重大消息管理辦法第2條第9款之（二）所示之重大消息，故證期會通知A公司財務報告重編，應屬該辦法第2條第18款所指「其他涉及公司之財務，對公司股票價格有重大影響，或對正當投資人之投資決定有重要影響」之重大消息。

2. 公訴意旨所認之證交所調查A公司與C公司間假交易事件，乃至於本案假交易之存在本身，均非本案之重大消息

(1)證交所建議重編財報之意見，僅協助證期會調查及作成決策之參考，非必然主導證期會最後決定

惟反觀證期會因證交所對於本案稅後損益數字遲遲無法確定，且在證交所呈報上開書面建議後，遂要求證交所進行例外管理程序之決策過程整體觀察，證期會並非證交所一旦作出重編財務報告之建議，即當然接受，故A公司是否重編財務報告一事，證期會應具有主導權限。

(2)稅後損益之數據未定，係是否重編財務報表之關鍵

證人證稱：A公司稅後損益中是否攤提管銷費用一事，A公司提出「1,600萬元」及「4,600萬元」等版本，已如前述，另證交所於同年10月9日發函證期會報告A公司虛列營收影響稅後損益金額為何及如何推估，因A公司未備齊資料，故無法表示意見等語，堪認證交所自始未能確定本案稅後損益數據為何。雖上開稅後損益之數據均符合2002年1月31日修正發布後證券交易法施行細則第6條第1款所定重編財報要件之一即「稅後損益金額在新臺幣一千萬元以上」，然是否符合另一要件即「且達原決算營業收入淨額百分之一」，則有疑義。……惟證期會迄至2003年10月13日仍召開協調會，責令A公司於2003年10月14日中午前提出相關資料以為說明，最後於2003年10月15日方決定A公司應重編財務報告，足認此期日前之證期會僅在進行A公司陳述意見程序及行使調查權限，以確定稅後損益之數額，決定是否重編財務報告。……顯見證交

所進行本財務報告不實案之調查及結果，僅協助證期會作成決定之用，故可認定公訴意旨所指「證交所開啓本案調查」，非等同於證期會決定重編財務報告一事之影響力可以比擬。另證交所自2003年7月起針對本財務報告不實案開啓調查，因自始未能確定稅後損益為何，難謂即便證交所於2003年9月16日檢送專案查核報告、9月26日檢送查核情形、10月7日檢送例外管理專案報告等調查結果，均因尚未確認，而難認已達重編財務報告之門檻，自非屬重大消息成立時點之認定；**另本案假交易之存在時點相較於證交所開啓調查一事更早，實難將之列為本案重大消息，亦乏得憑以作為與A公司「股票價格」、「正當投資人之投資決定」及「繼續營運」情事關連性及影響程度之論據。**

3. 本案消息成立、確定時點

本案證期會於2003年10月15日發函通知A公司重編財報，而A公司確於同年月31日遵照函示重編財報，上開消息均於公開資訊觀測站上公告，此前，證期會對證交所與A公司就稅後損益數據、是否攤提管銷費用等雙方爭執之處仍有疑義，故於2003年10月7日雖接獲證交所財務報告重編之建議，證期會仍無法確認是否達到重編財報之法定門檻，於命證交所進行例外管理程序及召開協調會後，始於2003年10月15日作成重編財務報告之決定，足認證期會並非無實質決策權限之形式議決機關。故A公司是否重編財報，於證期會正式發函通知A公司前尚屬未定，而**本案重大消息之成立、確定時點，自應以證期會正式發函時為判斷基準，亦即應以2003年10月15日為本案重大消息之成立、確定日。**

4. 被告知悉重大消息時點

主管機關即證期會決定A公司財務報告重編之重大消息，於2003年10月15日始克成立，復於是日發函且經A公司公告在公開資訊觀測站而告確定，被告甲至此始得實際知悉該重大消息已明確成立。

（二）高等法院[3]

本案經檢察官上訴，臺灣高等法院於2015年1月15日將被告違反內線交易改判有罪，其主要理由如下：

1. 「證期會決定A公司之2002年度、2003年第一季及2003年上半年度財務報告更正且重編」乃證券交易法第157條之1規定之「重大消息」

2002年度第4季虛增營收之結果，使第4季之營收、獲利明顯較第2、3季高，是以，A公司與C公司之不實交易，使A公司營收增加甚多，影響其財務甚明。……更且，A公司於2003年10月31日公告重新認列C公司銷貨收入、重編財報後，次一營業日11月3日A公司股票價格以跌停價16.30元收盤（下跌1.20元，跌幅6.85%），與同日電子類股漲幅0.21%、大盤漲幅0.70%走勢比較，明顯悖離，足認虛增營收以致財報重編之重大消息，對於正當股東投資決定有明顯影響力。……是以，就上開重編前後之營業收入額、損益表、及股票跌幅情形，A公司假交易致其遭證交所調查、證期局要求重編財報之消息對於A公司財務、業務及正當股東投資決定之影響至為明顯，該消息應屬修正後重大消息管理辦法第2條第18款之重大消息無訛。……至於「證交所自始未能確定本案稅後損益數據為何」、「證期會迄至2003年10月13日仍召開協調會，責令A公司於2003年10月14日中午前提出相關資料以為說明，最後於2003年10月15日方決定A公司應重編財務報告」乙節，此僅為確定稅後損益數額上之歧異，無礙於「財務報告更正且重編」為重大消息之認定。

2. 被告甲獲悉（實際知悉）重大消息（明確）時點

(1)B公司於案發時為A公司之最大股東，而B公司之法人代表即被告甲。A公司當時最大股東B公司之董事長甲，對於A公司之決策、人

事、財務具有決定權……舉凡A公司內事務均須向被告甲報告，並由被告甲作最終決定，且早在2003年3、4月間，被告甲即已知悉A公司與C公司假交易之事，並爲此事感到震怒，因而爲人事調整，故被告甲在對A公司作人事調動時，已內部知悉A公司與C公司假交易之事。

(2)被告甲於2003年7月間即已知悉證交所調查A公司與C公司假交易，並知悉A公司極可能遭要求重編相關財務報告；足認證交所在2003年7月9日收得證期局函文查明A公司疑似堆貨情事，證交所隨即於同月14日發函予A公司及其會計師，就A公司銷貨予C公司之眞實性加以查核，證交所再於2003年7月21日就查核結果函覆證期局。依此查核時間及過程可知，A公司、簽證會計師於2003年7月14日已收取證交所將調查A公司與C公司交易之眞實性，且證交所已在2003年7月間實地查核，並於2003年7月21日查核完成後函覆證期局查核結果。應認被告甲在2003年7月14日證交所發函予A公司時，即已知悉證交所調查A公司與C公司交易之眞實性。

3. 綜上，被告甲明知A公司即將重編財務報表，自2003年8月12日起迄同年10月15日止，在B公司辦公室內，以電話指示不知情之營業員下單賣出A公司股票，共計7,664仟股，賣出總價款1億7,002萬7,900元，扣除前開，消息公開之次日起算10個營業日平均收盤價計算，再扣除證券交易稅、千分之1.425之手續費，合計爲3,573萬2,020元。

（三）最高法院[4]

被告對於高院判決不服，提起上訴，最高法院於2015年7月9日駁回上訴，全審定讞。最高法院駁回上訴之主要理由如下：

1. 獲悉或實際知悉在某特定時間內必成爲事實之重大影響股票價格消息，與該消息已確定成立或已爲確定之事實者，尚有不同。依通常情形，當主管機關實際調查顯而易見之巨額假交易事件時，該虛僞交易

必被查獲，則因該假交易而虛增營業額之不實財報，必被依法要求重編及重行公告；而上市公司之財報被要求更正及重編之具體事項發生時，因涉及該公司之業務及財務，其內容對股票價格有重要影響，對正當投資人之投資決定亦有重要影響，自屬證券交易法第157條之1第1項之重大消息。被告甲為A公司之內部人，握有公司內部交易資料，於實際知悉A公司上開巨額假交易已被查悉，且因C公司係未曾運作、資本額僅新臺幣500萬元之紙上公司，於2002年度卻承買A公司4.15億元之他公司客製化產品，商品風險及報酬均未移轉，必然被查獲係假交易。則其因此知悉A公司2002年度虛增巨額營業額之不實財報，在一定期間內，必然發生被依法要求更正及重編之結果。符合經驗法則。且「財報被要求更正、重編」於未來特定期間內必然成為事實之消息內容，**應已具體明確**。況依原判決及卷內資料所載，A公司因本件虛偽交易而虛增、美化財報之營收數，2002年度達4.09億元，更正前後之「營業收入淨額」各為3,672,563仟元及3,293,258仟元；「稅後純益」則為854,284仟元及807,506仟元，亦符合行為時即2002年3月25日修正之證券交易法施行細則第6條第1項所指「更正稅後損益金額在新臺幣一千萬元以上，且達原決算營業收入淨額百分之一或實收資本額百分之五以上者，應重編財務報告，並重行公告」之要件。原判決援引行為後修正之重大消息管理辦法認定標準，以較嚴謹標準認定本件是否屬「重大消息」，乃原審採證認事適法職權之行使，於法無違。從而，**原判決事實認被告甲於2003年7月間已實際知悉：A公司因本件虛偽交易已遭證交所查悉，致2002年度財務報告極可能必須更正及重編之消息，係具體明確之重大影響股票價格之消息，即屬有據**，而與經驗法則無違，無判決理由不備或證據上理由矛盾之違法。

2. 證期會2003年10月15日致A公司函係謂：A公司應行重編財務報告事項，為該公司2002年度認列對C公司之銷貨收入計四億餘元，其中擬透過C公司銷貨予瀚宇公司部分，經核相關交易條件及款項收取

情形，顯示商品之風險及報酬並未移轉，於2002年度尚不符收入實現原則，不得認列為該年度銷貨收入等語。原判決雖於理由誤載證期會於2003年10月15日要求A公司重編之財務報告，包括2003年度第1季及2003年度上半年度之財務報告。然不影響2003年7月間被告甲已明確知悉因本件假交易被查獲，於一定期間內，極可能發生A公司2002年度財務報告應更正及重編之影響股價重大消息，而於其內線交易罪責之成立不生影響。原判決此部分之誤載，尚難執為適法之上訴第三審理由。至證期會因A公司否認作假帳或財報不實，遲未提供相關事證資料，於2003年10月15日正式通知A公司重編財報前，踐行相關行政程序作為，尚不得據以認定本件「重大消息」客觀上仍未明確，如此方足以保障資訊不對等之一般投資大眾，並維我國資本市場交易制度之公平性。

3. 原判決理由雖謂：被告甲在2003年7月14日證交所發函予A公司時，即已知悉證交所調查A公司與C公司交易之真實性，進而知悉上開重大消息。然原判決係認被告甲自2003年8月12日起至同年10月15日證期會正式行文要求A公司更正並重編2002年度財報日止之出脫A公司股票行為，方屬內線交易之犯行。則其於理由欄將被告甲獲悉重大消息之日期，認係2003年7月14日，即與本件罪責之成立不生影響。

參、判決評釋

一、本案重大消息為何？

（一）高院與地院對於本案重大消息為何，認定不同

本案一審及上訴審均使用：「『證期會決定A公司之2002年度、2003年第一季及2003年上半年度財務報告更正且重編』乃本案之重大消息」之標題，惟細繹其判決理由，本案之地院與高院所認定之本案重大消息並不相同。

一審法院判決理由略以：「證期會決定重編財務報告並去函A公司要求財務報告重編一事，確屬現行證券交易法第157條之1所定之重大消息，應可認定」。但一審判決理由又認定：「足認『主管機關之重編財務報告通知』與『A公司重編財務報告』間具直接關連性。且衡以『重編財務報告』屬修正後重大消息管理辦法第2條第9款之（二）所示之重大消息，故證期會通知A公司財務報告重編，應屬該辦法第2條第18款所指『其他涉及公司之財務，對公司股票價格有重大影響，或對正當投資人之投資決定有重要影響』」之重大消息。因此，一審法院實認「主管機關之重編財務報告通知」為本案之重大消息。

二審法院判決理由則以：「A公司假交易致其遭證交所調查、證期局要求重編財報之消息對於A公司財務、業務及正當股東投資決定之影響至為明顯，該消息應屬修正後重大消息管理辦法第2條第18款之重大消息無訛」。然二審法院究竟認為「A公司假交易致其遭證交所調查」為重大消息？抑或「證期局要求重編財報」才是重大消息？似不清楚。惟從二審判決理由另認被告甲8月12日起之交易為內線交易，則似可推論為前者。因為「證期局要求重編財報」係於10月15日才由證期會正式行文A公司，縱認證期局作成要求重編財報之決策在正式行文之前，然於8月中旬以前，A公司是否為假交易仍由證交所調查中，證期局尚未形成決策，由此可推知二審應認「A公司假交易致其遭證交所調查」為本案之重大消息。

綜上，一、二審法院對於本案重大消息之認定，雖使用相同之標題，然實採相異之結論，而二審判決對於何為重大消息？甚至未有直接、明確之認定，難脫判決不備理由之嫌。

（二）本文見解：本案之重大消息

內線交易之構成以具有未公開之重大消息為要件，亦即證交法第157條之1第1項規定之：「有重大影響其股票價格之消息」。而同條第5

項則定義「重大影響其股票價格之消息」：指涉及公司之財務、業務或該證券之市場供求、公開收購，其具體內容對其股票價格有重大影響，或對正當投資人之投資決定有重要影響之消息。並授權主管機關以辦法訂定其範圍。主管機關基於本項授權，頒訂「證券交易法第一百五十七條之一第五項及第六項重大消息範圍及其公開方式管理辦法（以下簡稱重大消息辦法），其中第2條例示十七款重大消息，第18款則為概括規定。以本案A公司所涉之假交易而言，雖未該當於重大消息辦法例示的十七款重大消息，但的確將影響正當投資人之投資決定，應屬重大消息。因為，若投資人知道公司部分營收係來自於不實交易，極可能不買進該公司股票，甚至將手中之持股出售，因此，該不實交易係影響投資人之投資決定之重大消息[5]。至於證交所實地查核、主管機關發文A公司要求更正2002年財報等，均屬假交易之後續調查程序及調查結果之處置，並非重大消息本身。

此外，重大消息是否以「真實發生的交易」為前提？如係故意製造的假買賣，是否仍為重大消息？對此，學說[6]及司法判決均有不同見解，臺灣高等法院97年度金上重訴字第30號刑事判決指出：「所謂『重大消息』，應係指『未公開，但會公開』之消息，蓋如某一事實始終皆不公開，此事實對於證券市場並不會發生任何股價波動之影響，知悉此事實之人縱有買入或賣出股票之情形，亦無藉此『圖利』，故揆上開立法意旨，非屬『未公開，但會公開』之事實，應非證券交易法第157條之1第1項之規範客體。準此，『以虛增營業額方式美化財務報表』係屬『犯罪行為』，行為人對於自己犯罪之事實應無所謂『公開』之問題，更無藉此所謂取得資訊上之優勢，進而公開揭露自己犯罪事實，以於證券市場圖利之可能」。但司法判決亦有迥異之看法，未將「未公開，但會公開」列為重大消息之要件[7]。

對此，本文認為，從禁止內線交易的理由係防止內部人利用資訊上的優勢而從事證券交易[8]。因此，只要內部人交易時具有資訊上的優

勢，即可成立內線交易。就本件不實交易而言，被告甲於交易時，其他投資人並未知悉不實交易存在之事項，因此甲即處於資訊上的優勢，此即禁止內線交易所要防制之情況，因此不應以重大消息「未公開，但會公開」為要件[9]。

二、本案重大消息明確（成立）時點

（一）重大消息認定不同，消息成立時點即為不同

重大消息是否有成立之時點？如有成立時點，何時始為成立？證交法第157條之1於2010年6月2日雖增定在該消息「明確後」之要件，但並沒有「成立」的用語。主管機關的行政命令認為重大消息有成立時點[10]。被告於個案中，亦多提出消息尚未成立之抗辯，法院亦多於判決理由中詳加說明。惟重大消息認定不同，其成立時點即為不同。本案中，一審與二審對於重大消息實為不同認定，已如上述。因此，一審認為消息成立時點為2003年10月15日證期會發函A公司之時，而二審判決理由略以：「本院認被告甲獲悉A公司勢必重編財務報表此一重大消息之時間為證交所發函並實地查核之2003年7月14日，在此之前尚難謂消息已具體明確」，可推知二審法院認定之消息成立時點早於一審法院之認定，而為證交所發函並實地查核之2003年7月14日。

（二）重大消息成立時點與被告何時知悉無關

重大消息成立時點係著眼於重大消息形成的過程，係由「客觀上」認定而屬「客觀要件」。內線交易之構成要件，尚有行為人「實際知悉」之要件。惟知悉與否，屬行為人內心之認知，屬於主觀要件。簡言之，成立屬客觀要件，知悉屬主觀要件，兩者涇渭分明，迥然有別。惟在本案中，高院判決理由於標題「被告甲獲悉（實際知悉）重大消息（明確）時點」項下，除引用最高法院99年度臺上字第3770號刑事判

決：「倘就客觀上觀察，重大消息所指內涵於一定期間必然發生之情形已經明確，或有事實足資認定事實已經發生，而內部人已實際上知悉此消息，自不能因公司或其內部人主觀上不願意成為事實，即謂消息尚不明確，或事實尚未發生，或未實際知悉消息之發生，否則內部人即可能蓄意拖延應進行之法定程序，或利用該消息先行買賣股票，導致資訊流通受影響，阻礙證券市場公平競爭，而與資訊平等取得原則之立法意旨相違」，以說明消息明確之認定標準外，其餘內容均在說明被告何時知悉重大消息，似有將兩者加以混淆之嫌。此外，本案判決理由末段亦指出：「本院認被告甲獲悉A公司勢必重編財務報表此一重大消息之時間為證交所發函並實地查核之92年7月14日，在此之前尚難謂消息已具體明確」，益可確定二審法院將被告知悉時點與消息明確（成立）時點加以混淆。

實則，司法判決將消息成立與被告知悉兩要件混為一談，並非首次，尚見於以下判決：

1. 臺灣高等法院99年金上更（一）字第1號刑事判決〔判決一〕

「本院認定證券交易所於95年1月17日要求○○公司重編94年前三季財務報表，係本件之重大消息之成立時點，惟自該事件之全部發展過程以觀，被告丙○○於94年12月26日以前即知悉證券交易所質疑其94年度前三季財務報告之正確性，於該日證券交易所來電通知將對○○公司實地查核時，即確實可以預見○○公司不會通過證券交易所之查核，○○公司於查核後將重編94年度前三季財務報告，故於94年12月26日即為本案重大消息之「明確」時點，被告丙○○於94年12月26日即實際知悉該重大影響其股票價格之消息。」

2. 臺灣高等法院101年重金上更（四）字第6號刑事判決〔判決二〕

「被告係○○公司之董事長，而為內部人，且○○公司公開發行之股票，為經證期會核准得在集中交易市場買賣之上市股票，依據，旋接

續於91年4月25日、4月26日及4月29日,除委請案外人○○公司於91年4月30日公開之系爭消息,係屬於重大影響○○公司股票價格之消息,**被告於91年4月22日實際知悉系爭消息,且於91年4月24日明確後**,鄭○○以上開○○公司之股票買賣帳戶,經由大華證券營業員呂○○喊盤下單外,復自行經由中信證券營業員郭○○喊盤下單,買進、賣出如附表一及附表二所示之○○公司股票等情,洵堪認定。」

3. 臺灣高等法院99年金上更(一)字第2號刑事判決〔判決三〕

「即○○公司內部人於1、2月間多次往返電子郵件討論存貨降價爭議,依之前93年第3季季報同一事件處理之經驗,已實際知悉○○公司必須遵循KPMG會計師意見重新調整存貨評估方法,才得順利取得93年報簽證,否則將致下櫃之重大情事;且此一重大事實,依上開電子郵件除已副本送被告收受外,被告也已於原審坦承為免下櫃,不得不配合KPMG會計師意見,沒有其他選擇等語,**足認被告至遲於2月底前已知○○公司依法應於4月底前公告93年報,將因重新調整存貨評估方法認列子公司鉅額虧損勢必發生,是本院認定至遲於2月底前該重大消息即已明確。」**

由上述判決可知,〔**判決一**〕法院一方面認定95年1月17日係本件之重大消息之成立時點;另一方面又認:於94年12月26日即為本案重大消息之「明確」時點。成立與明確之區別何在?有何不同?未見說明。又本件重大消息成立時點既為95年1月17日,法院卻又認定:「被告丙○○於94年12月26日即實際知悉該重大影響其股票價格之消息」,重大消息成立時點既在被告實際知悉之後,則被告知悉客體為何?理論上,重大消息應先成立,始有重大消息可言,內線交易之行為人亦才有知悉之客體,簡言之,以時間順序來說,成立在前,知悉在後,但〔判決一〕法院卻為相反之認定。〔**判決二**〕也有相同之情形,法院一方面認定:被告於91年4月22日實際知悉系爭消息,卻又認為重大消息於91年4

月24日明確。

〔判決三〕法院認定：「被告至遲於2月底前已知○○公司依法應於4月底前公告93年報，將因重新調整存貨評估方法認列子公司鉅額虧損勢必發生，是本院認定至遲於2月底前該重大消息即已明確」。法院似乎認為被告知悉之後，重大消息才告明確。如此將客觀要件與主觀要件混為一談，並非妥適。

（三）本案重大消息成立時點：本文見解

重大消息「成立」時點之認定，司法判決有不同之見解[11]，學說也有不同的討論[12]。提出消息成立與否的主張，主要用以區別消息與尚未成形的流言[13]。重大消息成立與否之認定，以具有發展性的消息最難以認定，實務也發生最多爭議[14]。其中，又以企業併購相關的消息爭議最多。惟就本案來說，若認為重大消息為不實交易，則該事件於製作不實交易資料之人完成時，即告確定。縱使如本案一審判決以「證期會決定A公司之2002年度、2003年第一季及2003年上半年度財務報告更正且重編」為本案之重大消息，但於本案相關人員完成不實交易之文件製作時，即種下A公司財報重編之因，而是否達於法令規定重編財報之門檻，於完成不實交易之文件時亦已確定。所未確定者是，何時東窗事發？何時主管機關完成調查程序，而「確認」A公司因符合重編財報之法定要件，因而必須重編財報。因此，重大消息「成立」不應與主管機關之調查「確認」程序混為一談。

三、被告知悉重大消息之時點

內線交易中之重大消息為何，不僅影響重大消息成立時點，也影響被告實際知悉之時點。以本案來說，一、二審之判決認定即為著例。一審法院認定：「證期會決定A公司之2002年度、2003年第一季及2003年上半年度財務報告更正且重編」為本案之重大消息，因而被告知悉該重

大消息時點即為「（主管機關）復於是日（2003年10月15日）發函且經A公司公告在公開資訊觀測站而告確定，被告甲至此始得實際知悉該重大消息已明確成立。」二審法院則認定：「本院認被告甲獲悉A公司勢必重編財務報表此一重大消息之時間為證交所發函並實地查核之92年7月14日。」

實則，若如本文上述見解，本案以「不實交易」為重大消息，若被告知悉、默許或參與該不實交易，則其於不實交易完成時即已知悉該消息。若被告事先不知該不實交易，而於事後經相關參與者報告始為知悉，則應以該時點為知悉時點。縱如一審法院以「證期會決定A公司之2002年度、2003年第一季及2003年上半年度財務報告更正且重編」為本案之重大消息，則不實交易為財報重編之因，被告如未參與不實交易，而於事後經相關參與者報告始為知悉，亦應以該時點為知悉時點。

肆、結論

內線交易構成要件中，重大消息何時成立，一直為學說及實務討論的熱點。而以往之討論多集中於個別構成要件之檢討，而少有探討要件之間的關連性。實則，消息成立時點實與重大消息為何息息相關。而重大消息亦與被告何時知悉重大有密切關連。本案判決恰巧提供一個具體實例，可供內線交易各該要件關連性之討論。本文嘗試由重大消息之認定出發，亦即由上游加以釐清。重大消息若正確認定後，接著有關消息成立時點及被告知悉時點即不難認定。本文對於財報重編之案件，提出不同於司法判決對於何為重大消息認定。簡言之，不實交易本身即為足以影響投資人投資決定之重大消息，證交所何時接到檢舉、何時進行實地查核、是否達於重編財報的門檻等，均為針對不實交易之調查程序與調查結果之處置，並非重大消息。也因為本文對於重大消息之認定與歷審判決有不同看法，因此對於消息成立時點及被告何時知悉重大消息，

亦有不同於司法判決之看法。由本文之討論亦可知悉，對於內線交易重大消息成立時點之認定，學說雖有眾多討論，但爭議可能源自於對於何為重大消息之認定，因此，有再往上游釐清之必要，期盼本文能拋磚引玉，引發相關問題更多討論。

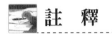

註 釋

1. 討論內線消息明確或成立的文獻相當多，例如：賴英照，〈內線交易的紅線—重大消息何時明確〉，《中原財經法學》第36期，頁1-119，2016年6月；劉連煜，〈併購案內線交易重大消息何時明確？—最高法院104年度臺上字第3877號號刑事判決評釋〉，《法令月刊》第67卷11期，頁30-55，2016年11月；廖大穎、張進德，〈健全公司治理的鑑識會計—從證券交易法第一五七條之一重大消息成立時點談起〉，《月旦法學雜誌》第246期，頁96-112，2015年11月；曾宛如，〈內線交易重大消息明確時點之認定：綠點案之啓示〉，《月旦法學教室》第165期，頁57-62，2016年7月；賴源河、郭土木，〈論企業併購案涉及內線交易之重大消息何時明確—最高法院一〇四年度臺上字第七八號刑事判決評釋〉，《月旦法學雜誌》第244期，頁186-193，2015年9月。

2. 臺灣臺北地方法院97年度金訴字第13號刑事判決。

3. 臺灣高等法院102年度金上訴字第46號刑事判決。下述判決理由整理中，標題3、4爲本文所加。

4. 最高法院104年度台上字第2017號刑事判決。

5. 相同的看法參臺灣高等法院97年度金上重訴字第30號刑事判決：「投資大眾若知悉皇統公司之高營收額係虛進、虛銷，當然會影響其購買股票之決定，故該訊息自屬於對皇統公司股價有重大影響之消息。」

6. 採重大消息以消息「未公開，但會公開」爲要件者，參劉連煜，《內線交易構成要件》，頁167-168，2011年7月。採反對見解者，參賴英照，〈防制內線交易的危機：隱匿財報造假，內線交易無罪？〉，《中原財經法學》，第34期，頁16-33，2015年6月。

7. 例如：臺灣高等法院102年度金上重訴字第48號刑事判決、臺灣高等法院88年度上重訴字第39號刑事判決、臺灣高等法院91年度上重更（一）字第25號刑事判決等。

8. 參賴英照，同前註1，頁108。

9. 至於公開的方式，現行重大消息辦法第6條第1項對於財務業務消息之公開，僅限輸入公開資訊觀測站一途，本文亦不贊同。只要消息公諸於世，即可消弭資訊不平等之情況，因此，現行法規定之公開方式，有修正之必要，參賴英照，〈內線消息的公開問題〉，《管理與法遵》，第1卷第2期，頁1-24，2016年7月。

10. 賴英照，《最新證券交易法解析》，頁476，2014年2月第三版。

11. 例如：最高法院104年度台上字第78號刑事判決認為：「宜以實地查核進行後，針對併購價格及主要併購契約架構完成，作為重大影響其股票價格之消息已經明確之時點」；但臺灣高等法院102年度金上重更（一）字第7號刑事判決則認定實地查核前，重大消息已經明確。

12. 參賴英照，〈內線交易的紅線—重大消息何時明確？〉《中原財經法學》，第36期，頁1-119；劉連煜，〈併購案內線交易重大消息何時明確？—最高法院104年度台上字第3877號刑事判決評釋〉，《月令月刊》，第67卷第11期，頁30-55，2016年11月；陳彥良，〈開發金併金鼎證案中內線交易相關問題探討—最高法院104年度台上字第720號刑事判決〉，《月旦裁判時報》，第43期，頁22-30，2016年1月。

13. 參曾宛如，《證券交易法原理》，頁281，2012年8月六版（「單純之謠言必須予以排除，而過早之資訊也不應列入」）。

14. 例如引起頗多爭議的綠點案，參最高法院104年度台上字第3877號刑事判決。

第九章

內線交易刑責與企業併購^{**}
——公開收購股權

國立中興大學法律學系　廖大穎教授

　　誌……今天非常榮幸，受（社）中華法律風險管理學會邀請參與『企業經營之刑罰風險論壇』，來到亞洲大學，有機會向與會的各位先進，報告企業併購與內線交易刑事責任的議題。

　　相關企業併購與內線交易的議題，爭議非常多，我今天準備報告的核心是聚焦於公開收購股權這部分；當然，相關公開收購股權的案件，最近爭議也相當多，例如樂陞（與百尺竿頭的收購）案，這是近期每天都上報的新聞大事件，從較早的收購公司炒作股價嫌疑說法，繼而……到新近檢調單位依詐欺、背信等經濟犯罪嫌疑，傳喚被收購公司負責人到案，並延燒到行政主管機關金融監督管理委員會，的確是集集精采，而先前的矽品（與日月光的收購）案，也不遑多讓，占滿當時的新聞版面。至於今天，個人並不是準備向各位報告「樂陞案」或「矽品案」，而是約十年前，在臺灣境內發生的第一宗公開收購案，即渣打銀行收購新竹商銀股權，這是一件成功的公開收購股權案例。然，在這併購案風光結束後，翌年就爆發公開收購新竹商銀同時的內線交易一案，而這渣打銀行收購新竹商銀的內線交易案，正是今天準備向各位先進報告的案子。當然，十年前的渣打銀行公開收購新竹商銀所衍生的弊案，在當時的台灣法學會年度報告已與當時的與會先進們，交換意見，而這案的司法程序，尚在進行中，然十年後的今天，財經犯罪的新聞報導，仍不絕於耳，希望今天的報告，讓各位先進回顧一下，十年前有著同樣足跡的財經犯罪案。（當時，台灣法學會2008年度學術研討會第4個子議題「內線交易規範制度之理論與實務」的「企業併購的外部資訊與內線交易疑雲——兼評證券交易法第157條之1的立法論」報告，隨後刊登於《月旦財經法》第16期第77-144頁，並收錄於台灣法學會主編的《台灣法學新課題（七）》（元照，2009年）第247-296頁，而亦為個人任職的中興大學法律學系財經法研究中心主編興大財經與法律叢書系列(2)《財經犯罪與證券交易法理論‧實務》（新學林，2009年）第203-256頁及個人著作論文輯《證券市場與投資人保護之法理》（新學林，2011

年）第169-224頁所收。

表9-1　案號查詢結果

法院名稱	案號	結案日期	查看裁判書	參考資訊
臺灣臺北地方法院	097年金重訴字000006號	100/09/01	Q	
臺灣高等法院	100年金上重訴字000059號	101/11/30	Q	
最高法院	103年臺上字003220號	103/09/11	Q	
臺灣高等法院	103年金上重更（一）字000014號	105/05/24	Q	

資料來源：司法院法學資料檢索系統，http://jirs.judicial.gov.tw/FJUD/, 2016/09/01。

壹、前言

2007年7月初，當英商渣打銀行興高采烈對外宣布，已完成與新竹國際商業銀行合併案的同時，27日新聞媒體就報導「檢調偵辦渣打銀行購併新竹商銀內線交易案，……。檢調懷疑，富○金控投資長蔣○○，涉嫌透過他過去任職的投資公司員工、同事及……等人名義，在併購案前，大量收購新竹商銀股票超過一萬餘張，事後出脫牟利超過上億元，涉嫌內線交易」，而在昨日搜索、約談相關人士之訊息[1]。惟就渣打銀行收購合併新竹商銀案，從渣打銀行的網頁資料上，不難掌握兩家銀行合併的歷史軌跡：

表9-2　渣打銀行事記

時間	事記
2006/09	渣打集團宣布公開收購新竹國際商業銀行計劃，以每股新臺幣24.5元的價格，收購當時股東持有的股票，擴充在臺灣業務版圖
2006/11	宣布完成公開收購計劃，取得95.4%的股權。此收購案是臺灣有史以來第一次、也是最大宗外商銀行直接全數收購本地銀行

表9-2　渣打銀行事記（續）

時間	事記
2007/01	18日新竹國際商業銀行自臺灣證券交易所下市
2007/03	27日宣布融合後的新品牌—渣打國際商業銀行股份有限公司，3月完成新竹國際商業銀行下市收購，擁有98.5%的股權
2007/05	21日新竹國際商業銀行召開股東大會，核准合併後之法定名稱
2007/07	7月初渣打銀行及新竹國際商業銀行正式合併

資料來源：（股）渣打銀行本行簡介大事記，http://www.standardchartered.com.tw/

　　當然，本案所涉及內線交易疑雲，在今年的最新發展正如新聞媒體所披露：「檢方調查，渣打銀行前年公開收購新竹商銀（股權時），（因）富○金控有入股新竹商銀，派出蔣○○擔任新竹商銀法人董事（之代表），蔣○○事先知悉此合併案時程。蔣涉嫌透過富○金控投資部副理陳○○操盤，由國○證券北投分公司經理江○○找人頭，前年9月下旬以十多元價格購股六千八百五十張，趁渣打銀行前年10月2日公開以二十四點五元收購（新）竹商銀時拋售」等新事證，使渣打銀行合併新竹商銀的內線交易案情，輪廓似乎逐漸明朗[2]。

貳、問題所在

　　公開收購制度，係英美法系國家取得經營權的手段之一，收購股權似乎是司空見慣的事情。我國雖然於民國77年正式引進，但截至民國90年，成功案例屈指可數；當然，渣打銀行公開收購新竹商銀一案，無異是自民國91年證券交易法部分條文修正，重新調整公開收購股權制度以來，第一個成功的案例[3]。一般而言，市場外公開收購股權之實行，其結果亦將與大量收購有價證券之間，有某種程度之必然性關連，但相關公開收購有價證券，是否衍生內線交易的質疑？論者謂其關鍵在於公開收購資訊的揭露，與實行收購股權所產生的股價波動效果。關於此，

往昔的經典案例，比方是在美國的判例法上，例如United States v. Chi-arella事件與United States v. Chestman事件等，公開收購股權行為與內線交易的爭議中，承審法院咸認定公開收購人以高於市價之價格，提出收購股權的邀約，不僅對證券市場上該個股之價格，產生一定的影響力，而且對於一般理性投資人之投資決定，的確亦有重大影響；易言之，究其是否潛藏衍生證券詐欺之疑惑，美國司法實務上肯定公開收購股權之行為，亦是影響證券市場上公司股價行情的重要因素之一[4]。誠如渣打銀行收購新竹商銀案，以下整理觀察新竹商銀（股票代號：2807）截至下市前，半年內的股價波動曲線，似乎不難嗅出其間或有特定人士可趁機進行內線交易的疑惑。

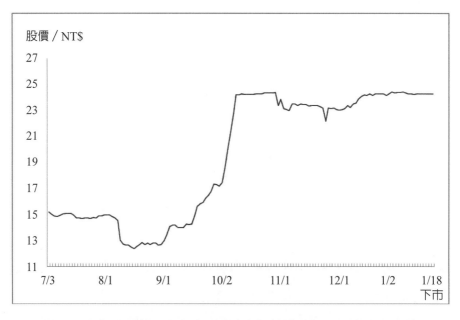

圖9-1　新竹商銀截至下市（2007年1月18日）前六個月的股價表現

資料來源：臺灣證券交易所，http:/www.tse.com.tw。

表9-3　新竹商銀下市前六個月的月平均收盤價

2006年07月（7/3～7/31）	14.91元
2006年08月（8/1～8/31）	13.21元
2006年09月（9/1～9/29）	15.58元
2006年10月（10/2～10/31）	23.78元
2006年11月（11/1～11/30）	23.23元
2006年12月（12/1～12/29）	24.05元
2007年01月（1/2～1/18）	24.31元

資料來源：臺灣證券交易所，http:/www.tse.com.tw。

　　就此，相關我國證券交易法第157條之1第4項之規定，在民國91年證券交易法部分條文修正與調整公開收購股權制度之同時，亦明文增訂凡涉及企業間公開收購股權之事宜，屬於重大影響公司股票價格之消息，期以藉此有效防範證券市場上內線交易的發生[5]。然，就公開收購股權而言，在實證分析上，的確是造成實質影響公司股價與市場上投資人投資決定的訊息之一，如前所述；惟問題是依證券交易法第157條之1第1項所規範的，其前提係針對該發行股票或其他有價證券之公司，為相關重大消息來源，禁止該公司內部人、準內部人或從其所獲悉消息受領人，在消息未公開前，不得買賣股票或其他有價證券之行為，因而稱為禁止內部人交易（insider trading），即一般所稱的內線交易，但如渣打銀行之公開收購新竹商銀？發生渣打銀行收購股權的消息與致生市場上被收購新竹商銀股價的影響層面觀之，其消息來源並非是被收購公司自己，而是屬公開收購人之外部訊息，即渣打銀行，非該發行股票公司新竹商銀的內部消息；換言之，如此是明顯不該當於證券交易法第157條之1第1項所明訂的構成要件。

　　職是之故，本報告的問題所在乃是現行證券交易法第157條之1是否得以有效防範公開收購股權時之「內線交易」行為？

參、公開收購股權與證券交易法第157條之1規定的檢討

一、觀察我國所師承的美國法制

證券交易法第157條之1的內線交易規定是民國77年證券交易法部分條文修正時，所增訂的條文之一。究其當時立法緣由，主管機關認為在促進證券市場上之公平交易與資訊公開的課題上，相關「本（證券交易）法對於股票發行公司內部人員參與公司股票買賣，僅第157條六個月內短線買賣利益歸入公司或如符合詐欺等要件同一般人交易負本法第20條及第171條民刑責任外，對於利用公司未經公開之重要消息買賣公司股票圖利，未明定列為禁止規定，對證券市場之健全發展，構成妨礙，並形成證券管理的一項漏失」，而指摘各國政府「對利用內部消息買賣公司股票圖利之禁止，已成為世界性之趨勢，美、英、澳、加拿大、菲律賓、新加坡……等國均在其公司法或證券法規明定不得為之，違反者須負民、刑責任」，乃參照美國法例，對於公司內部人獲悉公司有重大影響其股票價格之消息時，在該消息未公開前，明文禁止買賣該公司之股票[6]。然，「內線交易」是否應為法律所禁止？此問題，就內線交易所呈現的社會價值判斷，眾所周知的，在學理上一向有爭議，至今並無定見，惟令人矚目的是美國財務學上的發展—就企業資訊揭露與效率市場的股價關係，所提出的各種假說與理論，其中為一般人所接受的是「有效率的市場假說（Efficient Market Hypothesis）」，作為支撐法院應禁止如此內部人交易的有力主張。

（一）財務學上的效率市場假說與內線交易之禁止

簡單而言，若依財務理論，分析企業所揭露的資訊與預測公司股價間之關係，在模型的設定上，即相關證券市場上所有可能影響股價漲跌

的企業資訊取得，如果都能即時的、且完全的，反應在該公司股價上的
漲跌，稱此為有效率的證券市場[7]。

　　基於如此假設前提，美國財經學者Fama更將影響股價之訊息與效
率市場間的股價形成機制分類，定義如下三個程度不同的效率市場：
(1)弱式的效率市場，在此市場的證券價格，僅立即且完全反映於所有
的歷史資訊；(2)半強式的效率市場，在此市場的證券價格，係立即且
完全反映於所有已公開的資訊；(3)強式的效率市場，在此市場的證券
價格，乃立即且完全反映於所有已公開及尚未公開的資訊[8]。因此，在
財務學上的理論，分析企業揭露資訊與有效率市場股價關係之模型，吾
人則可做如下演繹的結論：一是在弱式的效率市場中，由於股價已立
即、且完全反映企業所有的歷史資訊，因此根據上述利用過去公司股價
漲跌之資料，即使是在市場上流行的技術分析技術，理應已無超額報酬
之可能。所以，在理論上藉由技術分析的投資策略，在Fama所定義的
「弱式」效率市場中，將無用武之地。二是在半強式的效率市場中，因
為所有股價已立即、且完全反應於企業所有公開的資訊，任何足以影響
公司股價的市場資訊，均已公開，除非是握有未公開資訊的人，可在市
場上獲利，否則利用正統學院派的財務報表分析等方法，即基礎分析，
亦因股價已反應於所有的公開資訊，而隨之失效。三是強式的效率市
場，如此的效率市場是連尚未公開的企業資訊，股價都可反映在市場上
之謂；惟如此強式效率市場，同時亦意味著無任何人可獲得任何的超額
報酬。雖這是烏托邦的理想境界，但主張效率市場假說之人認為我們仍
往這個目標追求[9]。

　　一般人認為美國的證券市場是個效率市場，且程度上已屬弱式
的，並接近半強式的效率市場；易言之，理論上即是在美國市場上的
投資人，皆可透過公開的財務報表，分析企業並評估證券市場上的股
價。當然，就此而言，假設擁有公司尚未公開資訊的人，在理論上將有
所謂的超額報酬之可能，而可藉機獲取大量「不當」利益，這正是典型

的資訊不對稱（asymmetric information）理論，所衍生內線交易的爭議行為[10]。職是，就上述財務學上的效率市場假說，吾人不難理解為何美國司法實務上之所以肯定「內線交易」是一種證券詐欺的行為；質言之，基於如此財務學上的理論基礎，認為在一個有效率的資本市場前提下，企業資訊既然是影響市場價格的決定性因素之一，為維護一個公平而對等的市場交易秩序，以提供市場上投資人的證券投資判斷，法律強制企業應公開資訊，且於公開前，禁止知悉者買賣股票之義務，此即所謂的「公開，否則戒絕交易（disclose or abstain）」原則。一個有效率的證券市場，唯有貫徹如此資訊揭露之義務，始符合美國1933年證券法（Securities Act）及1934年證券交易法（Securities Exchange Act）的立法精神[11]。

（二）內線交易等同於證券詐欺的美國實務見解

類似我國證券交易法第157條之1第1項獲悉發行公司股票有重大影響其股價消息，尚未公開前，相關公司內部人員不得買賣公司股票的內線交易規定，而美國上述1933年證券法與1934年證券交易法並無特別明文之規範，但問題是美國法制如何有效規範內線交易之深具爭議性的行為？這答案，正如民國77年我國證券交易法部分條文修正時，所增訂第157條之1的立法說帖—（四）禁止利用內部消息，買賣公司股票圖利的報告，謂第157條之1係參照美國1934年證券交易法第10條（b項）規則5判例等等，即美國司法實務依1934年證券交易法第10條b項與主管機關所頒布的規則10b-5及其他，所累積相當可觀的證券詐欺判決[12]；易言之，就此如國內學者所指摘的「美國禁止內線交易法秩序的演進過程中，這些成文法律並非關鍵的因素，真正的推手係仰賴一系列司法判決的法律闡釋及法規命令，『公開揭露或戒絕交易』原則即為其中的智慧結晶之一。」[13]

當然，如以美國代表性的司法判決觀之，其實國人並不陌生，一是1968年SEC v. Texas Gulf Sulplur案，針對Texas Gult Sulplur公司的董事等人，在公司尚未公開「已發見礦脈並開採成功」之訊息前，逕行購買公司股票的行爲是否違反主管機關所頒布的Rule 10b-5？美國聯邦巡迴法院不僅認爲該公司的董事等，因其職位，相對於證券市場的一般投資人，有取得企業內部資訊的機會，而在該影響公司股價的重大訊息，尚未對外公開前，購買股票的行爲是不公平的，尤其是該董事等人，與公司間存有信賴關係（fiduciary duties，有稱爲忠實義務，亦有稱爲受託人義務），判定如此之內部人買賣股票，無啻是一種詐欺，該當於1934年證券交易法第10條b項所禁止之證券詐欺行爲[14]。二是1983年的Dirks v. SEC案，其爭議在於非屬公司的內部人，且與公司間亦無契約關係存在之第三人，但因從該公司所外聘的專業人員口中，得知影響公司股價的調查結果，於公司公布調查結果前，事先變賣該公司股票之行爲，是否爲法所不許？即該消息受領的第三人，是否該當於禁止事前買賣股票之「內部人」範圍？則應視提供消息來源之人，是否違反上述的信賴義務而定；申言之，美國聯邦最高法院認爲如係從負有信賴義務人處，所獲悉訊息的第三人，則不宜在該訊息公開前，買賣有價證券，而謂如此受領訊息第三人，亦應戒慎證券交易，受制於效率市場上資訊不平等與禁止內線交易之規範，此乃本案司法見解的核心所在[15]。三是1997年的O'Hagan事件，當時是由D&W法律事務所之代理公開收購，而合夥人O'Hagan卻於是時大量買賣預定被收購公司的股票與認股權證，從中獲益之爭議，美國聯邦最高法院認爲該行爲是僞裝忠實、假借公開收購的機會，成就自己的私欲，進而判定如此行爲，與違反證券市場秩序的詐欺行爲無異。因此，最高法院肯定公司外部訊息之不正流用理論（misappropriation theory，國人亦有譯爲私取理論）所主張的，第三人是利用未公開的企業訊息，買賣有價證券之行爲，如有違反訊息來源的信賴關係，亦將是構成公開收購時所禁止的內容之一，以扼止企業資訊之不

正流用，確保證券市場之公平交易，而擴大內線交易的適用範圍及於發行股票公司之外部人[16]。

（三）美國法上利用外部訊息買賣證券的詐欺行為

從上述的O'Hagan事件，即相關企業併購影響股價的重大訊息，其訊息係源自於被併購公司之外的公開收購公司；當然，利用公司外部的消息，論者亦指摘比方是稅率負擔的調整、市場利率的升降、經貿法令政策鬆綁與否等等，所涉及政府重大行政措施，乃至於法院的司法裁判等，均足以影響投資人信心之外部訊息，或對證券市場上買賣股票的供給與需求，亦產生重大影響者，是否納入為內線交易所規範的對象？亦即獲悉消息者，應公開，否則禁止買賣（disclose or abtain）原則之適用？其實，爭議性蠻大[17]。惟如本稿前言所述的，在證券市場上公開收購股權與內線交易之疑雲中，美國聯邦最高法院於1997年O'Hagan事件判決之前，即承審的第八巡迴法院對於市場資訊之不正流用與內線交易的證券詐欺行為，持否定的見解，且在本案前，為人所熟知的是1980年Chiarella事件，否定利用外部資訊等同於內線交易之見解，而該案的最高法院判決是美國證券交易法制史上一個著名的案例。

Chiarella v. United States事件
相關Chiarella事件的事實概要係印刷廠職員，因承攬印刷公司間公開收購的相關書類，從中知悉相關企業併購的訊息，但在該訊息未公開前，則先行購買預定所被收購公司的股票，從而獲利之如此行為是否應該接受內線交易之規範？就此爭議，美國聯邦最高法院的最後決定是認該印刷廠職員，並無該當內線交易之行為，因縱使是得將視其為收購公司的內部人，但該職員與被收購公司間，並無存在任何信賴關係，亦即該職員買賣預定被收購公司所發行之有價證券，無構成內線交易之謂[18]。

然，雖在Chiarella事件的美國聯邦最高法院是否定利用公司外部訊息該當於不法內線交易之型態，但該本案的承審Burger法官則認為如此

爭議的證券交易行為，若屬非法手段取得之企業資訊，而其於應公開而未公開時，利用此訊息，買賣有價證券之當事人，雖無必然違反信賴關係，但如此行為實為資訊不正使用的態樣之一，似乎亦應視為一種證券詐欺之行為。因此，公開收購的企業資訊與內線交易爭議中，在Chiarella案Burger法官是少數派意見，但是相對有力的；易言之，對於被收購公司股價有重大影響，雖非源自於被收購公司之內部訊息，如此的企業併購決定乃實質關係到證券市場上被收購公司股價的市場資訊，相關行為人若為買賣有價證券，違反自己所應為之義務者，縱屬公司的外部資訊，亦予以繩之以法，此即1997年O'Hagan事件判決中，被肯定的外部消息不正流用之內線交易基礎，作為日後美國法上證券詐欺的理論之一[19]。至於主管機關之美國證管會部分，亦基於上述Chiarella案Burger法官所陳述的見解，同時頒布Rule14e-3規定，明訂相關進行公開收購程序時，從收購公司獲悉相關收購公司以外重要的但未公開的訊息之人，不論是否違反信賴義務，不得買賣被收購公司股票[20]。

雖然在O'Hagan事件，最後美國聯邦最高法院肯定企業併購程序之資訊不正流用理論，作為判定公司外部的特定人，該當於內線交易之依據，但爭議不斷；當然，論判決基礎的關鍵核心，乃1934年證券交易法第10條第b項「任何人不得直接或間接利用州際商務工具或郵件或全國性證券交易所之設備，以操縱、詐欺之方法，違反證管會為維護公共利益或保護投資人之必要，所制訂之規則，買賣上市或非上市之證券」，即一般所謂證券詐欺行為的定律—資訊應公開，否則應戒絕買賣有價證券（disclose or abtain）[21]。

（四）證券詐欺與外部訊息不正流用的「私取」理論

如此影響股票價格或投資人投資決定的「外部」重大消息，是否衍生類似內線交易—因資訊不對稱，所產生證券市場上不公平的現象？關

鍵在於不正流用外部訊息的「私取」行為，此乃是美國判例法下擴張解釋證券詐欺之內部人交易理論，例外適用於外部人不正流用市場資訊，買賣公司股票圖利之行為；申言之，如論者所指摘內線消息之來源，非屬公司所有，而係由市場所產生的情報，傳統內部人交易理論均未能對利用該「市場資訊」（market information）之內線交易行為者，提供任何反制之道。以公開收購股權為例，公開收購公司對被收購公司或其股東，並無忠實義務可言，因而相關收購公司之內部人、準內部人或消息受領人，原則上無所謂「公開，否則戒絕交易」之適用，利用將影響被公開收購公司股價且未公開之訊息，買賣被收購公司股票者，非法所不許；然，美國證券管理委員會（SEC）有鑑於利用公開收購股權訊息與謀取市場上不當之利益是不公平的，因而為填補此一法律漏洞，遂依「平等取得資訊理論」制定Rule 14e-3，明定除公開收購人，「任何人」持有相關公開收購股權要約之市場資訊，亦皆負有「公開，否則戒絕交易」的義務，日後輔以發展訊息不正流用的「私取」理論，作為證券管理上的因應。因此，在「私取」理論的射程範圍內，任何人對影響股價的市場消息之來源，若負有「公開，否則戒絕交易」的義務者，在未取得消息來源之同意前，主張不得擅自使用該消息進場獲利，否則即違反Rule 10b-5規定。惟就此論點，終在1997年的US v. O'Hagan一案，獲得聯邦最高法院的支持，始成為規範內線交易行為的依據之一，以彌補過去傳統理論所造成之漏洞[22]。

在美國1934年證券交易法第10條b項的禁止證券詐欺規範下，依證管會規則14e-3的公開收購訊息，任何人如獲悉如此影響股票價格或影響投資人重大決定之尚未公開的公司外部訊息，不得買賣該公司之股票，否則屬於私自不正使用這「內線」消息，而寓有該當於證券詐欺行為之餘地。然，相對於最高聯邦法院肯定不正流用外部訊息之私取理論，少數派的不同意見法官認為的確有再檢討的必要；其中最重要的是規範內線交易與行為人不法的判斷核心，在於負有信賴關係（fiduciary relationship）的內部人士，藉由資訊不對稱之優越地位，所進行之不法圖利行為，視為對公司、對投資人詐欺的司法態度，但在O'Hagan判決理由中，則明指不正流用外部資訊，買賣有價證券圖利的「私取」行為是對消息來源的欺騙，即違背上述的信賴關係，而對投資人則否，因行為人在法律上並無所謂「公開，否則戒慎交易（disclose or abstain）」的義務，有異於規範傳統內部人交易之處，惟如此亦應該當於1934年證券交易法第10條b項的證券詐欺行為。針對如此結論，Thomas法官則認為資訊不正流用的私取理論，無法提供一個該當於構成10b-5證券詐欺的合理解釋，而追究其責任的基礎，並反問其判決邏輯，認為行為人如事前告知收購公司而取得其同意，買賣被收購公司股票的行為，則似無違反信賴關係？認為本案自我侷限在行為人與信賴關係之違反；其實，利用公開收購尚未揭露的資訊，買賣有價證券，不問是否已取得消息來源公司的同意或未同意，私自利用未公開的訊息，兩者對市場上證券價格的影響是相同的，祇不過此判決的理由，似乎無說服力[23]。

二、禁止內部人利用公司內部消息買賣證券圖利之立法與擴張

（一）規範內線交易是證券交易法第20條？還是第157條之1？

就我國法而言，該當於美國1934年證券交易法第10條第b項的證券詐欺規定是證券交易法第20條。在民國57年當時所頒布的證券交易法，雖其立法理由並無清楚陳述[24]，但一般均認為第20條之反詐欺規定（anti-fraud provision），尤其是第1項所明文「募集、發行、私募或買賣有價證券者，不得有虛偽、詐欺或其他足致他人誤信之行為」，係脫胎於美國1934年證券交易法第10條第b項，甚至是美國證管會依法授權所頒布的規定10b-5之謂[25]。

惟問題在於美國1934年證券交易法第10條第b項之於規範內線交易的不法行為，其效果是眾所矚目而成績斐然的，但在臺灣？我國證券交

易法第20條之規定，是否可適用於如此相關利用公司內部消息，不法買賣證券之爭議？例如早期的代表性見解，認為「依第20條之規定，其禁止之行為係『虛偽、詐欺或其他足致他人誤信之行為』，因此本問題之癥結似在於利用公司內部消息買賣股票，是否屬『虛偽、詐欺或其他足致他人誤信之行為』？實務上尚無案例可稽，（但在）解釋上，如有積極行為詐騙投資人者，（則）可能構成本條責任。例如公司董事明知公司業績奇差，但為求高價出售其持有之股票，不惜以口頭或書面（財務報表）表示公司財務狀況絕佳，欺罔投資人買受其股票，此時有可能有本條（詐欺買賣）之適用。惟如僅消極不透露公司財務狀況，而在公司財務報表公開前，悄悄將股票出售者，依本條文字嚴格解釋，似尚無責任可言。除非該董事依規定有將消息告知買賣相對人之義務，否則依其他法律（如民法）亦無任何責任可言」；易言之，論者指摘我國證券交易法第20條所禁止的證券詐欺行為，似以被告之積極作為，詐欺投資人，因而對於證券市場上「內線交易」之買賣股票情形，依我國規定是否可適用？則持質疑的態度[26]。的確，就此反詐欺規定在我國證券交易法第20條的立法設計，除第3項因違法第1項而對於該有價證券之善意取得人或出賣人之民事賠償責任外，最重的配套措施是證券交易法第171條的刑事制裁；然，在罪刑法定主義的前提下，一是承上所指摘的，「利用公司內部消息買賣股票（，）是否該當於虛偽、詐欺或其他足致他人誤信之行為」，即第20條所明文的構成要件？將不法的內線交易視為證券詐欺行為，科予刑責，繩之以法。二是觀以證券交易法第20條文義，其模糊的構成要件，是否該當於證券「詐欺」？

個人認為以上爭議，乃源於證券交易法的本質是主管機關對於證券市場管理之必要，所建構的一部法典，但同時又賦予發動國家刑罰權的雙重法制設計，在體例上形成所謂特別刑法之位階（證券交易法第171條）；惟第20條第1項，所謂「虛偽、詐欺或其他足致他人誤信之行為」的概括性條款，在行政管理上是有助於主管機關，取締爾後證券市

場上所有「致人誤信」的不法行為，以免掛一漏萬之效，但在法律的其他規範上？尤其是追究刑事責任部分，如此的概括規定恐是造成法條上的構成要件，與罪刑法定主義的衝突原因之一，而遲遲無法實現國家刑罰權之於證券詐欺行為的期待。

觀察我國證券交易法第20條的反詐欺條款，其形式雖有如美國1934年證券交易法第10條第b項之外觀，但實質則無美國1934年證券交易法第10條第b項與規則10b-5的效果存在，亦即未能有效規範諸如人為炒作股票、內線交易等，被泛稱為證券詐欺之行為；因此，在我國的立法政策上，相關上述的不法行為規範，除證券交易法第20條第1項「反詐欺條款」外，亦特別明文為維護市場機制的人為市場操縱行為規定與為維護市場參與公平原則之內部人交易制度。前者，即禁止人為炒作股票，為確保證券市場的基本機能，法律明文禁止任何人運用各種人為的方式，製造變動價格市場之非合理原因，扭曲自由市場價格形成機制之行為，例如證券交易法第155條規定外，而相對於後者，即內部人交易之疑惑，正如民國57年證券交易法立法當時的證管會主任委員，於立法院所報告的「第152條（即現行法第157條）之基本精神，在規定對發行公司之經營有影響這一類人，如董事、監察人、經理人及所謂大股東，……（為）防止這類人利用其對公司有控制權而投機取巧」之謂[27]，為保障投資大眾與市場紀律，應嚴格禁止內部人利用公司內部資訊而不法圖利之行為，特別明訂證券交易法第157條之禁止內部人短線交易與證券交易法第157條之1禁止內部人利用未公開消息而買賣股票的規定等等，以確保我國證券市場的交易秩序。質言之，在我國實定法規範內線交易之規定，與其說是證券交易法第20條的反詐欺條款，不如說是證券交易法第157條之1的禁止內部人交易規定，較為適切，這點與美國法制的模式，所呈現是確有明顯之差異[28]。

（二）英商渣打銀行公開收購新竹商銀股權的外部訊息

當然，在本文前言處所論述的內線交易疑雲是新竹商銀的法人董事代表，利用渣打銀行公開收購新竹商銀之尚未公開訊息，事前低價購買而適時高價拋售的行為。惟此案巧合之處是2006年9月29日，當日渣打銀行對外公告收購新竹商銀股權（證券交易法第43條之1第2項），並依規定通知被收購公司（公開收購公開發行公司有價證券管理辦法第9條），而於同日，新竹商銀亦依規定揭露上市公司當日重大訊息－謂依被收購公司於9月29日所召開的董事會，表示經全體出席董事「無異議」同意通過，並就渣打銀行之公開收購案與對被收購公司股東之具體建議[29]，認為公開收購人擬以每股新臺幣24.5元的收購價格，較該公司截至9月29日止之收盤價18.65元，高約31.37%，如另依該公司至6月30日止經會計師查核簽證之財務報告，此收購價格則為該公司每股淨值之2.3倍，因而積極建議各股東詳閱本次的公開收購公告及公開收購說明書，以決定是否應賣（同管理辦法第14條）。其實，上揭9月29日新竹商銀的當日重大訊息揭露，並非本案公開收購股權的消息來源，誠如該公司的訊息發布主旨所述，乃新竹商銀為因應接獲渣打銀行向主管機關申報公告，同時送達的公開收購「通知」（同管理辦法第9條第3項），被收購公司依規定應於七日內，就一定事項予以公告之「相關事宜說明」（同辦法第14條第1項）[30]。因此，影響被收購公司股價的訊息，不是被收購公司所依規定的「相關事宜說明」；易言之，這形式上雖亦是被收購公司的公開義務之一，但究其公告事項內容本質，僅屬於被收購公司之因應，讓股東知悉公司態度而已。

誠如前所指摘的，由於本案時間點的巧合，即是公開收購公司渣打銀行之公告申報與被收購公司新竹商銀之公告申報的公開動作都是9月29日同一天，其實被收購的新竹商銀於29日起的七日內，公告即可，而且新竹商銀對渣打銀行公開收購股權的相關事項說明中，積極建議股東

應詳閱公開收購人渣打銀行之公開收購公告及公開收購說明書，以決定是否應賣等語，充分顯示出本案是在友好的併購氣氛下，預期完成此次的公開收購股權計畫。然，正是如此友善的「主觀」條件，所謂「有重大影響其股票價格之消息」，往往不是形式上依規定向主管機關申報並公告之時點，始發生如此重要的訊息，例如是被收購公司之「相關事宜說明」，甚至是公開收購公司之公告申報；尤其是公開收購股權之企業併購，乃收購公司直接與股東收購股權之行為，重點在於公開收購人全盤評估收購被收購公司「股東」之持股可行性後，所做成的收購決策，於理論上，此乃重要的關鍵所在。職是之故，在市場外公開收購股權行為，實與被收購公司本身無必然的絕對關係，但之所以影響被收購公司的股票價格，乃由於市場外收購股東持股之行為，勢必影響集中或店頭交易市場的股價，因市場內外股價的差距，將是驅使市場上應買與市場外應賣的實際誘因；進而言之，握有公開收購人企業決策訊息的人士，比方是公開收購公司的內部人士等，利用未公開但深具影響被收購公司股價之外部訊息，買賣股票者，這正是美國1997年O'Hagan事件之所以擴大內線交易解釋，該當於證券詐欺之緣由所在。理所當然耳，被公開收購公司內部人士或因此取得重大影響股價「外部」消息之人，在禁止買賣否則公開（disclose or abstain）的原則下，擴張解釋該特定人的利用未公開「外部」消息買賣股票之不正行為是一種證券詐欺，亦不意外。

相較於此，依我國證券主管機關基於證券交易法第43條之1第4項的授權，所頒布的公開收購公開發行公司有價證券管理辦法第13條，明文「公開收購決定之日起至申報及公告日前，因職務或其他事由知悉與該次公開收購相關之消息者，均應謹守秘密」之義務，但如此保密義務，是否得以擴大解釋為禁止買賣之義務？原則上，其在法律上並非等同於明文禁止上述人士在公開收購訊息未公開前，買賣被收購公司股票。再者，依我國規定禁止買賣被收購公司股票者，僅於證券交易法第43條之

3第1項規定公開收購期間，公開收購人及其關係人不得購買之限制，如此實與美國判例法上公開收購股權外部訊息之不正流用理論，所規範的內容，確有不同。

（三）證券交易法第157條之1實定法的構成要件

有鑑於證券交易法第157條之1的立法例是參酌美國法制，因而國內部分學者亦多援引美國法上的司法實務，論述內線交易之犯罪，即內線交易等同於證券「詐欺行為」模式的詮釋，介紹美國法務經驗過程，如何有效規範內部人利用尚未公開的訊息，買賣股票之圖利行為，以消弭證券市場上內線交易之不法行徑，如此法釋義學的努力，值得肯定。惟在本報告上述簡單的分析，使人不難理解到我國現行法上的內線交易規範，其主要條文與其說是類似於美國1934年證券交易法第10條第b項的證券交易法第20條，不如說是證券交易法第157條之1的規定，但相關渣打銀行公開收購案的內線交易嫌疑，係新竹商銀法人董事代表利用渣打銀行之決定公開收購新竹商銀訊息，買賣新竹商銀股票獲得不法利益所引發的爭議；當然，在此案與證券交易法第157條之1第一項「下列各款之人，獲悉發行股票公司有重大影響其股票價格之消息」，是否限制於公司相關人士對於利用該公司未經公開的重要「內部」消息，即民國77年增訂證券交易法第157條之1的立法原旨，禁止買賣股票之目的性解釋？一直是存有爭議的[31]。

雖民國77年的立法說明是公司內部人利用未公開之如此「內部」訊息，買賣公司股票是違法的，但證券交易法第157條之1第4項（現行法第5項）亦明文定義第一項所稱有重大影響其股票價格之消息，指「涉及公司之財務、業務或該證券之市場供求，對其股票價格有重大影響，或對正常投資人之投資決定有重要影響之消息」，將原本利用公司財務、業務等內部消息，尚未對外揭露之資訊不對稱狀況，範圍擴張至「該證券之市場供求」，亦即凡對公司股票價格或對投資人之投資決定

有重大影響的消息，均屬之。惟論者認為如此消息是否在第157條之1第4項（現行法第5項）之範圍，應視其所可能帶來影響，不僅不問該項消息是否來自公司內部，甚至不問消息所涉事項該公司是否有決定權，如先前所述，行政主管機關對個案核定權、法院裁判，乃至於是否課徵證券交易所得稅等政策，進而影響到公司股票價格之外來訊息，宜肯定為內線交易的消息[32]；就此，在我國立法上，雖民國94年第二次證券交易法部分條文修正草案，增訂第157條之1第4項（現行法第5項）後段「其範圍及公開方式等相關事項之辦法，由主管機關定之」，認為「……將內線交易重大消息明確化，……授權主管機關訂定重大消息之範圍。另考量『罪刑法定原則』，……以符合『法律安定性』以及『預見可能性』之要求。另有關『公共政策』如已涉及市場供求，且對股票價格有重大影響或對正當投資人之投資決策有重要影響者，應已符合本項重大消息之法定構成要件，亦有禁止內線交易之適用」[33]，但依現行證券交易法第157條之1第5項及第6項重大消息範圍及其公開方式管理辦法第3條如下所規定，似無具體明確之相關公共政策與符合禁止內線交易之「重大消息」，可資遵循。

證券交易法第157條之1第5項及第6項重大消息範圍及其公開方式管理辦法（第3條）
本法第一百五十七條之一第四項所稱涉及該證券之市場供求，對其股票價格有重大影響，或對正當投資人之投資決定有重要影響之消息，指下列消息之一：
一、證券集中交易市場或證券商營業處所買賣之有價證券有被進行或停止公開收購者。
二、公司或其所從屬之控制公司股權有重大異動者。
三、在證券集中交易市場或證券商營業處所買賣之有價證券有標購、拍賣、重大違約交割、變更原有交易方法、停止買賣、限制買賣或終止買賣之情事或事由者。
四、其他涉及該證券之市場供求，對公司股票價格有重大影響，或對正當投資人之投資決定有重要影響者。

然，在本報告，個人則持較保守的見解，認為第157條之1第1項與

第4項（現行法第5項）的如此規定，從文義上解釋，擴張到市場訊息之內線交易，不僅已逾越利用公司內部消息，買賣股票圖利之原本模型，而且非源於公司內部，但有影響公司股價或投資人決定之外部訊息，利用如此未公開消息，買賣有價證券等圖利之行為人，恐無法藉由第157條之1的構成要件與第171條的現有刑責規定，有效規範之[34]。

再者，就法釋義學觀之，證券交易法第157條之1第4項（現行法第5項）的規定，何謂涉及公司財務業務之消息？何謂該證券市場供求之消息？在解釋上仍不夠具體而存有模糊的空間，承上所述，主管機關依證券交易法第157條之1第4項（現行法第5項）後段，頒布前揭「證券交易法第157條之1第5項及第6項重大消息範圍及其公開方式管理辦法」，針對上述第157條之1第4項（現行法第5項）的「涉及公司財務、業務」與「涉及證券之市場供求」，且對該公司股票價格有重大影響或對正當投資人之投資決定，有重要影響之「消息」，具體列舉之[35]。至於公開收購之影響股票價格與投資人決定的「重大性」？民國91年證券交易法部分條文修正時，謂「公開收購以高於市價之價格，向不特定人提出收購要約，對於該個股之價格及正當投資人之投資決定具有重大之影響力」，爰修正第157條之1第4項（現行法第5項），增訂公開收購為第1項所稱「有重大影響其股票價格之消息」，以防止內線交易[36]；理所當然的，相關公開收購股權行為，依上述管理辦法第10條規定，不僅將「進行或停止公開收購公開發行公司所發行之有價證券」，定為涉及公司財務、業務之重大影響股價或投資人投資決定的消息外，且亦於該辦法第3條明文「證券集中交易市場或證券商營業處所買賣之有價證券有被進行或停止公開收購」，係屬涉及該證券市場供求之重大消息，構成證券交易法第157條之1第1項的規範要件；因此，於公開發行股票公司尚未公開「公開收購」訊息之前，依規定內部人是禁止買賣公司的股票。惟如此增補式立法，是否妥適？個人存有若干的質疑：

1. 誰負有外部訊息的揭露義務？

　　相對於公司的內部消息，亦即致生重大影響股票價格消息之來源是發行公司本身，依法該公司負有對外揭露之義務，比方是前揭管理辦法所列舉的，公司因存款不足之退票、拒絕往來等等（如證券交易法施行細則第7條各款情事，對股東權益或證券價格有重大影響之消息），或公司辦理重大之募集、發行或招募有價證券、減資、合併等之投資計畫或前開事項有重大變更者等等，均屬之；因此，基於效率市場假設下的資訊不對稱，握有企業內部訊息的公司內部人，買賣公司股票，則應受制於「公開，否則戒絕交易（disclose or abstain）」之適用，如證券交易法第157條之1第1項所規定。但市場上的外部訊息？即非源於發行公司本身的訊息，公司是否負有公開之義務？恐有爭議；質言之，美國判例法上「公開，否則戒絕交易」原則之於我國證券交易法第157條之1的詮釋，面臨外部訊息與內線交易之疑惑，則明顯呈現法制上的扞格。

　　相關本案公開收購股權與資訊揭露的關係，如證券交易法第43條之1第2項所規定的，法律上義務人是公開收購人，即依法揭露收購資訊的是渣打銀行，所以法律上設有公開收購說明書等制度，而被公開收購人，即新竹商銀？則因屬被收購的對象，不僅非相關決定收購與否的資訊源，且渣打銀行收購股權的交易對象是股東，非新竹商銀公司本身；嚴格言之，證券交易法之所以無明文規定被公開收購人，任何法律上的公開義務，不難理解。當然，在本案的被公開收購人，新竹商銀依規定對外揭露的「相關事宜說明」，則是公開收購公開發行公司有價證券管理辦法的規定，乃被收購公司的態度說明，如先前所指摘，本質不同。

2. 證券交易法第157條之1與規範利用外部資訊的私取理論之違和

　　就美國法上O'Hagan判決的觀察，聯邦最高法院肯定外部訊息不正流用之「私取」理論，巧妙地將企業併購時利用尚未公布消息之證券交易，視為詐欺而適用1934年證券交易法第10條b項的規範，亦即將內線

交易的對象,擴張解釋至相關證券市場上私自取用資訊之不正使用人,課予罪責。惟我國證券交易法第157條之1的構成要件,是否得以作為承接不正流用外部訊息的「私取」理論與證券詐欺之平台?個人則持否定的見解,分析如下:

一是在立法政策上,我國證券交易法第20條與第157條之1的分別立法,就其法條之「不得有虛偽、詐欺或其他足致他人誤信」與「該公司董事等之人,獲悉……消息時,在該消息未公開……,不得對該公司之……有價證券,買入或賣出」的規範文義與屬性,明顯不同。

二是證券交易法第157條之1第4項(現行法第5項)定義「有重大影響其股票價格」之消息,雖依主管機關所頒布的證券交易法第157條之1第5項及第6項重大消息範圍及其公開方式管理辦法,明文包括「進行或停止公開收購公開發行公司所發行之有價證券者」(同管理辦法第2條第12款)與「證券集中交易市場或證券商營業處所買賣之有價證券有被進行或停止公開收購者」(同管理辦法第3條第1款),但前者是指公開收購公司內部所產生之自主性訊息,進行或停止公開收購他公司之行為,而後者是被收購公司因公開收購股權,所產生被動的,但對被收購公司股價有重大影響的外部訊息,如本報告所指摘,非源自於被收購公司內部的訊息,是否該當於我國法上的內線交易?不無疑義。

就以上而言,我國證券交易法第157條之1第1項所明文禁止的是公司董事等內部人、準內部人或從上述內部人處受領消息之人,在獲悉該公司有重大影響其股票價格之消息,且於消息尚未公開,禁止上述之人買賣股票的規定,與O'Hagan事件的消息受領人是從公開收購人處,獲悉此公開收購的訊息,趁機私下購買被公開收購公司之股票,所衍生出內線交易疑雲,不僅情節不同,而且資訊不正流用的私取理論是建構於證券詐欺的訴求元素之一,這在我國證券交易法第157條之1第1項的構成要件,與投資人私自不正流用資訊的「私取」理論是不該當、無法契合的[37]。質言之,個人認為現行證券交易法第157條之1的構成要件,與

第20條的反詐欺條款迥異，恐無法成為接納「私取」理論之於證券「詐欺」的平台。當然，如再就法制上消息公開的層面言之，公開收購股權的資訊揭露義務人是公開收購人，即證券交易法第43條之1第2項所規定的，如前指摘；至於前述被收購公司之消息公開與禁止內線交易間，形式上雖屬於證券交易法第157條之1第5項及第6項重大消息範圍及其公開方式管理辦法第3條的訊息，依規定應予揭露，但實質上？其不過是公開收購公開發行公司有價證券管理辦法第14條所明定，被收購公司應於收到公開收購訊息後七日內，「相關事宜說明」之公告，此在公開收購過程中，相較於公開收購人的資訊揭露，其僅屬於次要的訊息揭露位階，無法與證券交易法第157條之1所規範「公開，否則禁止買賣」的內線交易立法，相提並論。

肆、公開收購資訊之不正流用理論與重新思考我國證券交易法第157條之1規定

一、利用公開收購股權訊息與「內線交易」現行規範之不足－再看歐陸法系國家的立法因應

（一）日本證券交易法之反詐欺條款與內線交易規定

日本是典型的歐陸系國家，但在戰後美軍占領日本期間，美國影響日本法律制度，層面相當明顯。以日本證券交易法為例，現行法即是取得當時美軍總司部（GHQ）的首肯下，於昭和23（1948）年4月13日正式成立[38]；理所當然的，這部法典乃是以美國1933年證券法及1934年證券交易法為圭臬，重新建立日本戰後的證券市場[39]。因此，相關1934年證券交易法第10條b項，乃至於美國證管會規則10b-5的證券詐欺規定，亦是1948年日本證券交易法的重要規範之一。惟令人注意的是證券詐欺

規定的實質效果，比方日本證券交易法第157條亦規定「對於買賣有價證券、有價證券期貨指數、有價證券選擇權等交易，或進行外國市場的有價證券期貨交易，不得有下列各款之行為：（一）使用任何不正的方法、計畫或技巧。（二）對重要事實作不實陳述，或藉由省略重要事實，所造成的誤導，以獲取金錢或其他財產者。（三）利用虛偽的市場表象，以誘使他人買賣者」，這幾乎是美國證券交易法的翻版，但如此反證券詐欺條款（Anti-fraud Provision）之於內線交易行為的規範效果，始終掛零[40]。

然，上述這點倒與我國證券交易法第20條的規範效果類似，與當初學習美國法制的初衷，結果大異而不如預期。因此，日本政府在昭和63（1988）年證券交易法部分條文修正時，增訂第190條之1與第190條之2，明文禁止內線交易的規定；申言之，前者即現行法第166條，該規定的概要是「〔第一項〕下列各款之人，獲悉上市公司等重要事實訊息時，在訊息尚未公開前，不得買賣或其他有償受讓該公司股票等有價證券或衍生性商品。獲悉公司重要訊息之下列各款之人，如屬喪失下列各款身分後，未滿一年者，亦同。（一）該公司之董事、監察人、經理人或職員等，基於職務關係，所知悉者。（二）持有該公司表決權股數100分之3以上的股東，基於權利行使，所知悉者。（三）在法令上對該公司具有權限之人，基於權限行使，所知悉者。（四）與該公司有締結契約的關係之人，基於契約關係，所知悉者。（五）第二款的法人股東或前款之法人，其法人之董事、監事或經理人等，基於職務關係，所知悉者」……，「〔第三項〕從第一項各款之人，所獲悉該公司重要事實之訊息者，該受領訊息者如為法人，則法人之董事、監事或經理人，在訊息尚未公開前，不得買賣該公司股票等交易」，而後者即現行法第167條，該規定的概要是「〔第一項〕下列各款之人，獲悉公開收購人之相關進行（或停止）收購上市公司股權等重要決定訊息時，在訊息尚未公開前，不得買進（或賣出）被收購上市公司所發行之股票等有價證

券或衍生性商品。獲悉公開收購人進行（或停止）公開收購決定訊息之下列各款之人，如屬喪失下列各款身分後，未滿一年者，亦同。（一）該公開收購人之董事、監察人、經理人或職員等，基於職務關係，所知悉者。（二）持有該公開收購人表決權股數100分之3以上的股東，基於權利行使，所知悉者。（三）在法令上對該公開收購人具有權限之人，基於權限行使，所知悉者。（四）與該公開收購人有締結契約的關係之人，基於契約關係，所知悉者。（五）第二款或前款之法人，其法人之董事、監事或經理人等，基於職務關係，所知悉者」……，「〔第三項〕從上述第一項各款之人，所獲悉該公開收購人進行（或停止）公開收購決定之訊息者，該受領訊息者如為法人，則法人之董事、監事或經理人，在訊息尚未公開前，不得買進（或賣出）被公開收購公司之股票等有價證券。」

　　從日本上述的規定觀之，吾人不難發覺其規範內線交易法制的關鍵處，在於影響公司股票價格之重大消息，一是來自於公司內部，還是源自於公司外部的訊息？二是何謂重大消息？就公司內部訊息而言，日本法明訂公司依法負有揭露義務之消息，例如公司業務執行機關所決定之重要事實、公司發表重大的事實、與財務預測數值的偏離差異事實、關係企業從屬公司所決定的特殊重大事實及其他相關公司業務重大事實等，進而予以類型化、具體化規定之（日本證券交易法第166條第2項）；至於外部訊息？如此市場資訊，非源自於公司內部之相關重要事實者，公司本身並即無所謂法律上的公開義務，縱然是該消息具有影響股票價格之重大實力，例如政府的經濟政策、央行利率調整等官方訊息，乃至於世界整體局勢或個別環境所演變的事實，則一般認為如此的公司外部訊息，實非單純是證券交易法足以納入規範之對象[41]。惟針對公開收購股權與內線交易部分，日本法則例外明訂如此源於被收購公司的外部消息，相關公開收購公司的內部人士是否利用該公司依法揭露之訊息，事前買賣被收購公司股票而圖利之行為；易言之，如公司內部人

利用未公開的收購訊息，買賣被收購公司有價證券者，應予以禁止（日本證券交易法第167條）。

（二）外部資訊不正流用之「私取」規定與我國證券交易法第157條之1第1項的比較

　　諸如O'Hagan案的公開收購股權與重大影響公司股價之外部訊息關係，承上所述，日本證券交易法第167條亦明確規定獲悉公開收購人之相關收購股權訊息者，在未公開前，進行買賣被收購公司股票等有價證券之行為是禁止的；因而，就進行（或停止）公開收購股權之公開收購人（收購公司）的內部人、準內部人及從上獲悉消息之第三人，如有違反規定，買賣有價證券者，亦視為內線交易的一環，依法論處。惟如此利用公開收購股權之外部訊息，與美國判例法上視為內線交易之禁止「私取」規範，法律效果是一致的，但在我國呢？因證券交易法第157條之1第1項所規範的內線交易，即公司內部人、準內部人及上述消息受領之人，所獲悉該公司有重大影響其股票價格之消息，原則上是公司內部訊息，其適用自有侷限性。雖民國91年於證券交易法第157條之1第4項（現行法第5項），增訂所謂「公開收購」為重大消息的元素之一，併湊成為規範證券交易法第171條，形式上符合該當於「違反第157條之1」的刑事責任，但兩者間的構造是明顯差異的；申言之，在我國證券交易法第157條之1的立法模式上，屬於「本法對於股票發行公司內部人員……，對於利用公司未經公開之重要消息」，買賣公司股票圖利之內部訊息是應予非難的，而不同於利用被收購公司外部訊息之構成要件，因而例如O'Hagan案，甚至是渣打銀行收購新竹商銀案，相關收購公司之內部人、準內部人及其消息受領人，利用未公開之收購訊息，買賣被收購公司股票等有價證券之行為，是否該當於證券交易法第157條之1，即內線交易所標榜的「公開，否則戒絕交易（disclose or abstain）」原則之實踐，誠有疑問[42]。持平而論，類似O'Hagan或渣打銀行的公開收

購股權爭議，性質上應屬證券交易法第43條之1的議題。有鑑於公開收購人應向主管機關申報公告後，始得爲之的管理政策；然，就本報告的「內線」交易疑雲與利用公開收購訊息之規範，則屬於我國證券交易法第157條之1的延伸。

目前公開收購股權與內線交易疑惑的問題，不僅不同於證交法第43條之3公開收購股權期間，公開收購人及其關係人禁止買賣被公開收購公司股票等有價證券，且依現行證券管理的架構，似乎僅有公開收購公開發行公司有價證券管理辦法第13條，即「公開收購決定之日起至申報及公告日前，因職務或其他事由知悉與該次公開收購相關之消息者，均應謹守秘密」之規定，如有違反「謹守秘密」，依於證券交易法第178條第1項第9款，處以行政罰鍰。因此，就渣打銀行公開收購新竹商銀案中，如是渣打銀行的內部人於消息未公開前，買賣被收購公司新竹商銀股票者，證券交易法第157條之1的實質規範效果是空白的；至於本案所涉及被收購公司新竹商銀的法人董事代表，在消息未公開前，買賣被收購公司股票之行爲？形式上被收購的新竹商銀，依規定於接獲公開收購人渣打銀行的正式公開收購申報書後七日內，應公告被公開收購相關事宜（公開收購公開發行公司有價證券管理辦法第14條），該董事代表於「未公開前」之買賣股票行爲，似已該當於證券交易法第157條之1內線交易之構成要件，但究其實質內涵，早已變味走調[43]；申言之，一是重大影響被收購公司股價的訊息來源，非新竹商銀本身，而其關鍵是渣打銀行公開收購與否的企業決策，而新竹商銀僅屬被動配合，法令之相關事宜說明，即引發新竹商銀股價重大影響的，其實並非新竹商銀所回應揭露的訊息。二是訊息公開的時點，如屬上述收購管理辦法第14條所規範的，依規定新竹商銀應公開對渣打銀行收購該公司股權之相關事宜說明，該當於證券交易法第157條之1與重大消息公開管理辦法第3條，惟在本案，消息的成立時點似乎是渣打銀行公告申報公開收購新竹商銀之當日，即9月29日，乃新竹商銀亦於當日的董事會「經全體出席董事無

異議通過，並對於本公司股東建議……」之決議，對外公開被收購公司之相關事宜說明。

再者，如究證券交易法第43條之1所規範的渣打銀行，依規定申報公告之收購訊息與本案致生內線交易疑惑之時點，個人認為並非9月29日公開收購公司向主管機關申報公告，並向被收購公司副知的時間。當然，若依證券交易法第157條之1第5項及第6項重大消息範圍及其公開方式管理辦法第4條所明文「前二條所定消息之成立時點，為事實發生日、協議日、簽約日、付款日、委託日、成交日、過戶日、審計委員會或董事會決議日或其他足資確定之日，以日期在前者為準」的精神觀之，對照於渣打銀行的公開收購說明書，吾人不難發覺董事會正式決定公開收購新竹商銀股權的日期應是9月15日，不僅與渣打銀行公告申報公開收購的9月29日，明顯有違，且與9月29日（或7日內）的新竹商銀對收購股權相關事宜說明或該董事會之決議日，亦有所差異[44]。

二、損害賠償責任與不正流用外部訊息的私取行為

關於內線交易與對投資人之損害賠償問題，我國證券交易法第157條之1第2項（現行法第3項）明文「違反前項規定者，對於當日善意從事相反買賣之人……，負損害賠償責任；其情節重大者，法院得依善意從事相反買賣之人之請求，將賠償額提高至三倍」；惟就此，依民國77年證券交易法部分條文修正時，所增訂第157條之1的立法說明，並無特別交待其理由何在？僅在行政院版的修正草案總說明強調，「參照美國之法例，增訂第157條之1，明訂違反禁止規定者，除應對善意從事相反買賣之人負賠償責任，並於第175條增訂罰則，以保障投資人利益及維護證券市場之正常發展。」[45]然，針對我國法的如此規定，學者間輒存有質疑的聲音[46]；因此，本報告亦擬藉由利用外部訊息之「內線」交易疑雲為契機，再檢討我國現行法上的民事責任設計。

（一）受害人何在？

　　證券市場上的股票交易是依市場所形成之價格機能，讓買賣股票之雙方當事人成交，而內線交易不同於人爲炒作股票之緣故，乃正是其源自於市場資訊的不對稱，亦即在資訊與有效率市場的假設下，利用資訊公開的價格反應機制，尚未成形的先機，「適時」捷足買賣股票，圖利自己或他人的疑惑，而爲被社會質疑此乃不公平的交易行爲；因此，就內線交易言之，並無類似炒作股票，創造所謂人爲的市場供需關係，因無所謂人爲的交易價格，亦無所謂交易的受害人存在。如此事實，亦令人不難理解反對規範內線交易論者之主張。

　　惟從美國法的傳統理論，肯定內線交易之所以該當於證券詐欺行爲，除判例法的精神，彈性賦予聯邦法院適用法條，有效規範爭議性的行爲外，論者亦指陳禁止內線交易法理上的三大基礎，一是爲維護健全的、公平的證券市場，二是促進證券市場與資訊揭露的效率，三是確保公司內部訊息的「資產」，不被盜用[47]。至於對投資人的損害？有論者則認爲在尚未公開內部訊息之同一時期的投資人，因喪失資訊上的「先機」，反而在市場上進行相反買賣，其損害即是因此所遭致的不利益云云[48]。當然，在1988年美國國會通過的「內部人交易與證券詐欺法案（Insider Trading and Securities Fraud Enforcement Act of 1988）」，增訂1934年證券交易法第20A條「內部人交易對同一時期交易人責任（Liability to Contemporaneous Traders for Insider Trading）」的規定，第a項明文持有未公開、重要訊息之人，違反本法或證管會規則買賣有價證券者，對同一時期從事善意相反買賣之投資人，負損害賠償責任，而第b項第1款則限定上述的責任範圍，不得踰越違反法令之內部人交易所獲得的利益或所回避的損失額爲度[49]；惟相關1934年證券交易法第20A條之規定，論者則認爲其恐怕是象徵意義大於實質，亦即第20A條之所以賦予投資人請求損害賠償之立法，目的乃在於強化內部人交易與損害賠

償的宣示意義，期以提升禁止內線交易法制的宣傳效果而已[50]。相較於日本證券交易法部分，則無特別明文規定內部人違反證券交易法第166條或第167條「公開，否則禁止交易」規定，相關損害賠償額的計算方式；就此而言，相關內線交易之受害人，原則上得依侵權行為之法理，向內部人的不法行為請求損害賠償的責任[51]。

（二）追繳不法利益的民事懲罰金與課徵金制度

然，就美國法上之於內線交易的損害賠償制度，其特色與其說是在1934年證券交易法第20A條的上述規定，不如說是在第21A條的民事懲罰金（Civil Penalties for Insider Trading）制度。1984年美國國會通過內部人交易制裁法案（Insider Trading Sanction Act of 1984），增訂1934年證券交易法第21A條，賦予證管會得依本規定向法院提起民事懲罰金訴訟，亦即證管會得對持有未公開、重要訊息之人，違反本法或證管會規則買賣有價證券者，在其所獲得利益或所回避損失額度之3倍範圍內，請求法院處以民事懲罰金[52]；當然，如此三倍懲罰金的給付對象，不是原告證管會，亦不是投資人，而是繳交國庫。論者認為主管機關訴請法院之民事懲罰金，其性質上不但非屬刑事上的罰金，且亦與行政上的罰鍰不同，而屬於美國法上的獨特制度之一，由行政機關向法院請求裁判定之[53]。從1934年證券交易法第21A條的規定觀之，吾人不難理解此制度之目的，其創設不在於彌補投資人之損害賠償，而是懲處，在民事上應不容許違法者，享有內線交易的不法利得，因而明訂三倍的懲罰性制度，以儆效尤；惟如此規定，與我國證券交易法第157條之1第2項（現行法第3項）的損害賠償，大異其趣。至於為鼓勵知情人士提供不法內線交易訊息之誘因，美國1934年證券交易法第21A條(e)項亦特別明定在課徵內部人繳交國庫的民事懲罰金，允許提撥額度10%之範圍，作為獎賞其行為。

相對於美國1934年證券交易法第21A條之民事懲罰金（civil penalty）制度，日本證券交易法第175條亦有所謂的課徵金（surcharge）制度，對該當於證交法第166條或第167條規定之內線交易行為，明文賦予內閣總理命行為人，向國庫繳付課徵金的制度。惟針對行政機關之課徵金制度，一般認為其除賦予國家，依法律規定得於財政上課徵國民特定的金錢負擔外，亦有主管機關得行使課徵金之權限，例如獨占禁止法（相當於我國的公平交易法）第7條之2明定「公平交易委員會對事業之課徵金制度」等，即屬之。然，就獨占禁止法上的課徵金制度為例，其係針對特定違反規定的行為，公平交易委員會對於該參與行為之業者，得就其違法獲取之不當所得，課予一定的金額，命其繳納國庫之一種行政措施；因此，論者亦有謂如此課徵金的設計與法律效果，係等同於嚴禁事業者因違反法令，獲取不當之利益，且依法命該違法業者應納付一定的課徵金，其目的乃在於使業者無法保有該違法所得之利益，藉以維持社會上的公平正義，並發揮法律抑制違法行為之效[54]。職是之故，論證券交易法的課徵金制度，主管機關金融廳亦強調……，證券法制之目的乃在於讓市場上所有的投資人，得以安心買賣有價證券，而認為此課徵金制度，有時是一種必要的手段，尤其是基於政府為強化證券交易法之於維護市場秩序的實效性，針對證券市場違反法律所明文禁止的，例如內部人交易、操縱市場等，備受社會非難之行為，乃至於企業揭露虛偽不實的資訊，誤導投資人之情事者，例如有價證券申報書及有價證券報告書等，實有必要別於現行法之刑事責任規定，特別賦予主管機關經一定的「審判」程序，得對上述違反規定之行為人，創設命其支付課徵金之行政新制[55]。

關於追繳內線交易之不法利益，美國法與日本法的制度，形殊而質同。依歐陸法系的觀點，日本法上的課徵金制度係不同於行政刑罰之刑責概念，而較近於行政秩序罰，例如主管機關處以罰鍰的行政制裁設計，惟兩者間亦有所差異；析言之，重要關鍵在於行政機關對於違反法律之行為事實，如何判斷是否該當於應命其納付課徵金之構成要件？關

於此，就日本證券交易法上的課徵金，在制度雖採類似於行政處分形式上的立法，但其實質上則經過類似司法裁判之一種「行政審判」程序，由三名「審判官」所組成，於證券交易監視委員會所指摘的事實與被審人的答辯間，進行「審判」，合議作成該決定書，再經報金融廳長官，依內閣總理名義命令納付課徵金[56]。

（三）證券交易法第157條之1第2項（現行法第3項）立法之檢討

證券交易法第157條之1第2項（現行法第3項）「違反第一項或前項規定者，對於當日善意從事相反買賣之人買入或賣出該證券之價格，與消息公開後十個營業日收盤平均價格之差額，負損害賠償責任；其情節重大者，法院得依善意從事相反買賣之人之請求，將賠償額提高至三倍；其情節輕微者，法院得減輕賠償金額」，一般稱為懲罰性損害賠償，究其設計，論者認為內部人違反禁止於消息未公開前，買賣股票等行為情節重大者，得將賠償額提高至三倍之立法，以收嚇阻內線交易之故[57]；惟就此制度，個人認為或有再商榷之餘地：

1. 錯置的懲罰性損害賠償：關於懲罰性損害賠償制度，一般認為乃英美法制史上的產物之一[58]；就此言之，論者有謂其雖於目的上或有填補損害、嚇阻不法行為、報復懲罰等諸多功能，為一般英美法學者所支撐的立論，然究其「準刑事罰」之本質，為我國民法學者所指摘：如此的懲罰性賠償金，其核心則在於報復加害人與懲罰加害人的基礎上，漸次形成英美判例法的一部分[59]。職是，從英美法上的懲罰性賠償金制度，觀察美國1934年證券交易法第21A條之規定，不難發現：一是1934年法第21A條的懲罰性賠償對象，非投資人，而是繳交國庫；亦即，如此賠償金制度的性質，的確非屬歐陸法系的損害賠償概念，稱其為「準刑事罰」，有其道理，如依我國法律上的認識，在程度上有該當於「行政罰鍰」或「刑事罰金」之處。二是1934年法第21A條的懲罰性賠償金制度，其懲罰的對象是對持有未公開的重要訊息之人，違反規定買賣有

價證券因而所獲得利益或所回避損之的不法行為，不僅不允許其獲取利益或回避損失，而且允許法院就其額度的三倍範圍內，懲處之，屬回吐不法利益的懲罰性處分，非屬填補損害之概念[60]。

雖然論者曾指摘德日兩國所代表的歐陸法系國家，之所以不承認懲罰性賠償金的理由，乃在於該制度懲罰與嚇阻之目的，與回復原狀之填補性損害賠償的本質上不同；因此，德日兩國認為英美法的懲罰性賠償金，屬「刑事處罰」，應屬刑法或行政法所規範，在私法領域上，則不應承認[61]，但問題是我國法上的懲罰性賠償制度，其立法史可追溯自1988年證券交易法部分條文修正，增訂第157條之1第2項「違反前項規定者，對……之人負損害賠償責任；其情節重大者，法院得……，將責任限額提高至三倍」的規定，則為開河先驅，而其後例如公平交易法第32條、著作權法第88條、專利法第89條、消費者保護法第52條、營業秘密法第13條及健康食品管理法第29條，乃至於2004年所頒布的證券投資信託及顧問法第9條，均類似或明確使用相關上述懲罰性賠償金的設計，儼然似乎成為我國財經法制之於抑制反社會行為的新方向[62]。

相較於我國立法上之肯定懲罰性賠償金制度，論者亦指摘歐陸法系諸國對英美法此制度之批評，認為民事上侵權行為之損害賠償，其目的是填補受害人之損害，如此民事賠償效果並非使受害人獲取額外的利得；然懲罰性的損害賠償立論，其實益則存有懲罰及嚇阻的目的，惟這應屬於刑事制裁之分野，實非民法所應處理的層面。質言之，就英美法系相關懲罰性損害賠償而言，傳統的歐陸法系國家認為此與填補性的損害賠償制度間，法制目的是相違而不相容的，「懲罰性」的損害賠償恐被認為是違反公序良俗、過度扭曲民事責任之異類發展[63]。

2. 歐陸法系調整美國法民事懲罰金（civil penalty）的日本課徵金制度承上所指摘的，英美法系的懲罰性損害賠償制度，一直是歐陸法系學者所質疑的矛盾之一，歐陸法系的日本亦是如此，惟問題是內線交易之於證券市場的可非難性，似乎是各國政府一致的觀點，縱然在法制上

設有民刑事責任規範，但就內線交易之訴追民刑責任事件言之，日本政府亦不諱言，坦承證券交易監視委員會自1991年成立以來，行使有關違反證交法行為之刑事告發及行政處分權限，相較於美國證管會所處理之件數，則有明顯差距之事實。尤其是在課予刑事責任部分，因國家刑罰權之行使，對違法者將產生重大影響之故，所以刑罰權之運用，原本就應本於謙抑思維，謹慎為之；職是，在內線交易的判斷上，雖屬違法行為，但其違法性，實不至於課處刑事責任的行為……，但如不課刑的相對效果，反而是一種對內線交易的縱容。申言之，日本政府深陷於經濟犯罪之內線交易與謹慎發動國家刑罰權的矛盾，進而期待證券交易監視委員會能夠再提升其作用，認為該委員會不宜侷限於判斷違法行為是否應行刑事告發或應處以行政處分之機能，且有鑑於刑罰謙抑思想的大前提下，實有必要重新建構違反證券交易法與行為制裁的新式設計，同時亦認為該委員會的實質監控能力是維繫投資大眾對證券市場之信心，以有效扼止違法行為之一再發生，確立市場秩序與法律規範的尊嚴[64]。因此，就違反證券交易法行為人與不法利得之間，所謂「課徵金制度」，即是基於特定目的之實現與確保社會正義的理念下，對當事人剝奪因其違法行為，所獲得的經濟上不法利得，以降低違法行為之經濟性誘因；當然，因課徵金與刑罰之所以對系爭反社會、反道德的違法行為，所作為之制裁，但兩者不僅規範不同，且其間之立法目的亦不同一。簡而言之，歐陸法系日本的課徵金制度係著眼於禁止保有違法行為所得之不當利益，並非處罰行為人，因而課徵金的計算，基本上係以有價證券買賣價格與重要訊息公開後該有價證券價格之差額，作為課徵追繳行為人吐出不法利益之限度[65]。

伍、結語

從我國現行法上的內線交易規範是證券交易法第157條之1的規定，

觀察渣打銀行公開收購案所衍生的內線交易嫌疑，不論是渣打銀行的相關內部人，抑或是新竹商銀的相關內部人，如利用這公開收購訊息，在消息未公開前，趁機買賣被收購新竹商銀股票，所獲得之利益，是否合乎社會正義？的確是值得深究的。然，在法律上的疑問是如此的內線交易案，是否該當於證券交易法第157條之1第一項「下列各款之人（該公司之董事等），獲悉發行股票公司有重大影響其股票價格之消息，……不得對該公司之……有價證券，買入或賣出」的規定？這是本報告的核心所在。

當然，如回顧其立法史與美國法的O'Hagan案公開收購人之內部人、準內部人及其消息受領人，利用未公開之企業收購訊息，買賣被收購公司股票等有價證券之行為是該當於證券詐欺，但在我國法上是否構成證券交易法第20條規定之違反？恐在罪刑法定主義的前提下，無法如美國聯邦法如此彈性的認定。惟持平而論，類似O'Hagan案，甚至是渣打銀行與新竹商銀的公開收購股權，所衍生的爭議，性質上應屬證券交易法第43條之1的議題。有鑑於公開收購人應向主管機關申報公告後，始得為之的管理政策；然，就本報告的「內線」交易疑雲與利用公開收購訊息之規範，則屬於現行證券交易法第157條之1的延伸。因此，本報告認為不論是渣打銀行的內部人或是新竹商銀的內部人，所利用的消息是渣打銀行收購新竹商銀的決策訊息，而於消息未公開前，買賣被收購新竹商銀的股票者，強調證券交易法第157條之1的實質規範，其實是緣木求魚的，因影響被收購公司股價的訊息來源，非新竹商銀本身，而是渣打銀行是否公開收購的決策，新竹商銀在收購案中，僅屬被動配合，依法令提出相關事宜說明，實非被收購的新竹商銀，依法揭露公開收購的訊息；嚴格言之，新竹商銀的相關事宜說明，並非對公司股價，產生重大影響的關鍵。惟針對公開收購股權之市場資訊，日本法不同於運用反詐欺條款的規定，而例外明訂訊息來源的公開收購公司相關內部人士，在訊息揭露前之買賣被收購公司股票之行為是禁止的，以事前防止

圖利自己或他人之「內線」交易情事。至於在內線交易與不法利益部分，美日兩國的規定，重點均不在於彌補「無」內線訊息投資人之損害賠償，而是在強調違法者不得享有如此的不法利益；當然，如有損害，基於侵權行為之法理，投資人自得主張損害賠償之請求。

 註　釋

** 本報告蒙（社）中華法律風險管理學會之邀，收錄於《證券交易
　法律風險探測》一書。

1. 民國96年7月27日中國時報「涉內線交易，蔣國梁、蔣雅淇兄妹遭
　約談」新聞記事。

2. 民國97年4月22日自由時報「竹商銀案，蔣國梁失聯，檢疑畏罪潛
　逃」新聞記事。

3. 民國91年證券交易法部分條文修正，就公開收購股權制度的調
　整，其重點乃在於因應目前經濟環境快速變遷之時點，配合政府
　鼓勵企業利用併購的方式，進行企業快速轉型及成長，特別修正
　既有的公開收購設計，期以創設企業併購的新機制，排除現行企
　業併購的有形障礙，使公開收購股權制度得以完成企業轉型的目
　標，並考量證券市場上保護投資人之權益及交易秩序之謂，請參
　閱立法院第四屆第六會期第五次會議，議案關係文書總字第618號
　政府提案第8111號參照（會議記錄16頁），http://npl.ly.gov.tw/立法
　院法律案提案系統。

4. United States v. Chiarella, 445 U.S. 222 (1980), 100 S.Ct. 1108 (1980)；
　United States v. Chestman, 903 F.3d 75(2nd Cir., 1990).

5. 民國91年證券交易法部分條文修正草案，第157條之1第4項修正
　理由，謂「公開收購以高於市場之價格，向不特定人提出收購要
　約，對於該個股之價格及正當投資人之投資決定有重大影響力，
　爰於第四項明定……」，請參閱立法院公報第91卷10期424頁。

6. 民國77年證券交易法部分條文修正草案，第157條之1增訂之立法
　理由說明，請參閱立法院公報第76卷96期75頁。

7. 顏錫銘、闕河士編譯（Frederic S. Mishkin）《金融市場管理》
　（FINANCIAL MARKETS, INSTITUTIONS, AND MONEY），華

泰書局，1996年，頁186。

8. Eugene F. Fama, Efficient Capital Market: A Review of Theory and Empirical Work, 25J. FIN. 383 (1970).

9. 關於此，請參閱廖大穎、陳家彬、蔡蕙芳，《財經犯罪與證券交易法之理論‧實務》，新學林，2009年，頁33，〈基礎篇－股價評估方法與市場效率性部分〉（陳家彬執筆）。

Jeffrey D. Bauman, Elliott J. Weiss & Alan R. Palmiter, Corporation Law (5th ed., 2003) at 975.

10. 針對財務理論的資訊不對稱，在市場上將衍生的問題，例如逆選擇（adverse selection）的交易行為與道德危險（moral hazard）的商業活動等，均是健全證券市場運作上所面臨的重大阻礙，請參閱顏錫銘、闕河士，同前註7，頁38。

11. Robert C. Clark, Corporate Law (1986), at 320.

關於disclose or abstain rule的歷史發展，請參閱Louis Loss, Fundamentals of Securities Regulation (2nd ed., 1988), at 729; Thomas L. Hazen, The Law of Securities Regulation (2nd ed., 1990), at 137.

12. 民國76年行政院函請審議「證券交易法部分修正條文草案」，錢純前財政部長於立法院列席說明的修正要旨書面記錄（十三、促進有價證券交易之公平、公正及公開），請參閱《立法院公報》第76卷96期32頁。

13. 莊永丞〈沈默是金？證券交易法『公開揭露或戒絕交易』原則之初探〉，《現代公司法制之新課題》，元照，2005年，頁747。

相關美國法文獻，例如Stephen J. Choi & A.C. Pritchard, Securities Regulation (2005), at 364; James D. Cox, Robert W. Hillman & Donald C. Langevoort, Securities Regulation(5th ed., 2006),at 881; John C. Coffee, JR., Joel Seligman & Hillary A. Sale, Securities Regulation (10th ed., 2007), at1145，而國內文獻的介紹，請參閱羅怡德《證券交易

法》，黎明文化，1991年，頁15；曾宛如《證券交易法原理》，
自版，2000年，頁208；余雪明，《證券交易法》，證基會，2003
年，頁643；賴英照，《最新證券交易法解析》，自版，2006年，
頁325；劉連煜，《證券交易法實例演習》，元照，2011年，頁
309。惟美國法上規範內線交易的證券詐欺概念，其基礎是否揚棄
資訊平等理論？或改採信賴關係理論？請參閱賴英照，〈內線交
易的理論基礎〉《月旦法學雜誌》第123期172頁；陳俊仁，〈處
罰交易或處罰未揭露內線交易規範法理基礎之檢視與規範之解構
與再建構〉《月旦民商法雜誌》第32期21頁。其實，美國法上建
構內線交易理論的證券詐欺概念，是否同樣契合於我國證券交易
法第157條之1的規範基礎？實有再檢討之餘地。

14. SEC v. Texas Gulf Sulphur Co., 401 F. 2d 833 (2d., Cir. 1968).

15. Dirks v. SEC, 463 U.S. 646 (1983).

16. U.S. v. O'Hagan, 117 S.Ct. 2199 (1997).

17. 例如賴英照，同前註13，頁366；羅怡德，同前註13，頁73，持肯
定的觀點，但林國全〈證券交易法第一五七條之一內部人交易禁
止規定之探討〉《政大法學評論》第45期288頁，則持較保留的態
度，認為不宜將影響整個市場的消息納入。

至於刑法觀點與O'Hagan判決之檢討，請參閱林志潔〈美國聯邦最
高法院判決與內線交易內部人定義之發展——以O'Hagan案為核
心〉，《歐美研究》第41卷3期849頁。

18. Chiarella v. United States, 445 U.S. 222 (1980).

19. 關於本案的國內文獻介紹，請參閱賴英照，同前註13，頁335；廖
大穎，〈內線交易〉，《月旦法學教室》第22期43頁。

20. 17 CFR §240.14e-3 Transactions in securities on the basis of
material,nonpublic information in the context of tender offers,45 FR
60418, Sept.12.1980. 關於Rule 14e-3的介紹，例如Stephen M. Bain-

bridge, Corporate Law and Economics (2002), at 537; Cox, Hillman & Langevoort, supra note (13), at 914; Coffee, Seligman & Sale, supra note (13), at 1178，而國內相關文獻可參閱易建明，〈公開出價收購與內線交易〉《美國、日本與我國「公開出價收購法制」之比較研究》，蘆翰圖書，1999年，頁335。

惟賴英照，同前註13，頁338，亦指摘，如此行政命令是否逾越母法授權的司法爭議外，認為美國的立法政策上，1984年制訂內線交易制裁法（Insider Trading Sanctions Act of 1984）與1988年頒布內線交易及證券詐欺禁止法（Insider Trading & Scurities Fraud Enforcement of 1988）是顯然基於促進證券市場的考量，以回應社會對公平交易之期待，處理內線交易案件，不再侷限於內線交易人與投資人間的信賴關係之謂。

21. 15 U.S.C. 78j, Manipulative & Deceptive.

關於第10條第b項的原文係It shall be unlawful for any person, directly or indirectly, by the use of any means or instrumentality of interstate commerce or of the mails, or of any facility of any national securities exchange— (a)……. (b) To use or employ in connection with the purchase or sale of any security registered on a national securities exchange or any security not so registered, or any manipulative or deceptive device or contrivance in contravention of such rules and regulations as the Commission may prescribe as necessary or appropriate in the public interest or for the protection of investors.

22. 莊永丞，同前註13，頁750。

23. Cox, Hillman & Langevoort, supra note (13), at 893.

關於此，Coffee, Seligman & Sale, supra note (13), at 1173與賴英照，同前註13，頁338，則認為美國O'Hagan案司法見解之於公司併購的內線交易案，市場論的色彩更為明顯，而在適用對象的範圍，

核心似非違反法律義務（violation of a duty），而偏向於資訊平等理論。

24.依民國57年證券交易法之當時行政院所擬定本法經過與立法要旨，謂「本法……，由經濟部證券交易管理委員會先行採譯日本證券交易法、美國1933年證券法及1934年證券交易法，並參照有關法令作綜合研究……。於52年12月完成本法草案」，提經立法院幾度審查後，相關草案第20條第1項規定「任何人不得以不正當方法募集、發行或買賣有價證券」，因以「不正當方法含義籠統，在適用上易滋生流弊，爰修改爲「任何人不得以詐欺行爲、虛僞表示、不正當手段或其他足以致他人誤信之作爲或不作爲而募集、發行或買賣有價證券」，藉期明確，請參閱《立法院公報》第57卷17期921頁。

惟最後再調整文字，定案爲「募集、發行或買賣有價證券者，不得有虛僞、詐欺或其他足致他人誤信之行爲」，經立法院三讀通過。

25.賴英照《證券交易法逐條釋義（一）》，自版，1992年，頁349；余雪明，同前註13，頁619；陳春山《證券交易法論》，五南圖書，2004年，頁370；劉連煜《證券交易法實例演習》，元照，2006年，頁285；王志誠、邵慶平、洪秀芬、陳俊仁《實用證券交易法實例演習》，新學林，2011年，頁459；廖大穎，《證券交易法導論》，三民，2013年，頁294。

26.例如賴英照，同前註25，頁347；羅怡德，同前註13，頁21，請參酌。

27.民國56年8月17日立法院經濟・財政・司法三委員會第30次聯席會議記錄，立法院秘書處《證券交易法案（上冊）》（立法院公報法律案專輯・1968年）頁441（汪彝定發言）。

28.廖大穎，同前註25，頁295。

29.民國95年9月29日新竹國際商業銀行「本公司接獲Standard Chartered Bank公開收購本公司普通股股份之相關事宜說明」，請參閱臺灣證交所公開資訊觀測站公司當日重大訊息之詳細內容，http://newmops.tse.com.tw/。

30.民國84年9月5日（84）台財證（三）字第02042號令，訂定發布公開收購公開發行公司有價證券管理辦法。

31.民國77年證券交易法部分條文修正草案，第157條之1增訂之立法理由說明，請參閱立法院公報第76卷96期75頁。

32.羅怡德，同前註13，頁72；賴英照，《證券交易法逐條釋義（四）》，自版，1992年，頁541。

33.立法院第6屆第2會期第11次會議議案關係文書院總第727號政府提案第10191號之1，討45頁，http://lis.ly.gov.tw。

34.例如林國全，同前註17，頁286，亦指摘我國法之「涉及該證券之市場供求」消息規定，的確使我國內部人交易規範之範圍，較美日等國爲廣……，惟現行法上之上述消息範圍，宜限縮解釋在影響某一特定公司股票價格之消息，例如機構投資人巨額買賣、公開收購等，而不包括影響及於整個證券市場之消息爲妥；至於公務員部分，除相關公務員法外，刑法則應爲其主要規範依據。

35.民國94年第2次證券交易法部分條文修正，第157條之1法條沿革，修正第4項（現行法第5項）之立法理由，謂「爲加強防制內線交易不法，對內線交易其『內部人範圍』、『公開之方式』、『公開期限』、『重大消息』等要件之定義，及對民事賠償之計算方式予以更明確規範，爰加以修正之」，請參閱立法院國會圖書館法律系統，http://lis.ly.gov.tw/。

民國95年5月30日金管證三字第0950002519號令訂定發布「證券交易法第一五七條之一第四項重大消息範圍及其公開方式管理辦法」。

36.民國91年證券交易法部分條文修正草案，修正第157條之1第4項立法說明，請參閱立法院公報第91卷10期424頁。

37.惟論者有認為公開收購人的內部人士，如於公開收購消息曝光前，買賣被收購公司之股票，得依證券交易法第3款「基於職業……關係獲悉消息之人」論處，例如賴英照，前揭書（註13）365頁；劉連煜，同前註25，頁199；但個人認為如此法條解釋，過於牽強。

相較於1934年證券交易法第10條b項與內線交易的規範，Choi & Pritchard, supra note (13), at393，整理美國判例法上的理論發展，亦呈現對外部訊息不正流用的「私取」理論，是否得以妥適規範公司內部人之內線交易質疑。

	Insider Trader	Outsider Trader
Corporate (inside) Information	*Chiarella* classical theory *Dirks* temporary insiders	*Dirks* tipper-tupper liability
Outside Information	? (non)	*O'Hagan* misappropriation theory

38.現行日本證券交易法制定於昭和23（1948）年，但於平成18（2006）年6月國會通過部分條文修正案，並改稱金融商品交易法（金融商品取引法），且遲至平成19（2007）年9月始正式施行。惟本報告為避免新法名稱與證券交易法之混淆，文中仍使用證券交易法之舊名。

39.河本一郎「証券取引所の再開と発展」《法律事件百選》ジュリスト900号42頁；神崎克郎「財閥解体と証券民主化」《法律事件百選》ジュリスト900号8頁。

40.竹内昭夫「内部者取引」《会社法の理論（Ⅰ）》，有斐閣，1984年，頁313；近藤光男「不公正な証券取引規則に関する一

考察─証券取引法157条と規則10b-5の比較」《現代企業と有価証券の法理》，有斐閣，1994年，頁173；中西敏利「第157条」《逐条証券取引法─判例と學說》，商事法務，1999年，頁458；另，請參閱山下友信、神田秀樹《金融商品交易法概説》，有斐閣，2010年，頁309；神崎克郎、志谷匡史、川口恭弘《金融商品交易法》，青林書院，2012年，頁1263。

41. 岸田雅雄《証券交易法》，新世社，2002年，頁271。

近藤光男、吉原和志、黑沼悦郎《証券交易法入門》，商事法務，1999年，頁231，則認為日本證券交易法第166條的立法例是採列舉的方式，如該事實在影響特定公司股價，僅是抽象的，而不夠明確的，甚至是「是否必然影響？」，其程度無法確定之重要訊息，在立法論上將是困難的，因而不得不放棄之，或亦可視為日本法制的侷限之一；另，請參閱山下、神田，同前註40，頁290；神崎、志谷、川口，同前註40，頁1212。

42. 賴英照，同前註13，頁365；劉連煜，同前註25，頁199，亦指摘公開收購公司的內部人部分，於第157條之1的構成要件下，似不構成犯罪，至於被收購公司的內部人部分，則勉強認定為第157條之1第1項第3款「基於職業……」論處（但如此見解，個人質疑）。

43. 新竹國際商業銀行股份有限公司民國95年9月29日「公司當日重大訊息之詳細內容─本公司接獲Standard Chartered Bank公開收購本公司普通股份之相關事宜說明」，請查閱臺灣證券交易所公開資訊觀測站，http://mops.twse.com.tw/server-java/t05st01。

44. 若詳細研讀9月29日渣打銀行公開收購新竹商銀的公開收購說明書，就渣打銀行與新竹商銀股東間之「承諾應賣」協議，明顯記載所引當時的新竹商銀股份資料與「民國95年9月8日經濟部商業司商工登記資料公示查詢系統所示為基準」，透露渣打銀行與多

數新竹商銀股東之接觸，時點將比9月15日渣打銀行董事會的形式日期還早。

45.民國77年證券交易法部分條文修正草案，行政院版修正草案總說明，請參閱《立法院公報》第76卷96期32頁。

46.例如賴英照，同前註13，頁563，不僅謂「我國法准許原告三倍受償，其妥適性值得檢討」，而劉連煜，同前註25，頁341、廖大穎，同前註28，頁260，亦明指如此規定反而是致生請求權人「不當」得利之情形。

47.Kenneth E. Scott, Insider Trading, Rule 10b-5, Disclosure, and Corporate Privacy, Foundations of Corporate Law (1993), at 319.

48.例如Robert C. Clark, Corporate Law (1986), at 276.

49.U.S.C 78t-1, Liability to Contemporaneous Traders for Insiders Trading.

50.黑沼悦郎《アメリカ証券取引法》，弘文堂，1994年，頁159。

51.岸田，前揭書（註41）279頁，近藤、吉原、黑沼，同前註41，頁240。

52.15 U.S.C. 78u-1, Civil Penalties for Insider Trading.

53.Franklin A. Gevurtz, Corporation Law (2000) at 608; Bainbridge, supra note (20), at 572.

賴英照，同前註13，頁563及羅怡德，同前註13，頁152，稱美國1934年證券交易法的民事懲罰金，爲「行政罰款」或「行政罰金」。

54.日本公平交易法的課徵金制度，請參閱金本貴嗣、川濱昇、泉水文雄《獨占禁止法》，弘文堂，2004年，頁408；惟其相關制度之檢討，可參閱金本貴嗣「獨占禁止法違反に對する課徵金・刑事罰の制度設計」《獨占禁止法のエンフォースメント》，有斐閣，2001年，頁17。

55. 相關日本證券交易法上之課徵金新制，請參閱金融廳「課徵金制度について」，www.fsa.go.jp/policy/kachoukin/02.html，訪問日期：2006/09/18。

至於日本證券交易法部分條文修正，導入課徵金制度之介紹，國內文獻可參閱黃銘傑〈日本最近證券交易法修正對我國之啟示——以行政及民事責任之規範改革為中心〉，《現代公司法制之新課題》，元照，2005年，頁623。

56. 日本證交法上課徵金制度的流程。資料來源：日本金融廳，http://www.fsa.go.jp/policy/kachoukin/02.html

57. 賴源河《證券管理法規》，自版，2000年，頁419；賴英照《證券交易法逐條釋義(4)》，自版，1992年，頁547；李開遠《證券管理法規》，五南，2001年，頁293；吳光明《證券交易法論》，三民，2002年，頁324；陳春山《證券交易法論》，五南，2000年，頁555；王志誠、邵慶平、洪秀芬、陳俊仁，同前註25，頁476；廖大穎，同前註25，頁310。

58. 關於英美法上懲罰性損害賠償制度之介紹，國內文獻可參閱林德瑞〈論懲罰性賠償〉《中正大學法學集刊》第1期25頁；謝哲勝〈懲罰性賠償〉《台大法學論叢》第30卷1期113頁；何建志〈懲罰性賠償金之法理與應用〉《台大法學論叢》第3卷3期237頁；史浩明〈論懲罰性賠償制度的性質與功能〉，《財產法暨經濟法》第9期65頁。

59. 陳聰富〈美國法上之懲罰性賠償金制度〉，《美國懲罰性賠償金判決之承認及執行》，學林，2004年，頁69。

60. Thomas L. Hazen & David L. Ratner, Securities Regulation in a Nutshell (9th ed., 2006), at 180.

61. 沈冠伶〈美國懲罰性賠償判決在德國之承認及執行〉《美國懲罰性賠償金判決及執行》，學林，2004 年，頁160；許士宦〈美國懲

罰性損害賠償判決在日本之承認及執行〉同書203頁。

62. 例如2001年臺灣大學法律學院民事法研究中心與台灣本土法學雜誌社合辦的「美國懲罰性賠償金判決之承認及執行研討會」，廖義男教授指摘「……美國有關違反反托拉斯法的行爲雖有刑法的制裁，但實務上有少運用，但是它們有懲罰性的賠償制度，所以常常讓違法的事業願意承認他的違法行爲……。我認爲是不錯的可行方式，所以把它引進公平交易法裡，不過實務上公平交易法裡的懲罰性賠償金並沒有發揮它應有的功能，反而是在消保法裡，扮演了相當重要的角色」，但會中陳逸南顧問亦質疑「……我國民事法律是繼受德日法系，而十幾年來，有些經濟性法規導入美國法規定，以致消費者保護法、健康食品管理法有類似懲罰性賠償金之規定，是否爲立法者之眞知灼見或凸槌而來？不得而知」，請參閱陳聰富等四人《美國懲罰性賠償金判決之承認及執行》，學林，2004年，頁233、266。

另，請參閱廖大穎〈論內線交易行爲人所獲不法利益與損害賠償間之關係——最高法院96年臺上字第1244號民事判決所遺留的疑點〉，《月旦法學雜誌》第177期287頁。

63. 關於歐陸法系之觀點，請參閱陳忠五〈美國懲罰性賠償金判決在法國之承認及執行〉，《美國懲罰性賠償金判決及執行》，學林，2004年，71頁；沈冠伶，同前註61，頁157；許士宦，同前註61，頁199。

64. 平成15年12月14日金融庁金融審議会金融分課会第一科会報告「市場機能を中核とする金融システムに向けて」，頁13，http://www.fsa.go.jp/，visited:2008/10/10。

65. 關於日本課徵金與刑事間是否抵觸之爭議，其介紹請參閱黃銘傑，同前註55，頁633。

第十章

向大眾公開進行證券籌資之管理規範的疑義與修法建議

洪秀芬[*]

壹、前言

　　有價證券之募集，依據證券交易法（下稱證交法）第7條第1項之規定，乃「發起人於公司成立前或發行公司於發行前，對非特定人公開招募有價證券之行為。」亦即籌資公司或募集設立發起人向大眾公開進行證券籌資的行為係屬於證交法之「募集」，而有價證券之募集行為依證交法第22條第1項規定，除政府債券或經主管機關核定之其他有價證券外，非向主管機關申報生效後，不得為之，且依同法第31條第1項規定，募集有價證券，應先向認股人或應募人交付公開說明書，從而於證券募集行為時，現行法制為保障投資人，係要求發行人向證券主管機關進行申報生效程序，且以公開說明書對投資人進行資訊揭露。不但有價證券募集行為原則上被要求應申報生效後為之，且證交法第22條第2項進一步規定「已依本法發行股票之公司，於依公司法之規定發行新股時，除依第四十三條之六第一項及第二項規定辦理者外，仍應依前項規定辦理。」亦即公開發行公司若非以證交法私募規定進行新股招募者，即使新股招募對象為特定人，仍須向證券主管機關進行申報生效程序後才得為之，但新股以外之其他有價證券招募則又無此項程序適用，惟此二分法有無必要，頗值得探討。

　　又我國有為數眾多的中小微型或新創企業，其在營運上面臨的最大問題即是資金的取得，政府為協助其籌資，已建置並開放股權式群眾募資，包括創櫃板及民間股權式群眾募資平台，企業可藉由此二種平台發行新股向大眾籌資，即是在群眾募資平台上為新股募集行為，此亦符合證交法規定有價證券之募集，本應依第22條第1項規定進行申報生效後方得為之，但證券主管機關行使核定權，豁免其申報生效，且進一步認定利用股權式群眾募資平台進行公開發行新股之公司非屬「公開發行股票公司」，從而其亦無須適用證交法對公開發行股票公司的相關管理規

範（例如內部人股權管理、股東會、資訊揭露、庫藏股等規範）。然而免申報生效之募集程序的簡化，是否即可代表其未取得公開發行股票公司的身分，從而可不適用證交法對公開發行股票公司之其他有關規定，頗值商榷。

有鑑於向大眾公開進行證券籌資現行運作下之法制規範疑義，因此本文將對此進行分析，並提出建議。

貳、公司進行新股或公司債之證券籌資行為適用規範簡介

一、公司法之公司種類

公司法對公司之種類與分類如圖10-1所示：

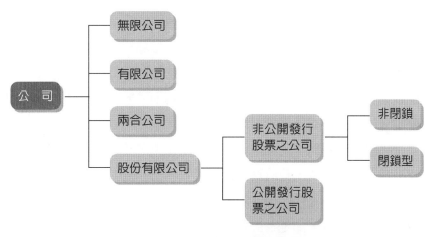

圖10-1　公司法對公司之種類與分類

來源：自製

得藉由股票或公司債等有價證券之招募來籌措資金之公司係指股份有限公司，而其招募對象可能是特定人或非特定人，一旦係對非特定人

為招募行為，則因涉及向大眾進行籌資，有必要加強對投資人之保障，以免使其受到詐害，從而各國法制均會對此行為加強進行管理規範，以保障投資人權益，我國亦不例外。因此，我國對於公司進行有價證券籌資時，從其是否已為公開發行股票公司，或其有價證券之「生產」、「銷售」、到「轉賣」是否係對不特定人為之的各個階段，皆對於資訊的提供與資訊的正確性，加以規範。例如，就有價證券對不特定人為之的募集行為而言，致力於要求有價證券之發行公司，於有價證券發行之初，即應提供關於發行公司以及有價證券本身之充足資訊，以為投資人據以作成是否購買之決定；其後，有價證券之發行公司應定期發布其營運狀況，與其他影響有價證券所表彰權利價值的資訊，以為投資人間相互為買賣有價證券行為之基礎；若有價證券之發行公司發生對有價證券價值有重大影響之事項，更應即時對外公告，使投資人得以立即為相對應之投資決定[1]。凡此資訊揭露規範，皆係立法者衡諸有價證券與一般商品不同，故投資人對投資決定判斷資訊的需求，以及有價證券之發行公司與投資人間資訊之不對稱關係後，課予發行公司發行有價證券時及發行後之持續資訊提供的義務，藉以保障投資人。

二、證券籌資行為之管理規範

公司進行股票或公司債券籌資行為時，會因其本身是否為公開發行股票公司（下稱公開發行公司），以及證券籌資對象是否為非特定人，而異其所受規範。

1. 公開發行公司的界定

公司法、證交法並未對公開發行公司加以定義，而係就公司募集設立之公開招募、公司補辦公開發行程序或發行新股之公開發行程序加以規範，因而公司是否為公開發行公司，應可從其狀態的改變，或是否實際有進行股票公開發行行為來判斷其是否為公開發行公司。

所謂狀態的改變，亦即並非公司本身有實際進行股票公開發行的行

為，卻能取得公開發行公司的身分。依公司法第156條第3項規定，公司得依董事會之決議，向證券主管機關申請辦理公開發行程序，而此程序係指公司檢具申報書，載明應記載事項，連同股票公開發行說明書等應檢附之書件，向證券主管機關提出申報，於主管機關及主管機關指定之機構收到申報書即日起屆滿一定營業日生效，而使其轉變身分成為公開發行公司。

另一類取得公開發行公司身分的情形，係指公司經由實際進行股票公開發行的行為（新股募集行為），而成為公開發行公司，易言之，乃是因為「名符其實」，公司之公開發行股票的行為使其符合「公開發行股票之公司」的內涵。而股票之公開發行行為可能存在於公司設立時即有之，或是公司設立後方採之，前者，即是指公司之募集設立，後者，則是當公司現金增發新股，於員工及股東認購新股後仍有餘額時，將其餘額公開發行（公司法第267條第3項）。不論是前者或後者，均涉及股票之公開發行的募集行為，原則上依證交法第22條第1項，應向證券主管機關申報生效後，方得為之。

基於前述說明，可知界定公開發行公司的範圍，如表10-1所示：

表10-1　公開發行公司的範圍

	公開發行公司身分取得之情形	備註
因狀態改變	補辦公開發行程序（書面申報程序）	成立後之公司取得公開發行公司身分
因實際公開發行新股行為	募集設立	1. 成立時公司即取得公開發行公司身分 2. 經由創櫃板募集設立之公司被證券主管機關定位為「未（非）公開發行公司」
	公司公開增發新股	1. 成立後之公司取得公開發行公司身分 2. 經由創櫃板或證券商股權群眾募資平台公開發行新股之公司被證券主管機關定位為「未（非）公開發行公司」

來源：自製

　　上述具爭議性質即是利用群眾募資平台所進行之股票公開發行籌資行為的公司仍是被歸類為「未（非）公開發行公司」，從而不適用證交法對公開發行公司的管理規範，當然公司法中對公開發行公司的眾多規定，例如公司公告、折價發行新股、股東會特別決議、董事超額轉讓股份之當然解任、超額設質股份表決權行使限制等眾多對公開發行公司之規定也同樣不適用。對此爭議，於下文探討之。

2. 公開發行公司之證券籌資行為

　　公開發行公司以新股或公司債進行證券籌資行為時，會因籌資對象是否為非特定人，而異其所受管理規範，以表10-2呈現之：

表10-2　公開發行公司之證券籌資行為

		籌資標的	向證券主管辦理之程序
對非特定人（公開發行、募集）		新股	申報生效→未申報，但認股人、應募人符合私募特定人資格，是否仍違反募集規定？
		公司債	
對特定人（私募）	合格特定人*	新股	事後備查
		公司債	事後備查
	不合格特定人	新股	違反募集或私募規定？
		公司債	違反私募規定

*符合證交法第43條之6第1項規定之特定人
來源：自製

　　私募與公開發行二者，雖然並非全然為一體之兩面，但是兩者實關係密切，就法律規範目的而言，公開發行公司之有價證券發行，為保障投資人，因此，若非採公開發行，便須符合私募規定，否則即應以違反證交法募集規定而論。但是我國現行募集與私募同屬證交法之規範，兩者法律位階相同，且兩者間的關係不明確，因而可能產生適用上的疑義，例如：若是公司違反公開發行申報生效規定，但是其證券公開招募對象均符合私募特定人資格，則可否以私募論而無須負證交法第174條

第2項第3款之刑責？或對不合格特定人進行新股私募時，則究竟係適用
證交法第22條第2項應申報生效而未爲之之違反募集規定或僅係違反私
募之特定人規定？由於規範不明確，從而造成適用上困擾。此外，因第
22條第2項僅針對新股發行規定，不適用在公司債之發行，造成新股發
行對象之特定人若非符合私募規定，則須適用募集之申報生效規定，但
在公司債之發行時，若發行對象不符合私募特定人規定，僅會被評價違
反私募規定，而與募集無關。是否公開發行公司就新股、公司債對不合
格特定人之招募行爲，有必要爲不同之違法評價，值得商榷。

3. 未（非）公開發行公司之證券籌資行爲

未（非）公開發行公司以新股或公司債進行證券籌資行爲時所受之
管理規範，以表10-3呈現之：

表10-3　未（非）公開發行公司之證券籌資行爲

	籌資標的	向證券主管辦理之程序
對非特定人（公開發行、募集）	新股	1. 原則上應申報生效 2. 經由創櫃板或證券商股權群衆募資平台公開發行新股者，無須申報生效
	公司債	不得爲之（經濟部民國93年11月1日經商字第09300189290號函表示：「按公司法第二百四十八條第一項規定，公司發行公司債時，應載明一定事項，向證券管理機關辦理之。是以，公開發行股票之公司始可公開募集公司債。」從而未《非》公開發行公司在補辦公開發行前《公司法第156條第3項》，並不能募集發行公司債。）
對特定人（私募）	新股	無報備程序規範
	公司債	事後報備

來源：自製

對未（非）公開發行公司之證券籌資行爲受到較多限制，因此，爲
協助其資金之取得管道多元化，於2001年11月之公司法修正，已允許非

公開發行公司進行公司債之私募，且為協助其易以新股進行籌資，已建置並開放股權式群眾募資，包括創櫃板及民間股權式群眾募資平台，從而非公開發行公司可藉由此二種平台發行新股向大眾籌資，惟藉此方式進行籌資之公司定位，存有疑義，其是否究竟已改變身分成為公開發行公司，或於募股後仍是為未（非）公開發行之公司，將影響其公司運作所適用之管理規範，以及關係到投資人之保障，因此，本文建議應於法律層面（公司法或證交法）為明確規範，以杜爭議。

參、適用申報生效制之證券籌資行為

公司進行證券籌資行為主要係以股票或公司債為之，而須進行申報生效者，依證交法第22條第1項、第2項規定，包括公司對非特定人進行新股或公司債之公開發行，或公開發行公司雖對股東、員工或特定人進行新股招募，但其非依證交法私募規定辦理者。於前述證券籌資行為，為保障投資人，一方面要求發行公司應向證券主管機關申報生效，另一方面要求應以公開說明書對投資人進行資訊揭露。以下簡要說明申報生效之相關規範與違反責任，並提出規範上之疑義與改革建議。

一、申報生效之意涵與目的

各國立法例對於有價證券公開發行之管理方式，大致上可區分為核准制與申報生效制兩種。所謂核准制，係指發行人欲發行有價證券，須經主管機關之核准後，始得為發行有價證券之行為，亦即發行人除須公開有關資訊外，其財務、業務狀況尚須經過主管機關之實質審查或形式審查，於符合一定發行條件之下，始予以核准發行，前者稱為實質審查制，後者稱為形式審查制；所謂申報生效制，係指發行人無須經過主管機關積極之核准，只需依規定申報及公開有關資訊，如主管機關未於一

定期間內表示異議，發行人即得發行有價證券，亦即發行人如依規定檢齊相關書件向主管機關提出申報，除因申報書件應行記載事項不充分，為保護公益有必要補正說明或經主管機關退回外，其申報案件經過一定期間便會自動生效，故此制度又可稱為註冊制[2]。申報生效制為公開原則的體現，其所著重者為資訊的完全公開，使投資人得據此資訊作出投資判斷，至於發行人之實質條件如何，則非所問[3]。

我國對有價證券公開發行之管理方式，分成幾個不同發展階段：於1968年4月證交法立法之初係採核准制；1988年1月修法時改為兼採核准與申報生效制，立法理由謂「證券市場已建立二十五年，公開發行公司與市場交易量質隨著國家經濟成長而逐日增加，對於善意之有價證券取得人或出賣人因而所受之損害，應負賠償之責等改進措施，對部分得簡化審核程序之募集與發行，可採行美、日等國申報生效制，以增進募集與發行之時效，爰將現行審核制，修正兼採審核與申報制。」；2006年1月修法以後，改採申報生效制，此項修正係有鑑於核准制可能會產生證券主管機關是否應對公開發行之有價證券品質不佳，負起審核不力責任之爭議，並為配合資本市場需求與日俱增，有增進有價證券公開發行時效性之必要，故而改採申報生效制以符合實際需求[4]。

依證交法第22條第4項授權訂定之「發行人募集與發行有價證券處理準則」（下稱募發準則）第3條第2項規定「本準則所稱申報生效，指發行人依規定檢齊相關書件向本會提出申報，除因申報書件應行記載事項不充分、為保護公益有必要補正說明或經本會退回者外，其案件自本會及本會指定之機構收到申報書件即日起屆滿一定營業日即可生效。」惟我國所採之申報生效制並非真正落實以公開原則來保護投資人，蓋申報生效制（註冊制）之精髓應在於資訊依規定之完整正確揭露，由投資人根據被揭露之資訊作出投資判斷，而不限制或審查發行人實質條件，然而依募發準則第4條規定，發行人有該條列舉情形者，不得公開發行股份或公司債，有募發準則第7條[5]或經發現有第8條第1項[6]規定情形之

一者,證券主管機關得退回案件,而無法完成申報生效程序,從而我國證券主管機關於受理公開發行之申報案件時,並非僅只是檢查申報之相關書件是否齊備、應行記載事項是否充分而已,仍是有對發行人的某些條件進行實質的審核,故我國現行申報生效制並非真正之註冊制。對此,本文認為一個制度之建立須循序漸進,配合實務需求,而目前之申報生效制兼採部分實際審核的做法,尚符合所需,惟主管機關仍是應漸漸減少實際審核的部分,而由投資人在自行負責任的情況下,自行承擔投資判斷的風險。

二、適用申報生效之情形

依證交法第22條第1項至第3項規定,以下證券發行公司或證券持有人之證券籌資行為應申報生效:

1. 有價證券之公開發行應申報生效,但政府債券或經主管機關核定之其他有價證券,無須申報。目前被核定無須申報生效之有價證券公開發行情形為,未(非)公開發行公司利用創櫃板或證券商股權群眾募資平台公開發行新股。

2. 公開發行公司於依公司法之規定對員工、股東或特定人發行新股時,除依證交法第43條之6第1項及第2項規定為私募者外,應申報生效。

3. 證券持有人對非特定人以公開招募方式,出售其所持有之有價證券(又稱再次發行),應申報生效。

除上述情形外,雖非以籌資為目的,但依募發準則規定仍須辦理申報生效者,如發行人發行員工認股權憑證、限制員工權利新股、未(非)公開發行公司或私募證券補辦公開發行程序、公開發行公司無償配發新股及減少資本等亦均應申報生效。

三、申報之內容與生效時間

應辦理申報生效之各類情形，公司於申報時須提出之書件及記載內容，依募發準則相關規定，而擬向大眾公開進行證券籌資行為（有價證券之募集與發行），公司於辦理申報時應檢具公開說明書，而此公開說明書即係對投資大眾進行資訊揭露的重要工具，其應記載內容，應依照「公司募集發行有價證券公開說明書應行記載事項準則」之規定辦理。

至於申報後屆滿多久會生效，依募發準則規定，共有屆滿3個、7個、12個及20個營業日生效，而所謂營業日，依募發準則第3條第4項規定，係指證券市場交易日。

四、未申報或申報內容不實之責任

依證交法第22條第1項至第3項規定應辦理申報生效若未申報者，依同法第174條第2項第3款規定，可處五年以下有期徒刑，得科或併科新臺幣一千五百萬元以下罰金。若是有申報內容不實者，則可能涉及同法第174條第1項第5款規定，發行人於依主管機關基於法律所發布之命令規定之帳簿、表冊、傳票、財務報告或其他有關業務文件之內容有虛偽之記載者，得處一年以上七年以下有期徒刑，得併科新臺幣二千萬元以下罰金。惟若是涉及公開說明書之不實者，除可能發生對善意相對人之民事責任（證交法第32條）外，亦有刑事責任，然於此可能產生適用證交法第171條第1項財報不實與第174條第1項第1款、第3款公開說明書虛偽隱匿規範之競合，究應如何適用，依法院判決，有認為應優先適用第171條（或認為具有想像競合之關係，或認為具有方法結果之牽連關係，從一重處斷），亦有認為應優先適用第174條（特別法優先原則），為杜絕爭議，宜修法明定之，且因考量公開說明書係用於公司籌資之用，財務報表則係供投資人投資決策參考之用而公司不因此獲得資金，顯然前者可罰性應更高，故公開說明書之不實責任應不得比財報不

實責任輕，從而修法時，宜將公開說明書之虛偽隱匿刑責明定依較重之證交法第171條規定論處[7]。

肆、免申報生效之證券募集行為

當公司向非特定人公開發行有價證券進行籌資，由於可能產生投資風險，因此若沒有法規範的介入，將可能產生巨大交易成本，亦即可能會有詐欺的情況發生，投資人擔心公司以不實資訊騙取投資，因而在資訊不對等情況下，將使投資人對投資卻步，而使證券公開籌資目的無法達成，影響公司競爭力與發展，從而現行法規範為協助公司順利發行證券進行公開籌資，要求公司應強制定期持續公開資訊、強化公司內部治理及加重證券詐欺的處罰，迫使公司提供正確資訊，以使投資人能勇於投資，進而促進交易的產生。惟前述相關法規範雖能保障投資者的交易安全，但相對也使公司籌資行為產生龐大交易成本，亦即強制公開資訊及強化公司內部治理所產生的成本，例如負擔證券商承銷費用、提供會計師簽證的財務報告、建立符合法規範要求的公司內部控制制度、設置獨立董事或薪酬委員會等所產生的成本增加。如此高成本將使資本額較小之公司難以負擔，因此，為扶植微型創新企業的發展，使其能順利籌措資金，我國政府自2014年1月起正式允許未（非）公開發行公司可以利用群眾募資平台發行新股籌措資金，豁免辦理公開發行之申報生效，且在完成籌資時仍將其定位為未（非）公開發行公司，而不適用證交法對公開發行公司之管理規範。惟現行對群眾募資之規範是否符合公司法、證交法規定，實存有疑義，有待探討。

一、利用創櫃板與證券商股權群眾募資平台之證券募資

我國為扶植微型創新企業的發展，在證券主管機關支持下，由證券櫃檯買賣中心（下稱櫃買中心）於2013年11月15日公告「財團法人中華

民國證券櫃檯買賣中心創櫃板管理辦法」（下稱創櫃板管理辦法），並於2014年1月3日正式啓用「創櫃板」專區，提供投資人藉由網路進行集資之股權籌資功能的網路交易平台[8]，且復於2015年4月宣布開放符合一定資格之民間平台業者，於取得證券商資格後，亦得經營股權性質群眾募資業務，讓有創意的公司可透過更方便的網路平台募集資金，以增強創新創業的動能。

1. 創櫃板

所謂創櫃板係指，櫃買中心所建置，協助創新、創意企業資訊揭露及籌資，並供投資人參與公司發起人辦理募集設立或公司現金增資認購股票之專區（創櫃板管理辦法第2條第5款），依櫃買中心表示，其設立目的：「扶植微型創新企業發展：截至105年底，我國公司資本額介於100萬元至1,000萬元間約41萬家（約全體公司61%），資本額介於1,000萬元至5,000萬元間約12萬家（約全體公司18%），可見我國有爲數眾多之微型創新企業，雖然公司資本、營業規模甚小且缺乏資金，但具有創意且未來發展潛力無窮，亟須扶植其成長茁壯，同時亦可成就創意創業有較多成分的產業發展，進一步擴展臺灣經濟發展中小企業的角色及貢獻。」、「厚植我國經濟未來發展之基石、利於國家未來產業發展：櫃買中心在主管機關支持下籌設『創櫃板』。『創櫃板』主要係取其『創意櫃檯』之意涵爲命名，係定位爲提供具創新、創意構想之非公開發行微型企業『創業輔導籌資機制』，提供『股權籌資』功能但不具交易功能。『創櫃板』係採差異化管理及統籌輔導策略，以戮力協助扶植我國微型創新企業之成長茁壯，俾厚植我國經濟未來發展之基石、利於國家未來產業發展，達成政策目標，創造多贏局面。」[9]

創櫃板對企業有以下助益：免辦理公開發行、享有公設聯合輔導、籌資成本低、擴大營運規模提升知名度等[10]。其登錄流程如下：

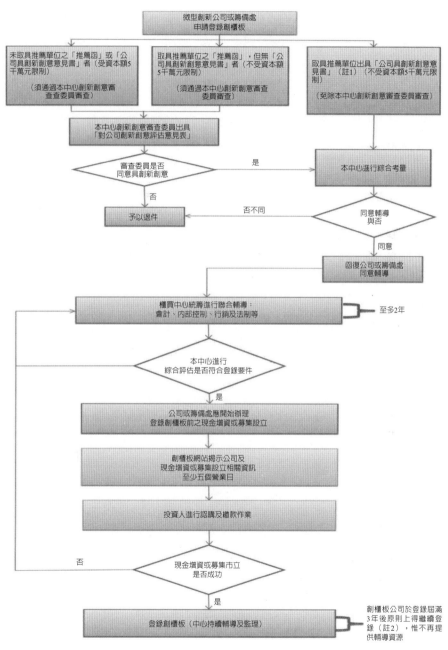

向大眾公開進行證券籌資之管理規範的疑義與修法建議

圖10-2　登錄創櫃板程序流程圖

資料來源：櫃買中心網站[11]

　　由於登錄創櫃板免辦理公開發行並享有公設聯合輔導，故其籌資成本低。現行公司進入資本市場前須先補辦公開發行，其財報須經會計師查核簽證、建置內部控制制度並取得會計師出具內控專審報告等，才得以辦理公開發行[12]，而尋求證券承銷商、會計師等中介機構協助輔導建置會計、內控等制度，對通常資本額小又欠缺資金之微型創新企業而言，成本負擔甚高，因此登錄創櫃板免辦理公開發行，且享有登錄創櫃板前之會計、內控、行銷及法制等之公設聯合輔導，對資金缺乏又擬對外籌資之微型創新企業，將可大幅降低其籌資成本，且因登錄創櫃板，其亦可提升公司知名度，有利於招募優秀人才、拓展行銷通路，進而提升公司競爭力，並創造與其他融資管道接觸之可能性，對公司之永續經營及將來規模的擴大極有助益。

　　從創櫃板2014年1月3日啟用至2017年4月17日為止，申請公司現有251家、受輔導公司（不包含已登錄創櫃板公司）68家、創櫃板公司累計77家，透過創櫃板籌資金額總計約近2.4億元，所募金額以50萬元以內者最多家數，有35家，其次為超過1百萬至5百萬以內者，有32家，可知每件募資金額並非很龐大，達到協助微型企業小額募資的功能[13]。

　　由於創櫃板提供微型創新企業藉由網路向公眾募資，故其性質屬於群眾募資平台，要如何避免出資人受到詐欺、出資高風險如何控管，以及如何降低資金需求者之籌資成本等，均是規劃創櫃板運作的重點，而為明確規範「創櫃板」登錄程序及相關權利義務等事宜，櫃買中心於2013年11月制訂創櫃板管理辦法，自公告日起施行，至今本辦法業經8次修正，其規範重點如下：登錄創櫃板之資格、申請登錄創櫃板之審查機制及登錄、公設聯合輔導機制、申請人辦理登錄創櫃板前之募資作業、申請人登錄創櫃板、申請人及創櫃板公司募資金額上限、以投資金額上限來控管投資人之投資風險、創櫃板公司之資訊揭露、資訊不實之責任等。

　　依證交法第22條第1項規定，有價證券之募集及發行，除政府債券

或經主管機關核定之其他有價證券外，非向主管機關申報生效後，不得爲之。證券主管機關已於2013年12月13日以金管證發字第1020050231號函令[14]，將櫃買中心創櫃板管理辦法規定募集及發行之普通股股票納入本項規定所稱之「經主管機關核定之其他有價證券」內，從而豁免適用有價證券募集應申報生效之證交法相關規定。又擬於創櫃板進行股權公開募資之公司，依創櫃板管理辦法並未要求須補辦公開發行程序，且依櫃買中心之創櫃板簡介及風險預告書，特別強調創櫃板公司爲未辦理股票公開發行程序之公司。此外，創櫃板僅提供「股權籌資」功能但不具交易功能。依據證交法第42條：「未依證券交易法發行之股票擬在證券交易所上市或於證券商營業處所買賣者，仍應先向主管機關申請補辦公開發行程序，否則不得爲證券交易法之買賣，或爲買賣該種股票之公開徵求或居間」。由於創櫃板公司被認定爲未（非）公開發行公司，其股票被認爲屬未依證交法發行之股票，從而不得爲此類股票交易之居間，故創櫃板制度設計僅具有公開發行股權功能，但不具有股權流通交易功能。

2. 證券商股權群衆募資平台

國外股權群衆募資平台皆係由以營利爲目的之平台業者經營，不若我國係以具有公益性質櫃買中心負責辦理，證券主管機關經參酌國外有關股權性質群衆募資之立法例、草案及辦理情形，普遍皆以民間業者作爲股權性質群衆募資之執行單位，爲兼顧與國際發展趨於一致，並適度結合民間業者充沛活力共同活絡我國創新創業之集資能量，故在採行相關配套措施，兼顧保障投資人權益的前提下，於2015年4月宣布開放民間業者經營股權性質群衆募資[15]。

經營股權群衆募資平台業者在股權式群衆募資中扮演之角色，應係中介募資公司與投資人之行爲，近似於證券商辦理有價證券居間之行爲，故證券主管機關認爲平台業者係辦理股權式群衆募資之中介機構，

依法屬證券業務,僅限證券商始得辦理,因此於2015年4月28日公告修正「證券商設置標準」,開放證券經紀商始得建置平台經營股權性質群眾募資業務,又考量僅辦理本項業務之證券經紀商,係利用網際網路設立網站,用於揭示辦理股權募資公司之基本資料、募資額度及重大訊息等相關資訊,該證券經紀商爲採單一募資平台方式專營股權性質群眾募資業務,其業務較單純,故增訂其最低資本額爲5,000萬元及籌設保證金爲1,000萬元,並函令核准證券經紀商得建置網路平台經營股權性質群眾募資業務,申請辦理本項業務者,依證券商設置標準第9條規定申請設置證券商,或依同標準第6章規定申請增加業務種類或營業項目,並應檢具相關申請書件,由櫃買中心審查並轉報證券主管機關核准[16]。由此可知,原爲證券商之業者申請增加業務種類即可經營股權式群眾募資業務,而原非證券商者,則應向證券主管機關申請許可爲證券經紀商後始得辦理,且證券主管機關認爲股權式群眾募資業務屬證交法第15條第3款有價證券買賣之行紀、居間、代理以外之其他經主管機關核准的相關業務。由於在募資平台公開招募有價證券之行爲仍涉及證交法第22條第1項應申報生效之規定,故證券主管機關於2015年4月30日發布函令表示,就該等主管機關核可之證券商所從事之股權性質群眾募資業務,採通案式豁免於該平台募資公司之有價證券募集、發行申報程序[17]。又證券主管機關於「證券商管理規則」增訂第45條之1,明訂「證券商經營股權性質群眾募資業務,應依證券櫃檯買賣中心規定辦理」,以授權櫃買中心訂定「證券商經營股權性質群眾募資管理辦法」。

從上述管理規範及相關函令可知,關於證券商經營許可、證照核發、資本額、籌設保證金、從業人員資格等,係由證券主管機關修訂現行證券商設置標準、證券商管理規則及證券商負責人與業務人員管理規則而定;而對經營平台之證券商管理、證券商與募資公司之間的權利義務,則授權櫃買中心制訂管理辦法來負責[18]。

證券商經營股權性質群眾募資管理辦法,自2015年4月公告日起施

行，至今本辦法業經2次修正，其規範重點如下：證券商經營平台之申請、經營股權性質群眾募資業務之證券商的財務、業務規範、股權募資之程序及管理、募資金額上限、籌資金流及券流的控管、以投資金額上限來控管投資人之投資風險、募資公司之資訊揭露等。

自2015年4月30日開放證券商經營股權性質群眾募資平台業務後，至今有元富證券及第一金證券2家原證券商申請新增業務種類經營平台，及創夢市集證券申請許可為證券經紀商[19]。惟業者所接洽之募資業務尚不多見。

現行由創櫃板與證券商群募平台併行，在股權式群眾募資係協助微型新創公司籌資之立意下，募資公司可自行選擇符合需求之籌資管道，不啻為募資公司提供較多元化之籌資管道的選擇可能性。

二、證券主管機關豁免申報生效之核定權限

股權式群眾募資係對非特定人公開招募股票之募集資金行為，符合證交法第7條第1項之有價證券「募集」的定義，然依證交法第22條第1項規定：「有價證券之募集及發行，除政府債券或經主管機關核定之其他有價證券外，非向主管機關申報生效後，不得為之。」從而為使創櫃板、證券商經營股權性質群眾募資平台之股票募集行為能豁免適用申報生效規定，證券主管機關分別於2013年12月13日以金管證發字第1020050231號函令、2015年4月30日以金管證發字第10400140147號函令，將群募平台所募集及發行之普通股股票納入本項規定所稱之「經主管機關核定之其他有價證券」內，因此豁免適用有價證券募集之證交法相關規定。對此產生以下疑義：是否證券主管機關得核定公司股票豁免適用申報生效之公開募集發行程序？

證交法第22條第1項所稱有價證券之定義應依同法第6條規定，第6條第1、第2項規定：「（第1項）本法所稱有價證券，指政府債券、公司股票、公司債券及經主管機關核定之其他有價證券。（第2項）新股

認購權利證書、新股權利證書及前項各種有價證券之價款繳納憑證或表明其權利之證書，視爲有價證券。」是否第22條第1項所稱「……或經主管機關核定之其他有價證券外」係指，除政府債券爲法定豁免證券外，第6條所規定的任何有價證券，證券主管機關均有權可任由其決定是否豁免適用募集之申報生效程序？或是其實僅指第6條第1項所規定的那些被主管機關核定之有價證券[20]可被依令豁免[21]，但並不包括第6條第1項明文列舉之本國公司股票、公司債券？若從文義結構來看，本文較傾向後者之看法。蓋第22條第1項的「經主管機關核定之其他有價證券」與第6條第1項的「經主管機關核定之其他有價證券」用語一字不差，從而本文認爲這兩者用語所稱證券應是指同一範圍之證券，即是指那些被主管機關核定爲有價證券者，其同時亦可由主管機關決定是否被豁免適用申報生效程序，至於第6條第1項被明文列舉之公司股票及公司債券應不在主管機關證券主管機關的豁免權限內。

又，第22條第1項「經主管機關核定之其他有價證券」若是當初立法時即意指除法定豁免之政府債券外，所有證交法規定的有價證券都可任由主管機關決定是否豁免適用募集程序，則法條用語似無須規定「其他」，而是應直接規定「除政府債券或**經主管機關核定之有價證券**外」，才能凸顯立法當時即有意授權主管機關就所有證交法有價證券（除政府債券係直接法定豁免外）皆有權決定是否豁免適用募集程序，因此，第22條第1項所定之「經主管機關核定之其他有價證券」應只是呼應第6條第1項之規定罷了，立法者立法當時應無意授與主管機關如此範圍廣泛之豁免決定權限。此外，亦有學者表示，以排除證交法第22條第1項申報義務之立法目的與法律效果來看，主管機關核定權限之行使，應以有價證券之募集對於投資人之侵害可能性作爲主要判斷依據，如此一來，主管機關不應將透過網路平台募集之股票排除本條項之適用範圍外，蓋以網路進行有價證券之募集，相較傳統募集方式，可能對更多投資人造成詐害[22]。

我國創櫃板參照之美國法，即使在資本市場如此發達蓬勃之美國，對於向群眾募資之行為亦是修法使其規範得以周延，或是對照德國2015年7月通過之「小額投資人保護法案」，為配合向群眾募資之行為修改相關法規，然反觀我國，僅是用行政函令核定群眾募資之股票不適用募集申報生效程序，不但顯得輕率且授權依據又有疑義，使此一扶植微型創新企業之良好政策美意蒙受違法疑慮，因此，本文認為應修改證交法有關規定，使授權依據更明確，且應做好相關配套規範。

三、免申報生效之公開募股後的公司定位與法規適用疑義

豁免適用申報生效之募股行為所產生的另一疑義乃，是否利用群眾募資平台募集設立之公司或募股公司於無須適用申報生效程序為公開招募股票後，其身分仍為「未（非）公開發行公司」？依櫃買中心之創櫃板簡介、群眾募資平台之股票風險預告書，均特別強調募股公司為未辦理股票公開發行程序之公司，屬未（非）公開發行股票公司。然而無須辦理股票公開發行之申報生效程序的公開募股公司是否就非屬證交法第5條之「發行人」、非證交法所稱之「公開發行（股票之）公司」或「已依本法發行有價證券（股票）之公司」、非公司法所稱之「公開發行股票之公司」？顯有疑義。

依櫃買中心所編之「創櫃板常見問題及說明彙總」內之說明：「……由於創櫃板公司**屬未公開發行公司**，因此，屬公司法規定應公告之事項（如公司法第267條發行新股、第172-1條之少數股東提案權等），應登載於公司所在之直轄市或縣（市）日報之顯著部分，不得以創櫃板資訊公開系統之公告取代之，惟公告內容可簡化為：○○（股）公司（股票代碼：74XX）董事會召開XX年度股東常會公告內容請詳創櫃板資訊公開系統之股東常會公告，網址如下：http://mops.twse.com.tw/server-java/gotc/gotc_t59sb06。」[23]，可知證券主管機關及櫃買中心係

將創櫃板公司定位為未（非）公開發行公司。又證券商之募資平台股票風險預告書第1點亦指出「透過○○證券股份有限公司（下稱○○證券）設置之募資平台（下稱本平台）辦理股權募資之公司（下稱募資公司），屬未公開發行股票公司，……」第3點「募資公司未辦理股票公開發行程序，可能在適用證券交易法、證券投資人及期貨交易人保護法、金融消費者保護法，有相當之不確定性，……」。從而可知，在群眾募資平台募股後之公司均被定位為未（非）公開發行公司。

惟證交法第5條規定：「本法所稱發行人，謂募集及發行有價證券之公司，或募集有價證券之發起人。」而募集定義，依證交法第7條第1項規定為發起人於公司成立前或發行公司於發行前，對非特定人公開招募有價證券之行為即屬之，並未要求適用申報生效程序之公開招募才屬募集行為，從而即使是進行群眾募資後之募股公司，由於其有對非特定人公開募股之行為，故其亦應符合證交法發行人的定義及須適用相關管理規範。

進行群眾募資後之募股公司不但符合證交法發行人定義，其是否為公開發行公司，亦關係到公司法、證交法眾多條文適用上的差異，深刻影響募股後公司之運作，例如：股東會召集開會之運作、股東會特別決議的形成、委託書的使用、公司財務報表之簽證及提出、公司資訊之揭露、董事會之組成及運作、監督機關的運作、股票之發行、公司內部人的規範、經營者之責任等對公開發行公司於證交法或公司法均有特別規範。何謂「公開發行公司」，不論是在公司法或證交法均未有明文定義，然依本文前述說明，其應係指募集設立之公司、補辦股票公開發行程序後之公司、有實際公開發行新股行為之公司等。而募股公司利用群眾募資平台募集設立或進行公開募股，其與一般新股公開招募不同之處僅在於，其依證券主管機關之令免適用申報生效程序，亦即簡化公開發行程序，但此並無損於其有公開招募行為而為公開發行股票之公司，易言之，即是僅簡化了公開募股程序，以節省募股公司的支出，來便利微

型新創公司的籌資，但是否可說因籌資行為的程序簡化，就否認它符合證交法第7條第1項、第8條第1項公開發行行為後的公開發行公司身分，顯有疑問[24]。由於是否為公開發行公司，將嚴重影響募股公司運作時所適用之法令，從而本文認為，不能僅因數紙證券主管機關核定免適用申報生效函令，就直接忽視證交法公開發行其他相關規定，此函令僅是簡化公開發行的程序，更何況如同本文前述，是否證券主管機關有此核定權限亦尚有疑義，故若要使進行群眾募資後之募股公司全面免於適用公開發行公司相關管理及運作規範，實有必要修法以為因應。

此外，證交法常出現「已依本法發行有價證券之公司」、「已依本法發行股票之公司」等條文用語，是否進行群眾募資後之募股公司亦屬之，而須適用相關規範，亦有疑義。由於募股公司是否僅因公開募股程序被簡化就非屬依證交法發行股票，抑或是因其公開募股已符合證交法「募集」、「發行」定義，則其仍不失為「已依本法發行股票之公司」的界定？由於判斷上存有疑義，為杜絕爭議，本文認為宜修法因應之。

伍、結論與建議

現行我國向大眾公開進行證券籌資之管理規範，原則上依證交法第22條第1項向證券主管機關申報生效後，方得為之，但主管機關有核定豁免申報生效之權限，且已用行政函令核定群眾募資之股票不適用募集發行之申報生效程序。惟如本文前述探討，主管機關之核定權限有疑慮，且被核定免除申報生效後，是否僅涉及公開發行程序的簡化，還是一併使利用群眾募資平台之募股公司也得以被定位為公開募股後仍是未（非）公開發行公司，都同樣存有疑慮，故本文建議，關於群眾募資之公開發行程序應直接透過法律來加以規範，並明定募股後，其是否為公開發行公司的屬性，畢竟這將涉及到其是否適用眾多公司法、證交法對公開發行公司的管理規範，以及關係到投資人之保障。此外，參照外

國立法經驗，即使在資本市場如此發達蓬勃之美國，對於向群眾募資之行為亦是立法使其規範得以周延，美國於2012年1月通過「JOBS法」（Jumpstart OurBusiness Startups Act），其中第三章群眾募資（Title III: Crowdfunding）即針對發行人向多數投資人募集小額投資的情形，豁免於證交法的部分規定，以降低因管制帶來的交易成本[25]；或是參照德國2015年7月通過之「小額投資人保護法案」（Kleinanlegerschutzgesetz–KASA），為配合群眾募資之發展，使符合一定要件之群眾募資免於負擔特定義務，而得以簡化募資流程。故就外國立法經驗觀之，亦是可得出我國宜修法來完善群眾募資之募股行為，而不應草率以行政函令為之。至於應於何部法律規範之，本文認為關於證券公開籌資行為原即係規範於證交法，故股權之群眾募資規範亦應同樣訂定於證交法。而就募股後公司之定位，本文認為仍是應以公開發行公司論之，但對證交法眾多公司治理安排或管理規範可明定加以排除或簡化適用，例如僅強制要求其進行資訊揭露。

對於一般之證券公開發行所應提出之公開說明書，其若有不實之刑事責任適用疑義，本文認為應修法明定適用證交法第171條規定，畢竟公開說明書係公司用於籌資之用，財務報表則係供投資人投資決策參考而公司不因此獲得資金，顯然前者資訊不實時，其可罰性應更高，而現行財報不實已以罰則更高之證交法第171條處罰，從而公開說明書之不實責任應至少不得輕於財報不實責任，故本文建議，應將公開說明書之虛偽隱匿刑責明定依較重之證交法第171條規定論處。

最後，本文認為證交法就募集與私募規範之間的關係，亦存有未明之處，例如，若是公司違反公開發行申報生效規定，但是其證券公開招募對象均符合私募特定人資格，是否可以私募論而無須負證交法第174條第2項第3款刑責？對不合格特定人進行新股私募時，則究竟係適用證交法第22條第2項應申報生效而未為之違反募集規定或僅係違反私募之特定人規定？證交法第22條第2項僅針對新股發行規定，不適用公司債

之發行，造成新股發行對象之特定人若非符合私募規定，則須適用募集之申報生效規定，但在公司債發行時，若發行對象不符合私募特定人規定，僅會被評價違反私募規定而與募集無關，導致公開發行公司就新股、公司債對不合格特定人之招募行為，為不同之違法評價等。基於兩者間之關係未明，本文認為，立法者有必要就募集及私募規範再重新進行梳理，以杜爭議。

註 釋

* 東吳大學法律學系副教授

1. 此即爲證券交易法學說上所謂之「即時公開」，參閱廖大穎，《證券交易法導論》，三民書局，修訂4版2刷，2010年3月，頁91-106。

2. 參閱王志誠、邵慶平、洪秀芬、陳俊仁合著，《實用證券交易法》，修訂4版，2015年10月，頁186-187。

3. 同上註，頁187。

4. 同上註，頁191。

5. 例如：簽證會計師出具無法表示意見或否定意見之查核報告者；證券承銷商出具之評估報告，未明確表示本次募集與發行有價證券計畫之可行性、必要性及合理性者；經本會發現有違反法令，情節重大者等。

6. 例如：申報年度及前二年度公司董事變動達二分之一，且其股東取得股份有違反本法第四十三條之一規定；本次募集與發行有價證券計畫不具可行性、必要性及合理性者；有重大非常規交易，迄未改善者等。

7. 參閱賴英照，《股市遊戲規則—最新證券交易法解析》，自版，2014年2月第三版，頁661-670。

8. 創櫃板公司籌資系統http://gisa.gretai.org.tw/financing_s.htm.

9. 參閱http://www.tpex.org.tw/web/regular_emerging/creative_emerging/Creative_emerging.php?l=zh-tw.（最後瀏覽日2017.4.17）

10. 參閱http://www.tpex.org.tw/web/regular_emerging/creative_emerging/Creative_emerging_02.php?l=zh-tw.（最後瀏覽日2017.4.17）

11. 參閱http://www.tpex.org.tw/web/regular_emerging/creative_emerging/

Creative_emerging_06.php?l=zh-tw.（最後瀏覽日2017.4.17）

12.募發準則第67條。

13.相關統計資料，參閱櫃買中心網站，http://www.tpex.org.tw/web/gisa/announce/GisaHighlight.php?l=zh-tw.（最後瀏覽日2017.4.18）

14.於此函令表示：「證券交易法第二十二條第一項規定經主管機關核定之其他有價證券，包括依財團法人中華民國證券櫃檯買賣中心創櫃板管理辦法規定募集及發行之普通股股票。」

15.參閱林家生、楊智翔，〈開放民間業者經營股權性質群眾募資專題介紹〉，《證券櫃檯月刊》，第177期，2015年6月，頁16。

16.2015年4月30日金管證券字第10400140146號函令。

17.2015年4月30日金管證發字第10400140147號函令。

18.參閱林家生、楊智翔，同前註15，頁17。

19.參閱http://www.tpex.org.tw/web/option/broker.php?l=zh-tw.（最後瀏覽日2017.4.18）

20.被主管機關核定之有價證券，例如財政部於民國76年9月18日（76）台財證（二）字第6805號函核定之外國之股票、公司債、政府債券、受益憑證及其他具有投資性質之有價證券，凡在我國境內募集、發行、買賣或從事上開有價證券之投資服務，均應受我國證券管理法令之規範。

21.在股權群募豁免申報生效函令前，被依令豁免之證券有2004年4月6日台保司三字第0930703326號令，准予中國信託綜合證券股份有限公司代理歐洲理事會開發銀行申請來臺募集與發行不超過150億元之新臺幣債券，依證券交易法第22條第1項規定核定為豁免證券；2013年8月27日金管證發字第10200293696號令，外國發行人在中華民國境內發行僅銷售予金融消費者保護法第4條第2項規定之專業投資機構之外幣計價普通公司債豁免申報生效。上述有價證券皆是屬於證交法第6條第1項所規定的那些被主管機關核定之

有價證券，其被依令豁免申報生效。

22.參閱邵慶平，〈網路金融法制的改革策略：第三方支付與群眾集資的比較分析〉，台灣法學會電子支付法研討會論文，2015年6月2日。

23.參閱櫃買中心，「創櫃板常見問題及說明彙總」，頁24。

24.就如同公司合併也有相關簡化程序的規定，但並不會因此就認定簡易合併非公司合併行為。

25.參閱邵慶平，〈文創產業籌資與群眾集資〉，《月旦法學教室》，第123期，2013年，頁78。

第十一章

企業併購中先購後併的內線交易問題

建業法律事務所　林伊柔律師[*]

壹、前言

本文所謂之「先購後併」，係指併購公司或公開收購公司於併購或公開收購消息公開前，於市場上先行購買目標公司之股份（即建立投資部位）提前佈局的行為，亦有以「預先持股（toehold）」或「立足點持股（toehold position）」稱之。

併購方之所以採取先購後併的佈局行為，乃因速度往往是決定併購成敗的關鍵，一旦併購意圖被發現，併購方須盡快增加持股，以在董事會取得更多席次。縱使未能一次併購完成，若可先爭取董監席次，對併購標的就有一定的影響力，有助後續併購進行並提高影響力[1]。

而於實務上，立足點持股為併購初期經常採用的佈局手段，併購方於公開宣布併購計畫前，於法定門檻揭露內（美國規定5%，臺灣規定10%），先於市場上買進標的公司的股份，於不驚動市場的情形下，提高持股比例，並成為目標公司股東，參與股東會甚至進入董事會，增加談判的籌碼與影響力，同時亦可避免訊息公開後，市場投資人預期有利多紛紛買入目標公司股份，致流通股份減少，降低併購成功的機會[2]。

然而，由於缺少直接法律之規範，導致先購後併之併購手段是否會構成內線交易存在模糊空間，常令司法機關及有意併購之企業無所適從，除了可能遏止併購案的發生，另一方面也浪費司法資源，開發金控收購金鼎證券及中信金控插旗兆豐金所衍生關於內線交易之訴訟皆為實例。

國內對於先購後併相關議題的文獻及研究，近年來數量並不多，然而，隨著104年7月8日公布之企業併購法第27條第10項至第15項（下稱企併新法）新增關於併購前建立投資部位之規定，可以預期先購後併之相關議題將逐漸受到重視。基此，本文希望藉由探討與先購後併相關之內線交易問題及借鏡美國法之內線交易規範，作為臺灣面對先購後併之

佈局行為時，內線交易法規範是否發動之參考。

貳、企業併購中先購後併之態樣與內線交易風險

一、先購後併之方式

（一）單獨為之或與他人共同組聯盟（Consortium offer）

所謂單獨為之應包含以自己名義或利用他人名義買進投資部位。而利用他人名義得是利用現已存在之自然人或法人，或透過新成立的特殊目的個體[3]（Special Purpose Entities，簡稱SPE；在歐洲通常稱為：special purpose vehicle，SPV）。

所謂以自己名義買進投資部位，由於本人即為形式及實質所有人，於認定上應少有疑問。至於利用他人名義持有之認定，依照證券交易法施行細則第2條，係指具備下列要件：一、直接或間接提供股票與他人或提供資金與他人購買股票；二、對該他人所持有之股票，具有管理、使用或處分之權益；三、該他人所持有股票之利益或損失全部或一部歸屬於本人。因此，當他人是為本人持有投資部位，且資金由本人所提供、本人亦為損益的歸屬者，且對該他人所持有之股票有管理處分權，則應屬本人利用他人名義建立投資部位。

若屬企業利用特殊目的個體之名義建立投資部位，參考國際會計準則理事會（IASB）所出具之解釋公告第12號（SIC 12），判斷企業是否控制特殊目的個體之指標包含：1.特殊目的個體之活動係為符合企業之特定業務需求而執行；2.企業擁有可取得該特殊目的個體活動大部分利益之決策權；3.企業透過「自動駕駛（即主要的營運或是決策通常以法律協議或是政策明定）」機制擁有該特殊目的個體活動大部分之利益；4.企業擁有可取得該特殊目的個體大部分利益之權利，並因而可能

暴露於該特殊目的個體活動附屬之風險中；5.企業擁有該特殊目的個體之大部分剩餘所有權[4]。SPV於實務應用面十分靈活，通常能達成各種交易目的之安排，常設立於境外，對於實收資本額則需依當地法令要求辦理，惟實務上常見以1美元或10美元成立，該實收資本額通常非用以維持該SPV之實質營運；另為了隱匿之目的，常規避不在財務報表中揭露[5]。

併購人除了自行、利用他人或SPV之名義建立投資部位之外，亦得與他人組成聯盟以建立投資部位，即所謂「共組聯盟（或稱聯合併購）」，係指兩個或兩個以上之併購企業，於進行併購時，先就雙方之權利義務進行協商，爾後方併購目標企業。其重點在於目標企業並非將整體出售予一個併購企業，而是由一個併購企業分而取之。或是由各併購企業分別擁有管理。會採取聯合併購之考慮因素很多，包括：單一企業本身之規模不足以向目標企業進行併購，或是併購企業僅想得到目標企業的某些部分，而非全部，又或為了避開主管機關之壟斷調查，所採取之策略考量[6]。

是否屬共組聯盟進行之佈局行為，或可參考現行證交法第43條之1第1項中對於「共同取得」之定義，即數人基於同一併購目的而以契約、協議或其他方式之合意取得公司發行已發行股份之情形。若併購人間基於同一併購目的而以契約、協議或其他方式之合意建立投資部位，則屬與他人共同組聯盟之佈局行為。

（二）洽特定人轉讓持股或於市場上買進

併購方可洽特定人轉讓持股，若該特定人是為併購方持有標的股票或本為其同盟的一員，此時股權轉讓僅是形式上的股權整合，將實際屬於併購方的股權轉回，實質上並無增加籌碼。若特定人非併購方同盟而是其他投資人或大股東，併購方則可快速取得額外的股票並增加籌碼；併購方常在股價至一定漲幅時，向非屬併購方同盟的特定人提出股權轉

讓邀約，當股價達到特定人認定的價值，且因擔心併購案失敗造成股價回跌時，常有意願出售持股[7]。

目標公司若為上市櫃公司，企圖併購者可以在公開市場中逢低逐漸買入對方股票，選擇這種目標公司最好是業務穩定且具有實體資產者，其股價波動相對較低；但若要掌握充分的股權，這種做法所花費的時間很長，往往不符合併購人的需求。而且在逐漸購買的過程中，目標公司也會發現，因而出現防禦的手段，增加併購的困難度[8]。

（三）投資部位之標的類型

先行建立之投資部位，可能是股份或其他衍生性金融商品。

當併購人預期目標公司可能會拒絕被併，可以在正式併購前逐漸買入目標公司的股票，等到更瞭解對方的狀況，且具有部分控制的權利後，才進行併購。當然，這種做法所花費的時間較長，但遇到的抗拒通常較小，也可降低風險。不過，如果目標公司為上市櫃公司，在股市中買入股票比較費時、容易引起注意，而且充滿不確定性[9]。

因取得他公司特定股份達一定比例時，法規可能要求取得人須有揭露義務，故為避免提前暴露併購意圖，併購人可能透過衍生性商品佈局。如私募基金The Children's Investment Fund（TCI）及3G Capital（3G）併購美國鐵路公司CSX，即係採用衍生性商品佈局，TCI及3G兩家基金自2006年10月開始向金融機構購買以CSX股權為標的之衍生性金融商品TRS（Total Return SWAP），以避免需對外揭露持股。至2007年2月TCI及3G共持有CSX現股8.3%，及連結CSX股權12%之TRS，要求CSX接受併購[10]。

又如法國LV公司為收購Hermes股權，於2008年設立SPV與三家金融機構簽訂衍生性金融商品ELS（Equity Linked Swap）合約，其連結標的為Hermes的股權，加上LV從市場上自行收購的現股後，LV持有

Hermes之股份合計達22.3%[11]。此亦爲透過衍生性金融商品建立投資部位之案例。

二、企業併購中先購後併的內線交易風險

前述多種先購後併之方式，皆爲實務常見之佈局手段，於公開併購計畫前先行建立投資部位，得增加併購人之談判籌碼，亦達成試水溫之目的，使併購之成功機會提高。然而我國證交法第157條之1禁止董事、監察人、經理人或大股東，及基於職業或控制關係獲悉消息之人與消息受領人……等，於重大消息公開前自行或利用他人名義買賣發行股票公司之有價證券，導致併購初期之佈局行爲是否觸犯內線交易之禁止規範產生不確定的空間。

如併購人單獨或與他人共同組聯盟建立投資部位，該投資部位之標的爲上市（櫃）公司之股票時[12]，則併購人本身是否爲證交法第157條之1禁止之禁止主體？又受併購人利用之他人或特殊目的個體是否構成內線交易？併購人可否授權非聯合併購成員之第三人協助建立投資部位，一方面使該第三人成爲併購人之友方，另一方面又使第三人從中獲利？又是否共同併購人間只需依照證交法第43條之1第1項進行持股申報即無構成內線交易的風險？又假使原先購買他公司之股份僅爲一般轉投資，當其後決定併購，而消息轉爲明確且有具體內容時，與內線交易關係又爲何？

前述疑問導致併購人爲先購後併之佈局行爲時，衍生諸多內線交易之風險及疑慮，故以下本文擬進一步探討企業併購中先購後併的佈局行爲是否有成立內線交易之可能，並介述我國企業併購法104年7月關於併購前建立投資部位之最新修訂。

參、企業併購中先購後併的佈局行為是否可能成立內線交易

依照美國學者統計，於西元1973年至2001年間，美國有26.3%的收購人於正式收購前先行建立投資部位，且平均取得目標公司20.3%之股份；在敵意併購的場合，更多達50.3%的收購人採取預先持股的策略模式[13]。

先購後併對於收購人而言有諸多利益，由於尚未宣布公開收購消息，故目標公司股價尚未反映出預期的收購溢價，對收購人即產生重要的財務利益；此外，先購後併使得收購人相較於其他潛在收購人產生策略優勢，在敵意併購的情況下，也更能夠與目標公司經營階層抗衡。自效率層面觀察，收購人於預先持股中取得的利益，得被視為努力搜尋潛在合作對象的回報，亦得作為支應相對高額之收購溢價之資金，令收購人以溢價收購亦不會於其持續付出努力監控的併購交易中有所損失。縱使最終收購失敗，或其競爭對手獲勝，出售預先取得之股份亦能確保搜尋併購標的之成本能多少獲得補償[14]。

前述利益驅使收購方積極預先取得目標公司之股份，然而，是否先購後併的佈局行為可能成立內線交易，容有探討之必要，以下即研析收購人本身是否為內線交易之禁止主體等相關問題，俾釐清有關疑義。

一、併購公司或公開收購公司是否屬內線交易主體致其於消息公開前買入目標公司股份可能成立內線交易

甲公司欲藉由併購乙公司以擴張生產規模，於併購消息公開以前，甲公司先於市場上購買乙公司之股份提前佈局，則甲公司是否屬內線交易主體，致其依照重大非公開消息為交易之行為構成內線交易？

如例題所示，併購公司及公開收購公司於併購消息公開前於市場上

買入目標公司股份以建立投資部位，由於尚未公開的併購及收購資訊，導致併購公司及公開收購公司相較於一般投資人握有資訊優勢，可能產生交易不公平之疑慮。針對此種情形，應該認為屬合法的商業行為，或認為屬內線交易行為而有禁止必要，應予進一步分析。針對此議題，本文首先探討美國法下，併購人或公開收購人建立投資部位是否屬內線交易；其次，檢視我國現行法下，併購人或公開收購人先行建立投資部位的行為是否受內線交易法規範所禁止；最後，於借鑑美國法並考量我國內線交易法規範之發展後，再提出本文見解。

（一）美國法

1. Rule 10b-5之一般併購情況下

於不涉及公開收購的情況中，併購人於併購消息公開前，是否得先行買進目標公司股份以建立投資部位，需檢視併購人是否構成Section 10(b)及Rule 10b-5的詐欺及義務違反。

首先，依照前述TGS案所揭示之資訊平等理論（abstain or disclose theory），「任何人」如有途徑接觸公司重大且未公開之消息[15]，除非揭露該消息，否則不得利用該項消息從事公司股票之買賣，換言之，任何擁有重大消息之人均為內部人，應受到Section 10(b)及Rule 10b-5之規制。

於資訊平等理論之下，打擊內線交易的理由乃在於市場公平，故任何人擁有重大非公開消息時仍為交易，即屬對市場中所有投資人之詐欺，由此角度觀之，併購公司本身似亦落入資訊平等理論所打擊的內部人範圍內。

惟仔細推敲TGS案之法院見解，是否意在排除包含併購人（或資訊所有權人）在內之所有人先行利用內線消息，容有討論的空間。有學者即表示，美國第二巡迴上訴法院雖於判決中指出：「任何人擁有未公開

的內部消息……」，但事實上本案為非常典型的內線交易案件：公司董事等內部人取得公司重大內部消息，並藉此買賣股票獲利。本案中進行內線交易者為公司內部人，並非「任何其他人」。是以，雖然法院判決中提及「任何人……」，但倘仔細區別美國判例法根據重大事實（material facts）所作成之法院決定為具有拘束力（binding）的holding，其餘論述為僅具有說服力（persuasive）效力之旁論（dicta）來看的話，此一「任何人」之範圍究竟有多大，其實仍有解釋空間[16]。

更何況，資訊平等理論因打擊過廣之疑慮，早已於1980年Chiarella案中遭聯邦最高法院推翻下級法院所採之資訊平等理論，改採信賴關係理論，故資訊平等理論正式被聯邦最高法院所揚棄[17]。職是之故，於美國法下，併購人不會因為資訊平等理論而招致Section 10(b)及Rule 10b-5的違反。

其次，根據Chiarella案所揭示的信賴關係理論（fiduciary duty theory），行為人對發行股票公司及股東負有受任人義務或其他信賴關係時，方有「揭露，否則戒絕交易」之義務，違反此等揭露義務而於市場上買賣股票時始構成內線交易。於信賴關係理論之下，具受任人義務或類似的信賴關係者，通常為發行股票公司之內部人及大股東。

併購公司於重大消息公開前，先於市場上購買乙公司之股份提前佈局的行為，由於併購公司並非目標公司之內部人，且與目標公司間並無任何信賴關係存在，故併購公司並非受信賴關係理論所規制的內線交易主體，從而併購公司購買目標公司所發行之有價證券先行佈局時，亦不會違反Section 10(b)及Rule 10b-5。

惟，於信賴關係理論下，可以討論者係，若併購公司原先即為目標公司之大股東，則併購公司於併購消息具備重大性且未公開前，欲增加股份持有數而再行買進目標公司有價證券之行為，將可能違背對目標公司股東之受任人義務，而可能落入Section 10(b)及Rule 10b-5的主體範圍內。同樣，若併購公司與目標公司間已接觸或已達成某種不於消息公開

前買賣目標公司有價證券之協議，或併購公司已因實地查核（due diligence）而握有目標公司的重大非公開消息時[18]，併購公司於消息公開前買進目標公司股份的行為，將可能違背其對於目標公司之信賴義務，而在信賴關係理論下受到Section 10(b)及Rule 10b-5的挑戰。

於信賴關係理論後被聯邦最高法院所採用之私取理論（misappropriation theory），將信賴關係理論中，可能違反受任人義務或信賴義務的主體，自公司內部人及大股東擴充至公司之外部人。當獲悉影響證券價格之內線消息的公司外部人，違背對於「消息來源」之忠誠及信賴義務，而藉該未揭露的消息買賣證券圖利，同樣落入Section 10(b)及Rule 10b-5之反詐欺條款涵蓋範圍內。

因此，於私取理論的脈絡下，當併購公司欲併購他公司以擴張生產規模時，由於併購公司本身即為併購消息之製造者，即為「消息來源本身」，故並無所謂違背對於「消息來源」之忠誠及信賴義務問題，因此併購公司亦非私取理論下的內線交易主體。

綜前所述，題示之併購公司甲，是否屬於Section 10(b)及Rule 10b-5下的規制主體，於資訊平等理論下或有討論之空間，惟資訊平等理論已被實質推翻，故需進一步自信賴關係理論及私取理論予以檢視。由於併購公司甲並非發行股票公司乙之內部人，且甲公司欲併購其他公司的資訊乃是由其本身產生，對交易相對人及消息來源皆無義務的違反，故無論於信賴關係理論或私取理論下，併購公司甲皆非Section 10(b)及Rule 10b-5所涵蓋的主體，不會構成內線交易。

2. Rule 14e-3之公開收購情況下

當重大消息涉及公開收購時，由於SEC對於與公開收購相關之內線交易訂有Rule 14e-3，故公開收購人於已實施重要步驟後、消息公開前，是否得先行買進目標公司股份以建立投資部位，需檢視公開收購人是否構為Rule 14e-3的規制主體。

因Rule 14e-3(a)[19]明白表示公開收購人以外之「其他人」始需戒絕交易[20]，而公開收購公司屬於公開收購人，故其並非受Rule 14e-3(a)所規制的內線交易主體。從而，公開收購公司根據即將發生公開收購此一重大非公開消息，於公開收購發生前事先於市場上買賣目標公司股份的佈局行為，不會成立內線交易責任。

（二）我國法

於我國法下，內線消息並不區分屬一般併購或公開收購消息，一律由證交法第157條之1進行規制，故併購公司或公開收購公司是否屬內線交易主體致其於消息公開前買入目標公司股份可能成立內線交易，需檢視證交法第157條之1第1項各款關於主體之規定。

1. 法人得為內線交易主體

於檢視併購公司或公開收購公司是否屬證交法第157條之1第1項各款規定之主體前，首先需討論者為法人是否得為內線交易主體。我國實務及學說見解中，有肯定法人得作為內線交易主體者，亦有否定法人作為內線交易主體者，相關文獻對此有諸多討論，礙於篇幅，於茲不贅。本文認為，法人於現代經濟社會中扮演重要角色，尤其在公司法上，法人得成為股東，亦可當選董監事，若否定其屬於內線交易的主體，可能導致自然人透過法人為內線交易而脫免責任之法律漏洞，或產生法人與自然人間互推責任之事實，故為維繫證券市場交易制度之公平性，應肯認法人得為內線交易之主體。以下討論將於法人得作為內線交易主體的前提下進行。

2. 併購公司或公開收購公司先行建立投資部位的行為應否受內線交易規定規範

於探討現行法下，併購公司或公開收購公司建立投資部位的行為是否違反證交法第157條之1前，本文擬先討論應否禁止併購公司或公開收

購公司建立投資部位的行為。

(1) 不禁止說—不應構成內線交易

針對此一問題，有學者[21]以英國法令為例指出：有鑒於在公開收購或合併之情況下，欲從事公開收購或合併之人通常會知悉公開收購或合併之相關消息，若一概強制其公開相關消息否則不得對目標公司有價證券進行交易，將可能導致公開收購或合併活動無法順利進行。因此，若是為取得目標公司之控制權或合併該公司所為之行為雖係基於有關目標公司之內線消息，該行為本身並不構成內線交易[22]。另一方面，為避免欲從事公開收購或合併之人私下基於自身利益進行目標公司有價證券之買賣，市場行為準則進一步表示該等人士所從事之交易行為應以取得目標公司控制權或促進合併之進行作為唯一目的，否則該行為仍將被認定為內線交易[23]。

又開發金控收購金鼎證券一案中，法院亦認為：自證交法第157條之1第1項規定內容以觀，禁止進行內線交易之人，係指證券交易法第157條之1第1項第1款至第5款各款所定經由各該款途徑實際知悉開發金控併購金鼎證消息之人，概念上當不包含形成、決策併購金鼎證消息之開發金控本身依據其決策進行併購金鼎證之情況，故開發金控執行其併購金鼎證決策前，不需公開相關訊息即得買進金鼎證股票。亦否定併購公司或公開收購公司建立投資部位的行為為內線交易。

(2) 禁止說—應構成內線交易

由於我國並無類似英國法之法令，是否應作同樣之解釋，不無疑問。反而可能有一派學者會認為，公開收購消息「成立」後，公開收購公司即不能以建立部位（買進基本持股）為由，進行內線交易，只能俟消息公開後以公開收購方式買進。否則，仍會構成內線交易。這樣之觀點，從市場公平性角度觀察也具一定之合理性[24]。

(3)折衷說—賦予併購公司或公開收購公司以特定管道建立投資部位

除了前述以市場公平性為出發點而提出的禁止說論理外，亦有以股權收購的效率性為考量之觀點，因而採取較為折衷的見解認為[25]：既然公開收購人對市場投資人負有資訊揭露義務，在其申報並公告之前不適合再於集中交易市場買入目標公司股票以建立投資部位，但上市公司收購制度仍應賦予其洽特定股東進行交易之選項。因此或可參考英國FSA（其後更替為FCA）所發布之「市場行為守則」[26]，允許公開收購人向主管機關申報並公告之前，仍得洽目標公司之特定股東先行買入股權以建立投資部位。先行建立投資部位是為了讓後續發動之公開收購能更順利，惟建立投資部位之股權交易不能違反強制公開收購之規定，乃基於我國上市公司收購法制之必然解釋。

3. 現行法下併購公司或公開收購公司是否屬內線交易主體

依照證交法第157條之1第1項，於實際知悉發行股票公司有重大影響其股票價格之消息時，在該消息明確後，未公開前或公開後十八小時內，不得對該公司之上市或在證券商營業處所買賣之股票或其他具有股權性質之有價證券，自行或以他人名義買入或賣出。

我國內線交易規定之規範主體，係將美國不成文之判例法予以成文化，而直接明文予以規定；然而因為翻譯轉化的緣故，我國證交法第157條之1所規範的主體，明顯較美國為寬[27]。在法規未明確排除併購公司及公開收購公司為內線交易主體的的情況下，由於併購或公開收購屬於對目標公司股價有重大影響之消息，故併購公司或公開收購公司於消息明確後公開前，買進發行股票公司（即目標公司）股份的行為，於操作我國現行內線交易法規範時，顯然有致生內線交易之疑慮。

惟依據證交法第157條之1第1項第1款、第2款、第4款規定，併購公司或公開收購公司如非發行股票公司之董事、監察人、經理人或持股超過百分之十的大股東，或喪失前述身份未滿六個月，且於消息公開前買

賣目標公司股份時，亦不具備前述身份，則併購公司及公開收購公司並非第1款、第2款及第4款所規定之主體，較有解釋空間者應為第3款「基於職業或控制關係獲悉消息之人」及第5款「從前四款所列之人獲悉消息之人」。

首先，第3款之「基於職業或控制關係獲悉消息之人」，由於我國法於解釋「基於職業或控制關係」時，認定之範圍十分廣泛，故舉凡基於工作之便利獲得發行公司足以影響股價變動之資料或消息者，無論職位之高低，亦無論其與發行股票公司間是否具有委任關係或其他契約關係存在，均為該條款所規範之對象。透過對第3款寬嚴不同的解釋，可能產生肯定及否定見解：

(1) 肯定說—屬於基於職業或控制關係獲悉消息之人

採肯定見解者可能認為，併購公司或公開收購公司基於職業或控制關係而擁有該併購之內線消息，並據其資訊優勢，於內線消息公開前交易目標公司股份，對於與其交易之相對人而言應非公平，故自健全市場的角度而言，其行為應加以非難，以達嚇阻不法，維繫市場公平的目的。

且本款乃源自於美國法下之私取理論，依照私取理論之解釋，與目標公司間無信賴義務之外部第三人，亦可能透過違背對消息來源的忠實及信賴義務，將其所獲取之目標公司內線消息據為己有且私自利用而構成內線交易。尤其在併購公司或公開收購公司與目標公司間存在保密協定或相關契約時，併購公司或公開收購公司買賣股份的行為，將違背對目標公司的忠實及信賴義務，形同利用目標公司的資產圖謀私利，故應以內線交易之法規相繩。

(2) 否定說—非屬基於職業或控制關係獲悉消息之人

受第3款規定者為基於職業或控制關係「獲悉」消息之人，由於併購公司或公開收購公司屬於併購決策的形成者，其本身即屬消息來源，

並非經由獲悉而取得消息，故亦無由違背對消息來源的忠誠及信賴義務，在沒有不正利用訊息的情況下，不應構成內線交易。

加以違反內線交易之規定，依照證交法第171條有三年以上十年以下有期徒刑，得併科新臺幣一千萬元以上二億元以下罰金，在罪刑法定主義的考量下，似乎不宜過度擴張解釋法條文義，若經研議後認為併購公司或公開收購公司於併購消息公開前，於市場上買賣股份之行為有禁止必要，亦宜透過修法以杜爭議，方為釜底抽薪之策。

其次，第5款之「從前四款所列之人獲悉消息之人」之規定，依照寬嚴不同的解釋，對於符合本款規定之主體範圍亦有寬嚴之別：

(1)肯定說—屬於消息受領人

採肯定說者可能認為，併購公司或公開收購公司之消息乃是自目標公司而來，特別是合意併購的情況中，併購公司或公開收購公司得知併購決策後，於消息公開前買進股份，此時，將併購公司或公開收購公司解為消息受領人更具合理性。

(2)否定說—非屬消息受領人

併購公司或公開收購公司併購目標公司之決策，乃由其本身所產生，故併購公司或公開收購公司本身即為消息來源，應無成為消息受領人進而買賣有價證券之可能，故其非第5款之主體。

對於前述第3款及第5款的理解，若採較擴張之解釋，則併購公司或公開收購公司將構成內線交易；反之，若採較限縮之解釋，併購公司或公開收購公司建立投資部位時，並非屬內線交易的禁止主體。

至於對第3款及第5款解釋之寬窄不同，或許係源自於市場論及關係論之爭議，由於市場論及關係論主要保護的法益有所不同，故側重的角度亦有差異。或許採市場論者基於保障投資人及市場公平性的觀點，為了使投資人有平等獲取資訊的權利，可能會傾向擴張第3款及第5款之解釋。

　　然而，市場論的範圍應非無限上綱，誠如學者所言：「持有重大消息之人，若非不勞而獲，而是從蒐集、分析相關資訊而得到的發現，遇具體個案時，亦可由法院以未違反資訊平等原則爲由，排除內線交易罪的適用，以消除適用範圍過廣的疑慮[28]。」而併購公司使用公司資源、花費高額成本，以搜尋與評估適合之目標公司，在公開收購消息公布前購買目標公司股票，以降低併購成本、增加併購機率，即便在資訊平等理論下，亦不會被認定爲內線交易行爲[29]。

（三）小結

　　於美國法下，若併購人或收購人於取得預先持股時，僅存有其自身將可能發動收購之意圖，而無其他關於目標公司的重大非公開訊息時，預先持股將不構成義務的違反，不會招致Section 10(b)及Rule 10b-5之內線交易責任；而Rule 14e-3亦不禁止收購人爲預先持股之行爲。故即使美國法規並未明文允許先購後併，但透過法規解釋亦能得出於美國法下應係許可併購人或收購人本身進行預先持股之結論。

　　至於我國法下，由於我國屬成文法國家，關於內線交易之主體，於證交法第157條之1第1項各款有明確規定。因此於適用法律時，勢必須一一檢視併購公司或公開收購公司於內線消息公開前，於市場上買賣股份時之地位，是否符合各款中之規定，若合致其中任一款之規定，依照法律之規定，將招致內線交易之責任。

　　惟可以思考的是，併購公司或公開收購公司縱使合致證交法第157條之1第1項各款之規定，是否應以內線交易規定相繩；換言之，併購公司或公開收購公司本身於內線消息公開前，於市場上買賣股份的行爲，是否應予以禁止？

　　證交法第157條之1第1項內線交易主體之規定乃源自於美國法，由於美國法的內線交易禁止乃透過解釋反詐欺條款而來，故內線交易的禁止主體乃係經由個案及理論累積發展而來。參照前述關於美國法之

說明，併購公司屬併購決策的產生者，對交易相對人及消息來源皆無義務的違反，故無論於信賴關係理論或私取理論下，皆不會構成內線交易。至於Rule 14e-3亦未禁止公開收購公司本身在已採取重要步驟準備後，仍於市場上買進目標公司股份之行為，故亦非Rule 14e-3的禁止主體（惟Rule 14e-5禁止公開收購人於公開收購期間內另外於市場上買賣公開收購標的股份，此即不得以其他方式收購之規定，公開收購人違反時可能須負損害賠償責任[30]）。

反觀我國法，依照文義解釋，實定法中並未明文將併購公司或公開收購公司排除，若採取較擴張之解釋方法，則前述主體於符合各款規定時極可能會落入內線交易的禁止主體範圍。

但若依照目的解釋，併購公司或公開收購公司本身並無不正利用訊息的情形，故似亦應如美國法般，將併購公司或公開收購公司本身排除於內線交易主體之列。有法院見解即認為：「內線交易之禁止，其立法目的乃在禁止投機行為，對破壞證券市場交易制度之公平性者，苟以嚴厲之處罰，然公司基於商業利益，如公司合併、成立控股之關係企業，以提升其競爭力，因而對股市之交易，自應為法所允許，否則一昧以公司內部人有內部消息，即不得購買相關股票，將失之過苛，且有礙企業發展[31]。」而開發金控併購金鼎證券一案中，法院亦認為證券交易法第157條之1第1項規定，概念上當不包含形成、決策併購消息之公開收購公司本身依據其決策進行併購之情況。

至於與其交易之相對人，雖然可能因為於資訊不對等的情況下做出交易而受有損害，應仍屬投資風險得以涵括的範圍，在法規要求持有目標公司股份達一定數量時有揭露義務的情況下，併購公司或公開收購公司完全私下、秘密累積股份的數額亦有其上限，不需過分提前保護投資人。更何況併購公司或公開收購公司之股東權益亦應受到重視，若過度保障於消息公開前與併購公司或公開收購公司交易的相對人，要求併購公司或公開收購公司需公開併購決策始得買賣，將導致目標公司股價上

揚、併購成本提高，對於併購公司或公開收購公司之股東不可謂毫無影響。而因此觸發目標公司經營者進行防禦或增加併購之困難度，亦可能使併購案憑添更多變數，若因併購成本提高及標的公司之防禦成功導致併購公司放棄併購或併購失敗，則之前相信併購公司事先公開併購消息而買賣股票之投資大眾權益亦難以兼顧[32]。

然而，同樣可以思考的是，雖然我國關於內線交易主體之規定乃源於美國法，但美國法關於內線交易必不可少的要件為「詐欺」，於我國實定法中不要求詐欺的觀點來看，是否需與美國法做相同解釋，亦有思考空間。

若不以詐欺為出發點，而是以健全市場的觀點加以思考，縱使併購公司及公開收購公司為併購消息的形成者，惟其於消息公開前在市場上買賣股份，相對於與其為交易的相對人，無可否認，仍係處於資訊優勢的地位，對於投資人造成的損害，與其他內線交易禁止主體所致並無二致，故其行為似亦應予以非難，以達維繫市場公平的目的。

惟縱如前述，因我國現行法下，併購公司及公開收購公司並未明文為內線交易禁止主體，而需透過解釋（或擴張解釋）始能涵括，故若為求明確，應可考慮以明文規定是否禁止併購公司及公開收購公司建立投資部位之行為，以免爭議發生。

二、我國企業併購法關於併購前建立投資部位之最新修訂

（一）104年7月8日公布之企業併購法第27條第10項至第15項

立法院於104年6月15日三讀通過企併法修正案，並於104年7月8日經總統公布。由於此次修正幅度較大，企業、投資機構及國人均宜有過渡時期以資因應，故增訂六個月準備宣導期間[33]，又此次新修訂之企併法並於105年1月8日正式施行。

其中與併購前建立投資部位相關之新增條文，為第27條第10項至第

15項，共6項，其內容及修訂說明如下[34]：

1. 企併法第27條第10項：「爲併購目的而取得任一公開發行公司已發行股份總額百分之十以下之股份者，得以不公開方式先行單獨或與他人共同爲之。」

修訂說明：「併購交易涉及多方當事人（包括客戶、供應商、股東、員工、債權銀行、董事及經營階層、監理機關、媒體等），故於併購初始階段，任何資訊之不當揭露，均可能因關係人揭露及投資客介入，使股價大幅波動損害一般投資人權益，並導致併購案件破局。從而，併購實務均肯認於併購初期階段，隱密性有其合理性及必要性。另參考現行證券交易法第四十三條之一規定，爲兼顧併購案件隱密性需求之現實狀況及有價證券交易市場資訊揭露規範，爰增列第十項規定，明定爲併購目的而取得任一公開發行公司已發行股份總額百分之十以下之股份者，得以不公開方式先行單獨或與他人共同爲之，以臻明確。」

2. 企併法第27條第11項：「前項所稱單獨爲之，係指下列情形之一：一、以自己名義取得者。二、以符合證券交易法施行細則第二條所定要件之他人名義取得者。三、以符合國際會計準則或國際財務報導準則所稱之特殊目的個體名義取得者。」

修訂說明：「併購實務經常有利用他人名義持有目標公司股份之情形，考量該他人係爲本人持有股票，應計入本人持股計算。證券交易法施行細則第二條有關提供股票或資金、或對他人持有之股票具有管理處分權、或他人持有股份之損益歸屬本人等情形，均屬利用他人名義持有股份；而實務上常見之特殊目的個體（SPE），其形式上固屬他人所有，但其最終利益歸屬仍爲本人所有，自亦應將行爲人利用特殊目的個體所持有之股票併計在內。並參考證券交易法有關單獨持有股票之認定，包括利用他人名義持有情形，爰增列第十一項規定，明定單獨取得股票之情形，包括以自己名義取得者、利用符合證券交易法施行細則第二條所定要件之他人取得者、及利用符合國際會計準則或國際財務報導

準則所稱之特殊目的個體取得之情形。」

3. 企併法第27條第12項：「第十項所稱與他人共同為之，係指基於同一併購目的，數人間以契約、協議或其他方式之合意，取得公開發行公司已發行股份者。」

修訂說明：「併購實務有所謂『共組聯盟』之做法，即由數人共組一團隊（consortium）共同進行併購；為使有關共同取得之定義明確並適用本法相關規定，爰參考『證券交易法第四十三條之一第一項取得股份申報事項要點』之規定增訂第十二項，明定共同取得係指數人基於同一併購目的而以契約、協議或其他方式之合意取得公司發行已發行股份之情形。」

4. 企併法第27條13項：「依第十項規定取得上市（櫃）公司股份者，其股票之轉讓，得於有價證券集中交易市場、證券商營業處所以盤中或盤後方式為之。」

修訂說明：「併購實務中，併購方自行或利用他人名義，或與他人共同取得標的公司股份達一定比例後，通常會進行股權移轉整合以與標的公司經營者進行協商或持續收購股份行為。倘標的公司為公開發行公司者，其股票之轉讓，現行法令雖無禁止得於集中交易市場及證券商營業處所以盤中或盤後交易等方式為之，且實務上亦常採用。惟上開基於併購及股權整合目的所為股票轉讓行為，形式上或有證券交易法第一百五十五條第一項第三款相對委託之外觀，有時亦有影響集中交易市場上標的公司股價之情形。然其主觀上係為併購及股權整合目的而為，並無證券交易法第一百五十五條第一項第三款及第七款有關影響集中交易市場某種有價證券交易價格之意圖。為杜爭議並使市場參與者明確知悉及遵守相關規範，爰增訂第十三項規定以使併購實務上一向得以移轉整合股權之方式明文化。」

5. 企併法第27條14項：「為併購目的，依本法規定取得任一公開發行公司已發行股份總額超過百分之十之股份者，應於取得後十日內，

向證券主管機關申報其併購目的及證券主管機關所規定應行申報之事項；申報事項如有變動時，應隨時補正之。」

修訂說明：「第十項已明定為併購目的而取得公開發行公司已發行股份總額百分之十以下股份之人無須揭露，則對於為併購目的而取得公開發行公司已發行股份總額百分之十以上者，自應明定其揭露之義務，爰增訂第十四項明定其申報義務。又現行證券主管機關訂有「證券交易法第四十三條之一第一項取得股份申報事項要點」以為辦理證券交易法第四十三條之一申報事項之規範。本項既參照證券交易法第四十三條之一之立法體例定有申報之義務，證券主管機關於辦理為併購目的而取得公開發行公司已發行股份總額百分之十以上股份之申報事宜，亦得訂定相關細節性規範據以辦理，自屬當然。」

6. 企併法第27條15項：「違反前項規定取得公開發行公司已發行有表決權之股份者，其超過部分無表決權。」

修訂說明：「現行法有關違反持股申報義務行為，僅有證券交易法第一百七十八條第一項之罰鍰規定，致規範成效不彰，為落實本條有關併購案件之資訊揭露規定並保護投資人權益，爰參考金融控股公司法第十六條之規定，增訂第十五項，明定取得公開發行公司股份超過百分之五[35]而未依法申報者，其超過部分無表決權，加重其違反揭露規定之處罰，以收成效。」

（二）評析

1. 新法說明

依照修正後企併法第27條第10項，允許為併購目的而取得任一公開發行公司已發行股份總額百分之十以下之股份者，得透過非公開方式先行建立投資部位。

建立投資部位之方式得單獨或與他人共同為之，而所謂單獨或與他人共同為之，於同條第11項及第12項有進一步規定。依照同條第11項，

當取得股份之人利用他人或特殊目的個體（SPE，或稱SPV）之名義取得目標公司股份時，新法規定屬於單獨取得之態樣。所謂與他人共同取得，共同取得人間需存在契約、協議或其他方式之合意，且需主觀上需基於同一併購目的，始得謂共同取得。

當併購人單獨或與他人共同買進目標公司股份累積達一定數額時，可能有進行股權移轉及整合之需求，現行法並不禁止併購人於集中交易市場及證券商營業處所以盤中或盤後交易等方式為之，惟此時一買一賣的行為客觀上似有構成操縱股價之疑慮，但因併購人主觀上係為併購及股權整合目的而為，並無影響集中交易市場某種有價證券交易價格之意圖，故企併法第27條第13項明定此種為併購目的之移轉股權之行為並無證交法第155條第1項第3款及第7款責任，以杜爭議。

至於企併法第27條第14項及第15項規定則是關於預先持股的資訊揭露要求。原先證交法第43條之1第1項即要求取得公開發行公司已發行股份總額百分之十之人，於取得後十日內有大量股權申報之義務，惟若未為大量股權申報，依證交法第178條第1項，僅處以罰鍰，成效不彰。故企併新法明定「為併購目的」取得公開發行公司已發行股份總額百分之十之人，亦負有持股申報及揭露之義務，且違反此揭露義務時，超過百分之十之股份無表決權。

2. 新法增訂後所未解決之問題

新通過之企併法雖然將預先買進目標公司股份建立投資部位之行為予以明文化，然仍有若干問題並未處理或未明確說明。其中包含：新法是否豁免收購人於內線交易及操縱股價之規定、當收購人取得目標公司股份超過百分之十時是否即招致內線交易責任、對於共同取得人的解釋寬窄以及新增條文之體系位置……等，分述如下。

首先，新法允許收購人於併購前建立部位，惟其部位須不超過公開發行公司已發行股份總數百分之十，是否此一規定得令收購人豁免於內

線交易之規範，有論者認為目前尚無法確認此條文是否得作為構成內線交易之例外[36]。本文認為，基於法規範的一致性，難以認為新法一方面允許收購人得於併購前建立部位，另一方面卻讓收購人因此負內線交易罪之責任，故應得認為新法允許收購人於併購前建立部位，且此一規範得作為構成內線交易之例外。

緊接而來的問題即為，由於企併新法僅謂「為併購目的而取得任一公開發行公司已發行股份總額百分之十以下之股份者，得以不公開方式先行單獨或與他人共同為之」，並未強調係允許「併購消息明確後且有具體內容時」，仍得豁免內線交易。因此，強調投資人保護與證券市場公平性而採取禁止收購人建立投資部位之觀點者，可能對新法採取限縮解釋，認為企併新法僅係允許收購人於消息具備重大性前，得以不公開方式先行單獨或與他人共同買進目標公司股份而已，惟若如此解讀，則將與未增訂本項規定前之內線交易規定相同，並無因新法之增訂而提供收購人得進行先購後併之空間。

其次，關於何謂「為併購目的」，企併新法亦未對此多做說明，具體認定上何種情形始符合「為併購目的」而取得目標公司股份，可能致生疑慮。若過於寬泛的認定所謂「為併購目的」，僅需具備單方主觀上的併購意圖，而不要求客觀上有聘請財務顧問進行分析，或其他客觀要素得證明確有潛在的併購發生可能性存在的話，亦可能導致有心人士藉由企併新法之規定規避公開收購之內線交易責任，嚴重破壞證券市場秩序。

第三，企併新法之規定方式，某程度上將併購前建立部位之規定與持股揭露之規範掛勾，可能致生法規適用上產生混淆。實務上即曾有見解認為，證交法第43條之1第1項業已規定取得或共同取得公開發行公司已發行股份總額超過10%時需向主管機關提出申報，已明文規定大股東事後公開公告義務，投資大眾業可藉此獲悉相關訊息而判斷是否買賣股票，對投資大眾之權益之保障亦有所兼顧[37]，似係認如已依證券交易法

第43條之1第1項規定進行申報及公開之程序，即不會有內線交易規定之違反。對此，應予釐清者係，大量持股申報之資訊揭露規定與內線交易有其不同之規範目的，二者之間並無必然之連動關係，且大量持股申報之資訊揭露並非當然等同於併購消息的公開，蓋依照持股申報之相關規定，取得人於達申報門檻時，僅需於取得後十日內公告並申報即可，又持股申報要求特定之公告內容且主要目的僅係警示證券市場，故持股申報之資訊揭露不等同於併購或公開收購之消息公開，不得謂投資大眾已足藉由持股申報之資訊獲悉相關訊息而判斷是否買賣股票，屬於對投資大眾之權益已有保障，從而持股申報揭露後的內線交易主體買賣股份行為，即不會構成內線交易。

而當收購人取得目標公司已發行股份總額於百分之十以下時，依照企併新法第27條10項可能固然無內線交易責任。然當取得股份數超過百分之十時，即屬企併新法所未規範到之部分，故應回歸證交法內線交易之規定，探討是否收購人此時為內線交易之禁止主體、併購消息是否具備重大性以及重大消息是否屬公開……等問題。又持股數超過目標公司百分之十時，收購人除可能因未公開併購消息而有招致內線交易責任之風險外，亦可能因未依企併新法第27條第14項、第15項之規定進行持股揭露而導致逾百分之十之部分無表決權，應予注意。

第四，新法允許收購人得單獨或與他人共同取得目標公司股份，且所謂「共同」，係指基於同一併購目的，數人間以契約、協議或其他方式之合意，取得公開發行公司已發行股份者。惟自新法之規定卻難以判斷是否數人之間不論參與程度、於收購計畫中的地位、對於資金提供所扮演的角色、利益的歸屬……等，只要有契約、協議或其他合意存在，一概認為屬共同取得人而得豁免於內線交易之規定？又，是否所謂「共同取得」得包含他人以共同取得的名義買進目標公司股份，而在其後收購人的公開收購中應賣因而獲取暴利的類型（即美國法中的「囤積股票（warehousing）[38]」），並得豁免內線交易，存在不確定的空間。但可

以肯定的是，若將共同取得的範圍解釋為包含囤積股票之人在內，則內線交易的規範目的及規範力道將被大大削弱。本文認為，對於併購隱密性及成功率的重視不應凌駕於禁止內線交易所追求的目的之上，當第三人非屬受收購人利用名義而取得股票之人、亦未於收購計畫中扮演舉足輕重之共同收購或其他類似地位時，不應僅以形式上存在契約、協議或其他方式之合意，即認為屬共同取得人而令其豁免於內線交易責任，以免架空內線交易之規範。

最後，新法將關於預先買進目標公司股份建立投資部位之規定新增於第27條第10項到第15項，觀察第27條乃是位於企併法「收購」一節，且企併新法中亦無「合併」得準用第27條第10項到第15項之規定。則是否當系爭重大消息屬合併而非收購時，預先買進目標公司股份建立投資部位之行為即於法有違，容有疑問。本文認為，無論是合併或收購，皆為併購的方式之一，皆有維護隱密性以提高併購成功率的需求，不應因個案中偶然採取合併或收購方式的不同而異其結論，故對於合併案件亦應類推適用企併法第27條第10項至第15項之規定。

肆、結論與建議

關於本文所探討之「先購後併」、「立足點持股」或「預先持股」是否構成內線交易，除了主要涉及併購消息是否已具備重大性之外，則屬併購人或公開收購人是否為內線交易主體之問題。若認為於消息公開前，利用自身併購決策於市場上先行購買目標公司股份佈局之併購方並非內線交易主體，則無論系爭個案中，併購人買賣股份時併購消息是否已具重大性，併購人皆不會構成內線交易。

關於併購公司是否為先購後併情況下的內線交易主體，前提問題即為法人是否為內線交易主體。對此問題，學說上多採肯定見解；實務上若干採否定見解者，乃係因錯誤解讀學者之論述，且於現行法未明文

排除法人為內線交易主體，法人又得擔任董事、監察人，及成為公司股東的情況下，採否定說實無堅強理由，且可能導致法人與自然人間互相推諉責任，或產生自然人透過法人為內線交易而脫免責任之法律漏洞，破壞證券市場之公平性、健全性。採否定說之實務見解似應檢討此一立論。

除法人是否為內線交易主體此一前提問題外，進一步應探討者為先購後併情況中，併購方是否為內線交易主體之問題。於美國法中，依照併購案件是否涉及公開收購，可分為適用Section 10(b)及Rule 10b-5規定之一般併購案件，以及適用Rule 14e-3規定之涉及公開收購之併購案：(1)涉及Section 10(b)及Rule 10b-5之一般併購案件：於一般併購情況下，併購人單獨預先持股並不構成內線交易，因併購人此時非內線交易之主體：依照美國現行之信賴關係理論及私取理論，由於併購公司對目標公司及其股東不具信賴義務，且併購之消息來源乃係由其本身產生，對交易相對人及消息來源皆無義務的違反，故無論於信賴關係理論或私取理論下，併購公司皆非Section 10(b)及Rule 10b-5所涵蓋的主體，不會構成內線交易；(2)涉及Rule 14e-3之公開收購案件：若重大非公開之併購消息涉及「公開收購」，則需適用SEC所頒布之Rule 14e-3。當公開收購人單獨預先持股時，由於Rule 14e-3並不禁止收購人於消息公開前買賣目標公司股份，故公開收購人不構成內線交易。

關於前述問題，於我國法下應如何解釋，可能因為對內線交易禁止規定所追求之主要目的與美國法有所不同，而產生不同結論，於104年7月企併新法增訂前，併購人或公開收購人取得目標公司股份之法律效果，大致得歸納如下：(1)併購人或公開收購人單獨取得目標公司股份：於併購人或公開收購人單獨建立投資部位的情形，若強調證券市場的公平及投資人的保護，可能傾向擴張解釋證交法第157條之1第1項之規定，將收購人解釋為內線交易之主體，此時收購人預先持股的行為將可能構成內線交易。然若追求義務違反及資訊之不正利用作為內線交易

成立的要件，或嚴守證交法第157條之1第1項之文義解釋範圍，則收購人此時應非內線交易主體，其取得目標公司股份之行為將不構成內線交易；(2)併購人或公開收購人與他人共同取得目標公司股份：由於我國為成文法國家，在無法律明文排除責任的情況下，併購公司或公開收購公司透過他人於消息公開前先行買賣目標公司股份的行為，可能將導致該他人合致證交法第157條之1第1項第3款或第5款之規定而構成內線交易，故應不存在併購人或公開收購人與他人共同取得目標公司股份之空間。且證交法第43條之1第1項共同取得股權申報與內線交易之資訊公開應屬不同問題，二者不應混為一談，縱使共同取得股份數於10%之下，仍有構成內線交易之風險。

值得關注的是，104年7月8日公布之企併新法，於第27條第10項至第15項，新增關於預先持股之相關規定。然而，新法雖允許收購人於併購前建立部位，卻對取得之股份數額訂有上限，就文義分析來看，企併新法豁免收購人內線交易責任之方式，是豁免「取得股份於一定數額下」之收購人的內線交易責任，而非「根本排除收購人於內線交易主體範圍之外」。此一增訂方式，對於持股數超過10%的情況，同樣將產生企併新法增訂前，本文前述所討論之內線交易爭議問題，對於爭點的釐清，幫助實屬有限。加以企併新法僅謂收購人得以不公開方式先行為併購之佈局行為，對是否於「併購消息明確後且有具體內容時」，仍得豁免內線交易隻字未提，同樣將致生爭議。

再者，企併新法允許收購人與他人「共同取得」目標公司股份，是否數人之間不論參與程度、於收購計畫中的地位、對於資金提供所扮演的角色、利益的歸屬……等，只要有契約、協議或其他合意存在，一概認為屬共同取得人而得豁免於內線交易之規定？又囤積股票的類型是否亦在共同取得的範圍？仍然存在不確定的空間。

最後，雖然企併新法第27條第10項至第15項同時包含先購後併之規定與資訊揭露之要求，惟如同本文對於企併新法增訂前，內線交易與資

訊揭露規定應脫鉤觀察之觀點，對於企併新法增訂後，本文同樣認為，當收購人取得目標公司股份比例超過10%而未予揭露時，不當然因此構成內線交易罪，然依新法第27條第15項，其超過10%之股份將會無表決權。當然，對於此一企併新法所未明確規範到的「預先持股數超過10%是否構成內線交易」問題，同樣屬於立法政策選擇之問題，期待對於先購後併的內線交易問題，於將來能有更詳細的規範或更完善的說明，若企併法新增訂之第27條第10項至第15項規定，其目的乃確實在提供收購人進行先購後併的空間，則關於何謂「為併購目的」、「共同」……等要件，實應進一步加以釐清，以降低法規範的模糊空間，俾免令潛在收購人無從適用，亦可防止企併新法成為內線交易防杜之漏洞，並促進更多有利於社會福祉之併購案發生。

註 釋

* 本文作者學歷爲國立政治大學法律學系法學士、國立政治大學法律研究所法學碩士。現職爲建業法律事務所律師。

1. 鄭更義，〈速度加快 提高成功機會〉，經濟日報A18，104年1月23日。

2. 粘傑評，〈立足點持股 增談判籌碼〉，經濟日報A18，104年1月23日。

3. 國際會計準則理事會（IASB）特別出具解釋公告第12號（SIC 12）說明SPV的性質，所謂SPV即企業在表面上並未控制某些經濟個體的所有權，但透過交易的安排在實質上掌控其經濟利益、吸收其風險或享有該經濟個體的剩餘價值。SPV認定實質應重於形式，工商時報，2014年8月，http://www.chinatimes.com/newspapers/20140807000132-260210，最後瀏覽日期：104年7月29日。

4. 勤業眾信IFRS知識專區，http://www.ifrs.org.tw/interpretations_SIC12.html，最後瀏覽日期：104年7月29日。

5. 同前註3。

6. 蘇亮瑜，〈論私募股權基金併購銀行之法律問題研究〉，國立成功大學科技法律研究所碩士論文，頁205，2010年7月。

7. 鄭更義，同前註1。

8. 徐俊明、楊維如，《財務管理：理論與實務》，新陸書局股份有限公司，2011年9月，第五版，頁676。

9. 徐俊明、楊維如，同前註，頁676。

10. 劉博文，〈透過衍生商品先行佈局〉，經濟日報A18，104年1月23日。

11. 同前註。

12. 若建立投資部位之標的爲衍生性金融商品時，由於現行證交法第

157條之1之規範標的並不包含衍生性金融商品，故除非另外違反期貨交易法之內線交易規定，否則並不會構成證交法第157條之1的違反。然有學者認為衍生自有價證券之金融商品應予修法加入為本條之規範標的，以免減損內線交易的規範效果。參照林國全、朱德芳、陳肇鴻等人所著之臺灣證券交易所委託研究期末報告，衍生自有價證券之金融商品是否應納入證券交易法第157條之1禁止內線交易規範之標的及相關民事損害賠償之計算，http://www.twse.com.tw/ch/products/publication/download/0003000113.pdf，最後瀏覽日期：104年8月16日。

13.*See* Matthijs Nelemans and Michael Schouten, Takeover Bids and Insider Trading, https://www.academia.edu/2025446/Takeover_Bids_and_Insider_Trading_2013, March 2013, at 23-24.

14.*Id.*

15."anyone" with access to material, non-public corporate information.

16.朱德芳，〈公開收購下之資訊使用及揭露與內線交易之研究—以開發金控併金鼎證券案為例，兼評臺灣臺北地方法院98年度金重訴字第12號刑事判決〉，國科會研究計畫，本文尚未發表。

17.陳俊仁，〈處罰交易或處罰未揭露—內線交易規範法理基礎之檢視與規範之解構與再建構〉，《月旦民商法雜誌》，第32期，2011年6月，頁36。

18."Under US federal securities laws, a bidder acquiring a toehold while in possessionof material non-public information regarding the target would violate Rule 10b-5.However, if the bidder acquires a toehold prior to having conducted due diligence, the bidder will merely have knowledge of its own intentions to potentially launch an offer for the target's shares and the acquisition of a toehold generally does not constitute a breachof a duty of trust or confidence." See Matthijs Nelemans and Michael

Schouten, Takeover Bids and Insider Trading, https://www.academia.edu/2025446/Takeover_Bids_and_Insider_Trading_2013, March 2013, at 25.

19. Rule 14e-3(a)規定：「當任何人已採取重要步驟準備開始公開收購，或已正式展開公開收購時，『其他人』(any other person)取得與該公開收購有關之重要消息，明知或可得而知該消息尚未公開，且明知或可得而知該消息來自下列各款所列之人，則不得於公開收購消息未公開前，或公開後合理期間內買進或賣出與該公開收購相關之有價證券，否則將構成1934年證券交易法第14(e)條之詐欺、欺瞞或操縱行為：(1)自公開收購要約人；(2)自目標公司；(3)自公開收購要約人或目標公司之經理人、董事、合夥人，或代表處理公開收購事宜之人取得重大消息。」（原文：(a) If any person has taken a substantial step or steps to commence, or has commenced, a tender offer (the "offering person"), it shall constitute a fraudulent, deceptive or manipulative act or practice within the meaning of section 14(e) of the Act for any other person who is in possession of material information relating to such tender offer which information he knows or has reason to know is nonpublic and which he knows or has reason to know has been acquired directly or indirectly from:(1) The offering person,(2) The issuer of the securities sought or to be sought by such tender offer, or(3) Any officer, director, partner or employee or any other person acting on behalf of the offering person or such issuer, to purchase or sell or cause to be purchased or sold any of such securities or any securities convertible into or exchangeable for any such securities or any option or right to obtain or to dispose of any of the foregoing securities, unless within a reasonable time prior to any purchase or sale such information and its source are publicly disclosed by press release

or otherwise.）

20. Ian Ayres and Stephen Choi, *Internalizing Outsider Trading*, 101 MICH. L. REV. 313, (2002), at 355.

21. 郭大維，〈論我國內線交易法制─由英美兩國對證券市場內線交易之規範談起〉，《軍法專刊》，第56卷第4期，2010年8月，頁66。

22. The Code of Market Conduct (MAR) 1. 3. 17.

23. The Code of Market Conduct (MAR) 1. 3. 19.

24. 劉連煜，《內線交易構成要件》，元照出版社，2011年7月初版，頁285。

25. 梁正，〈內線交易禁止之射程範圍與監理策略〉，國立臺灣大學法律學院法律研究所碩士論文，2010年6月，頁86。

26. The Code of Market Conduct (MAR)1. 3. 17 C.

27. 陳俊仁，同前註17文，頁32。

28. 林文里，〈外部消息與內線交易內部人的界定─以違約交割為例〉，《法令月刊》，63卷7期，2012年7月。轉引自劉連煜，〈內線交易行為主體之最新案例研析〉，《月旦法學教室》，第104期，2011年6月，頁65。

29. 朱德芳，同前註16文，頁15。

30. See THOMAS LEE HAZEN, THE LAW OF SECURITIES REGULATION, (SIXTH EDITION., 2009), at 407-408.

31. 臺灣高等法院臺中分院98年度金上字第8號民事判決。

32. 參照臺灣高等法院99年度金上重訴第61號刑事判決。

33. 104年7月8日公布之企併法第54條：「本法自公布後六個月施行。」及條文說明。

34. 參照企業併購法修正草案總說明，http://www.tcooc.gov.taipei/public/Attachment/572113404950.pdf，最後瀏覽日期：104年7月25日。

35.百分之五為企業併購法修正草案總說明所載，惟應屬誤植，因條文所謂「違反前項規定」之持股數額為百分之十，故應係「取得公開發行公司股份超過百分之十而未依法申報者，其超過部分無表決權」。

36.惇安法律事務所法規新訊，http://www.lexgroup.com.tw/in_news.php?n_type=1&sn=260，最後瀏覽日期：104年8月2日。

37.臺灣臺北地方法院98年金重訴第12號刑事判決及臺灣高等法院99年金上重訴第61號刑事判決參照。

38.United States v. O'Hagan, 521 U.S 642(1997), footnote 17. "the practice by which bidders leak advance information of a tender offer to allies and encourage them to purchase the target company's stock before the bid is announced"

第十二章

證券詐欺罪之構成要件初探
——與美國法制之比較檢討

李永瑞[*]

壹、前言

按我國證券交易法（以下簡稱證交法）於民國（下同）57年4月16日制訂時，即於第20條第1項規定：「募集、發行或買賣有價證券者，不得有虛偽、詐欺或其他足致他人誤信之行為。」同條第2項則為民事損害賠償責任規定：「違反前項規定者，對於該有價證券之善意取得人因而所受之損害，應負賠償之責。」並援引共用此等民事損害賠償責任之構成要件，於第171條規定刑事罰則：「違反第二十條第一項或第一百五十五條之規定者，處七年以下有期徒刑、拘役或科或併科一萬元以下罰金」，一般通稱為「證券詐欺罪」或「證券詐偽罪」[1]。

77年1月12日修正時，則將第20條第1項規定文字修正為「有價證券之募集、發行或買賣者，不得有虛偽、詐欺或其他足致他人誤信之行為。」[2]第2項規定原為民事損害賠償責任依據，但因增訂「資訊不實」緣故，移列改為第3項。第171條對第1項仍維持罰則規定，「惟目前經濟情況已有變更，其數額顯有偏低，不足以達到法律上之目的，爰參酌七十四年修正銀行法第一百二十五條等調整罰金數額之標準，將本條罰金上限提高為二十五萬元。」

91年1月15日修正時，擴大及於「私募及再行賣出」，乃將第20條第1項規定文字修正為「有價證券之募集、發行、私募或買賣，不得有虛偽、詐欺或其他足致他人誤信之行為。」[3]89年6月30日修正時，第171條對第20條第1項仍維持罰則規定，但以「本條原規範之刑責，其低刑度可處罰金，顯不足以嚇阻違法，爰參照銀行法第一百二十五條規定，提高其刑度，將罰金刑修正為新臺幣。」修正提高罰金並改列第1款規定：「有左列情事之一者，處七年以下有期徒刑，得併科新臺幣三百萬元以下罰金：一、違反第二十條第一項、第一百五十五條第一項、第二項或第一百五十七條之一第一項之規定者。」

　　93年1月13日修正時，第171條第1項再次提高刑度規定為：「有下列情事之一者，處三年以上十年以下有期徒刑，得併科新臺幣一千萬元以上二億元以下罰金。」並以犯罪所得達新臺幣一億元以上為標準，於第2項將刑度提升一級規定為：「犯前項之罪，其犯罪所得金額達新臺幣一億元以上者，處七年以上有期徒刑，得併科新臺幣二千五百萬元以上五億元以下罰金。」[4]另外，還增訂第5項（現行法第6項）規定：「犯第一項或第二項之罪，其犯罪所得利益超過罰金最高額時，得於所得利益之範圍內加重罰金；如損及證券市場穩定者，加重其刑至二分之一。」

　　至於現行法第20條第2項規定：「發行人申報或公告之財務報告及其他有關業務文件，其內容不得有虛偽或隱匿之情事。」則是77年時增訂，原第2項民事損害賠償責任則移列改為第3項規定：「違反前二項規定者，對於該有價證券之善意取得人或出賣人因而所受之損害，應負賠償之責。」並新增第4項規定：「委託證券經紀商以行紀名義買入或賣出之人，視為前項之取得人或出賣人。」惟並未同步增列罰則，當初的立法理由略為「第174條已規定刑事責任」[5]。

　　93年1月13日修正時，則於第171條第1項第1款罰則規定中將第20條第2項列入，即援引共用民事損害賠償責任之構成要件[6]，成為目前一般通稱之「資訊不實罪（或財報不實罪）」。然而，由於此項修法並未同步檢討原來第174條規定之性質與內容（即至少與第171條第1項第1款規定增列罰則之關連與區別），乃至於通盤檢討廣義證券詐欺（即證券詐欺罪與資訊不實罪等）之防制與規範體例，修法之後，乃連帶牽動第174條等規定解釋適用問題。

　　由於第20條第1項、第171條第1項第1款（以下簡稱本項規定），涉及證券交易法如「有價證券之募集、發行、私募或買賣」等諸多專業用語，同時，於構成要件上則援引共用民事損害賠償責任之規定使用了「虛偽、詐欺或其他足致他人誤信之行為」此等抽象詞語，論者甚或實

務頗認為此等**一般證券詐欺概念甚為抽象**，如此一來，實務運作上便有可能產生認定不一、南轅北轍、莫衷一是的結果。從而，基於罪刑法定原則之觀點，自有必要予以深入檢討與釐清，本罪之構成要件究應為何？如何解釋適用方為正確妥適？如此，始足以使人民能措其手足、遵循法令，妥善從事風險管理或避免證券詐欺情事發生，最終，也才足以使證券市場活潑熱絡但有條理秩序，而能維持**證券市場健全發展，俾保障投資及發展國民經濟**（證交法第1條參照）。

有鑑於法律規範涉及法律事實與現象，因此，欲探究本項規定所欲規範的刑事不法行為為何？乃可從法院於實際案例的認知與探討中先進行考察，據此，本文擬依「**案例研究方法**」考察我國法院審判實務狀況。即：一方面藉由法院對於本項規定的理解來窺知，實務所認為本項規定所欲掌握的刑事不法行為，究竟為何？另方面則藉由此等案例事實來探討本項規定，究應為如何規範，始為正確妥適？

另外，法律學乃社會規範科學，現代文明法治國家之共同原理的探討，乃至於各國法制實務運作之普遍經驗的探究，當屬必要，據此，本文擬依「**比較研究方法**」考察外國法制與實務。即：一方面藉外國法制之比較探討，據以學習外國法制與實務之先進見解與經驗；另方面，則藉由外國法制與實務之比較探討，據以探求共同原理及普遍經驗，再綜合檢討，期能糾正我國法制與實務之缺失。茲因美國證券法制乃屬發展成熟的先進國家，且我國證券法制與實務亦頗多參考美國證券法制，故，本文乃擬比較「**美國法制規定與實務運作**」。

再者，**法律理念、立法制度、實務運作**，在最適狀態上，理應為三位一體。亦即，**實務運作**之所以問題叢生、狀況百出，極可能便是立法**體例、立法規定**出現偏差甚或錯誤，而立法制度的偏差錯誤，則極可能是**法理精神**之探尋的缺乏或不足。蓋：上游混濁不清，下游澤湖何明？故此，探究法律精神、法律理念之標準何在，以為檢討**實務運作**乃至於立法制度之良莠，更是非常重要。據此，本文擬依「**哲學研究方法**」考

察證券詐欺罪之經濟犯罪、抽象危險犯的本質，據以解析本罪之構成要件。

綜據上述，以下，首先，主要將針對第20條第1項、第171條第1項第1款之證券詐欺罪，先依「**案例研究方法**」就我國證券詐欺罪審判實務之狀況略作瀏覽整理（「**貳、一**」）後，再依「**哲學研究方法**」從制度面與運作面綜合考察我國證券詐欺罪之問題特徵（「**貳、二**」），其次，則接續先就美國證券立法體例進行簡要概觀（「**參、一、（一）**」）後，即針對美國法制上證券詐欺罪之審判實務狀況略作鳥瞰整理（「**參、一、（二）**」），再據以依「**比較研究方法**」進行必要的比較探討與簡要的分析檢討（「**參、二、（一）、（二）**」），最後，則略作綜合的分析說明，以爲結語（「**肆**」），期能提供我國實務運作與制度規範之進一步探討的參考。

貳、我國證券詐欺罪之狀況

茲先依「**案例研究方法**」瀏覽整理我國法上證券詐欺罪之審判實務狀況如下（下述「一」），其後，再嘗試針對我國證券詐欺罪之規定，從制度面與運作面進行綜合考察其問題狀況於次（下述「二」），期能呈現問題的特徵狀況，而作爲本質思維與檢討的導引。

一、我國法上證券詐欺罪之實務狀況

按我國證券交易法第20條第1項規定：「有價證券之募集、發行、私募或買賣者，不得有虛僞、詐欺或其他足致他人誤信之行爲」，違反者，依第171條第1項第1款規定有刑事罰則。凡此規定及修正過程，已略如前言（上述「壹」）處所述。

關此規定，其構成要件約略得解析爲：1.主體要件─任何人；2.主觀要件─故意；3.行爲要件─爲虛僞、詐欺或其他足致他人誤信之行

為；4.行為情狀—於有價證券之募集、發行、私募或買賣之際。據此，以下主要即針對本項規定之證券詐欺犯罪，就我國的審判實務狀況及相關的學說探討，進行簡要的瀏覽整理。

（一）主體要件：任何人

相較於規範「資訊不實」之證券交易法第20條第2項規定：「發行人申報或公告之財務報告及其他有關業務文件，其內容不得有虛偽或隱匿之情事。」限定責任主體為「發行人」，乃身分犯。規範「證券詐欺」之第20條第1項規定，並未明確規定責任主體，但並未有所限定，因此，理論上，任何人均有可能違犯本項規定之證券詐欺[7]。

（二）行為要件：虛偽、詐欺或足致他人誤信之行為

在客觀要件上，我國法院實務固已指出：應有虛偽、詐欺，或其他足致人誤信之行為，並頗有說明其內涵（正隆案：83台上4931[8]）。但在犯罪性質上，早期或因認證券詐欺罪（或稱證券詐偽罪）為刑法詐欺取財罪之特別規定，乃有實務甚至迄今仍認為本項犯罪為「結果犯」而非「行為犯」略謂：「依該條全文以觀，須有被害之相對人存在，該相對人復須因行為人之虛偽、詐欺或其他行為，陷於錯誤，始為該當，與同法第155條第1項各款僅係「行為犯」，而非「結果犯」之規定不同。」（遠東倉儲案：臺灣高等法院91上訴3711、98金上重更（一）18、101金上重更（二）17、聖約瀚補習班案：臺南地方法院96重訴35；得益電訊案：臺灣高等法院103重金上更（二）3）。

直到近年，才有下級審法院開始意識到本項犯罪為「抽象危險犯」略謂：「從證交法第20條第1項所規定「有價證券之募集、發行、私募或買賣，不得有虛偽、詐欺或其他足致他人誤信之行為」之文義來看，其既規定「不得有……之行為」，該條性質上屬於抽象危險犯（即行為犯），即應甚為明確；且若將證券詐欺罪解釋成實害結果犯，並不

能合理地限縮可罰性範圍，反而會使得僅有單一或特定少數投資人財產法益受侵害的案例，亦依證券詐欺罪處罰，而不合理的擴張到原應由刑法第339條制裁之範圍，並造成法定刑的「跳躍」，亦即罪刑不相當之情形。」（珍通能源案：臺北地方法院100金訴35、臺灣高等法院101金上訴44；Lydia Fund, LP案：臺北地方法院100金訴8、臺灣高等法院101金上重訴32、104台上3041）。

並且，已有進一步意識到本罪與刑法詐欺罪的不同，而認為「是否使被害人陷於錯誤、該被害人是否因錯誤而給付財物，並非本罪之成立要件」略謂：「行為人之詐術是否確實使特定被害人陷於錯誤、該特定被害人是否因該錯誤而給付財物、行為人是否因被害人給付財物而獲得利益等，並非本罪之成立要件。是本罪在性質上並非實害犯或具體危險犯，而係抽象危險犯。」（台灣川普案：臺北地方法院101金訴15、臺灣高等法院103金上訴7；中華環保案：臺灣高等法院臺中分院101金上更（一）18、104台上417；全懋案：101金上重更（一）19）。

然而，或許由於觀念上仍囿於刑法詐欺取財罪之構成要件框架的緣故，因此，即使認定本項犯罪為抽象危險犯，仍有諸多法院判決認為「應使投資人陷於錯誤」略謂：「其可罰性在於行為人施用詐術使投資人陷於錯誤，至於是否由行為人親自出賣系爭證券要非所問。」（珍通能源案：104台非107）、甚至「須詐騙取得他人財物」略謂：「就有價證券之募集、發行、私募或買賣，不得有詐欺行為之要件，與刑法詐欺取財罪相同，均係指行為人意圖為自己或第三人不法之所有，以欺罔之方法騙取他人財物，並已實際為有價證券之募集、發行或買賣之行為，始成立犯罪。」（寰生生技案：98台上6896）、「證券交易法第20條第1項之證券詐欺雖屬特別法規定，惟要件中「虛偽、詐欺或其他足致他人誤信行為」，應與刑法第339條所規定之「詐術」為相同認識，必被害人因行為人「虛偽、詐欺或其他足致他人誤信行為」而有財物之交付時，始成立證券詐欺罪。」（聖約瀚補習班案：臺灣高等法院臺南

分院102金上重訴114）。凡此，即刑法詐欺取財罪所謂的「**雙重因果關係**」。

甚至，還有就「**是否因而陷於錯誤**」特別指示略謂：「**交易相對人是否因行為人所為之虛偽、詐欺或其他足致他人誤信行為而陷於錯誤，應綜合行為時客觀上通常一般人所認識及行為人主觀上特別認識之事實為基礎，再本諸客觀上一般人依其知識、經驗及觀念所公認之因果法則而為判斷，既非單純以行為人主觀上所認知或以客觀上真正存在之事實情狀為基礎，更非依循行為人主觀上所想像之因果法則判斷認定之。**」（寰生生技案：100台上995、漢德生技案：101金上訴28）。

然而，姑不論證券詐欺罪本質上乃屬經濟犯罪、抽象危險犯，而且其經濟特質，著重在**對證券市場金融秩序的影響**，至於投資人是否陷於錯誤、是否已遭騙取財物或交付財物，並非犯罪成立要件；更何況，法條文字明文規定為「**不得有虛偽、詐欺或其他足致他人誤信之行為**」，亦明顯與刑法詐欺取財罪有別。關此見解，顯值商榷或可能劃錯重點、搞錯方向。

另外，因我國證券交易法針對第171條第1項之犯罪，乃於第2項將刑度提升一級規定為：「**犯前項之罪，其犯罪所得金額達新臺幣一億元以上者，處七年以上有期徒刑，得併科新臺幣二千五百萬元以上五億元以下罰金。**」據此，乃出現所謂「**分級重刑**」的區分。關此同一犯罪行為，僅因犯罪所得金額差異而異其法定刑刑度的規定制度，學者多稱為「**刑罰加重**」[9]，但實務則多認為是「**不同罪名**」，實務執此見解的理由是：金融犯罪之犯罪所得是否為一億以上，所得多寡不同者，不但事實已不相同，法定刑亦不同。所以，犯罪所得之事實乃有關罪刑之事實，最高法院因此不能「**自為判決**」而應「**發回更審**」[10]。

同時，同條第6項更特別規定：「**犯第一項或第二項之罪，其犯罪所得利益超過罰金最高額時，得於所得利益之範圍內加重罰金；如損及證券市場穩定者，加重其刑至二分之一。**」換言之，針對同一犯罪行

爲，又以「損及證券市場穩定」爲法定刑之加重事由。

因此，即使已有上開下級審法院認定本罪爲抽象危險犯者，但仍係比照刑法詐欺取財罪據以認定「犯罪所得無須考量亦無須扣除成本」略謂：「本罪固係抽象危險犯，而與刑法詐欺取財罪係實害犯相異，然本罪在行爲人藉散布不實訊息銷售股票已獲「犯罪所得」之情形，即已產生特定實害，此時即與刑法詐欺取財罪須以產生特定實害結果且使行爲人受有特定財產利益乙情，並無二致。綜此以觀，本罪「犯罪所得」計算方式，應與刑法詐欺取財罪中行爲人詐得財物之計算方式相同，即應自被害人之角度觀之，探究被害人因行爲人施用詐術而交付給行爲人之財物價額以爲斷，至於行爲人施詐過程中付出之成本，無須考量亦無須扣除。」（珍通能源案：臺北地方法院100金訴35、臺灣高等法院101金上訴44；台灣川普案：臺北地方法院101金訴15、臺灣高等法院103金上訴7；兆良科技案：臺北地方法院104金重訴28、臺灣高等法院105金上重訴23）。

甚至，最高法院亦嘗有認爲「難率認爲均係採「差額說」」略謂：「查其立法過程中，行政院版草案……對增訂本項規定之說明……其中雖以內線交易、不法炒作股票爲例，說明犯罪所得金額之計算應採取差額說，然對於該二類犯罪以外之同條第一項各款犯罪所得金額究應如何計算，並無具體說明，已難率認爲均係採「差額說」；何況，縱係內線交易、不法炒作股票犯罪所得金額之計算，亦僅限於股票本身之價差，並非指其計算方法應扣除行爲人承租或承買犯罪行爲處所之租金、價金、業務人員之佣金、管銷費用等成本。原判決認上訴人等本件以詐僞行爲募集有價證券犯罪所得之計算，毋庸扣除施以詐僞過程中支出之承租土地租金、建築師設計費等成本……，於法亦無不合。」（全懋案：104台上2744）。

不過，亦有下級審法院認爲：「條文既謂『犯罪所得』，而非『被害金額』，則法院在認定行爲人是否構成此加重條款時，即應就各

個犯罪類型、態樣，於個案中依證據認定行為人因犯罪所獲取之財物或財產上利益是否已達1億元。」（Lydia Fund, LP案：臺北地方法院100金訴8、臺灣高等法院101金上重訴32），甚且，亦有最高法院不否認「扣除成本後之實際犯罪所得」者（安磊科技案：99台上7035、106台上1）。甚至，上開全懋案的前審最高法院則是明採「差額說」略謂：「是上開第一百七十一條第一項、第二項分成不同犯罪構成要件之罪，其區分在於犯罪所得之數額，即犯罪所得金額之計算，影響第二項加重條件之成就與否。可見第一百七十一條第一項、第二項關於犯罪所得金額，應採相同之計算方式。而其中關於計算犯罪所得之數額，立法理由載明係採取「差額說」，即應扣除犯罪行為人之成本。」（全懋案：101台上5111）。

要言之，同一犯罪行為，僅因犯罪所得金額差異而異其法定刑刑度的規定設計，頗為特殊。同時，因此等犯罪所得金額之立法規定，造成實務運作問題連連，反而衍生諸多難以處理的問題，包含：犯罪所得計算認定的問題、共犯數人所得應否合併計算的問題，甚至可能造成審理長期化、久懸未決的問題（實例如台開內線交易案），顯不符合經濟犯罪理應盡速審判定罪、以收處罰及預防實效所應有的立法理念。凡此，均屬我國法制殘留的重大問題。

（三）行為情狀：於有價證券之募集、發行、私募或買賣之際

一旦確認證券詐欺罪為「抽象危險犯」，認為：「行為人之詐術是否確實使特定被害人陷於錯誤、該特定被害人是否因該錯誤而給付財物、行為人是否因被害人給付財物而獲得利益等，並非本罪之成立要件」（台灣川普案：臺北地方法院101金訴15、臺灣高等法院103金上訴7），不再如同刑法詐欺取財罪需要「雙重因果關係」，由於行為要件之「虛偽、詐欺或其他足致他人誤信之行為」的法條文字極為抽象，便極有可能使適用範圍漫無邊際。因此，近年來實務下級審法院頗有提出

限縮之道。

例如：「為合理限縮證券詐欺罪「抽象危險犯」可罰性範圍，可採之方法有二：其一，行為人主觀上須具有「不確定範圍之實害故意」；其二，行為人之行為應具有「足致誤信」之性質，亦即行為人作為或不作為傳遞之資訊必須是和投資判斷有重要關係的事項，亦即具有「重大性」，方足以構成該罪。」（珍通能源案：臺北地方法院100金訴35、臺灣高等法院101金上訴44）。

又如：「實有必要分別自主觀及客觀要件著手增加入罪要件，以合理限縮本罪之適用範圍，並使本罪構成要件正確且恰如其分地與本罪保護法益互相呼應，以免過度處罰：(1)主觀要件之限縮：本罪之行為人在主觀上仍須對其實施之詐偽手段將可能造成本罪保護法益（一般不特定投資大眾之集體財產法益）受侵害一事有所預見，即必須具有「不特定投資人財產範圍之實害故意」。具體言之，本罪行為人主觀上必須要認知到，其散布之詐偽資訊係以有相當傳播可能性之方式散布於多數不特定之投資大眾，因而有將不特定多數投資人之財產法益置於受侵害風險之下。(2)客觀要件之限縮：本條所定行為人實施「虛偽」及「詐欺」行為之危害程度，必須達到「足致他人誤信」即「足致一般不特定多數投資人誤信」之相同程度，始足當之。具體而言，行為人傳遞之詐偽資訊必須係「與投資判斷形成過程相關之重要事實」，亦即係與一般投資人之「投資判斷形成過程」具有重要關連之事項，而足以影響投資判斷之形成過程之事實，即該項詐偽資訊必須具有「重要性」或「重大性」，而屬「重要事實」。」（台灣川普案：臺北地方法院101金訴15、臺灣高等法院103金上訴7）。

實則，此外，從構成要件言，本罪之成立，須為於「有價證券之募集、發行、私募或買賣」的場合，為「虛偽、詐欺或其他足致他人誤信之行為」。換言之，即使有「虛偽、詐欺或其他足致他人誤信之行為」，倘若並非於「有價證券之募集、發行、私募或買賣」之際所為，

至多可能成立第20條第2項之「虛僞不實罪」，但並不成立第20條第1項之「證券詐欺罪」[11]。

關此，最高法院早於順大裕案中便指出：「證券詐欺罪，應於已實際爲有價證券之募集、發行或買賣之行爲，始成立犯罪，且未必僅以虛僞記載之公開說明書方式即得同時成立詐欺罪」（96台上2453；安磊科技案：99台上7035；博微生科案：103台上803；宏福建設案：104台上3871等判決均屬同旨）。而最高法院於得益電訊案中更即以此爲由撤銷發回更審略謂：「上開詐僞罪，以違反同法第20條第1項：「有價證券之募集、發行、私募或買賣，不得有虛僞、詐欺或其他足致他人誤信之行爲」之規定，爲其犯罪成立要件。故若於募集、發行、私募或買賣行爲完成後，始爲詐僞行爲時，即難以該罪相繩」（104台上3088）。

另外，於此尚有一項非常值得深入探討的爭議問題則是：固然，法院實務均多認爲：「本條所定之有價證券，不以經公開發行者爲限。」（珍通能源案：臺北地方法院100金訴35、臺灣高等法院101金上訴44；台灣川普案：臺北地方法院101金訴15、臺灣高等法院103金上訴7）。然而，在非公開發行公司但僅涉及「買賣」的場合，是否亦有本項證券詐欺罪之適用？目前，多數法院實務乃採肯定見解略謂：「非公開發行公司，亦有證交法證券詐欺罪之適用。」（保健案：101台上703；方程式案：101台上862）。

對此，學者則是持否定立場認爲：證交法第20條第1項「有價證券之……買賣，不得有虛僞……」的範疇，應僅限於「公開發行公司」始有適用，而不包括「非公開發行公司」有價證券之買賣，故「非公開發行公司」之股東，其私下出售持股的行爲，如不涉及對不特定人的兜售行爲，應無證交法第20條的適用[12]。從而，此項問題，乃有再深入探討之必要。

（四）主觀要件：故意

最後，在主觀要件上，我國最高法院實務亦早於正隆案中即已明白指出：「無論虛偽、詐欺或其他使人誤信等行為，均須出於行為人之故意，否則尚不為罪。」（83台上4931）。

在燦坤案中，最高法院更係依此主觀要件為理由駁斥下級審法院的判決略謂：「無論虛偽、詐欺或其他使人誤信等行為，均須出於行為人之故意，且此主觀犯意之有無，應依證據證明之。」最後並以「不能據以認定被告等係「故意」省略「OTCBB」，藉以誤導他人或故為虛偽不實說明，而有施行詐術或為使人誤信之行為」為由駁回檢方的上訴[13]。

二、我國法上證券詐欺罪之問題狀況

有關我國法上證券詐欺罪之審判實務狀況，已經配合我國法制之制度面上的構成要件，從實務面上概略瀏覽我國法院之審判實務狀況如上（上述「一」）。

而再接續進行外國法制之比較與探討以前，為期能夠對外國法制實務之比較與探討提供一定程度的討論基礎，茲先就我國證券詐欺罪之制度面與實務面進行體系性的綜合考察與探究，依「哲學研究方法」歸納其問題狀況及特徵於下（下述「二、（一）」），然後，再嘗試進行簡要的分析說明如次，以期能提供解決問題的可能方法與路徑（approach）（下述「二、（二）」）。

（一）問題狀況與特徵

綜據上述我國審判實務狀況之概略瀏覽，就我國證券詐欺罪之制度面及運作面進行體系探究及分析考察。根據上開證券詐欺罪涉及的問題狀況與背景，經過綜合考察與探究之後，按照人事物時地五何（5W）

的要素分析之，約略可以歸納出具有以下的問題狀況及特徵：

一、就人的要素而言，儘管證券詐欺罪並非**身分犯**，不過，因為要從事證券詐欺，通常會採取**虛設公司行號**或**虛偽出資、虛偽增資、製作不實財報、窗飾營收、虛列資產**等不法舞弊行徑，而透過無中生有、偷梁換柱、瞞天過海、空城計的方式進行，需要許多人士的相互配合，例如，公司內部的**董監經理人、財務人員**，外部的**會計師、鑑價公司人員**等，因此，常會呈現共犯（包含**共同正犯、教唆犯或幫助犯**）的特徵，乃多具共犯關係，例如珍通能源案，即屬典型適例。甚至於犯罪組織，以利達成其行為的**遂行性**。而在**家族企業**的場合，由於公司負責人等多為家族成員，因其**利害攸關、休戚與共**，故**沆瀣一氣、同流合污**，彼此之間更具**緊密性**，藉由彼此掩護彼此，因而極易形成共犯集團。同時，此亦極容易造成其等不法舞弊行徑的**潛行化、隱蔽性、偵查困難性**及**定罪困難性**。例如聖約瀚案，即屬典型適例。

二、就事的要素而言，因為從事證券詐欺此等犯罪要能夠得逞，如同上述，通常需透過無中生有、偷梁換柱、瞞天過海、空城計的方式進行。因此，在其**犯罪行為**之實行上，多半會採取**虛設公司行號、虛偽出資、虛偽增資**或**製作不實財報、誇飾營收、低列成本、膨脹資產、隱藏負債**等其他不法舞弊行徑，因此，犯罪方式及犯罪手法更加錯綜複雜。例如漢德生技案、博達案[14]，即是典型適例。同時，如前所述，在**專業財會人員、家族人員**彼此**專業掩護、職務掩護**的情況下，更是加深其等無中生有、偷梁換柱、瞞天過海、空城計之不法舞弊行徑的隱蔽性、專業性及偵查困難性，乃至於由於證據事涉專業、複雜、龐大因而造成**審理長期性**及定罪困難性。例如兆良科技案，乃為典型適例。

然而，我國實務尤其居於法律審之最高法院迄今仍認為「**應使投資人陷於錯誤**」（珍通能源案：104台非107）、並須「**詐騙取得他人財物**」（寶生生技案：98台上6896）。亦即，比照刑法詐欺取財罪所謂之「**雙重因果關係**」。甚至還就「**是否因而陷於錯誤**」特別指示：「應綜

合行為時客觀上通常一般人所認識及行為人主觀上特別認識之事實為基礎，再本諸客觀上一般人依其知識、經驗及觀念所公認之因果法則而為判斷」（寰生生技案：100台上995、漢德生技案：101金上訴28），等於是以刑法詐欺取財罪之要件在判定證券詐欺罪。

關此，對多數案件判斷之結論固可能不受影響（蓋：投資人已經誤信），然而，在少數案件的判斷結果上卻可能導致證券詐欺罪的行為人因此僥倖逃脫（漢德生技案：105台上701即是以「行為人究竟如何施用詐術，使他人陷於錯誤，自應於判決書內詳予認定，並於理由內記載所憑之證據及認定之理由，方足為適用法律之依據」為由撤銷原審有罪判決發回更審，惟臺灣高等法院105金上更（一）4仍舊判決有罪）。就此，一來既可能是誤解證券詐欺罪之經濟犯罪本質致未能確切掌握本罪之構成要件，二來也可能是對如何限縮本罪之涵蓋層面過廣擺錯重點與搞錯方向。要言之，過猶不及，均非所宜，實有再加以深入檢討之必要。

三、就物的要素而言，由於證券詐欺罪之行為人其行為所施行的客體，表面上雖然是「有價證券」的募集、發行、私募或買賣，但實質上，製作不實文書或財報，乃涉及偽造公司的單據帳冊、財務報表等，而保護客體則更涉及證券市場交易秩序。因此，其不法行徑所造成多數或不特定投資人財產利益損害乃至於證券金融市場秩序的危害，乃深具破壞重大性及影響深遠性。而在犯罪偵查乃至於司法審理上，則因其財務報表等相關事證複雜龐大，且常多涉及財會經濟專業領域，證據因此呈現複雜性及專業性，故極其容易造成偵查困難性、審理長期性及定罪困難性[15]，例如博達案、太電案，正是典型適例。

然而，針對第171條第2項「犯罪所得達新臺幣一億元以上」之加重構成要件的特殊立法，目前多數法院即使認定本罪為抽象危險犯但仍認為：「本罪『犯罪所得』計算方式，應與刑法詐欺取財罪中行為人詐得財物之計算方式相同，即應自被害人之角度觀之，探究被害人因行為人

施用詐術而交付給行為人之財物價額以為斷，至於行為人施詐過程中付出之成本，無須考量亦無須扣除。」（珍通能源案：臺北地方法院100金訴35、臺灣高等法院101金上訴44；台灣川普案：臺北地方法院101金訴15、臺灣高等法院103金上訴7；兆良科技案：臺北地方法院104金重訴28、臺灣高等法院105金上重訴23）。甚至，連最高法院亦嘗有認為「難率認為均係採『差額說』」者（全懋案：104台上2744）。

關此，不僅明顯與當時的立法理由相違背，而且，其實也與美國法制及實務對於證券詐欺，如同內線交易、操縱市場之情形一般，均依「損失差額」作為量刑多寡的狀況，顯有相悖（詳後述）。因此，此等解釋適用，甚至立法規定，著實均有加以深入檢討之必要為是。

四、就時的要素而言，因為證券詐欺此等空城計、無中生有、偷梁換柱、瞞天過海的不法舞弊行徑，通常涉及虛增營業額、美化財務報表，動機是「股價」與「籌資」，即欺騙投資人，因此，常需要時間因素的配合，例如博達案[16]。由是可見，證券詐欺之不法舞弊行徑在時間上的繼續性。同時，此亦極為容易造成犯罪偵查及司法審理的困難性及長期性。

五、就地的要素而言，由於證券詐欺此等空城計、無中生有、偷梁換柱、瞞天過海的不法舞弊行徑，現在多會利用跨國三角貿易來創造營收業績，如在國外設立海外人頭公司，而假裝銷售產品給這些海外人頭公司，以假營收、假現金，虛增營業額，美化財務報表，欺騙投資人，例如博達案、太電案[17]。由是可見，現今證券詐欺此等不法舞弊行徑所呈現的國際化、跨國性。同時，此亦極其容易造成偵查困難性及定罪困難性。

綜合上述制度面及運作面上所呈現的問題狀況與特徵可知，有關證券詐欺所涉及的人事物時地此等經濟犯罪，其本身錯綜複雜、盤根錯節，深具專業性、複雜性及隱蔽性，相較於一般財產犯罪，更具有破壞性重大、影響性深遠等特性，同時，容易造成犯罪偵查及司法審理的困

難性及長期性，已然涉及**實體法與程序法交錯**之議題。

（二）解決問題之路徑嘗試

根據上述我國證券詐欺罪之審判實務狀況的概略瀏覽可知，已涉及**實體法與程序法交錯**的議題，因此，具有相當複雜且深刻的問題。即：

1.我國現行制度將證券詐欺罪與資訊不實罪分別規範，同時，將刑事責任之構成要件均援引依附民事損害賠償責任之規定，其立法體例及實務運作是否妥適？2.並依犯罪所得而分級（犯罪所得達新臺幣一億元以上者，加重一級），其立法體例及實務運作是否妥適？此犯罪所得應如何認定？是否應如內線交易罪、操縱市場罪一般，採「淨值原則」、「差額說」？3.又證券詐欺罪與刑法詐欺取財罪，二者究竟有何差異不同？為何實務係一再援引刑法詐欺取財罪之要件來解釋適用證券詐欺罪？此等觀念認知與解釋適用，是否正確妥適？4.面對證券詐欺犯罪以**財務報表膨脹資產、隱藏負債、誇大營收、虛增現金、虛設海外人頭公司、虛列海外三角交易**等虛假的長期投資、海外交易，且手法不斷推陳出新，事涉複雜財報與財會專業，檢調單位調查活動應如何因應，始能剋制犯罪？檢察官應如何進行舉證活動，始可謂已盡其舉證責任？而法院應如何處理此等證明活動，始為妥適？

凡此，正因證券詐欺罪本身具有**專業性、複雜性**及**隱蔽性**等特性，加上我國證券交易法就刑事責任構成要件採取援引依附民事損害賠償責任的立法體例，將**證券詐欺之刑事責任**均援引依附證券交易法第21條第1項之民事責任，如果對證券詐欺罪之經濟犯罪、抽象危險犯的本質及證券市場的經濟特質等觀念認知不正確，則此等構成要件不僅不夠**清楚明確**，亦非常容易使**司法實務重訴輕判**導致法重情輕，而且，一旦**法重情輕、重訴輕判**，也可能容易使人忽略甚或無視而導致**規範失效**的情境。如此一來，更是極為容易淪入**偵查困難、審理長期、重訴輕判、施行無效**之惡性循環的司法實務運作狀態。

因此，為期能針對我國法上證券詐欺罪之審判實務狀況及問題特徵，提出解決問題的路徑，乃有必要參考比較外國先進法制，以為借鏡。

由於美國證券法制就世界各國而言乃屬發展比較成熟的先進國家，且我國證券法制亦頗多參考美國證券法制而制訂，甚至實務運作亦頗多參考美國判例的解釋適用，因此，此處，乃擬藉助美國法制規定與實務運作，以瞭解我國法制規定與實務運作的問題所在。

據此，以下乃嘗試比較參考美國法制的制度與實務運作，以期藉由美國法制的比較探討，對於問題解決的路徑能夠有所參考與指引。

參、美國法制之比較與檢討

在上述依「**案例研究方法**」針對我國法院審判實務之狀況進行概觀瀏覽後，以下，擬依「**比較研究方法**」比較美國法制，茲先就美國法院審判實務狀況進行粗略的鳥瞰（下述「一」），然後，再嘗試針對臺美法制狀況進行初步的比較探討（下述「二、（一）」）及分析檢討（下述「二、（二）」），以期提供我國實務運作及制度規範之檢討改進的參考。

一、美國法上證券詐欺罪之狀況

由於美國證券立法體例，與我國法制頗有不同，因此，在針對美國法院審判實務狀況進行鳥瞰之前，有必要先概述說明美國證券立法體例（下述「一、（一）」），再接續瀏覽美國法院審判實務（下述「一、（二）」），一來比較能從制度面上界定美國法制所指涉之證券詐欺罪的範圍，二來也才比較能在實務面上瞭解美國法院審判實務狀況的背景脈絡（context）。

（一）美國證券立法體例概述

首先，必須注意，與我國爲單一國（Unitary state）不同，美國乃採聯邦制（Federation），美國法制因此可稱爲52個法制（50個州、聯邦及華盛頓特區）。各州與聯邦甚至華盛頓特區都有自己管理證券的法律，這些州法，一般俗稱爲「藍天法（blue sky laws）」[18]。從而，就縱向面來講，聯邦法與州法，乃各自展現各種不同的面貌[19]。

因此，聯邦與州都可以對證券詐欺罪進行偵查並提起刑事追訴，不過，在偵查與起訴上，**聯邦證券交易委員會**（U.S. Securities and Exchange Commission，簡稱SEC）通常扮演實質重要的角色，而常依聯邦的證券詐欺罪進行偵查與追訴[20]。

其次，所謂聯邦的證券詐欺罪，根據美國聯邦法典第18編（Crimes and Criminal Procedure）第3301條的定義，其實，還包括：第1348條、1934年證券交易法第32條a項、1933年證券法第24條、1940年投資顧問法第217條、1940年投資公司法第49條及1939年信託契約法第325條等規定[21]，可謂相當廣泛。從而，就橫向面而言，尚橫跨各項業務／行爲別。

不過，一般而言，在**發行市場**（即**初級市場**（Primary market））上，係指美國1933年證券法第24條的規定（其後則於美國聯邦法典第15編（Commerce and Trade）中增訂77x的規定），依法得科處監禁不超過5年，或罰金不超過1萬美元，或併科之。而在**交易市場**（即**次級市場**（Secondary market））上，則是指1934年證券交易法32(a)的規定（其後乃於美國聯邦法典第15編中增訂78ff(a)的規定），內容是違反1934年證券交易法的規定或申報有違法情事[22]。其中，最主要的規定，便是Section 10(b)以及SEC依此於1942年制訂的Rule 10b-5[23]。

其構成要件約略爲：1.任何人（any person）；2.蓄意（willfully）；3.利用州際商務或郵政（Use of Interstate Commerce or the

Mails）：(1)利用或使用（to use or employ）任何方法、計畫或技巧（any device, scheme or artifice）去詐騙（to defraud）、(2)對重大事實為虛偽陳述或隱匿（to make any untrue statement of a material fact or to omit to state a material fact），足致他人誤信（misleading）、(3)從事任何行為、業務或商業活動，對他人產生詐欺或欺騙（a fraud or deceit）之情事；4.與有價證券之買或賣有關（in connection with the purchase or sale of any security）。

至其刑責原為，「自然人得科處監禁不超過10年，或罰金不超過100萬美元，或併科之，法人則可科處罰金不超過2,500萬美元」。2000年爆發「安隆弊案（Enron scandal）」後，為期加強防制類此證券詐欺弊案，2002年制訂之「沙賓法案（Sarbanes Oxley Act of 2002）」第1106條則將上述刑度大幅調高為「自然人得科處監禁20年以下，或罰金500萬美元以下，或併科之，法人則可科處罰金2,500萬美元以下。」

同時，「沙賓法案」更另於第807條規定，於美國聯邦法典第18編（Crimes and Criminal Procedure）增訂第1348條「證券及期貨詐欺罪（Securities and commodities fraud, 18 U.S.C. §1348）」[24]，其構成要件約為，任何人知悉（any person who "knowingly"），實行或企圖實行計畫或技巧：1.與公開公司有價證券之買或賣有關，「詐騙任何人（defrauds any person）」（第1款）；或2.與公開公司有價證券之買或賣有關，「以虛偽或詐騙的藉口、陳述或承諾，獲得任何金錢或財產（to obtain, by means of false or fraudulent pretenses, representations, or promises, any money or property）」（第2款）。其刑期並提高為「得監禁25年以下」[25]。

另外，還必須說明者是，早在1933年證券法及1934年證券交易法制訂以前，基於聯邦與州之垂直權力分立的憲法架構，聯邦於1872年便以保護聯邦郵政系統為由制訂所謂「郵政詐欺（mail fraud）罪」，1952年更以保護聯邦電話電報系統為由制訂所謂「電信詐欺（wire fraud）

罪」。凡此，即今日規定於美國聯邦法典第18編的第1341條的「郵政詐欺罪（mail fraud statute, 18 U.S.C. §1341）」及第1343條的「電信詐欺罪（wire fraud statute, 18 U.S.C. §1343）」。因此，此等郵政詐欺罪或電信詐欺罪規定的正統適用便包含：**虛偽不實陳述或隱匿之證券詐欺、操縱市場以及全面性的投資騙局**。惟檢方應證明被告知悉詐騙計畫（had *knowledge* of a scheme to fraud），因此，若是無知或疏忽（innocently or negligently）而為虛偽陳述者，並不構成郵政或電信詐欺罪[26]。

（二）美國證券詐欺罪之實務狀況

如前所述，美國聯邦的證券詐欺罪，就常見的交易市場言，最主要的規定為，依1934年證券交易法Section 32(a)、10(b)及Rule 10b-5之規定。

關此規定，其構成要件約略得解析為：1.主體要件—任何人；2.主觀要件—蓄意（willfully，在民事上常用詐欺故意（scienter），但刑事上亦常有混用）；3.行為要件—利用州際商務或郵政：(1)利用或使用任何手段、計畫或技巧去詐騙、(2)對重大事實為虛偽陳述或隱匿，足致他人誤信、(3)從事任何行為、業務或商業活動，對他人產生詐欺或欺騙之情事；4.行為情狀—與有價證券之買或賣有關。

據此，以下主要即針對此項聯邦的證券詐欺犯罪，就美國的審判實務狀況及相關的學說探討，進行簡要的鳥瞰概觀。

1. 任何人

聯邦的證券詐欺罪規定，就行為主體而言，並沒有特別限制，其規定為「任何人（any person）」。不過，由於規範適用範圍的廣泛（包括**財報不實，內線交易、操縱市場**，以下爰予省略），且行為態樣五花八門的結果，一般而言，多半會進行分類後再說明。大致上，典型的案例類型（Typical Cases），從行為主體的角度而言，約略如下[27]：

其一、公司證券詐欺（Corporate Securities Fraud）。包括公司高層管理人員（High-level corporate officers）利用公司結構而實行其詐欺性的騙局（use the structures of the corporation to carry out fraudulent schemes）、藉著公告申報資料虛偽或隱匿而操縱股票價格（misrepresent or withhold information about the corporation in public filings in order to manipulate its stock price），甚至於公司（Corporations），也可透過龐氏騙局（Ponzi schemes）等欺騙投資人。某些情況，整個公司都是在從事證券詐欺。例如，2000年的安隆弊案及2007-08年的次貸風暴（the subprime mortgage crisis）即為典型。

其二、個人證券詐欺（Individual Securities Fraud）。在證券行業的專業人員中，證券經紀人（Stockbrokers）、投資銀行家（investment bankers）、分析師（analysts）及交易員（traders），可能會通過其工作與獲得的資源來從事證券詐欺。散布虛偽或足致他人誤信的資訊以影響股票的價格（Disseminating false or misleading information in an effort to influence stock prices），便是證券詐欺常見的形式。另外一種常見證券詐欺的形式就是「內線交易（insider trading）」，則涉及公眾無法接觸的資訊利益。

另外，在美國，當然，聯邦的證券詐欺犯罪也會有參與關係[28]，同時，也不排除有幫助與教唆（aiding and abetting）的適用[29]。美國聯邦法院甚至曾認為，「中止」並非對郵件與證券詐欺之幫助與教唆的有效辯護（withdrawal was not a valid defense for aiding and abetting mail and securities fraud.）[30]。

2. 詐騙、對他人詐欺或欺騙、不實陳述足致他人誤信

在美國，1934年證券交易法Section 10(b)規定：任何人直接或間接利用州際商務工具或郵件或證券交易所之設備─(b)就與已申報或未申報有價證券之買或賣有關，利用或使用，操縱或詐欺之手段或計謀，而

違反證券交易委員會為維護公共利益及保護投資人所制定之規則或規定─乃屬違法[31]。

證券交易委員會依Section 10(b)於1942年制定Rule 10b-5則是規定：任何人直接或間接利用州際商務工具或郵件或證券交易所之設備：(a)使用手段、計畫或技巧去詐騙、(b)對重要事實為不實陳述或隱匿，以致於在當時的情境底下來看，足致他人誤信、(c)就有價證券之買或賣有關，從事任何行為、業務或商業活動，對他人為詐欺或欺騙─乃屬違法[32]。

基本上，上述Rule 10b-5(a)及(c)二款規定，相當於我國證交法第20條第1項之「證券詐欺」，Rule 10b-5(b)則相當於我國證交法第20條第2項之「資訊不實」（或稱「財報不實」）[33]。換言之，美國證交法Section 10(b)、Rule 10b-5所指涉的證券詐欺，乃廣義的證券詐欺概念，包含我國證交法之證券詐欺罪及資訊不實罪，甚至及於操縱市場罪及內線交易罪。

在Rule 10b-5(a)、(c)最常見的情形，便是所謂的金字塔騙局（Pyramid Schemes）。亦即以高額回收的承諾吸引投資人，但其實係以原始投資人或新的投資人的錢來支付此等回收。最終，當推銷已經達到極致而資金耗盡時，最後一波的投資人便會一毛不值。此等騙局早期最著名的，便是1920年代波士頓一名叫Carlo Ponzi（後改名Charles Ponzi）承諾，投資他的計畫，將便宜的外國郵政票券轉換成美國郵票，每90天可以回收50%。其實，Ponzi是以這些資金（從4萬人處取得1千5百萬美元）來支付早期的投資人，並創造高額回收的錯覺，因稱「龐氏騙局（Ponzi Schemes）」。而最近20年來最著名甚至最大的金字塔騙局，則是暱稱Bernie Madoff（本名Bernard Madoff）的股票經紀人，承諾藉由一項「太複雜而外人不懂的」獨特專業金融避險技巧，每年可有約10到12%適中但穩定的回收。而如同其他許多金字塔騙局一樣，Madoff的騙局是利用其親和力來獵捕投資人。當此項證券詐欺案於2008年揭穿時，

投資人帳戶約有650億美元消失，但因Madoff的投資人約有一半已經收取回收超過其投資，也就是所謂的「淨贏家（net winners）」，故實際損失可能僅有180億美元，其最終乃在2009年對證券詐欺認罪並被判處監禁150年[34]，即是典型案例。

而在Rule 10b-5(b)的情形，Enron的會計醜聞即爲典型案例，其主要乃透過二項技巧而實行：(1)Enron將與特殊目的關連企業的紙上交易於其財務報表上認列爲收益，及(2)Enron與這些關連企業的貸款（由其高股價股票擔保）於資產負債表上並未認列爲債務。直到2001年股價開始下滑，2001年底重新編製過去四年的財報，接著宣告破產。茲因2000年代初期以來Enron、WorldCom等公司會計醜聞的接踵發生，聯邦證券法以公開揭露爲基礎的哲學（the disclosure-based philosophy）乃面臨亟需改革，而作爲對Enron等案的巴夫洛夫制約反應（Pavlovian Response），美國國會乃於2002年通過The Public Company Accounting Reform and Investor Protection Act of 2002（即通稱之the Sarbanes Oxley Act）改以強化公司治理的哲學（Federal Incursions into Corporate Governance）來進行改革[35]。

3. 與有價證券之買或賣有關

基本上，美國聯邦最高法院已經指出，依Rule 10b-5需證明六項要素（prove six elements）：(1)**重大不實陳述（或隱匿）**（"a material misrepresentation (or omission)"）；(2)**詐欺故意，即不法心理狀態**（"scienter, i.e., a wrongful state of mind"）；(3)**與有價證券之買或賣有關**（"a connection with the purchase or sale of a security"）；(4)**信賴**（"reliance"）；(5)**經濟損失**（"economic loss"）及(6)**損失因果關係，即因重大不實陳述造成損失的因果關係**（"'loss causation,' i.e., a causal connection between the material misrepresentation and the loss."）。

在私人民事訴訟之原告，需證明全部六項要件，而在DOJ提出刑事

追訴時，則類似SEC，不需要證明(4)依賴、(5)損害及(6)損失因果關係等三項要件。除非在量刑時，欲使下令被告對被害人補償時，才需要證明（unless, at sentencing, it wants to establish that the defendant ought to be ordered to pay restitution to the victims.）[36]。

基本上，DOJ只需證明某人利用某項「計畫／騙局（a "scheme"）」要詐騙，即使這項「計畫／騙局」永遠都不會有結果。但DOJ仍須證明某種形式的違反行為，包括重大性要件（materiality requirement）及詐欺故意（scienter）。當然，刑事訴訟要求證明達到**超越合理的懷疑**，而不僅是證據優勢即可（requires proof beyond a reasonable doubt, not by a mere preponderance of the evidence.）。

至於「**與有價證券之買或賣有關**（in connection with the purchase or sale of a security）」，基本上，則係指與證券之買或賣有某種**交易連繫**（transaction nexus）而言。此項「**交易連繫要件**（The transactional nexus requirement）」乃依據Rule 10b-5進行民事或刑事追訴之要件。故要成功進行刑事追訴，DOJ必須證明，被告以詐欺故意就重大事項為虛偽陳述，而其所為虛偽陳述「**與證券之商業交易有關**（"in connection with" a securities transaction）」[37]。

不過，在內線交易刑事案件時，依美國聯邦最高法院的見解，詐欺並不需已與可識別的有價證券之買或賣連結才該當違反Rule 10b-5（a Rule 10b-5 violation does not require that the fraud be identifiable purchases or sales of securities）。只要被私取的機密資訊與證券之交易有關（in connection with securities trading），就構成機密資訊來源義務的違反，而足以該當違反Rule 10b-5。換言之，被告即行為人無需為交易相對人，甚至原告亦不需要為交易相對人[38]。

4. 蓄意[39]

基本上，美國聯邦的證券詐欺罪，如1933年證券法第24條、1934

年證券交易法第32條a項均規定，主觀要件（mens rea）部分需「蓄意（willfully）」。「蓄意」與「知悉（knowingly）」之間的區別相當模糊，但對被告能否避免刑事制裁至關重要。美國聯邦最高法院曾在非證券法的案件中指出：「蓄意（willful）是一個具有多重意義的字詞，其意涵通常會受其背景脈絡（context）的影響。」在民事的場合，蓄意（willfulness）一般是指與意外造成（done accidentally）有別，係在有意（deliberately）的情況下去實行一項行為；但在刑事的情形，蓄意行為（willful conduct）一般則是指「邪惡的目的（an evil purpose）」。在United States v. Crosby, 294 F.2d 928（2d. Cir.1961）, *cert. denied*, 368U.S. 984（1962）一案當中，一群經紀商／自營商（broker-dealer）的被告，即成功地證明其等在參與未經申報之股票的銷售時並非蓄意行為，他們乃是善意地依賴（relied in good faith upon）其律師所稱「其等並非承銷商（underwriters）故得豁免（were exempt from）依Section 5申報」的意見[40]。

亦即，依照美國刑法實務而言，「蓄意（willfully）」，一般固然多等於是「意圖（intentional）」的代名詞，但有時則非指「意圖」，而係指「有違反法律的目的（a purpose to disobey the law）」、「帶著邪惡的動機（with "an evil motive"）」或「帶著不良目的而為行為（an act done with a bad purpose）」。換言之，「蓄意（willfully）」有時會強調「帶著邪惡動機而違反（an evil motive for the violation）」或「帶著違反法律的目的而行為（act with the purpose of disobeying the law）」。而必須提醒注意者是，在美國，一旦某項犯罪的定義提到「蓄意（willful）」的字眼時，將可能導致行為人不能「申辯無罪（exculpation）」，而僅能以「法律錯誤（a mistake of law）」為由[41]，提出抗辯（defense）並負證據提出責任及說服責任，以免除其刑責[42]。

基本上，雖然不需要證明特別意圖（specific intent），但檢方必須證明被告帶有邪惡的目的，並意圖實行所禁止的行為（the government must establish that the defendant had some evil purpose and intended to commit the prohibited act）。因此，在證券詐欺的追訴中，常見被告申辯其為不法行為時並未帶有任何犯罪或詐欺性的目的（a criminal or fraudulent purpose）。亦即，辯稱：其並非「蓄意（willfully）」觸犯證券法，因此，缺乏必要的詐欺性意圖（the requisite fraudulent purpose）。由於「蓄意行事」嘗被定義為「有意且意圖地虛偽陳述或隱匿，且非因無知的錯誤、疏忽或漫不經心或其他無知行為的結果」。為求滿足此「蓄意要件」，檢方因此必須證明「該行為依證券法乃係不法，且知悉其不法行為涉及造成違法的重大危險已經發生」[43]。然而，一旦檢方證明被告「蓄意」，將轉由被告以「法律錯誤（a mistake of law）」為由抗辯。

換言之，「蓄意」僅要求被告需認識其所為係不法而意圖為之，但不需要瞭解其究竟違反哪一條規則或規定（'willfully' simply requires the intentional doing of the wrongful acts-no knowledge of the rule or regulation is required.）。也就是，「瞭解其行為具違法性（knowing that acts violate the law）」與「認識其行為係不法（they are wrongful）」乃有區別[44]。

另外，相較於上述一般性的「蓄意（willfully）抗辯」，美國證券交易法上還有所謂「不知（"No Knowledge" of the Substantive Rule）抗辯」。這是因為1934年證券交易法此等制訂法及其相應的規定包含大量且高度多樣化的規定，其範圍從嚴重的禁止詐欺與操縱市場到無關緊要的申報要求鉅細靡遺，因此，倘若僅因不知無關緊要的申報規定即認定為蓄意詐欺，顯然並不合理。1934年證券交易法的起草人似乎已預見這個問題，因此在Section 32(a)中列入但書規定，對於任何可證明其不知悉此等規則而被刑事指控的人，不得施加監禁[45]。

依Section 32的規定，檢方僅需證明「被告對其行為的一般不法性具有認識（a defendant had an awareness of the general wrongfulness of his conduct.）」，卻無須證明「該被告瞭解其行為乃屬違法（the defendant knew he was violating the law）」[46]。因此，此項「不知但書（no knowledge proviso）」，應由被告負證明責任，證明「其不知道此項適用的規則或規定（he had no knowledge of the applicable rule or regulation）」。不過，被告只需認識其等**牴觸**法律即可（knew they were violating the law），即使其等並未確切知道其等的行爲究竟違反哪一條**特定的規則或規定**（even if they did not happen to know that their activity was in violation of a particular rule or regulation）[47]。

　　不過，即便「**不知抗辯**（"no knowledge" defense）」成功，並不能免除定罪或科處罰金的可能性。證明「**不知法規**」，只是意味著，如果被定罪，被告不會被監禁而已，但仍得科處罰金。由於仍有罰金的限制，因此由被告承擔證明「不知法規」的說服責任。而且，這種抗辯成功的機會有限，因爲只有被告證明不知道其行爲係「**違法**」（did not know her conduct was "contrary to law"）才可以。倘若被告僅是主張不知道其行爲違反特定的證券法規（simply by claiming that she was unaware her conduct violated a specific securities regulation.），仍然無法避免被定罪[48]。

二、美國法制之比較檢討

　　有關美國證券法之立法體例及審判實務狀況，已經簡要鳥瞰概觀如上（上述「一」），茲根據上述我國及美國法制與審判實務狀況之瀏覽鳥瞰，依「**比較研究方法**」，先針對我國與美國之審判實務狀況略作比較探討（下述「（一）」），再依此必要的比較探討爲基礎，接續進行簡要的分析檢討（下述「（二）」），期能作爲我國實務運作及制度規範之檢討改進的參考。

（一）臺美法制與運作之比較探討

茲據上述我國與美國法制審判實務狀況之瀏覽概觀，於此針對兩國法制與運作先作必要的比較探討於下，再接續進行簡要的分析檢討如次。

首先，在立**法體例**上有所不同。我國與美國，除前述單一國與聯邦國的體制差異外，又因美國證券法制乃採**發行市場**（1933年證券法）與**交易市場**（1934年證券交易法）分別規範的體例，在我國則是採發行市場與交易市場合一規範的體例，因此，我國的證券詐欺罪乃同時適用於發行市場與交易市場。

其次，在**適用範圍**上亦有區別。僅以上述Section 10(b)及Rule 10b-5而言，以我國法的觀點，或許可稱為廣義的證券詐欺。此等規範可以包括證券詐欺罪（包含資訊不實罪）、內線交易罪及操縱市場罪，適用範圍相當廣泛。我國則是就內線交易罪、操縱市場罪另行規範。其中，Rule 10b-5(b)，相當於我國證券交易法第21條第2項之資訊不實罪，但在我國，資訊不實罪與證券詐欺罪，則明顯是分立的二個個別犯罪。

不過，需注意者是，美國的學說與實務，多將Rule 10b-5之要件綜合論述為：**實質性的詐欺**（Substantive Fraud），如此一來，證券詐欺之客觀要件即成為：**就重大性事實為虛偽陳述或隱匿**（Material Misrepresentations and Omissions），甚至包含：**在有價證券之購買或出賣之際，使用操縱性方法或有重大不實陳述或隱匿**（employs a manipulative device or make a material misstatement （or omission））[49]。

再者，在**構成要件**上也有差異。美國法制及實務對證券詐欺刑事責任之認定，基於上述實質性詐欺之綜合定義，在**客觀要件**上，除要求**要與有價證券之買或賣有關**外，僅要求某種形式的不法詐欺行為，重心則置重於「**重大性要件**」[50]上，但並未如我國實務要求「**須使投資人陷於錯誤**」，甚至「**須因錯誤而交付財物**」，惟在主觀要件上，則特別

重視[51]。換言之，與有價證券之買或賣有關，「詐欺或欺騙使投資人陷於錯誤」，甚至「因錯誤而交付財物」，固然是一種證券詐欺。蓋：此種情形已經使投資人誤信，甚至已交付財物，已然嚴重危害證券市場交易秩序，自構成證券詐欺。惟「就重大事實詐欺或虛偽陳述足致他人誤信」，已涉及「有價證券之募集、發行、私募或買賣」時，也已然危害到證券市場交易秩序，自然也是一種證券詐欺，但此時並不要求「須使投資人陷於錯誤」或「須因錯誤而交付財物」。

相對的，我國法院實務，一方面，在客觀要件上乃將刑法詐欺取財罪「須使投資人陷於錯誤、因錯誤而交付財物」當成口訣一般念茲在茲，儘管實際上未必發揮作用，蓋：大部分案例中的投資人確實已陷於錯誤甚至已交付財物，部分情形則徒然浪費司法資源而已（例如，**漢德生技案**）。換言之，就「有價證券之募集、發行、私募或買賣」，「故意詐欺」，已行使詐術欲詐騙或虛偽陳述足以誤導投資人，並已對外實行其騙局／計畫，即使「尚無投資人陷於錯誤」，難道就沒危害到證券市場交易秩序？非得「一定要有投資人已經陷於錯誤甚至交付財物」，才會危害到證券市場交易秩序？另方面，在主觀要件上卻頗有忽視的情形，極可能導致無辜人民遭到入罪誤判或因此飽受長期的司法煎熬（例如，**燦坤案**）（關此二案，略詳後述）。

另外，美國法制對於「犯罪所得」並未規定為加重構成要件，「損失」僅係涉及量刑問題，且對於證券詐欺罪之量刑多寡，乃依「差額」認定[52]。但是，我國法制不僅將「犯罪所得」列為加重構成要件，針對犯罪所得之認定，法院實務更是不明就裡認為：「查其立法過程中，行政院版草案……對增訂本項規定之說明……其中雖以內線交易、不法炒作股票為例，說明犯罪所得金額之計算應採取差額說，然對於該二類犯罪以外之同條第一項各款犯罪所得金額究應如何計算，並無具體說明，已難率認為均係採『差額說』」（全懋案：104台上2744）。

最後，在**程序處理**上更屬有別。如前所述，在聯邦證券詐欺案

件，美國法乃採取民事與刑事平行程序（parallel proceedings），由其證券交易委員會（U.S. Securities and Exchange Commission, SEC）進行平行調查（parallel investigations），如有刑事制裁必要，則移轉給司法部（U.S. Department of Justice , DOJ）進行刑事追訴，如此一來，二者可以合作，DOJ更可以有效地利用SEC的調查資料與獲得專業協助。

相較之下，我國則頗為各行其事。即，通常，可能是，刑事由檢調單位進行偵查、起訴，民事則需由被害人起訴主張權利，頂多是由財團法人證券投資人及期貨交易人保護中心協助進行團體訴訟，如此一來，被害人甚至檢調單位，未必具備證券訴訟之專業知識與經驗，卻未能獲得專業的金融監理機關的適當協助時，法院在審理上亦可能因不具備證券法律的專業知識與經驗，極可能導致難以有效追訴審判，甚至可能也產生誤判偏差。

（二）臺美法制與運作之分析檢討

有關我國與美國兩國就證券詐欺罪的審判實務狀況，已經進行必要的比較探討如上。茲再就制度面與運作面上的問題狀況，依「哲學研究方法」略作簡要的分析檢討於下。

基本上，從制度面而言，我國與美國兩國在抗制證券詐欺犯罪法制上，均已有相當程度的規範，也均有相當程度的困境。不過，由於我國證券交易法長期以來多半是攀附援引美國證券法制而為規範，因此，美國法制可能有的弊端，我國法制可能也有。如此一來，想要透過比較法之檢討，某種程度上，便可能有緣木求魚的遺憾態勢。不過，我國對於美國法制的瞭解，也可能有浮光掠影、流於表面的偏差，因此，全面性重新耙梳美國法制之制度與運作，進行綜合考察，亦未嘗不可避免掉浮光掠影、滄海遺珠之遺憾。

例如，綜合考察上開美國法制與運作可知，基於證券市場運作的特性，所謂的證券詐欺，其實是指：蓄意（willfully），與有價證券之買

或賣有關（in connection with the purchase or sale of a security），以重大不實陳述足致他人誤信，從事實質性的詐欺（Substantive Fraud）。若以我國法制的使用語言，即是：故意，於有價證券之募集、發行、私募或買賣時，對重大事實有詐欺或虛偽陳述足致他人誤信之行為。因此，行為人只需符合上開主觀要件、行為要件及行為情狀，即可成立證券詐欺，至於「投資人是否陷於錯誤」、「是否因錯誤而交付財物」，並非所問。此與我國法院實務一再比照刑法詐欺取財罪之要件認需有「雙重因果關係」的見解，顯有差異。關此，我國法院實務觀念似仍有未洽，實有必要重新認識與理解本項證券詐欺罪之經濟犯罪、抽象危險犯的本質及其與刑法詐欺取財罪之差異所在。否則，過猶不及，均非所宜。

另方面，從**運作**面而言，美國實務由於面對金融商品及操作手法的推陳出新，似乎略有**規範不足**或**執法不夠**的態勢，但尚非因**構成要件不明確**而是理解偏差所致[53]。相對的，我國實務因對證券詐欺罪之經濟犯罪、抽象危險犯本質及其與刑法詐欺取財罪之差異仍欠缺認識，故，在某種程度上，似乎卻是**規範過剩**。例如，上述**保健案**（101台上703）中，被告僅是個別地出賣系爭股票四張給某特定被害人，得款新臺幣75萬元而已，縱令確有詐騙情事，亦依刑法詐欺取財罪論處即可，應尚與證券市場金融秩序無關。此等運作，乃導致衍生因**構成要件不明確**（其實是**理解有誤**）而**執法過度**的狀態，因此，才會產生頻頻撤銷發回更審、案件久懸未決的實務狀況。

客觀要件、行為要件的部分，以**漢德生技案**為例，最高法院即是以「行為人究竟如何施用詐術，使他人陷於錯誤，自應於判決書內詳予認定，並於理由內記載所憑之證據及認定之理由，方足為適用法律之依據」（105台上701）為由，據以撤銷原審有罪判決發回更審，惟臺灣高等法院仍舊略以「被告許○賢、陳○彤既均實際參與漢德生技公司之業務，被告許○賢更係漢德生技公司之實際負責人，負責該公司之財務及業務經營，自均實際瞭解由該公司總經理陳○育所帶領技術團隊之研發

進度，並均顯然明知漢德生技公司之營運及財務實況，故均知悉以漢德生技公司當時營運及財務等相關實情，根本不符合得上市櫃或上興櫃之條件，亦不可能於短期內達成符合上市櫃或上興櫃股票交易之條件，是其等辯稱係因相信該公司總經理陳○育告稱擁有專利技術，就養殖技術或研發蝦疫苗已有所突破等語，乃據以轉告前揭投資人並推銷販售漢德生技公司股票，及被告陳○彤辯稱證人……等人均係基於自願性投資而購買漢德生技公司股票，並非受其詐欺致陷於錯誤而購買云云，均顯與上開事證不符。」（105金上更（一）4），判決有罪。

其實，證券詐欺罪，原本，只需證明行為人有故意、於有價證券之募集、發行、私募或買賣時，就重大事實有虛偽陳述足致他人誤信之行為，即足以成立本罪。至於投資人是否受詐欺而陷於錯誤、因錯誤而交付財物，本即非本罪之成立要件。因此，本案最高法院之「撤銷發回更審」，顯然是出於對本罪經濟犯罪、抽象危險犯本質之不解及對其構成要件之誤解所致生的誤會，其結果，可能只不過是徒然耗費司法資源而已。

相對的，主觀要件的部分，以燦坤案為例，最高法院兩度撤銷有罪判決發回更審，並還就同一主觀要件問題一再特別指明：「無論虛偽、詐欺或其他使人誤信等行為，均須出於行為人之故意，且此主觀犯意之有無，應依證據證明之。……如彼等當時「故意」省略OTCBB，以誤導投資人作錯誤判斷，何以上開「燦坤記者會上市說明」文件及致詞稿有前揭文字之記載？又此等文件何以與吳○坤所唸「致詞稿」內容不盡相符？吳○坤為何竟照稿宣讀，及散發相同內容之新聞稿予媒體大肆宣揚報導，事後亦未去函要求媒體更正？」（99台上5926）、「證券交易法第20條第1項規定有價證券之募集、發行、私募或買賣，不得有虛偽、詐欺或其他足致他人誤信之行為。違反者，應依同法第171條第1項第1款處罰之。此之虛偽、詐欺或其他使人誤信等行為，均須出於行為人之故意，始能成立此罪，倘其造成他人誤信之結果係行為人疏

忽所致，自不能該當此罪。……不能據以認定被告等係「故意」省略「OTCBB」，藉以誤導他人或故為虛偽不實說明，而有施行詐術或為使他人誤信之行為」（105台上2144）。

由此可見，本案事實審法院對於證券詐欺罪構成要件之理解與掌握顯仍有不足，於實際運作上似仍因出於膽怯而「未敢任意輕縱」，其結果，可能只是徒使無辜人民飽受長期司法煎熬而已。

要言之，我國法院實務實有必要重新認識與理解本項規定證券詐欺罪之經濟犯罪、抽象危險犯的本質及其與刑法詐欺取財罪之差異所在，才能正確理解本項證券詐欺罪之構成要件的實質內涵究竟為何。否則，過猶不及，均非所宜。

肆、結語

我國證交法於57年4月16日制訂時，即於第20條第1項規定：「募集、發行或買賣有價證券者，不得有虛偽、詐欺或其他足致他人誤信之行為。」並援引共用民事損害賠償責任之構成要件，於第171條規定刑事罰則：「違反第二十條第一項或第一百五十五條之規定者，處七年以下有期徒刑、拘役或科或併科一萬元以下罰金」，一般即通稱為「證券詐欺罪（或證券詐偽罪）。」

至於現行法第20條第2項規定：「發行人申報或公告之財務報告及其他有關業務文件，其內容不得有虛偽或隱匿之情事。」則是77年時增訂，惟並未同步增列罰則，故僅止於民事責任而已。直到93年1月13日修法時，方於第171條第1項第1款罰則規定中將第20條第2項列入，即援引共用民事損害賠償責任之構成要件，新增刑事罰則，成為目前一般通稱之「資訊不實罪（或財報不實罪）」。

關此規範體例是否妥適的問題，首先，我國現行制度乃將上開證券詐欺罪與資訊不實罪分別規範，基本上，此一分別的規範體例尚無太大

問題。其次，將刑事責任之構成要件均援引依附民事損害賠償責任之規定，則與美國法制類似，其立法體例亦尚無可厚非，實務運作也尚無重大問題。蓋：是否單獨立法，尚非關鍵所在，重要的是，只要能夠特別注意證券市場經濟特質、確切理解其經濟犯罪、抽象危險犯之本質，並充分掌握其構成要件的實質內涵與行為結構，即應無太大問題。此觀美國法制民事責任與刑事責任均援引同一Section 10(b)、Rule 10b-5，但其實務運作上徹底區辨民事責任與刑事責任之構成要件，尚未衍生重大問題，即堪稱適例。

至於我國證券法制依犯罪所得而分級並加重其刑，即：「**犯罪所得達新臺幣一億元以上者**」，加重一級，甚至以「**損及證券市場穩定**」為法定刑之加重事由，其立法體例甚為特殊，後者因實務上乏見其例，尚未發生重大問題（亦可謂難以運用或並無效用），但前者則已產生「**如何認定**」及「**認定困難導致頻頻撤銷發回更審、案件久懸未決**」的問題與困境。關此，倘若僅單就解釋適用問題而言，應可仿美國法制，如同**內線交易罪、操縱市場罪**一般，依「**損失差額**」認定即可[54]，惟若深思熟慮整體法律制度問題來講，則應以廢除此項分級制度，較為正確妥適且一勞永逸。

而根據上述臺美兩國之實務狀況的比較，綜合考察美國證券詐欺罪之法制與運作可知，證券詐欺罪，只需要行為人於有價證券之募集、發行、私募或買賣之際，故意，有就重大事實虛偽陳述足致他人誤信之行為，即可能成立。與刑法詐欺取財罪需有「**雙重因果關係**」不同，故，「**投資人是否陷於錯誤**」、「**是否因錯誤而交付財物**」，並非所問。然而，我國法院實務卻是一再援引刑法詐欺取財罪之要件來解釋適用證券詐欺罪，顯有問題而毫無自覺。

關此，厥為問題關鍵所在。實則，證券詐欺罪與刑法詐欺取財罪，二者顯有差異不同。亦即，前者為**財產犯罪**，其行為客體為**個別之被害人**、保護客體則為**個人財產法益**，乃實害犯，故行為需對被害人實

行，被害人須陷於錯誤、因錯誤而給付財物，犯罪才既遂；後者則為涉及證券市場金融秩序的**經濟犯罪**，保護客體則為**證券市場金融秩序**（係一種**公共經濟秩序之社會法益**），係屬**抽象危險犯**，其未必有個別特定之被害人，自亦不需有一定要有個別被害人陷於錯誤、因錯誤而交付財物，才構成犯罪。亦即：在詐騙投資人已經得逞的情形，固然構成證券詐欺，惟在虛偽陳述足以誤導投資人的情形，也有可能構成證券詐欺。可見，二者根本南轅北轍。我國法院實務迄今尚未參透此節，詳加理解證券詐欺罪與刑法詐欺取財罪之間的差異，自然難以充分掌握本罪構成要件之實質內涵，作出正確妥適的解釋適用。

至於「虛偽、詐欺或其他足致他人誤信」之行為要件，過於抽象，極其容易入人於罪的問題，確實需要注意。首先，其用語或許可以考慮修訂為「**對重大事實有詐欺或虛偽陳述足致他人誤信之行為**」，以明示「**詐欺使人陷於錯誤，因而交付財物**」固可構成證券詐欺，「**對重大事實有虛偽陳述足致他人誤信之行為**」，也可構成證券詐欺，並避免我國法院實務上開望文生義、咬文嚼字的誤會。其次，解釋適用上，應宜特別注意證券詐欺罪之經濟犯罪、抽象危險犯的本質以及證券市場的經濟特質，以為正確妥適之解釋適用。而上開美國法制強調「**重大性要件（materiality requirement）**」[55]及「**蓄意（willfully）**」，甚至於「**與有價證券之買或賣有關**」的論述及實務運作，亦應有值得參考之處。

如此一來，有關證券詐欺罪之認定，尤其所謂「**虛偽、詐欺或其他足致他人誤信之行為**」的解釋與適用，才有章法可言，不致於有認定不一，甚至南轅北轍、莫衷一是的情事。如此，始足以使人民能措其手足、遵循法令，妥善從事風險管理或避免證券詐欺情事發生。

亦即，需要從事籌資募資的公司經營管理階層等，才能瞭解法律界線為何？如何遵守法令？相對的，想要從事投資的投資人，才知道何者構成證券詐欺？何者為投資人自己責任？最終，才足以使證券市場活潑熱絡但有條理秩序，而能**維持證券市場健全發展，俾保障投資及發展國**

民經濟。

　　至於面對證券詐欺犯罪以財務報表從事舞弊，且手法不斷推陳出新，檢調單位調查活動應如何因應，始能剋制犯罪？檢察官應如何進行舉證活動，始可謂已盡其舉證責任？而法院應如何處理此等證明活動，始為妥適？雖涉及執法實務的議題，問題甚為專業與複雜，然而，實則，亦與上述證券詐欺罪之經濟犯罪、抽象危險犯的本質及其構成要件的實質內涵與行為結構之理解的問題密切收關。因此，唯有充分瞭解證券市場運作的經濟特質、正確理解證券詐欺犯罪之經濟犯罪、抽象危險犯的本質，重新詮釋證券詐欺罪之構成要件，方能夠避免過猶不及的執法實務，而能開始往有效防制的正確路徑邁進。

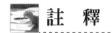 **註 釋**

* 東海大學法學博士。謹此感謝匿名審稿委員的寶貴意見，使本文
   得作必要的修正，而避免更多缺失。又前法務部長施茂林教授，
   理論與實務兼備，對於證券交易法制深有見地，本文承蒙施茂林
   教授多所提點指導，獲益良多，謹此表達由衷感謝之意，惟文責
   仍由本人自負。

1. 廣義的證券詐欺規範，還包含第32條對公開說明書虛偽或隱匿等
   規定。詳請參閱王志誠，〈發行市場證券詐欺規範之解釋及適
   用〉，《律師雜誌》297期，2004年6月，頁15-17、20-31。本文則
   主要僅針對第21條第1項、第171條之刑事責任論述。

2. 修正理由為：有價證券之募集、發行或買賣行為，係屬相對，當
   事人雙方均有可能因受對方或第三人之虛偽、詐欺或其他足致他
   人誤信之行為而遭受損失。本條第一項現行規定文義僅限於「募
   集、發行或買賣有價證券者」不得有虛偽、詐欺或其他足致他人
   誤信之行為，未包括「第三人」顯欠周密，爰將「募集、發行或
   買賣有價證券者」等文字，修正為「有價證券之募集、發行或買
   賣」，俾資涵蓋第三人。見《立法院公報》76卷96期院會記錄，
   頁38-39。

3. 修正理由為：有價證券之私募及再行賣出仍不得為虛偽隱匿不實
   之情事，爰修正第一項；違反者適用第一百七十一條之罰則。至
   於私募涉有背信情事，依刑法第三百四十二條之規定處罰。見
   《立法院公報》91卷10期院會記錄，頁404-405。

4. 修正理由為：四、（一）有關重大證券犯罪之刑度，各國立法例
   並不一致，美國部分依一九三四年證券交易法第三十二條之規定
   為二十年以下有期徒刑，或科或併科五百萬美元以下罰金，法人
   部分為二千五百萬美元罰金；英國部分為處七年以下有期徒刑或

科併科罰金（一九九六年犯罪審判法第六十一條及二〇〇〇年金融服務及市場法第三百九十七條）；日本爲處五年以下有期徒刑或科併科五百萬日圓以下之罰金（證券取引法第一百九十七條）。（二）各種金融犯罪之危害程度有所不同，對於嚴重危害企業經營及金融秩序者，犯罪所得金額逾一億元爲標準，因其侵害之法益及對社會經濟影響較嚴重，應有提高刑度之必要，爰增訂第二項對嚴重金融犯罪者提高刑度，處七年以上有期徒刑，得併科新臺幣二千五百萬元以上五億元以下罰金。五、第二項所稱犯罪所得，其確定金額之認定，宜有明確之標準，俾法院適用時不致產生疑義，故對其計算犯罪所得時點，依照刑法理論，應以犯罪行爲既遂或結果發生時該股票之市場交易價格，或當時該公司資產之市值爲準。至於計算方法，可依據相關交易情形或帳戶資金進出情形或其他證據資料加以計算。例如對於內線交易可以行爲人買賣之股數與消息公開後價格漲跌之變化幅度差額計算之，不法炒作亦可以炒作行爲期間股價與同性質同類股或大盤漲跌幅度比較乘以操縱股數，計算其差額。見《立法院公報》93卷2期院會紀錄，頁195-197。

5. 增訂理由爲：對發行人應編送主管機關之財務報告或其他有關業務文件，有虛僞之記載情事者，依第一百七十四條僅規定刑事責任，對善意之有價證券取得人或出買人並無實益，爲保障投資，增強發行人之職責，爰參照各國立法例（日本證券交易法第二十一條、美國證券交易法第十八條）增訂第二項。見《立法院公報》76卷96期院會記錄，頁39。

6. 修正理由爲：第二十條第二項之有關發行人申報或公告之財務報告有虛僞不實之行爲，爲公司相關人之重大不法行爲，有處罰之必要，爰於第一項第一款增列違反第二十條第二項之處罰規定。見《立法院公報》93卷2期院會紀錄，頁195-196。

7. 有論者認為：狹義而言，僅指直接募集、發行（即發行公司）、或直接從事買賣之人，廣義上，尚可包括參與募集、發行或買賣之人，如承銷商，甚至間接參與之其他關係人（如律師、會計師、或其他人員）。為貫徹立法意旨，以採廣義為妥，但就文義而言，兩種解釋都通。參余雪明，《證券交易法－比較證券法》，自版，2016年9月第5版，頁691-692。不過，就我國刑法規定而言，至少必須區別出正犯與教唆犯、幫助犯。否則，無異於「一竿子打翻一船人」。

8. 83台上4931：「按證券交易法第一百七十一條因違反同法第二十條第一項成立之罪，須有價證券之募集，行為人有虛偽、詐欺、或其他足致他人誤信之行為。所謂虛偽係指陳述之內容與客觀之事實不符；所謂詐欺，係指以欺罔之方法騙取他人財物；所謂其他足致他人誤信之行為，係指陳述內容有缺漏，或其他原因，產生誤導相對人對事實之瞭解發生偏差之效果。無論虛偽、詐欺或其他使人誤信等行為，均須出於行為人之故意，否則尚不為罪。」

9. 參賴英照，《股市遊戲規則－最新證券交易法解析》，元照，2009年10月再版，頁772；吳光明，《證券交易法論》，三民，2012年8月增訂11版，頁550。

10. 此為最高法院刑事庭多數見解。見〈「最高法院刑事庭審理研討會紀錄」〉，蔡彩貞法官發言。《台灣法學雜誌》203期，2012年7月1日，頁169。即，實務見解認此為不同的「法定刑」。

11. 賴英照教授即明白指出：本項要件，為區別第20條第1項與同條第2項規定的主要標準。參賴英照，同前註9，頁717。

12. 參劉連煜，〈未公開發行公司的證券可否適用證交法證券詐欺規範？－最高法院101年度台上字第703號等刑事判決研究〉，《法令月刊》65卷9期，頁1、9。

13.99台上5926：「無論虛偽、詐欺或其他使人誤信等行為，均須出於行為人之故意，且此主觀犯意之有無，應依證據證明之。卷查吳○坤舉行記者會時，似備有「燦坤記者會上市說明」文件，該文件Q&A第七點記載：EUPA公司先在美國NASDAQ OTC Bulletin Board掛牌，依美國燦坤預估營業額及明年增資後之資本額，應可在NASDAQ主版National Board掛牌交易等語該記者會散發之文件及致詞稿上似均有約略說明EUPA將來在NASDAQ主版掛牌交易之時間與條件。……如彼等當時「故意」省略OTCBB，以誤導投資人作錯誤判斷，何以上開「燦坤記者會上市說明」文件及致詞稿有前揭文字之記載？又此等文件何以與吳○坤所唸「致詞稿」內容不盡相符？吳○坤為何竟照稿宣讀，及散發相同內容之新聞稿予媒體大肆宣揚報導，事後亦未去函要求媒體更正？」。

105台上2144：「證券交易法第20條第1項規定有價證券之募集、發行、私募或買賣，不得有虛偽、詐欺或其他足致他人誤信之行為。違反者，應依同法第171條第1項第1款處罰之。此之虛偽、詐欺或其他使人誤信等行為，均須出於行為人之故意，始能成立此罪，倘其造成他人誤信之結果係行為人疏忽所致，自不能該當此罪。……考量卷附燦坤公司發送之「燦坤記者會上市說明Q&A」文件第1頁中第7點有明確記載：「美國燦坤透過併購，先行在美國NASDAQ OTC Bulletin Board掛牌，但依美國燦坤預估營業額及明年增資後之資本額，應可在NASDAQ主版National Board掛牌交易」等語，同時吳○坤上開致詞稿中第2頁亦另有：「明年EUPA計劃在美國辦理現金增資，籌資5,000萬美元，投資於美國及亞洲通路或併購其他有價值的公司，除了創造本集團之營業額呈倍數成長外，亦將正式把EUPA推向NASDAQ主版作交易」等內容，均已明確指出EUPA公司係於NASDAQ OTCBB掛牌，以及將來在NASDAQ主版掛牌交易之時間與條件；且除吳○坤曾宣讀上開

致詞稿外，記者會現場更備有「美國燦坤國際EUPA International, Inc. Nasdaq 2001.10.15」投影片，由張○極向到場之人爲說明，依該投影片內容，亦顯示燦坤公司已表示EUPA公司係「Listed on NASDAQ OTCBB」，並參酌證人田○英之證詞，武○生之鑑定意見書，及90年10月15日記者會當天之工商時報、奇摩股市新聞及同年月24日中央社之報導亦分別載有EUPA公司股票當時尚未正式在NASDAQ掛牌交易之意旨等情，而不能據以認定被告等係「故意」省略「OTCBB」，藉以誤導他人或故爲虛偽不實說明，而有施行詐術或爲使他人誤信之行爲，已於理由中詳爲論述說明，所爲論斷於證據法則尚無相悖，自無上開上訴意旨所指理由不備之違法。」

14. 有關博達案以財報作假欺騙投資人的手法，陳伯松會計師指出：博達公司乃走假營收、假現金的路子。利用海外虛假的銷貨對象和交易記錄，假到跟眞的一樣，只不過，貨品是假、進貨是假、銷貨是假，因此，營收是假，每股盈餘是假，雖一時絢爛，騙過許多人，時候一到，餡一露，戲就散場。請參陳伯松，〈財報vs.法律，透視財報弊案〉，氏著《財報水滸傳》，聯經，2007年7月初版，頁101-103。

15. 對於經濟活動所爲之刑事規制，與殺人、竊盜等自然犯有別，經濟犯罪多屬法定犯。而經濟犯罪的審理，爲舉證所提示的證據非常龐大，故經常造成審理的長期化，若不明確者，將會對從事經濟活動者造成意想不到的刑事追訴而形成風險，因此，劃定可容許之行爲的界限乃非常具有必要性。參品田智史，〈經濟活動における刑事規制──北國銀行事件・長銀事件・日債銀事件最高裁判決〉，《法律時報》82卷9号，2010年8月号〈特集「刑罰からの自由」の現代的意義 各論3 經營判斷と背任罪・經濟犯罪〉，頁26。同時，由此項物的要素之觀點分析，更可見實體法

與程序法的連動性。

16. 有關博達公司多年來利用財務報表「長期投資科目」、「搬現金給大家看」戲法的財報會計分析說明。請參陳伯松，〈從財報看博達案〉、〈長期投資，財報看得清楚嗎？〉，同前註14，頁148-158、頁68-71。陳伯松會計師並指出：所有的會計詐欺（financial shenanigans），具有兩項特性：(1)從動手腳開始到爆發弊案，通常有兩年到五年的顯現症候群（華爾街經驗）；(2)凡走過，必留下痕跡。請參陳伯松，〈財務警訊學將成為顯學〉，同前14，頁92-97。

17. 有關博達案、太電案的手法，賴英照教授曾分析說道：博達從民國88年起在英屬維京群島及美國加州等地陸續登記海外人頭公司，以瑕疵品包裝為正常產品，賣給這些海外人頭公司，貨物運到香港，積存在倉庫，以這種虛假的買賣創造業績，相關人員配合偽造單據、帳冊，以美化財務報表，欺騙投資人。太電集團的操作手法比博達更複雜，但欺騙的模式則如出一轍，製造亮麗的財務報表，對外公告與申報，投資人當然只有吃虧上當的份。這些犯罪手法，已經「國際化」了。參賴英照，〈真的「國際化」了！〉，氏著《賴英照說法─從內線交易到企業社會責任》，聯經，2007年5月初版二刷，頁96-99。

18. 據稱，此稱呼緣起於聯邦最高法院大法官McKenna曾於Hall v. Geiger-Jones, 242 U.S. 539,550, 37 S.Ct. 217, 220, 61 L.E.d. 480（1917）判決中形容：這些州的證券法旨在防止「沒有任何基礎的投資騙局就連幾呎的藍天都能賣（these state securities laws were designed to prevent "speculative schemes which have no more basis than so many feet of blue sky."）」。See Thomas Lee Hazen, The Law of Securities Regulation, (West, 6th ed., 2009), at 306。

19. 基本上，州法亦即所謂藍天法，通常賦予州有強大的調查權限，

並得以較簡易的證明方式提出刑事追訴或民事求償。此所以2014年間，紐約州檢察長Eric Schneiderman對巴克萊銀行（Barclays）所涉黑池交易（dark pool）證券詐欺案，乃依其州法1921年制訂之馬丁法案（the Martin Act）追訴。蓋：根據聯邦法律，要將證券詐欺定罪，基本上需要證明：(1)對重大事實有虛僞陳述，(2)該陳述所表示的事實是虛僞的，(3)詐欺的意圖，(4)因該詐欺而造成損害。而，根據馬丁法案，檢察官無須證明詐欺被定罪，無須證明有詐欺意圖或所謂的「詐欺故意（scienter）」，檢察官只須證明在銷售或募集有價證券時，對重大事實有虛僞陳述即可。See Bob Pisani, Why Barclays is in a pickle: Meet the Martin Act, CNBC, 26 Jun, 2014. 最後，甚至其提起者爲民事訴訟。

20.由於聯邦證券法規通常同時涵蓋民事及刑事之構成要件，因此，便創造出民事與刑事的平行程序（parallel proceedings）的可能性。亦即，SEC對聯邦證券詐欺案件具有調查權，通常，會先進行「非正式的調查」後，再進行「正式的調查」，而此項調查等於是一種民事與刑事兼具的平行調查（parallel investigations），調查結果，倘若認爲應對之行刑事制裁者，SEC得將案件移轉（refer）給美國司法部（U.S. Department of Justice, DOJ）決定是否適於刑事追訴。此項平行程序，甚至「同時或接續（simultaneously or successively）」都可以，而由SEC與DOJ共同合作。See John C. Coffee Jr. & Hillary A. Sale, Securities Regulation, (Foundation Press, 11th ed., 2009), at 1484-1488; Thomas Lee Hazen, supra note 18, at 652-653.

21.18 U.S. Code § 3301 - Securities fraud offenses

(a) Definition.—In this section, the term "securities fraud offense" means a violation of, or a conspiracy or an attempt to violate—

(1) section 1348;

(2) section 32(a) of the Securities Exchange Act of 1934 (15 U.S.C. 78ff(a));

(3) section 24 of the Securities Act of 1933 (15 U.S.C. 77x);

(4) section 217 of the Investment Advisers Act of 1940 (15 U.S.C. 80b–17);

(5) section 49 of the Investment Company Act of 1940 (15 U.S.C. 80a–48); or

(6) section 325 of the Trust Indenture Act of 1939 (15 U.S.C. 77yyy).

(b) Limitation.—

No person shall be prosecuted, tried, or punished for a securities fraud offense, unless the indictment is found or the information is instituted within 6 years after the commission of the offense.

22. See James D. Cox, Robert W. Hillman, Donald C. Langevoort, Securities Regulation: Cases and Materials, Wolters Kluwer, 6th ed., 2009, at 863.

23. 值得注意的是，依美國判例法的發展，不僅證券詐欺罪，即內線交易罪、操縱市場罪，均是植基於禁止欺騙原則而來，故只要涉及證券之詐欺或欺騙（fraud and deceit）者，均可依10(b)及Rule 10b-5此等條款處理，因稱一般反詐欺條款（general antifraud provision）。參賴英照，同前註9，頁11。

24. 18 U.S. Code § 1348 - Securities and commodities fraud

Whoever knowingly executes, or attempts to execute, a scheme or artifice—

(1) to defraud any person in connection with any commodity for future delivery, or any option on a commodity for future delivery, or any security of an issuer with a class of securities registered under sec-

tion 12 of the Securities Exchange Act of 1934 (15 U.S.C. 78l) or that is required to file reports under section 15(d) of the Securities Exchange Act of 1934 (15 U.S.C. 78o(d)); or

(2) to obtain, by means of false or fraudulent pretenses, representations, or promises, any money or property in connection with the purchase or sale of any commodity for future delivery, or any option on a commodity for future delivery, or any security of an issuer with a class of securities registered under section 12 of the Securities Exchange Act of 1934 (15 U.S.C. 78l) or that is required to file reports under section 15(d) of the Securities Exchange Act of 1934 (15 U.S.C. 78o(d)); shall be fined under this title, or imprisoned not more than 25 years, or both.

25. 與10b-5簡要的比較是：第1348條僅規範「公開公司（reporting companies）」的有價證券，不包括「非公開公司（non-public companies）」；第1348條要求「知悉（knowing）」，不包括「輕率（reckless）」；第1348條僅規定「對與公開公司的有價證券有關（in connection with security）為詐欺（fraud）」而未提及「買或賣（purchases or sales）」，依反面解釋可能包括「詐欺性不當管理（fraudulent mismanagement）」。至於第1348條是否隱含默示訴權並不明確，可能因其為刑事規範而有意保持沈默。See Alan R. Palmiter, Securities Regulation: Examples & Explanations, (Aspen Publishers, 2011), at 405。基本上，一方面，於這項聯邦犯罪規定制訂初始，有論者即指出：儘管第1348條免除了Section 10(b)及Rule 10b-5當中檢察官需證明使用州際商務或郵政及信賴（reliance and the use of interstate commerce or mail）這二項要素，但因郵政詐欺罪與電信詐欺罪之規定解釋上本即相當靈活，且此規定與Section 10(b)及Rule 10b-5一樣，檢方均需證明有詐欺意圖、對具

重大性事項有實質詐欺行為，故，其影響應非常有限（minimally impact）。See Luke A. E. Pazicky, A New Arrow in the Quiver of Federal Securities Fraud Prosecutors: Section 807 of the Sarbanes-Oxley Act of 2002 (18 U.S.C. § 1348), 81 Wash. U. L. Q. 810,811 (2003).惟另方面，近年來，被依第1348條起訴定罪，受到新聞矚目者，已非少見：United States v. Motz, 652 F. Supp. 2d 284 (E.D.N.Y 2009)、United States v. DeMizio, 741 F.3d 373 (2d Cir. 2014)。甚至，第1348條已被用來追訴內線交易罪及操縱市場罪。See Peter J. Henning, A New Way to Charge Insider Trading, New York Times, Aug. 24, 2015. Peter J. Henning, Conviction Offers Guide to Future 'Spoofing' Cases, New York Times, Nov. 9, 2015.

26.See James D. Cox, Robert W. Hillman, Donald C. Langevoort, supra note 22, at 869-871.

27.See Justia.com：https://www.justia.com/criminal/offenses/white-collar-crimes/fraud/securities-fraud/

28.按美國法上有關犯罪之參與者關係，根據判例法（Common Law）的傳統，分為二大類：正犯（principal）及從犯（accessory），在此二大類下各再區別出二個下位概念：第一級正犯（principal in the first degree，即實行行為人（criminal actor）或實行犯（perpetrator））與第二級正犯（principal in the second degree，為在犯罪現場中對第一級正犯之犯罪實行故意地予以援助者），以及事前從犯（accessory before the fact，則為未在犯罪現場而對第一級正犯之犯罪教唆、助言，或者命令但未達強制者）與事後從犯（accessory after the fact，為於認識他人犯罪後故意地予以援助者）。See Joshua Dressler, Understanding Criminal Law, (LexisNexis, 6th ed. 2012), at 457-458.

29.18 U.S. Code § 2 - Principals

(a) Whoever commits an offense against the United States or aids, abets, counsels, commands, induces or procures its commission, is punishable as a principal.

(b) Whoever willfully causes an act to be done which if directly performed by him or another would be an offense against the United States, is punishable as a principal.

30. United States v. Read, 658 F.2d 1225, 1239-40 (7th Cir. 1980).

31. Section 10(b) of the Securities Exchange Act of 1934 is codified at 15 U.S.C. § 78j(b)

It shall be unlawful for any person, directly or indirectly, by the use of any means or instrumentality of interstate commerce or of the mails, or of any facility of any national securities exchange—

(b) To use or employ, in connection with the purchase or sale of any security registered on a national securities exchange or any security not so registered, or any securities-based swap agreement any manipulative or deceptive device or contrivance in contravention of such rules and regulations as the Commission may prescribe as necessary or appropriate in the public interest or for the protection of investors.

32. 17 C.F.R. 240.10b-5 Employment of manipulative and deceptive devices.

It shall be unlawful for any person, directly or indirectly, by the use of any means or instrumentality of interstate commerce, or of the mails or of any facility of any national securities exchange,(a) To employ any device, scheme, or artifice to defraud,(b) To make any untrue statement of a material fact or to omit to state a material fact necessary in order to make the statements made, in the light of the circumstances under which they were made, not misleading, or(c) To engage in any act, practice, or course of business which operates or would operate as a fraud or deceit upon any person, in connection with the purchase or sale of any security.

33. 參戴銘昇，〈證券詐欺之行爲要件——以美國及我國法院實務案例爲中心〉，《華岡法粹》第46期，2010年3月，頁125-129。

34. See Alan R. Palmiter, supra note 25, at 55-56、371-372。

35. See Alan R. Palmiter, supra note 25, at 32-34. 論者因此指出：Enron 在2001年初還是美國第7大的公司，12個月過後，卻成爲美國歷史上最大的破產公司。Enron便是因「作假帳（cooking the books）」而完成其這起令人震驚的財務失敗（financial failure）。See Pamela H. Bucy, White Collar Practice: Cases and Materials (West, 3rd. ed. 2005), at 328-329.

36. See Samuel W. Buell, What Is Securities Fraud?, 61 Duke Law Journal 545,547 (2011).

37. See Thomas Molony, Making a Solid Connection: A New Look at Rule 10b-5's Transactional Nexus, 53 Santa Clara Law Review, 773,788 (2012).

38. United States v. O'Hagan, 521 U.S. 642 (1997). 但民事訴訟之原告必須爲出賣人或買受人，此即所謂「Birnbaum doctrine」。Birnbaum et al. v. Newport Steel Corp. et al, 193 F.2d 461 (2d Cir. 1952).

39. 按英美法，乃將犯罪區分爲二個構成要件。犯罪之物理或外形的部分（actus reus，包括有意行爲（voluntary）、社會危害（social harm）及惹起結果（that causes）三個要素），以及犯罪之精神或心理內面的特徵（mens rea，包括意圖（intent）、知悉（act knowledge）、蓄意（willful）、過失及輕率（negligence and recklessness）、惡意（malice））。要證明被告犯罪有罪成立，檢方不僅要證明犯罪之actus reus，被告的mens rea（即犯罪意思）也要

證明。聯邦最高法院亦已巧妙地描述，要追究刑事責任，需證明「伴隨作壞事之手的邪惡心思」。See Joshua Dressler, supra note 28, at 85,117.

40. See James D. Cox, Robert W. Hillman, Donald C. Langevoort, supra note 22, at 863-864.

41. See Joshua Dressler, supra note 28, at 129-130.

42. 在美國聯邦刑事審判上，檢察官應就有關刑事責任的四個構成要素之同時存在，亦即關於：(1)被告之有意行為（含負有作為義務之不作為）、(2)犯罪定義所規定的社會危害（social harm）、(3)被告之mens rea（嚴格責任犯罪除外）以及(4)(1)與(2)之間事實因果關係及近接因果關係（actual and proximate）的同時存在，負證據提出責任，進而對事實認定者負超越合理的懷疑之說服責任。假如檢察官已就此四個要素之同時存在加以證明，則由被告就已起訴之犯罪導出無罪結論的提出抗辯（defense）並予證明。一般而言，立法者乃將有關刑法上之抗辯的說服責任分配予被告。而在被告負說服責任的場合，則僅要求被告就自己之主張說服事實認定者達優越之證據的程度即可。至於抗辯事由主要分為二類，即正當化抗辯（justification）及免責抗辯（excuse）。不過，也有強而有力的主張見解指出，理論上，關於正當化事由的說服責任仍應由檢方負擔，至於免責事由的說服責任方得要求被告負擔。理由是：檢方就有關的犯罪構成要素負有說服責任，故被告是否實行不法行為存在有合理的懷疑時，自不應受到處罰。其次，正當化的行為，乃社會判斷上所期待的或至少是可容許的行為，亦即合法行為。關此正當化事由若分配由被告負說服責任，則被告未能使陪審團就何事才算不正當達到超越合理的懷疑之確信程度時，將致被告仍需接受處罰。See Joshua Dressler, supra note 28, at 203,207.甚至有認為正當抗辯及免責抗辯，均應由檢方負擔說服責

任者。See George P. Fletcher, From Rethinking to Internationalizing Criminal Law, 39 Tulsa L. Rev. 979,982 (2003). 此項見解與日本現行通說與裁判例類似。即：日本通說基於「利益原則」均認為，構成要件該當事實固毋庸論，除構成違法性‧有責性基礎之事實、處罰條件或刑之加重減免事由外，即有關量刑之事實，檢察官均有舉證責任。參田宮裕，《刑事訴訟法》，有斐閣，1997年12月新版5刷，302頁。而日本裁判例，亦均已將違法阻卻事由、責任阻卻事由或犯罪主觀要素之不存在解為屬於檢察官之舉證事項。因此，法院就被告是犯人未能達於確信時，即使未能得不是犯人的心證，亦應宣告無罪（所謂灰色無罪），而在正當防衛與否不明時（東京地八王子支判平元‧6‧30判タ725号237頁）、或心神喪失與否不明時（福岡地判昭33‧7‧3一審刑集1卷7号992頁、東京地八王子支判平8‧3‧17判時1594号156頁），亦應為被告無罪之宣告。參藤永幸治‧河上和雄‧中山善房／編，《大コンメンタール刑事訴訟法第5卷Ⅰ〔第317条～第328条〕》，青林書院，2000年1月初版2刷，頁113-114（安廣文夫執筆）。

43. United States v. Dixon, 536 F.2d 1388, 1397 (2d Cir. 1976). 一案判定：檢方不需證明被告有特別意圖。United States v. Lincecum, 225 F.3d 647 (2d Cir. 2000) 一案判定：檢方不需證明被告意圖造成被害人的損害，但檢方必須證明被告有欺騙、操縱、詐欺的意圖。See Paul Nolette, Joseph B. Conahan, Janine Loaisiga Ivanova, Aram Young, Eighteenth Survey of White Collar Crime: Securities Fraud, Vol. 40 No. 2 American Criminal Law Review, 1050, 1079, 1080 (Spring 2003).

44. United State v. O'Hagan, 139 F. 3d 641（8th Cir.1998）指出：蓄意，僅要求被告需認識其所為係不法而意圖為之，但不需要瞭解其究竟違反哪一條規則或規定。See Michael L. Seigel, Bringing Coher-

ence to Mens Rea Analysis for Securities-Related Offenses, 2006 Wis. L. Rev. 1593-1594 (2006)。United State v. Kaiser, 609 F.3d 556 (2d Cir. 2010)、United State v. English, 92 F. 3d 909, 914-15（9th Cir. 1996）則解釋道：蓄意，意指意識到其所從事行為乃不法，但不需要瞭解違法（willfulness, which means awareness that one is doing something wrongful but not necessarily illegal）。See Samuel W. Buell, supra note 36, at 557.

45. See Samuel W. Buell, supra note 36, at 555. Section 32(a)但書規定為：but no person shall be subject to imprisonment under this section for the violation of any rule or regulation if he proves that he had no knowledge of such rule or regulation.

46. See Paul Nolette, Joseph B. Conahan, Janine Loaisiga Ivanova, Aram Young, supra note 43, at 1050.

47. United State v. Lilly, 291 F. Supp. 989 (S.D. Tex 1968). See J. Kelly Strader, Understanding White Collar Crime, (LexisNexis, 2ed ed., 2006), at 105.

48. See Paul Nolette, Joseph B. Conahan, Janine Loaisiga Ivanova, Aram Young, supra note 43, at 1081-1182. 論者因此有謂：這項但書規定表面上可以保護無辜的商人避免因含糊的規則或未公告周知的行政行為而被監禁，但仍未能將此項違法行為本身完全隔離此項刑事責任。這項制訂法的宗旨無異隱含著「你將會蓄意地違反你所不知道的禁止規定」。See Kathleen F. Brickey, Corporate and White Collar Crime, (Aspen, 4th ed., 2006), at 164.

49. See Paul Nolette, Joseph B. Conahan, Janine Loaisiga Ivanova, Aram Young, supra note 43, at 1045-1148. 論者因此有指出：美國證券管理法規並非立足於單一的詐欺概念，所謂的「證券詐欺（Securities fraud）」是數項訴因的統合概念（an umbrella term），包含二大

類：核心詐欺（core fraud，乃有目的地欺騙而對於他人從事道德上不法的行為）及虛偽陳述（misrepresentation，係虛偽陳述或隱匿足以誤導他人）。See Samuel W. Buell, supra note 36, at 541, 525-530. 換言之，可以說，美國法乃係認為，就有價證券之買或賣有關，蓄意地，「詐騙他人而取得財物」是證券詐欺，「虛偽陳述足致他人誤信」也是證券詐欺。

50.按美國法將「重大性」列作證券詐欺要件之一。而所謂的重大性，依美國最高法院判例TSC Indus., Inc. v. Northway, Inc., 426 U.S. 438（1976），乃取決於「理性投資人（a reasonable investor）」，「極具可能性（a substantial likelihood）」「會認為該資訊具重要性（would consider it important）」者，才能夠主張證券詐欺。重大性的標準，並非取決於「陳述的字面意義」，而是取決於原告能證明「理性投資人準確獲知資訊的能力」，因此，樂觀陳述（optimistic statements）並不構成重大性之實質誤導（are not materially misleading）。故所謂的「重大性」，應著重於「在理性且客觀地深謀遠慮之下（in reasonable and objective contemplation），可能會影響公司股票或證券的價值者」。See Thomas Lee Hazen, supra note 20, at 461-462. 換言之，「重大性標準」就是「理性投資人標準」。「理性投資人」是一項客觀標準，乃指虛擬假設的投資人（hypothetical investor），而非具體實際的原告投資人。因此，儘管非理性的投資人可能比理性的投資人更需要保護，但美國證券管理的政策已經選擇對非理性的投資人不予救濟的保護。而「理性投資人」一詞，並非僅指「專業證券分析師」言，雖比專業證券分析師弱但只要理智（rational）且深思熟慮的投資人（investors are contemplated），便是理性投資人。See Alan R. Palmiter, supra note 25, at 81. 所謂「理性投資人」，因此係指證券市場具備專業知識的投資人（professional investor）。依美

國判例歷來見解認為，理性的投資人應對總體經濟情勢有所認知
（have an awareness of general economic conditions）、應瞭解分散
投資原則（the principle of diversification）、貨幣的時間價值（the
time value of money）、融資融券帳戶的性質（the nature of margin
accounts）、證券產業的賠償結構（the securities industry's compen-
sation structure）。See Niamh Moloney, Eilís Ferran, Jennifer Payne,
(The Oxford Handbook of Financial Regulation, 2015), at 716.

51.在著名的Network Associates（即現今的McAfee）公司前任財務長
Prabhat Goyal一案中，加州北區聯邦地方法院原判處其構成證券
詐欺、向SEC虛偽申報、向稽核人員虛偽陳述等15項罪名。但聯
邦第九巡迴上訴法院卻撤銷其全部罪名，主要即是認為：檢方並
未舉出具體證據證明Goyal意圖欺騙或試圖誤導審計稽核人員（in-
tended to defraud or that he sought to mislead the auditors）。最引人
注目的是，在本案中，第九巡迴上訴法院罕見地不發回更審而自
為判決無罪釋放（the entry of a judgment of acquittal），理由乃是：
沒有任何一個理性的事實認定者（any rational trier of fact）能就此
等犯罪的基本要件（the essential elements of the crime[s]）根據檢方
所提出的證據達到超越合理的懷疑（beyond a reasonable doubt），
將其定罪。See U.S. v. Prabhat Goyal (9th Cir., 2010). http://cdn.ca9.
uscourts.gov/datastore/opinions/2010/12/10/08-10436.pdf

52.按美國量刑委員會（U.S. Sentencing Commission）1987年所制訂之
「聯邦量刑準據（The Federal Sentencing Guidelines）」，即將證
券詐欺之「造成損失多寡」作為量刑的衡量指標。換言之，美國
法制係以「損失」作為量刑事由。聯邦量刑準據第2B1.1條及其註
釋（Commentary）中，對證券欺詐案「損失（Loss Under Subsec-
tion (b)(1).）」的定義是：「使用須知（Application Note）3.—
(a)損失是指實際損失或意圖損失當中的較大者（loss is the greater

of actual loss or intended loss.）」。至於計算方法，美國在United States v. Bakhit, 218 F.Supp.2d 1232（2002）一案中，係以「平均賣價法」計算損失，即詐欺期間賣出股份之平均賣價及詐欺行為終了後合理期間之股份賣價差額計算之。此案之計算方法，嗣後並為2012年新版的聯邦量刑準則所採納。2012年版量刑準據及其註釋對於上述定義規定並未作修改，但註釋當中增加的§2B1.1 3(f)（ix）則首次對損失計算方法作出規定：「證券或期貨價值詐欺性的漲或跌：在公開市場交易的證券或期貨的價值存在詐欺性漲或跌的案件中應確立一項可反駁的法律推定，即實際損失按以下方法確定—證券或期貨在詐欺發生期間的平均價與詐欺揭露後的90天內的平均價之差乘以已發行股票的數量，為了判斷該實際損失數額估算是否合理，法院可以參考其他非犯罪因素造成的顯著價值變化（例如，因外部市場力量，如經濟環境、投資者預期、新的產業或公司事件因素引起的變化）（Fraudulent Inflation or Deflation in Value of Securities or Commodities.—In a case involving the fraudulent inflation or deflation in the value of a publicly traded security or commodity, there shall be a rebuttable presumption that the actual loss attributable to the change in value of the security or commodity is the amount determined by—(I) calculating the difference between the average price of the security or commodity during the period that the fraud occurred and the average price of the security or commodity during the 90-day period after the fraud was disclosed to the market, and (II) multiplying the difference in average price by the number of shares outstanding. In determining whether the amount so determined is a reasonable estimate of the actual loss attributable to the change in value of the security or commodity, the court may consider, among other factors, the extent to which the amount so determined includes significant changes in value not resulting from the offense (e.g., changes caused by external market forces, such as changed economic circumstances, changed investor expectations, and new industry-specific or firm-specific facts, conditions, or events).

53.2010年，美國SEC儘管針對高盛（Goldman Sachs）證券公司所涉珠算（Abacus）CDO（抵押債務債券）交易（涉及於次貸（subprime mortgage）危機爆發前轉移其賭注風險）之證券詐欺案件已提起民事訴訟並移轉展開刑事偵查，美國參議院並提出應為起訴的報告，但經過2年的偵查後，2012年，DOJ檢察官卻偵查終結本案並宣布放棄提出刑事控訴，理由是，「根據此時所存在的法律及事實，無法達成刑事案件中的舉證責任」。最終，高盛同意支付SEC 5億5千萬美元以達成民事和解。論者因此質疑是否「大到不能關（too big to jail）？」See Brandon L. Garrett, Too Big to Jail: How Prosecutors Compromise with Corporations, (Harvard University Press, 2014), at 259.不過，亦有論者針對高盛案質疑SEC慣有的執法方式認為：僅僅以高盛未就出售證券之性質及如何挑選出這些證券對投資人照顧即認定為證券詐欺，最後，卻雷聲大雨點小，號稱「美國追訴高盛證券詐欺」此等重大案件就這樣無端蒸發，只是徒留達成5億5千萬美元的和解而中飽SEC的私囊而已。指出此等實務運作狀況的問題仍應出在對於證券詐欺概念的理解上。See Samuel W. Buell, supra note 36, at 512-515.

54.我國已有學者認為，雖然立法理由僅對計算內線交易犯罪、操縱市場行為罪所得之數額，載明採取差額說，但對於證交法第171條第1項所規定之其他犯罪類型，亦應採取相同之解釋立場，始符合立法意旨及確保犯罪行為人在憲法上應受保障之人身自由及財產權。請參王志誠，〈證券交易法第171條「犯罪所得」之計算爭議〉，《台灣法學雜誌》196期，2012年3月15日，頁24。

55.我國已有學者認為，在反詐欺條款之刑事責任上，應將「重大性」列作要件之一。請參王志誠，〈證券詐欺罪之構成要件與類型〉，《月旦法學教室》158期，2015年12月，頁25。

第 十三 章

論「股票交易分析意見書」之證據能力
——以製作時點區分

台安法律事務所律師　許煜婕

壹、前言

在證券交易法之刑事案件中，尤其其犯罪事實、行為涉及股票交易之各式態樣時，屢見檢察官或法官需借助證券交易相關專業以判斷行為人之行為是否觸法，而仰賴證交所股份有限公司（下稱證交所）或財團法人中華民國證券櫃買中心（下稱櫃買中心）製作、出具之股票交易分析意見書。然而，證交所、櫃買中心有如何之職權對於股票交易市場實施監視？此等股票交易分析意見書在訴訟不同階段逐付製作，其法律性質究竟為何？倘法院欲採為判決之基礎，又應符合何種法定證據調查方法？等等疑問，在在影響案件當事人之訴訟權利。因此，本文以最高法院就證交所或櫃買中心製作、出具之股票交易分析意見書之相關見解為主，分析最高法院判決對於該等股票交易分析意見書之證據類型之認定。文末附帶提及非由證交所或櫃買中心製作之分析意見，而係由會計師製作鑑識報告在刑事訴訟法上之證據類型及效力。

貳、「股票交易分析意見書」之意義

一、實施股市監視制度之法源

（一）臺灣證交所

基於落實證券交易法保障投資之目的，證交所自西元（下同）70年代開始實施股市監視制度。於1988年主管機關修訂證交所管理規則，依該管理規則第22條第1項規定證交所對於集中交易市場，應建立監視制度並擬具辦法，確實執行[1]。故證交所於1992年9月29日訂立「臺灣證交所股份有限公司實施股市監視制度辦法」，復依該辦法第4條[2]、第5條[3]訂立「公布或通知注意交易資訊暨處置作業要點」，對於證券集中交易

市場，就每日交易時間內，於盤中、盤後分析股票等有價證券之交易情形，針對集中市場之交易、結算各項資料，執行線上監視與離線監視系統，進行觀察、調查、追蹤及簽報等工作。

（二）櫃買中心

除了前揭於集中交易市場以競價方式買賣有價證券外，證券經紀商或證券自營商經主管機關核准亦可在其營業處所受託或自行買賣有價證券[4]，此在證券商專設櫃檯進行之交易行為，簡稱「櫃檯買賣[5]」。為確保櫃買中心交易之公平性，防止違法操縱股價，櫃買中心依財團法人中華民國證券櫃買中心證券商營業處所買賣有價證券業務規則第92條規定[6]設置監視單位，並制定有「櫃檯買賣有價證券監視制度辦法」，當發現有異常情形且達一定標準時，即公告其名稱及交易資訊之內容[7]，如異常情形有嚴重影響櫃檯買賣交易之虞時，櫃買中心尚須立即在市場公告並採行一定措施[8]，且對於櫃檯買賣交易異常情形，經調查追蹤，即將有關資料完整建檔備供稽考，對於違反櫃買中心規定者，應迅予處理，並對涉及違反法令者，逕行舉發或簽附有關調查報告報請主管機關核辦[9]。是以，櫃買中心為監視集中交易市場股票交易情形，平時即得調取投資人之開戶及相關交易資料，倘發現有異常情形，即應公布或通知注意交易資訊及處置，追蹤調查後製作有關調查報告報請主管機關核辦或逕行舉發，此乃櫃買中心之法定業務。

二、「股票交易分析意見書」之內容

證交所及櫃買中心依據其監視系統事先預定處理方式之「程式性決策」製作之「股票交易分析意見書」（亦稱監視報告），其內容包含「股票交易紀錄」及「分析意見」二大部分。前者之「股票交易紀錄」，包含相關投資人成交委託買賣明細表、影響股價分析之交易日

期、證券帳戶、委託及買賣成交時間、數量價格、前一盤揭示價格、成交價格變化情形、成交量占該時段比重、集團成交買進、賣出數量、該檔股票收盤價及漲跌幅數據等客觀交易事實；而後者之「分析意見」則是針對股票交易異常紀錄進行分析而出具意見。

三、「股票交易分析意見書」之製作時點

承前所述，「股票交易分析意見書」係由「股票交易紀錄」及「分析意見」兩大部分內容所組成。「股票交易紀錄」無非為證交所及櫃買中心所依據其法定職務出於營業需要所為之日常性紀錄之數據資料。惟「分析意見」者，有於證交所或櫃買中心發現股票交易紀錄有異常時，依據該異常交易紀錄而進行分析製作後，逐行舉發移送檢調單位；亦有於證交所或櫃買中心將案件移送檢調單位後，或非經移送而由檢調單位主動進行犯罪偵查時，再將其偵查事實送請證交所或櫃買中心製作分析意見書。從而「股票交易分析意見書」製作之時點可大略分為「移送前」（可謂行政機關職權製作）、「移送後」（應為司法機關函請製作）兩大區塊。因此證交所及櫃買中心製作內含「分析意見」之「股票交易分析意見書」，不論移送前或移送後製作，是否皆屬業務上或通常業務過程所須製作之紀錄文書、證明文書，即有探討空間，本文以最高法院刑事判決為中心，就「股票交易分析意見書」之證據能力進行探討。

參、「傳聞法則」與「鑑定」

一、「傳聞法則」概述

「傳聞法則」（hearsay rule）係指排除傳聞證據作為證據之法則，亦即否定、限制傳聞證據具有證據能力之法則[10]。所謂「傳聞證據」係

指以言詞或書面提出在審判庭以外未經反對詰問之陳述（言詞陳述或書面陳述），以證明該陳述內容（即待證事實）具有真實性之證據，係傳述他人（與待證事實有直接知覺之人）之見聞，以證明該見聞內容為真實之證據[11]。由於傳聞證據未於審判庭經反對詰問，無法確保其真實性，故應排除其證據能力，**惟倘該傳聞證據具備「可信性之情況保證」與「使用證據之必要性」者，則尚無加以排除之必要，得採為法院裁判之基礎。**「可信性之情況保證」係指陳述時之外部客觀情況值得信用；「使用證據之必要性」則係指因無法再從同一陳述者取得證言，而有利用原陳述之必要性[12]。

刑事訴訟法於92年修正其第159條第1項規定，明文規定被告以外之人於審判外之言詞或書面陳述，除法律有規定者外，不得作為證據，以保障被告之反對詰問權。同時增訂刑事訴訟法第159條之1至第159條之5等五條關於傳聞法則之例外規定。核以「股票交易分析意見書」係證交所或櫃買中心於法庭之外以書面製作之股票交易資料文書，於刑事審判中得否適用刑事訴訟法第159條之4及第159條之5之規定，而得為證據，分述如下。

（一）刑事訴訟法第159條之4法規範

刑事訴訟法第159條之4規定：「除前三條之情形外，下列文書亦得為證據：一、除顯有不可信之情況外，公務員職務上製作之紀錄文書、證明文書。二、**除顯有不可信之情況外，從事業務之人於業務上或通常業務過程所須製作之紀錄文書、證明文書。三、除前二款之情形外，其他於可信之特別情況下所製作之文書。」**

刑事訴訟法第159條之4第2款立法理由謂：「**從事業務之人在業務上或通常業務過程所製作之紀錄文書、證明書，因係於通常業務過程不間斷、有規律而準確之記載，通常有會計人員或記帳人員等校對其正確性，大部分紀錄係完成於業務終了前後，無預見日後可能會被提供作為**

證據之偽造動機，其虛偽之可能性小，何況如讓製作者以口頭方式於法庭上再重現過去之事實或數據亦有困難，因此其亦具有一定程度之不可替代性，除非該等紀錄文書或證明文書有顯然不可信之情況，否則有承認其為證據之必要。爰參考日本刑訴法第323條第2款、美國聯邦證據法第803條第6款增訂本條第2款。」

刑事訴訟法第159條之4第3款立法理由謂：「另除前二款情形外，與公務員職務上製作之公文書及業務文件具有同等程度可信性之文書，例如官方公報、統計表、體育記錄、學術論文、家譜等，基於前開相同之理由，亦應有准其具有證據能力，爰參考日本刑訴法第323條第3款之規定，增訂本條第3款。」

（二）刑事訴訟法第159條之5法規範

刑事訴訴法第159條之5規定：「被告以外之人於審判外之陳述，雖不符前四條之規定，而經當事人於審判程序同意作為證據，法院審酌該言詞陳述或書面陳述作成時之情況，認為適當者，亦得為證據。當事人、代理人或辯護人於法院調查證據時，知有第一百五十九條第一項不得為證據之情形，而未於言詞辯論終結前聲明異議者，視為有前項之同意。」其法理為當事人對於傳聞證據有處分權，得放棄反對詰問權，同意該傳聞證據可作為證據。

二、「鑑定」之意義

刑事訴訟法之鑑定，乃使有特別知識或經驗者，在訴訟程序上，就某事項陳述或報告其判斷之意見，藉以補充法院之知識，協助法院判斷事實之真偽，屬證據資料之一種；因鑑定僅具補充法院認識能力之機能，鑑定意見能否採取，屬證據證明力問題，賦予法院自由判斷之權，故鑑定結果，對法院而言，並無必須接受之拘束力，對於涉及專業事項

之鑑定意見，法院除須經直接言詞的調查證據程序，調查鑑定意見之適格性及可信度外，仍應綜合卷內全部資料予以判斷，且應於判決理由說明得心證之理由，否則自有理由不備之違法[13]。

倘若係由法院函請囑託證交所或櫃買中心製作「股票交易分析意見書」者，似應屬刑事訴訟法第208條規定之「機關鑑定」，依同條第2項規定準用結果，鑑定機關內實施鑑定或審查之人，以言詞報告或說明時，必須接受當事人、代理人、辯護人或輔佐人之詢問，接受當事人、代理人、辯護人或輔佐人之詰問，以助發現眞實[14]。

肆、「股票交易分析意見書」於訴訟法上之性質

一、可能之類型

證交所或櫃買中心依據其法定職權所爲之「股票交易分析意見書」屬於渠等機關於業務上或通常業務過程製作之紀錄文書，在刑事訴訟審判上屬於非出於刑事審判庭之言詞或書面陳述，似應屬刑事訴訟法第159條所指之傳聞證據，須符合法律其他規定時始有證據能力。然而，實務上亦常見辯護人於審判程序中，爲當事人之利益，聲請法院就被訴犯罪事實送請鑑定，此似應屬刑事訴訟法第203條第1項[15]、第208條[16]所指之鑑定。準此，「股票交易分析意見書」於訴訟法上之性質可能爲傳聞證據或鑑定，而其是否具有證據能力，則應回歸刑事訴訟法規範之要件判斷。

二、最高法院見解沿革

（一）早期見解

早期最高法院對於「股票交易分析意見書」，並未依各別文書內容

記錄之性質，區分成「股票交易紀錄」及「分析意見」，衹是概括認為只要符合刑事訴訟法對於傳聞證據或鑑定法定之證據調查方法，即得採為判決之基礎。此等見解是否適當不無疑問，蓋「股票交易紀錄」固屬客觀的交易紀錄；惟「分析意見」帶有製作人個人的主觀判斷，此二者在本質上存有明顯差異。

（二）近期見解

近來屢見最高法院判決將「股票交易分析意見書」區分為具客觀性質的「股票交易紀錄」、及具主觀性質的「分析意見」兩大部分。多數判決並認為「股票交易記錄」屬客觀交易事實紀錄，且該等股票交易紀錄乃證交所出於營業需要而日常性為機械性連續紀錄，具有不間斷、有規律且準確之特徵[17]，屬刑事訴訟法第159條之4第2款[18]規定之業務文書，通常有專業人員核對其正確性，又大部分紀錄係完成於業務終了前後，無預見日後可能會被提供作為證據之偽造動機，其虛偽可能性較低。且倘該製作者依刑事訴訟法第208條規定[19]於審判中具結陳述據實製作並接受交互詰問者，更能擔保其可信性，故認其具有證據能力，較無爭議。至於「分析意見」則是針對股票交易異常紀錄進行分析而出具之意見，帶有製作者之個人主觀判斷為其特質，明顯與「股票交易紀錄」性質不同。

有認為「分析意見」如經製作者依刑事訴訟法第208條規定於審判中具結陳述據實製作並接受交互詰問者，因該部分與「股票交易紀錄」合一構成法律上規定製作之業務文書之一部，具有證據能力[20]。惟亦有認為，「分析意見」核屬被告以外之人於審判外之書面陳述，屬傳聞證據，非刑事訴訟法第159條之4第2款所定業務文書，無證據能力[21]。

邇來更有判決再將「股票交易分析意見書」區分成「數字」與「意見表達部分」，並認為倘記錄文書為從事業務之人於業務上所製作，且均以電腦作業予以記錄，係就客觀上所發生之事實予以引用提出

分析，乃業務上客觀記錄之數字，誤差之機會極少，核屬刑事訴訟法第159條之4第2款所定業務文書，有證據能力[22]。

伍、案件「移送前」製作之「股票交易分析意見書」之證據類型

一、適用法條

證交所或櫃買中心平時即得調取投資人之開戶及相關交易資料，倘發現有異常時，即應依法追蹤並於調查後製作有關調查報告報請主管機關核辦或逕行舉發，此為渠等法定例行業務已如前述。職此，證交所或櫃買中心於案件移送前所為之「股票交易分析意見書」固屬被告以外之人於審判外所為之書面陳述，而為傳聞證據，惟考其性質為從事業務之人在業務上或通常業務過程所製作之紀錄文書、證明文書，屬於業務上或通常業務過程不間斷、有規律而準確之記載，通常有專業人員核對其正確性，又大部分紀錄係完成於業務終了前後，無預見日後可能會被提供作為證據之偽造動機等情，應屬刑事訴訟法第159條之4第2款規範之傳聞證據之例外而具有證據能力。

二、案例一：最高法院104年度台上字第3877號刑事判決、臺灣高等法院102年度金上重更（一）字第7號刑事判決

行為人等被訴就綠點高新科技股份有限公司（下稱綠點公司）之股票有違證券交易法第157條之1禁止之內線交易，而受有罪判決。本案證交所依其法定業務所製作、出具之書面資料，分析期間95年8月7日起至95年11月22日止綠點公司股票交易分析意見書、分析期間95年8月7日起至95年11月22日止綠點公司股票交易補充分析意見書、分析期間95年8月7日起至95年11月22日止普訊創投公司等11名買賣綠點公司股票補充

分析意見書，性質上爲被告以外之人於審判外所爲之書面陳述，屬傳聞證據。

臺灣高等法院102年度金上重更（一）字第7號刑事判決認爲上開分析意見書暨相關附件等資料、證交所股份有限公司96年10月26日函所檢送投資人於95年1月1日至11月22日買賣綠點股票明細表、95年6至10月各月份交易明細表，均係證交所於查核期間就有關綠點公司之股票買賣成交價格、數量及大盤指數、交易量等相關數據資料、報表等資料及光碟，均係記載上市公司之有價證券買賣交易之客觀事實，依刑事訴訟法第159條之4第2款規定，有證據能力。惟，分析意見書中判斷帳戶有無異常、有無涉犯證券交易法等分析意見係就其分析之結果，基於專業之意見而作成，然均非屬法院或檢察官囑託機關所爲之鑑定意見，其所爲判斷意見或足供司法機關之參考，但無拘束法院對於被告（即行爲人）犯罪構成要件該當性之認定，不具證據能力。

行爲人向最高法院提起上訴，遭最高法院以104年度台上字第3877號刑事判決駁回而確定。簡言之，臺灣高等法院102年度金上重更（一）字第7號刑事判決將證交所於移送前基於法定業務製作之交易分析意見書區分爲股票交易紀錄與分析意見，股票交易紀錄依刑事訴訟法第159條之4第2款規定有證據能力，而分析意見則非屬鑑定意見而無證據能力。

三、案例二：最高法院104年度台上字第36號刑事判決

行爲人爲製造臺灣土地開發信託投資股份有限公司股票（下稱台開股票）交易活絡假象，並操縱股價在一定價格以上、而抬高在證交所集中交易市場之交易價格，基於共同犯意之聯絡，於特定期間內連續於附表二所示時間，持續以高價買入或以低價賣出之方式，意圖抬高臺開公司之股價。嗣又未依規定履行交割義務（總計違約金額達3,459萬5,550元）影響證券交易市場秩序。最高法院認證交所之告發書暨所附資料於

剔除其專員個人意見後，諸如購買股票之數據等客觀事實暨相關附件，倘無顯不可信之情狀，有證據能力。

陸、案件「移送後」製作之「股票交易分析意見書」之證據類型

一、適用法條

證交所或櫃買中心發現股票交易紀錄有異常，將案件「移送」檢調單位而由檢察官指揮偵查，或是非經移送而由檢調單位主動偵查，檢察官認為行為人有犯罪嫌疑者應提起公訴[23]。檢察官提起公訴後，全案即移至法院由法官審理。故案件移送後，偵查檢察官或是承審法官認為有鑑定之必要，本得依刑事訴訟法第203條規定函請證交所或櫃買中心就被訴事實範圍內之有價證券交易進行分析並出具意見。由於此等分析意見書之客觀交易紀錄部分係證交所或櫃買中心出於營業需要而日常性為機械性連續紀錄，具有不間斷、有規律且準確之特徵，應屬刑事訴訟法第159條之4第2款所定之業務文書。而製作者又依刑事訴訟法第208條規定於審判中具結陳述據實製作並接受交互詰問者，更能擔保其可信性。至於分析意見部分仍有上開帶有製作人個人主觀判斷之顧慮，故就其分析意見之證據能力，法院實務委有不同看法。

二、案例一：最高法院101年度台上字第3008號刑事判決

行為人為使其個人或經營之集團關係企業所持有之華國股票得以向金融機構高額質借，取得資金，而共同對華國飯店股份有限公司股票（下稱華國股票）於特定期間內開盤前、後下單，連續多次以同時買入、賣出之方法，增加該股股票交易量，製造華國股票交易之熱絡假象；復連續以高於前日收盤價或當日委託買入前已成交市場價格，或以

當日最高價即漲停價買入華國股票，拉高華國股票價格後再伺機賣出，或以低於前日收盤價或當日委託賣出前已成交市場價格或以當日最低價即跌停價賣出華國股票，壓低華國股票價格後，再伺機買入之方式；將華國股票價格，從83年2月14日之每千股10萬4千元（即每股104元），操縱拉抬至83年10月4日之每千股33萬8千元（即每股338元）。

最高法院判決認本案華國股票之監視報告，係證交所依其內部監視辦法，分析83年2月14日至同年10月4日該段期間，依據電腦交易報表，統計出交易集中度較高之證券商，並調閱該證券商成交數量較大投資人之開戶徵信資料、交割憑單、交割支票及股票等，發現其中有大量使用相同銀行帳戶開立之支票作為支付交割款，或投資人由甲帳戶買進股票卻委託不同投資人之乙帳戶賣出該等現股之異常交易行為，並藉由投資人間之親屬、聯絡地址等關連性，歸納出疑似關連性之群組進行分析等情，除據證交所所提陳報狀指明外，並經原審傳喚證人即製作者到庭結稱係據實製作。該監視報告（即股票交易分析意見書）係依據股票交易紀錄異常所為之分析意見，業經製作者在審判庭就其製作過程具結陳述係據實製作者，已有其他特別可信之情況為擔保，該分析意見既與股票之交易紀錄合一構成法律上規定製作之業務文書之一部，允許其具有證據能力。至於分析意見之是否可採，則屬於證據如何調查及證明力評價之別一問題。

最高法院就本案認為「股票交易分析意見書」係由「分析意見」與「股票交易紀錄」合一構成業務文書之一部，毋庸依其性質區分審認其個別之證據能力，而概括認定整份股票交易分析意見書具有證據能力[24]。

三、案例二：最高法院103年度台上字第1809號刑事判決

行為人於特定期間內，自行以電話下單，於自己及其妻名義之帳戶內，連續以漲停價或市場最高買價、接近市場之最高買價，大量買賣合邦公司股票，其買賣成交數量占該股票當日成交量60%至90%間以上，

影響合邦公司股價上漲2至10檔（1檔為0.05元），使該公司無法反應股票真實供需之數量及價格，而被訴違反證券交易法第171條第1項操縱證券交易價格罪。

辯護人以二審判決未查明營業日特定時段股票交易日中，行為人買進、賣出合邦公司股票之數量？每日成交量？合邦公司股票供需若干？股票價格及買賣成交數量占該股票當日成交量60%至90%之計算方式？等有判決理由不備之違法。

最高法院103年度台上字第1809號刑事判決以合邦股票交易意見分析書附表一、二（即行為人及其以他人名義於查核期間、查核期間結束後至96年4月16日止，買賣合邦公司股票之集中度、影響價格情形等），附表一、二所載數據，係櫃買中心人員依合邦股票交易意見分析書附件所示客觀資料加以整理、分析及比對而製作者，乃從事業務人員於業務上製作之文書，無顯不可信之情形，<u>且又因上訴人及其辯護人對其證據能力亦不爭執</u>，而認定股票交易分析意見書有證據能力。

柒、專家證人製作之報告書

一、鑑定制度與專家證人（expert witness）之差異

我國現行刑事訴訟法採行之鑑定制度，與英美法之專家證人固同係借重某專業領域上之意見，使有助於事實審判者就待證事實作成判斷，惟兩者訴訟體制不盡相同，證據能力有無之認定，終究有所差異。英美法制之專家證人，由當事人聲請，專家證人必須到庭，且在庭陳述意見之前，首須通過法官為適格與否之審查，必通過適格審查，其專業意見之陳述始具證據能力。而我國現行刑事訴訟法第198條定有授權選任鑑定人之明文，凡由法官或檢察官選任之鑑定人或鑑定機關，即適格充當鑑定人，且刑事訴訟法第206條並容許鑑定人（機關）僅以書面報告鑑

定經過及結果，除於斟酌證據證明力之必要，始須到庭說明，與英美法制之專家證人制度，迥然不同，自不能因鑑定人未到庭陳述或鑑定機關未派人到庭陳述，或鑑定經過及結果以書面報告，即認屬傳聞證據[25]。

二、案例介紹：最高法院103年度台上字第3243號刑事判決

（一）犯罪事實

該案行為人等隱匿磐英公司對之具控制能力及重大影響力之五家境外公司（實質關係人）之重大交易資訊，即未依法充分揭露該等關係人重大交易資訊，而被訴違反證券交易法第36條第1項規定申報及公告之財務報告之內容不得有隱匿之情事。

（二）專家證人製作之「財務鑑識報告書」

辯護人提出之會計師就磐英公司與五家境外公司間之交易屬性、揭露方式及對於投資人判斷之影響作成「財務鑑識報告書」，分別「從交易的參與程度分析」（含接單、交貨、收款流程分析）、「從風險的承擔程度分析」、「從所有權及風險是否移轉分析」、「從經濟實質與法律形式判斷的關鍵因素逐項分析」，說明磐英公司與五家境外公司間之交易非屬實質交易，因此就經濟實質交易言，非屬重大交易。故磐英公司92年至96年第一季之財務報告未揭露與「五家境外公司」間之交易，並未違反編製準則及財務會計準則公報第六號之規定。另該專業意見與原判決之認定兩歧，屬對行為人等有利之證據。

由於製作該報告書之會計師並非經由審判長、受命法官或檢察官選任而為本案為鑑（檢）驗或報告其專業意見，與刑事訴訟法第203條要件不符，自非刑事訴訟法上所稱之鑑定人。查該報告書既係被告以外之人於法庭外之書面陳述屬傳聞證據，又該報告書並非製作會計師於其實際參與磐英公司之經營，而在執行業務上或通常業務過程所製作之紀錄

文書、證明文書，亦與刑事訴訟法第159條之4第2款規定於通常業務過程不間斷、有規律而準確之記載不符。故該報告書是否具有證據能力，自應依刑事訴訟法第159條規定，於法律另有規定時始有證據能力。

　　該案於發回前二審審判中，檢察官於言詞辯論終結前均未否認該報告書之證據能力或對之聲明異議，縱發回更審後，檢察官撤回原第二審對該報告書有證據能力之同意並追復爭執該報告書之證據能力，惟高等法院以基於訴訟程序安定性、確實性之要求，認為原判決遭撤銷僅回復到一審所為之判決而已，至檢察官、被告及辯護人等人原於前審審理中所為之供述筆錄，並未因之同遭撤銷而失其效力。故該報告書於原審已賦予證據能力之效果，應不因二審判決遭最高法院撤銷發回重新審理而生影響，依刑事訴訟法第195條之5規定，認該報告書具有證據能力[26]。

　　雖然就該會計師製作之「財務鑑識報告書」，因檢察官、辯護人及被告於發回前第二審言詞辯論前均未否認其證據能力或對之聲明異議而具有證據能力，惟證據能力之有無與證據之證明力係屬二事，法院本得依法及自由心證判斷證據之證明力。法院以行為人在已設定之前提下，自行委請會計師鑑定磐英公司與五家境外公司間之交易性質之鑑定結果欠缺客觀性、允當性，故未採該對行為人有利之報告書而對行為人為有利之判決。

　　在法院審判實務中，專家證人出具之報告書要屬罕見，該案承審法官先判斷該會計師出具報告書之性質屬傳聞證據，再正確適用法律，固先得出有利於行為人之證據能力之判斷，嗣後再於法院自由心證範圍內，否定該報告書之證明力，看似柳暗花明，卻在最後給了一記回馬槍，相當精彩。

捌、結論

　　證交所或櫃買中心基於法定職權，平時即能調取之投資人開戶及

相關交易資料，倘發現有異常時，即應追蹤調查後製作有關調查報告報請主管機關核辦或逕行舉發，此屬渠等法定例行業務，故因此所製作之「股票交易分析意見書」於刑事審判中有刑事訴訟法第159條之4第2、3款之適用，應堪認定。另至於有無刑事訴訟法第159條之5之適用，有認為因我國刑事訴訟法尚非採徹底之當事人進行主義，乃復加限制以法院認為適當者，始得採為證據[27]。簡言之，「股票交易分析意見書」於刑事訴訟審判中得依刑事訴訟法第159條之4第2、3款，第159條之5取得證據能力。

而檢警機關移送後所製作之「股票交易分析意見書」之證據能力，最高法院就此類型「股票交易分析意見書」之證據能力從早期概括論斷，到依文書資料之性質區分成「股票交易紀錄」與「分析意見」，又更進一步精確區分為「數字」與「意見表達部分」分別論斷其證據能力，足見經由行為人與辯護人的一番努力，最高法院就不利行為人之事實認定的採證，已從含糊不清地概括論斷，至依各別文書資料特性做區分再適用法律，鑒於刑事訴訟係國家對人民發動刑罰權之程序，並基於憲法第16條訴訟權之保障之意旨，最高法院近期依各別文書資料特性而異其所適用之刑事訴訟法條文，大幅提升行為人之訴訟權保障，殊值肯定。

至於縱認分析意見因帶有製作者之個人主觀判斷，而不認具有證據能力，惟終究業經承審法官所接觸閱覽，難保不會對法官心證形成預斷影響（對於不具證據能力者，卻足供司法機關參考，其邏輯恐嫌矛盾，於法尚有未洽[28]），然而此屬我國是否應推行起訴狀一本主義之討論範疇，本文不予討論。

註 釋

1. 證交所管理規則第22條第1項：「證交所對集中交易市場，應建立監視制度，擬具辦法申報本會核備，並確實執行。」

2. 臺灣證交所股份有限公司實施股市監視制度辦法第4條：「前條所定異常情形有嚴重影響市場交易之虞時，本公司即在市場公告並得採行下列之措施：一、對該有價證券以人工管制之撮合終端機執行撮合作業。二、限制各證券商申報買進或賣出該有價證券之金額。三、通知各證券經紀商於受託買賣交易異常之有價證券時，對全部或委託買賣數量較大之委託人，應收取一定比率之買進價金或賣出之證券。四、通知各證券商於買賣交易異常之有價證券時，增繳交割結算基金。五、暫停該有價證券融資融券交易。六、報經主管機關核准後停止該有價證券一定期間之買賣。前項措施之標準、方式及期間，以及第三條交易異常標準、公告方式，由本公司擬訂作業要點，於報奉主管機關核備後實施。本公司認為有價證券之交易異常有嚴重影響市場交割安全之虞時，或於其他必要情形，經監視業務督導會報決議，得採行第一項或其他處置措施。」

3. 臺灣證交所股份有限公司實施股市監視制度辦法第5條：「本公司發現有價證券買賣申報或交易有異常情形時，得於開盤前或交易時間內通知受託買賣證券商請其注意，並得依證交所管理規則第二十二條第二項之規定，向證券商、上市公司查詢或調閱有關資料或通知提出資料說明，必要時得將其資料說明透過資訊系統或於證券商營業處所公告之。前項有價證券交易異常情形，必要時得通知本公司共同責任制交割結算基金特別管理委員會。」

4. 證券交易法第62條規定：「證券經紀商或證券自營商，在其營業處所受託或自行買賣有價證券者，非經主管機關核准不得為之。

前項買賣之管理辦法，由主管機關定之。第一百五十六條及第一百五十七條之規定，於第一項之買賣準用之。」

5. 證券商營業處所買賣有價證券管理辦法第2條規定：「本辦法所稱證券商營業處所買賣有價證券，指有價證券不在集中交易市場以競價方式買賣，而在證券商專設櫃檯進行之交易行為，簡稱櫃檯買賣。」

6. 財團法人中華民國證券櫃買中心證券商營業處所買賣有價證券業務規則第92條規定：「為維持櫃檯買賣交易之公平性，防止違法操縱股價，由本中心設置監視單位，負責市場交易之監視及調查。其監視辦法由本中心另訂之。本中心為前項櫃檯買賣之監視，必要時得向櫃檯買賣證券商、上櫃公司、興櫃股票發行公司查詢及調閱有關資料或通知其提出說明，櫃檯買賣證券商、上櫃公司及興櫃股票發行公司不得拒絕。」

7. 櫃檯買賣有價證券監視制度辦法第3條規定：「證券商透過本中心等價、等殖自動成交系統買賣之有價證券有異常情形達一定標準時，本中心為提醒投資人注意，應公告其名稱及交易資訊之內容。前項交易異常標準、公告方式，由本中心另訂之。」

8. 櫃檯買賣有價證券監視制度辦法第4條規定：「前條所定異常情形有嚴重影響櫃檯買賣交易之虞時，本中心即在市場公告並得採行下列之措施：一、對該有價證券以人工管制之撮合終端機執行撮合作業。二、限制各證券商申報買進或賣出該有價證券之金額。三、通知各證券經紀商於受託買賣交易異常之有價證券時，對委託買賣數量較大之委託人，應收取一定比例之買進價金或賣出之證券。四、通知各證券商於買賣交易異常之有價證券時，增繳給付結算基金。五、暫停該有價證券融資融券交易。六、報經主管機關核准後停止該有價證券一定期間之買賣。前項措施之標準、方式及期間，由本中心另訂之。有價證券之交易，認有異常並嚴

重影響市場交割安全之虞或其他認有必要時，經監視業務督導會
報決議，得採行第一項或其他處置措施。」

9. 櫃檯買賣有價證券監視制度辦法第7條規定：「本中心對於櫃檯
買賣交易異常情形，經調查追蹤，即將有關資料完整建檔備供稽
考，對於違反本中心規定者，應迅予處理，並對涉及違反法令
者，逕行舉發或簽附有關調查報告報請主管機關核辦。」

10.林俊益，《刑事訴訟法概要（上）》，2010年9月11版1刷，頁
418。

11.同上註，頁426。

12.同上註，頁433。

13.最高法院94年度台上字第2074號刑事判決。

14.最高法院92年度台上字第3824號刑事判決參照。

15.刑事訴訟法第203條第1項規定：「審判長、受命法官或檢察官於
必要時，得使鑑定人於法院外為鑑定。」

16.刑事訴訟法第208條規定：「法院或檢察官得囑託醫院、學校或
其他相當之機關、團體為鑑定，或審查他人之鑑定，並準用第
二百零三條至第二百零六條之一之規定；其須以言詞報告或說明
時，得命實施鑑定或審查之人為之。第一百六十三條第一項、第
一百六十六條至第一百六十七條之七、第二百零二條之規定，於
前項由實施鑑定或審查之人為言詞報告或說明之情形準用之。」

17.最高法院105年度台上字第2206、2173號民事判決。

18.刑事訴訟法第159條之4規定：「除前三條之情形外，下列文書亦
得為證據：一、除顯有不可信之情況外，公務員職務上製作之紀
錄文書、證明文書。二、除顯有不可信之情況外，從事業務之人
於業務上或通常業務過程所須製作之紀錄文書、證明文書。三、
除前二款之情形外，其他於可信之特別情況下所製作之文書。」

19.刑事訴訟法第208條規定：「法院或檢察官得囑託醫院、學校或

其他相當之機關、團體爲鑑定，或審查他人之鑑定，並準用第二百零三條至第二百零六條之一之規定；其須以言詞報告或說明時，得命實施鑑定或審查之人爲之。第一百六十三條第一項、第一百六十六條至第一百六十七條之七、第二百零二條之規定，於前項由實施鑑定或審查之人爲言詞報告或說明之情形準用之。」

20. 最高法院105年度台上字第2063號刑事判決、臺灣高等法院臺中分院104年度金上更（一）字第14號刑事判決；最高法院104台上字第2617號刑事判決。

21. 最高法院104年度台上字第1003號刑事判決。

22. 臺灣高等法院104年度金上重更（二）字第12號刑事判決。

23. 刑事訴訟法第251條規定：「檢察官依偵查所得之證據，足認被告有犯罪嫌疑者，應提起公訴。被告之所在不明者，亦應提起公訴。」

24. 相同見解：最高法院104年度台上字第2617刑事判決、最高法院102年度台上字第639號刑事判決、最高法院102年度台上字第168號刑事判決、最高法院101年度台上字第5242號刑事判決、最高法院101年度台上字第3008號刑事判決、最高法院101年度台上字第2383號刑事判決、最高法院100年度台上字第2965號刑事判決、臺灣高等法院臺中分院刑事判決104年度金上更（一）字第14號刑事判決等。

25. 最高法院98年度台上字第949號刑事判決。

26. 臺灣高等法院103年度金上重更（二）字第13號刑事判決。

27. 最高法院97年度台非字第5號刑事判決要旨。

28. 參見前揭臺灣高等法院102年度金上重更（一）字第7號刑事判決。

第十四章

財務報告虛偽或隱匿之責任追究及舉證分配

王志誠[*]

壹、前言

　　財務報告虛偽或隱匿在本質上不僅可能構成發行市場之證券詐欺行為，亦可能構成流通市場之證券詐欺行為。我國現行證券交易法不僅明定財務報告不實之民事責任（證券交易法第20條第2項、第20條之1），亦明定財務報告不實之刑事責任（證券交易法第20條第2項、第171條第1項第1款）。此外，由於發行人、公開收購人、證券商、證券商同業公會、證券交易所或第18條所定之事業，於依法或主管機關基於法律所發布之命令規定之帳簿、表冊、傳票、財務報告或其他有關業務文件之內容有虛偽之記載者，其行為負責人應負刑事責任（證券交易法第174條第1項第5款、第179條）；且經理人或會計主管如於財務報告上簽章之，為財務報告內容虛偽之記載者，亦應負刑事責任，但經他人檢舉、主管機關或司法機關進行調查前，已提出更正意見並提供證據向主管機關報告者，減輕或免除其刑（證券交易法第174條第1項第6款），故若發行人之財務報告及帳冊之內容有虛偽之記載，其行為負責人、經理人或會計主管，亦可能構成證券交易法第174條第1項第5款或第6款所規定之財務報告及帳冊虛偽記載罪。

　　問題在於，我國證券交易法第20條第2項、第174條第1項第5款及第6款不僅未如同第20條之1明定其責任主體之範圍；且證券交易法第20條第2項、第174條第1項第5款及第6款亦未若第20條之1明文限定在財務報告及財務業務文件之「主要內容」不實，致使在刑事責任之認定上發生解釋疑義。又即使認為財務報告不實之刑事責任與民事責任在客觀構成要件得為相同之解釋，但所謂「主要內容」應如何判定，亦有疑問。本文除說明財務報告之內涵及編製主體，尚就追究財務報告虛偽或隱匿之民、刑事責任時常見之實務爭議，進行檢討及分析，期能提出較為明確之判斷標準及合理之解決思路。

貳、財務報告之內涵及編製主體

證券交易法上所稱之財務報告，指發行人及證券商、證券交易所依法令規定，應定期編送主管機關之財務報告（證券交易法第14條第1項）。所謂財務報告，指財務報表、重要會計項目明細表及其他有助於使用人決策之揭露事項及說明（證券發行人財務報告編製準則（採國際財務報導準則版本）第4條第1項）。財務報告之內容應公允表達發行人之財務狀況、財務績效及現金流量，並不致誤導利害關係人之判斷與決策（證券發行人財務報告編製準則（採國際財務報導準則版本）第5條第1項）。

所謂財務報表，應包括資產負債表、綜合損益表、權益變動表、現金流量表及其附註或附表（證券發行人財務報告編製準則（採國際財務報導準則版本）第4條第2項）。又所稱主要報表及其附註，除新成立之事業、證券發行人財務報告編製準則第4條第4項所列情況，或金融監督管理委員會另有規定者外，應採兩期對照方式編製。主要報表並應由發行人之董事長、經理人及會計主管逐頁簽名或蓋章（證券發行人財務報告編製準則（採國際財務報導準則版本）第4條第3項）。實務上即係由董事長、總經理及會計主管於財務報告上逐頁簽名或蓋章。

應注意者，證券交易法第14條第1項規定之財務報告，除應經董事長、經理人及會計主管簽名或蓋章外，並應出具財務報告內容無虛偽或隱匿之聲明（證券交易法第14條第3項）。因此，在刑事及民事之責任追究上，董事長、總經理及會計主管自然成為首要對象。

至於董事長以外之董事或監察人雖未於財務報告上簽名或蓋章，但因每會計年度終了，董事會應編造財務報表，於股東常會開會三十日前交監察人查核（公司法第228條第1項第2款）；監察人對於董事會編造提出股東會之各種表冊，應予查核，並報告意見於股東會（公司法第

219條），故在民事責任之追究上，證券投資人及期貨交易人保護中心於提起團體訴訟時，亦會將全體董事及監察人列為民事訴訟之被告。

參、財務報告虛偽或隱匿之刑事責任

一、重大性之判定

證券交易法第171條第1項第1款及第174條第1項第5款皆係公開發行公司財務資訊不實之刑事責任規範，惟公開發行公司之日常營運活動中，每日所產生之財務資料及憑證等多不計數，是否一旦存有不實即成立財務資訊不實之刑事責任，容有疑義，實應加以釐清。

（一）美國法之標準

從美國法之觀點，其直接規範財務報告不實之民事責任，應為1934年證券交易法第18條第(a)項規定[1]。亦即，任何人對於依法應註冊之申報（statement），不論是自己或使人製作之申請、報告或文件，就任何重大事實（any material fact）均不得有虛偽（made false）或令人誤導（misleading）之行為，其有違反者，除能證明本於善意且不知情者外，對於信賴該書表而為買賣之人負損害賠償之責。因此，美國證券交易法18條第(a)項規定財務報告不實之民事責任，其對於資訊不實確係要求須具備「重大事實」（material fact）之要件，始成立財務資訊不實之責任。

觀察美國法對於重大性標準之認定，依據美國證券管理委員會之「幕僚會計公告」[2]所提出之質性與量性標準，在量性指標部分，該幕僚會計公告承認一個經驗法則，認為若虛偽陳述低於5%，可初步假設該虛偽陳述不具重要性。在質性指標部分，認為雖然虛偽陳述低於5%，但該不實陳述確係影響發行人遵守法令規範之要求，或該不實陳

述來自的部門對於發行人的營收扮演重要的角色，抑或該不實陳述影響發行人遵守貸款契約或其他契約上之要求、該不實陳述增加管理階層之薪酬、該不實陳述隱藏不法交易等[3]，綜合判斷之。

依美國證券交易法之要求，公開發行公司應提出年度和季度之財務文件[4]，該財務文件必須遵循一般公認會計準則（GAAP）編製[5]。但是在GAAP下亦存有一個例外：當一個項目並非重大（material）時，公司可以不依照一般公認會計準則[6]，進行財務報表之編製。在量性的標準下，此非「重大」的標準係指其對於淨利的影響在一個特定的標準之下，通常此特定標準係指5%[7]。舉例而言，如果一個收入認列項目中的銷售收入對淨利影響僅有5%，即使公司記錄的方式違反一般公認會計準則，也不會有任何證券法上的責任，因為此錯誤並非重大（material）[8]。

雖然量性標準可以提供公司一個準確之標準，讓公司可以確認其在一般公認會計準則之標準內。但是量性標準亦可能形成公司之操縱空間，使公司可以在一定之數字標準內操縱其盈餘[9]。為了防止公司以量性標準規避法令要求，遂開始有了對於質性標準的要求，最初是引入「道德上重大性（ethical materiality）」的概念，但雖然當時美國證券管理委員會（SEC）認為公司應揭露其道德上的違反，不過於1980年代，法院和美國證券管理委員會似乎尚未直接採用質性標準作為判斷[10]。直到1999年，美國證券管理委員會發布「第99號幕僚會計公告」（Staff Accounting Bulletin: No. 99）文件。就質性標準而言，美國證券管理委員會主要採用聯邦最高法院於1988年*Basic, Inc. v. Levinson*案，對於重大性之判斷基準，而提出「一個如果有實質可能性、被理性自然人認為重要之事情應是重大」之標準[11]。依聯邦最高法院在*Basic*案之見解，判定訊息是否具備重大性，應以理性投資人於作成投資決定時是否實質可能認為其為重要內容為標準。亦即，從理性投資人之觀點，若隱匿未公開之資訊實質可能改變其所利用之整體資訊（"total mix"of information），則該資訊之隱匿即具有重大性[12]。詳言之，「第99號幕僚會計公告」並列舉不實陳述低於5%之幅度，仍有可能構成重大性之判斷因素，其判斷因素主要如下：(1)不實陳述是否來自能夠精確測量之一個項目，或者從其估計產生，其答案若爲肯定，則該估計本身即先天上有其不精確程度。(2)不實陳述是否掩飾收益或其他趨勢之變化。(3)不實陳述是否隱藏著一個未能符合分析師對一家企業之一致預期。(4)不實陳述是否使損失變成收益，反之亦然。(5)不實陳述是否涉及發行人之一個部門或其他部門之業務，而該部門對於發行人之營收扮演重要角色。(6)不實陳述是否影響發行人遵守法令之規範要求。(7)不實陳述是否影響發行人遵守貸款契約或其他契約上之要求。(8)不實陳述是否增加管理階層之薪酬，例如發放獎金或其他形式之獎酬機制。(9)不實陳述是否涉及隱藏不法交易[13]。

事實上，「第99號幕僚會計公告」所提出之質性標準，對實務運作產生重大影響，例如美國第二巡迴上訴法院已在財報不實等案子中採用質性標準，美國證券管理委員會在審查公司登記時，亦開始採用質性標準[14]。

（二）我國法之漏洞及補充爭議

我國證券交易法於2006年1月11日修正時增訂第20條之1規定，對於財務報告不實之民事責任，明定以其「主要內容」有虛偽或隱匿之情事爲要件。反之，早於1988年1月29日增訂之證券交易法第20條第2項及於2004年4月28日修訂同法第171條第1項第1款所規定之財務報告不實罪，其法律條文之用語卻僅以其「內容」有虛偽或隱匿之情事爲要件，致使證券交易法第20條第2項及第171條第1項第1款規定之適用，是否亦應以財務報告及財務業務文件之「主要內容」有虛偽或隱匿之情事爲客觀構成要件，產生疑義。此外，證券交易法第174條第1項第5款或第6款所規定之財務報告及帳冊虛偽記載罪，亦僅以其「內容」有虛偽之記載爲要

件,故若所虛偽記載者並非財務報告之「主要內容」,是否亦構成犯罪,亦非無疑。

1. 學說見解

國內學說主要從目的解釋、體系解釋及比較法解釋之觀點,認為證券交易法第20條第2項、第171條第1項第1款、第174條第1項第5款或第6款規定之適用,應具備「重大性」之要件。茲分論如下:

(1) 目的解釋

首先,我國於2006年1月11日增訂證券交易法第20條之1對於財務報告及財務業務文件或依第36條第1項公告申報之財務報告不實之民事責任,係規定以「其主要內容」有虛偽或隱匿為要件;反觀證券交易法第20條第2項、第171條第1項第1款對於財務報告及財務業務文件不實之刑事責任,僅規定「其內容」不得有虛偽或隱匿為要件,二者雖有不同,但依證券交易法第20條第2項之規範目的,在於避免投資人因不實資訊而做成錯誤之投資決定,且理論上若非重大事項之虛偽或隱匿,應不致於造成投資決定之變化,故應解為證券交易法第20條第2項關於財務報告及財務業務文件之虛偽或隱匿,亦以主要內容不實為限。亦即,發行人虛偽或隱匿財務報告及財務業務文件之資訊,應具備重大性,始足以影響投資人之投資決定[15]。

此外,亦有學者主張,為確保投資人獲得詳實的資訊,並防止以不實資訊遂行證券詐欺的目的,證券交易法第20條第2項規定:「發行人依本法規定申報或公告之財務報告及財務業務文件,其內容不得有虛偽或隱匿之情事。」所謂「虛偽或隱匿」,均以故意為要件,且以有關重要內容為虛偽或隱匿之陳述,足以生損害於投資人或相關人員(或機構)者為限(刑法第215條參照)。所謂重要內容,係指某種資訊之表達或隱匿,對投資人之投資決策具有重要影響而言[16]。

至於證券交易法第174條第1項第5款或第6款所規定之財務報告及帳

冊虛偽記載罪,雖亦僅以其「內容」有虛偽之記載為要件,但從其規範目的而言,解釋上應以所虛偽記載者屬於其重要內容或主要內容為限,而不應與於證券交易法第20條第2項所規定「內容」一詞為不同之解釋[17]。

(2)體系解釋及當然解釋

我國於2006年1月11日證券交易法修正後,違反第20條第2項資訊不實之民事責任改適用增訂後之第20條之1,而其適用前提是以「主要內容」有虛偽或隱匿之情事為限。因此,依據體系解釋,證券交易法第20條第2項之資訊不實,亦應以具有重大性為限,始能成立相關罪責。否則該二條條文前後規範即不能一致[18]。申言之,違反證券交易法第20條第2項之資訊不實之法律責任,雖然該項規定本身並未明定必須資訊之重要內容或主要內容不實等字眼,但從外國立法例及我國證券交易法相關規定之體系解釋觀察,應解為以有關資訊之重大事項之虛偽或隱匿,足以生損害於投資人為限,始合乎本項規範之功能[19]。

其次,證券交易法第20條之1第1項係針對違反同法第20條第2項之相關人員(包括負責人及相關製作人員等)所應負擔責任範圍之規定。又針對發行人所公告申報之財務報告及財務業務書件「非主要內容」有虛偽或隱匿情事時,相關製作人員尚且毋須負擔任何民事責任,**舉輕以明重**,自無復行對該等人員依證券交易法第171條第1項科以「三年以上十年以下有期徒刑」如此嚴厲之刑罰之理,否則豈非輕重失衡?從當然解釋之觀點,縱立法者於修法時並未針對發行人所公告申報之財務報告及財務業務書件相關製作人員之刑事責任範圍一併做明確之規定或限制,惟由前可知,應僅屬立法疏漏,其刑事責任範圍自不應大於其於民事事件所應賠償之範圍,始屬正當[20]。

因此,從體系解釋及當然解釋之觀點,證券交易法第20條第2項所規定之財務報告及財務業務文件不實,亦應與證券交易法第20條之1規

定之「主要內容」為相同解釋，而以具備重大性者為限。

2. 肯定應具備重大性之實務見解

我國司法實務上，亦有認為資訊是否應在財務報告揭露，應先經「重大性」之判斷，若非「重大」之交易事項，而未於財務報告揭露者，則不構成財務報告不實罪。茲列舉相關判決如下：

(1)臺灣臺南地方法院98年度金重訴字第1號刑事判決（勤美建設財務報告不實案）：「與關係人交易在財務報告上應否揭露，**應先經『重大性』之判斷**，僅於企業與關係人間有重大之交易事項，始應於財務報表之附註揭露，**若非『重大』之交易事項，**而未於財務報告之附註揭露者與關係人間之交易，自不該當證券交易法第20條第2項、第171條第1項第1款之財報內容隱匿罪……。」

(2)最高法院刑事判決99年度台上字8068號刑事判決（磐英科技股份有限公司案）：「然會計研究發展基金會係民間團體，其所為有關會計財務相關問題之解釋函，係該基金會財務會計準則委員會針對外界函詢之特定財務會計問題加以研議後，以解釋函方式發布，適時解答疑問或闡述適當之會計處理方法，爾後則視實際需要再另行制定發布財務會計準則公報（見該基金會編印財務會計問題解釋函彙編總說明），其解釋函之位階不僅在各號財務會計準則公報之後，更非行政機關基於法律授權或基於職權發布之行政命令，尤非屬經立法通過總統公布之法律，因此祇有在不牴觸法令或編製準則及有關法令未規定之情形始有其適用。而關係人交易揭露之目的並非在嚇阻關係人交易之發生，而是在於充分揭露關係人交易之條件以避免關係人間利用非常規交易進行利益輸送，關係人交易之所以具有可非難性與違法性，在於關係人間利用非常規之重大交易進行利益輸送，而使現行法對於提高財務報告於資訊透明度之及時性、真實性、公平性與完整性以建立成熟資本市場機能形同虛設。財務報告為期詳盡表達財務狀況、經營結果及現金流量之資訊，編

製準則第十三條總計臚列有二十五款應在財務報告加以註釋之事項，其中第十三款即係『與關係人之重大交易』，而會計研究發展基金會所發布之財務會計準則公報第六號『關係人交易之揭露』，其參、揭露準則第四款亦規定『每一會計期間，企業與關係人間如有[重大交易事項]發生，應於財務報表附註中揭露下列資料（略）』（按：編製準則第十六條亦有『發行人應依財務會計準則公報第六號規定，充分揭露關係人交易資訊』之規定），**均明定企業與關係人間有重大之交易事項，始應於財務報表之附註揭露**，是發行人編製之財務報告對此『與關係人之重大交易』事項有所隱匿者，自該當於證券交易法第一百七十一條第一項第一款之申報（公告）不實罪。**至於企業與關係人間無交易或非屬重大之交易**，雖依會計研究發展基金會九十二年五月三十日（92）基秘字第一四一號解釋函，謂若關係人與企業間具有實質控制關係存在，不論是否有關係人間之交易，其所有關係人皆應予以揭露，俾財務報表使用者瞭解關係人關係對企業之影響，並據以規範企業編製財務報告時仍應遵照上開解釋函辦理。」

(3)臺灣臺北地方法院102年度金訴字第6號刑事判決（永豐金證券財報不實案）：「於此仍應特別強調釐清者，乃證券交易法上『重大性』概念判斷之主要核心，係在『不實資訊將有實質可能會使一般理性投資人可得利用之整體資訊發生顯著改變』。正如同某項不實資訊即使不符合『量性指標』，並不必然逸脫『重大性』門檻一樣，某項不實資訊即使符合了『質性指標』，亦不必然符合『重大性』之要件。因此，在借用前述審計學上『重大性』門檻建立標準，以判斷某項不實陳述是否符合證券交易法上『重大性』定義時，需注意仍應立基於『該資訊是否會使投資人可得利用之整體資訊發生顯著改變』之基本概念，在技術上藉由前述『量性指標』及『質性指標』同時且全面性地綜合判斷，不能偏廢或固執一端。綜上各節，在判斷某項不實表達是否『重大』時，上開證券交易法施行細則第6條第1項『應重編財務報告』之『量性

指標』門檻、『審計準則公報第51號』第2條及第15條至第20條、前述現行審計查核實務常見之『量性指標』，及前述美國SEC之SAB第99號公告所揭示之『質性指標』等，均可作為法院判斷之參考。然無論如何，均應以前述『重要性』之基本定義為基礎，即『以一般理性投資人之立場觀之，在其形成投資判斷過程中，將有實質可能性會認為該項資訊係屬重要者』，且應全面地同時考量前述各『量性指標』及『質性指標』，不可偏廢或固執一端。」

3. 否定應具備重大性之實務見解

相對地，我國司法實務上，亦有認為證券交易法第20條第2項規定，並不以重大性為前提要件。茲列舉相關判決如下：

(1)臺灣高等法院臺南分院101年度金上重訴字第284號刑事判決（勤美建設財務報告不實案）：「按證券交易法第20條第2項規定：『發行人依本法規定申報或公告之財務報告及財務業務文件，其內容不得有虛偽或隱匿之情事。』條文並無『重大』內容及『非重大』內容之區分，舉凡發行人申報或公告之財務報告及財務業務文件，內容有虛偽或隱匿之情事，均規範在內。又證券發行人財務報告編製準則第15條第1款第2目、第2款第2目規定：財務報表附註應揭露『一、重大交易事項相關資訊：為他人背書保證。二、轉投資事業相關資訊：為他人背書保證。』因『為他人背書保證』屬重大交易事項相關資訊，應於財務報表附註揭露。○○公司財務報告、合併財務報表、○○大飯店財務報表上開揭露事項，應記載於『附註』。且證券交易法第36條第1項第3款及其施行細則第5條規定：公開發行公司應定期申報公告每月營運情形，包括為他人背書及保證金額事項，立法目的，係為貫徹資訊即時公開原則，避免資訊公開透明度之差異致誤導市場上投資人決策，明文將為他人保證，屬於重大交易事項，列為財務報告附註中之法定應記載事項及應定期申報公告法定資訊。故為他人設定質權借款，屬於財務報告內之

重大交易事項，被告辯護人所辯不足採信。○○公司財務報告、合併財務報表、○○大飯店財務報表『附註』未為上開事項揭露，即係財務報告及財務報表內容有隱匿及不實之情事。」

(2)臺灣高等法院臺中分院99年度建上字第18號民事判決（日昇生物科技股份有限公司案）：「證券交易法第14條授權訂定之『證券發行人財務報告編製準則』，已就包括資產負債表、損益表、股東權益變動表、現金流量表等在內之財務報告應記載內容詳予規範，凡虛偽或隱匿該準則所定內容者，即誤導投資人對公司眞實財務及營運狀況之認知及評估，而屬證券交易法第20條第2項規定之違反，例如：虛增營業額、未揭露關係人交易或背書保證資訊、隱匿重要訴訟案件之進行或終結等；至於虛偽或隱匿之金額大小，並非證券交易法第20條第2項之構成要件，自不得以此作爲有無違反該項規定之判斷標準，否則即與法條文義相悖，亦無法達到其爲『確保公開發行公司財務業務資料之正確性，以維護證券市場之公正性並保障投資人權益』之立法目的。故實務上在認定時，亦從未以虛偽或隱匿之金額大小作爲判斷標準……再者，被上訴人業經刑事法院認定違反證券交易法第20條第2項規定而判決有罪，倘可因虛偽或隱匿之金額數據高低，而免於該條所定之民事賠償責任，則該條文對投資人權益之保障、證券市場公正性之維護等功能形同虛設，除變相鼓勵其他經營者循相同手法詐騙投資人，刑事法院與民事法院就同一不法行爲適用同一法條時，出現南轅北轍之解釋及認定，亦嚴重打擊投資人尋求司法作爲最後救濟途徑之信心。」本件判例雖係民事，但其判決理由則對於證券交易法第20條第2項之構成要件，有所論述，故列入否定應具備重大性之實務見解內。

（三）本文見解

首先，「重大性」乃以是否影響理性投資人決策爲其核心內涵。會計爲商業語言，商業交易之軌跡，企業透過會計分錄記錄交易，將公

司營運之收益費損詳實記錄。最終，出具財務報表，讓公開市場上之不特定投資人瞭解公司在過去一年之會計年度是盈餘或虧損，並評估公司整體獲利及永續經營之能力。重大性之衡量，在審計查核實務上，其規範為審計準則公報第五十一號「查核規劃及執行重大性」，亦即：「如不實表達（包含遺漏）之個別金額或彙總數可合理預期將影響財務報表使用者所做之經濟決策，則被認為具有重大性。」就會計師查核財務報表之實務而言，常用營業淨利或銷貨收入作為基數，若達該基數一定百分比之誤述表達，才視為重大資訊。又當判斷一項資訊是否屬於重大訊息時，經濟合作暨發展組織（OECD）係採原則性之認定方式，避免採用單一標準之一體適用規定，故有關資訊揭露之重大性並未以特定之比率或金額予以量化規範。除有具體量化標準者外，各公司應以個案情況判斷某一交易（或事件）之性質及內容是否對其財務或業務、股東權益或證券價格等具有重大影響，並得綜合考量該交易或事件金額占公司總資產、股東權益、營收、稅前利益等之影響程度，作為研判重大性之依據[21]。因此，所謂之「重大性」，其核心概念即是否對公司之財務、業務、股東權益或證券價格有重大影響，換言之，是否會因為該資訊之揭露與否，左右投資人之投資決策。

其次，國際會計準則理事會（IASB）於2014年所發布的國際會計準則公報（IASs）第1號「財務報導之表達」亦清楚規定：1.重大性適用於整個財務報告；2.不重大資訊之列入可能抑制財報內容之有用性；3.公司應運用專業判斷決定資訊在財報上表達的位置與順序[22]。

再者，我國證券交易法第20條第2項及第171條第1項第1款所規定之財務報告不實罪，考量證券交易法之立法目的及刑法謙抑性，應以「目的性限縮」來限制證券交易法第171條第1項第1款及第174條第1項第5款之處罰範圍，而應納入「重大性」要件，其判斷標準參考美國法上之質性與量性標準，在量性指標部分，若虛偽陳述低於5%，可初步假設該虛偽陳述不具重要性。在質性指標部分，認為雖然虛偽陳述低於5%，

但該不實陳述確係影響發行人遵守法令規範之要求，或該不實陳述來自的部門對於發行人的營收扮演重要的角色，抑或該不實陳述影響發行人遵守貸款契約或其他契約上之要求、該不實陳述增加管理階層之薪酬、該不實陳述隱藏不法交易等等，綜合判斷之。

因此，臺灣高等法院臺南分院101年度金上重訴字第284號刑事判決之見解，實有違法學解釋之邏輯推論，完全欠缺合理性及正當性[23]。

二、證券交易法第171條第1項第1款與第174條第1項第5款及第6款之適用爭議

我國證券交易法中有關財務資訊不實之刑事責任，主要設有下列規定：

1. 證券交易法第20條第2項規定：「發行人依本法規定申報或公告之財務報告及財務業務文件，其內容不得有虛偽或隱匿之情事。」又同法第171條第1項第1款：「違反第20條第2項規定……處三年以上十年以下有期徒刑，得併科新臺幣一千萬元以上二億元以下罰金。」

2. 證券交易法第174條第1項第5款規定：「發行人、公開收購人、證券商、證券商同業公會、證券交易所或第十八條所定之事業，於依法或主管機關基於法律所發布之命令規定之帳簿、表冊、傳票、財務報告或其他有關業務文件之內容有虛偽之記載……處一年以上七年以下有期徒刑，得併科新臺幣二千萬元以下罰金。」

其中，證券交易法第174條第1項第5款僅處罰財務報告之內容有「虛偽」記載，而不及於「隱匿」。依最高法院之見解，即認為自2004年4月28日修正公布證券交易法第171條第1項第1款，將違反同法第20條第2項規定者列為刑罰所禁止之行為後，不論財務報告「虛偽」記載或「隱匿」資訊，均依證券交易法第171條第1項第1款規定處斷[24]。因此，似認為證券交易法第174條第1項第5款之罪及第171條第1項第1款之罪所保護之法益相同，應屬法規競合。所稱法規競合（法條競合），係

指單一行為，發生單一之犯罪結果，與數個刑罰法律規定之犯罪構成要件全部或一部符合，因法規之錯綜關係，致同時有數個法規競合適用時，祇能依(1)重法優於輕法；(2)特別法優於普通法；(3)基本法優於補充法；(4)全部法優於一部法；(5)狹義法優於廣義法等原則；選擇一個最適當之法規作為單純一罪予以論處而排斥其他法規之適用。惟其中之「特別法優於普通法」原則，應排除普通法較特別法處罰為重者，即普通法之處罰較特別法之處罰為重時，仍應適用「重法優於輕法」之原則，此乃法律當然之解釋[25]。因此，即是認為證券交易法第174條第1項第5款為第171條第1項第1款之特別規定，依重法優於輕法之原則，仍應優先適用證券交易法第171條第1項第1款規定論罪科刑。

應注意者，晚近亦有判決認為，證券交易法第174條第1項第5款所稱之「虛偽記載之財務報告或其他有關業務文件」，並無如第171條第1項第1款之以「申報或公告」為要件，且法定刑亦較輕，此應係因該條所定虛偽記載之財務報告或其他業務文件，因尚未經「申報或公告」，其虛偽記載之內容尚未達廣泛散布於證券交易市場之階段，而對市場上投資人之侵害程度較輕。可知，證券交易法第174條第1項第5款之罪及第171條第1項第1款之罪，其規範之基本行為固相同（即虛偽記載或隱匿），然其行為階段則有前、後之分。前者係以該虛偽記載之財務報告或相關業務文件「尚未」經申報或公告者為限，後者則指「已申報或公告」之虛偽記載財務報告或財務業務文件[26]。

問題在於，證券交易法第174條第1項第6款前段規定：「於前款之財務報告上簽章之經理人或會計主管，為財務報告內容虛偽之記載。」顯然對於經理人或會計主管為財務報告內容虛偽記載之行為主體者，設有特別規定，其刑度並較證券交易法第171條第1項第1款規定為輕，應如何正確適用法律，顯有疑義。本文以為，若認為證券交易法第174條第1項第6款之罪及第171條第1項第1款之罪為法規競合，因行為人出於一犯意而為一行為，同時該當於數法條所定犯罪構成要件之競合情形

者，為避免犯罪之重複評價，則經理人或會計主管仍應優先適用證券交易法第171條第1項第1款之罪。

三、證券交易法第174條第1項第6款但書之性質

證券交易法第174條第1項第6款規定：「於前款之財務報告上簽章之經理人或會計主管，為財務報告內容虛偽之記載。但經他人檢舉、主管機關或司法機關進行調查前，已提出更正意見並提供證據向主管機關報告者，減輕或免除其刑。」問題在於，該條款究為窩裡反條款（污點證人條款）或自白條款，似有疑義。

本文以為，證券交易法第174條第1項第6款但書，屬自白條款（坦承條款）。蓋所謂窩裡反條款，依證人保護法第14條第1項規定：「第二條所列刑事案件之被告或犯罪嫌疑人，於偵查中供述與該案案情有重要關係之待證事項或其他正犯或共犯之犯罪事證，因而使檢察官得以追訴該案之其他正犯或共犯者，以經檢察官事先同意者為限，就其因供述所涉之犯罪，減輕或免除其刑。」即對於集體性犯罪，例如幫派組織、走私、販毒、賄選、洗錢、證券交易法第171條或第173條第1項之罪等刑事案件，為鼓勵其共犯成員供出該集團犯罪之方式及成員，不讓僥倖之徒逍遙法外，爰設減輕或免除其刑之規定。但為避免其在檢察官同意減輕或免除其刑之利誘下，易誇大證言，其偽證可能性較高，故嚴格限制其適用之範圍，即須於偵查中供述與案情有重要關係之待證事項及其他共犯之犯罪情事，因而使檢察官得以追訴該案其他共犯，且經檢察官事先同意者為限，始得就其供述所涉之犯罪，享有減輕或免除其刑之寬典[27]。相對地，自白條款係指被告之自白非出於其自由意志，則不得採為證據之原則，為刑事訴訟法上關於證據的重要原則。刑法總則對於被告之自白，並未有減免刑責之規定，但在刑事政策上，為容易得知真相，因而在刑法分則例外設有誘因機制，明訂在一定條件之自白得減輕或免除其刑[28]。鑑於證券交易法第174條第1項第6款但書對於犯罪之坦

承設有減輕或免除其刑之規定，且規定其坦承之時點（界限）為「經他人檢舉、主管機關或司法機關進行調查前」，故其規範內容類似刑法分則中之自白條款。

肆、財務報告虛偽或隱匿之民事責任

為保障投資人，以避免不實資訊影響投資人之投資判斷，證券交易法第20條第2項規定：「發行人依本法規定申報或公告之財務報告及財務業務文件，其內容不得有虛偽或隱匿之情事」，並於2006年1月11日及2015年7月1日二次修正證券交易法時，仿造第32條之內容，增訂及修正第20條之1規定，使發行人及其負責人、曾在財務報告或財務業務文件上簽名或蓋章之職員，對於財務報告及財務業務文件主要內容有虛偽或隱匿時，就有價證券之善意取得人、出賣人或持有人因而所受之損害，負推定過失責任（證券交易法第20條之1第1項、第2項）。至於會計師辦理財務報告或財務業務文件之簽證，則應負過失責任。

一、行為因果關係與損害因果關係之舉證分配

（一）美國學說及實務發展

所謂因果關係，係指在財報不實的案件中，投資人因信賴各種不實陳述而陷於錯誤、並因此錯誤而為投資決定，進而因此投資決定而受有損害，且該損害係由不實陳述所引發。換言之，投資人必須證明其損失是因對不實陳述之信賴所導致[29]。因果關係在美國法院之分析上，可分為交易之因果關係（transaction causation）及損失之因果關係（loss causation）[30]。

1. 交易因果關係之舉證

所謂交易因果關係，或稱信賴要件（reliance），係指投資人因

信賴被告所發布之財報為真實，進而做成投資決定。亦即，若不存在該虛偽、詐欺或不實的資訊，投資人將不會買入或賣出係爭公司之有價證券[31]。

(1)對市場詐欺理論

在證券交易市場上，投資人原則上應依「自己責任」，對自己的投資決定自負盈虧，惟自己責任原則應建立在投資人所獲取之資訊是真實且公平之基礎上，因此，公司若違反其資訊揭露義務時，應對善意之投資人負損害賠償責任，始足貫徹證券市場保護投資人之精神[32]。惟就訴訟上之舉證責任分配而言，為訴訟標的之法律關係之事實，應由主張該為訴訟標的法律關係存在之一方舉證之，因此，投資人欲請求損害賠償，須證明其投資損害與財報不實間具有交易因果關係[33]，然證券投資市場之投資人數眾多，且各投資行為背後所涉的因素廣泛且複雜，欲證明投資人因信賴該不實財報而為投資決定實有其困難性。是以，美國司法實務上逐漸發展出「對市場詐欺理論」（fraud-on-the-market theory；詐欺市場理論），認為不實資訊不僅欺騙個別投資人，且欺騙「市場」，股價亦因不實資訊而產生變動，因此在一定條件之下，原告雖未閱讀財報，仍推定財報不實與投資損害間具有交易因果關係，但允許被告得舉反證加以推翻之[34]，該理論於前述*Basic*案，首次由美國聯邦最高法院所採用。

美國聯邦最高法院於*Basic*案中指出，成立對市場詐欺理論應具備之要件如下：1.被告公開為不實陳述；2.不實陳述具有重大性；3.股票之交易係在效率市場中為之；4.不實陳述會導致合理信賴的投資人錯估股票之價值；5.原告於不實陳述發布後至事實揭露前之期間內，買賣係爭股票[35]。其理論基礎，乃源自於在現代證券市場中，原告無法如傳統「面對面交易」舉證證明因信賴被告不實之資訊而進行交易以至於受有損害。但在一個有效率的資本市場上，各項資訊散布於市場，均會

影響和反應證券之價格。證券投資人信賴市場價格之正直、健全性而買入或賣出證券，雖個別投資人未取得特定不實資訊，但因信賴市場，進而依市價買賣系爭股票，應推定其買賣與不實資訊間，存有交易因果關係[36]。

(2)效率市場假說

在對市場詐欺理論下，投資人雖不需再個別證明其信賴關係之存在，但投資人必須證明在反映此項不實消息上，市場是有效率的，否則信賴市場之要素無由建立[37]。是以，對市場詐欺理論之基礎為「效率市場假說」，而一個有效率的證券市場係指凡市場上所有可能影響股價因素的訊息，一旦公開，將即時、完全反映於股價上[38]。

效率市場假說在經濟學上之討論，依其程度之強弱可分為三個層面：1.弱勢效率說，認為市場只能反應所有過去的歷史資訊；2.半強勢效率說，認為市場有能力反應所有過去的歷史資訊外，更可進一步反應所有目前公開之資訊；3.強勢效率說，認為市場能反映所有已公開或未公開之現存資訊[39]。在弱勢市場，已公開資訊無法充分反應於股價上，因此投資人主張信賴市場價格進行交易，將不具備信賴基礎；至於強勢市場，因股價能反應未公開資訊，例如內線消息，如此市場將不會受騙，投資人也不可能受害；在半強勢市場，股價反應所有已公開資訊，如果公司揭露虛假資訊欺騙市場，股價亦會受到影響。美國聯邦最高法院於*Basic*案中所指之效率市場，即指半強勢效率市場而言[40]。

美國學者有認為，能否適用對市場詐欺理論，應取決於系爭不實資訊是否影響股價，而非市場有無效率。例如學者Jonathan R. Macey即認為，能否推定信賴的關鍵，應取決於不實陳述或隱匿行為是否扭曲系爭證券的交易價格，而毋須探究系爭證券的交易市場是否有效率[41]。學者Donald C. Langevoort亦認為，欺騙市場理論之適用，不應以效率市場為條件，價格是否遭到詐欺行為之扭曲，才是唯一重要之問題[42]。本文採之。

2. 損失因果關係之舉證

所謂損失因果關係，係指投資人買賣系爭有價證券所受之經濟損失，係因被告之虛偽、詐欺或不實資訊所造成[43]。美國聯邦最高法院於1988年在*Basic*案中提出「對市場詐欺理論」後，損失因果關係是否為一獨立要件及應如何證明之問題，在美國法上產生極大爭議[44]。嗣於1995年修正「私人證券訴訟改革法案」（Private Securities Litigation Reform Act, PSLRA）時，將損失因果關係明文增訂於1934年「證券交易法」第21D條第b項第4款中，始平息上開紛爭，使損失因果關係獨立成為證券詐欺訴訟之要件之一。上開將交易因果關係與損失因果關係予以區別之見解，於2005年*Dura Pharmaceuticals, Inc. v. Broud*乙案中[45]，亦獲得美國聯邦最高法院之肯認。在*Dura*案中，最高法院雖未直接處理「損失因果關係」與「信賴」的認定問題，以及「損失因果關係推定」的適當性問題，然而美國聯邦最高法院藉由將「信賴」要件及「損失因果關係」要件，予以並列為Rule 10b-5證券詐欺之獨立要件，實已明示兩者之獨立性，明顯將「信賴」或「交易因果關係」與「損失因果關係」予以區隔[46]。

應注意者，就損失因果關係之舉證，並無上開所提出「對市場詐欺理論」之適用。「對市場詐欺理論」之運用，於美國司法實務之證券求償訴訟中，主要係用以推定交易因果關係，是以投資人不得主張適用「對市場詐欺理論」而推定損失因果關係，仍必須證明因市場所揭露之不實資訊，致其受有損害[47]。

至於損失因果關係在訴訟上之主張與證明之標準，美國學者大致上可分為嚴格與寬鬆兩種標準。在嚴格標準下，原告必須主張與證明被告之不實行為被揭露後導致股價變動，造成股票價格下跌之結果，始能滿足損失因果關係要件，此稱之為「價格下跌理論」（price decline theory）；至於採寬鬆標準，則認為原告僅需主張系爭股票之價格因不實資訊因而受到灌水，即滿足損失因果關係要件，惟仍須於訴訟之實質

審理階段證明的確因被告之不實資訊而受有損失，故又稱之為「價格扭曲理論」（price inflation theory）[48]。

（二）我國學說之發展

1. 交易因果關係之舉證

國內學者有主張於真實世界中，無論理性或非理性之投資行為，均會反映於市價上，而被告之不實陳述，即造成均衡市價之偏離，且於資訊不對稱之情形下，市場上的投資人無法判別市價係基於理性或非理性行為而形成，故為保障投資人信賴效率市場之利益，自應適用「對市場詐欺理論」[49]。惟適用「對市場詐欺理論」必須立基於一個有效率之市場為前提，然對於效率市場之驗證，至今仍無一致具體標準。臺灣證券市場是否已臻適宜採用「對市場詐欺理論」之「半強勢效率市場」，仍受到相當程度之質疑[50]。

應注意者，有論者認為，臺灣證券市場規模較小，屬於淺碟型的市場，只要投入大量資金進入證券市場，就會立即發生影響股票價格之效果，應難斷言已屬「半強勢效率市場」。是以，在未經具體的實證分析及專業判斷之情況下，斷然認定臺灣市場結構屬於一個有效率的資本市場，而逕自引用法律所未明文規定之「對市場詐欺理論」，其妥適性備受質疑[51]。

反之，有論者認為，交易因果關係之推定，所重視者應係一般投資大眾買進或賣出股票時對該「股票價格」之信賴，只要該股票之價格確實受到被告所公開之虛偽、詐欺或不實的資訊所影響，則投資大眾之交易行為與被告之詐欺行為之因果關係即足堪認定，而與該交易市場是否達「半強勢效率市場」之標準並無關連[52]，據此而言，交易因果關係之推定，關鍵在於「不實資訊是否扭曲、影響該股票之價格」，而非在於臺灣是否處於一個有效率的市場。

2. 損失因果關係之舉證

在財報不實之損害賠償案件中，就「損失因果關係」之舉證，有論者認為此要件僅作為損害賠償範圍的一項決定因素即可，無須單獨列為損害賠償的成立要件[53]。是以，交易因果關係建立後，得繼續以「推定」的方式認定損失因果關係之存在，但同時亦賦予被告舉反證推翻之機會，以平衡兩造之利益[54]。換言之，原告只須證明「交易因果關係」之存在即可，一旦法院認定具有交易因果關係，即得推定原告因被告之不實行為而受有損害，否則，於原告已證明被告之行為違法後，更進一步要求原告證明損失因果關係，實有過苛，而有疊床架屋及過度保護被告之嫌，故倘若被告無法舉反證推翻因果關係之推定時，被告即應就原告之全部損失加以賠償[55]。

惟另有論者引進美國實務之見解，認為損失因果關係為財報不實賠償責任之「構成要件」，此種解釋方式有助於訴訟經濟，蓋原告在訴訟前階段無法證明具備損害因果關係者，即得以此為由駁回原告之訴，而使雙方之爭執早日確定。然損害因果關係究應如何證明，其寬嚴之標準與程度，主要涉及「嚇阻不實資訊」與「保護善意投資人」間之衡平，屬政策考量。如採取嚴格標準，將提高原告舉證負擔，雖可能使證券詐欺案件之數量降低，然亦可能因而導致嚇阻效果不足，反而間接提供被告從事證券詐欺行為之誘因；然而，倘若採取推定損失因果關係存在之見解，雖能有效嚇阻發行人及其負責人為證券詐欺行為，但同時使投資人於證券詐欺訴訟中之舉證責任大幅減輕，僅需證明重大性和意圖存在即可，反而具有鼓勵原告興訟之效果，且將過度抑制公司資訊之發布而使有利於投資人之資訊亦一併遭受阻斷，恐與證券交易法鼓勵資訊公開揭露之目的相悖[56]。

（三）我國實務之發展

1. 交易因果關係之舉證

依民法上一般侵權行為之規定，原告欲主張侵權行為之損害賠償，需舉證證明其權利損害與被告之侵害行為間具有因果關係。投資人依證券交易法第20條之1請求民事賠償，就財務報告不實與投資損害間之交易因果關係應如何舉證，是否應回歸一般侵權行為之法則，由原告負舉證之責任，抑或得援引美國實務上所法展出之「對市場詐欺理論」，而推定交易因果關係之存在，似有爭議。

(1)採用「對市場詐欺理論」推定交易因果關係

最高法院訊碟公司財務報告不實案[57]，明確肯認適用「對市場詐欺理論」來推定財報不實民事責任之因果關係。是以，投資人僅須舉證財務報告之內容有所不實，即可認已就交易因果關係善盡舉證之責，除非行為人能舉證其虛偽詐欺行為或不實財務報告與投資人之所受損害無因果關係存在，否則應推定有因果關係存在[58]。亦有實務見解更進一步指出，「對市場詐欺理論」之適用，無需立基於「效率市場假說」之前提下，即得以適用[59]。

(2)依民事訴訟法第277條但書減輕或轉換舉證責任

亦有實務見解並未援引美國法上之「對市場詐欺理論」以推定交易因果關係，而係由民事訴訟法第277條之規範目的為出發，認為在財報不實的求償案件中，責由受害人就其確因行為人之操縱股價行為而受有損害之事實負舉證責任，有違正義原則，亦顯失公平，是以應依第277條但書將舉證責任予以減輕或轉換，責由被告負舉證責任[60, 61]。

(3)認為應由原告舉證證明交易因果關係

若干實務見解並不採取「對市場詐欺理論」，而認為應由原告舉證證明交易因果關係，主要之理由在於，「對市場詐欺理論」之立論基礎

爲「效率市場假說」，投資人必須證明在反映此項不實消息上，市場是有效率的，惟目前尚無相關實證數據得以證實我國證券交易市場屬於效率市場，自無採用「詐欺市場理論」，推定授權人因信賴系爭財務報告而買賣系爭股票[62]。況且，「詐欺市場理論」並未考慮市場上充斥著許多非理性投資人與投資行爲，且於證券市場上，遭受損失之投資人不全然是詐欺之受害者，亦充斥著許多市場投機客與套利者，是以，原告即應舉證證明不實財報與其投資損害間之因果關係，而不能僅持「詐欺市場理論」，即得予以免除[63]。

2. 損失因果關係之舉證

臺灣高等法院臺中分院在順大裕公司財務報告不實案[64]，並未明確區分「交易因果關係」及「損失因果關係」，其將論述之重點放在能否適用「對市場詐欺理論」上，於肯認得適用「對市場詐欺理論」後，即推導出順大裕不實資訊與投資人損失間有因果關係的結論。是以，法院於該案中係採用「對市場詐欺理論」而同時推定「交易因果關係」及「損失因果關係」。

問題在於，「對市場詐欺理論」得否用以推定「損失因果關係」之存在，學理上迭有爭議。最高法院於宏億公司財務報告不實案[65]即指出，「詐欺市場理論」僅能用以推論交易因果關係之存在，但投資人欲請求民事損害賠償，仍須證明損害及其金額與不實財報間之損失因果關係[66]。

就損失因果關係之舉證，亦有法院認爲於公司股票終止上市，使投資人無法依正常交易管道出售其有價證券時，系爭有價證券已無價值可言，故足以證明投資人受有損害，且所受之損害與不實財報具有損失因果關係存在[67]。

二、持有人能否適用對市場詐欺理論之疑義

我國於2006年1月11日修正通過證券交易法第20條之1規定，就財務報告不實之民事賠償責任設有明確規範。惟我國立法例上有別於一般證券詐欺求償主體只限於實際買進或賣出之人，尚將持有人納入求償主體，其立法理由謂：「為使投資人之保護更形周延，除對善意信賴財務報告及財務文件而積極為買賣行為之投資人明訂其損害賠償請求權外，對於該有價證券之持有人，亦明定其損害賠償責任」，考其立法意旨，係因投資人雖在不實財報公布之前買進，但買入後因相信財報為真實，故未賣出，實質上亦受損害，因而賦予其求償權[68]。然此舉引發學理上討論，而迭生理論與實務上之爭議，實有必要對於持有人在訴訟上就因果關係之舉證責任加以釐清。

有論者認為「對市場詐欺理論」在外國法解釋上仍須有買賣行為方有適用之餘地，且「對市場詐欺理論」於我國法上並未明文規範，完全是藉由學理及司法實務之解釋而適用於個案中，其是否可再延伸至持有人之部分，恐待商榷[69]。

反之，有見解認為，法律已明文規定持有人亦有求償權，且持有人欲證明其因信賴報表而未出售持股甚為困難[70]，基於與善意取得人之出賣人間衡平考量[71]，應肯認持有人得適用「對市場詐欺理論」。

我國在立法上獨樹一格地將持有人納入求償權人範圍，雖加強了對證券投資市場上投資人的保護，以強化證券交易法保障投資之立法目的，其用心實予以肯定。但理論上，不實陳述所引發之民事責任，係因投資人信賴不實陳述而陷於錯誤，並基於錯誤而為買賣，最後因買賣之價格與真實價格之差距而受有損害。是以，有學者認為立法者將持有人納入請求權人之範圍，似乎過度擴張對投資人之保護，而不具正當性[72]。此外，若將持有人納入保護範圍，可能發生持有人求償金額大於善意買受人求償金額之結果，而導致較容易獲得勝訴的善意買受人全體所分得

的賠償金額較持有人少，且可能產生全體或大部分股東自己告自己之窘境[73]。

三、比例責任之認定標準

我國證券交易法2006年增訂第20條之1規定時，參酌美國等先進國家引進比例責任制，其立法目的在考量財務報告或財務業務文件上簽章之人及會計師之責任不同，為衡平相關人員之責任，避免因連帶負責而使責任分配不均，故明訂除發行人、發行人之董事長、總經理及故意責任人外，其他人員得依其過失責任比例負賠償責任[74]。嗣於2015年7月1日修正證券交易法時，刪除第20條之1第2項及第5項中之「發行人之董事長、總經理」之文字。是以，依現行第20條之1第5項之規定，除發行人及負故意責任之被告以外，其餘被告僅就其過失程度之多寡負比例賠償之責。

問題在於，就行為人之過失比例應如何認定，我國法並未明文規定，必須由法院於個案中審酌各個因素而為具體之判斷。以久津公司財務報告不實案[75]為例，臺灣高等法院係審酌各行為人之職位、參與程度、任職期間、主觀意圖等情形，以酌定各行為人之責任比例。

此外，臺灣高等法院於銳普公司財務報告不實案[76]，亦指出應依各該董、監事之行為特性、違法行為與損害間之因果關係之性質及程度，認定其責任比例。

四、會計師責任成立之舉證分配

依證券交易法第20條之1第3項規定：「會計師辦理第一項財務報告或財務業務文件之簽證，有不正當行為或違反或廢弛其業務上應盡之義務，致第一項之損害發生者，負賠償責任。」是以，會計師就財報不實之損害賠償，僅負過失責任，原告欲向會計師請求財報不實之損害賠償，依一般侵權行為法則之規定，仍需舉證證明簽證該財報之會計師有

不正當行為或違反或廢弛其業務上應盡之義務，且原告所受之損害與會計師簽證或查核不實間有相當因果關係，始能依據證券交易法第20條之1向會計師請求民事損害賠償[77]。

會計師於查核簽證時應負之注意義務標準，依會計師法第11條第2項規定：「會計師受託查核簽證財務報告，除其他法律另有規定者外，依主管機關所定之查核簽證規則辦理。」及會計師查核簽證財務報表規則第2條第1項規定：「會計師受託查核簽證財務報表，除其他業務事件主管機關另有規定者外，悉依本規則辦理，本規則未規定者，依財團法人中華民國會計研究發展基金會所發布之一般公認審計準則辦理。」則會計師受託查核簽證財務報表時，除另有規定外，係以會計師查核簽證財務報表規則與審計準則公報為主要依據。若會計師查核簽證財務報告時違反前開規定，依據證券交易法第20條之1第3項及會計師法第41條、第42條第1項，應負賠償責任[78]。

此外，會計師事務所是否須與會計師連帶負賠償責任，實務見解認為合夥人因經營共同事業，須有合夥代表、一定之組織、財產及活動管理機制，故於契約之外，亦同時表現團體之性質，與法人之本質並無軒輊。是以，合夥人若因執行合夥事務，侵害他人權利而成立侵權行為者，與法人之有代表權人，因執行職務加損害於他人之情形相類，其所生之法效應等量齊觀，被害人自可類推適用民法第28條之規定，請求合夥與該合夥人連帶負賠償責任[79]。

五、損害賠償範圍之計算

就損害賠償金額之計算，我國證券交易法僅就內線交易損害賠償金額做明文規範，而對於財報不實之損害賠償責任，證券交易法第20條第3項及第20條之1均未明文規範。在美國司法實務上主要有兩種不同的計算方法，一為毛損益法（gross income loss），一為淨損差額法（out-of-pocket method）。所謂「毛損益法」，係以投資人買進價格減去財報不

實事件爆發後賣出價格之差額，作爲投資人每股求償金額[80]；而「淨損差額法」，係指不實財報損害賠償範圍，爲受害投資人交易時之市場價格與該有價證券眞實價格間之差額[81]。亦即，前者係依一般侵權行爲損害賠償法則，使投資人回復至未受損害前之「原有狀態」；而後者則是排除不實財報以外其他影響股票價格變動之因素所產生之價差，使投資人所受之損害回復至「應有狀態」，被告僅需就其不實財報所造成之損害負賠償責任。關於損害賠償範圍之計算方法，究應採「毛損益法」抑或「淨損差額法」，我國司法實務之見解尙無定論。

採毛損益法者，例如新竹玻璃公司財務報告不實案[82]、立大農畜公司財務報告不實案[83]、順大裕公司財務報告不實案[84]等。反之，採取淨損差額法者，例如京元電子公司財務預測不實案[85]、大中鋼鐵公司財務報告不實案[86]等。目前最高法院似有採取「淨損差額法」之趨勢[87]。

伍、結論

證券交易法第20條第2項雖未明定應負刑事責任之行爲主體，但解釋上，其責任主體自不以發行人爲限。亦即，除包括於財務報告上簽名或蓋章之董事長、經理人及會計主管外，尙應包括對財務報告簽證之會計師，乃至於雖未簽名而實際參與製作財務報告之其他負責人或職員。至於證券交易法第174條第1項第6款所規定之財務報告虛偽記載罪，其責任主體則明文限定在財務報告上簽章之經理人或會計主管。

雖然證券交易法第20條第2項及第171條第1項第1款所規定之財務報告不實罪，乃至於證券交易法第174條第1項第5款或第6款所規定之財務報告及帳冊虛偽記載罪，皆僅以其「內容」有虛偽之記載或隱匿爲要件，但參考美國之立法例及實務發展，應解爲若非屬重要內容或主要內容之虛偽或隱匿，尙不足影響理性投資人之投資決定，不構成財務報告不實罪或財務報告及帳冊虛偽記載罪。又對於重大性標準之判斷，美國

證券管理委員會所發布之「第99號幕僚會計公告」則提出質性與量性指標作為測試基準，亦具有重要之參考價值。特別是依其所提出之量性指標，即認為若不實陳述低於5%之幅度，基本上假設其資訊不具重大性，具有重要之借鑒意義。

本文認為，我國最高法院運用「對市場詐欺理論」來推定財報不實民事責任之交易因果關係，應值肯定。惟交易因果關係之推定，關鍵在於「不實資訊是否扭曲、影響該股票之價格」，而非以效率資本市場為前提。又「對市場詐欺理論」僅能用以推論交易因果關係之存在，投資人欲請求民事損害賠償，仍須證明損害及其金額與不實財報間之損失因果關係。

就持有人能否適用對市場詐欺理論之爭議而言，本文認為，不實陳述所引發之民事責任，係因投資人信賴不實陳述而陷於錯誤，並基於錯誤而為買賣，最後因買賣之價格與真實價格之差距而受有損害。因此，立法者將持有人納入請求權人之範圍，似乎過度擴張對投資人之保護，不具有正當性。

最後，關於損害賠償範圍之計算方法，究應採「毛損益法」抑或「淨損差額法」，我國司法實務之見解雖無定論，但最高法院似有採取「淨損差額法」之趨勢，應值注意。

 **註　釋**

* 國立中正大學法學院教授、國立政治大學法學博士。

1. *See* Securities Exchange Act of 1934, See SEC. 18 (15 USCS § 78r): (a) Persons liable; persons entitled to recover; defense of good faith; suit at law or in equity; costs, etc. Any person who shall make or cause to be made any statement in any application, report, or document filed pursuant to this title [15 USCS §§ 78a et seq.] or any rule or regulation thereunder, or any undertaking contained in a registration statement as provided in subsection (d) of section 15 of this title [15 USCS § 78o(d)], which statement was at the time and in the light of the circumstances under which it was made false or misleading with respect to any material fact, shall be liable to any person (not knowing that such statement was false or misleading) who, in reliance upon such statement, shall have purchased or sold a security at a price which was affected by such statement, for damages caused by such reliance, unless the person sued shall prove that he acted in good faith and had no knowledge that such statement was false or misleading. A person seeking to enforce such liability may sue at law or in equity in any court of competent jurisdiction. In any such suit the court may, in its discretion, require an undertaking for the payment of the costs of such suit, and assess reasonable costs, including reasonable attorneys' fees, against either party litigant.

2. *See* SEC Staff Accounting Bulletin: No. 99 (SAB 99).

3. 參閱王志誠，〈財務報告不實罪之判定基準：以重大性之測試標準為中心（下）〉，《台灣法學雜誌》，第200期，2012年5月，頁116-117。

4. *See* Securities Exchange Act of 1934 § 13(a).

5. *See* 17 C.F.R. § 210.4-01(a)(1): Financial statements filed with the Commission which are not prepared in accordance with generally accepted accounting principles will be presumed to be misleading or inaccurate, despite footnote or other disclosures, unless the Commission has otherwise provided. This article and other articles of Regulation S–X provide clarification of certain disclosures which must be included in any event, in financial statements filed with the Commission.

6. *See* Staff Accounting Bulletin No. 99, at 2 ("Each Statement of Financial Accounting Standards adopted by the FASB states, 'The provisions of this Statement need not be applied to immaterial items.'").

7. *Id.*, at 2. ("The staff is aware that certain registrants, over time, have developed quantitative thresholds as "rules of thumb" to assist in the preparation of their financial statements, and that auditors also have used these thresholds in their evaluation of whether items might be considered material to users of a registrant's financial statements. One rule of thumb in particular suggests that the misstatement or omission of an item that falls under a 5% threshold is not material in the absence of particularly egregious circumstances, such as self-dealing or misappropriation by senior management.").

8. *See* James J. Park, Assessing the Materiality of Financial Misstatements, 34 J. Corp. L. 513, 524-525 (2009). ("For example, if a revenue recognition issue involves sales that impact income by only one percent, GAAP would not apply. Even if the company recorded the sale in a way that violates GAAP, it would not be liable under the securities laws because the misstatement would not be material.")

9. *Id.*, at 525. ("The benefit of a quantitative standard is that it makes it

easier for companies to deal with GAAP. Because it sets forth a clear rule, companies who encounter difficult accounting issues can be sure they are not violating GAAP if those issues have a minimal numerical impact on their earnings. On the other hand, a quantitative standard gives companies discretion to manage their earnings so long as the earnings management is within a numerical threshold.")

10. *See* Park, *supra* note 8, at 525-526. ("In particular, the SEC argued that companies should disclose ethical violations by management; an early form of qualitative materiality one commentator has referred to as "ethical materiality." But soon after, the move to a qualitative standard (at least in terms of requiring disclosure of ethical violations) lost momentum. Throughout the 1980s, both the courts and the SEC seemed to reject a qualitative conception of materiality.")

11. *See* SAB No. 99, *supra* note 2, at 2. ("A matter is "material" if there is a substantial likelihood that a reasonable person would consider it important.")

12. *See* Basic, Inc. v. Levinson, 485 U. S. 224 (1988).

13. *See* SAB No. 99, *supra* note 2, at 3-4. ("Among the considerations that may well render material a quantitatively small misstatement of a financial statement item are--

- whether the misstatement arises from an item capable of precise measurement or whether it arises from an estimate and, if so, the degree of imprecision inherent in the estimate
- whether the misstatement masks a change in earnings or other trends
- whether the misstatement hides a failure to meet analysts' consensus expectations for the enterprise
- whether the misstatement changes a loss into income or vice versa

- whether the misstatement concerns a segment or other portion of the registrant's business that has been identified as playing a significant role in the registrant's operations or profitability
- whether the misstatement affects the registrant's compliance with regulatory requirements
- whether the misstatement affects the registrant's compliance with loan covenants or other contractual requirements
- whether the misstatement has the effect of increasing management's compensation--for example, by satisfying requirements for the award of bonuses or other forms of incentive compensation
- whether the misstatement involves concealment of an unlawful transaction.").

14. *See* Park, *supra* note 8, at 527-528.

15. 參閱王志誠，同前註3，頁117。

16. 參閱賴英照，《股市遊戲規則－最新證券交易法解析》，自版，2011年2月再版第2刷，頁732。

17. 參閱王志誠，同前註3，頁117-118。

18. 參閱劉連煜，《新證券交易法實例演習》，自版，2012年10月，增訂第10版，頁377。

19. 參閱劉連煜，〈證交法第20條第2項資訊不實規範功能之檢討－資訊內容具重大刑事責任成立要件〉，《台灣法學雜誌》第131期，2009年7月，頁201。

20. 參閱王志誠，〈財務報告不實罪之判定基準：以重大性之測試標準為中心（上）〉，《台灣法學雜誌》第198期，2012年4月，頁49。

21. 參閱陳脩文，〈淺談重大訊息之「重大性概念」〉，《證券暨期貨月刊》，第30卷第8期，2012年8月，頁26。

22. 參閱會計研究月刊編輯室，〈修正IAS 1增加專業判斷空間財報更

具重大攸關性〉，《會計研究月刊》，第351期，2015年2月，頁30。

23. 參閱王志誠，〈財務報告附註事項之揭露及刑事責任——以關係人交易及財務支援之資訊揭露爲中心〉，《台灣法學雜誌》，第275期，2015年2月，頁138。

24. 參閱最高法院103年度台上字第3263號判決：「對於發行人應編送主管機關之財務報告或其他有關業務文件之內容，有『虛僞』記載之情事者，依五十七年四月三十日制定公布之證券交易法第一百七十四條第一項第五款即有處罰明文（期間曾多次修正），但不及於『隱匿』行爲之處罰。九十三年四月二十八日修正公布之證券交易法第一百七十一條，除提高刑度外，並以第二十條第二項有關發行人申報或公告之財務報告有虛僞、隱匿等不實之行爲，爲公司相關人之重大不法行爲，亦屬重大證券犯罪，爰於第一項增列違反第二十條第二項之處罰規定。是發行人就財務報告爲虛僞之記載，係在九十三年四月三十日之前所犯者，依第一百七十四條第一項第五款處斷，其於九十三年四月三十日起所犯，則應依第一百七十一條第一項第一款論處。」

25. 參閱最高法院97年度台上字第5114號刑事判決。

26. 參閱臺灣新北地方法院103年度金訴字第12號刑事判決。

27. 例如貪汙治罪條例第8條、毒品危害防制條例第17條等規定，均屬於窩裡反條款。

28. 例如刑法第122條第2項規定：「對於公務員或仲裁人關於違背職務之行爲，行求、期約或交付賄賂或其他不正利益者，處三年以下有期徒刑，得併科三千元以下罰金。但自首者減輕或免除其刑。在偵查或審判中自白者，得減輕其刑。」又例如刑法第172條規定：「犯第一百六十八條至第一百七十一條之罪，於所虛僞陳述或所誣告之案件，裁判或懲戒處分確定前自白者，減輕或免除

其刑。」

29.參閱曾宛如,《證券交易法原理》,元照出版公司,2012年8月,第6版,頁232。

30.參閱戴銘昇,〈論證券詐欺之構成要件與民事責任〉,《證交資料》,第540期,2007年4月,頁40。

31.參閱賴英照,同前註16,頁800-801。

32.參閱陳春山,《證券交易法論》,五南圖書出版公司,2007年1月,第8版,頁398。

33.參閱陳春山,〈不實財務報告之民事責任法律適用爭議〉,《證券暨期貨月刊》,第22卷6期,2004年6月,頁53。

34.參閱賴英照,同前註16,頁801。

35.Basic Inc. v. Levinson, 485 U.S. at 248 (1988).

36.參閱劉連煜,同前註18,頁354。

37.參閱曾宛如,同前註29,頁234。

38.參閱廖大穎,〈再論企業揭露不實資訊與損害賠償之因果關係—兼評最高法院九十九年台上字第五二一號民事判決〉,《月旦法學雜誌》,第187期,2010年12月,頁212。

39.參閱林國全,〈財報不實之民事責任〉,《月旦民商法雜誌》,第48期,2015年6月,頁25。

40.參閱劉連煜,同前註18,頁355。

41.*See* Jonathan R. Macey & Geoffrey P. Miller, *The Fraud-on-the-Market Theory Revisited*, 77 Va. L. Rev. 1001, 1020-21 (1991).

42.*See* Donald C. Langevoort, *Judgment Day for Fraud-on-the-Market?: Reflections on Amgen and the Second Coming of Halliburton*, 57 Ariz. L. Rev. 37, 53 (2015). 另參閱林文里,〈證券市場資訊不實損害賠償的因果關係與責任範圍〉,臺北大學法律學系博士論文,2009年6月,頁99-100。

43.參閱張心悌，〈證券詐欺之因果關係與損害賠償—板橋地方法院九十六年金字第二號民事判決評析〉，《台灣本土法學雜誌》，第101期，2007年12月，頁254。

44.參閱張心悌，〈從美國最高法院Dura案思考證券詐欺之損失因果關係〉，《月旦法學雜誌》，第155期，2008年4月，頁220。

45.Pharmaceuticals, Inc. v. Broud, 544 U.S. 336 (2005).

46.參閱陳俊仁，〈論Dura Pharmaceuticals v. Broudo：美國證券詐欺因果關係要件之再建構與對我國證券交易法制之啟示〉，《歐美研究》，第39卷4期，2009年12月，頁739-740。

47.參閱黃永隆，〈財務報表不實之民事法律責任〉，成功大學法律學系碩士論文，2009年1月，頁116。

48.參閱潘怡學，〈論證券詐欺民事責任—以損失因果關係為重心〉，臺北大學法律學系碩士論文，2011年7月，頁90；楊家欣，〈以因果關係為起點—論我國證券詐欺法制之未來〉，臺灣大學法律學系碩士論文，2006年7月，頁85、86。

49.參照莊永丞，〈論證券交易法第20條證券詐欺損害賠償責任之因果關係〉，《中原財經法學》，第8期，2002年6月，頁170。

50.參閱林麗香，〈財報不實之民事賠償責任—最高法院九九台上五二一〉，《台灣法學雜誌》，第156期，2010年7月，頁234。

51.參閱廖大穎，〈論企業揭露不實資訊與損害賠償之因果關係—兼評臺北地方法院八十七年度重訴字第一三四七號民事判決的認定基礎〉，《月旦法學雜誌》，第153期，2008年2月，頁262-263。

52.參閱邵慶平，〈證券訴訟上「交易因果關係」與「損害因果關係」之認定—評析高雄地院九一年重訴字第四四七號判決〉，《台灣本土法學雜誌》，第79期，2006年2月，頁57。

53.參閱劉連煜，〈財報不實之損害賠償責任：法制史上蜥蜴的復活？—證交法新增訂第二十條之一的評論〉，收錄於《公司法理

論與判決研究（四）》，元照出版公司，2006年4月，頁247。

54.參閱莊永丞，同前註49，頁182。

55.參閱戴銘昇，同前註30，頁44。

56.參閱張心悌，同前註44，頁226-227。

57.參閱最高法院99年度台上字第521號民事判決：「美國法院曾以集團訴訟結合市場效率理論發展出所謂『詐欺市場理論』，於公司負責人以積極手段欺騙投資人，使投資者誤信公開資訊之內容真實，因而買進公司股票，難謂無因果關係。上訴人自九十一年四月三十日起所申報公告九十一年第一季至九十三年上半年度之財務報告有上開隱匿擔保借款、虛構投資海外基金等情事，堪認呂學仁、田政溫、喻征天製作虛偽不實之財務報告。上訴人前開財務報告既有虛偽不實，致附表投資人分別於九十一年四月三十日至九十三年八月三十一日在公開市場買進上訴人公司股票，於上訴人發布九十三年上半年度財務報告提列虧損四十二億元重大訊息後股價重挫，受有股票交易價格價差或價值減損之損害，二者具有因果關係。」

58.例如最高法院102年度台上字第73號民事判決、臺灣高等法院103年度金上易字第8號民事判決、臺灣高等法院101年度金上字第13號民事判決、臺灣高等法院101年度金上字第23號民事判決、臺灣高等法院100年金上字第2號民事判決、臺灣高等法院93年度重訴字第33號民事判決、臺灣高等法院94年度金上易字第1號民事判決、臺灣高等法院臺中分院98年度金上更（一）字第1號民事判決、臺灣高等法院臺中分院93年度金上字第4號民事判決，亦同此意旨。

59.參閱臺灣高等法院103年度金上字第4號民事判決（郘港公司財務報告不實案）：「被上訴人雖均辯稱『詐欺市場理論』需符合『效率資本市場假說（EFFICIENT CAPITAL MARKET HYPOTH-

ESIS）』，僅有在半強勢市場（SEMI STRONG MARKET）始能適用，我國之證券交易市場、尤其興櫃股票買賣並非屬半強勢市場、無從適用云云，惟美國聯邦最高法院在最近之案例中（ERICA P.JOHN FUND,INC. V. HALLIBURTON CO.,563 U.S._ (2014)），針對『詐欺市場理論需符合效率資本市場假說』此一爭論，已明揭詐欺市場理論並非建立在『市場價格應多麼迅速及全面反映公開可得資訊之特定理論（ANY PARTICULAR THEORY OF HOW QUICKLY AND COMPLETELY AVAILABLE INFORMATION IS REFLECTED IN MARKET PRICE.）』上，而係建立在一較為中庸之前提上，即「市場專家一般會考慮關於公司大部分公開的重要資訊，因此影響股票市價。」

60.參閱最高法院105年度台上字第49號民事判決（飛雅公司財務報告不實案）：「是以，企業經營管理者，倘利用其資訊上之優勢，故意製作虛偽之財報申報或公告，既足使投資人誤以該企業之業績將有成長或有所轉機，而作出買賣股票之決定，衡量危險領域理論、蓋然性理論、武器平等原則及誠信原則等因素，就受害之投資人交易因果關係之舉證責任，自應依民事訴訟法第二百七十七條但書之規定予以減輕（降低證明度），俾符合資本市場之本質，並達成發展國民經濟，保障投資之目的（證交法第一條規定參照）。」

61.例如最高法院99年度台上字第2244號民事判決、臺灣高等法院臺中分院104年度金上更（一）字第1號民事判決、臺灣高等法院臺中分院100年金上字第2號民事判決，亦同此意旨。

62.參閱臺灣高等法院103年金上字第13號民事判決：「惟查，民事訴訟法第281條規定：『法律上推定之事實無反證者，無庸舉證。』，而法律並未明定得適用『詐欺市場理論』推定上述交易及損害因果關係存在之事實，且我國證券交易市場尚非效率市場

假設所指之效率市場，此於交易量小之櫃買交易市場尤其明顯，自無採用『詐欺市場理論』，推定授權人因信賴系爭財務報告而決定買進或繼續持有合邦公司股票，及系爭財務報告內容虛偽情事足以使授權人決定買入或繼續持有該股票，嗣因該虛偽情事遭揭露，股價應聲下跌，致授權人受有跌價損害等事實餘地。」

63. 參閱臺灣高等法院臺中分院97年金上字第6號民事判決。

64. 參閱臺灣高等法院臺中分院93年度金上字第2號民事判決：「查本案因順大裕公司對外公告不實之系爭財務報告及公開說明書，破壞證券市場透過公開資訊進行交易之機能，導致順大裕公司股票於證券集中市場之交易價格扭曲，影響投資人之判斷決策，投資人因資訊提供人製作不實之資訊，致其所得資訊錯誤，無從正確判斷風險而善意買入順大裕公司股票，受有損害，此乃合於一般證券市場交易情況。蓋順大裕公司對外公告之系爭財務報告，如未隱匿其財務狀況惡化之消息，則該消息對外公告經媒體轉載後，必影響順大裕公司股票之價格，投資人實不致以過高之價格買進順大裕公司之股票，而蒙受日後真相爆發後股價下跌之損失，要不待贅論。」

65. 參閱最高法院104年度台上字第225號民事判決：「關於買賣投資行為與不實財報間之因果關係，基於股票價值之認定與一般商品不同，無從依外觀認定其價值，往往須參酌公司過往經營績效、公司資產負債、市場狀況等資訊之揭露，使市場上理性之投資人得以形成判斷；於投資人買進或賣出時，此不實消息已有效反應於股價上，故依「詐欺市場理論」，不論投資人是否閱讀此不實財報均推定其信賴此財報而有交易因果關係，固無待舉證；但投資人仍須證明損害及其金額與不實財報間之因果關係。」

66. 例如最高法院104年度台上字第1700號民事判決、臺灣高等法院102年度金上字第2號民事判決、臺灣高等法院101年度金上字第22

號民事判決、臺灣高等法院96年度金上字第9號民事判決，亦同此意旨。

67. 參閱臺灣高等法院101年度金上字第6號民事判決、臺灣高等法院99年度重上更（一）字第163號民事判決。

68. 參閱賴英照，同前註16，頁797。

69. 參閱劉連煜，〈財報不實案中有關證券持有人之舉證、過失比例責任及會計師事務所之連帶責任—臺灣高等法院101年度金上字第7號民事判決評釋〉，《法令月刊》，第64卷12期，2013年12月，頁22。

70. 參閱華誠法訊電子報，第37期，2006年9、10月，網址：http://www.lawnet.com.tw/asp/ePaperDetail.asp?epID=217（最後瀏覽日：2016年11月13日）。

71. 參閱洪慶山，〈會計師簽證財務報告民事責任之研究—以證券交易法第二十條之一為例〉，政治大學法學院碩士論文，2008年12月，頁13。

72. 參閱曾宛如，同前註29，頁229。

73. 參閱連琪勻，〈財報不實民事責任之實證研究—以證券交易法第20條第2項及第20條之1為中心〉，輔仁大學法律學系碩士論文，2016年6月，頁82。

74. 參閱李開遠著，《證券交易法理論與實務》，五南圖書出版公司，2011年9月，頁306。

75. 參閱臺灣高等法院101年度金上字第6號民事判決：「本院審酌被上訴人陳忠義等6人為久津公司之董監事，對於上開不實財報固有未盡義務之疏失之處，然被上訴人陳忠義等6人並未被檢察官列為被告，則彼6人對於系爭財報不實內容之參與程度，自難與郭保富等量齊觀，而其中曾朝宗復係自91年6月25日始擔任董事，就90年全年度財務報告無編製義務，其過失責任應低於其餘之董事，應

認曾朝宗應負1/25之損害賠償責任，被上訴人陳忠義、呂芳城、郭平福、謝靖雄、王麗棠則應對授權人因系爭財報不實負1/20之損害賠償責任。至於被上訴人吳明輝雖經檢察官列為與郭保富共同偽造不實財務報告之被告，然此部分經刑事判決認定其不知情而諭知無罪，但吳明輝與郭保富共同操縱久津公司股價之行為，業經刑事判決有罪確定在案（此部分上訴人已表明不請求損害賠償），且依上述，吳明輝負有審查上開會計憑證及蓋用久津公司印鑑章之責，顯然其疏失之責較被上訴人陳忠義等6人為重大，應負1/5之損害賠償責任。」

76. 參閱臺灣高等法院105年度金上更（二）字第1號民事判決：「(1)陸金正除身為銳普公司董事外，亦兼任銳普公司總經理，綜理公司一切業務執行，財務部門為其管轄範圍，對於相關財報資料之審閱、稽核自為其主要業務範圍，然其對銳普公司成立光電事業處後之營收及預付款情形完全未加聞問瞭解，任由詹定邦等人以不實之三角貿易，虛增銳普公司之營收，編列不實之系爭營收及財務報告，顯然未善盡總經理職責，致袁中桂等217人善意相信系爭營收及財務報告為真實而投資取得銳普公司股票，並因此受有損害。本院審酌陸金正任由詹定邦等人上下其手，怠忽職務情節嚴重，對袁中桂等217人所受損害有直接、重要之影響，自應負全部之賠償責任。(2)蔡永祿、賴耀宗及許德暐對於系爭營收及財務報告固有未盡注意義務之過失，然渠等未於系爭刑事案件列為被告，對於該財務報告不實內容之參與程度，自無從與其他參與行為之董事詹定邦，或擔任公司代表人之陳貴全，及綜理公司一切業務執行之總經理陸金正等量其觀，爰考量蔡永祿、賴耀宗及許德暐之過失各自對系爭營收及財務報告不實之發生原因，及許德暐自94年4月20日起始擔任監察人，暨銳普公司上開預付款及虛偽交易之發生時間分布，及董事及監察人均應同負監督公司是否合

法經營之責，董事係基於董事會以決議訂定公司最高業務執行方針（公司法第202條規定參照），自需監督公司業務執行之績效及適法性，監察人則係本於其職權監督公司業務執行等情，應認對於袁中桂等217人，蔡永祿及賴耀宗各負4%之賠償責任，許德暐應負3%之賠償責任。(3)蔡永祿、許德暐辯稱：應以扣除總經理及董事長後之董監事人數共6位平均分擔，且獨立董監事之責任應僅為執行董監事之1/2，計算其責任比例云云；許德暐又辯稱：依公開發行公司董事監察人股權成數及查核實施規則第2條第1項之規定，全體監察人之持有股數僅要求為全體董事之1/10，且監察人非公司執行業務之機關，其可歸責性理當較董事為低，故全體監察人之責任應為全體董事之1/10較為合理云云。然本件既應依各董監事之行為特性、違法行為與損害間之因果關係之性質及程度認定其責任比例，即無從以各該非屬董事長及總經理之董事、監察人平均分攤責任，或依持股比例計算責任，且獨立董事或監察人對於監督公司業務及財務之責任，並未較執行董監事為低，已如前述，自無獨立董監事應負之責任應僅為執行董監事之1/2，或依持股比例認監察人責任僅為董事責任之1/10，蔡永祿、許德暐此部分抗辯，洵無可取。」

77. 參閱最高法院94年度台上字第2210號民事判決、臺灣高等法院103年度金上字第4號民事判決。

78. 參閱臺灣高等法院102年度金上字第2號民事判決。

79. 參閱最高法院101年度台上字第1695號民事判決：「合夥雖僅為二人以上互約出資以經營共同事業之契約（民法第六百六十七條第一項參照），而不具有法人之資格，但參酌民法相關之規定，如各合夥人之出資，構成合夥財產，而存在於合夥人個人財產之外（第六百六十八條參照），合夥人依約定或決議執行合夥事務者，於執行事務之範圍內，對於第三人為他合夥人之代表（第

六百七十九條參照），另對於合夥所負之債務，不得以之對於合夥人個人之債權抵銷（第六百八十二條第二項參照），關於合夥之事務，可以採多數決方式爲之（第六百七十條參照），並設有合夥人之加入、合夥人之退夥、合夥之解散、合夥之清算（第六百九十一條、第六百八十六條、第六百八十七條第一款前段、第二款、第三款、第六百九十二條、第六百九十四條參照）等規定，已見合夥人因經營共同事業，須有合夥代表、一定之組織、財產及活動管理機制，故於契約之外，亦同時表現團體之性質，與法人之本質並無軒輊。是以，合夥人若因執行合夥事務，侵害他人權利而成立侵權行爲者，與法人之有代表權人，因執行職務加損害於他人之情形相類，其所生之法效應等量齊觀，被害人自可類推適用民法第二十八條之規定，請求合夥與該合夥人連帶負賠償責任。」其他類似實務見解，參閱臺灣高等法院101年度金上字第7號民事判決、臺灣高等法院101年度金上字第5號民事判決。

80. 參閱宋佩璇，〈淺談財報不實案件之損害賠償計算〉，《證券服務》，第635期，2015年3月，頁117。

81. 參閱林國全，同前註39，頁28。

82. 臺北地方法院74年度訴字第15221號民事判決。

83. 高雄地方法院91年度重訴字第447號民事判決、臺灣高等法院高雄分院94年度金上字第1號民事判決、最高法院97年度台上字第119號民事判決。應注意者，本案更一審之判決，並不採毛損益法，而係採淨損差額法計算損害賠償之範圍，並以財報不實被揭露後九十個營業日平均收盤價，擬制爲眞實價格。參閱臺灣高等法院高雄分院97年度金上更（一）字第2號民事判決：「爰審酌上訴人應賠償者，應爲被上訴人回復至未有侵害事實之應有狀態，即以被上訴人對於本件股票之『不當購買價』與該股票『眞實價格』之差額，爲被上訴人得求償之金錢損害，而眞實價格應係不實資

訊揭露後反應至股票市場，經合理期間所形成之價格，並參酌上開美國立法例及兩造意見，以不實情事揭露後90個營業日收盤平均價，擬制為真實價格，應屬可採，是本件以此計算損害賠償之標準。」

84.臺中地方法院90年度重訴字第706號民事判決、臺灣高等法院93年度金上字第2號民事判決。

85.新竹地方法院90年度重訴字第162號民事判決、臺灣高等法院93年度重上字第220號民事判決。

86.臺中地方法院91年度重訴字第243號民事判決、臺灣高等法院臺中分院92年度上易字第471號民事判決。

87.參閱劉連煜，〈財報不實損害賠償之真實價格如何認定及投資人是否與有過失問題〉，《月旦法學雜誌》，第232期，2014年9月，頁239。參閱最高法院99年度台上字第521號民事判決、最高法院97年度台上字第1118號民事判決。

第十五章

財報不實之民事責任[**]

政治大學法律系　林國全

壹、前言

　　證券市場上交易之商品為有價證券。有價證券本身並無實質經濟價值，有價證券之價值係以發行該證券之企業的財務、業務狀況為依歸。然而，在證券交易市場上，投資人必須透過證券商以行紀之法律關係，進行交易。在此種非面對面之間接交易模式下，投資人無法與其交易相對人，直接面對面對地就其交易商品之內容、價格決定等做必要之說明與交涉後，始作成交易決定。參與證券市場交易之投資人，必須依其所能取得之有關判斷有價證券價值之資訊為基礎，根據各人之分析能力與投資經驗，作成是否進行交易之決定[1]。而判斷有價證券價值最基礎之資訊，即為企業之財務業務資訊。故而，一個符合正確性、完全性、最新性及利用容易性等要求之企業資訊揭露制度，乃是證券市場之運作得以公平、公正、合理，所不可或缺之前提要件[2]。

　　對於違反企業資訊揭露義務之人，課予民事、刑事或行政責任，則是確保企業資訊揭露制度有效運作之重要手段。其中，對於揭露有瑕疵之資訊致誤導投資人使其做成錯誤投資決定而受損害之人，課予賠償投資人所受損害之民事賠償責任，具有填補投資人所受損害，維持投資人對證券市場公正性與公平性信賴之重大效果。

　　關於違反企業資訊揭露義務之民事賠償責任，在發行市場部分，證券交易法（以下簡稱「證交法」）第三十二條就公開說明書記載瑕疵之民事責任，於1968年立法之初，復經1988年增訂第二項，有相當完整之規定[3]。然在流通市場部分，於2006年證交法修正前，僅於第二十條第二項規定「發行人申報或公告之財務報告及其他有關業務文件，其內容不得有虛偽或隱匿之情事」；第三項規定「違反前二項規定者，對於該有價證券之善意取得人或出賣人因而所受之損害，應負賠償之責。」相對於第三十二條，其規定可謂簡單而欠明確。

2001年美國爆發安隆（Enron）事件，一個當時為美國第七大企業的能源公司，在當時全球五大之一的會計師事務所協助下，編製不實財務報表，隱匿其財務惡化事實，最終仍不得不申請破產保護，成為美國有史以來最大宗的破產案。嚴重衝擊美國、甚至全球的資本及金融市場。在此衝擊下，強化確保財報真實之法制增修行動，儼然成為當時的世界潮流。國內在2004年起，亦陸續發生博達、皇統、訊碟……等涉及鉅額財報不實之重大事件，造成眾多投資人之莫大損失。在此背景下，證交法乃增訂第二十條之一（以下稱「本條」），於2006年1月11日公布施行，明確、完整規定財報不實之民事賠償責任。並於2015年6月就賠償責任主體略作修正。

惟本條規定施行至今，有部分內容在學理上仍受質疑，或在實務運作上，仍有爭議或遭遇困難。本文以下乃嘗試就本條內容受有質疑，產生爭議或運作上遭遇困難之部分，表達個人之見解。至於學說、實務已有共識部分，本文原則上將予以省略，或僅簡單說明，不再著力，先予敘明。

又，就財報不實之行為發生於本條增訂前之案件，有無本條規定之適用？司法實務判決之見解，並非一致。學者對此亦有諸多文獻探討。惟此一問題，係屬過渡性質，將隨時間經過而不再出現。本文著眼未來，就此問題不予探討。

▌貳、財報不實民事責任成立之客觀事實要件

本條第一項規定「前條第二項之財務報告及財務業務文件或依第三十六條第一項公告申報之財務報告，其主要內容有虛偽或隱匿之情事，下列各款之人，對於發行人所發行有價證券之善意取得人、出賣人或持有人因而所受之損害，應負賠償責任：一、發行人及其負責人。二、發行人之職員，曾在財務報告或財務業務文件上簽名或蓋章者。」

據此，本條財報不實民事責任成立之客觀事實要件爲「前條第二項之財務報告及財務業務文件或依第三十六條第一項公告申報之財務報告，其主要內容有虛僞或隱匿之情事。」

一、財報不實之行爲客體

財報不實行爲之客體爲「前條第二項之財務報告及財務業務文件或依第三十六條第一項公告申報之財務報告」。

此之「前條第二項之財務報告及財務業務文件」爲證交法第二十條第二項所定「發行人依本法規定申報或公告之財務報告及財務業務文件」。

證交法第六條明定「本法所稱發行人，謂募集及發行有價證券之公司，或募集有價證券之發起人。」於證交法領域，僅於發起人以公司法第一三二條所定募集設立方式向發起人以外之人招募股份時，發起人始有成爲規範對象主體之可能。亦即「募集有價證券之發起人」基本上係出現於證券發行市場。而本條規定性質上爲證券流通市場之規範。故有本條適用之發行人，基本上係「募集及發行有價證券之公司」。以下本文以「發行公司」稱之。

證交法第十四條第一項明定「本法所稱財務報告，指發行人及證券商、證券交易所依法令規定，應定期編送主管機關之財務報告。」證券主管機關依同條第二項授權訂定之「證券發行人財務報告編製準則」第四條第一項則規定「財務報告指財務報表、重要會計科目明細表及其他有助於使用人決策之揭露事項及說明」；第二項規定「財務報表應包括資產負債表、損益表、股東權益變動表、現金流量表及其附註或附表。」財務報告，既依上舉規定以「定期編送」及「涵蓋財務報表等之一定表冊」爲其要件，則所謂「發行人依本法規定申報或公告之財務報告」應僅限於證交法第三十六條第一項第一款所定「年度財務報告」及第二款所定「季財務報告」[4]。

　　證交法就「財務業務文件」，並未有定義。解釋上，無需拘泥於「文件」二字，應涵蓋所有上述財務報告以外，發行人「依本法規定」所申報或公告之所有關於發行公司財務或業務之資訊，舉凡涉及公司生產、行銷、人事、管理及財務等事項而足以影響投資人投資判斷者均屬之。至於其是否為符合一定格式之「文書」，應非所問。

　　是否成為本條所定財報不實行為客體之癥結，應在於該文件（資訊）是否發行人「依本法規定申報或公告」者。所謂「依本法」，此之「本法」，自指證券交易法。然其範圍應擴及於主管機關依法律授權所訂頒之法規命令[5]。

　　在此基準下，下列文件，應皆屬發行人依本法規定申報或公告之財務業務文件。包括證交法第十四條之一第三項之「內部控制聲明書」[6]，第三十六條第一項第三款之「上月份營運情形」[7]；同條第二項之偶發重大事項[8]；同條第四項之「年報」[9]及依第三十六條之一「重大財務業務行為」資訊[10]等。

　　至於司法實務上認定非屬本項所稱發行人依法申報或公告之財務業務文件之例，如士林地院96年度金字第8號民事判決略謂「上市公司在證券交易所公開資訊觀測站所為重大訊息說明，係依據「臺灣證券交易所股份有限公司對上市公司重大訊息之查證暨公開處理程序暨上市公司重大訊息說明」所為之公告，性質上為證券交易所與上市公司間上市契約約定之義務，……，要非屬依據證券交易法第36條第1項所定應公告或申報之財務報告或財務業務文件，亦非同法第36條之1規定應公告或申報之事項，……，尚不符於同條第2項及第20條之1規定之構成要件。」又如臺灣高等法院96年度金上字第9號民事判決略謂「……○○○主張之財訊快報係93年2月27日（○○公司負責人）接受媒體訪問，對○○公司擬與美國鋁業公司合作及未來期待之說明，乃新聞媒體所報導之報導；而精業即時系統係提供投資人股票交易資訊服務之系統，核與前揭『財務報告』或『業務文件』之意義不同，顯非修正前證

交法第20條第2項規範之『財務報告』或『業務文件』，自無該條項之適用。」

有疑問者爲，本項所定財報不實行爲之客體除「前條第二項之財務報告及財務業務文件」外，尚有「依第三十六條第一項公告申報之財務報告」。惟所謂「依第三十六條第一項公告申報之財務報告」，實已涵蓋於「前條第二項之財務報告及財務業務文件」，已如前述，何以再予重複規定[11]？對此，有以此係「強調性規定」說明者[12]。本文認爲實屬贅文，宜予刪除。

二、財報不實之行爲內容

財報不實之行爲內容爲，發行人依本法規定申報或公告之財務報告及財務業務文件，「其主要內容有虛僞或隱匿之情事」。此一文字與證交法第三二條第一項同，應爲相同解釋。而證交法第三二條運作已久，關於此一文字之意涵已經充分討論，本文不再贅言。簡言之，是否所謂「主要內容」，應自該瑕疵記載是否具有影響投資人投資判斷之「重大性」認定之。所謂「虛僞」係明知其與事實不符而仍爲該敘述。所謂「隱匿」係明知該資訊應揭露卻有意的不揭露。基本上，二者皆指「故意」之行爲。然學說上認爲應擴及於幾近故意之重大過失。

參、財報不實民事責任之責任主體及責任態樣

本條第一項規定「下列各款之人」，即「一、**發行人及其負責人**。二、**發行人之職員**，曾在財務報告或財務業務文件上簽名或蓋章者」，應負賠償責任。惟再依第二項、第三項及第五項規定，現行法就財報不實民事責任主體之責任態樣乃至責任範圍，規定可稱細膩，或謂複雜。在責任主體應負之責任態樣部分，可分爲「無過失責任」、「推定過失責任」及「過失責任」三種。而責任範圍部分，又可分「全部責

任」與「比例責任」二種。以下分述之。

一、無過失責任及全部責任

由於本條第二項之舉證免責規定及第五項之過失比例責任規定，皆以「**除發行人外**」之文字，明文排除發行人之適用。故發行人應就財報不實應負結果責任主義之無過失責任及全部賠償責任。

此之發行人，係指為申報及公告該不實財報之發行公司，已如前述。

本條於2015年6月修正前，原將發行人之董事長、總經理亦列為應就財報不實時負無過失責任及全部賠償責任之責任主體。惟是否過於嚴苛，迭受爭議。有學者謂「至於董事長及總經理則對公司經營權及資訊揭露內容與品質之掌控，有虛偽或隱匿情事存在時，若非故意，亦應屬違反善良管理人注意義務，故不允許舉證免責」[13]，似寓有肯定之意。

惟多數學者，對此則多所質疑[14]。蓋在發行市場，因公司（發行人）為買賣當事人，其掌握相關資訊，定承銷價格，並因發行證券而得到資金；而在交易市場，公司本身並非證券買賣當事人，故無資金流入公司，且負責對象較發行市場之認購人為廣，故於法理上，發行市場之責任規範似應較交易市場更為嚴格。然規範發行市場之證交法第三十二條公開說明書記載瑕疵之民事責任規定，並未課發行公司之董事長、總經理無過失責任，而規範交易市場之本條反而要求董事長及總經理擔負無過失之結果責任，似屬輕重倒置[15]。

2015年證券交易法乃修正減輕該二者之責任。亦即於現行法下，該二者僅以公司負責人之身分，負後述之推定過失責任及過失比例責任。

二、推定過失責任及過失比例責任

（一）責任主體

本條第二項規定「前項各款之人，除發行人外，如能證明已盡相當注意，且有正當理由可合理確信其內容無虛偽或隱匿之情事者，免負賠償責任。」亦即，包括董事長、總經理在內之發行公司負責人（同項一款），及曾在財務報告或財務業務文件上簽名或蓋章之發行公司之職員（同項二款），就財報不實原則上應對因而受有損害之善意取得人、出賣人或持有人負損害賠償責任，惟得依本項規定舉證免責。故此等責任主體所負者為推定過失責任。

發行公司之負責人，證券交易法本身並無定義，應依公司法第八條認定。依公司法第八條第一項規定，於股份有限公司，董事為當然負責人，同條第二項規定監察人、經理人、清算人、檢查人、重整人或重整監督人，在執行職務範圍內，亦為公司負責人[16]。上述公司負責人，其職務、職權之取得，皆需經法律明定之一定程序，且除經理人外，亦皆就其身分有其法定職稱。故原則上以具該職稱之人是否依法取得該身分，而為外觀形式認定。需加討論者為，董事及經理人。

此之董事，自指董事長以外之所有依法選任之董事，包括基於董事身分依公司法第二〇八條第一項及第二項選任之董事長、副董事長及常務董事。原則上亦以其是否為依法定程序選任者而為外觀、形式認定。惟因公司法於2012年增訂第八條第三項「公開發行股票之公司之非董事，而實質上執行董事業務或實質控制公司之人事、財務或業務經營而實質指揮董事執行業務者，與本法董事同負民事、刑事及行政罰之責任。（但書略）」，引進實質董事概念。既明定此等實質董事與本法董事同負民事、刑事及行政罰之責任，則經認定為公司法第八條第三項所定實質董事之人，自亦有本條財報不實民事責任規定之適用[17]。

其次爲經理人部分。2001年修正後之現行公司法，已刪除總經理、副總經理、協理、經理、副經理等之經理人法定職稱。換言之，上述職稱在現行公司法已不具法律上意義。經公司賦予上述職稱之人員未必即爲公司之經理人，反之，公司非以上述職稱，而以例如生產部部長、行銷部總監或公司自創之任何職稱任用之人員，亦未必即非公司之經理人。由於公司法仍維持經理人登記制度，經公司向公司法主管機關辦理登記爲經理人者，固可依該登記之外觀，認定其經理人身分，惟亦不宜認爲公司之經理人僅以向主管機關辦理登記者爲限[18]。

就證交法上之「經理人」，主管機關雖曾函示「一、證券交易法第二十二條之二、第二十五條、第二十八條之二、第一百五十七條及第一百五十七條之一規定之經理人，其適用範圍訂定如下：（一）總經理及相當等級者。（二）副總經理及相當等級者。（三）協理及相當等級者。（四）財務部門主管。（五）會計部門主管。（六）其他有爲公司管理事務及簽名權利之人。」[19]惟該函釋之（一）至（三）仍原則上以不具法律上意義之職稱爲形式、外觀認定，該等職稱既不具法律上意義，更無從認定何爲所謂「相當等級」。（四）、（五）則亦仍不脫形式、外觀認定。

本文認爲，依本項規定就發行公司財報不實負推定過失責任之公司經理人，應採實質認定。即其是否係依公司法第二十九條所定程序由發行公司董事會以董事會決議所委任，發行公司是否依章程規定或契約約定同時賦予其爲公司管理事務之內部權限及爲公司簽名之外部權限[20]，而該財報有虛僞或隱匿情事之主要內容所涉及事項，是否屬其職務範圍而認定之[21]。

至於「曾在財務報告或財務業務文件上簽名或蓋章之發行公司之職員」，此所謂「職員」應指不具經理人身分之公司雇用人員。例如，因公司未賦予其爲公司簽名之對外權限，而僅於公司內部處理會計事務之人員。至於該人員是否直接與公司間有僱傭關係，抑或所謂派遣人員，

應非所問。癥結應在於其有無在財務報告或財務業務文件上「簽名或蓋章」之客觀事實。

對此,有學者參酌美國1934年證交法10(b)及18之實務見解,而主張雖未簽名蓋章,但實際參與製造不實資料之職員,亦應負責[22]。上述主張,並未明確說明此等實際參與不實財報或文件之編製,但未於財報或文件簽名或蓋章之職員,究負如何之責任?本文認為曾在不實財報或文件簽名或蓋章之職員,依本條所負者為推定過失責任,不可謂之不重。而條文既明定在財報或文件「簽名或蓋章」為構成此等責任主體之要件,即不宜任意擴張或放寬認定標準,而逕使該等未簽名或蓋章之職員負推定過失責任。應由原告舉證證明該職員實際參與不實財報或文件之編製,依民法共同侵權行為之規定,追究其責任。

(二)責任範圍

本條第五項規定「**第一項各款及第三項之人,除發行人外,因其過失致第一項損害之發生者,應依其責任比例,負賠償責任。**」

首應確認者為,負推定過失之責任主體,僅於「**因其過失致第一項損害之發生**」之情形,始得適用本項規定,「**依其責任比例,負賠償責任**」。反之,負推定過失之責任主體,若係因其故意致損害發生,仍應就全部之損害,負賠償責任。

本項過失比例責任之規定,行政院送請立法院審議草案版本所列立法理由為「會計師及於財務報告或有關財務業務文件上簽名蓋章之職員,其與發行人、發行人之董事長及總經理之責任有別,基於責任衡平考量,並參考美國等先進國家有關責任比例之規範,於第三項規定[23],該等人員因其過失致第一項損害之發生,應依其責任比例負賠償責任。」

本項規定下之責任主體所負之過失比例責任,其性質究竟為何,實

有探討之必要。蓋在1977年例變字第一號就共同侵權行為改採「行為關連共同」之見解，不以行為人間有意聯絡為必要後，不僅依本項規定負過失比例責任之複數責任主體間，乃至負過失比例責任與負全部賠償責任之責任主體間，皆有可能構成民法第185條第一項所定「**數人共同不法侵害他人之權利**」之共同侵權行為人，而依同項規定，連帶負損害賠償責任。

惟若果如此，顯不符合本項立法理由所言「基於責任衡平考量」之立法意旨。

故有學者主張本項所定過失比例責任，係屬單純之比例責任，或稱絕對比例責任[24]。亦即，依本項規定負過失比例責任之責任主體，僅負該比例責任，而不再論究其是否與其他責任主體構成共同侵權行為而連帶負賠償責任。本文從之。

需再進一步探討者為，若依本項規定負過失比例責任之責任主體，未能完全履行其賠償責任，則就其未履行之部分，負全部賠償責任之責任主體，是否仍應負責？亦即，負全部賠償責任之責任主體是否應對請求權人未受填補之損害，承擔終局責任？

為方便探討，簡單設例如下：因A公司之財報不實，致生之損害金額為100萬元。應依本條規定負全部損害賠償責任者為A公司本身、未能舉證免責之A公司負責人中，董事長甲及總經理乙係屬故意而應負全部賠償責任，董事丙及丁則為過失而應各負10%，即10萬元之賠償責任。

就此，首應確認者為，本條所規定者為侵權行為之損害賠償責任，其本質為損害之填補。故縱各賠償責任主體分別之賠償責任金額單純合計為320萬元，但損害賠償請求權人所能請求之賠償金額仍以100萬元為上限。蓋若損害賠償請求權人請求而受超過此金額之賠償，即違反損害賠償係填補所受損害之原理，而為不當得利。

其次，本項所定過失比例責任，應屬絕對比例責任已如前述。然就

本項責任主體應負之責任比例部分，顯與應負全部責任之責任主體所應負之責任間形成重疊。就此責任重疊部分，學者主張於上述責任主體間應屬不真正連帶關係[25]。本文認同。故設例中之丙、丁若未履行其賠償責任，就其未履行之部分，並不妨礙受有損害人對應負全部賠償責任之責任主體求償。

有問題者為，設例中之丙，若就其應負之10萬元賠償責任，以5萬元與請求權人達成和解，則就剩餘之5萬元部分，負全部賠償責任之A公司、甲、乙，是否亦因而免除該部分之責任？

對此，有學者認為「按證交法第20條之1立法意旨僅敘及不得因過失責任被告資歷較高，即令其負擔全部賠償，而未論及終局責任之歸屬。考量負故意及過失責任之被告均應賠償，僅係賠償金額多寡有別，而就各該被告課以相當程度之責任，以督促其盡責，長遠來看似更能保障投資人」，而主張應同免責任[26]。

惟本文認為，本項過失比例責任之規定，立法意旨應僅止於「基於責任衡平考量」，避免此等責任主體負擔過重之責任，而不在減輕應負全部責任人之責任。若採上述同免責任說，則不僅實質形成減輕應負全部責任人責任之效果，亦同時形成實質減少受損害人得完整填補其所受損害機會之結果。故本文認為，就該剩餘部分，仍應由負全部賠償責任人承擔終局責任，較為妥當[27]。

反之，若設例中之甲，與請求權人以90萬元達成和解，則丙、丁應就剩餘之10萬元部分，比例降低其應負賠償金額為各5萬元[28]。

本項規定在實務運作上遭遇的重大困難為，比例責任之認定標準究竟為何？對此，行政院送請立法院審議草案版本中原有授權主管機關訂定責任比例認定準則之設計。其立法理由為「五、第三項所稱責任比例之認定，參考美國1995年「Private Securities Litigation Reform Act」，未來法院在決定所應負責任時，可考量導致或可歸屬於原告損失之每一違法人員之行為特性，及違法人員與原告損害間因果關係之性質與程

度，就個案予以認定，故爲利法院未來就類似案件之判決，責任比例認定之準則，於第四項規定授權主管機關定之。」

惟於立法院審議時，遭多數立法委員反對，認爲此賦予主管機關過大之行政裁量權，最終於黨團協商時，此項規定乃被刪除，而回歸由法院裁量決定。

就責任比例之決定，有學者主張「應依照個別被告之可歸責性（故意或過失程度）、因果關係（對不實財報之影響力）作爲推估被告責任比例之依據。申言之，法院在具體個案中，應依證據法則或專家證詞判斷可歸責於被告所造成原告之損害比例，並斟酌被告對資訊不實是否有可能實際知情（或可得而知）以及當時有無積極防止不實資訊發生等事證，以確定被告實際應賠償之金額。」[29]本文贊同。

惟上述主張，終究僅係原則性、理論性之論述。落實於具體個案時，法院仍應明確闡明其做成責任比例之裁量判斷因素爲何。然，迄今少數就負推定過失責任主體所應負之責任比例作成決定之司法判決，皆未能就此有明確說明。

以2014年10月9日作成之臺灣臺北地方法院95年度金字第18號民事判決爲例，法院雖就通過被告公司91年度財務報告之董事、監察人共9人認定各有作成1/10過失；就承認、通過92年半年度財務報告，92年度財務報告之董事、監察人共12人認定各有2/25過失，就承認、通過93年半年度財務報告之董事、監察人共12人認定各有3/25之過失，惟就各該比例之認定理由，則僅以「斟酌被告均爲○○公司之董、監事，對於財報不實固有未盡注意義務之過失，然渠等非刑事案件被告，對於財報不實內容之參與程度，無從與被告（發行公司、董事長、總經理）等量齊觀，且本件部分財報不實乃係內部人犯罪，非經營階層，難以察覺，渠等過失情節尚屬輕微」說明之[30]。

在本項過失比例責任規範運作初期，即欲以文字呈現過失比例責任之具體判斷準則，確實有其困難。或許僅能期待透過未來具體個案之累

積，逐漸形成能獲得共識之較具客觀性準則。

三、過失責任

本條第三項規定「**會計師辦理第一項財務報告或財務業務文件之簽證，有不正當行為或違反或廢弛其業務上應盡之義務，致第一項之損害發生者，負賠償責任。**」故發行公司會計師就其所簽證之發行公司財報或文件主要內容之虛偽或隱匿負過失責任。亦即，請求權人需舉證證明會計師就其簽證有不正當行為或違反或廢弛其業務上應盡之義務。

行政院提請立法院審議之草案，原對發行公司之簽證會計師亦課以推定過失責任，惟在會計師公會強力運作下，經黨團協商，最終以現行條文定案，對會計師僅課以相對較輕之過失責任。但為提升原告舉證之可能性，同時配合增訂行政院版草案所無之同條第四項規定「**前項會計師之賠償責任，有價證券之善意取得人、出賣人或持有人得聲請法院調閱會計師工作底稿並請求閱覽或抄錄，會計師及會計師事務所不得拒絕**」，以求武器對等[31]。

證券主管機關在證券交易法第三十七條第一項規定授權下訂頒之「會計師辦理公開發行公司財務報告查核簽證核准準則第2條規定「公開發行公司之財務報告，應由依會計師法第十五條規定之聯合或法人會計師事務所之執業會計師二人以上共同查核簽證」，採雙簽制。實務上經核准辦理公開發行公司財務報告之事務所皆為聯合事務所。聯合會計師事務所屬合夥組織，須訂定合夥契約，且其損益分配比例之約定，不得排除民法第681條有關合夥人之補充連帶責任。故發行公司財務報告之簽證，雖係由會計師個人為之，但聯合事務所之其他合夥會計師，對於非其簽證之業務，似應負連帶賠償責任。惟目前實務運作上，似僅對簽證會計師所屬之聯合會計師事務所追究連帶賠償責任，而未擴及於該事務所之所有其他會計師。

現行證交法對於會計師就發行公司之財報表示意見之要求，可分爲例如第三十六條第一項第一款就年度財務報告之「查核簽證」，以及同項第二款就季財務報告之「核閱」。而本項規定文字爲會計師辦理第一項財務報告或財務業務文件之「查核簽證」，則是否會計師就季財務報告所爲之「核閱」，即無本項之適用？

對此，有主張本項規定之適用僅限於「簽證」，而不及於「核閱」者[32]。

惟證交法第三十六條第一項之文字爲「查核簽證」，而非「簽證」。而依會計師法第4條規定「本法所稱簽證，指會計師依業務事件主管機關之法令規定，執行查核、核閱、複核或專案審查，作成意見書，並於其上簽名或蓋章」。依文義觀之，所謂「簽證」，應是指會計師依法執行了必要工作後，出具一份簽名或蓋章的意見書，以示負責並昭公信之行爲。而依其強度、範圍，可分爲「查核」、「核閱」、「複核」及「專案審查」。相較於「查核」係會計師出具之查核報告，必須以正面積極的字眼來表達其意見，亦即其所提供的是一項高度但非絕對的確信（Assurance），「核閱」係會計師主要經由詢問比較和分析等有限的程序，針對所查公司之財務報告出具消極的意見，如「尚無發現財務報表在所有重大方面有違反一般公認會計原則而須作修正之情事」，亦即其所提供者僅屬一種中度確信。然縱「核閱」之強度低於「查核」，其仍屬會計師就發行公司所編製之財務報告之信度，表達其專業意見，而爲「簽證」之一種。故本文認爲，會計師就發行公司財務報告所爲之「核閱」，亦有本項之適用[33]。

會計師需「有不正當行爲或違反或廢弛其業務上應盡之義務」，始有本項之適用。會計師若有例如發現發行公司之財務報告有應「調整」或「重分類」或其他應揭露事項，且其金額已超過「重大性」水準，卻就該財務報告出具「無保留意見」之故意行爲，自構成本項之責任，殆無疑義。惟是否會計師雖未能發現財務報告主要內容之瑕疵，但只要其

於簽證時已遵守「會計師查核簽證財務報表規則」及「一般公認審計準則」，即能主張並無過失而得免責？

對此，有認爲遵守「一般公認審計準則」、「會計師查簽規則」等僅爲會計師執行業務時之基本要求，對於查核工作，仍應隨時保持專業上之懷疑態度，對於一些異常事項應加以追查[34]。學者並謂「在審理個案會計師是否已盡其注意義務時，只要審究一位勤勉且具有專門知識、經驗與技能之會計師，是否繼續追查相關查核疑義，即可藉此判斷會計師是否有過失。」[35]上述主張，本文均予認同。

本條第五項過失比例責任之規定，於會計師亦適用之。關於過失比例責任之探討，已如前述，不再贅敘。

肆、財報不實民事責任之損害賠償請求權主體

一、請求權主體

本條所定損害賠償請求權主體爲因不實財報而受有損害之「**發行人所發行有價證券之善意取得人、出賣人或持有人**」。

因發行公司之財報不實而生之損害賠償請求權，其理論基礎在於投資人原係信賴發行公司所編製之財報或文件內容爲眞實、正確、完整，而作成投資判斷，然該財報或文件之主要內容卻有虛僞、隱匿情事，致投資人受到誤導而陷於錯誤，基於該錯誤作成交易決定，最終因該交易而受損害。

故財報不實損害賠償請求權主體，首先，需爲「善意」，亦即不知該財報或文件主要內容有虛僞、隱匿情事。其次，需因信賴財報或文件之不實陳述，而陷於錯誤，並基於該錯誤作成交易決定。

基於上述理論，檢視本項所定請求權主體，可發現所定請求權主體皆有「善意」之要件，符合上述理論。其次，明定請求權主體爲有價

證券之「取得人」、「出賣人」與「持有人」三類型。其中，「取得人」、「出賣人」係指因受不實資訊誤導而從事取得或出賣之積極行為之人，亦符合上述理論。

然明定有價證券「持有人」為不實財報之損害賠償請求權主體，實為我國證交法較諸其他國家法制極為獨特之規定。所謂有價證券「持有人」，解釋上係指在發行公司依法公告申報該不實財報或文件前，即已持有該有價證券，在發行公司依法公告申報該不實財報或文件後至其行使本條損害賠償請求權前，仍持續持有該有價證券之人。亦即，係指並未基於該不實財報或文件而進行任何取得或賣出之積極交易行為之人。

立法理由並未說明為何將持有人列為本條請求權主體。學者勉強嘗試猜測之理由為「投資人雖在不實財報公布之前買進，但買入後因相信財報為真實，故未賣出，實質上亦受有損害」[36]；「投資人於不實財報公布那天決定繼續持有，解釋上就等同於再買進之意思，因而受有損害」[37]等。

然學者普遍質疑將持有人列為請求權主體之妥當性。認為立法者似乎過度擴張對投資人之保護[38]。蓋持有人在交易因果關係之舉證上，將遭遇極大之困難，對投資人未必有實益[39]。且由於「持有人」既未因他人證券詐欺而買進亦未賣出證券，卻主張遭受到「失去買賣證券機會」之無形經濟損失時，顯然是一種帶有投機性之索賠，並非妥當[40]。

現行法既已明定持有人為請求權主體，在實務執行上，不得不予處理者為，此之持有人，是否凡在不實財報或文件公告申報前已持有者即屬之？抑或應排除在2006年證交法增訂本條明定持有人為請求權人之前即已持有者？

對此，證交法主管機關曾頒布2007年8月1日金管證六字第○九六○○三一五○七四號函釋略謂證券交易法第20條之1規定「並未針對持有人有限縮解釋，且考其立法意旨，證券交易法增訂持有人之規定係為使投資人之保護更行周延」，基於上開原則，「凡於2006年1月13日

（證券交易法修正生效）之後公布不實財務報告之行爲人，對行爲時之持有人（不論係2006年1月13日前買進或2006年1月13日後買進）因已具有預見可能性，應負損害賠償責任，尚無法律不溯及既往之問題」[41]。惟有學者自法律不溯既往原則出發，認爲「只要是在事件爆發時之持有人均可主張，不論是在修法前或修法後買進都算是持有人，則事實上已經發生『法律溯及既往效果』」，而未認同上述主管機關函釋之見解[42]。實務上，近年來投保中心提起之證券團體訴訟，對於持有人之要求，亦以證交法第二十條之一之修正生效日（2006年1月13日）之後買進股票且仍持有者爲限，而不包含該日之前買進者。

對此，則有學者認爲，法律不溯及既往原則應非支持投保中心做法的最堅強理由。投保中心更實質的考慮應是認爲若允許所有持有人求償，將會造成下列不合理之情況：1.賠償額分配若將所有持有人全部納入，對於訴訟上較容易獲得勝訴判決之善意買進人較不公允；2.恐將造成全面訴訟延滯；3.形成全體或大部分股東自己告自己之窘境。故在公益考量下，採取上述限縮持有人範圍之做法[43]。

本文基於上述訴訟實益性考量之立場，基本上認同投保中心之實務做法[44]。

二、交易因果關係之舉證

成爲本條損害賠償請求權主體之另一要件爲，係因信賴該財報或文件爲眞實，卻受誤導而作成錯誤交易決定之人。換言之，本條損害賠償請求權主體應有義務證明該財報或文件之不實陳述與其交易行爲之間，具有因果關係。即所謂交易因果關係之舉證。請求權人此一舉證義務之存在，有學者以條文中「善意」一語說明之。認爲善意一語，除「不知情」外，亦寓涵「信賴關係之存在」[45]。

本條所定損害賠償責任既爲侵權行爲之損害賠償，依一般侵權行爲

損害賠償之法理，此信賴關係之存在，應由請求權人舉證。我國早期司法實務，對於財報不實之損害賠償案件，亦堅持此一原則。並採取類如美國1934年證交法18(a)所定眼見原則（eyeball test）之見解，認為請求權人需證明其確實閱讀該等財報或文件（「親見」並「信賴」該不實資訊之事實），因而受到誤導，而作成錯誤交易決定。例如**臺灣臺中地方法院九十年度重訴字第七〇六號民事判決（順大裕案）**即以「依目前集中市場交易常情觀察，投資人實際以公司財務報告作為買賣股票之依據或重要參考資料者幾希？以公司之財務報告（歷史報告）決定買賣時機者顯然少之又少。故以此觀點出發，……，則本件原告等所受之損害，與被告等核閱財務報告之過失行為之間，自無相當因果關係」，而為原告敗訴之判決。

惟近年來，越來越多的司法實務判決，引用美國司法實務所發展出來的「詐欺市場理論」，推定不實財報與請求權人之交易間具有「交易因果關係」，而為有利於原告之判決。例如，**臺灣高等法院臺中分院九十三年度上易字第四七一號民事判決（順大裕案）**即謂「美國法院曾以集團訴訟之背景為動力，結合市場效率理論發展出所謂『詐欺市場理論』（the Fraud-on-the-Market theory），即將行為人故意以虛偽不實之資訊公開於市場之中，視為對整體市場的詐欺行為，而市場投資人可以『以信賴市場之股價』為由，……，故投資人無須一一證明個人之『信賴關係』，換言之，即使投資人並未閱讀詐欺行為人所公開之資訊（公開說明書或財務報告），亦可推定為詐欺行為之被詐害者。」

「詐欺市場理論」簡明易懂之說明如下：「在一個有效率的資本市場（the efficient capital market），各項資訊流入市場，影響股價，個別投資人雖然沒有掌握流入市場的全部資訊，但這些資訊仍然在股價上反映出來。投資人信賴股票市場，依照市價買賣股票，實際上也承受各項資訊對股價影響的結果。因此，公司發布不實資訊，不僅是對個別投資人的欺騙，更是對整體證券市場的欺騙。個別投資人雖然沒有閱讀特定

的資訊，但因信賴市場，依市價買賣，應推定投資人的買賣，與不實資訊之間，存有交易因果關係。」[46]

詐欺市場理論原係美國為使追究財報不實責任之團體訴訟得以順利運作所發展出來之概念。蓋美國為求訴訟經濟，承認集團訴訟（class action），集團訴訟之前提是所有投資人均因同一不實陳述或其他詐害行為而受有損害，唯一不同點只是每個人受損範圍不一，因此可以集團訴訟方式減低成本。在此種情形之下若每個人須就其個人之「信賴關係」加以證明，則採集團訴訟之目的將全被破壞[47]。

我國現行實務，關於財報不實之民事責任追究，基本上亦係由證券投資人及期貨交易人保護法下之保護機構，即財團法人證券投資人及期貨交易人保護中心依同法第28條規定提起團體訴訟之形式進行。故法院引用「詐欺市場理論」使交易因果關係之舉證責任發生轉換之效果，確為投保中心所進行之團體訴訟解決不少困境。

然，「詐欺市場理論」之基礎為「效率資本市場假說（the Efficient Capital Market Hypothesis）」。在「詐欺市場理論」下投資人雖不須再個別證明其信賴關係之存在，但前提是，在反映此項不實消息上，市場是有效率的，否則信賴市場之要素無由建立[48]。而經濟學理上之效率市場假說，基本上有三層之定義：1.弱勢效率說（Weakon of effi-ciency），認為市場只能反映過去之歷史資訊。2.半強勢效率說（semi-strong form of efficiency），認為市場有能力反映全部已公開之資訊。美聯邦最高法院在Basic一案所指之效率市場，即指半強勢市場而言。3.強勢效率說（strong form of efficiency），認為市場能反映公開或未公開之資訊。所謂未公開之訊息，例如內線消息即是[49]。

惟對於效率市場之驗證，至今仍無一致具體標準[50]。而我國證券市場是否已臻適宜採用詐欺市場理論之「半強勢效率市場」，仍受到相當程度之質疑。或謂在技術分析盛行的我國而言，學理上恐連弱式的效率市場都無法達到者有之。亦有認為，我國證券市場屬淺碟型小規模市

場，只要投入大量資金進入證券市場，就會立即發生影響股價的效果，應難斷言已屬「半強勢效率市場」。進而質疑在未經實證分析，即尚無專業判斷，足以佐證我國市場結構是否屬於一個有效率的資本市場，而在法律並無明文規定下，逕自引用「詐欺市場理論」之司法判決之妥當性者[51]。

就此，本文認為「詐欺市場理論」概念明文入法之修法建議，自為終局解決之做法[52]。惟在修法前，法院以「詐欺市場理論」轉換交易因果關係舉證責任，亦非完全不具妥當性。蓋我國證券市場已運作多年，縱未能以實證分析論證其已臻具備採「詐欺市場理論」條件之「半強勢效率市場」，但其非屬只能反映過去歷史資訊之「弱勢效率市場」，亦應屬事實。在此情形下，立於保護投資人，並促使負有提供投資資訊義務之財報編製關係人重視其財報或文件資訊可信賴性之立場，採用「詐欺市場理論」為有利於原告之判決，應有其妥當性。

就「詐欺市場理論」之採用與否，最具爭議性者為，就「持有人」得否適用？對此，雖有基於與「取得人」及「出賣人」間之衡平考量，而採適用說者[53]。惟學者普遍質疑將「詐欺市場理論」延伸適用至持有人之妥適性。蓋持有人取得發行公司之有價證券，在發行公司申報公告不實財報或文件前，故其成為持有人，與該財報或文件無關。而在該財報或文件公告申報後，該持有人並未因而有任何之積極作為，實難以當然推定其原預定出賣該有價證券，卻因信賴市場而取消該預定之交易[54]。而若使持有人亦得適用詐欺市場理論，則前述關於若未限縮持有人範圍所可能帶來之負面效果，同樣亦將浮現。故本文就持有人是否得適用詐欺市場理論，亦採否定見解。

伍、財報不實民事責任之損害賠償額計算

本條損害賠償責任主體之損害賠償範圍為，損害賠償請求權人

「因而所受之損害」。既稱「因而」，則損害賠償責任主體之損害賠償範圍應限於損害與不實財報間具有因果關係之部分為限。亦即，請求權人所得請求賠償之損害，需與不實財報間具有「損失因果關係」。

惟此「損失因果關係」之性質究為如何，學說上有不同見解。

有引美國實務見解，認為「損失因果關係」為本條損害賠償責任之成立要件者。並認為採此說有利於訴訟經濟與雙方爭執之早日確定。蓋倘在訴訟的階段即得以原告請求權不具備損失因果關係之要件加以過濾而駁回原告之訴，則法院即無須進一步審理並決定複雜之損害賠償[55]。本文則認同另一學者主張之「損失因果關係在證券詐欺及不實財報之損害賠償上，作為賠償範圍一項決定因素即可，不必單獨列為賠償的成立要件，否則，損失因果關係的認定問題，可能重複，造成疊床架屋之情形。」[56]

在有價證券市場上投資人之損害，基本上即為高價買進或低價賣出之價差損失。然影響有價證券價格變動之因素極多而複雜，除發行公司透過財報或財務業務文件所揭露之資訊外，例如當時市場大盤走勢或偶然之政治事件（如政黨輪替、政要突然辭世）或經濟情勢、公司業績、市場動向等議會影響有價證券價格之變動。故欲認定在投資人之價差損失中，有哪些部分係因不實財報所致，亦即損失與不實財報間之「損失因果關係」之認定，可謂十分困難[57]。

本條未就損害賠償額之計算有明文規定。討論上，就本條損害賠償額之計算，可能有「毛損益法」及「淨損差額法」二種方法。

所謂「毛損益法」，實即一般侵權行為損害賠償之原理，即「回復原狀」之概念。亦即使請求權人回復至交易前之經濟狀態為原則。換言之，損害賠償金額之確定乃由受害投資人取得該證券之價格扣除請求損害賠償時市場價格之差額，或該證券若已處分時則扣除處分價格之差額為準。例如，投資人於該不實財報公告申報後，以每股20元買進，於該財報係屬不實之資訊揭露後，投資人請求損害賠償時，股價下跌至每股

12元，或投資人已於跌至15元賣出該股票，則以12元或15元與買進價格20元之差價，為損害賠償額。在此一方式下，受害投資人取得證券後之價格變動不利益風險全部皆由損害賠償責任主體承受。

回復原狀方式原則上適用於發行市場之受害投資人。蓋於發行市場上，發行人即係該有價證券交易契約之他方當事人，基於契約關係令發行人負回復原狀責任，係屬妥當。然於流通市場上，由於請求權主體之取得人、出賣人等之交易行為之他方當事人，並非本條所訂責任主體之不實財報或文件編製關係人，並不當然能適用此回復原狀概念之毛損益法計算損害賠償額。

但在流通通市場上，亦非絕對無適用毛損益法之可能。蓋若該損害係屬日本法例上所稱之「取得自體損害」性質，即若無該不實資訊，則投資人無進行該交易之可能，則仍應以毛損益法計算其損害賠償額[58]。

我國司法實務上，有引民事訴訟法第二百二十二條第二項「當事人已證明受損害而不能證明其數額或證明顯有重大困難者，法院應審酌一切情況，依所得心證定其數額」之規定，而採毛損益法計算不實財報之損害賠償額者。例如**臺灣高等法院96金上1（正義食品案）**略謂「本院斟酌股票交易在每一分甚或每一秒之交易價額均有差異，此項損害之計算，如仍責由請求權人舉證證明其確實數額顯有重大困難」，且本案公司自八十一年起歷年來財務報表之財務及業務主要內容均虛偽不實，「依一般客觀情形判斷，正常理性之投資人若知悉正義公司真實之財務及業務狀況且已發生虧損情形者，應無任何意願作成買受正義公司股票之舉措，因認：不論係就發行市場或交易市場買受股票之第一、二上訴人，均應採取前開（一）毛損益法計算損害，始符公允。」[59]

惟毛損益法因未考量不實財報以外之影響有價證券價格變動因素，單純以不實財報公告申報後及該財報不實之事實揭露後之股價差價計算損害賠償額，可能引發不公平之結果：如果被害人因第三人之因素因禍得福而沒有損害，則加害人因此而免責；反之，若因被害人個人主

觀或其他因素以致於損害擴大，則加害人將因此負擔其行為以外所致之損失[60]。

所謂「淨損差額法（out-of-pocket method）」係指不實財報損害賠償責任主體之賠償責任範圍為受害投資人交易時之市場價格與該有價證券真正價格（真實價格）之差額。亦即排除不實財報以外之影響有價證券價格變動因素所造成之價差部分[61]。此一計算方法自係植基於投資人進行有價證券交易後之價格變動風險全部由不實財報編製關係人負擔並非妥當之考量。

惟採「淨損差額法」所需面臨之難題，即為如何認定該有價證券之「真實價格」。對此，美國實務運作上，曾見下列二模式。

一為「事件研究法（the event study approach）」，或稱價差不變法。係由財務專家計算出不論股票之市價如何變動，股票之真實價值皆隨著市價變動而調整之「係數」，而後依此係數計算投資人交易日之該有價證券真實價格，逐日計算投資人之損失。本文認同學者下述見解，即認此一方法「明顯需有鑑識會計（forensic accounting）制度之配合。而鑑識會計是一項耗費成本的財務經濟計算方法，從美國的實務觀察，此制須延攬相關專家證人提供專業計算結果作為依據，這對雙方當事人而言，均會是一大成本負擔。故從訴訟經濟點而言，此制未必是絕對適當的證券損害計算方法，特別是在國內鑑識人才不足、過往實務判決損害賠償金額又平均不高，難於負擔高額鑑定費用之情形下，實施上似較缺乏配合條件」[62]，故不宜於我國採行之。

另一為「指數比較法（the comparable index approach）」。此一方法認為真實價格為一持平之固定數字，並不會隨著市價變動而調整，而所謂固定不變真實價格之發現，則以該不實資訊更正後一定期間，例如10個交易日或90個交易日之該有價證券交易均價，認為係可充分反應該事件影響後之單一真實股價[63]。此一方法亦為我國採淨損差額法計算損害賠償額之判決所採用。惟在此方法下，能充分反映該事件影響之合理

期間究應為幾日，司法實務判決則頗為分歧。有參考美國1995年證券訴訟改革法21D(e)關於計算損害賠償額上限之規定，採90日者；亦有如最高法院102年度台上字第1294號民事判決參考證交法第157條之1關於內線交易計算損害賠償之規定而採10日者。

又，司法實務上曾見於計算本條損害賠償額時，似應將請求權人「與有過失」之問題列入考量之見解。例如最高法院99台上521民事判決將本案發回更審之理由之一略謂「迨上訴人公告此項虧損訊息至暫停交易日之期間已達四個月餘，且自上訴人公司股票恢復交易至各該投資人提起本件訴訟亦各達二個月餘及五個月餘，則市場適當反應該項重要訊息所需之時間為何？倘投資人於適當反應期間內未出脫持股導致擴大其損害是否與有過失，核與應否減免上訴人之賠償責任攸關。原審未遑詳查審認，遽謂投資人之股票如已賣出則以買入時價格減去賣出時價格，如未賣出則以買入時價格減去請求時價格計算云云，為不利上訴人之論斷，不無可議。」

對此見解，多數學者不予認同。其理由或謂「損害金額之擴大在於股價繼續下跌，而股價繼續下跌之原因事實與受害投資人完全無關，故難謂彼等與有過失。」[64]或謂「證券市場股價變動不居，財報不實之訊息，究竟多長時間才會反映完畢？難於逆知。且……事實上通常此類公司財報不實等消息揭露後，公司之股價會急遽下跌，甚或無量下跌，市場上少有投資人會願意買受其股票，其股票於公開交易市場賣壓沉重且成交量大幅萎縮下，大部分投資人恐無法如願於不實資訊揭露後即時出脫其持股。」[65]或謂「股價漲跌難以預測，即使公司已出現問題，仍可能因整體市場因素或其他題材而上漲。對投資人而言，與其立刻停損寄望日後訴訟成功獲得賠償，也許不如等待更適當之時機再行出售減少損失。只是所謂更適當之時機也許再也不曾來臨。」上述見解，本文皆予認同。

陸、結語

財報不實之民事責任規定，設計是否周全，執行能否落實，對於證券市場之健全發展，有重大影響。我國證交法雖於2006年增訂第二十條之一，企圖完善財報不實民事責任之規範。然如本文上述討論，現行規範顯然尚未臻妥善，而有再予強化之空間。已有諸多先進賢達，就本條規範進行深入之探討研究，提出興革建議。本文期待有識之士能儘早凝聚共識，完成本條規範之修正，確立本條規範之實務執行方法，俾有助於我國證券市場運作健全化之再提升。

註　釋

** 本文基本內容曾以同題目發表於《月旦民商法雜誌》第48期
（2015年6月）。惟刊出後證券交易法就第二十條之一有所修正，
爰配合修正後之條文，而爲本文。

1. 關於證券市場交易之特殊性，請參見拙著，〈證券交易法第
一五七條之一～內部人員交易禁止規定之探討～〉，《政大法學
評論》第四十五期，1992年6月，頁261-262。

2. 關於企業資訊揭露制度，並請參見拙著，〈企業內容之公開〉，
《月旦法學雜誌》第18期，1996年11月號，頁68-73。

3. 證交法第36條第1項「前條之公開說明書，其應記載之主要內容
有虛僞或隱匿之情事者，左列各款之人，對於善意之相對人，因
而所受之損害，應就其所應負責部分與公司負連帶賠償責任：
一、發行人及其負責人。二、發行人之職員，曾在公開說明書上
簽章，以證實其所載內容之全部或一部者。三、該有價證券之證
券承銷商。四、會計師、律師、工程師或其他專門職業或技術人
員，曾在公開說明書上簽章，以證實其所載內容之全部或一部，
或陳述意見者」。第2項「前項第一款至第三款之人，除發行人
外，對於未經前項第四款之人簽證部分，如能證明已盡相當之注
意，並有正當理由確信其主要內容無虛僞、隱匿情事或對於簽證
之意見有正當理由確信其爲眞實者，免負賠償責任；前項第四款
之人，如能證明已經合理調查，並有正當理由確信其簽證或意見
爲眞實者，亦同。」

4. 證交法第36條第1項 I 「已依本法發行有價證券之公司，除情形特
殊，經主管機關另予規定者外，應依下列規定公告並向主管機關
申報：一、於每會計年度終了後三個月內，公告並申報經會計師

查核簽證、董事會通過及監察人承認之年度財務報告。二、於每會計年度第一季、第二季及第三季終了後四十五日內，公告並申報經會計師核閱及提報董事會之財務報告。」

5. 參見王志誠，〈財務報告不實罪之判定標準：以重大性之測試標準為中心（上）〉，《台灣法學》198期，頁48，2012年4月15日。

6. 證交法14條之1「公開發行公司、證券交易所、證券商及第十八條所定之事業應建立財務、業務之內部控制制度。」（一項）」「主管機關得訂定前項公司或事業內部控制制度之準則。」（二項）「一項之公司或事業，除經主管機關核准者外，應於每會計年度終了後四個月內，向主管機關申報內部控制聲明書。」（三項）

7. 證交法第36條第1項第三款Ⅰ「三、於每月十日以前，公告並申報上月份營運情形」。其申報、公告雖屬定期，惟其內容依證交法施行細則第五條「本法第三十六條第一項第三款所定公告並申報之營運情形，指下列事項：一、合併營業收入額。二、為他人背書及保證之金額。三、其他主管機關所定之事項」，並不符合前述財務報告之定義。

8. 證交法第36條第3項規定「第一項之公司有下列情事之一者，應於事實發生之日起二日內公告並向主管機關申報：一、股東常會承認之年度財務報告與公告並向主管機關申報之年度財務報告不一致。二、發生對股東權益或證券價格有重大影響之事項」此等事項既需公告並向主管機關申報，即應屬第21條之1第1項所稱之「財務業務文件」。至於該項第二款所定發生對股東權益或證券價格有重大影響之事項，證交法第7條規定「指下列情形之一：一、存款不足之退票、拒絕往來或其他喪失債信情事者。二、因訴訟、非訟、行政處分、行政爭訟、保全程序或強制執行事件，

對公司財務或業務有重大影響者。三、嚴重減產或全部或部分停工、公司廠房或主要設備出租、全部或主要部分資產質押，對公司營業有影響者。四、有公司法第一百八十五條第一項所定各款情事之一者。五、經法院依公司法第二百八十七條第一項第五款規定其股票為禁止轉讓之裁定者。六、董事長、總經理或三分之一以上董事發生變動者。七、變更簽證會計師者。但變更事由係會計師事務所內部調整者，不包括在內。八、重要備忘錄、策略聯盟或其他業務合作計畫或重要契約之簽訂、變更、終止或解除、改變業務計畫之重要內容、完成新產品開發、試驗之產品已開發成功且正式進入量產階段、收購他人企業、取得或出讓專利權、商標專用權、著作權或其他智慧財產權之交易，對公司財務或業務有重大影響者。九、其他足以影響公司繼續營運之重大情事者。」本款規定事由屬「有事揭露」，不符合「定期」之要件。

9. 證交法第36條第4項「第一項之公司，應編製年報，於股東常會分送股東；其應記載事項、編製原則及其他應遵行事項之準則，由主管機關定之」。年報，既應於每年應召集之「股東常會」編製，解釋上亦屬「定期」，惟主管機關依同項授權訂定之「公開發行公司年報應行記載事項準則」，其內容亦不符合前述「財務報告」之定義。

10. 證交法第36條之1「公開發行公司取得或處分資產、從事衍生性商品交易、資金貸與他人、為他人背書或提供保證及揭露財務預測資訊等重大財務業務行為，其適用範圍、作業程序、應公告、申報及其他應遵行事項之處理準則，由主管機關定之」。本條規定屬有所列行為時始應申報、公告之「有事揭露」規範，非屬「定期」，自非屬財務報告。

11. 相同質疑，見曾宛如，《證券交易法原理》，2012年8月，頁227-

228。

12.林仁光,〈公開發行公司內部監控機制之變革－兼論二○○五年證券交易法修正重點〉,《月旦法學》130期,2006年3月,頁181。

13.林仁光,同前註12,頁181。

14.賴英照,《股市遊戲規則－最新證券交易法解析》,2006年2月,頁796;邵慶平,〈證券交易法的法律變更與續造～最高法院一○二年度台上字第七三號刑民事判決評析〉,《月旦判例時報》26期,2014年4月,頁66;曾宛如,同前註11,頁231

15.參見劉連煜,《新證券交易法實例研習》,頁355-356。

16.公司法第八條第二項所定之股份有限公司職務負責人上包括發起人。惟一則證交法第6條所定發行人已涵蓋發起人,再者,發起人於以交易市場為規範範圍之第21條之1財報不實規定,應無適用之可能,已如前述。

17.2014年行政院送請立法院審議之公司法第八條修正草案,擬於第二項職務負責人增列「臨時管理人」。為本文認為,依公司法第208條之1由法院選任之臨時管理人,其職責為「代行董事長及董事會職權」,即使未於公司法第八條第二項增列,原即應屬同條第三項所定之實質董事,而負法律上之責任。於臨時管理人,恐生爭議者為,其既「代行董事長職權」,則於本條之適用上,究應負董事長之無過失責任?抑或僅以之為「實質董事」而負推定過失責任?本文初步認為其既代行董事長職權,則在權責相符之概念下,即應使其負與董事長相同之責任。然若採此嚴格責任之處理,亦有可能導致法院無法順利尋得願意承擔此重責之臨時管理人人選。故此一問題如何處理為妥,仍有待深思。

18.經濟部依公司法第387條第4項授權訂定之公司登記及認許辦法第9條規定,公司經理人之委任或解任,應於到職或離職後十五日

內，向主管機關申請登記。實務上多數公司在公司法未明定認定標準下，皆儘量減少經理人之登記，以迴避委任、解任皆需辦理登記之繁複程序。甚至有大型上市公司在經濟部僅登記經理人一人之情形。」

19. 證期會2003.3.27.台財證三字0920001301號函。本函釋係於2004年金融監督管理委員會成立前及2006年增訂第20條之1前所頒布。適用條文未列第20條之1。惟增訂第20條之1後，金融監督管理委員會並未就第20條之1所定經理人另爲函釋。基於同一法律上之同一用語，不應於不同條文有不同意義之基本原則，應認爲該函釋於本條亦有適用。

20. 公司法第31條第2項「經理人在公司章程或契約規定授權範圍內，有爲公司管理事務及簽名之權。」

21. 惟目前司法實務上，常見以當事人非經濟部登記之經理人爲由，而認定該當事人非經理人之事例。

22. 參見賴英照，同前註14，頁515；洪慶山，〈會計師簽證財務報告民事責任之研究～以證券交易法第二十條之一爲例〉，政大法學院碩士在職專班碩士論文，12頁，2008年。

23. 由於行政院所送草案版本，在立法院審議時立法委員有包括內容、項次之諸多修改，最終係以黨團協商程序通過。本項規定在行政院版草案，原爲第三項。

24. 劉連煜，同前註15，頁358。

25. 劉連煜，同前註15，頁359。同書並認爲，於負全部責任被告間，並非不得援用民法184、185條主張連帶責任。

26. 同前註。

27. 洪令家，〈論證券集團訴訟之和解～以美國法之規範檢討我國法之不足〉，2014第一屆華岡金融法研討會論文集，4-1-11頁，亦對「同免責任說」之妥當性提出質疑。

28.劉連煜，同前註15，頁360。

29.劉連煜，同前註15，頁357。

30.本案事實雖發生於證交法第20條之1增訂前，惟承審法院仍依第20條之1之「法理」，認定該等責任主體之過失比例責任。

31.參見曾宛如，同前註11，頁230。

32.林仁光，同前註12，頁181。

33.關於此問題，並請參見洪慶山，同前註22，頁20-22。

34.參見洪慶山，同前註22，頁44。

35.劉連煜，同前註15，頁355。

36.賴英照，同前註14，頁517。

37.「新修正證券交易法第20條之1持有人之範圍」諮詢會議會議記錄，莊永丞教授發言，2007年2月15日。

38.曾宛如，同前註11，頁229。

39.賴英照，同前註14，頁517；劉連煜，同前註15，頁378。

40.吳光明，〈證券投資損害民事訴權之探討〉，《月旦法學雜誌》第155期，2008年4月，頁204-210。關於將持有人列為請求權主體之不妥當性，並請見本文關於「詐欺市場理論」適用問題之探討。

41.本函釋未見於主管機關之網站，係轉引自劉連煜，同前註15，頁372-373。

42.劉連煜，同前註15，頁375-378。

43.參見邵慶平，同前註14，頁231-235。

44.有學者提出「否定說及限縮說之折衷說」，謂「除不實資訊揭露後（或更正後）方買入之持有人，與不實資訊公開前買入但屬經營階層之持有人，可予以排除，而不在本法條保護之外，其餘之持有人，在2006年1月13日證交法修正施行後買進且持有之人始有請求權」。見劉連煜，同前註15，頁367-367。惟本文認為，

此說所排除之「不實資訊揭露後（或更正後）方買入之持有人，與不實資訊公開前買入但屬經營階層之持有人」，原即非屬「善意」，而不在本條所定請求權人之列，無待排除。故此所謂折衷說，似與限縮說無異。

45. 參見曾宛如，同前註11，頁232。

46. 《社論》沒看財報就不能請求賠償？，經濟日報，2007年6月13日，A2版。

47. 曾宛如，同前註11，頁233。

48. 曾宛如，同前註11，頁234。

49. 劉連煜，同前註15，頁362。

50. 林麗香，〈財報不實之民事賠償責任～最高院九九台上五二一〉，《台灣法學》第156期，2010年7月15日，頁234。

51. 廖大穎，〈論不實企業資訊與損害賠償之因果關係的舉證責任分配～兼評臺北地方法院八十七年度重訴字第一三四七號民事判決的認定基礎評述「詐欺市場理論」在實務上的適用〉，《月旦法學雜誌》第153期，2008年2月，頁262-263。

52. 修法建議見劉連煜，同前註15，頁364。

53. 洪慶山，同前註22，頁13。

54. 劉連煜，同前註15，頁378。

55. 張心悌，〈從美國最高法院Dura案思考證券詐欺之損失因果關係〉，《月旦法學雜誌》第155期，2008年4月，頁220-201。

56. 劉連煜，同前註15，頁366。並請參見廖大穎，同前註51，頁246-247。又，若就損失因果關係為損害賠償責任成立要件說，則需進一步討論舉證責任問題。亦有文獻有就此問題有所探討。如張心悌，前揭註；郭大維，〈我國證券詐欺訴訟「因果關係」舉證之探討一以美國法為借鏡〉，《月旦法學教室》，28期，2005年2月，頁90-91。惟因本文不採成立要件說，故不就此問題予以著

力。

57. 並請參見曾宛如，同前註11，頁238-239。

58. 上述關於毛損益法之上述討論，請參見林麗香，同前註50，頁235。另在日本法上所謂「取得自體損害」之典型案例，為某上市公司隱匿其股權集中度已達下市標準，在相關財報文件上仍為違反事實之記載，使其股票仍在市場上交易。若該公司據實揭露該資訊，則投資人即不可能於市場上購得該股票。

59. 另如臺灣高院97金上3民事判決略謂「股票如已賣出時，以買入時之價格減去賣出時之價格，如尚未賣出則以買入時價格減去請求時之價格」計算投資人之賠償額。

60. 曾宛如。同前註11，頁239。

61. 參見林麗香，同前註50，頁235。

62. 劉連煜，〈財報不實損害賠償之眞實價格如何認定及投資人是否與有過失問題～最高法院2013年度台上字第1294號等民事判決研究〉，《第四屆海峽兩岸商法論壇論文集》，2014年7月，頁156。

63. 劉連煜，同前註，頁154。

64. 林麗香，同前註50，頁236。

65. 劉連煜，同前註62，頁157。

第十六章

從實證面分析我國財報不實之民事責任
——以因果關係爲重心

連琪勻（輔仁大學法律研究所碩士）
郭大維（輔仁大學財經法律學系教授）

壹、前言

　　企業財報不實是證券市場常見的不法行為，各國莫不立法禁止並提供受害投資人救濟管道。我國證券交易法（以下稱「證交法」）歷經1988年增訂第20條第2項以及2006年增訂第20條之1後，有關財報不實之民事損害賠償請求權已大致完備。為瞭解2006年增訂證交法第20條之1後，這十年來整體實務的運作現況及見解傾向，本文採量化實證研究的方式，針對2006年1月13日起至2015年9月9日止，國內各級法院做成有關財報不實民事求償之86則判決中，有關交易因果關係（transaction causation）之各項爭議（包括對市場詐欺理論之適用情形、是否須證明效率市場、企業類型與對市場詐欺理論適用之關連性、持有人交易因果關係之證明等）以及損失因果關係（loss causation）之各項爭議（包括損失因果關係之判斷標準、資訊揭露的認定等）進行分析，以宏觀方式呈現實務現況及實務在此一議題上見解之傾向。

　　由於我國證交法有關財報不實之規範係參酌美國法而來，從而對美國相關法規範與實務發展之探討，將有助於作為我國法之參考。因此，本文將自美國法出發，探討美國法有關財報不實民事責任中的交易因果關係與損失因果關係要件之發展，進而分析我國目前實務現況，以作為未來改進之參考。

貳、美國法

　　美國有關財報不實之民事責任規定，主要是1934年證券交易法（Securities Exchange Act of 1934）第10條第b項及第18條第a項。其中，1934年證券交易法第10條第b項明文禁止任何人直接或間接利用州際通商之方法或工具，或以郵件，或以任何全國性證券交易所之設備，違反

聯邦證管會（Securities and Exchange Commission, SEC）為維護公眾利益及投資人權益認為必要所制定之有關規則及規定，而對上市或非上市之證券或以證券為基礎的交換協議之買賣，使用操縱或詐欺之手法[1]。依據本條之授權，聯邦證管會於1942年頒布Rule 10b-5，進一步規範證券詐欺行為。Rule 10b-5禁止任何人直接或間接利用州際通商之方法或工具，或以郵件，或以任何全國性證券交易所之設備。為下列三種行為：(1)使用任何方法、計畫或計謀從事詐欺；(2)對重要的事實作不實的陳述，或在可能誤導的情形下，對重要事實加以隱瞞；(3)從事任何行為、業務或商務活動而對任何人構成詐欺或欺騙者[2]。而1934年證券交易法第18條第a項則規定，任何人於依本法或依法制定之行政規則應向聯邦證管會登錄之申報、報告或其他文件內容中，為重大不實之記載，應對信賴此記載而受該不實陳述影響進行證券交易之人，所受損害負賠償責任，除非行為人善意且不知該文件不實[3]。

雖然原告依1934年證券交易法第18條第a項提起訴訟，只須證明文件中就重大事實有虛偽或隱匿，即可推定被告有故意，除非被告能證明其為善意不知情。然原告必須舉證因信賴該不實陳述而為交易並受有損失，亦即原告必須舉證信賴要件及因果關係，且實務上對信賴要件採取「眼見原則」（eyeball test），即原告必須證明其真的閱讀系爭文件，而產生所謂真正的信賴[4]。相較之下，1934年證券交易法第10條第b項雖要求原告必須證明被告具備故意（scienter），但實務上原告得透過「對市場詐欺理論」（fraud on the market theory）以推定信賴的方式，成就其直接信賴的要求。因此，第18條第a項除主觀要件較第10條第b項寬鬆外，在信賴、因果關係要件上均較嚴格，對於原告而言較為不利，從而美國實務上較少投資人援引本條請求損害賠償，而大多以第10條第b項及Rule 10b-5為請求依據[5]。

基本上，原告欲依Rule 10b-5獲得救濟，必須具備下列要件：(1)原告必須有買賣有價證券之行為；(2)被告為重大不實陳述或隱匿；(3)被

告具備詐欺行為的故意；(4)原告對被告之詐欺行為有信賴（reliance）之事實；(5)原告之損害與被告之行為間具有因果關係（causation）存在；(6)原告必須受有損害[6]。其中，就「信賴」和「因果關係」要件而言，美國實務界將因果關係細分為「交易因果關係」與「損失因果關係」。所謂「交易因果關係」係指若非（but for）交易相對人的不實陳述或隱匿，交易行為就不會發生（至少不會以最終的形式發生）。雖然「信賴」與「因果關係」是Rule 10b-5的兩個構成要件，但是美國實務上認為「信賴要件」幾乎是等同於「交易因果關係」。因此，若原告無法有效證明其交易行為係受被告詐欺行為之影響，則「交易因果關係」即無由成立。原告除了證明「交易因果關係」外，尚須就「損失因果關係」加以舉證。所謂「損失因果關係」則指原告金錢上的損害直接歸因於被告的不法行為。換言之，原告須證明被告的不實陳述或隱匿，乃是造成其經濟上損失的重要原因[7]。

一、交易因果關係

由於現代的證券市場有別於以往面對面的交易型態，投資人做成買賣決策之主觀心態難以從案件的客觀事實中推敲，從而美國實務上遂發展出所謂的「對市場詐欺理論」以減輕原告在交易因果關係之舉證所面臨的障礙。

（一）*Basic Inc. v. Levinson*[8]案

聯邦最高法院在*Basic Inc. v. Levinson*乙案首次採用「對市場詐欺理論」。在本案中，聯邦最高法院認為信賴要件是Rule 10b-5的構成要件之一，但其證明的方式並非只有一種。因此，依據「對市場詐欺理論」的學理，聯邦最高法院採取「推定信賴」（a rebuttable presumption of reliance）的方式，成就其直接信賴的要求[9]。聯邦最高法院在判決中明

確指出「對市場詐欺理論」之原理乃是在一個開放且成熟的證券市場，公司股價乃是由所有可得關於該公司的重要資訊所決定，縱使受害投資人並未直接信賴該不實的陳述，仍會因該誤導性的陳述而受害。本案以間接的方式，藉由原告購買股票之行為與被告詐欺行為間所建立的牽連關係之效果等同於直接信賴被告的不實陳述[10]。根據聯邦最高法院的見解，投資人所信賴者乃是市場價格的正直性（integrity of the market price）。同時，聯邦最高法院亦認為被告仍可藉由證明其不實陳述與股價的變動無關，或者即使原告知悉該不實陳述仍會買進該檔股票，以推翻「對市場詐欺理論」所建立的推定信賴[11]。聯邦最高法院採取推定信賴的方式以建立交易因果關係要件的考量在於現代的證券市場，每日交易量極大且買賣雙方可能沒有直接接觸。若要求每個原告均須直接證明信賴要件，則團體訴訟（class action）勢必無法維持，因此，交易因果關係要件的舉證方式自應有所調整[12]。在Basic乙案後，「對市場詐欺理論」即廣為美國法院所採用。

基本上，「對市場詐欺理論」係架構在「市場反應所有資訊於證券市價上」且「投資人信賴市價之公正性而為買賣」之基礎上。其中「投資人信賴市價之公正性而為買賣」乃不證自明之理，蓋如同明知詐賭將不會有人願意參加賭局一樣，投資人如果知道市價並未公正地反應股票價值，將不願意買賣，從而既然投資人願意根據市場價格買賣證券，即得以推論投資人信賴市價之公正性。至於「市場反應所有資訊於市價上」Basic乙案並無說明，通說認為必須借重「效率市場假說」（Efficient Capital Market Hypothesis）予以闡明。所謂「效率市場假說」乃指在一效率的市場中，股價會反映所有已知的相關資訊，即使股價偏離基本價值，也是因為資訊的不對稱或資訊的解讀點時間上的差異所致。在效率市場假設中，假設投資人均為理性的，可以對市場上的資訊作出正確的判斷[13]。

美國學者Eugene Fama依據市場反應資訊的不同，於1970年提出

三種不同層次的效率市場：(1)弱式效率市場（weak form）：係假定目前的證券價格已充分反映所有歷史的資訊，投資人無法利用該證券過去的歷史表現預測出其未來的走向；(2)半強式效率市場（semi-strong form）：指證券價格除了反映歷史資訊外，還包括現在已公開的資訊。由於這些公開的資訊已廣泛流傳在市場之上，投資人已迅速對該等資訊作出反應。因此，證券價格已根據這些資訊作出調整；(3)強式效率市場（strong form）：即現行的股價充分反映出所有的關於該證券的資訊，包括已公開與未公開的資訊。因此，即使投資人利用內線消息來從事證券交易，亦無法獲取超額報酬。然而這種假設在現階段似乎並不存在[14]。如前所述，在*Basic*乙案中，聯邦最高法院於判決中指出：「對市場詐欺理論」的原理乃是在一個開放且成熟的證券市場中，公司的股價乃是由所有可得關於該公司的重要資訊所決定。由此可知，聯邦最高法院所接受者乃是半強式效率市場。藉由效率市場假設的運用，假如在一個效率市場中有不實陳述或隱匿存在的話，股價將無法反映出其真實價格，從而投資人將因此受害[15]。

（二）晚近實務發展

由於*Basic*乙案後，美國法院在決定投資人能否適用「對市場詐欺理論」，多聚焦於系爭證券之交易市場是否為一效率市場。惟近來聯邦最高法院於*Halliburton Co. v. Erica P. John Fund, Inc.*[16]乙案（Halliburton II）表示，*Basic*乙案對於市場效率並非單純採取「有」、「無」二分法，而應屬程度問題。法院從未以特定之經濟理論來建構「對市場詐欺理論」，只要假設大部分已公開的重大資訊將對市場價格產生影響，此時即可認為該市場具有一般性效率而足以支持「對市場詐欺理論」之成立[17]。此外，聯邦最高法院進一步指出，在適用「對市場詐欺理論」時，要求原告必須證明具備四個前提要件—被告公開為不實陳述、不實

陳述具重大性、系爭證券之交易市場具有效率、原告在不實陳述公開後與正確資訊揭露前進行交易。其中前三個前提要件（公開不實陳述、重大性、效率市場）之證明得以推定不實陳述影響證券價格（第一個推定）；第四個前提要件（投資人在不實陳述公開後與正確資訊揭露前進行交易）之證明得以推定投資人對被告的不實陳述具有信賴（第二個推定）。由此可見，若缺乏價格衝擊，「對市場詐欺理論」及信賴推定將會隨之崩塌，價格衝擊乃「對市場詐欺理論」信賴推定機制的基礎，故原告得選擇證明價格衝擊以觸發「對市場詐欺理論」，同時被告亦得於認證階段以「價格未受到衝擊」來推翻信賴推定[18]。

申言之，聯邦最高法院於本案認為原告得選擇證明「效率市場」或「價格衝擊」以觸發「對市場詐欺理論」。在「效率市場」的證明上，則認為只要具有一般性效率即足，不再要求須為半強式效率市場[19]。

二、損失因果關係

雖然損失因果關係亦為一獨立要件，惟如何建構損失因果關係美國實務與學說上一直呈現眾說紛紜的狀態。早期實務上有關損失因果關係之證明主要有股價虛增說以及股價下跌說二種見解。前者認為證券詐欺所導致之損害係於原告為該次交易時即已發生，故原告只要證明被告之詐欺行為已介入影響原告交易時之股價，使其偏離真實價值已足（如股價虛增），而交易時點後投資標的之價格變動，與損失因果關係之認定無關。後者則認為損害認定時點應以投資人「事實上」發生投資虧損時為準，因而原告除證明股價虛增外，還必須證明被告之詐欺行為與原告投資標的嗣後價格變動（通常是價格下跌）間有因果關係[20]。

鑒於損失因果關係判斷標準的分歧，聯邦最高法院在2005年的 *Dura Pharmaceuticals, Inc. v. Broudo*[21] 乙案中明確揭示其立場。本案中，最高法院認為虛漲之購買價格本身並不構成或直接導致相關的經濟上損

失，原告仍須證明經濟上損害與損失因果關係。其理由在於投資人以虛漲價格買進股票時，尚不能認定受有損失，因投資人雖被迫支付虛漲價格，但也獲得等值的證券。此外，投資人可在詐欺真相揭露前賣出股票，而不致受到損害；縱若投資人嗣後以較低價格賣出股票，其價格下跌反應的可能是整體經濟環境變化或特定產業情況，不純粹是因原告以虛漲價格購買股票所致，從而不實陳述充其量只是原告經濟損失的原因之一，可能「涉及」但不等於「造成」原告的經濟損失[22]。

聯邦最高法院在 *Dura* 乙案中否定以股價虛增來證明損失因果關係，同時確立證券詐欺損害發生時點在「真相揭露於市場並加以反應之後」（事後觀點）及損失因果關係之舉證須包含「真相揭露」此一要素。換言之，依據 *Dura* 判決之文義，損失因果關係之舉證上，請求權人必先證明被告之不實陳述已為市場所悉並加以反應，同時於排除其他同樣可使股價下跌之因素後，而造成股價的下跌，如此始完備其舉證責任[23]。

參、我國現行規範

一、證交法有關財報不實民事責任之規定

我國於證交法制定之初，僅有第20條第1項關於證券詐欺之規範。其後於1988年，立法者特別針對證券詐欺中財務資訊不實類型，增訂第20條第2項[24]，並將證券詐欺及財務資訊不實之法律效果規定於同條第3項。由於證交法第20條第2項之責任主體範圍究竟為何，文義上並不明確，因而引發爭議。嗣於2006年證交法修正時，立法者考量財務資訊不實之民事責任應有其特殊性，從而增訂第20條之1，將第20條第2項之法律效果移列至第20條之1另為規範[25]。

證交法第20條之1規定：「前條第二項之財務報告及財務業務文件

或依第三十六條第一項公告申報之財務報告，其主要內容有虛偽或隱匿之情事，下列各款之人，對於發行人所發行有價證券之善意取得人、出賣人或持有人因而所受之損害，應負賠償責任：一、發行人及其負責人。二、發行人之職員，曾在財務報告或財務業務文件上簽名或蓋章者（第1項）。前項各款之人，除發行人外，如能證明已盡相當注意，且有正當理由可合理確信其內容無虛偽或隱匿之情事者，免負賠償責任（第2項）。會計師辦理第一項財務報告或財務業務文件之簽證，有不正當行為或違反或廢弛其業務上應盡之義務，致第一項之損害發生者，負賠償責任（第3項）。前項會計師之賠償責任，有價證券之善意取得人、出賣人或持有人得聲請法院調閱會計師工作底稿並請求閱覽或抄錄，會計師及會計師事務所不得拒絕（第4項）。第一項各款及第三項之人，除發行人外，因其過失致第一項損害之發生者，應依其責任比例，負賠償責任（第5項）。前條第四項規定，於第一項準用之（第6項）。」觀諸本條之規定，請求權人包括發行人所發行有價證券之善意取得人、出賣人以及持有人。其中持有人係指不實財務資訊公布前已買入證券，因不實財務資訊而誤信公司財務良好，決定繼續持有者（即潛在賣者／原股東）。考其立法理由有認為投資人雖於不實財報公布前買入，但因信賴財報而未賣出，實質上亦受有損害，故賦予持有人損害賠償請求權[26]。

再者，由於證交法第20條之1的民事損害賠償係屬於侵權行為性質，因此原告欲依本條提起訴訟必須證明其所受之損害與被告的不實財報間具有因果關係，始能獲得救濟。而「因果關係」之內涵或舉證責任分配本條並無規定，故應如何解釋、適用遂產生爭議。因此，本文接下來將透過實證分析的方式，探討我國目前實務就因果關係議題上之現況及見解之傾向。

二、實證分析

本文實證研究對象擇檢原告因信賴不實財務資訊而進行有價證券投資卻受有損害，故以證交法第20條及第20條之1對參與編製不實財務資訊者起訴求償，經法院審理之一、二、三審民事判決。首先，自法源法律網中，分別以關鍵字「證券交易法第20條之1」、「證券交易法第20條第2項」、「證券交易法第20條第3項」進行搜尋初步篩選出與財務資訊不實有關之民事判決。

又因證交法第20條之1於2006年1月13日施行，而本文欲著重於此一重大修法施行後實務近年來之運作情形，故僅擇檢自2006年1月13日起法院作成之民事判決。如某案件部分審級之判決於2006年1月13日前做成，部分審級之判決於2006年1月13日後做成，考量統計上對案件完整性之需求，此類案件不列入本研究範圍內[27]，換言之，僅收錄所有審級判決均在2006年1月13日後做成的案件。最後彙整出截至最後搜尋日2015年9月9日止有47個民事案件（共86個民事判決）適合本文進行實證研究，爰將各案件的歷次審級、涉案公司及所涉財報整理如表16-1。

下開47個案件中，有部分案件的事實相同，僅因分別起訴，造成一個事件衍生多個案件的情形，如博達科技財報不實事件衍生3案（編號8至10）、宏達科技財報不實事件衍生4案（編號14至17）、協和國際多媒體財報不實事件衍生4案（編號18至21）、捷力科技財報不實事件衍生2案（編號27至28）、雅新實業財報不實事件衍生3案（編號37至39），故如以事件為單位計算，則本實證研究共有36個事件。在後續統計分析中，會因應不同的統計目的，而分別採用「案件」或「事件」為統計單位。而在36個事件中涉及編製不實財報之企業共37家，其中上市公司為多數，共23家，約占62%；其次為上櫃公司，共12家，約占32%；興櫃及公開發行但未上市（櫃）公司各1家，各約占3%。

表16-1 財報不實民事求償案件彙總表[28]

編號	一審案號	二審案號	三審(1)案號	更一審案號	三審(2)案號	更二審案號	涉案公司[29]	不實財報（財務資訊）
1	臺北87重訴1347	高本96金上1（2份判決）	最高101台上1695				正義	81年至85年財報
2	臺北89重訴1074						國產汽車	87年第1季至第3季財報
3	高本93重訴33（在高院附民）						東隆五金工業	87年半年報
4	高雄92金1	雄高97金上1[30]					紐新企業	87年半年報至88年第1季財報
5	彰化92重訴151						美式家具	87年第3季財報
6	臺中91重訴626	中高95金上2	最高97台上932	中高97金上（一）2	最高99台上1350	高本99金上（二）5[31]	順大裕	87年第3季財報
7	臺北96重訴1665						漢昌科技	88年至93年年報
8	士林93金3（2份判決）						博達科技	88年至92年之年報及半年報、93年第1季季報
9	士林95金10						博達科技	90年半年年報、90年年報及91年半年年報

從實證面分析我國財報不實之民事責任

表16-1 財報不實民事求償案件彙總表（續）

編號	一審案號	二審案號	三審(1)案號	更一審案號	三審(2)案號	更二審案號	涉案公司[29]	不實財報（財務資訊）
10	士林95金15						博達科技	90年半年報、90年年報及91年半年報
11	臺北92金41	高本97金上4					南港輪胎楊鐵工廠	楊鐵：重編前88年第3季至89年第1季；南港：重編前88年年報至89年半年報
12	臺北96金20						中華商業銀行	88年年報至95年第3季財報
13	臺北94金18	高本101金上6					久津實業	90年年報、91年半年報及第3季財報
14	桃園94金1						宏達科技（豐達科技）	92年第1季至93年第2季財報
15	桃園94金2	高本96金上8	最高99台上2274	高本100金上更(一)1	最高102台上73[32]	高本102金上更(二)3	宏達科技（豐達科技）	92年第1季至93年第2季財報
16	桃園94金3	高本96金上9					宏達科技（豐達科技）	92年第1季至93年第2季財報
17	臺北95金18						宏達科技（豐達科技）	90年年報、91年至93年第3季各期財報

表16-1 財報不實民事求償案件彙總表（續）

編號	一審案號	二審案號	三審(1)案號	更一審案號	三審(2)案號	更二審案號	涉案公司[29]	不實財報（財務資訊）
18	土林95金19						協和國際多媒體	90年年報、91年半年報、91年年報、92年半年年報
19	土林95土簡795	土林95簡上167					協和國際多媒體	90年至92年之財報
20	土林96金3						協和國際多媒體	88年11月起至92年底歷次財報
21	土林96湖簡1380						協和國際多媒體	90年至92年之財報
22	新北94金12	高本97金上3	最高99台上521[33]	高本99金更（一）1	最高102台上1294		訊碟科技（吉祥全球實業）	91年第1季至93年半年報
23	臺北95金8						皇統科技	90年第1季至93年半年報
24	臺北96金22						嘉新食品化纖	91年半年報至95年第3季財報
25	臺北96金23						中國力霸	91年上半年度至95年第3季財報
26	臺北98金17						陽慶電子	92年第1季至第3季財報、92年自結財務數字及年度財務預測
27	土林97金5號	高本101金上13					捷力科技	92年第2季至93年第3季財報

從實證面分析我國財報不實之民事責任

表16-1 財報不實民事求償案件彙總表（續）

編號	一審案號	二審案號	三審(1)案號	更一審案號	三審(2)案號	更二審案號	涉案公司[29]	不實財報（財務資訊）
28	士林98金8、105號[34]						捷力科技	92年第2季至93年第3季財報
29	新北96金2	高本96金上易2					勁永國際	92年第4季至93年第4季財報
30	臺北95金10	高本101金上5					宏傳電子	93年第1季至第3季財報
31	臺北99金19	高本102金上1	最高104台上698				東森國際	93年半年報至95年年報
32	士林99金5	高本101金上22					飛雅高科技	93年年報至95年第3季財報
33	臺北99金17	高本100金上23					合發興業	94年第1季財報
34	臺中98金21	中高100金上2	最高103台上2568[35]				金雨企業	94年各期財報
35	新北95金3	高本98金上9	最高101台上2037	高本102金上更（一）1			銳普電子	94年第1季財報及94年3至6月營收資訊
36	臺中98金19	中高99金上7					海德威電子工業	94年第2季至95年第3季財報
37	士林96金8						雅新實業	95年上半年自結財報及95年年報
38	士林98金3[36]						雅新實業	95年第1至3季財報
39	士林103金1						雅新實業	95年第1至3季財報及95年自結財報

表16-1 財報不實民事求償案件彙總表（續）

編號	一審案號	二審案號	三審(1)案號	更一審案號	三審(2)案號	更二審案號	涉案公司[29]	不實財報（財務資訊）
40	新北99訴551	高本99上1237[37]					樂士	95年7月18日至96年4月20日之不實財報；97年2至5月發布之不實獲利多消息
41	士林100金2						飛寶動能	95年半年報至96年半年報
42	新竹100重訴131						合邦電子	95年第3季至96年第3季財報
43	臺北99金37						邰港科技	95年年報至97年第2季財報
44	新北99金2						仕欽科技企業	95年年報至97年第1季財報
45	士林99金10						聯豪科技（立康生醫事業）	96年第1季至第3季財報
46	新北98金3	高本101金上7	最高104台上225				宏億國際	96年第3季財報
47	新北98金1						名鐘科技（安鈦克科技）	97年3、4月營收資訊及97年第1季財報
總計	47個案件（48個判決）	20個案件（21個判決）	8個案件（8個判決）	4個案件（4個判決）	3個案件（3個判決）	2個案件（2個判決）		

（一）交易因果關係

法院針對證交法第20條第2項、第20條之1的因果關係進行討論時，共有54個判決論及「原告是否信賴不實資訊而為投資決定」此一議題，而此部分主要的爭議是「得否適用對市場詐欺理論以推定信賴（交易因果關係）」，本文將法院之論述歸納為下列四種見解，並統計各類見解之判決數量如表16-2。

表16-2　信賴要件（交易因果關係）之判決見解統計表

見解		判決數
1	證券交易法第20條之1的責任成立要件中無「信賴要件」（交易因果關係），故不適用對市場詐欺理論	1[38]
	立於證券交易法第20條之1的責任成立要件中有「信賴要件」（交易因果關係）的前提下：	
2	——對所有行為人均得適用對市場詐欺理論以推定交易因果關係	45
3	——僅對故意行為者得適用對市場詐欺理論以推定交易因果關係，過失行為者之交易因果關係，仍由原告負舉證責任	3[39]
4	——無對市場詐欺理論之適用，所有行為人之交易因果關係仍由原告負舉證責任	5[40]

見解1認為立法者在證交法第20條之1中已預設「信賴」，故原告無須證明交易因果關係，亦無須討論有無對市場詐欺理論之適用，可說是四種見解中最保障投資人，且可避免陷入對市場詐欺理論之相關爭議中。惟本文認為，在此一見解下，被告將喪失反證推翻交易因果關係之機會，對於在不實財報公布前已買入、非因財報而買入（如出於炒股目的而買入）、財報顯示公司營運狀況不佳仍然買入或不實財報實際上未影響股價而買入者，如都可向被告求償，似乎有過度保護投資人之嫌。又基於投資人自己責任原則，被告僅就投資人因不實財報而買入並因而受有損失的部分負有賠償責任，至於非受不實財報影響而為交易的部

分，縱受有損失，亦應由投資人自行負責。準此，本文認為「原告信賴
不實資訊而為投資決定」此一要件能夠在「投資人自己責任」及「投資
人保護」兩大原則的拉鋸下劃出一道法律保障的適當的界線，而有其存
在之必要，故見解1並不可採。

在見解2對所有行為人均得適用對市場詐欺理論以推定交易因果關
係的45個判決，依其採用對市場詐欺理論之方式究為明示或默示[41]、有
無同時引用民事訴訟法第277條但書[42]予以列表16-3。

表16-3　對市場詐欺理論之判決適用統計表

對市場詐欺理論 ＼ 民訴277但書	有引用	無引用
明示採用	共19個判決，含6個高院、13個地院判決。臚列如下： 高本101金上6（久津） 高本96金上9（宏達） 高本101金上13（捷力） 高本101金上7（宏億） 高本102金上更（一）1（銳普） 中高100金上2（金雨） 臺北94金18（久津） 臺北95金18（宏達） 臺北96金23（力霸） 臺北96金22（嘉食化） 臺北87重訴1347（正義） 士林95金19（協和） 新北98金3（宏億） 桃園94金2（宏達） 桃園94金1（宏達） 桃園94金3（宏達） 臺中98金21（金雨） 彰化92重訴151（美式家具） 高雄92金1（紐新）	共15個判決，含3個最高、5個高院、7個地院判決。臚列如下： 最高104台上698（東森） 最高102台上73（宏達） 最高104台上225（宏億） 高本102金上更（二）3（宏達） 高本101金上5（宏傳） 高本96金上1（正義）[43] 高本93重訴33（東隆五金） 臺北95金8（皇統） 臺北95金10（宏傳） 臺北99金19（東森） 新北96金2（勁永） 士林93金3（博達） 士林103金1（雅新） 士林96金8（雅新）

表16-3 對市場詐欺理論之判決適用統計表（續）

對市場詐欺理論＼民訴277但書	有引用	無引用
默示採用	1個地院判決。 士林99金10（聯豪）	共10個判決，含1個最高、4個高院、5個地院判決。臚列如下： 最高99台上2274（宏達） 高本100金上更（一）1（宏達） 高本99金上更（一）1（訊碟） 高本98金上9（銳普） 高本96金上8（宏達） 士林97金5（捷力） 士林98金8、10（捷力） 士林95金10（博達） 士林95簡上167（協和） 士林95士簡795（協和）

　　由表16-3可知，明示及默示採用對市場詐欺理論者共45個判決，包含4個最高法院、15個高院、26個地院判決，顯見我國實務上採納對市場詐欺理論以推定交易因果關係的判決不在少數。其次，在明示採用對市場詐欺理論的34（19＋15）個判決中，同時引用民事訴訟法第277條但書的有19個判決、未引用的有15個判決，前者含6個高院、13個地院判決，後者含3個最高法院（分別是民國102年及104年的案件）、5個高院、7個地院判決，顯見部分實務及近期最高法院似乎認為對市場詐欺理論未必得依附民事訴訟法第277條但書才能適用，申言之，對市場詐欺理論並非只是支撐民事訴訟法第277條但書「情形顯失公平」的理由，而是可以直接援引以推定交易因果關係的法理依據。

　　縱然上述判決在援引對市場詐欺理論及民事訴訟法第277條但書上有些微差異，然此等判決論述時不外乎自證券市場之交易型態、股票

價值決定的特性、資訊公開者應確保其資訊眞實原則、舉證責任分配公平性及善意受推定原則等面向，說明應依民事訴訟法第277條但書或（及）對市場詐欺理論來推定交易因果關係。

再者，法院適用對市場詐欺理論的前提要件爲何？此一問題可再細分爲二大部分：1.實務是否認爲對市場詐欺理論奠基於效率市場假說中的半強式市場？如是，原告應否先證明效率市場以觸發對市場詐欺理論？2.針對「適用對市場詐欺理論所須具備之前提要件」法院有無其他表示？

1. 有關效率市場假說

45個採納對市場詐欺理論的判決中，僅9個判決對於「對市場詐欺理論是否奠基於效率市場假說上」表示意見，其餘判決則未正面碰觸此爭議問題。上述9個判決中，有8個判決援引美國法，認爲對市場詐欺理論奠基於效率市場假說上，僅1個判決認爲不應以效率市場假說建構對市場詐欺理論，顯見有表示意見者中，認爲對市場詐欺理論奠基於效率市場假說者占絕大多數。

又上開採效率市場假說爲前提的8個判決中，有4個判決認爲適用對市場詐欺理論時，無須證明效率市場，蓋法院似乎直接認定我國證券市場乃一效率市場[44]，已公開的重大不實資訊都會有效率的反映在股價上，故法院強調，只要投資人信賴證券市場之股票價格未受詐欺行爲所扭曲，交易因果關係即受推定；其餘4個判決則僅藉「效率市場假說」的概念來說明「對市場詐欺理論」，判決中並未表示須證明效率市場始得觸發對市場詐欺理論。

申言之，採行對市場詐欺理論的45個判決中，多數未觸及「對市場詐欺理論是否奠基於效率市場假說上」此一爭議問題。至於對此議題表示意見的那少數9個判決，即便絕大部分認爲對市場詐欺理論奠基於效率市場假說，然而，無一判決要求原告須證明效率市場。

2. 針對「適用對市場詐欺理論所須具備之前提要件」法院之其他表示

(1)證明財報不實或財報不實具重大性即得推定因果關係

45個判決中有6個判決[45]認爲證明財報不實或財報不實具重大性，即得推定因果關係。換言之，原告無須就因果關係負任何舉證責任，只要具備財報不實、重大性等構成要件，因果關係即受推定。

(2)證明「不實資訊足以影響股價」即得推定交易因果關係

45個判決中亦有16個判決認爲證明「不實資訊足以影響股價」即得推定交易因果關係。

另外，表16-2中採取見解3之相關判決認爲「對市場詐欺理論」奠基於效率市場假說的半強式市場上，惟我國證券市場是否爲效率市場頗有疑問。再參考美國法上，效率市場僅適用於故意行爲人，故判決認爲，我國法上以「對市場詐欺理論」推定交易因果關係亦僅適用於故意行爲人，過失行爲人之交易因果關係，仍應由原告舉證。

而表16-2中採取見解4之5個判決，基本上均認爲對市場詐欺理論奠基於效率市場假說之半強式市場，且適用對市場詐欺理論時必須先證明系爭市場爲效率市場。又上開5個判決分別以股票非在集中市場交易（漢昌）；興櫃股票採取「議價成交」，與「電腦自動撮合」的交易相較，不但成交量小且交易時間長（邰港）；股票之交易量過低、投資人未閱讀財報而爲交易之比例過高（飛雅）；投資人少有注意公開揭露資訊的習慣、股價未能充分反應財報之結果（飛寶）等爲由，認爲系爭市場不具效率性，故無對市場詐欺理論之適用，仍應由原告就交易因果關係負舉證責任。至於交易因果關係的判斷上，法院審視原告是否在不實資訊揭露後買賣、不實資訊揭露後股價是否上漲、原告是否因大環境的炒作而買入股票（邰港）；股價是否已充分反映公開財報之內容、原告是否閱讀財報而爲投資、真相是否已進入市場、原告投資行爲是否正常

（飛雅）等事實來進行認定。簡言之，在沒有對市場詐欺理論適用的情形下，法院參酌許多的事實來認定交易因果關係，縱然事實五花八門，但大致上可歸爲二類：一、股價是否反映不實資訊的事實（不實資訊揭露後股價是否上漲、股價是否已充分反映公開財報之內容、眞相是否已進入市場）；二、投資人是否因財報而進行投資的事實（原告是否在不實資訊揭露後買賣、原告是否因大環境的炒作而買入股票、原告是否閱讀財報而爲投資、原告投資行爲是否正常）。

本文進一步整理表16-2中見解2、3、4「對市場詐欺理論」與效率市場假說之關係如表16-4：

表16-4　對市場詐欺理論與效率市場假說關係表

見解	判決總數	對市場詐欺理論是否奠基於效率市場假說		須否證明效率市場
2 所有人均適用對市場詐欺理論	45	36個判決未說明		不要求
		9個判決有說明	8個判決採「是」	
			1個判決採「否」	
3 僅故意者適用對市場詐欺理論	3	是		不要求
4 不適用對市場詐欺理論	5	是		要求

由表16-4可見，認爲應適用對市場詐欺理論以推定交易因果關係者（見解2、3），並不要求原告證明效率市場，多數判決亦未說明對市場詐欺理論與效率市場假說之關連性；反之，不採對市場詐欺理論的判決，則會明白表示對市場詐欺理論奠基於效率市場假說上，且要求原告須證明效率市場始得觸發對市場詐欺理論。效率市場假說（或效率市場

的證明）似乎成爲法院（或被告）用以駁回（或阻礙）原告請求賠償之利器。

又個案中企業的類型是否影響法院判斷有無對市場詐欺理論之適用？爲釐清此一問題，爰整理採行見解2、3、4之判決中被告公司屬性如表16-5。

表16-5　對市場詐欺理論與涉案企業類型關係表

見解	涉案企業	企業類型	數量
2 所有人均適用市場詐欺論	東森、宏達、久津、銳普、東隆五金、宏傳、勁永、博達、皇統、力霸、美式家具、雅新、嘉食化、協和、紐新、訊碟	上市	16
	宏億、聯豪、金雨、捷力、正義	上櫃	5[46]
3 僅故意者適用對市場詐欺理論	名鐘、仕欽、合邦	上櫃	3[47]
4 不適用對市場詐欺理論	飛雅、飛寶動能	上櫃	2[48]
	邰港	興櫃	1
	漢昌	公開發行但未上市（櫃）	1

由表16-5可知，採取「所有人均適用對市場詐欺理論」者以上市公司爲主；上櫃公司則是採取三種見解的都有，但多數仍認爲有對市場詐欺理論的適用；興櫃及公開發行但未上市（櫃）公司則是採取「不適用對市場詐欺理論」之見解。申言之，被告公司股票交易方式越趨公開、該股票有越多人參與及關注，則適用對市場詐欺理論的可能性越高。是以被告公司股票交易方式區分的企業類型與對市場詐欺理論的適用可謂具有某程度的關連性。

3. 持有人交易因果關係之證明

　　法院針對證交法第20條第2項、第20條之1的因果關係進行討論時，僅7個判決[49]述及「持有人的信賴（交易因果關係）」此一議題。此7個判決中，4個判決[50]准予持有人依證交法第20條之1的請求，3個判決[51]駁回持有人之請求。上開7個判決中，有4種「取得人／出買人信賴」的認定方式，其中4個判決[52]同樣以對市場詐欺理論來推定取得人／出買人的信賴，故此4個判決具有可比較性。在這4個判決中，2個地方法院判決[53]認為同樣得以對市場詐欺理論推定持有人之信賴；1個高等法院判決[54]與1個最高法院判決[55]認為對市場詐欺理論僅適用於因不實財報而為交易之情形，故持有人並無對市場詐欺理論的適用，仍應由原告舉證證明之。由於目前累積的判決數不多，只能說士林地方法院傾向持有人的信賴亦有對市場詐欺理論之適用，而臺灣高等法院及最高法院則傾向持有人無對市場詐欺理論適用。

　　有關持有人交易因果關係之證明，本文認為持有人之信賴通常僅能依賴原告的口頭證詞，而少有其他物件佐證，如此將使舉證及審判變得相對困難；再者，尚可能擠壓購買人或出賣人所分得之賠償金額，且亦可能產生全體或大部分股東自己告自己的窘境，從而將持有人列為適格請求權人的立法，並非妥適。惟在立法已明文之今日，實務應如何面對持有人交易因果關係之證明，不無疑問。

　　本文以為，因法條並未免除持有人交易因果關係之舉證責任，故不符合民事訴訟法第277條但書「法律有特別規定」得免除舉證責任之情形；又對市場詐欺理論在美國法上僅適用於交易行為人，故亦無法援引為舉證責任倒置之法理依據。準此，實務如欲免除原告就「持有人信賴」之舉證責任，勢必只能在個案中循民事訴訟法第277條但書「情形顯失公平」之途。惟如前述，本文認為將持有人列為請求權人之一，可能產生上述所列之諸多問題，並非一妥適立法，從而，在立法已明文之今日，應藉由實務對持有人交易因果關係之嚴格審查，如要求持有人證

明「因受不實財報誤導使其放棄原本出售之計畫」，將得以請求之人限縮在能夠證明其受到不實財報影響而爲投資決策者，實質地限縮其請求權。

（二）損失因果關係

法院針對證交法第20條第2項、第20條之1的因果關係進行討論時，共有39個判決[56]述及「不實資訊是否導致原告投資損失」此一議題，而此部分主要重點有：原告應否證明「不實資訊是否導致原告之投資損失」（即損失因果關係）、損失因果關係的判斷標準爲何、資訊揭露的認定等，故以下將以系爭39個判決爲對象，就上開爭點進行統計分析。

1. 原告應否證明「不實資訊是否導致原告之投資損失」

39個判決中有4個判決[57]認爲對市場詐欺理論的適用同時推定交易及損失因果關係，故原告無須就損失因果關係部分負舉證責任。其餘判決有的明白表示「『對市場詐欺理論』固可推定有交易因果關係，惟投資人之損害與被告之行爲間，是否有損失因果關係存在，仍應由原告舉證。」[58]；有的以「善意投資人能證明證券發行公司所爲之財務報告不實足以影響股價，且善意投資人因不知財務報告不實而投資買入股票，其後受有股價下跌之損害，即應推定二者間具有因果關係」[59]等文字表明。由此可知，多數判決認爲不實資訊與原告損失間的關連性仍應由原告負舉證責任。

2. 其他項目之統計分析

扣除上開3個[60]以對市場詐欺理論推定損失因果關係的民事判決後，所餘36個民事判決中除士林地方法院98年度金字第3號民事判決對損失因果關係採取「股價虛增」的判斷標準外，其餘35個判決（最高2件、高院12件、地院21件）皆採取「股價下跌」的判斷標準，顯見多數法院的判斷標準與美國*Dura*判決後的實務走向一致。有趣的是，縱

然士林地方法院98年度金字第3號民事判決採取「股價虛增」之證明方式，法院論述上，是提出資訊揭露後股價下跌的事證，以推論原告交易時股價受到不實資訊的影響而有虛增。由此可見，即便是採取「股價虛增」的判斷方式，在證明上仍多仰賴資訊揭露後股價下跌的事證來進行說明。

又前述36個民事判決中經法院認定具備損失因果關係且判決內文載明資訊揭露態樣的共有18個判決[61]，並彙整這18個判決之資訊揭露態樣如表16-6。

表16-6　資訊揭露認定之判決見解統計表

資訊揭露態樣[62]	案號	判決數
（一）揭露內容與財報不實直接相關		5
1. 被告方揭露先前財報有不實之情事	臺北95金8（皇統） 士林98金3（雅新）	
2. 新聞發布財報不實之消息	桃園95金18（宏達）	
3. 媒體報導涉嫌假交易遭檢調搜索之消息	新竹100重訴131（合邦）	
4. 因財務業務異常遭證交所查核發現不實	高本102金上更（一）1（銳普）	
（二）揭露內容與財報不實無直接相關		13
1. 財務報告經會計師出具保留意見	士林99金10（聯豪）	
2. 財務報告提列鉅額虧損	高本99金上更（一）1（訊碟）	
3. 財務報告每股盈餘轉為負數、一次性暴增鉅額呆帳	士林93金3（博達）	
4. 被告方揭露公司虧損及向法院聲請重整之消息	臺北96金23（力霸） 臺北96金22（嘉食化）	
5. 被告公司跳票或遭退票	高雄92金1（紐新） 士林95士簡795（協和） 高本101金上13（捷力） 高本101金上6（久津） 高本96金上1（正義） 高本101金上7（宏億）	
6. 業務與財務危機消息曝光	高本101金上5（宏傳）	
7. 媒體披露財務吃緊之消息	彰化92重訴151（美式家具）	

上表18個判決中，有5個判決以「揭露財報不實」來認定真相已曝光、13個判決以「揭露其他顯示公司財務狀況不佳的資訊」來認定真相已曝光。由此可知，現實生活中，披露公司財務狀況不佳的消息較多，揭露公司涉嫌財報不實的消息較少，更遑論由被告方自己揭露財報不實的情形（18個判決中僅有2件）。故實務上認為有關公司遭退票、在財報中提列巨額虧損、呆帳、聲請重整等顯示公司財務危機之消息曝光即足，並未將資訊揭露限縮在「被告自己揭露財報不實」一種，顯示我國法院在「資訊揭露」的認定上似乎是採相對寬鬆的態度。

肆、我國法與美國法之比較—代結論

觀諸我國與美國有關財報不實民事責任之規範，可以發現在交易因果關係部分，國內實務採納「對市場詐欺理論」以推定交易因果關係的判決不在少數，且部分實務及近期最高法院似乎認為「對市場詐欺理論」未必得依附民事訴訟法第277條但書才能適用，而是可直接引用以推定交易因果關係的法理依據。其次，由本文的實證統計結果可知，我國多數實務在適用「對市場詐欺理論」時，皆將之與效率市場假說脫鉤處理，與美國Halliburton II判決見解一致。此外，統計我國實務的認定結果可知，多數實務認為集中交易市場是一具有效率的市場，基於集中交易市場通常具有高流通性及高成交量的特質，本文贊同此一結論，並認為這樣的認定結果與Halliburton II判決所謂的一般性效率相符，顯見兩國實務界在效率市場之認定上相去不遠。本文認為在效率市場並無一明確標準之情形下，如以「交易時股價受到影響」之事證說明採行「對市場詐欺理論」之緣由，或許能夠使判決更具正當性及說服力。

又在持有人交易因果關係之舉證部分，由於我國證交法財報不實民事損害賠償之請求權人除發行人所發行有價證券之善意取得人、出賣人外，尚包括持有人。相較之下，美國法對於財報不實民事案件之原告限

縮於證券的買方或賣方，從而在交易因果關係之舉證上，「原告須有買賣證券之行為」乃適用對市場詐欺理論的前提，而持有人不符合此一前提，故無法援引為舉證責任導置之法理依據。本文認為持有人因其並無實際證券買賣之行為，從而許多要件的舉證（如因果關係、損害等），只能依賴原告的口頭證詞或主觀認定，而無其他任何書面或電子紀錄佐證，或得以任何實際買賣數量推估，如此將使得舉證及審判變得相對困難。同時，亦可能擠壓購買人或出賣人所分得之賠償金額，從而將持有人列為請求權人之立法，並非妥適。

在損失因果關係的部分，兩國多數實務都認為原告必須證明真相揭露後股價下跌，始完備損失因果關係之舉證責任，在損失因果關係證明的大方向上，兩國一致。至於細部爭議上則有些許不同，美國實務就「是否允許被告更正不實資訊以外之其他真相揭露方式」尚有爭議，我國則無此一爭議，且多數實務以「被告更正不實資訊以外之其他事證」來認定真相已經揭露；美國實務就「不實財報是否須是股價下跌的唯一原因」尚有爭議，我國亦然，只是多數實務在無法排除財報不實影響可能性、或認為財報不實為股價下跌部分原因的情形下，多傾向肯認損失因果關係。換言之，多數實務不採「財報不實是股價下跌的唯一原因，始得成立損失因果關係」的見解。由此顯見，我國在損失因果關係的各項議題上，採取相對寬鬆的態度。

證券民事責任制度不僅賦予受害投資人損害賠償請求權，具有填補損害的功能。同時，亦有嚇阻不法之預防性功能。本文期待透過上述關於我國與美國法財報不實民事責任中的交易因果關係與損失因果關係之探討以及量化實證分析我國實務現況，有助於瞭解現行實務就不實財報因果關係議題的見解傾向。

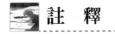 註 釋

1. 15 U.S.C. §78j(b).

2. 17 C.F.R. §240.10b-5.

3. 15 U.S.C. §78r(a).

4. *See* THOMAS LEE HAZEN, THE LAW OF SECURITIES REGULA-TION 509-10 (6th ed. 2009).

5. *See id.*

6. *See id.* at 445-48.

7. *See id.* at 479-80. *See also* Jeffrey L. Oldham, *Taking "Efficient Markets" Out of the Fraud-on-the-Market Doctrine After the Private Securities Litigation Reform Act*, 97 Nw. U. L. Rev. 995, 1004 (2003).在本文中,「信賴」與「交易因果關係」將交互使用。

8. 485 U.S. 224 (1988).

9. *Id.* at 243-45.

10.*Id.* at 241-42.

11.*Id.* at 248.

12.*Id.* at 243-45.

13.*See e.g.* Paul A. Ferrillo et al., *The "Less Than" Efficient Capital Markets Hypothesis: Requiring More Proof from Plaintiffs in Fraud-on-the-market Cases*, 78 St. John's L. Rev. 81, 102-03 (2004)

14.*See* Eric Alan Isaacson, *The Roberts Court and Securities Class Actions: Reaffirming Basic Principles*, 48 Akron L. Rev. 923, 944 (2015).

15.*See id.*

16.134 S.Ct. 2398 (2014).

17.*Id.* at 2410.

18.*Id*. at 2413-2414.

19.*See* Isaacson, *supra* note 14, at 960-62.

20.*See* Jill E. Fisch, *Cause for Concern: Causation and Federal Securities Fraud*, 94 Iowa L. Rev. 811, 821 (2009).

21.544 U.S. 336 (2005).

22.*Id*. at 342-44.

23.*See* JAMES D. COX, ROBERT W. HILLMAN AND DONALD C. LANGEVOORT, SECURITIES REGULATION: CASES AND MATE-RIALS 759 (7th ed. 2013).

24.立法院議案關係文書，院總第727號，政府提案第3117號之1，頁226。

25.立法院第6屆第2會期第11次會議議案關係文書（2006年增訂第20條之1的立法說明），頁20。

26.賴英照，《最新證券交易法解析》，自版，2014年2月第3版，頁740-741。

27.排除了一審案號：臺中地方法院91年度重訴字第334號（被告大中鋼鐵股份有限公司）、高雄地方法院93年度重訴字第96號（被告峰安金屬工業股份有限公司）、新竹地方法院90年度重訴字第162號（被告京元電子股份有限公司）、臺中地方法院91年度訴字第1769號（被告順大裕股份有限公司內部人）、高雄地方法院91年度重訴字第447號（被告立大農畜興業股份有限公司）等案件之所有審級的判決。

28.本表中案號說明如下：一審案號「臺北87重訴1347」為「臺北地方法院87年度重訴字第1347號」民事判決之簡稱，依此類推。二審案號「高本」表示臺灣高等法院本院，「中高」表示臺灣高等法院臺中分院，「雄高」表示臺灣高等法院高雄分院。故「高本96金上1」為臺灣高等法院96年度金上字第1號民事判決之簡稱，

依此類推。三審案號「最高101台上1695」為「最高法院101台上1695號」民事判決之簡稱，依此類推。

29.涉案企業皆為股份有限公司，故其下記載省略「股份有限公司」之字樣；另「（）」中之記載，為公司更名後之名稱。

30.本案上訴三審，最高法院以上訴不合法為由裁定（99年度台上字第2023號）駁回，但因本實證研究對象不含裁定，故未列入本表之中。

31.本案上訴三審，最高法院以上訴不合法為由裁定（101年度台上字第167號）駁回，因本實證研究對象不含裁定，故未列入本表之中。

32.最高法院另以102年度台上字第74號裁定駁回其他上訴（理由：上訴不合法），因本實證研究對象不含裁定，故未列入本表之中。

33.最高法院另以99年度台上字第522號裁定駁回其他上訴（理由：上訴不合法），因本實證研究對象不含裁定，故未列入本表之中。

34.士林地方法院將98年度金字第8號及第10號（被告均為捷力公司財報不實案的次要行為人）合併辯論及判決，故本文將之視為一案計算。

35.最高法院另以103年度台上字第2569號裁定駁回其他上訴（理由：上訴不合法），因本實證研究對象不含裁定，故未列入本表之中。

36.本案有一份中間判決、一份終局判決，僅將終局判決列入「判決數」之計算。

37.本案上訴三審，最高法院以上訴不合法為由裁定（100年度台上字第1690號）駁回，因本實證研究對象不含裁定，故未列入本表之中。

38.士林地方法院98年度金字第3號民事判決（雅新案）。

39.新北地方法院98年度金字第1號（名鐘案）、新北地方法院99年度

金字第2號（仕欽案）、新竹地方法院100年度重訴字第131號（合邦案）等3個民事判決。

40.臺北地方法院99年度金字第37號（邰港案）、臺灣高等法院101年度金上字第22號（飛雅案）、士林地方法院99年度金字第5號（飛雅案）、士林地方法院100年度金字第2號（飛寶動能案）、臺北地方法院96年度重訴字第1665號（漢昌案）等5個民事判決。

41.明示採用係指判決中明確出現「對市場詐欺理論」、「詐欺市場理論」或「欺騙市場」等文字；默示採用係指判決中未出現上開文字，但依其論理及脈絡而言，應是採用對市場詐欺理論。

42.民事訴訟法第277條規定「當事人主張有利於己之事實者，就其事實有舉證之責任。但法律別有規定，或依其情形顯失公平者，不在此限。」

43.有2份判決。

44.請參閱宏傳案的二個民事判決，其中「因我國證券交易市場之參與人非僅有散戶，尚包括國內自營商、國內外法人等專業投資人，且每日有國內外證券分析人員依據發行公司之財務報告等資訊，從事各項證券、財經資訊之研判分析，以提供專業資訊予市場上之任一投資者參考」等文字，顯見法院直接認定我國證券市場乃一效率市場。

45.高雄地方法院92年度金字第1號民事判決（紐新）、新北地方法院98年度金字第3號民事判決（宏億）、臺北地方法院87年度重訴字第1347號民事判決（正義）、臺中地方法院98年度金字第21號民事判決（金雨案）、桃園地方法院94年度金字第1號民事判決以及桃園地方法院94年度金字第2號民事判決（皆宏達案）。

46.如以判決數來看，共有高院5件判決、地院6件判決。

47.如以判決數來看，共有地院3件判決。

48.如以判決數來看，共有高院1件判決、地院2件判決。

49.士林地方法院98年度金字第3號民事判決（雅新案）、士林地方法院103年度金字第1號民事判決（雅新案）、臺灣高等法院101年度金上字第7號民事判決（宏億案）、最高法院104年台上字第225號民事判決（宏億案）、士林地方法院99年度金字第10號民事判決（聯豪案）、新竹地方法院100年度重訴字第131號（合邦案）以及臺北地方法院99年度金字第37號（邰港案）。

50.士林地方法院98年度金字第3號民事判決（雅新案）、士林地方法院103年度金字第1號民事判決（雅新案）、士林地方法院99年度金字第10號民事判決（聯豪案）、新竹地方法院100年度重訴字第131號（合邦案）。

51.臺灣高等法院101年度金上字第7號民事判決（宏億案）、最高法院104年台上字第225號民事判決（宏億案）以及臺北地方法院99年度金字第37號（邰港案）。

52.士林地方法院103年度金字第1號民事判決（雅新案）、臺灣高等法院101年度金上字第7號民事判決（宏億案）、最高法院104年台上字第225號民事判決（宏億案）、士林地方法院99年度金字第10號民事判決（聯豪案）。

53.士林地方法院103年度金字第1號民事判決（雅新案）、士林地方法院99年度金字第10號民事判決（聯豪案）。

54.臺灣高等法院101年度金上字第7號民事判決（宏億案）。

55.最高法院104年台上字第225號民事判決（宏億案）。

56.有許多判決在因果關係部分只論述「原告是否信賴不實資訊而為投資決定」，而未論述「不實資訊是否導致原告損失」的部分，因而導致這部分的統計對象較少。

57.臺中地方法院98年度金字第21號（金雨案）、新北地方法院98年度金字第1號（名鐘案）、新北地方法院99年度金字第2號（仕欽案）、新竹地方法院100年度重訴字第131號民事判決（合邦

案）。

58.如士林地方法院93年度金字第3號（博達案）、臺北地方法院95年度金字第10號（宏傳）等民事判決。

59.如桃園地方法院95年度金字第18號（宏達案）、臺灣高等法院102年度金上更（一）字第1號（銳普案）等民事判決。

60.臺中地方法院98年度金字第21號（金雨案）、新北地方法院98年度金字第1號（名鐘案）、新北地方法院99年度金字第2號（仕欽案）等3個民事判決；另新竹地方法院100年度重訴字第131號民事判決（合邦案）有就過失行為人之損失因果關係進行論述，故不予扣除。

61.因同一事件而衍生出數案件者，僅取一個判決進行統計分析，挑選標準以「記載較為明確」或「以先發生的事件認定資訊揭露」的判決為準。

62.資訊揭露的態樣以法院判斷而非原告主張的為準。一案件中如有數個資訊揭露的事實，僅記載法院認定的第一個資訊揭露的事實。

第十七章

證券交易法下私募制度之相關規定與檢討

陳盈如[*]

壹、前言

　　所謂之私募係指與公開發行相對之公司募集資金行為，與公開發行對於不特定之投資人公開募集資金相對，私募係指公司洽定特定人購買公司證券之行為而言。原則上，公開發行公司在募資時應以公開發行為之，惟公開發行在證交法上之限制頗多，並非所有公司皆得以藉由公開發行募足其所需之資金，因此私募制度在孕育而生。

　　我國在2002年2月修正證交法，擴充公司法第248條第2項下公司得私募公司債之規定，將私募之範圍及於公司債以外之其他有價證券亦得以私募方式為之。根據立法院之公報內容顯示，該次修法重點係在修法前，有價證券之募集、發行及公開發行新股均應經當時主管機關財政部證期會核准或申報生效始得為之，「公開發行公司並無法循較簡便之方式私募其所需之資金，而美國、日本、英國等國之證券市場，除有公開募集制度外，尚有私募之發行制度。為增加企業籌資管道及便利企業利用併購方式進行快速轉型，參考美、日私募之規定，引進私募制度[1]。」此一修正將我國證券市場之發行制度，與國外證券市場公募、私募並存之制度同步，並便利股票公開發行公司籌措資金。

　　私募制度對於一國之經濟發展有其相當之重要性，其優點相對於公開發行而言，首先其係採事後備查制，無需申請主管機關事先核准，可以節省募資所需時間。第二，可節省委請相關專家及資料印製之費用。三、對於虧損財務狀況不佳之公司，可有較快速的籌資方式，以充實其所需之資金。四、不需對外公開公司內部資料，以防重要資訊外洩。五、可引進機構投資人以監督經營團隊，並降低代理成本。六、使公司得以進行策略聯盟，對公司所需資源進行整合。最後，私募等同於應募人認為公司之股價被市場低估，其以實際行動取得公司股份表示對公司將來發展之信心，將有助於公司股價之推升[2]。

　　我國在私募制度上路後，公司募資之方式更爲彈性，實務上，公司在籌措所需資金時，使用私募方式亦具有相當之比例，此由表17-1主管機關近三年之統計數字可知[3]。

表17-1　公開發行公司募集資金方式統計表

期間 項目	105年度			104年度			103年度		
	件數	金額	金額比重	件數	金額	金額比重	件數	金額	金額比重
公募	261	4,191.83	83.77%	287	5,868.33	75.08%	361	5,700.5	84.08%
私募	83	812.22	16.23%	93	1,948.55	24.92%	89	1,079.76	15.92%
合計	344	5,004.05	100.00%	380	7,816.88	100.00%	450	6,780.33	100.00%
公募件數增減（%）	-9.06%			-20.50%			7.44%		
公募金額增減（%）	-28.57%			2.94%			-30.57%		
私募件數增減（%）	-10.75			4.49%			-1.11%		
私募金額增減（%）	-58.32			80.46%			15.27%		
註：公募案件以申報生效案件之件數及申報之募資金額為統計基礎；私募案件以實際辦理私募之件數及金額為統計基礎。									

來源：金管會證期局網站

　　我國之私募制度主要係參考美國制度而設計，立法後已經過15年，許多制度上之調整有其必要性，例如私募之訂價標準與合理性、低股價公司之私募將造成公司累積虧損增加，並稀釋原有股東之持股比例、內線交易及歸入權等在私募之適用可能性，以及如何防範以私募取得公司經營權進而掏空公司之情形等問題[4]。本文將首先介紹私募制度在我國之相關規定。再者，將討論私募制度在我國15年的施行下，有何需要思

考或修正之處，並做出相關之修法建議。最後為本文之結論。

貳、我國證券交易法私募制度之相關規定

一、私募之定義與適用範圍

所謂私募，依照證交法第7條第2項之規定「本法所稱私募，謂已依本法發行股票之公司依第43條之6第1項及第2項規定，對特定人招募有價證券之行為。」因此，原則上公開發行公司皆可以進行有價證券之私募。

惟若係有獲利之公司，主管機關為避免私募侵害股東之優先認股權以及稀釋原有股東之持股比例，因此主管機關規定，公開發行公司在最近年度有稅後純益，且公司沒有累積虧損之情形下，原則上不得辦理私募。例外情形，首先是在公司係政府或法人股東一人所組織之公開發行公司，因無侵害小股東權利之問題，則即使在公司有獲利且無累積虧損之情形，亦得辦理私募。再者，若私募之目的係為引進策略性投資人，為公司將來發展之需求，則公司在有獲利且無累積虧損之情形，仍得辦理私募。最後，上市、上櫃及興櫃股票公司有「發行人募集與發行有價證券處理準則」第7條及第8條規定情事之虞，但有正當理由無法合理改善而無法辦理公開募集，且亟有資金需求，並經證交所或櫃買中心同意者，亦得辦理私募。但應募人不得有公司內部人或關係人[5]。

而私募之有價證券種類，證交法並無特別規定，因此一般認為以證交法第6條規定之有價證券種類為範圍，惟非公開發行公司辦理私募僅限於公司債，此係公司法第248條之規定。

二、有價證券私募之方式

根據證交法第43條之7的規定，「有價證券之私募及再行賣出，不

得為一般性廣告或公開勸誘之行為。（第1項）違反前項規定者，視為對非特定人公開招募之行為。（第2項）」而根據證交法施行細則第8條之1「本法第四十三條之七所定一般性廣告或公開勸誘之行為，係指以公告、廣告、廣播、電傳視訊、網際網路、信函、電話、拜訪、詢問、發表會、說明會或其他方式，向本法第43條之6第1項以外之非特定人為要約或勸誘之行為。」亦即，私募乃係向特定人所為之股份招募行為，發行人不得為一般性廣告或勸誘性之行為，亦不得向不特定之人募集資金。

三、有價證券私募之程序

（一）股東會或董事會之決議

證交法第43條之6第1項規定，公開發行股票之公司，得以有代表已發行股份總數過半數股東之出席，出席股東表決權三分之二以上之同意，進行有價證券之私募，不受第28條之1、第139條第2項及公司法第267條第1項至第3項規定之限制。修法理由指出「有價證券之私募，因排除原股東及員工優先認購權利，涉及股東權益，爰明定應經股東會之決議同意，並應於股東會召集事由列舉說明相關事項，不得以臨時動議提出。另由於公司債之募集依公司法第二百四十六條規定，僅需經由董事會決議通過，為求簡便，增訂公司債之私募，得免經股東會決議。」亦即，公司私募公司債，無論係公開或非公開發行公司，皆以董事會特別決議為之即可，而對於公司債以外之有價證券，公開發行公司得辦理私募，但須以股東會特別決議為之。

此外，有價證券之私募，應在股東會召集事由中列舉並說明訂價之依據與合理性、特定人選擇之方式、若已洽定應募人者，應說明應募人與公司之關係，並說明辦理私募之必要理由，以上不得以臨時動議提出[6]。

若私募有必要分次為之，應在股東會議案中列舉及說明分次私募之相關事項，使得於該股東會決議之日起一年內分次辦理私募[7]。以避免公司為私募而需多次召開股東會[8]。

若未在股東會召集事由中或議案中列舉及說明上述內容，則應依證交法第178條第1項第1款處罰鍰，股東會決議亦得依公司法第189條之規定加以撤銷。

（二）私募有價證券價格之訂定

證交法並未規定私募價格之訂定方式，惟主管機關對於普通股訂有參考價格，對於特別股、轉換公司債或附認股權公司債等訂有理論價格，供發行公司依循。「公開發行公司辦理私募有價證券應注意事項」第2條規定，普通股之參考價格「上市或上櫃公司以下列二基準計算價格較高者定之：(1)定價日前一、三或五個營業日擇一計算普通股收盤價簡單算數平均數扣除無償配股除權及配息，並加回減資反除權後之股價。(2)定價日前三十個營業日普通股收盤價簡單算數平均數扣除無償配股除權及配息，並加回減資反除權後之股價。」而所謂定價日係指「董事會決議訂定私募普通公司債或具股權性質之有價證券價格、轉換或認股價格之日；具股權性質之有價證券，應經股東會決議後，始得由董事會依股東會決議之訂價依據進行訂價。」而依同注意事項第4條，上市、上櫃及興櫃股票公司，「所訂私募普通股每股價格於參考價格之八成，或特別股、轉換公司債、附認股權特別股、附認股權公司債、員工認股權憑證之發行價格低於理論價格之八成者，應併將獨立專家就訂價之依據及合理性意見載明於開會通知，以作為股東是否同意之參考。」此外，「應募人如為公司內部人或關係人者……。所訂私募普通股每股價格不得低於參考價格之八成；所訂私募特別股、轉換公司債、附認股權特別股、附認股權公司債、員工認股權憑證之發行價格不得低於理論價格之八成。」

（三）資訊之請求與提供

根據證交法第43條之6第4項應募人若係符合主管機關所定條件之自然人、法人或基金（根據證交法第43條之6第1項第2款），公司對其合理之請求，於私募完成前負有提供與本次有價證券私募有關之公司財務、業務或其他資訊之義務。惟對於證交法第43條之6第1項第1款之金融機構及第3款公司內部人並無類似規定，學者有謂此係因金融機構與內部人取得公司資訊較為方便，無須有類似規定予以保護[9]。惟目前我國公司法並未對公司債之私募設有類似之規定，修法時應予補充[10]。而對於資訊請求之違反，現行法並無任何處罰之規定，學者有認應依具體情形，或可構成民事債務不履行（義務違反）之損害賠償責任[11]。

（四）事後報備

私募係採事後報備制，該公司僅須在股款或公司債等有價證券之價款繳納完成日起十五日內，檢附相關書件，報請主管機關備查[12]。證交法第22條第2項亦明確規定，依本法發行股票之公司，於依公司法之規定發行新股時，除依第43條之6第1項及第二項規定辦理者外，仍應依向主管機關申報生效後，始得為之，排除私募事前申報之要求。

四、資格與人數限制

（一）資格

私募僅得對符合法律所規定資格之特定人進行，根據證券交易法第43條之6第1項，私募之對象以下列之人為限：

1. 金融機構

此之金融機構係指銀行業、票券業、信託業、保險業、證券業或其他經主管機關核准之法人或機構。因金融機構資力龐大，且具有資料蒐

集與分析相關產業資訊之能力，得承受風險較高且有保護自己之能力，因此得爲私募之對象，且並無人數上之限制。

2. 符合主管機關所定條件之自然人、法人或基金

這裡之自然人係指對該公司財務業務有充分瞭解之國內外自然人，且於應募或受讓時符合下列情形之一者：(1)本人淨資產超過新臺幣一千萬元或本人與配偶淨資產合計超過新臺幣一千五百萬元。(2)最近兩年度，本人年度平均所得超過新臺幣一百五十萬元，或本人與配偶之年度平均所得合計超過新臺幣二百萬元[13]。

而法人或基金係指最近期經會計師查核簽證之財務報表總資產超過新臺幣五千萬元之法人或基金，或依信託業法簽訂信託契約之信託財產超過新臺幣五千萬元者[14]。惟何謂此處之基金，學者有認應以勞退基金、勞保基金、公務員退撫基金一類爲宜，蓋若係一般證券投資信託基金，則應在第一款之專業投資法人涵蓋範圍中，不需特別加以規定[15]。

前揭各符合條件之自然人、法人或基金，其資格應由該私募有價證券之公司盡合理調查之責任，並向應募人取得合理可信之佐證依據，應募人須配合提供之。但依證券交易法第43條之8第1項第2款規定私募完成後再轉讓者，其資格應由轉讓人盡合理調查之責任，並向受讓人取得合理可信之佐證依據，受讓人須配合提供之[16]。

3. 該公司或其關係企業之董事、監察人及經理人

一般認爲，公司內部人最瞭解公司狀況，因此若公司內部人應募，應有保護自己之能力，惟避免公司內部人以低於市價認購私募股票，又一面以市價出售老股，獲取利益，因此主管機關規定，公司內部人或應募人應募時，應於董事會中充分討論應募人之名單、選擇方式與目的、應募人與公司之關係，並於股東會召集事由中載明，未符前揭規定者，前揭人員嗣後即不得認購[17]。

而第43條之6第1項第2款與第3款之人若參與應募，其應募人數不得

超過35人[18]。此係仿照美國法之Regulation D之規定,避免發行人以私募之名,行公開招募之實,因而限制最高應募人數[19]。

而若公司辦理私募係為引進「策略性投資人」,無論此策略性投資人係證券交易法第43條之6第1項規定中哪一款之個人或法人,其即使在公司最近年有稅後純益,且公司沒有累積虧損之情形下仍得辦理私募,但主管機關對於策略性投資人之資格設有限制。所謂策略性投資人係指為提高被投資公司之獲利,藉本身經驗、技術、知識、品牌或通路等,經由產業垂直整合、水平整合或共同研究開發商品或市場等方式,以協助被投資公司提高技術、改良品質、降低成本、增進效率、擴大市場等效益之個人或法人[20]。且私募資金用途係全部引進策略性投資人[21]。

五、轉售之限制

(一) 不限制持有期間之情形與轉讓之限制

1. 金融機構將其持有之私募有價證權轉讓與其他金融機構

金融機構間轉讓私募之有價證券,並無持股期間之限制,惟須符合該私募有價證券無同種類之有價證券於證券集中交易市場或證券商營業處所買賣,以避免與交易市場其他已經公開發行之證券發生混淆[22]。

2. 因法規定而發生移轉

例如繼承或強制執行等情形[23],但受讓再行賣出時,仍受有轉讓之限制[24]。

3. 私人間之讓售不超過該證券之一個交易單位,且前後兩次之讓售行為,相隔不少於3個月[25]

依本款所為之轉讓,受讓人無資格之限制,且再行賣出時,亦不受受讓人資格或持股期間與轉讓數量等限制。

（二）設有持股期間及轉讓條件之限制

1. 除上開情形外，持股未滿一年不得轉讓。

2. 持股滿三年後，其轉讓不受證券交易法第43條之8第1項之限制。私募之股票若未補辦公開發行前，不應有公開出售行為，該私募之有價證券仍為非公開發行之有價證券，如擬申請上市或上櫃，應依規定補辦公開發行程序。而如持有人為私募公司之內部人或持股超過10%之大股東，其轉讓仍受到證交法第22條之2之限制[26]。

3. 持股滿一年但未滿三年者，則轉讓應依主管機關所定持有期間及交易數量之限制，轉讓予符合第43條之6第1項第1款及第2款之人。

4. 公司法中對於私募公司債，並未有轉讓限制之規定，學者認為，解釋上應類推適用證交法有關轉讓限制之規定[27]。

5. 證券交易法第43條之8第2項規定，有關私募有價證券轉讓之限制，應於公司股票以明顯文字註記，並於交付應募人或購買人之相關書面文件中載明。

六、違法轉讓之效力

實務上一般認為，證券交易法第43條之8第1項各款規定對私募有價證券再轉讓之條件，乃係取締之規定，與效力無涉，故不適用民法第71條本文之規定。又違反證券交易法第43條之8第1項各款規定，僅具同法第177條第1項所定之刑事責任，其買賣行為非謂無效[28]。

而私募股票在閉鎖期間若信託予他人，並約定三年期滿後辦理股票移轉，最高法院認為該信託行為與約定移轉的承諾均非無效，認為私募股票期間將股份辦理信託並非脫法行為，未規避第43條之8第1項各款規定[29]。

七、證券詐欺條款之適用

根據證交法第20條第1項之規定,有價證券之募集、發行、私募或買賣,不得有虛偽、詐欺或其他足致他人誤信之行為。證交法第20條第3項規定,違反第一項規定者,對於該有價證券之善意取得人或出賣人因而所受之損害,應負賠償責任。而對於因虛偽詐欺等情事所發行私募之有價證券,原則上該批有價證券之發行應為無效[30]。

八、相關行政罰與刑責

證交法第175條規定,違反證交法第43條之6第1項者,處二年以下有期徒刑、拘役或科或併科新臺幣一百八十萬元以下罰金。

證交法第177條規定,違反證交法第43條之8第1項,處一年以下有期徒刑、拘役或科或併科新臺幣一百二十萬元以下罰金。

證交法第178條規定,違反證交法第43條之6第5項到第7項,處新臺幣二十四萬元以上二百四十萬元以下罰鍰。

參、我國當前私募制度之檢討與建議

一、私募有價證券上市上櫃買賣問題

證交法在制訂私募之相關規定時,並未對於三年轉讓限制期間經過後,應如何處理這批證券做出相關規定。學者認為,解釋上應該採取公開揭露原則,證券主管機關應該課予發行公司於私募有價證券時,向應募人揭露系爭有價證券必須於三年限制期間經過後,其獲利能力符合「有價證券上市上櫃審查準則」所訂標準者[31],該私募有價證券始得上市上櫃買賣,以提醒應募人或購買人並非限制轉讓期間一過,其所持有之私募證券就可以如同公司其他證券一般上市上櫃買賣[32]。實務上,許

多公司在辦理私募時，對於應募人，尤其是符合主管機關所定條件之自然人或法人，其未必對於股票上市規定有全面性的瞭解，單純就證交法觀之，似乎是三年期間經過，即可自由轉讓。此種情形尤其在公司經營不善，需要以私募充實營運資金或彌補虧損時，最有可能損及應募人權益。蓋公司經營績效不佳，虧損連連，須以私募彌補虧損時，若非有特定改善公司營運之策略，三年後虧損情形能改善者有限，而一般這類情形，辦理私募之公司常會告訴應募人，因為私募價格是參考價格之八成，應募人認購股票馬上就已賺取20%的價差，吸引應募人認購，惟三年期間經過後，若公司仍未達到證交所的上市獲利要求，私募之股票無法上市買賣，應募人要轉讓手上持股，則有相當程度之困難，或轉讓之價格甚至低於當初之私募價格亦有之。因此，為保障應募人之權益，應課予發行公司於私募有價證券時，向應募人揭露系爭有價證券必須於三年限制期間經過後，其獲利能力仍符合「有價證券上市上櫃審查準則」所訂標準者，該私募有價證券始得上市上櫃買賣之揭露義務。

二、事後報備制之疑義

私募辦理僅需事後向主管機關報備，無須經過事前審查，與公開發行比起來，相對容易簡便，此事後報備制之立法目的乃係為使公司籌資便利，惟從保護股東之觀點看來，似乎有所疑問。

首先，符合一定財力或資格之法人或自然人均得為私募之認購人，有心人士可透過私募購入股權，入主上市櫃公司。如其正派經營，對於公司之發展以及長遠經營來說，實為好事。但如入主者並非有心經營，或僅係為了規避上市櫃審查程序，而以借殼上市方式從事非法掏空公司、坑殺投資人之事件，將可能造成嚴重後果。

此外，許多公司在經營不善之情形下，常利用減資後再以私募引入新資金，而使應募人得以輕易入主該公司之情形，且依照後述之私募訂價模式之缺陷，導致將有圖利特定應募人而損害其他股東權益之情形，

而私募並無事前審查制度，依目前法規規定，似難防範此種情形之發生。

目前私募僅有事後報備之要求，公開發行公司辦理私募有價證券應注意事項第6點雖有規定，「每季結束後十日內：私募有價證券之資金運用情形，應於股款或價款收足後迄資金運用計畫完成，公開私募資金運用情形季報表。」對於私募之目的、應募人藉私募入主公司後之經營皆無法加以審查追蹤，因此建議修法時審慎加以考量上述問題，以決定是否增加主管機關之審查權限。惟若增加主管機關之審查權限，則在如何維持資金籌措之彈性以及避免損害其他股東權益間，取得平衡，亦為一重要之考量問題。

三、現行法私募股東會決議門檻過高問題

證交法第43條之6規定「公開發行股票之公司，得以有代表已發行股份總數過半數股東之出席，出席股東表決權三分之二以上之同意，對左列之人進行有價證券之私募，……。」由此規定可知，證交法在規範公開發行公司新股私募之股東會決議時，強制規定須以有代表已發行股份總數過半數股東之出席，出席股東表決權三分之二以上之同意，股東會特別決議始得通過。如此之規定與公司法中對於公開發行公司對於股東會特別決議之便宜規定有所不同，蓋公司法中之規定係在公開發行公司之股東會法定出席門檻無法達到三分之二以上時，始以便宜規定改採過半出席，出席股東表決權三分之二以上同意代之。惟證交法關於私募之規定，強制以有代表已發行股份總數過半數股東之出席，出席股東表決權三分之二以上之同意，學者有認如此之規定方式，將使得有價證券私募案所要求之股東會決議門檻有時甚至比公司解散、合併或分割等事項來的更為嚴格，是否有此必要性，實令人質疑[33]。蓋依照證交法私募之股東會決議規定，即使有代表已發行股份總數已有三分之二以上之股東出席，但依照法律，其仍須有出席股東表決權三分之二以上同意，如

此之高門檻，其必要性爲何，令人質疑[34]。建議若係爲了維持籌資之便利性與彈性，宜以公司法對於股東會特別決議之門檻規定即可。

四、一般性廣告與公開勸誘之禁止

根據證交法第7條之規定，所謂私募應係對於特定人或不特定人全面性的禁制一般性廣告或公開勸誘之行爲，惟證交法施行細則第8條之1規定「本法第四十三條之七所定一般性廣告或公開勸誘之行爲，係指以公告、廣告、廣播、電傳視訊、網際網路、信函、電話、拜訪、詢問、發表會、說明會或其他方式，向本法第四十三條之六第一項以外之非特定人爲要約或勸誘之行爲。」施行細則之規定似乎並不禁止發行人向特定人一般性廣告或公開勸誘之行爲，此與證交法之規定似有違背，係行政命令牴觸法律，應加以修正爲妥。

五、得請求資訊之應募人

根據證交法第43條之6第4項應募人若係符合主管機關所定條件之自然人、法人或基金（根據證交法第43條之6第1項第2款），公司對其合理之請求，於私募完成前負有提供與本次有價證券私募有關之公司財務、業務或其他資訊之義務。惟對於證交法第43條之6第1項第1款之金融機構及第3款公司內部人並無類似規定，學者有謂此係因金融機構與內部人取得公司資訊較爲方便，無須有類似規定予以保護[35]。惟亦有學者對此提出質疑[36]，第1款之金融業者亦應賦予其資訊請求權，蓋其雖爲金融機構，但仍非公司內部人，對於應募決定所需之相關資訊，亦應賦予其資訊取得之權利。惟目前我國公司法並未對公司債之私募設有類似之規定，修法時應予補充[37]。而對於資訊請求之違反，現行法並無任何處罰之規定，學者有認應依具體情形，或可構成民事債務不履行（義務違反）之損害賠償責任[38]。

六、私募重要資訊揭露問題

根據證交法第43條之6第6項規定，進行有價證券之私募者，應在股東會召集事由中列舉並說明左列事項，不得以臨時動議提出：一、價格訂定之依據及合理性。二、特定人選擇之方式。其已洽定應募人者，並說明應募人與公司之關係。三、辦理私募之必要理由。惟對於應列舉或說明事項若有違反，依據證交法第178條之規定，處新臺幣二十四萬元以上二百四十萬元以下罰鍰。私募所涉之股權發行量與金額重大，許多應募人皆藉由私募鞏固或取得公司經營權，相較於證交法之罰鍰金額而言，應募人或經營團隊可以獲取之利益更大，是否能夠有效阻止利益衝突或圖利特定人之情形發生，不無疑問。此外，若於發出股東會召集事由時，尚未洽定應募人者，則僅需說明將來選擇方向即可。亦即，究竟內部人認購股權數為何、非內部人之將來應募人其身分背景、認購股權數以及認購目的為何，此皆無法在股東會召開時得知，股東僅對一抽象之私募議案加以表決，對於實質上重要之問題皆無瞭解，如此之股東會決議是否有其作用，實在不無疑問[39]。本文認為，目前私募最大的弊端即在於資訊揭露之不足，多數公司在私募之股東會議案表決前，皆已洽定特定應募人，惟為了避免應募人身分過早曝光，造成對於應募人之身分或目的以及能對公司帶來之效益等問題高度討論，進而推升股價，導致應募人將來私募之股價，因股票市場價格飆升而使得參考價格過高，超出應募人所預期認購之股價，而使私募破局。多數公司即使已經洽定特定人，但在股東會決議通過前，皆會特意隱匿其已洽定特定人之事實，使得股東在股東會中對於私募議案，通常僅能得知公司私募之目的為何、將來應募人之選擇方向、可能參與應募之內部人以及公司私募欲發行的股份總數，而實際上除了公司私募欲發行之股份總數外，其他資訊之揭露等於零，股東僅對一抽象之私募議案加以表決，對於實質上重要之問題皆無瞭解。本文認為，造成這種隱匿重要資訊之原因主要來

自於公司為免私募因股價過高而破局，則將來修法，應可考慮將私募之訂價賦予公司董事會訂定之，在股東會上即行揭露私募之訂價，並且私募訂價一律需由獨立專家出具意見，而非僅在低於參考價格之八成時，始由獨立專家對私募訂價之依據及合理性出具意見。若董事會對於私募股價訂價過低，且對股東隱匿公司真實價值使得私募案得以過關，損害公司利益時，則由董事依照公司法第23條負損害賠償之責。如此一來，即可避免公司在私募之股東會決議事項上，隱匿應揭露給股東之重要事實。而藉由重要事實之揭露，始能使股東做成正確之判斷，使私募為公司帶來更大之效益，而非淪為有心人士借殼上市之手段。

七、應募人資格與人數限制之合理性

證券交易法第43條之6第1項第2款之自然人，係指富人而言，一般認為富人有較高之承受投資風險之能力。而我國主管機關將其定為，對該公司財務業務有充分瞭解之國內外自然人，且於應募或受讓時符合下列情形之一者：(1)本人淨資產超過新臺幣一千萬元或本人與配偶淨資產合計超過新臺幣一千五百萬元。(2)最近兩年度，本人年度平均所得超過新臺幣一百五十萬元，或本人與配偶之年度平均所得合計超過新臺幣二百萬元。惟從我國目前國人平均收入來看，符合上述自然人資格之人，應屬中上家庭收入，而非屬富人。若上列之人皆可參與私募，則事實上符合私募之國人人數眾多，但其是否有承受私募之高投資風險之能力，不無疑問。而美國法上將得作為應募人之私募定義為，「1.任何自然人之個人資產或其與配偶之共同資產淨值，於應募時應超過100萬美元；2.任何自然人於最近兩年中，每年之個人收入超過20萬美元，或與其配偶於最近兩年中，每年共同收入超過30萬美元；且對於最近年度中具有合理期待能達到相同收入水準者[40]。」就美國之收入水準而言，美國法對自然人應募人資格所訂立之標準是否符合風險承擔能力，以及投資分析能力，本文亦不無質疑。因此，建議我國在將來修正相關規定

時，應審慎考量國人收入水準，應適度提高應募人所得或資產規範，確認其有承受私募風險與投資分析之能力，避免其因為私募對於應募人保護力低，而受極大之不利益。

此外，我國仿造美國立法，使公司內部人，包括公司與其關係企業之董事、監察人及經理人得以參加私募。惟論者有謂，美國公司之股權結構較分散，我國則是家族企業當道，內部人依照此規定可以增加所持有之股數，而私募所持有之股權與一般普通股之權利並無二致，若令內部人可以參加私募，則使其更容易掌握公司股東會，並把持公司經營權，造成大小股東權力失衡之情形，對於小股東之權利保護不利，增加代理成本，因此建議應刪除內部人得以參加私募之規定[41]。惟對於公司經營階層而言，若不令其得以參加私募，僅允許其他外部特定人得以參加私募，外部人參加私募等於稀釋了原有經營階層之股權，而為公司籌措其所需之營運資金或引進策略投資人可能會喪失其經營權，則公司經營階層會願意使用私募籌資之誘因則會大幅降低，而使公司經營階層可能轉向其他成本更高的籌措資金管道，如此是好是壞，亦有待商榷。尤其，內部人若願意參與私募，再次對公司投入資金，實際上也是對公司將來獲利表現之信心，是否需要排除公司內部人參與私募，可再多加考量。

另外，證券交易法第43條之6第2項規定，同法第43條之6第1項第2款與第3款之應募人數不得超過35人，此係承襲美國聯邦證券管理委員會之Rule 506(b)(2)，惟其所限制者，乃係購買人之人數，而非應募人之人數[42]。而學者認為，我國將私募之應募人數限制在35人，此規範模糊且不妥適。首先，我國應募人人數限制是參考美國法之相關規定而來。美國法將認購者分為兩類，一類是適格投資人，亦即所謂之富人以及公司內部人，其認購之人數並未有35人之限制；另一類是非適格投資人，亦即其所非為富人或內部人，但其有相當之金融與財務之智識經驗，並有足夠投資風險評估之能力，此類之人始有35人之認購人限制。而我國

雖係承襲美國法之相關規定，但似乎對於美國法制度之設計有所誤植[43]。

八、訂價合理性之依據

私募目前之訂價，依照上述主管機關之行政規則所示，基本上即為折價發行，而私募股價若訂得較低，即係以低股價圖利特定私募有價證券持有人，損害股東利益。學者認為，若私募之訂價不低於公司價值，表示應募人實際對該公司之未來經營表現有信心，即使應募人藉由私募取得經營權，將有較大之可能性增加公司之價值；反之，若私募之訂價低於公司實際價值時，應募人借殼上市，取得經營權將來掏空公司之可能性則會升高[44]。目前依照前述主管機關之訂價方式，對於股權之私募，原則上即以市場成交價作為上市櫃公司私募發行價格之參考價格，雖有統一且客觀之標準，但實際上如此訂價其合理性仍有所疑問。首先，通常私募由董事會在股東會決議通過後，一年內辦理，定價日則係依董事會召開時間決定，因此無論是依定價日前一、三或五個營業日擇一計算，或是定價日前三十個營業日普通股收盤價，董事會皆可等到公司股價來到低點時，再行召開私募股份價格訂定之會議，甚至在此期間操縱股價，使公司股價來到低點時，再行召開董事會，以拉低參考價格。就此利益衝突問題，學者認為，應在「公開發行公司辦理私募有價證券應注意事項」中，特別說明私募價格之訂定，公司負責人應有公司法第23條之適用，即使私募價格經股東會同意或不低於參考價格，但在公司負責人刻意操作下，若私募股份之價格明顯低於公司實際價值，以圖利特定人時，公司負責人應對公司以及股東之損害負責。此外，學者也建議，由於私募之高度利益衝突本質，應可考慮要求私募訂價一律需由獨立專家出具意見，而非僅在低於參考價格之八成時，始由獨立專家對私募訂價之依據及合理性出具意見[45]。

本文認為，公司若一概皆以主管機關之標準訂定私募股價，並未考量公司實際價值以及將來股價成長空間，只要符合主管機關標準，就

萬事大吉之心態，相當不可取。蓋股價之訂定應衡量公司之價值以及未來發展與獲利，而非僅係公司目前在公開交易市場之股價。以目前主管機關所訂定之訂價方式，是否能反映公司價值，實有疑問。又或者，公司過去數年連年虧損，即使公司股價參考價格打八折，也不見得會獲得私募應募人之青睞時，若爲充實公司營運資金，或爲彌補虧損而辦理私募，使公司得以繼續營運，此時若一概皆以參考價格打八折訂價，亦會造成公司籌措資金之困難。主管機關此一訂定參考價格的便宜行事方式，應多加思考，修法時應一併考量是否可有較妥適之訂價方式。例如上述應賦予董事會訂定私募價格之權限，在股東會上揭露私募之訂價，並且私募訂價一律需由獨立專家出具意見，而若董事會之對於私募股價訂價過低，且對股東隱匿公司眞實價值使得私募案得以過關，進而損害公司利益時，則由董事依照公司法第23條負損害賠償之責。

九、轉讓時間限制之長短以及轉讓數量限制之妥適性

許多公司以私募方式取得其所需之資金時，多因其營運狀況不佳，公司有虧損無法以公開發行方式募集資金；又或是，公司爲引進策略性投資人，而以私募方式爲之。限制私募之轉讓乃係爲避免發行人假私募之名，行公開發行之實，避免應募人取得私募之有價證券後立即再行轉讓。惟若對於轉讓之限制過於嚴格或時間過長，將導致私募之成功可能性下降，蓋私募之證券流動性本即較公開發行之有價證券爲差，私募證券之持有人在限制轉讓期間，必須要承擔任何可能對於其所持有有價證券價格產生影響之風險，而降低其投資之意願。因此對於轉讓之限制若是過於嚴格，將導致欲以私募充實營運資金之虧損公司等，籌資更加困難，而使私募制度無法發揮其功能[46]。

美國對於私募證券轉讓之限制規定在聯邦證管會所頒布之Rule 144與Rule 144A，其在2007年修正Rule144以縮短私募證券持有期間之要求，對於發行人之非關係人持有私募證券之轉讓僅有一年之持有期間要

求，以提升私募證券之流動性，並刪除非關係人轉售證券數量、轉讓方式以及事前申報義務等限制。另外Rule 144A則允許私募證券持有人得向適格之機構投資人轉售私募證券，不受限制，但該轉售之證券不能與在全國性證券交易所為相同種類之證券[47]。

我國目前規定原則上私募證券之持有人必須持有三年以上，始得轉讓，如此之限制，阻礙投資人投資之意願，恐有害有私募制度之發展。建議在修法時，應參考美國法之規定，適度放寬私募有價證券之限制。

十、違反私募有價證券轉讓限制之法律效力

最高法院對於私募有價證券持有人違反證交法第43條之8轉讓限制而違法轉讓，應非無效，其理由為「證券交易法第四十三條之八第一項對於私募有價證券轉售之限制，乃取締規定，非效力規定，無民法第七十一條之適用。私募有價證券之應募人及購買人如違反該項規定再行賣出者，僅行為人應負同法第一百七十七條第一款所定之刑事責任，非謂其買賣行為概為無效。本件兩造間就系爭公司債之買賣行為既非無效，被上訴人受領價金，難認無法律上之原因，並無不當得利可言，上訴人依不當得利之法律關係請求被上訴人返還價金及遲延利息，即非有理由，不應准許。」惟多數學說之見解皆認為最高法院之認定不無疑義。

學者有謂，轉讓之限制係在避免發行人假私募之名，行公開發行之實，避免應募人取得私募之有價證券後立即再行轉讓，因此須對私募有價證券之轉讓予以適當限制[48]。而轉讓期間之限制是希望藉由應募人持股達一定期間，證明其應募是基於投資之目的，而非僅係為了規避有價證券公開發行之相關法令要求，因而禁止其在一定期間內轉讓予他人[49]。

惟為探討某一法律行為之效力時，宜從該法律之立法目的談起。證交法第1條開宗明義規定「為發展國民經濟，並保障投資，特制定本法。」可見保障投資與發展國民經濟為證交法之主要目的，尤其在發

展國民經濟與保障投資間有衝突時，學者有謂應以保障投資作為首要目
的[50]。私募制度之引進，乃係為了因應企業併購風潮以及短期籌資之需
要[51]。惟私募制度既係為了特定需求而引入證交法之規範中，則該制度
必須以不破壞證交法之立法目的為前提[52]。

強行法得為效力規定或取締規定，效力規定著重於違反行為之法
律行為價值，以否認其法律效力為目的，違反者依照民法第71條之規定
其行為無效。而取締規定則側重於違反行為之事實行為價值，以禁止該
行為為目的，違反者並非一概無效，而無民法第71條之適用[53]。若依照
最高法院之認定，違法轉讓私募之有價證券係取締規定，其轉讓行為仍
然有效，僅違法轉讓人應依證交法第177條第1款之規定受刑事處罰。惟
如此一來將可能使得私募之應募人在評估利害風險後認為考量證交法第
177條之處罰輕微，與轉售所能獲得之高利潤相比，應募人反將選擇違
法之轉讓行為。亦即「當其轉售可獲得之利益大於其受處罰之損失或不
利益時，該私募應募人將有進行違法轉售之動機，並將私募有價證券之
相關風險輕易的經由轉讓而轉嫁予次轉得人[54]。」私募應募人能藉由違
法轉讓，將私募有價證券之相關風險，包括較欠缺法律保障、私募有價
證券之價值不如預期，以及合法轉讓流動性變現性較低之財務風險，輕
易轉嫁給後手之受讓人。符合私募資格之應募人，其對於上述風險有較
高之分析以及承擔能力，因此法律上對於私募應募人之保障程度較低，
然若使應募人得以將其風險轉嫁給並無相對保護自己能力之人，則將
不符合證交法保障投資人之目的。因此，應禁止私募應募人在禁止轉售
期間將私募有價證券轉讓給不符合資格之受讓人，以避免將私募的風險
轉嫁到不符合私募資格之投資人與對於私募所承擔風險認識不足之投資
人[55]。此外，證交法第43條之7規定有價證券之私募及再行賣出，不得
為一般性廣告或公開勸誘之行為，否則將視為對非特定人公開招募之行
為，而違反該規定之私募應募人負有公開發行之義務，惟對於其他類型
之違法轉讓並未有類似之規定，若採取締效力使轉讓有效，則將無法依

公開發行之相關規定，保護不符合轉讓資格之受讓人，亦有違證交法之立法意旨[56]。美國法上私募之發行人與第一輪之應募人對於違法轉讓發生時，其共同負有保障次轉得人與維持公平交易秩序之義務，我國並無類似規定，因此採取締規定更無理由[57]。

另外，若採取締效力之見解，則違法轉讓私募有價證券之法律行為仍屬有效，則應募人藉由違法轉讓，將可能使得應募人數超過法律規定的35人，因而違反第43條之6第2項之規定，導致過多人參與應募，而有迴避公開發行之嫌[58]。亦可使公司受借殼上市之風險增加，蓋在股東會之私募議案提出時，有意借殼之認股人，僅須找人頭或目標較不明顯之自然人法人作為應募人，使得股東對於應募人之身分放鬆戒心，在私募成功後，應募人立即違法轉讓大量私募取得之股份給有意入主公司借殼上市之自然人法人，進而行掏空公司之實，將有害公司之虞。

我國證交法目前對於違法轉讓之效力並無明文規定，因而產生實務與學說上之歧異。在貫徹證交法立法目的以及限制轉讓之理論基礎上，應立法明定違法之轉讓行為應為無效，以避免私募證券持有人投機之行為。

十一、私募有價證券轉讓限制之註記，非僅適用於股票

證券交易法第43條之8第2項規定，有關私募有價證券轉讓之限制，應於公司股票以明顯文字註記，並於交付應募人或購買人之相關書面文件中載明。惟此僅限於股票應予註記，其他有價證券謂有相同規定，應屬遺漏，應在修法時，補正之[59]。此外，為配合私募有價證券全面無實體化，上市、上櫃及興櫃股票公司辦理私募有價證券及嗣後所配發、轉換或認購之有價證券，應採帳簿劃撥交付，不印製實體方式為之，並免依公開發行公司發行股票及公司債券簽證規則辦理簽證[60]。集保機構之帳簿登載會特別註記私募證券性質，此與美國法要求使用警語（legend）於私募之有價證券上，以利持有人注意，立意相同[61]。

十二、歸入權與內線交易之規定應對私募有價證券亦有適用

根據證交法第157條之1的規定：「下列各款之人，實際知悉發行股票公司有重大影響其股票價格之消息時，在該消息明確後，未公開前或公開後十八小時內，不得對該公司之上市或在證券商營業處所買賣之股票或其他具有股權性質之有價證券，自行或以他人名義買入或賣出……。」由條文中之文字解釋看來，私募之有價證券似乎不在內線交易之規範範圍中，蓋私募有價證券並未公開發行，並非公司之上市或在證券商營業處所買賣之股票或其他具有股權性質之有價證券。而內線交易係屬刑事犯罪行為，根據罪刑法定主義，恐難對私募有價證券之內線交易行為科以相關刑責。學者認為此乃法律漏洞，將來修法時應加以填補[62]。

此外，根據私募之規範私募應募人應長期持有私募之有價證券，然實務上公司大股東或內部人事因知悉公司即將辦理私募，其並將參與私募，而先賣出手中持股，並在六個月後低價認購私募有價證券，進行套利[63]，以規避證交法第157條[64]歸入權之適用。而上述情形，亦可能觸犯內線交易，應修法加以規範之。

十三、私募有價證券之強制執行問題

私募有價證券可否成為強制執行之拍賣標的物？原則上依照證交法43條之8第1項第4款規定，係基於法律規定所生效力之移轉，可不受轉售限制。因此，解釋為可以作為拍賣標的物移轉所有權應無疑義。惟學者認為，法院應在拍賣時事先限制拍定人資格，僅符合證交法第43條之6第1項之特定人資格者，始得參與拍賣，以符合證交法私募有價證券規範之目的[65]。

十四、私募之原有公司經營團隊利益衝突問題

實務上，許多經營績效不佳，或虧損嚴重之公司，經常藉由先大幅度形式減資，宣稱要彌補虧損或充實營運資金；實則，在減資後大幅以私募方式，將股份發行給特定人，使特定人得以較低之成本取得公司大量股權，進而獲取公司經營權。

惟學者認為，在現行制度下，並無法確保此一私募且移轉經營權之行為，能夠創造公司價值，雖證交法第43條之6規定公開發行公司私募必須要經過股東會之特別決議，但在我國上市櫃公司股東多為散戶之情形下，委託書徵求情形普遍，使得公司經營階層對於股東會之議案控制力頗高，惟公司經營階層所持有股數為少數，更容易誘使公司經營階層與私募應募人間達成私下協議，藉由圖利公司原有經營階層達到控制權移轉之目的[66]。例如應募人打算藉由經營不善之公司借殼上市，取得經營權後掏空公司，對於原有公司經營階層，其承諾在其取得經營權後，將給予優厚之退職金，或其他利益，以換取原有公司經營階層辦理私募移轉經營權[67]。惟此一應募人，其參與私募取得公司股權之目的並非為創造公司價值，或看好公司長遠發展，其係為掏空公司，我國目前法制上之設計對於這種惡意的私募很難加以防範。

就現行法而言，證交法之規範將可能加劇私募利益衝突之情形。首先，就證交法第43條之6第1項第2款與第3款而言，公司內部人或公司經營階層所挑選之人，只要符合不高的資力要求，即可作為應募人，經營團隊自會邀請其親朋好友參與私募，進而鞏固其經營權，卻也可能造成降低股東會制衡董事會之公司治理效果[68]。而經營團隊參與公司私募本質上即惟經營團隊與公司間之自我交易（self-dealing）行為，本質上即為利益衝突行為。第二，目前證交法對於私募之股數並無限制，在經營團隊先減資再以私募大量發行新股，將造成原有股東股權被稀釋，應募人再以單一價格大量取得公司股權，進而入主公司[69]。

因此，學者建議，若內部人欲參與私募，則應在董事會與股東會中為表決權行使之迴避，且若內部人欲參與私募，則在股東會中必須對其哪些內部人要參加私募、認購股數以及認購價格為何，均應詳細揭露，列於股東會召集事由，並經非利害關係之董事與股東會同意後始得為之[70]。

另外，對於外部人參與私募可能造成公司經營權移轉之情形，學者也建議，應募人應如同公開收購一般揭露其身分、認購之目的與計畫[71]。簡言之，私募若會涉及內部人利益衝突或經營權移轉時，應在股東會召集事由即會議中詳加說明對於股東權益變動會有重大影響之內容，且經過股東會決議通過始可辦理私募[72]。此外，在涉及經營權變動之情形下，學者建議或可參考公司面臨重大變動或與他公司合併時，異議之股東得請求收買其股權之規定，蓋上述之重大變動或合併皆會涉及公司資產控制權之變動，將大程度影響公司價值之增減。而藉由異議股東之收買請求權，也可避免非控制股東因為私募低價取得公司股份。惟如何定義何謂涉及經營權移轉之私募，學者認為可以將因私募而發行新股之比例訂在20%-30%之間[73]。超過此一比例之私募新股發行，則應賦予異議股東收買請求權。

本文認為，異議股東收買請求權之設計立意良好，值得修法時參考，惟修法時亦應思考，在公司虧損連連的情況下，若要辦理私募，充實營運資金彌補虧損，但仍賦予異議股東收買請求權時，是否可能造成公司財務上更大之負擔，使得私募籌措資金之目的有所減損，如何平衡異議股東之利益以及公司籌資需求亦值得深思。

肆、結論

由本文一開始的金管會統計資料可知，私募在我國企業募資方式占有舉足輕重之角色，私募制度從立法以來已歷經十五年，需要修正之

處頗多。這些問題包括私募股票限制轉讓期間經過後，法規上並未要求發行公司應該要提醒應募人並非期間經過即可以上市買賣，有價證券之上市，發行公司仍必須具備一定之獲利條件，投資人常在無相關之資訊下即行投資，未進行完整之風險考量，導致後來轉讓上之困難；此外，目前事後報備制使得主管機關及投資大眾對於公司進行私募之內容以及事後之監督有限；另外，得請求私募公司之內部資訊的應募人有身分上之限制，使得部分應募人無資訊請求權，妨礙其進行風險評估；再者，證交法雖有規定股東會需在召集事由中說明價格之依據與合理性、特定人之選擇方式或已洽定之應募人相關資訊，與辦理私募之理由，但實務上，發行公司實際上會揭露之資訊少之又少，公司股東在資訊缺乏之情形下所做成之私募決議是否有意義，亦為一大問題；而目前對於私募股價之訂定，一般皆採主管機關所訂定之統一標準，惟其價格是否能夠反映公司價值以及是否給予應募人套利空間，損及公司以及股東利益，亦是修法需要關注之點；至於違法轉讓之法律效力，多數學說見解皆認為依照證交法立法目的，應解釋為無效，而非僅是取締效力，已達保護投資人之目的；又，私募常存有歸入權以及內線交易之問題，而目前因為短線交易與內線交易僅規範上市櫃股票，私募之股票不在規範範圍內，應為法律上之漏洞，修法時應加以填補；最後，公司內部人參與私募時，或經營階層選定特定人參與私募時，皆存有許多利益衝突問題，學者有建議在修法時應加強對於私募相關資訊揭露之規定，以令股東得以做成正確之決議。

以上所列皆為目前私募制度下，學說與實務上所面臨之問題，本文將其逐一列出並加以探討，並建議可能之修法制度，希冀在將來證交法修法時，相關單位能夠對於相關問題加以思考並做出適當之法規上修正。

註　釋

* 中國文化大學法律學系副教授，美國華盛頓大學法律學博士。臺北市11114士林區華岡路55號。（02）2861-0511分機27146。sherrychen.ccu@gmail.com。

1. 《立法院公報》，第90卷第59期，頁16。

2. 朱德芳，〈論公開發行公司資本結構重組與公司治理〉，《臺大法學論叢》，第37卷第2期，2008年6月，頁114-115。

3. 105年度公開發行公司募集資金申報件數與金額統計表，金管會證期局網站，file:///C:/Users/first/Downloads/105%E5%B9%B4%E5%BA%A6%E5%85%AC%E9%96%8B%E7%99%BC%E8%A1%8C%E5%85%AC%E5%8F%B8%E5%8B%9F%E9%9B%86%E7%99%BC%E8%A1%8C%E5%8F%8A%E7%A7%81%E5%8B%9F%E6%9C%89%E5%83%B9%E8%AD%89%E5%88%B8%E6%83%85%E5%BD%A2.pdf，最後瀏覽日期：2017年5月20日。

4. 賴英照，《股市遊戲規則—最新證券交易法解析》，2014年2月第3版，頁69。

5. 公開發行公司辦理私募有價證券應注意事項第3點規定。

6. 證券交易法第43條之6第6項。

7. 證券交易法第43條之6第7項。

8. 賴英照，同前註4，頁72。

9. 賴英照，同前註4，頁73。

10. 同前註，頁73。

11. 劉連煜，《新證券交易法實例研習》，元照，2016年9月版，頁249。

12. 證券交易法第43條之6第5項。

13. 財政部證券暨期貨管理委員會2002年6月13日台財證一字第

0910003455號令。

14.財政部證券暨期貨管理委員會2002年6月13日台財證一字第0910003455號令。

15.劉連煜，同前註11，頁245-246。

16.財政部證券暨期貨管理委員會2002年6月13日台財證一字第0910003455號令。

17.公開發行公司辦理私募有價證券應注意事項第4點規定。

18.證券交易法第43條之6第2項。

19.劉連煜，同前註11，頁246。

20.公開發行公司辦理私募有價證券應注意事項第2點規定。

21.公開發行公司辦理私募有價證券應注意事項第3點規定。

22.證券交易法第43條之8第1項第1款。

23.證券交易法第43條之8第1項第4款。

24.財政部證券暨期貨管理委員會2003年3月11日台財證一字第0920101786號函。

25.證券交易法第43條之8第1項第5款。

26.賴英照，同前註4，頁76-77。

27.同前註，頁77。另參見劉連煜，《現代公司法》，新學林，2012年9月八版，頁571-572。

28.最高法院97年台上字第2729號民事判決。

29.最高法院102年台上字第1011號民事判決。

30.劉連煜，同前註11，頁249。

31.以上市為例，根據「有價證券上市上櫃審查準則」第4條規定，公司之私募股票欲辦理上市，「其財務報告之稅前淨利符合下列標準之一，且最近一個會計年度決算無累積虧損者。（一）稅前淨利占年度決算之財務報告所列示股本比率，最近二個會計年度均達百分之六以上者。（二）稅前淨利占年度決算之財務報告所列

示股本比率，最近二個會計年度平均達百分之六以上，且最近一個會計年度之獲利能力較前一會計年度爲佳者。（三）稅前淨利占年度決算之財務報告所列示股本比率，最近五個會計年度均達百分之三以上者。」

32. 劉連煜，同前註11，頁254。

33. 洪秀芬，《月旦法學教室》第102期，2011年3月，頁18。

34. 同前註，頁18。

35. 賴英照，同前註4，頁73。

36. 莊永丞，〈證券交易法專題研究系列之一／我國證券交易法私募有價證券之理論基礎與規範缺失〉，《月旦法學雜誌》，第155期，2008年3月，頁216。

37. 賴英照，同前註4，頁73。

38. 劉連煜，同前註11，頁249。

39. 朱德芳，同前註2，頁133-135。

40. 王志誠、邵慶平、洪秀芬、陳俊仁，《實用證券交易法》，新學林，2版，2011年10月，頁209，註76。

41. 同前註，頁210-211。另參閱莊永丞，同前註36，頁366。

42. 何曜琛，〈我國有價證券私募之相關規定及其檢討，法學的實踐與創新〉，《陳猷龍教授六秩華誕祝壽論文集（上冊）》，2013年7月，頁459。

43. 同前註，頁459。王志誠等，同前註40，頁222。

44. 朱德芳，同前註2，頁126。

45. 朱德芳，同前註2，頁126-130。

46. 郭大維，〈私募有價證券轉讓之限制—評最高法院九十七年台上字二七二九號民事判決〉，《月旦裁判時報》，第9期，2011年6月，頁74。

47. 同前註，頁74-75。

48.林國彬，〈論私募有價證券違法轉售之法律效果─兼評台北地方法院96年重訴字第565號判決〉，《台灣法學雜誌》，第109期，2008年8月，頁32。郭大維，同前註46，頁73。

49.郭大維，同前註46，頁73。

50.劉連煜，同前註11，頁16-17。

51.《立法院公報》，第90卷第59期，頁15-16。

52.林國彬，同前註48，頁29-30。

53.郭大維，同前註46，頁73。

54.臺灣高等法院97年重上字第191號民事判決。

55.林國彬，同前註48，頁32。

56.同前註，頁34。

57.同前註。

58.同前註，頁32-33。

59.賴英照，同前註4，頁77。

60.公開發行公司辦理私募有價證券應注意事項第7點規定。

61.劉連煜，同前註11，頁253。

62.同前註，頁262-263。

63.根據金管會、證交所及櫃買中心統計，從2005年10月至2010年6月，上市櫃公司辦理私募普通股案件有500件，內部人參與增資就有325件，比率高達65%，在325件內部人參與私募的案件中，有85件，約26%的內部人私募案在繳款日前後3個月出售持股，顯示大股東藉私募案，賣老股炒股票的情形相當普遍。蘋果日報，2010年7月31日，http://www.appledaily.com.tw/appledaily/article/finance/20100731/32702069/（最後瀏覽日期：2017年5月25日）。

64.證交法第157條第1項：「發行股票公司董事、監察人、經理人或持有公司股份超過百分之十之股東，對公司之上市股票，於取得後六個月內再行賣出，或於賣出後六個月內再行買進，因而獲得

利益者，公司應請求將其利益歸於公司。」

65.劉連煜，同前註11，頁263。

66.朱德芳，同前註2，頁121。

67.同前註，頁121。

68.同前註，頁122。

69.同前註，頁122-126。

70.同前註，頁135。

71.同前註，頁136。

72.朱德芳，同前註2，頁136。

73.朱德芳，同前註2，頁138-140。

第十八章

美國證券爭議仲裁之探討
——兼論我國證券爭議仲裁之適用疑義與修法建議

吳光明[*]

壹、前言

美國是世界上證券業最發達之國家，至其證券爭議仲裁產生於1871年紐約證券交易所，迄今約有150年歷史。起初，證券爭議仲裁僅係解決證券交易所會員間爭議之一種手段。後來，美國聯邦最高法院之幾個案例（leading cases），擴大證券爭議之可仲裁性範圍。

證券爭議之可仲裁性係法律問題，而非事實問題，必須依美國聯邦仲裁法之規定予以確定。然而即使是美國規定之成文法，亦需經由法院之判決，才能發生作用。1929年，美國聯邦最高法院曾作出一系列判決，對聯邦仲裁法與證券法規進行解釋，此等判決後來不僅成為美國證券爭議仲裁之重要規範，亦頗值我國證券爭議仲裁之適用疑義參考。

另以我國現階段而言，證券交易已經進步到使用電腦撮合成交，而由於電腦紀錄較易滅失，投資人要蒐集有關證據，亦必須從速進行。因此，如何採取有效方式，及時化解證券爭議，解決矛盾，對於保護投資人之信心，維護證券市場之穩定，非常重要。

基此，本文首先擬探討美國證券爭議之可仲裁性仲裁，包括實務見解之演進史、美國證券爭議仲裁之特徵、美國證券爭議仲裁機構。其次，擬探討Wilko v. Swan案（1953年）確立證券爭議不可仲裁性，包括本案事實及爭點、本案判決與評析、Wilko判決之影響。再次，擬探討Shearson/American Express Inc. v. McMahon案（1987年），包括本案事實及爭點、本案判決與評析、McMahon判決之影響。復次，擬探討Rodriguez De Quijas案（1989年），包括本案事實及爭點、本案判決與評析、Rodriguez De Quijas判決之影響。另外，擬探討我國證券爭議仲裁之價值目標，包括美國證券爭議仲裁對我國之啟示、我國證券爭議仲裁之法律基礎與制度之設計、立法沿革、目的、證券仲裁適用疑義。最後，提出檢討與建議。

貳、美國證券爭議之可仲裁性發展

一、實務見解之演進

美國證券爭議實務上，是以仲裁為一種有效之解決方式，而證券爭議之可仲裁性（Eligibility），亦有稱仲裁容許性，是法律問題，非事實問題[1]，已如前述。

美國聯邦最高法院對美國證券爭議仲裁最具影響之三個判決案例如下：

(1) 1953年Wilko v. Swan案[2]，確立證券爭議不具仲裁容許性，亦稱不可仲裁性；

(2) 1987年Shearson/American Express Inc. v. McMahon案，確立1934年證券交易法（Securities Exchange Act of 1934）上證券爭議之仲裁容許性以及金融詐欺犯罪條例（The Racketeer Influenced an Corrupt Organizations Act，RICO）上證券爭議之仲裁容許性；

(3) 1989年Rodriguez De Quijas v. Shearson/American Express Inc.案，確立1933年聯邦證券法（Securities Act of 1933）上證券爭議之仲裁容許性。

美國最高法院判決，從早期確立證券爭議不具仲裁容許性，至嗣後贊成事先達成仲裁協議，採用仲裁方式解決糾紛，逐步回應證券爭議仲裁之仲裁容許性，使得證券爭議仲裁範圍逐步擴大，進而促成美國證券爭議仲裁之發展，使證券仲裁成為解決爭議之首要方法[3]。

二、美國證券爭議仲裁之特徵

美國之證券爭議仲裁，有如下之特徵：

（一）證券爭議仲裁機構趨於多元化

在證券爭議仲裁機構之設置上，美國證券爭議仲裁機構，除美國仲裁協會外，還有各種證券業自律組織資助之證券爭議仲裁機構，包括全美證券交易商協會、紐約證券交易所、美國證券交易所、地方證券規則制訂會、太平洋證券交易所、中西部證券交易所、波士頓證券交易所、芝加哥期權證券交易所、辛辛那提證券交易所、費城證券交易所等。顯見美國證券爭議仲裁機構趨於多元化。

（二）證券業內勞動爭議亦可為仲裁之標的

依據1871年所訂美國證券交易所公司章程，可提付仲裁之證券，僅為股票，但後來之判例法（case law）使證券爭議仲裁之適用範圍，及於證券法上所規定之各種證券。其後，美國法院在判例上，進一步支持仲裁方式，亦得適用於解決證券業自律組織會員機構之雇員與雇主相互間所發生之糾紛，包括雇傭糾紛，以及勞資爭議。

以證券業內勞動爭議作為證券爭議仲裁之標的，為美國獨特之做法。

（三）證券業對仲裁機制之引導與支持

在美國證券業實務上，期權投資人委託契約、保證金投資人委託契約、現金投資人委託契約等，一般均採用證券公司自己制訂之含有仲裁條款之定型化委託契約。依據該等委託契約條款，投資人與證券商之糾紛，應經由仲裁機制解決。由前開證券商自行制訂之含有仲裁條款之定型化委託契約，足以反映出證券業對仲裁機制之引導與支持。

（四）法院承認實質上之證券強制仲裁

當事人意思自由原則是仲裁法學最重要之原則，故當事人需在事

先或事後就仲裁達成協議。在1987年，Shearson/American Express Inc. v. McMahon案之前，證券經紀商往往在代為投資人買賣證券之協議中，訂立「爭議解決前置協議」（pre-dispute arbitration agreement），即要求在日後之交易中，雙方一旦發生爭議，應該首先提付仲裁。在該案之後，此類「爭議解決前置協議」，才開始得到廣泛之承認。而後，投資人如對該條款之效力提出異議，應負舉證責任，足見美國法院已承認實質上之證券強制仲裁。

（五）依仲裁規則嚴格執行資訊揭露

美國「統一仲裁法」第11條要求，仲裁人應將所有可能阻礙其客觀公正、判斷之事實情況全部揭露（disclose）給主任仲裁人。仲裁人在仲裁程序之任何階段，亦均有義務揭露任何潛在之利益衝突。

至於證券爭議仲裁人必須具備證券業之專門知識，才能取得證券交易爭議當事人雙方之信賴。

另外，仲裁庭在證券爭議仲裁中，可作出懲罰性損害賠償之仲裁判斷[4]。

（六）仲裁機構判斷具有執行力

根據美國聯邦仲裁法（Federal Arbitration Act）[5]與各州法，仲裁判斷具有執行力。法律上或事實上之過失，均不能作為法院駁回仲裁判斷之理由。

美國聯邦仲裁法第9條規定，在仲裁判斷作出後一年內，當事人之一方可向法院聲請執行該仲裁判斷。但該仲裁判斷有本法第10條與第11條被撤銷、被修改或被改正之事由時，不在此限。

三、美國證券爭議仲裁機構

美國證券爭議仲裁歷經百餘年之發展，已建立並行發展之兩類仲裁機構[6]，茲分述如下：

（一）附屬於證券自律組織（SRO）之仲裁庭

所謂證券自律組織，包括紐約證交所（NYSE）、美國證交所（Amex）、芝加哥期權交易理事會（CBOE）、地方性證券規則制定理事會（MSRB）、與全國證券經紀商聯合會（例如那斯達克監督櫃檯交易市場）等機構和組織，該等機構和組織均有其附屬之仲裁庭。

上述自律機構必須根據證券交易法接受美國證券交易委員會（Securities and Exchange Commission，簡稱SEC）之監督。

在美國，各證券交易所（exchanges）與證券商組織（securities broker-dear organizations）均係根據1934年證券交易法第15(a)條與第15(b)條規定，登記註冊成立。

（二）獨立之仲裁機構

此種獨立之仲裁機構，例如美國仲裁協會（American Arbitration Association，簡稱AAA）。各機構均有專門之證券爭議仲裁規則。

證券業自律機構之非會員間，或者是證交所與會員間發生爭議時，由證券自律機構仲裁規則設立之仲裁庭，進行仲裁判斷。

依證券交易所之章程，要求會員與會員間，或者會員與投資人間發生任何性質之爭議，均規定強制（mandate）仲裁。

美國聯邦最高法院曾針對相關案件，作出極具影響力之判決，因其涉及面向頗多，須另以專文敘述並討論之，茲不贅述。

參、Wilko v. Swan案（1953年）之探討

一、本案事實及爭點

（一）本案事實

原告（投資人）聲稱，在1951年1月17日前後，被告（證券商）利用商業手段引誘原告（投資人）購買聯合航空有限公司1,600股普通股，原告主張，依據被告之不實陳述，聯合航空之購併案將使該航空公司股票比購買時之市場價格每股高出6美元，而且建議投資人可將資金之利息（financial interests）用於購買投機營利之股票。原告（投資人）亦聲稱，被告（證券商）未告知該航空公司一名董事當時正打算賣掉在該公司所持有之股票，而且被告（證券商）亦在出售其所購買之全部或者部分股票。在購買該航空公司股票兩週後，原告以虧本方式處理掉其所購買之股票；原告聲稱其損失是基於證券商虛偽不實陳述與疏失之情事所導致，因此，請求損害賠償之救濟。

在Wilko v. Swan案中，原告（投資人）簽訂保證金協議[7]，其中約定如將來要進行仲裁時，該仲裁要適用美國仲裁協會（AAA）或紐約證券交易所（NYSE）所屬之國際商會仲裁委員會之規則。但其中之一爭議是購買股票後，關於購併之代表權問題。原告（投資人）並未提付仲裁程序，反而依據1933年證券法[8]第12條第2項[9]規定：「證券出賣人對投資人提供有關證券虛偽不實之事實者，應對投資人負責，投資人得依法向管轄法院提起訴訟，請求賠償其支付該證券之金額與利息，該證券已轉讓者，不得超過其所收入之金額，或於不再持有證券時，請求賠償因此所生之損害。」向紐約南區聯邦地方法院提起訴訟，請求被告（證券商）賠償其損失。

被告並未進行本案答辯，卻依據聯邦仲裁法第3條之規定，向法院

提出停止訴訟程序[10]，請求法院強制原告（投資人）依保證金協議條款進行仲裁，並指出其與原告間之關係，需受該協議條款之約束。

（二）本案之爭點

依據1933年美國聯邦證券法第14條[11]與聯邦仲裁法之規定，當事人在證券爭議發生前，所達成之仲裁協議是否有效？

二、本案判決與評析

（一）法源依據

1. 1933年美國聯邦證券法

1933年聯邦證券法[12]旨在要求發行者、承銷商與銷售商對經由州際與國際商業手段所賣出之證券，應充分與公正之揭露，以防止銷售活動中之詐欺行為。為貫徹此政策，1933年聯邦證券法第12條第2項規定，請求損害賠償時，投資人無須對證券商詐欺之意圖負舉證責任，亦即由證券商承擔舉證責任，證明自己並無詐欺之惡意[13]。該條項規定之救濟，本質上與普通法之救濟不同，其係創設一個特別之權利，以便恢復因不實陳述所導致之損失。

因證券投資人有較多選擇訴訟法院與審判地點之權利，如在任何違反1933年聯邦證券法之行為出現前，即放棄在法院訴訟之權利，意味其放棄比其他商業交易參與者更多之權利。因此，保證金協議之訂定，意味原告（往往是證券之買受人）放棄1933年聯邦證券法所賦予可選擇法院解決爭議之權利。

1933年聯邦證券法之前開條款，對證券之買受人具有較大之保障，且仲裁與法院訴訟相較，可能二者之結果頗有落差。Wilko v. Swan案不僅要求對原告所指控之違法者之意圖與知情狀態先行裁定，且仲裁人於仲裁程序中，無須嚴格適用法律[14]。仲裁人於作仲裁判斷時，無須詳細

闡述判斷之理由，亦無須對仲裁過程作詳細之紀錄，仲裁人對法律概念，如成文法上之「證據負擔」、「合理注意」、「重大事實」之理解，亦不需要法院審查，且法院撤銷仲裁判斷之權力，仍非常有限[15]。

2. 聯邦仲裁法

聯邦仲裁法以成文法之規定方式，表示仲裁係解決訴訟新難題之替代方案，國會強調以仲裁方式解決爭議，可避免訴訟拖延與減少訴訟費用。再者，依據聯邦仲裁法規定所進行之判斷，更可有效解決成文法上爭議。然而，立法機關與法院對仲裁可予以接受之態度，並不能解決有關保證金協議中，所規定僅係將當事人間可能出現之爭議，能否有效提付仲裁問題。

（二）當事人之主張

1. 原告（投資人）之主張

原告（投資人）主張被告（證券商）在證券銷售中有詐欺行為存在，依據1933年聯邦證券法第12條第2項規定，要求其依據民事責任條款，賠償其損失。原告（投資人）又主張，國會之立法目的是確保出賣人不可操控投資人，更不能削弱投資人依據1933年證券法所賦予之司法救濟權利。原告（投資人）並指出，如採行仲裁程序，則使依據1933年聯邦證券法所得以享有之權利能否實現，變成不確定。是以，仲裁判斷並不能取代法院判決之公正性，故強制當事人履行其仲裁協議，無異削弱聯邦證券法保護投資人規定之法律效果[16]。

2. 被告（證券商）之主張

被告（證券商）聲稱，仲裁是一種依法代替法庭審判之審理形式，1933年聯邦證券法與聯邦仲裁法在文字上均係國會立法之目的，兩方面並無衝突存在，該二種法律均在其限制之範圍內，發揮作用。1933年聯邦證券法在於保護投資人，而聯邦仲裁法在於簡化證券發行商抑或

交易商違法救濟之程序。職是，證券商根據聯邦仲裁法第3條規定，得停止訴訟。

（三）法院之見解

本案經聯邦地方法院駁回被告停止訴訟之聲請[17]；嗣上訴法院撤銷聯邦地方法院之裁定，認為保證金仲裁協議條款並未減輕賣方承擔證券法上之舉證責任，仲裁判斷不僅要遵循公平原則，而且要遵守成文法與普通法確定之法律原則；因之，仲裁判斷亦符合1933年聯邦證券法之規定[18]。

本案於上訴聯邦最高法院後，聯邦最高法院准許移送令[19]，撤銷上訴法院之裁定，開始審查對1933年聯邦證券法與聯邦仲裁法均產生影響之聯邦法律問題[20]。又由於原告（投資人）於訴狀中提到之保證金協議，證明一個州際商業交易，依據1933年聯邦證券法之規定，對照本案應無適用聯邦仲裁法法律問題之存在[21]。

1953年，聯邦最高法院在Wilko v. Swan一案，明確否定1933年美國聯邦證券法上之證券爭議具仲裁容許性[22]。問題是，將未來爭議提交仲裁之協議，其性質上是一個「條件」、「約定」或是「條款」（condition, stipulation or provision）。按照該「條件」、「約定」或是「條款」，任何人取得證券無需受1933年聯邦證券法之任何規定約束。最高法院認為，如投資人與證券商預先約定，以仲裁方式解決日後因證券交易所生之爭議，則影響1933年聯邦證券法賦予投資人可選擇於法院進行訴訟之司法救濟權利。

再者，1933年聯邦證券法第12條第2項之規定，乃規範任何人以重大不實陳述方式出售證券，應對其投資人負損害賠償責任，此規定旨在賦予投資人優於一般商務交易中買受人之地位，如准許以仲裁方式解決其間之爭議，不啻使此立法意旨盡失，且將使證券投資人淪為一般交易人之地位[23]。

1933年聯邦證券法第14條規定：「凡任何條件、約定或是條款，拘束取得證券之任何人，使其放棄遵守本法之任何規定或證管會之規章者，均屬無效。」[24]，亦即是認為當事人就未來爭議所為提付仲裁之約定，屬於該條中之條款之一種，應屬無效。

因此，聯邦最高法院依據1933年聯邦證券法第14條，當事人之間針對將來爭議所達成之仲裁協議為無效，否定上訴法院之裁決，認為被告（證券商）與原告（投資人）間之委託契約之仲裁條款無效，其主要理由如下：

1. 就未來糾紛提付仲裁之約定，依1933年聯邦證券法第14條，係拘束買受人放棄遵守本法規定之一種「條款」（stipulation），故屬無效[25]。

2. 仲裁約定是不當限制投資人選擇法庭「實質權利」之一種條款，依1933年聯邦證券法第22條規定，證券投資人固有選擇法庭之權利[26]，此為證券法之「規定」（provision），依該法第14條規定，並不得捨棄[27]。

3. 證券法目的之一係在保護投資人，因而禁止捨棄本法賦予之權利，故國會制定1933年聯邦證券法，顯有意使本法所生糾紛之仲裁契約，不受聯邦仲裁法之拘束。因此，本法亦適用於有關司法審判之捨棄[28]。

另外，最高法院認為仲裁程序之解決紛爭，並未嚴格適用法律，其適當性備受懷疑，而且仲裁判斷書得不附書面或程序記錄，導致法院審查之困難，加之仲裁判斷書無效之要件有限，法院亦有疑慮。

綜上所述，最高法院認為，1933年聯邦證券法賦予當事人向任何管轄法院提起損害賠償之訴之權利，仲裁約定如違反此規定為，該仲裁契約無效。

三、Wilko案判決之影響

Wilko v. Swan案被視為現代證券仲裁紀元之開始，尤其是針對違反聯邦證券法被求償之第一件探討之案件。經由該案件，美國法院希望能夠協調美國聯邦仲裁法與聯邦證券法背後之政策考量[29]。在該案件中，聯邦證券法占上風，但美國法院在35年後，即在1989年之Rodriguez de Quijas v. Shearson American Express, Inc.一案，法院又將Wilko v. Swan案推翻[30]。

Wilko一案，確立證券爭議之不可仲裁性，係第一件明確否定證券仲裁具有仲裁容許性之判決，於本案判決之後，處理投資人與證券商間關於證券交易所生爭議之仲裁時，許多法院均引用本案之結論，支持否定說。

在Wilko案後，許多下級法院將此種不同意或禁止態度，延伸至依1934年證券交易法第10(b)條所提起之各種求償，但最高法院質疑將Wilko案之判決延伸至此方面之求償，是否有當，最後終級法院裁定，其中有些案件屬於證券法之範疇，有些則非屬於證券法之內容。其中，有些涉及國際商務仲裁方面者，更願意進行仲裁，甚至有些人挑戰國會之決定，認為仲裁協議應當作任何契約一樣，予以執行。

Wilko一案對往後之判決，亦有相當大之影響[31]，然各案所獲致之結論，卻又未盡一致，舉例如下：

（一）Scherk v. Alberto-Culver Co.案[32]（1974年）

Scherk v. Alberto-Culver Co.案（1974年）一案之原告美國製造商Alberto-Culver Co.向被告德國公民Scherk購買三個附帶商標權之企業，買賣契約於奧國簽署，在瑞士締結完成，契約中雙方約定，如有爭議發生，將在法國巴黎國際商會（ICC）進行仲裁，並以美國伊利諾州法為準據法。本案原告主張被告就其所售公司擁有之商標權為不實陳述，違

反1934年證券交易法第10條(b)之規定,向法院起訴,請求損害賠償,然被告主張應停止訴訟,將關於其間之爭議,依雙方所簽定之仲裁條款,將爭議提付仲裁。

在Scherk一案中,當事人事先約定仲裁協議,內容規定以仲裁方式解決國際契約當事人間之爭議,Scherk案之審理法院認為,以判決目的而言,前述Wilko案之判決適用於1934年證券交易法,但該法院認為國際契約涉及許多需要考慮之事情與政策,這些與Wilko案需要考慮之因素,有重大區別[33]。

另外法院認為,仲裁能減少國際契約之不確定性,排除可能將爭議提交到敵對或不熟悉法院之危險,根據Scherk案所處之環境,當事人選擇仲裁,而不是以訴訟方式解決其間之爭議,是當事人行使法定權利之必然結果。申言之,在國際貿易契約中訂定仲裁條款者,旨在將未來發生爭議時,能消除準據法上之不確定狀態,此為國際貿易達到有秩序及可預測性,所不可或缺之先決條件。

聯邦最高法院以爭議涉及國際貿易,雙方於國際貿易契約中所為之仲裁約定,係為避免法律衝突,而為必要之安排。是以,最高法院判決被告勝訴,亦即必須強制雙方當事人依其所簽訂之仲裁條款,將爭議提付仲裁解決[34]。職是,最高法院為達到國際貿易穩定性,判決國際證券爭議具有可仲裁性(Eligibility)。

然1934年證券交易法第29條(a)有類似1933聯邦證券法第14條之規定:「凡任何條件、條款、或約定,拘束任何人使其放棄遵守本法之任何規定或依其訂定之規章,或交易所之任何規則者,均屬無效。」但法院認為,此與Wilko案之情形不同,故於本案無上述規定之適用。觀諸1934年證券交易法第12條第2款,明示授與投資人有民事訴訟權(private right if action)。反之,民事訴訟權在1934年證券交易法僅為司法造法(judicial creation)之結果,非該法所明示授與,故非同法第29條(a)所拘束範圍。

再者，依1933年聯邦證券法第22條(a)之規定，原告得向任何州或聯邦之管轄法院起訴，且已向州法院起訴者，不得移轉於聯邦法院；反之，1934年證券交易法第27條則規定，聯邦地方法院有「專屬管轄權」[35]，顯然1934年證券交易法明示限制原告之法庭選擇權，此與1933年聯邦證券法授與原告廣泛之管轄選擇權，有所不同。

（二）Dean Wrutter Reynolds, Inc ∨ .Byrd案（1984年）[36]

本案原告投資人Byrd與證券商Dean Wrutter訂有仲裁契約，嗣後原告向法院起訴被告違反1934年證券交易法第10條(b)及數項州法之規定。而被告則向法院主張應依聯邦仲裁法之規定，就其違反州法之民事責任進行其仲裁契約上規定之仲裁，而關於違反1934年證券交易法之民事責任則未主張提付仲裁，而是援引Wilko案之原則主張不得仲裁，應由聯邦法院審理之。嗣美國最高法院判決被告違反州法之民事責任，應進行仲裁，關於違反1934年證券交易法之民事責任，因被告未主張提付仲裁，則不予以判決。

此案對於Wilko案之原則，是否適用1934年證券交易法第10條(b)之規定，具有啟示性，最高法院對於被告違反1934年證券交易法第10條(b)規定之民事責任，認為被告在地方法院時並未主張提付仲裁，故關於此部分不作判決，而援引Scherk案以質疑Wilko案原則適用1934年證券交易法民事責任之妥當性，但卻忽略Scherk案具有國際貿易之性質[37]。

本案White大法官之一部不同意見書，贊同有關1934年證券交易法民事責任應否提付仲裁之問題，法院不必做判決，但認為有關Wilko案原則適用1934年證券交易法第10條(b)規定，則為「實質懷疑之問題」（a matter of substantial doubt）。申言之，其依據Scherk案「明示與默示權利」之理論加以分析，認為依1934年證券交易法第10條(b)之民事訴訟權為默示而非明示，故同法第29條捨棄遵守1934年證券交易之規定。基此，該一部不同意見書認為，有關1934年證券交易法之民事責任

得提付仲裁，從而開啓Wilko案原則適用於1934年證券交易法妥當性之問題[38]。

（三）Mitsubshi Motors Corp. V. Soler Chrysler-Plymouth, Inc. 案（1985年）[39]

本案係汽車之販賣與經銷商雙方發生爭議，原告Mitsubishi依美國聯邦仲裁法及外國仲裁判斷之承認與執行公約中之爭議，對Solar公司提出訴訟，Mitsubishi尋求進行強制仲裁之命令及雙方仲裁之協議，且雙方仲裁協議係均依日本商務仲裁協會之規範而進行，Solar則以Mitsubishi違反Scherman Act為由，提出反訴。

最高法院認為，雙方所達成之仲裁協議，涵蓋Solar所違反之情事，探求其所簽仲裁條款之書面內容，認為適宜仲裁。本案之結論，即爭議涉及國際貿易時，法院必須強制當事人依約將爭議提付仲裁解決，因國際貿易可能有必要由具有國際色彩，及有能力判斷國際貿易系統之仲裁庭來判斷是非，以有效解決爭議[40]，且法庭強調強制當事人依約將爭議提付仲裁解決，其結果只是使解決爭議之程序，由民事訴訟改為仲裁，其並未剝奪當事人任何實體之權利[41]。是故，在許多國際證券交易爭議牽涉仲裁之案件中，法院經常援引此案之結論。

肆、Shearson/American Express Inc. v. McMahon 案（1987年）之探討

一、本案事實及爭點

（一）案件事實

在Shearson/American Express Inc.案中，Shearson是證券商；原告McMahon是其投資人。本案當事人雙方間訂有仲裁契約，即是根據投

資人與證券商間之客戶協議，協議內容規定：McMahon在Shearson證券商持有之帳戶如出現任何爭議，將以仲裁方式予以解決，該協議之仲裁條款規定如下：「除非由於聯邦法或是州法之原因不能執行，本人帳戶發生之爭議或與本人帳戶有關之爭議，與那些為本人進行之交易相關爭議，或與本協議有關之爭議，與違反協議所發生之爭議，應該按照本人之選擇，依據全國證券交易協議會有限公司或紐約證券交易所有限公司董事會與美國證券交易有限公司之現行有效規則，經由仲裁予以解決[42]。」

1984年10月，McMahon向紐約南區聯邦地區法院起訴Shearson證券商，聲稱Shearson證券商利用投資人之帳戶從事欺詐交易，進行虛假陳述，再對投資人提供之專家意見中遺漏重大事實，其行為從事違反1934年證券交易法第10條(b)款之反詐欺條款、Rule10b-5之民事責任規定，還涉及違反金融詐欺犯罪條例（RICO）之刑事責任，並依據州法提出欺詐與違反誠信義務之訴訟請求。

但根據本案當事人McMahon之客戶協議書，內容規範因之而生之爭議應均進行仲裁，且該仲裁應提及證券自律規範機構所管轄之仲裁庭，故Shearson提出異議，主張應依聯邦仲裁法第3條規定[43]採取仲裁的方式解決與投資人間之爭議。而原告則主張若將其間之爭議，強制依仲裁契約而將其爭議提付仲裁，則將使證券商得以規避刑責，職是，基於公益考量，法院不應強制將爭議提付仲裁。

該案嗣經聯邦地方法院判決，原告根據1934年證券交易法所提出之訴訟請求，具有仲裁容許性，但根據金融詐欺犯罪條例（RICO）所提出之訴訟請求，則不具仲裁容許性。然而，聯邦上訴法院確認，依據金融詐欺犯罪條例（RICO）所提出之訴訟請求並無仲裁容許性，卻否決根據1934年證券交易法所提出之訴訟請求具有仲裁容許性。

（二）本案爭點

本案涉及證券商與客戶之間，在爭議發生前所達成仲裁協議之可執行性之兩個問題：

1. 是否根據1934年證券交易法第10條(b)款所提出權利主張，必須依據仲裁協議之條款進行仲裁；

2. 是否根據金融詐欺犯罪條例（RICO）提出權利主張，必須依據仲裁協議之條款進行仲裁。

二、本案判決與評析

（一）法源依據

針對本案之爭點提出初步觀點，聯邦仲裁法意圖改變數世紀以來法院對仲裁協議所持有之敵意，並且意圖將仲裁協議置於與其他契約同一地位[44]。聯邦仲裁法為實現此一意圖，規定除非根據普通法或衡平法被撤銷，否則仲裁協議有效、不可撤銷與可執行。再者，該法確信訴訟中之爭點，根據仲裁協議具有仲裁容許性，法院必須停止訴訟。如果不遵守、忽視或拒絕遵守該仲裁協議，該法還授權聯邦地方法院簽發強制仲裁之命令。

聯邦仲裁法確立支持仲裁之聯邦政策[45]，要求「嚴格執行仲裁協議」[46]。即使協議之一方當事人依法提出訴訟請求時，仍然有執行仲裁協議之義務。

最高法院在Mitsubshi Motors Corp. v. Soler Chrysler-Plymouth, Inc.判決：「以前法院對仲裁之願望與仲裁庭之能力抱持懷疑態度，該種懷疑態度，妨礙在法定爭議中實施聯邦仲裁法，但現在已無此種情況存在，最高法院之法官對此感到滿意。」如主張仲裁協議是在一方詐欺或是經濟權力過度高漲及支配下所達成，而要求撤銷該協議，但依照聯邦仲裁

法的規定，只要該主張沒有充分之依據，即應該執行仲裁協議。

依聯邦仲裁法之規範，合法之仲裁協議，均應被執行，正如同許多成文法之指令一樣，國會如有相反之命令時，仍可推翻聯邦仲裁法之命令。然而，反對仲裁之一方，必須提出證據，證明國會不允許取消法院審理。如果國會意圖限制或禁止法院審理某些特殊之案件，則可從法律條文或立法史，或從仲裁與成文法律之基本目的之內，在衝突中推理出來此種意圖[47]。

為說明本案不適用聯邦仲裁法，原告（即投資人）McMahon必須證明國會有意對聯邦仲裁法關於金融詐欺犯罪條例（RICO）之訴訟請求與1934年證券交易法之訴訟請求做例外規定，即從聯邦仲裁法之條文、歷史或目的三方面，考察該法有此意圖。

（二）本案判決

本案繫訟後，地方法院部分同意McMahon提出之訴訟請求，但首先拒絕McMahon關於仲裁協議作為附屬契約無效之主張，然後裁定McMahon依據1934年證券交易法第10條(b)款所提出之訴訟請求，具有仲裁容許性。

嗣上訴法院認同地方法院依據州法與金融詐欺犯罪條例（RICO）而提出訴訟請求不具仲裁容許性之見解，判決依據金融詐欺犯罪條例（RICO）所提出之訴訟請求，僅能由法院裁定。另外，上訴法院否決依據1934年證券交易法而提出訴訟請求之仲裁容許性，認為按照Wilko v. Swan案，1933年證券法第12條第2款對訴訟請求之規定，被上訴人依據1934年證券交易法所提出之訴訟請求，並不能強制仲裁。上訴法院另亦堅持1934年證券交易法第10條(b)款之訴訟請求，必須遵守法院明確判決。因此認為1934年證券交易法第10條(b)款之訴訟請求，必須遵守Wilko案之判決。

1987年，聯邦最高法院在Shearson/American Express Inc. v. McMahon一案中，確立證券交易法、證券糾紛之仲裁容許性，以及金融詐欺犯罪條例（RICO）上證券糾紛之仲裁容許性。最高法院批准移送令，並著手解決上訴法院有關第10條(b)款與金融詐欺犯罪條例（RICO）訴訟請求具有仲裁容許性，在判決中所出現之前後衝突問題。

在制定1934年證券交易法時，國會沒有具體說明依據該法第10條(b)款所提出請求仲裁容許性問題。然而，McMahon主張為依據該法第10條(b)款所提出之訴訟請求，僅法院才有管轄權。至於國會之意圖，應該是從該法第29條(a)款所推導出來。該法第29條(a)款規定：「凡不強制執行該法所規定之條件、仲裁條款或規定之協議，無效。」[48]

最高法院針對McMahon之主張，提出以下觀點：

1. 放棄1934年證券交易法第27條關於法院管轄權規定之協議，並無不可

McMahon主張，1934年證券交易法第29條(a)款規定，對證券交易法中任何條款之放棄約定無效。因此，無法主動放棄1934年證券交易法第27條，有關法院管轄權規定之協議。

1934年證券交易法第27條之相關部分規定：「美國聯邦地方法院對違反本標題或其下規則與條例之行為，有絕對之管轄權，並對於因執行本標題或其下規則與條例下之義務或職責而提起之所有普通法與衡平法上之訴訟，有絕對之管轄權[49]。」最高法院認為，該法第29條(a)款之用詞沒有到達這種程度，最高法院拒絕McMahon依據第29條(a)款不允許放棄1934年證券交易法第27條之主張。第29條(a)款之反放棄條款是禁止執行不遵守該法規定之協議，但第27條無規定證券經營人必須遵守之任何義務，第29條僅僅禁止放棄該法施加之實體義務；又因第27條沒有規定任何法定義務，故第27條之放棄，並無違反該法第29條(a)款。

2. 當事人得約定仲裁協議，而放棄1934年證券交易法實體保護

McMahon提出之第二個主張為，1934年證券交易法實體保護規

定，不允許當事人放棄，但是當事人卻可以簽訂仲裁協議達到放棄目的。簡言之，同意仲裁某項爭議，當事人並無放棄其實體權利，只是將其爭議提交到仲裁庭，而不是提付法院解決[50]。

McMahon一案根據第29條得出不同之結論，認為是在經紀商脅迫下達成之爭議前協議為無效。至於Wilko案之判決禁止執行爭議前仲裁協議，其判決之前提條件，是證券銷售協議中之仲裁條款，一般不是經由自由協商達成，而是根據交易雙方之不對等地位。

McMahon一案進而推斷，國會制定1933年證券法第14條之意旨，在於保證賣方不能操縱投資人，以免削弱投資人根據證券法獲得救濟之能力。McMahon一案進而要求，最高法院應以此理解來解釋1934年證券交易法第29條(a)款。

在本案中，最高法院拒絕對Wilko案作出與第14條不一致之解釋，並拒絕接受McMahon對1934年證券交易法第29條(a)款之解釋。該法29條(a)款所涉及者，為一個協議是否放棄遵守證券交易法之規定，協議之自願性，並無關要緊，亦即不管該協議自願與否，如果該協議放棄遵守法定之義務，根據1934年證券交易法第29條(a)款，仍為無效。因此，即使投資人知悉且自願同意交易內容，仍不能以協商方式，降低佣金，以換取放棄遵守證券交易法之要求。

3. 仲裁削弱投資人依據證券交易法獲得救濟之能力

McMahon一案提出之其他理由是，仲裁的確削弱投資人依據證券交易法獲得救濟之能力，此為Wilko案中，法院裁決之核心問題，被上訴人亦要求最高法院遵循Wilko案審理法院之推理，Wilko案列舉該法律規定之效力，在仲裁中會被削弱之下列幾點理由：

首先，Wilko案審理之法院相信，仲裁不適用於對違者之目的與知情做出主觀裁定之案件。

其次，Wilko案也關注仲裁員必須在沒有法院指導下做出法律之決

定，並且仲裁判斷不用解釋仲裁之理由，仲裁程序亦不做完整之紀錄。

最後，Wilko案審理法院認為，撤銷仲裁判斷僅適用於程序方面問題，故其權利為有限，仲裁人對法律之解釋與明顯之漠視法律不同，不因其解釋上之錯誤，而由在聯邦法院司法審查。Wilko案判決，由於仲裁上述之缺陷，根據第12條第2款提起之訴訟請求，要求進行司法，僅係以保證該訴訟請求以公正解決。

（三）本案評析

Wilko一案之大法官Frank曾發表意見，認為：仲裁判斷不依賴於任何在記錄中或被法院關注之事實中之證據，而仲裁制度不能給任何原告提供依其法所享有之權利[51]。

在判決某項權利請求不具仲裁容許性時，最高法院拒絕以Wilko案之大多數判決理由作為依據，在Mitsubishi案中，最高法院承認，儘管沒有法律之指導與監督，仲裁庭有能力處理反托拉斯權利請求之事實與法律問題；同樣地，最高法院裁定簡易之仲裁程序，並不需要間接對實體權利進行任何限制。

最高法院最後結論指出，並無理由推斷仲裁人不遵守法律，儘管法院僅能有限度地審查仲裁判斷，但此審查卻能充分確保仲裁人遵守法律之規定[52]。

三、Shearson/American Express Inc. v. McMahon案判決之影響

按照McMahon之主張，在1975年修訂1934年證券交易法時，國會雖然沒有對第28條(b)款做大範圍之改變，但是國會確實修訂第28條(b)款，並規定為：「本章不應被解釋為，對現存法律在以下幾個方面作修改：(1)為解決其成員間之爭議，交易所對其成員採取之任何行動或結

果；或(2)該行為對同意此約束之人之結果；或(3)交易所對其成員採取之任何紀律行動之結果」。

McMahon最後一個主張是，即使第29條(a)款不能使爭議前之仲裁協議無效，但國會後來已經表明希望第29條(a)款做如此之解釋。

此規定之主要目的，係保留證券交易所自我管理之功能，以便交易所能對其成員執行其規則[53]。

1975年，國會對1934年證券交易法做多處修改，目的是明確全國證券交易所與登記證券協會之自我管理責任範圍，以及承擔這些責任之方式。

而後，1934年證券交易法第28條第3款被刪除，取而代之者為第28條(c)款[54]，規定證券業自律機構（Self-regulatory organizations, SRO）採取之任何紀律行為之有效性不受證券業自律機構隨後中止或修改該制裁決定之影響。同時，擴大第28條之適用範圍，以確保所有自律組織與市政證券規則制訂委員會，有權對其成員執行自己之實體規則第28條(b)款[55]。

另外，最高法院在Mitsubshi Motors Corp. v. Soler Chrysler-Plymouth, Inc.[56]之判決中指出，聯邦反托拉斯法在本質上，尚無禁止當事人達成協議，同意以仲裁之方式解決國際商業交易領域中之反托拉斯訴求請求。雖然Mitsubshi案之判決限於國際背景，但其許多推理在本案中同樣適用，McMahon認為，金融詐欺犯罪條例（Racketeer Influenced and Corrupt Organizations Act，簡稱RICO）之訴訟請求太複雜，以致不能進行仲裁[57]。

伍、Rodriguez De Quijas案（1989年）之探討

一、本案事實及爭點

（一）本案事實

本案原告Rodriguez De Quijas為證券投資人，與證券商簽署定型化之投資人協議，該協議內容規定，當事人同意以仲裁解決與帳戶有關之任何爭議，除非該仲裁協議依據聯邦法或州法裁定不可執行，否則該仲裁協議是絕對有效。

嗣原告以其在證券商（被告）之帳戶中，因有未經授權及超過額度之交易、被告提供錯誤資訊、未盡公開義務，及未適當依據原告投資計畫購買證券，使其受有損害等理由，據此向法院起訴。並主張被告所從事之行為違反1933年之聯邦證券法與1934年證券交易法第10條(b)有關未授權交易與詐欺交易、金融詐欺犯罪組織條例（RICO）及數項州法所規定之民事責任，請求損害賠償。被告則主張雙方訂有仲裁條款[58]，應受聯邦仲裁法之約束，將本案之爭議提付仲裁[59]。

（二）本案爭點

對於證券法上之權益糾紛，當事人有時在爭議發生前即已達成仲裁協議，約定將該糾紛提付仲裁，此種爭議前仲裁協議是否有效，是否能得到法院之承認，為本案之爭點。

（三）法院之見解

地方法院命令除1933年聯邦證券法第12條第2款規定之請求外，其他的請求應交付仲裁，並且1933年證券法第12條第2款上之請求，必須遵循Wilko v. Swan案判決規則，由法庭裁定。

上訴法院參照McMahon案判決，認1933年證券法規範之民事責任亦得付仲裁，而撤銷地方法院之判決，改判為該仲裁協議是可執行，因為Rodriguez案係該上訴法院在Wilko案判決後所做之判決，且Rodriguez案之見解與Wilko案判決有所不同，故已經使Wilko案判決『快要廢棄』（obsolescence）[60]。

最高法院於1989年5月15日對Rodriguez案進行判決，該判決所持見解正式推翻前Wilko案判決，肯定此部分亦得提付仲裁。茲分述如下：

(1)首先，分析Wilko案之見解，按Wilko案之法院認為，約定仲裁1933年證券法爭議之契約，依該法第14條之規定無效，蓋請求依法審判之權利乃為實質權利，而前開第14條並不允許捨棄「選擇司法裁判庭之權利」（the right to select a judicial forum）。易言之，在Wilko案中，最高法院拒絕「仲裁是代替法律審判之一種審判形式」[61]之主張，最高法院裁定不允許因選取仲裁而放棄「選擇法庭之權利」[62]，蓋在執行證券法上出賣人之權利方面，仲裁缺乏法律訴訟之確定性[63]。

再者，最高法院針對Wilko案，裁定聯邦證券法提供證券投資人廣泛選擇法庭與審判地點之機會[64]，以保護證券投資人之權利，因為投資人常不能自由平等地與出賣人交易[65]。因此不能證明第14條應解釋為禁止仲裁證券購買糾紛之爭議前協議。簡言之，1933年證券法旨在保障證券投資人，並使其與出賣人具有同等地位，為達此目的，則有必要給予投資人廣泛之法庭選擇權，而法院認為有必要維持司法裁判請求權，係因在1933年證券法下，仲裁程序缺乏足以實現買受人權利之訴訟確定性。易言之，Wilko案之判決，係基於證券投資人之權利，僅在司法裁判之情況下，才能適當地主張的一種假設。

至於在Rodriguez案中，最高法院則認為Wilko案之見解是「司法對仲裁之陳舊敵視」（old judicial hostility to arbitration），蓋過去一般咸認仲裁程序不適於權利之主張、法條之解釋或複雜糾紛之解決。惟鑑於McMahon、Mitsubish及Byrd等案之判決，此等見解已無存在價值。故

Rodriguez案之最高法院強烈支持仲裁程序之妥當性，並舉McMahon案所述證管會擴大規範SROs仲裁規則為例，確認糾紛之仲裁並不會損害實質權利之主張[66]。

(2)其次，最高法院討論1933年證券法第14條之文義，認為解釋禁止仲裁1933年證券法法定權利，並不妥當，蓋法庭選擇權純粹是程序問題，而第14條規定之禁止「放棄遵守本法之任何規定」，並不包括程序問題。最高法院表示，1933年證券法所規定之實質性保障，例如投資人主張有詐欺情事時，證券商負有「非明知」之舉證責任等，則仲裁程序亦能適當地保障之。

另外，最高法院援引McMahon案之見解，及除非反對仲裁之一造可證明國會另以法律禁止捨棄選擇法庭，否則即應依聯邦仲裁法強制履行仲裁契約；本案原告並無法舉出1933年證券法有此意旨。再者，聯邦仲裁法規定，仲裁契約如以詐欺、不正當影響力或定型化契約而予簽訂，法院得拒絕執行仲裁程序；本案並無此情形。

(3)最高法院因認Wilko案判決不當，有必要推翻此項判決，蓋McMahon及Wilko兩案共同造成不合實際之結果，即同一種請求權卻有不同之處理方式，此等差別待遇不符1933年聯邦證券法與1934年證券交易法統一規範證券交易之目的，故應調和判例，俾避免有人利用此二法律制度之不同，進行濫訴。

最高法院在Rodriguez案之主要見解是，Wilko案判決之動機，係因司法敵視仲裁所致。是否因「敵意」造成Wilko案之判決，可從判決中得知，法院認為1933年聯邦證券法是國會訂定之聯邦仲裁法之例外情形[67]。按1933年聯邦證券法在聯邦仲裁法制訂後8年後完成立法，旨在因應1929年股市大崩解，並防止不肖證券業者不法行為。1933年聯邦證券法之目的，係保障一般投資人對抗精心計較之證券業者，並平等其協商地位，從而1933年聯邦證券法賦予投資人法庭選擇權，但由於證券商通常利用仲裁契約限制投資人選擇法庭，故國會原欲制訂1933年聯邦證

券法保護投資人之目的，爰無從達成[68]。此種情形或可說明Wilko案當時法院對仲裁之態度。

迨Rodriguez案時，最高法院對1933年聯邦證券法有不同之詮解，詳言之，1933年聯邦證券法第14條禁止投資人捨棄同法之任何規定，故1933年聯邦證券法所規定之法庭選擇權不得捨棄。Rodriguez案多數意見爲克服此項問題，爰主張該法第14條所禁止者，僅爲實質權利之捨棄，不包括程序上之權利。惟第14條文義上並未做此區分，最高法院援引Scherk案，認爲本條僅能作「實質事項」來解釋，從而，該法第14條所禁止捨棄者，厥爲實質權利之規定，並不包括程序上之權利。

二、案例分析

最高法院最後確認上訴法院對Rodriguez之判決，撤銷1953年Wilko案之判決，確定1933年證券法上之請求，可依據仲裁協議進行仲裁之原則，從而改寫美國證券糾紛仲裁之歷史，爲美國證券爭議仲裁之繁榮與發展奠定法律基礎。易言之，推翻Wilko案判決，是爲對類似之成文法語言作統一之解釋[69]，並爲糾正對成文法所做之嚴重錯誤解釋，該種錯誤解釋，動搖國會在其他立法中確立之國會政策[70]。

Wilko案認爲，依據1933聯邦證券法第14條規定，對依該法所提起之請求進行仲裁之仲裁協議係無效，蓋該法第14條，禁止不遵守該法之任何規定之協議。而McMahon案並未將證券交易法第29條(a)款解讀爲，禁止執行爭議前仲裁協議，且McMahon案之判決還強調聯邦仲裁法宣示鼓勵仲裁之聯邦政策。顯見最高法院之Wilko案判決與McMahon案判決，對證券法與證券交易法類似之成文法語言，作出兩種截然不同之解釋。

另外，1925年聯邦仲裁法規定，如果無詐欺、脅迫、或壓倒性之經濟優勢等導致契約撤銷之情形存在，仲裁協議爲有效、不可撤銷，並可執行。因此，當事人達成之仲裁證券糾紛之仲裁協議，法院應該予以執

行。故Rodriguez案判決撤銷Wilko案，並且判決違反1933年證券法之行為有可仲裁性。

至於Rodriguez案判決之結果還有爭議前之仲裁協議，聯邦法院將予以執行，以強制仲裁，除非依據證券法與證券交易法，其所提起請求依據之協議為無效。

綜上所述，Rodriguez De Quijas案判決可得如下結果[71]：

1. 法院斷然拒絕任何有損仲裁聲譽，認為仲裁程序是不公平或不充分之觀點，並且拋棄以前法院所持有對仲裁之不信任態度。

2. 法院認為1925年聯邦仲裁法，所確立支持仲裁的強有力之聯邦政策，在法院審判活動中應得到執行。

3. 仲裁程序能給予申請人像在聯邦法院訴訟中一樣之保護。因之，證券爭議仲裁對投資人而言，均係公正。

三、Rodriguez De Quijas判決之影響

美國為世界上資本市場最發達之國家，證券交易市場機制完備，相關制度亦非常完善。美國是現代證券仲裁制度之發源地，早於1871年，其證券仲裁即已產生，並作為證券糾紛之解決方式，在其一百多年之發展歷程中，亦經歷許多曲折，最終發展到非常完備與發達之狀況。

美國證券仲裁在發展之歷史上，最初亦非一帆風順，但最終坦途蕩蕩。上述列舉在美國證券仲裁發展史上，有典型意義之幾個案例，該幾個案例，有助於理解其證券仲裁制度發展的脈絡，對美國證券仲裁制度有一個感性上之認識。

在Rodriguez de Quijas v. Shearon /American Express, Inc案件中，法院之判決則從法理上完全推翻早年Wilko案所確立之判決。該案法院認為，Wilko案主要強調訴訟對投資人程序上之保護，但隨著SEC（美國證券交易委員會）獲得監管證券仲裁協定之權利，該案之理由已經不存在。

　　本案明確聯邦法院應執行仲裁協定，即使此種協定約定將來發生關於1933年證券法與1934年證券交易法之爭議，將經由仲裁之方式解決，除非根據合同無效之理由認定仲裁協議無效。最高法院經由本案強調不應該詆毀仲裁，並特別指出司法上對仲裁之任何懷疑與目前聯邦法律強制性支援仲裁之理念，格格不入[72]。

　　最後，法院建議由於仲裁法具有強制性，本案將被溯及適用於此前發生之正在審理中之案件。此無疑擴大本案之影響力，而從執行情況言之，並無造成不公平之情況發生。換言之，直至1989年，美國最高法院在Rodriguez de Quijas v. Shearson/American Express. Inc一案中，明白廢棄1953年Wilko案否定證券交易爭議之仲裁容許性之結論，並明確肯定仲裁制度之社會價值及證券交易糾紛之仲裁容許性，且在許多國際證券交易糾紛牽涉仲裁之案件，法院強調強制當事人依協議提付仲裁解決，其結果僅使解決爭議之程序由訴訟改為仲裁，僅需其仲裁協議，可確保仲裁判斷之公正性，並未剝奪當事人之任何實體權利。

　　在法院一系列支援仲裁案件後，仲裁制度逐步發展，成為美國證券爭議解決之最主要方式。以有關證券爭議仲裁案件處理資料為例，美國證券自律組織（Securities Self-regulatory Organization，簡稱SRO）受理之證券案例1980年僅800餘件，1997年即達到6,000餘件；美國證券經紀商協會，例如那斯達克（NASD）[73]更是由1980年之318件升至2001年之6,639件，21年間，增加近20倍[74]。另外，在1994年秋天，那斯達克（NASD）宣布成立仲裁工作隊（Arbitration Task Force），廣泛探討那斯達克（NASD）仲裁程序之改革。隨後，並在1996年1月，該隊發表長達150多頁包括各種建議之RUEDR報告，內容包括懲罰型賠償額之規定上限[75]。

陸、我國證券爭議仲裁之價值目標

一、美國證券爭議仲裁對我國之啓示

美國以仲裁方式解決證券爭議之濫觴，可追溯到1871年紐約證券交易所。至此，許多其他自律組織陸續建立自己之解決證券爭議之程序。一百多年來，在美國「仲裁法」與美國聯邦最高法院判例法（case law）、美國證券交易委員會之支持下，美國證券爭議仲裁制度得到迅速而蓬勃之發展。經由美國證券爭議仲裁制度之研究，吾人得到不少啓示，包括證券爭議仲裁制度價值目標之定位，以及確立以仲裁方式解決證券爭議之基本原則等。

經由對美國證券爭議仲裁之研究，爲我國證券爭議之仲裁提供許多經驗和啓示，茲乃以專節敘述之。

二、我國證券爭議仲裁之法律基礎與制度之設計

（一）法律基礎

受美國證券爭議仲裁演變史之影響，我國證交法第166條第1項於1988年修正前，原係規定依本法所爲有價證券交易所生之爭議，不論當事人間有無訂立仲裁契約，均應進行仲裁。換言之，對有價證券交易所生之爭議，完全採強制仲裁制度。

1988年1月29日證交法修正後，其第166條第1項規定才改爲依本法所爲有價證券交易所生之爭議，當事人得依約定進行仲裁。但證券商與證券交易所或證券商相互間，不論當事人間有無訂立仲裁契約，均應進行仲裁。

再依「臺灣證券交易所股份有限公司證券經紀商受託契約準則」[76]相關規定，投資人買賣證券除填寫委託書外，應先簽訂「委託買賣證券

受託契約」，該契約約定，投資人與證券經紀商因本契約所生之爭議，應依證券交易法關於仲裁規定辦理，本契約並為商務仲裁契約。

依上所述，我國證券爭議仲裁原則上，須先有仲裁之約定，始有仲裁判斷之可能。因此，仲裁無論為商務仲裁，或證券爭議之仲裁，均具有契約之性質，為不爭之論。惟此種見解並無法就「仲裁判斷於當事人間與法院之確定判決，有同一之效力」之定位，加以說明。

至於證交法第166條第1項但書之規定，證券商與證券交易所或證券商相互間，不論當事人間有無訂立仲裁契約，均應進行仲裁，其立法意旨，認為其間平素業務往來密切，遇有爭議事項，應先以協調之方式解決，而仍維持強制仲裁，此種特別規定亦與上述「商務」仲裁不同，依同條第2項規定，自應優先適用，此不但為證券糾紛仲裁之另一特色，且以上述之法律基礎而言，顯然另成一體，值得注意。

（二）制度之設計

依證交法第166條第1項規定：「依本法所為有價證券交易所生之爭議，當事人得依約定進行仲裁。但證券商與證券交易所或證券商相互間，不論當事人間有無訂立仲裁契約，均應進行仲裁。」換言之，即將證券仲裁制度分為二者，即：

1. 強制仲裁

其適用範圍為「證券商與證券交易所」或「證券商相互間」，「應」進行仲裁，以仲裁解決紛爭。

2. 任意仲裁

其適用範圍為「強制仲裁以外」之情形，即於非證券商之間，如證券商與投資人之間、交易所與投資人之間，當事人「得」依約定進行仲裁。且該約定仲裁之方式，須符合仲裁法之約定仲裁之要式要件：即須以書面為之。換言之，亦即投資人在證券商辦理開戶時，須簽訂委託買

賣證券受託契約書[77]，倘其中已明訂有仲裁條款，於發生糾紛時始須先行提付仲裁，否則即可逕行採取訴訟或其他途徑，以解決彼此之爭議。

（三）「有價證券交易所生之爭議」含義

所謂「依本法所為有價證券交易所生之爭議」，原則上，在證券集中交易市場或店頭市場所為之有價證券買賣所生之爭議固屬之。

然倘非「依本法」所為有價證券交易是否亦有本條之適用問題，例如投資人或證券商之一方，違約未履行交割而生之爭議；或如證交法規定以外之有價證券所為買賣之爭議，均屬之。

蓋解決當事人間因合法證券交易所引起之爭議，必較違法之證券交易之爭議為少，故對前兩例均應包括在內；至於證交法規定以外之有價證券，如非公開發行之公司股票，則不應包括，蓋其實際上，已與證交法無甚關連。

又如委託人與證券商間之行紀契約所生之爭議；或發行人、投資人與承銷商之間，因承銷契約所生之爭議；或如投資人與證券商之間，因買賣證券佣金之爭議等[78]，是否均屬條文之「依本法所為有價證券交易所生之爭議」範圍，有學者認為，上述所舉者，嚴格而論，均非證交法第166條所稱「依本法所為有價證券交易所生之爭議」。因本條範圍欠明確，以證券商與證券交易所之間，使用有價證券集中交易市場契約所生之爭議而言，其並非於證券交易市場或店頭市場所為之有價證券交易[79]。

然而，本文以為，解釋上應可採廣義解釋，將其內容泛指因證券交易而產生直接、間接之一切爭議。此由於現行證券仲裁將強制仲裁範圍僅限於證券商之間或證券商與證券交易所之間，而任意仲裁之程序幾完全適用一般商務仲裁之程序，故擴大解釋證交法第166條適用範圍並無不妥，得提供當事人間多一項解決糾紛之途徑，反可更有效解決因有價證券交易所生爭議。另一方面，亦可使仲裁案之相對人不必一直再對此

問題，提出抗辯，拖延程序之進行。

三、立法目的與效果

（一）立法目的

1988年之前的證交法舊法，原係規定：「依本法所爲有價證券交易所生爭議，不論當事人間有無訂立仲裁契約，均應進行仲裁。」亦即當時有關證券交易之爭議，均採強制仲裁。

當時之所以採強制仲裁制度，理由爲：「本條立法原意乃是強行規定證券交易糾紛，概須先經仲裁程序。如仲裁不成，仍須經過訴訟。因爲證券交易不同於一般商業行爲，故其糾紛亦異，如證券交易糾紛不先經仲裁而逕向法院提起訴訟，可能因法官不太瞭解證券交易各種技術問題，反會增加法院許多負擔。如證券交易糾紛先經過仲裁程序，可使許多複雜問題趨於簡單，也可使許多糾紛因仲裁而獲得解決，無須再經訴訟，故本法仲裁，實無異於替訴訟先作資料批判工作，對公平合理有很大的幫助。」[80]至1988年證交法修正後則規定爲：「依本法所爲有價證券交易所生爭議，當事人得依約定進行仲裁。但證券商與證券交易所或證券商相互間，不論當事人間有無訂立仲裁契約，均應進行仲裁。」換言之，僅剩該條但書規定之情形仍保留爲「強制仲裁」，其餘均已改爲「任意仲裁」。

（二）未依法進行證券仲裁之法律效果

依證交法第167條規定：「爭議當事人之一造違反前條規定，另行提起訴訟時，他造得據以請求法院駁回其訴。」此即妨訴抗辯。即在爭議當事人之一造，違反證交法第166條，而不依法仲裁，逕予訴訟時，他造得據以請求駁回其訴[81]。

原商務仲裁條例第3條：「仲裁契約，如一造不遵守，而另行提起

訴訟時，他造得據以請求法院駁回原告之訴。」亦有同樣規定[82]。此亦即所謂「駁回說」。惟現行仲裁法第4條第1項已改爲規定：「仲裁協議，如一方不遵守，另行提起訴訟時，法院應依他方聲請裁定停止訴訟程序，並命原告於一定期間內提付仲裁。但被告已爲本案之言詞辯論者，不在此限。」故前述未依法進行證券仲裁之法律效果，已經由「駁回說」改爲「停止訴訟說」。

強制仲裁或已約定「應」仲裁而未依法進行證交仲裁，他造固得據以請求法院駁回其訴。然其僅爲訴訟程序上之抗辯，倘一造未依法進行仲裁，而他造亦未提出妨訴抗辯時，則法院應否依職權審酌「應仲裁」而駁回其訴，此間顯然值得研究。

妨訴抗辯，既僅爲訴訟程序上之抗辯，屬抗辯權之一，故他造倘未主張，依民事訴訟採當事人進行主義，該紛爭自仍應依訴訟解決。倘當事人未主張妨訴抗辯，法院不得依職權審酌而駁回其訴。

但亦有學說認爲，此於任意仲裁，可視爲雙方合意解除仲裁，殆無疑義；然於強制仲裁，未依法進行仲裁，而提起訴訟，倘他造未據以請求法院駁回其訴，即依訴訟解決紛爭，如雙方仍得合意規避「強制仲裁」，則證交法強制仲裁制度之規定將失其立法之目的[83]，本文同意此種見解。

四、證券仲裁制度之特殊規定

（一）仲裁人之指定

依仲裁法第9條第1項前段：「仲裁協議，未約定仲裁人及其選定方法者，應由雙方當事人各選一仲裁人，再由雙方選定之仲裁人共推第三仲裁人爲主任仲裁人，並由仲裁庭以書面通知當事人。」倘兩造不能共推時，依仲裁法第9條第2項後段：「當事人得聲請法院爲之選定。」

然證交法第168條特規定於此情形時，「由主管機關依申請或以職

權指定之」而排除仲裁法之適用。其理由係認為證券仲裁涉及證券實務，而主管機關證期會對此類爭議案件之仲裁人之選擇較為熟稔，故賦予指定之權[84]。遺憾的是，中華民國商務仲裁協會（現已更名為中華民國仲裁協會）曾因不瞭解證交法第168條規定，而發出錯誤函件給當事人，令人無所適從[85]。

（二）證券商違反仲裁判斷之制裁

一般商務爭議仲裁，與證券爭議仲裁並非完全相同。依證交法第169條規定，特別加重證券商履行仲裁判斷或仲裁上和解結果之責任，故除有仲裁法第40條提起撤銷仲裁判斷之訴外，倘其未履行，主管機關得以命令停止其業務；縱其依仲裁法第40條提起撤銷仲裁判斷之訴，倘該訴敗訴，則仍應依仲裁判斷履行其責任，倘未履行，仍有證交法第169條之適用，主管機關得以命令停止其業務，以防證券商之濫訴。

（三）證交所章程、營業細則與公會章程之仲裁規定

為貫徹強制仲裁制度之執行，證交法第170條規定，證券商業同業公會及證券交易所應於章程或規則內，訂明有關仲裁之事項。此等規定之目的，在於使相關當事人遵行，惟該規定，均不得牴觸證券交易法及仲裁法之規定。茲將臺灣證券交易所章程、營業細則及臺北市證券商業同業公會之章程，分述如下：

1. 臺灣證券交易所股份有限公司章程

依該章程第39條規定，在證券交易所集中交易市場為買賣之證券經紀商與證券自營商，因證券交易所生之爭議，應依證交法第6章規定，進行仲裁。

2. 臺灣證券交易所營業細則第10章

即第122條至第124條，第132條之1至第133條，其中第125條至第

132條以及第134條，業已刪除[86]。

3. 中華民國證券商業同業公會章程

中華民國證券商業同業公會章程中，並未訂明有關仲裁之事項，其雖或有其事實上之原因，惟證交法第170條既已明文規定，證券商同業公會及證券交易所應於章程內，訂明有關仲裁之事項，則其已不符合證交法第170條規定，至為明顯，本文認為應由主管機關命令其改善，以符法制。

五、證券仲裁之適用疑義與修法建議

按我國證券仲裁規定於證券交易法第6章，從該法第166條至第170條，為有關證券仲裁之規定。依證券交易法第166條第2項規定：「前項仲裁，除本法規定外，依仲裁法之規定。」換言之，證券交易法未規定之仲裁事項，適用仲裁法之規定。

茲就證券仲裁之適用疑義，分述如下：

（一）證券交易法第167條及其爭議

證券交易法第167條規定：「爭議當事人之一造違反前條規定，另行提起訴訟時，他造得據以請求法院駁回其訴。」此為妨訴抗辯。即在爭議當事人之一造，違反證券交易法第166條，不依法仲裁，而逕予訴訟時，他造得據以請求法院駁回其訴[87]。惟本條規定之妨訴抗辯如何適用，在學者間則有爭議。

另外，現行仲裁法對違反仲裁約定者，採取「訴訟停止說」而非證券交易法所規定之「駁回說」，以致現行證券交易法之規定與仲裁法之規定相異，惟以何者為宜，茲分述如下：

1. 妨訴抗辯之適用

有學者謂妨訴抗辯乃任意仲裁下之產物，而認為證券交易法第167

條若僅適用於任意仲裁，則有以下幾個矛盾：

(1)第167條之規定將形同具文，無規定之必要，因依第166條第2項，自得適用原商務仲裁條例第3條妨訴抗辯之規定。

(2)與立法意旨不符。證券交易法於1968年制定時，僅有強制仲裁之規定，於1988年修正時，始有任意仲裁之制度。因此，如認為第167條僅適用於任意仲裁，顯然違背立法者之意思。

(3)第167條如僅適用於任意仲裁，等於未對強制仲裁作任何規定，則法院於面對強制仲裁事項，而當事人又向法院起訴時，應如何處理，則有矛盾[88]。

基於上述之矛盾點，故不能逕認證券交易法第167條僅適用於任意仲裁，惟若認於強制仲裁亦有其適用，則可能因當事人未主張妨訴抗辯或逕為陳述，使訴訟程序遂行，而規避強制仲裁制度，使得證券交易法設立強制仲裁制度之意旨盡失。惟此種論點是否正確仍有爭議。其實，根本問題在於證交法第166條既然修正僅剩「但書」部分為強制仲裁，則該法第167條自應配合修正為：「……違反前條『但書』規定，……」。

（二）證券交易法第168條及其爭議

證券交易法第168條規定：「爭議當事人之仲裁人不能依協議推定另一仲裁人時，由主管機關依申請或以職權指定之。」就規定內容而言，本條係針對第三位仲裁人或主任仲裁人之選定而作規範。至於應由當事人選任仲裁人之情況下，亦即倘爭議當事人不能依協議推定仲裁人時，究應如何解決，證券交易法並未作任何規定，是以依第166條第2項規定之結果，依仲裁法之規定解決。

然而，當事人選任之仲裁人拒絕仲裁任務之擔任，或當事人不能選定仲裁人時，依仲裁法第13條規定，解釋上應先由法院為當事人選任仲裁人，經選任之仲裁人如不能依協議選定另一仲裁人時，依本條規定，

由主管機關指定之，此種程序是否過於迂迴，不無疑問。又本條制定之理由，在於認為金融監督管理委員會對證券交易相關糾紛案件之仲裁人之選擇較具專業性，而賦予指定權。因此，宜直接明確規定於當事人不能或拒絕選任仲裁人時，均委由主管機關為之選任。

另外，證券交易法第168條使用「推定」用語，不甚妥當，因「推定」乃具免除舉證責任之訴訟法上之概念，故宜參照仲裁法第9條之規定，修正為「共推」之用語較妥[89]。

（三）證券「強制仲裁」效力問題之探討

有關證券「強制仲裁」效力問題，應可分兩方面敘述之，即何謂證券「強制仲裁」，證券「強制仲裁」之規定有無合憲性，此問題有學者質疑，茲分述如下：

1. 證券「強制仲裁」之意義

依證交法第166條第1項前段規定：「依本法所為有價證券交易所生之爭議，當事人得依約定進行仲裁。」從條文之文義觀之，既謂「得」依約定進行仲裁，即表示當事人有權選擇「仲裁」或「訴訟」，此並非強制仲裁，而係「任意仲裁」[90]，非常明顯。惟亦有認為此部分之規定亦為強制仲裁，且進一步認為「投資人與證券商之爭議，往往因證券商所擬定之附合契約內附仲裁條款，投資人僅得選擇仲裁方式解決爭議」云云[91]，本文認為此見解值得商榷。

蓋臺灣證券交易所股份有限公司於該公司證券經紀商受託契約準則第1條規定：「本準則依據證券交易法第一百五十八條及主管機關頒行之『證券經紀商受託契約準則』主要內容之規定訂定。」而該準則第21條規定：「委託人與證券經紀商間因委託買賣證券所生之爭議，得依證券交易法關於仲裁之規定辦理或向同業公會申請調處。前項有關仲裁或調處之規定，應於委託契約中訂明。」等，且依該準則第25條規定：

「本準則報請主管機關核定後實施。」換言之，既經報請主管機關核定，則不生不公平之「附合契約」問題。

至於證交法第166條第1項但書規定：「但證券商與證券交易所或證券商相互間，不論當事人間有無訂立仲裁契約，均應進行仲裁。」從條文之文義觀之，既謂均「應」進行仲裁，即表示當事人無權選擇「訴訟」，而必須「強制仲裁」，從而有所謂「妨訴抗辯」問題。故學者有主張「妨訴抗辯」乃任意仲裁制度下之產物云云[92]，似有誤會。蓋在任意仲裁，當事人既「得」依約定進行仲裁，亦得進行訴訟，本有權擇一行使，當然不會違背約定。

2. 證券「強制仲裁」之規定有無合憲性問題

針對證券「強制仲裁」之規定是否有違憲性，學者有不同見解：

(1) 認為證券「強制仲裁」之規定違憲

學者所著〈論證券交易法之強制仲裁〉、〈證券交易法中仲裁規定之檢討〉等文，因對於「強制仲裁」之認知，發生誤會，致有所謂不同意見出現。該文均認為證券「強制仲裁」之規定有違憲。

(2) 認為證券「強制仲裁」之規定並無違憲問題

本文認為證券交易法係特別法，而證券交易爭議之仲裁對「仲裁法」而言，係特別法，已如前述。因此，從證券交易爭議仲裁之特色觀察，更可凸顯證券交易法之強制仲裁與一般之仲裁，並不相同。

又依證券交易法1988年，前後修正條文之比較言之，現行第166條第1項規定為：「依本法所為有價證券交易所生之爭議，當事人得依約定進行仲裁。但證券商與證券交易所或證券商相互間，不論當事人間有無訂立仲裁契約，均應進行仲裁。」在一般投資人與證券商之間所發生之糾紛，均改採任意仲裁，須當事人間有合意，才能進行仲裁，此部分由條文觀之，其適用範圍似乎非常明確，再配合「臺灣證券交易所股份有限公司營業細則」中有關證券仲裁之規定，更可肯定之。

　　至於證券商與證券交易所間或證券商相互間發生糾紛時，則採取強制仲裁，係爲證券商與證券交易所間，有一點主管或下屬關係，或證券商相互間，均爲同業關係，其間發生糾紛時，爲求同業間之和諧，不願對簿公堂，故以仲裁方式解決爭議，依憲法第23條規定之反面解釋言之，既有證券交易法第166條第1項但書之明文規定，且該規定與投資人並無直接關連，即無所謂「法令強制仲裁之合憲性」問題[93]。

　　何況，證券交易法第166條第1項但書規定，屬於憲法第23條：「以上各條列舉之自由權利，除爲防止妨礙他人自由、避免緊急危難、維持社會秩序，或增進公共利益所必要者外，不得以法律限制之。」之範圍，且該條屬於證券商同業間，或與證交所間之問題，與人民無關。

　　至於前述〈證券交易法中仲裁規定之檢討〉一文，認爲「任何強制」排除法院審判之權限，等於剝奪人民之訴訟權，該文提出美國聯邦最高法院就證券爭議是否得以仲裁解決，從否定到肯定等判決，而主張「任何強制仲裁之法律均將被認爲係違反美國憲法修正案第14條所揭櫫之正當法律程序（due process of law）而無效」[94]云云，值得研究。

　　事實上，證券「強制仲裁」程序純係爲同業間或交易所與證券商間之協調，雙方不願意「對簿公堂」而設之規定，已如前述，故並無所謂違反憲法問題。何況，美國是普通法系之國家，普通法以「法官造法」爲基礎，並實行遵循先例之原則，普通法之法官被認爲有責任經由對個案分析與解釋來宣示法律，故美國聯邦最高法院就證券爭議是否得以仲裁解決，似並不足以推翻我國證券交易法第166條第1項但書之明文規定。再者，英美法系國家之仲裁法，通常賦予法院以較大之監督權與干預權；而大陸法系國家之仲裁相對地較少受法院干預，故仲裁文化[95]之不同，不可混爲一談。

　　此外，另〈論證券交易法之強制仲裁〉一文認爲，應強化「強制仲裁」程序，以保障投資大眾，包括強化仲裁庭之組成、增加保全程序、公開仲裁判斷書等，固非無見。然而，在其中〈增加保全程序〉乙節

中，該文認定向法院撰狀聲請，緩不濟急[96]，似有誤會，蓋法院對於保全程序案，均非常迅速處理，如有急迫情事，經執行法官許可者，更可依強制執行法第55條但書規定處理。此外，公開仲裁判斷書問題，反而違反仲裁之本意，應慎重考慮。

(3) 小結

由於「證券交易仲裁」議題甚爲重要，歷來學界頗多創見，而筆者亦曾提出若干相關文章：包括〈證券交易糾紛之仲裁〉、〈證券交易仲裁之妨訴抗辯——兼論最高法院八十八年度臺上字第一五四四號判決〉、〈證券交易爭議之仲裁〉，另於專書內亦有文章論及〈再論證券爭議之仲裁——兼論最高法院八十八年度臺上字第一五四四號判決〉，〈上市契約仲裁適格性之探討——兼論臺灣高等法院九十二年度上更（二）字第九號判決〉。此外，2008年指導之碩士論文《證券仲裁制度之研究——兼論美國證券仲裁制度》等，均對本議題著墨甚深。

由前述論著對於證券「強制仲裁」規定之闡述，顯見「強制仲裁」僅限於證券交易法第166條第1項但書之規定。前述〈論證券交易法之強制仲裁〉、〈證券交易法中仲裁規定之檢討〉等文，因誤會證券交易仲裁之「強制仲裁」規定，才會與有無「合憲性問題」，混爲一談，明顯不妥。

柒、結語

回顧美國證券交易爭議之仲裁，由最初對於仲裁機制之排擠與不信賴，到限制性的同意仲裁、以迄目前對於仲裁機制之高度認同，其演進脈絡至爲清晰。而從美國證券交易爭議仲裁之實務，可進一步彰顯仲裁是解決證券爭議之一種有效方式，不但可疏減訟源，縮短投資人解決證券爭議之時間，同時亦減少投資人之法律成本。

　　我國證券爭議之仲裁，受美國之影響頗鉅，對於仲裁之適用範圍亦次第有所變革，惟幸均能與時俱進。目前，我國證交法針對有價證券交易所生之爭議，規範以仲裁方式解決爭議，係因證券交易糾紛，有其特殊性，故由此方面之學者專家介入仲裁，較能保護當事人權益。1988年證交法修正前之仲裁規定，一律為「強制」仲裁，修正後，業經改為「任意仲裁」與「強制仲裁」。因此，在任意仲裁，當事人可就訴訟或仲裁，擇一行使。至於在「強制仲裁」時，則有妨訴抗辯問題，此於證交法或原商務仲裁條例（現已改為仲裁法，下同）規定均同。

　　1995年3月商務仲裁協會將原商務仲裁條例第3條妨訴抗辯條文修正為：「仲裁契約，如一方不遵守，另行提起訴訟時，法院應依他方之聲請以裁定停止訴訟程序，並命原告提付仲裁。但被告未聲請而為本案之言詞辯論者，不在此限。」其修正理由，依民法第131條規定，訴訟因不合法而受駁回確定，原告之請求權時效視為不中斷。此時，如其係短期時效，極可能完成，產生時效抗辯權，致使當事人另行仲裁並無實益，駁回制對當事人權利之保護似不周延。

　　此種修正見解似無不妥，且依證交法第166條第2項規定，前項仲裁，除本法規定外，依仲裁法之規定。因此，原商務仲裁條例有關妨訴抗辯問題之修正，本與證券糾紛仲裁無關，證券交易法仍有優先適用之地位。然而，為避免仲裁人適用仲裁規定時，發生割裂現象，甚至，因選出之仲裁人並非均為法律專家，而有錯誤引用發生，反而非解決爭端之道。

　　再者，證券交易之爭議，本非單純，而民事訴訟又有高度之技巧性[97]，為訴訟經濟，當事人於聘請律師為訴訟代理人時，自會對仲裁或訴訟多加研究，如依商務仲裁修正後條文，反而會產生拖延訴訟情事，而不符合「仲裁迅速性」之要求，因此，為仲裁之制度之完整性，實不宜讓「證券仲裁」與「商務仲裁」規定，相互牴觸。

 **參考資料**

（一）中文部分

書籍

吳光明，證券交易爭議之仲裁，蔚理，1998年9月。

吳光明，證券交易法論，增訂13版，三民，2015年11月。

吳光明，仲裁法理論與判決研究，翰蘆，2004年11月。

張路譯，Securities Act of 1933，美國1933年證券法，法律出版社，2006年11月。

賴英照，最新證券交易法解析：股市遊戲規則，作者自版，2014年2月。

賴源河，證券管理法規，元照出版，2012年9月。

期刊論文

吳光明，〈證券交易糾紛之仲裁〉，《證券暨期貨管理》，第20卷，第12期，1995年12月。

吳光明，〈證券交易仲裁之妨訴抗辯——兼論最高法院八十八年度臺上字第一五四四號判決〉，《仲裁》，第68期。

吳光明，〈證券交易爭議之仲裁〉，《月旦法學雜誌》，第89期，2002年12月。

吳光明，〈再論證券爭議之仲裁——兼論九十一年度臺上字第二三六七號判決及相關問題〉，《仲裁法理論與判決研究》，2004年11月。

吳光明，〈上市契約仲裁適格性之探討——兼論臺灣高等法院九十二年度上更（二）字第九號判決〉，《仲裁法理論與判決研究》，2004年11月。

吳珮韶，《證券仲裁制度之研究——兼論美國證券仲裁制度》，指導教授吳光明教授，中原大學財法所碩士論文，2008年7月。

吳光明，〈三論證券交易之仲裁〉，《仲裁》，第89期，2009年11月。

蔡朝安、劉倩妏，〈投資人從事證券交易所涉之仲裁〉，《仲裁》，第89期。

黃正一，〈論證券交易法之強制仲裁〉，《法令月刊》，第51卷，12期。

許黃捷，〈證券仲裁的法律問題－證券交易法第166、167條及仲裁容許性〉，《月旦財經法雜誌》，第26期，2011年9月。

（二）英文部分

Arthur D. Harvard, The Concept of Arbitration and its Role in Society, The Commercial Way to Justice, 1997, Kluwer Law International.

Bernard M. Hoekman, Petros C. Mavroidis, World Trade Organization〔WTO〕2015.10：Law, Economics, and Politics〔Global Institutions〕.

Edward C. Chiasson, Q.C.FCIArb. The Sources of Law in International Arbitration, The Commercial Way to Justice, 1997, Kluwer Law International.

Gary B. Born, International Commercial Arbitration in The United States, 1997, Commentary & Materials, Kluwer.

Henry W. Ehrmann, Comparative Legal Cultures, 1990.3.

International Culture, Kluwer Law International, 1998.

J Kirkla Grant, Securities Arbitration for Brokers, Attorneys, and Investors, 2016.

Jacqueline M. Nolan-Haley, Alternative Dispute Resolution in a nutshell, 2Edition 2001.

Joseph Long, Seth Lipner, William Jacobson, Securities Arbitration Desk Reference, 2012-2013 ed. (Securities Law Handbook Series) Paperback-September 1, 2012.

Karl-Heinz Böckstiegel, The Role of National Court in the Development of an Arbitrational Culture, International Dispute Resolution, 1998.

Katherine Stone, Richard Bales, Alexander Colvin, Arbitration Law (University Casebook Series) 3rd Edition, 2014.12.

Marilyn Blumberg Cane, Patricia A. Shub, Securities Arbitration: Law and Procedure First English Language Edition Edition, 2016.

Nicholas R. Weiskopf, Commercial Arbitration: Theory and Practice, Third Edition, 2014.7,

Susan Blake, Julie Browne, The Jackson ADR Handbook, 2013.7.

Stephen B. Goldberg, Frank E. A. Sander, Nancy H. Rogers, Sarah Rudolph Cole, Disputes Resolution, Negotiation, Mediation, and Other Processers, 2004.

Tang Houzhi, Is There an Expanding Culture that Favors Combining Arbitration with Conciliation or Other ADR Procedures? International Dispute Resolution: Towards an International Culture, Kluwer Law International, 1998.

美國證券爭議仲裁之探討

註　釋

* 國立臺北大學法律系證券交易法教授，臺灣財產法暨經濟法研究協會理事長，法務部「仲裁法」、「物權」修法委員，仲裁協會仲裁人，寧波仲裁委員會仲裁員，律師（1976年至1993年；2013年迄今）。

1. 美國為英美法系國家，即使是經由國會通過之成文法，亦須根據法律規定，經由法院之判決，才能確定證券爭議仲裁之可仲裁性。

2. 346 U.S. 427 (1953)

3. SICA, the arbitrator's Manual, January 2001.

4. 吳光明，《證券交易爭議之仲裁》，蔚理，1998年9月，頁99-169。

5. 美國聯邦仲裁法（Federal Arbitration Act），2010-04-19 http://www.lawtime.cn/info/guojizhongcai/guojizhongcaifa/2010041936.html（拜訪日：2016年9月28日）

6. 吳光明，《證券交易爭議之仲裁》，蔚理，1998年9月，頁46-48。

7. Exchange Act §7, 15 U.S.C. §78g (1994).

8. 張路譯，Securities Act of 1933，美國1933年證券法，法律出版社，2006年11月，頁3-147。

9. 原文為：Offers or sells a security (whether or not exempted by the provisions of Section 3,other than paragraphs (2) and (14) of subsection (a) thereof), by the use of any means or instruments of transportation or communication in interstate commerce or of the mails, by means of a prospectus or oral communication, which includes an untrue statement of a material fact or omits to state a material fact necessary in order to

make the statements, in the light of the circumstances under which they were made, not misleading (the purchaser not knowing of such untruth or omission), and who shall not sustain the burden of proof that he did not know, and in the exercise of reasonable care could not have known, of such untruth or omission, shall be liable, subject to subsection (b), to the person purchasing such security from him, who may sue either at law or in equity in any court of competent jurisdiction, to recover the consideration paid for such security with interest thereon, less the amount of any income received thereon, upon the tender of such security, or for damages if he no longer owns the security.

10.如向聯邦法院提起之任何訴訟或程序，其訴訟爭點根據當事人達成之書面仲裁協議，將經由仲裁方式解決，而法院還未作出判決時，當確信本訴訟與程序涉及之爭點，按照仲裁協議提付仲裁時，經任何一方當事人之申請，如停止訴訟之申請，不會對仲裁程序造成不利影響，法院應該停止訴訟，直到依據該協議進行仲裁為止。

11.原文為：Any condition, stipulation, or provision binding any person acquiring any security to waive compliance with any provision of this title or of the rules and regulations of the Commission shall be void.

12.美國1933年聯邦證券法，又稱證券真實法（Truth in Securities Law），共28條，是一部真實保護金融消費者之聯邦立法，亦係美國第一部有效之公司融資監管法，包含州藍天法之許多特色。

13.依1933年聯邦證券法第12條第2項規定，除非僅涉及與文件（paper）有關之責任，否則需要負舉證責任，證明所指控之重大遺漏責任不成立……減輕此種責任，將不利於實現本制訂法之目的。See H.R. Rep. No. 85, 73d Cong., 1st Sess. 9-10.

14.346 U.S. 427, 436.

15.9 U.S.C. (Supp. V, 1952) 10認爲：

「在下列情況下，依據仲裁當事人任何一方之申請，仲裁判斷做出地聯邦法院可以判決撤銷該仲裁判斷：

a.當裁決以賄賂、欺詐或不當手段獲取時。

b.存在明顯的偏袒或賄賂仲裁員，或具有兩者之一時。

c.當仲裁員有不當行爲，如對理由充分之延期聽審申請加以拒絕，或拒絕聽審與爭議相關和重大之證據，或具有任何其他損害當事人權利之不當行爲。

d.仲裁人越權，或如此不當地行使權利以致不能做出共同、終局和明確之仲裁判斷。

e.當仲裁判斷被撤銷且當事人間之協議，要求仲裁判斷做出之時間還未期滿，法院依據自由裁量可指導仲裁人重新審理時。」

16.吳光明，《證券交易爭議之仲裁》，蔚理，1998年9月，頁49-50。

17.107 F. Supp. 75.

18.346 U.S. 427, 434.

19.345 U.S. 969.

20.CF. Frost& Co. Coeur D'Alene Mines Corp., 312 U.S. 38, 40.

21.9 U.S.C. (Supp. V, 1952) 2Cf. TEJAS Development Co. V. Mcgough Bros., 165F. 2d. 276, 278, with Agostini Bldg. Crop. v. United States, 142 F. 2d 854. See Sturges and Murphy, Some Confusing Matters Relating to arbitration, 17 law & Contemp. Prob. 580.

22.吳光明，《證券交易爭議之仲裁》，蔚理，1998年9月，頁51。

23.Kanji Ishizumi, International Arbitration And Federal Securities Regulation: Reconciling Two Conflicting Policies, 6 Journal of Comparative Business And Capital Market Law 81-113 (1984), p.92-93。

24.原文爲：Any condition, stipulation, or provision binding any person acquiring any security to waive compliance with any provision of this title or of the rules and regulations of the Commission shall be void.

25. 原文爲：The agreement to arbitrate future controversies was void under § 14 of the Securities Act as a "stipulation" binding the customer to "waive compliance" with a "provision" of the Act.

26. 依1933年聯邦證券法第12條a款規定：「聯邦地方法院、聯邦屬地之聯邦法院及哥倫比亞特區之聯邦地方法院，對本法及證管會所發布施行命令之不法行爲及違法事項有管轄權。上述法院與州法院或聯邦屬地法院，對爲使負本法規定之義務或爲使履行本法規定之責任，而依法所提之訴訟及要求，均有管轄權。該項訴訟或請求，得於被告發現地、被告住所所在地或被告營業地爲之。如被告參與募集或出售之行爲，則於募集或出售發生地爲之；此類案件之進行，亦得於被告住所所在地或被告發現地爲之。……因本法所引起之各項案件，已向州管轄法院提出者，不得移轉於聯邦法院。……」

原文爲：(a) The district courts of the United States and United States courts of any territory shall have jurisdiction of offenses and violations under this title and under the rules and regulations promulgated by the Commission in respect thereto, and, concurrent with state and territorial courts, except as provided in Section 16 with respect to covered class actions, of all suits in equity and actions at law brought to enforce any liability or duty created by this title. Any such suit or action may be brought in the district wherein the defendant is found or is an inhabitant or transacts business, or in the district where the offer or sale took place, if the defendant participated therein, and process in such cases may be served in any other district of which the defendant is an inhabitant or wherever the defendant may be found. Judgments and decrees so rendered shall be subject to review as provided in Sections 1254, 1291, 1292 and 1294 of Title 28, United States Code. Except as provided in Section 16(c), no case arising under this title and brought in any state court of competent jurisdiction shall be removed to any court of the United States. No costs shall be assessed for or against the Commission in any proceeding under this title brought by or against it in the Supreme Court or such other courts.

27. 原文為：The right of an aggrieved person under §22(a) to select the judicial forum is a "provision" of the Securities Act that cannot be waived under §14 thereof.

28. 原文為：As the protective provisions of the Securities Act require the exercise of judicial direction to fairly assure their effectiveness, Congress must have intended §14 to apply to waiver of judicial trial and review.

29. 15 U.S.C. §§78a-78u (1994).

30. 490 U.S. 477 (1989).

31. 吳光明，《證券交易爭議之仲裁》，蔚理，1998年9月，頁51-60。

32. 417 U.S. 506 (1974).

33. The Skcher Court assume for purpose of its opinion that Wilko applied to the Exchange Act, but it determined that an international contract "involved consideration and policies significant different from those found controlling in Wilko." 417 U.S., at 515.

34. Kanji Isgizumi, supra note 7, pp.95-97 。

35. 依1934年證券交易法第27條規定：「聯邦地方法院、哥倫比亞特區法院、及美國屬地或在美國司法管轄地區之聯邦法院，對於違反本法及依本法制定之行政命令規定之事項，及為行使本法及依

本法制定之行政命令規定，請求負擔義務或履行責任而依衡平法或法律所提起之訴訟及其他法律行爲，有專屬管轄權。任何刑事訴訟程序之進行，應於違法行爲或交易之發生地爲之。爲行使本法依本法制定之行政命令規定，請求負擔義務或履行族認知訴訟或其他法律行爲，或請求禁止違反本法或依本法制定之行政命令規定之訴訟行爲或其他法律行爲，得於上述任一地區，或被告知發現地、住所所在地或營業地爲之。……」

原文爲：The district courts of the United States and the United States courts of any Territory or other place subject to the jurisdiction of the United States shall have exclusive jurisdiction of violations of this title or the rules and regulations thereunder, and of all suits in equity and actions at law brought to enforce any liability or duty created by this title or the rules and regulations thereunder. Any criminal proceeding may be brought in the district wherein any act or transaction constituting the violation occurred. Any suit or action to enforce any liability or duty created by this title or rules and regulations thereunder, or to enjoin any violation of such title or rules and regulations, may be brought in any such district or in the district wherein the defendant is found or is an inhabitant or transacts business, and process in such cases may be served in any other district of which the defendant is an inhabitant or wherever the defendant may be found. Judgments and decrees so rendered shall be subject to review as provided in sections 1254, 1291, 1292, and 1294 of Title 28. No costs shall be assessed for or against the Commission in any proceeding under this title brought by or against it in the Supreme Court or such other courts.

36. 470 U.S. 213 (1985).

37. Id., at 215-216, n.1.

38.吳光明，《證券交易爭議之仲裁》，蔚理，1998年9月，頁54。

39.473 U.S. 614.

40.Joan S. Amon, Arbitration-Antitrust Claims-Enforceability of Arbitration Agreements on International Claims, Mitsubishi-Motors Corp. v. Solar Chrysler-Plymouth, Inc., 105 S. Ct. 3346(1985), 10(No.1) Suffolk Transnational Law Journal 213-227 (1986), pp.221-223.

41.吳光明，《證券交易爭議之仲裁》，蔚理，1998年9月，頁55。

42.618 F. Supp. 384,385 (1985).

43.聯邦仲裁法第3條規定為：如果確信法庭上當事人之爭執點，是依據仲裁協議是具有仲裁容許性，則可要求法院停止訴訟。

44.417 U.S., at 511, quoting H.R. Rep. No 96, 68th Cong., 1st sess., 1,2 (1924).

45.Moses H. cone Memorial Hospital v. Mercury Construction Corp., 460 U.S. 1, 24 (1983).

46.Dean Witter Reynolds Inc. v. Byrd, 470 U.S. 221 (1985).

47.Dean Witter Reynolds Inc. v. Byrd, 470 U.S. 217 (1985).

48.原文為：Any condition, stipulation, or provision binding any person to waive compliance with any provision of this title or of any rule or regulation thereunder, or of any rule of an exchange required thereby shall be void.

49.482 U.S. 220, 228.

50.Mitsubshi Motors Corp. v. Soler Chrysler-Plymouth, Inc. 473 U.S., at 628.

51.換言之，Wilko案之判決理由反應法院對仲裁所持之懷疑態度，以及對於仲裁庭能力之懷疑，改變Wilko案對仲裁之不信任態度以及該法院之後涉及仲裁法判決時之態度，並非容易。See, e.g., Mitsubshi Motors Corp. v. Soler Chrysler-Plymouth, Inc.,473

U.S.614(1985), Dean Witter Reynolds Inc. v. Byrd, 470 U.S.213 (1985); Scherk v. Alberto-Culver Co.,417 U.S.506 (1975).

52.Id., at 636-637(declining to assume that arbitration will not be resolved in accordance with statutory law, but reserving consideration of "effect of an arbitral tribunal's failure to take cognizance of the statutory cause of action on claimant's capacity to reinstate suit in federal court").

53.See, e.g., Tullis v. Kohlmeyer & Co., 551 F.2d 632,638 (CA 5 1977) ("Preserving for the stock exchange a major self-regulatory role… is the basis of 28 (b)").

54.原文爲： The stay, setting aside, or modification pursuant to section 19(e) of any disciplinary sanction imposed by a self-regulatory organization on a member thereof, person associated with a member, or participant therein, shall not affect the validity or force of any action taken as a result of such sanction by the self-regulatory organization prior to such stay, setting aside, or modification: Provided, That such action is not inconsistent with the provisions of this title or the rules or regulations thereunder. The rights of any person acting in good faith which arise out of any such action shall not be affected in any way by such stay, setting aside, or modification.

55.原文爲：Nothing in this title shall be construed to modify existing law with regard to the binding effect (1) on any member of or participant in any self- regulatory organization of any action taken by the authorities of such organization to settle disputes between its members or participants, (2) on any municipal securities dealer or municipal securities broker of any action taken pursuant to a procedure established by the Municipal Securities Rulemaking Board to settle disputes between municipal securities dealers and municipal securities brokers, or (3) of any action described in paragraph (1) or (2) on any person who has agreed to be bound thereby.

56. 473 U.S. 614 (1985).

57. 有關美國「金融詐欺犯罪條例」（RICO）牽涉更多，本文限於篇幅，茲不贅述。

58. 本案投資人與證券商所訂之契約中，第13條規定：「除依聯邦法律或州法律為無效外，有關投資人帳戶之爭議、雙方當事人間之交易或本契約之違反，均應依投資人選用之全國證券商公會、紐約證券交易所董事會及/或美國證券交易所現行有效之規則，以仲裁解決之……。」See Behrenfeld, id., at 312, n. 8.

59. 吳光明，《證券交易爭議之仲裁》，蔚理，1998年9月，頁60。

60. Rodriguez De Quijas v. Shearson / Lehman Bros., Inc., 845 F.2d 1296.1299 (CA5 1988).

61. 346 U.S. at 433.

62. 346 U.S. at 435.

63. 346 U.S. at 432.

64. 最高法院認為，選擇法庭之權利，是證券法有意義之特徵。

65. 346 U.S. at 435.

66. 吳光明，《證券交易爭議之仲裁》，蔚理，1998年9月，頁51-53。

67. 346 U.S. 434-35.

68. See Behrenfeld, supra note 22, at 315.

69. Commission v. Estate of Church, 335 U.S. 632, 649-650 (1949).

70. See e.g.Boys Markets, Inc. v. Retail Clerks, 398 U.S. 235, 240-241 (1970).

71. 吳光明，《證券交易爭議之仲裁》，蔚理，1998年9月，頁60。

72. SICA Uniform Code of Arbitration procedure S31(a), NYSE Constitu-

tion Rule 637.

73. 那斯達克（NASD）是全美證券商協會自動報價系統（National Association of Securities Dealers Automated Quotations）之英文縮寫，目前已成為那斯達克股票市場之代名詞。那斯達克開始建立於1971年，是一個完全採用電子交易，為新興產業提供競爭舞台，自我監管，面向全國之股票市場。

74. Kirkland Grant, Securities Arbitration for Brokers, Attorney, and Investors Greenwood Publishing Group, Inc, 1944, 4-8.

75. 吳光明，《證券交易爭議之仲裁》，蔚理，1998年9月，頁146-150。

76. 按「臺灣證券交易所股份有限公司證券經紀商受託契約準則」訂於1987年6月20日，歷經多次修訂，最近一次修訂於2016年5月13日。

77. 參閱證券商於投資人開戶時，投資人所簽訂之「受託買賣證券受託契約」以及「證券商客戶開設有價證券集中保管帳戶契約書」。

78. 參閱賴英照，《最新證券交易法解析：股市遊戲規則》，作者自版，2014年2月，頁512；賴源河，《證券管理法規》，元照出版，2012年9月，頁391-392。

79. 賴英照，同前註，頁513。

80. 參閱證期會於本條修正時於立法院之說明。

81. 參閱臺灣高等法院83年度抗更（一）字第9號有關天弘證券與台育證券間之糾紛所為裁定。

82. 按本條文經商務仲裁協會委請專家學者修正為：仲裁契約，如一方不遵守，另行提起訴訟時，法院應依他方之聲請以裁定停止訴訟程序，並命原告提付仲裁。但被告未聲請而為本案之言詞辯論者，不在此限。

83.參閱范光群，〈大陸與臺灣商務調解及仲裁制度之比較〉，《中興法學》，第34期，1992年11月。

84.賴英照，同前註78，頁516。

85.參閱中華民國商務仲裁協會1994年8月17日商仲麟聲字第219號函。按此種處理方式，牴觸證券交易法第166條第2項與第168條之規定。

86.參閱臺灣證券交易所股份有限公司營業細則第10章之規定，財政部，《證券暨期貨管理法令摘錄》，1995年3月，頁665-666。

87.參閱臺灣高等法院83年度抗更（一）字第9號有關天弘證券與台育證券間之糾紛所為裁定。

88.高玉泉，〈證券交易法中仲裁規定之檢討〉，《證券管理》，第9卷第7期，1991年7月，頁6。

89.按新修正仲裁法第9條第1項亦規定為「共推」第三仲裁人字眼，而不應用「推定」第三仲裁人。

90.參閱賴源河，《證券管理法規》，1997年增訂版2刷，頁372；余雪明，《證券交易法》，證期會，2000年，頁570。

91.參閱黃正一，〈論證券交易法之強制仲裁〉，《法令月刊》，第51卷第12期，2000年，其文中註10所述內容，頁26。

92.參閱高玉泉，〈證券交易法中仲裁規定之檢討〉，《證券管理》，第9卷第7期，1991年7月16日，頁7。

93.參閱黃正一，同前註91，頁29-30。該文認定，「證券交易法第一六六條第一項前段就文意而言（on its face）似有違憲之嫌」，筆者不敢贊同，蓋該條前段係指「當事人得依約定進行仲裁」，並無「強制」之意思，證券交易法之強制仲裁，僅指該條後段而已，且與投資人無關。何況依中央法規標準法第5條：「左列事項應以法律定之：一、憲法或法律有明文規定，應以法律定之者。二、關於人民之權利、義務者。三、關於國家各機關之組織者。

四、其他重要事項之應以法律定之者。」之規定，已有證券交易法第166條，即不會產生該文認定之「似有違憲之嫌」問題。之所以被誤解，純係1988年修法第167條時，未將前條「但書」一句放入所致。2012年之修法，亦對此問題，置之不顧，甚為可惜！

94.參閱高玉泉，同前註92，頁4。

95.有關仲裁文化，參閱張晏慈、吳光明，〈仲裁人如何減低內國規範對國際仲裁之影響〉，《律師雜誌》，第261期，2001年6月，頁19-35。

96.參閱黃正一，同前註91，頁34、35。

97.民事訴訟有高度技巧性，如訴之變更追加規定，參閱楊建華，《民事訴訟法（一）》，1992年，頁374。民事訴訟採當事人進行主義及辯論主義，參閱吳明軒，《中國民事訴訟法》，1993年，頁8；駱永家，《民事訴訟法》，1992年修訂5版，頁116。

第 十九 章

健全市場的萬靈丹？
——由實務觀操縱市場法制之再進化

施汎泉

壹、前言─由104年證券交易法第155條第1項第4款之修法談起

觀諸我國證券交易法制對於操縱市場禁止規範中，就證券交易法第155條第1項第4款「連續交易」之認定要件上，自民國（下同）57年立法至104年7月1日修正前，幾乎並無任何變動，依修正前舊法之規定：「對於在證券交易所上市之有價證券，不得有下列各款之行為：四、意圖抬高或壓低集中交易市場某種有價證券之交易價格，自行或以他人名義，對該有價證券，連續以高價買入或以低價賣出。」上開規定之構成要件過於抽象，僅以不明確之文意規定規範構成要件，惟所有買賣股票之人對於股票之買賣本就有所期待，然104年7月1日修正前條文未明確區別其態樣，將使投資人動輒觸法，又「連續」、「高價買進」及「低價賣出」等要件更無明確之標準，尤其在外資、法人等大型專業投資機構，甚至國安基金進場護盤時，若依現行規定，實有觸法之疑慮。為此，立法院呂學樟等29位委員，於104年5月份以立法院議案關係文書院總第727號提案（委員提案第17779號），擬定證交法第155條第1項第4款關於連續交易之修正內容為：「對於在證券交易所上市之有價證券，不得有下列各款之行為：四、意圖抬高或壓低集中交易市場某種有價證券之交易價格，自行或以他人名義，對該有價證券，連續以高價買入或以低價賣出，且其交易異常足以影響市場正常價格，達到公告處置標準者。」其修正建議所持理由進一步提及：「臺灣證券交易所股份有限公司對於證券交易市場之監管，本制訂有『臺灣證券交易所股份有限公司實施股市監視制度辦法』，並依據該辦法第四條、第五條對於證券交易市場成交情形異常之有價證券，另制定有『臺灣證券交易所股份有限公司公布或通知注意交易資訊暨處置作業要點』，其中對於有價證券之漲跌幅、成交量、週轉率、集中度、本益比、股價淨值比、券資比、溢折

價百分比等交易異常之情形，有具體及數據化之規定；此外，臺灣證券交易所股份有限公司甚且有制定『有價證券監視報告函送偵辦案件作業要點』以作爲移送檢察機關偵辦股票操縱行爲之依據，故爰將原條文增定『足以影響市場正常價格』之要件，並將上開臺灣證券交易所股份有限公司所制定之交易異常而到達公告處置之標準，列爲炒作要件之一，**使本罪之要件明確。**」惟最後審查會並未依據上開修法提案通過，並於104年7月1日將上開條文修正爲：「對於在證券交易所上市之有價證券，不得有下列各款之行爲：四、意圖抬高或壓低集中交易市場某種有價證券之交易價格，自行或以他人名義，對該有價證券，連續以高價買入或以低價賣出，**而有影響市場價格或市場秩序之虞。**」對於此修正之結果，是否眞有助於解決臺灣證券市場長久以來對於操縱市場行爲認定上，構成要件過於模糊抽象之問題，至今仍有待觀察，職是，遂興起欲爲文探討實務對於連續交易行爲判斷之基準，藉以彰顯實務對於連續交易構成要件操作上之困境，並對於未來連續交易法制之進化，提供淺薄之看法。

貳、現行實務就連續交易構成要件操作之基準

一、就連續交易主觀構成要件判斷上之實務趨勢

1. 細究證券交易法關於連續交易之構成要件，在主觀要件層面，實務上多數見解認爲「須就行爲人主觀上是否具有造成股票集中交易市場交易活絡表象，以誘使他人購買或出賣上開股票謀利之企圖，詳加調查審認」始足認定其主觀犯意，此均有最高法院99年度台上字第6323號判決、最高法院99年度台上字第163號判決、最高法院96年度台上字第1044號判決、最高法院92年度台上字第4613號判決可稽。準此，對於犯罪行爲人主觀要件之認定，實務上見解較趨於一致，本文礙於篇幅，暫

不對於主觀要件細論。

2. 惟值得注意者，最高法院近來對於行為人究有無違反連續交易之主觀意圖判斷，有逐漸細緻化之趨勢，例如最高法院105年度台上字第2304號判決：「判斷行為人是否有影響或操縱市場以抬高或壓低某種有價證券價格之主觀意圖，除考量行為人之屬性、交易動機、交易前後之狀況、交易型態、交易占有率以及是否違反投資效率等客觀情形因素外，行為人之高買、低賣行為，是否意在創造錯誤或使人誤信之交易熱絡表象、誘使投資大眾跟進買賣或圖謀不法利益，固亦為重要之判斷因素。」而在投資動機之判斷上，管見以為倘行為人純係基於經濟性因素之判斷，自認有利可圖，或為避免投資損失擴大，而有連續以高價買入或低價賣出股票之行為，縱因而獲致利益或減少虧損，並造成股票價格波動，亦未必遽認存有不法之意圖，仍須以積極證據證明行為人主觀上有故意炒作股票價格，誘使他人為買進或賣出，以利用價差謀取不法利益之意圖，始得論以連續交易之犯行。對此，前揭所示最高法院之判決，亦多採此見解。

二、就連續交易客觀構成要件判斷上之實務趨勢

1. 又就證券交易法第155條第1項第4款所定「連續」、「高價買進」及「低價賣出」等客觀構成要件而言，依近來實務判決認定上所採取見解有謂：「按證券交易法第155條第1項第4款所稱『連續以高價買入』，係指於特定時間內，逐日以高於平均買價、接近最高買價之價格，或以當日最高之價格買入而言。不以客觀上致交易市場之該股票價格有急劇變化為必要。」（最高法院104年度台上字第36號判決參照）；另臺灣高等法院104年度金上訴字第44號判決更進一步指出：「所謂『連續』，係指於一定期間內連續多次之謂，不以逐日而毫無間斷為必要；所指『以高價買入』，亦不限於以漲停價買入，其以高於平均買價、接近最高買價，或以當日之最高價格買入等情形固均屬之。證

券交易法第155條第1項第4款所規定之違法『以高價買入』行為，重點係在於行為人之出價與市場買價相比較來判斷是否為『高價』，而不在於其出價與市場之賣價相比較，而應以被告所出之買價是否為市場上之漲停價或買方平均最高價、接近買方最高價等為判斷依據。」

2. 復就投資人得否以「漲停價」進行委託之合理性判斷上，前揭所提及最高法院104年度台上字第36號判決認定：「又我國股票交易市場對於股價漲跌幅雖設有上限，在此限度內為合法容許之價格，然如連續以漲停價或接近漲停價，買進股票，使該股票價量齊揚，致他人誤認該有價證券之買賣熱絡而買賣該有價證券之行為，造成該有價證券市場價格抬高之情形，此時市場價格之形成，顯係一定成員之刻意拉高，此價格非本於供需而形成之價格，而係人為扭曲價格，此種扭曲市場價格機能之行為，影響正常市場運作，自為上開法條所禁止之市場操縱行為。」對此，最高法院102年度台上字第1583號判決亦採相同見解。換言之，在我國法制規範上，無論投資人基於何種投資動機，似均不容許連續以漲停價委託買進，而以漲停價委託之行為，亦形成投資人之「原罪」。

三、實務判決就是否涉操縱行為常見之輔助判斷基準

衡諸證券市場交易，對於投資人主觀交易之動機、操作習性、交易制度、市場之經濟因素（基本面）或非經濟因素對於股價影響等複雜參數變化，有時實難逕從證券交易法第155條第1項第4款幾個簡單的構成要件加以論定，故實務對於行為人主觀上究有無不法意圖之判斷上，往往會再行斟酌「是否大量使用人頭帳戶？」、「是否致使個股價量異常而與同類股走勢背離？」、「成交數量占市場總成交量比重是否過高？」、「是否有異於常情之委託（有無符合投資效率）？是否具有合理投資動機？」等參數，來輔助判斷投資人是否有主觀不法意圖。例如，觀諸臺灣高等法院99年度金上更（一）字第8號判決之旨：「行為

人如於短期內連續大量買賣特定股票，其成交量、值占當日該股票總成交值相當高之比率，或利用人頭戶連續大量買賣股票，製造交易熱絡之假象，或以高於平均買價、接近最高買價或以當日最高價為限價委託，將股票維持在一定的價位，或選擇冷門股或小型股炒作，或雖非冷門股，但股價漲跌幅遠超過大盤指數或同類股指數等，均足以推認有抬高或壓低股價之意圖。」；此外，最高法院100年度台上字第597號刑事判決更進而具體羅列其輔助判斷行為人有無操縱市場之標準如下：「行為人主觀上是否具有上開意圖，應綜合行為人於買賣股票期間：(1)股票之價、量變化是否背離集中市場走勢？(2)股票之價、量變化是否背離同類股股票走勢？(3)行為人是否有以高於平均買價、接近最高買價或以漲停價委託或以拉尾盤方式買入股票？(4)行為人有無利用拉抬後之股票價格賣出系爭股票獲得鉅額利益？(5)行為人介入期間，曾否以漲停價收盤？(6)有無變態交易之情形？等客觀之事實，予以判斷之。」然而，如以上開參數作為是否構成連續交易之輔助判斷基準，將又會囿於個股之特性不同（股本大小、在外流通股數多寡、股價基期高低）而出現判斷上之差異，在無明確之判斷基準下，操作上實非容易。

參、現行司法實務認定基準妥適性之探討

一、就「連續」交易之要件而言，應非屬得單獨判斷之要件，且應視具體個案來加以認定

1. 首先，針對證券交易法第155條第1項第4款所定行為人須以「連續」高價買入或低價賣出集中交易市場某種有價證券之要件而言，承前所引用之實務判解，多認為「連續，只要是基於概括犯意，為二次以上之行為，即為連續」。至於從法條文義觀察，所謂連續，應係指多次而言，即基於概括犯意，為多次以高價買入行為或低價賣出之行為，並不

以行為人「逐日」高價買進為必要。惟實務上開認定方式,實有過度簡化此要件認定之虞。

2. 蓋有論者認為:「我國實務上對究竟有幾次才構成所謂之連續亦缺乏探討,惟由集中交易市場之實際運作觀察,僅有少數幾次交易實尚難查緝發覺,連續交易往往持續一段之時間方可得知,故實務案例多以日數為計算標準,**惟不可因此而誤認連續二日以上之買進或賣出即該當連續交易之要件。**」、且「『連續』為不明確之概念用詞,刑法對於犯罪行為構成要件應力求明確,**避免使用不明確之構成要件要素。建議於證券交易法中明確定義連續之標準,以免投資人誤觸法律[1]。**」

3. 此外,亦有學者另指出:「從法條文義而言,所稱連續,應係指多次而言,即基於概括犯意,為多次以高價買入行為或低價賣出之行為。應注意者,由於我國有價證券集中交易市場,除另有規定外,其交易時間為上午九時至下午一時三十分(臺灣證券交易所股份有限公司營業細則第3條第1項本文);櫃檯買賣股票之交易時間,除另有規定外,其交易時間採取等價成交系統者為上午九時至下午一時三十分;採營業處所議價者為上午九時至下午三時(財團法人中華民國證券櫃檯買賣中心證券商營業處所買賣有價證券業務規則第40條第1項第1款)。因此,在證券市場之交易時間內,若以每盤約30秒鐘計算,約可再細分為540盤左右[2],行為人若非緊密接連大量以高價買入或低價賣出有價證券,並無法達到價量齊揚之效果,進而誘使一般投資人跟進買賣,即難以認定行為人有抬高或壓低某種有價證券交易價格之主觀意圖。因此,行為人主觀上是否有影響證券市場行情之意圖,**尚應觀察該股票之價量變化及走勢,始為允當。**」而此一見解亦為部分實務見解所援用[3]。

4. 上開見解尚非無稽,本文論者曾引用幾個例子來加以論析:例如某特定投資人有下列三種交易模式,何種交易可能構成連續交易之操縱行為:「(1)投資人11/1、11/15、11/30各買入個股2,000張,是否構成連續?(2)投資人僅於11/13單日買進3,000張,是否構成連續?(3)投資人

自11/1至11/13逐日買進300張，是否構成連續？」由上開第一個例子可知，投資人三次交易，均相隔十數天，此期間股價變化因素甚多，是否足以影響股價，尚須考量交易當天投資人所占之成交比重而論；又如第二個例子，投資人縱僅有一天爲交易，惟當天交易如從開盤之初即開始大量逐步高價委託買進，仍足構成影響股價之操縱犯行，然如投資人於當天僅於開盤之初單筆委託3,000張，且當天該個股之成交總量在4萬張之譜，此時投資人之委託似又未必會影響股價。換言之，如單純僅以投資人買賣之次數及張數加以觀察，而未輔以個股之成交價格或日成交量（或所占成交比重）等資訊加以綜合判斷，將無從直接斷定個別投資人是否構成操縱市場之犯行。亦即，在本文論者之判斷，證券交易法第155條第1項第4款連續交易中之「連續」要件，應非屬單一且可切割之判斷要件，故不應將其單獨論之，而應進一步綜合投資人交易之價格、數量、成交比重、交易需求（投資動機）等資訊合併觀察。

二、就「連續高價」委託買進之要件而言，現行司法實務之看法亦有脫離交易常態之虞

1. 參諸前揭所引判旨，無非認定：「所稱『連續以高價買入』，係指於特定時間內，逐日以高於平均買價、接近最高買價之價格，或以當日最高之價格買入而言。不以客觀上致交易市場之該股票價格有急劇變化爲必要。」（最高法院104年度台上字第36號判決參照）；且又有認：「證券交易法第155條第1項第4款所規定之違法『以高價買入』行爲，重點係在於行爲人之出價與市場買價相比較來判斷是否爲『高價』，而不在於其出價與市場之賣價相比較，而應以被告所出之買價是否爲市場上之漲停價或買方平均最高價、接近買方最高價等爲判斷依據。」（臺灣高等法院104年度金上訴字第44號判決參照）。

2. 首先，學者間多認爲高價與低價乃不確定法律概念，不宜以此作爲被告是否涉有影響股價意圖之依據：

(1)按李開遠教授認為：「該款之『高價』、『低價』均屬於不確定法律概念，於偵查實務上，對所謂『高價買入』或『低價賣出』之標準難以拿捏，『高價』與『低價』為相對性之概念，需有客觀之比較始能知其高低，且股票市場為自由競價市場，漲跌以供需為準，何者願買何者願賣，係於個人之判斷，故價格之高低，除依客觀標準評價外，尚含有個人主觀之因素在內[4]。」

(2)又劉連煜教授則認為：「現行法下之『高價』、『低價』之認定，應繫於『特定時點』股價之相對高低而言。有關某一股票之歷年最高價，或資產股之資產價值高昂以至於使每股價值遠高於行為人買進價格，應均非認定『高價』、『低價』時所應考慮之點。事實上，美國1934年證券交易法第9條第1項第2款及日本證券交易法第159條第2項第1款均無類似本法『以高價買入或低價賣出』之用語，而係以行為人作連續買賣，以抬高或壓低證券價格或造成交易活絡之現象為要件。其規範重點並非在於如何認定『高價』或『低價』之問題上，而是重在連續買進或賣出之行為以誘引他人買賣。因此，本款之規範要件，容有進一步修正之必要，**似宜刪除『高價』、『低價』等字，以免徒增困擾[5]。**」

(3)另學者林國全教授亦認為，本款以「連續高價買進或低價賣出」為構成要件並不妥適，而謂：「因有價證券集中交易市場採價格優先、時間優先之電腦撮合原則，**故以高價買進或以低價賣出，往往係為參與市場交易而有意成交之人**，不得不然之結果。以之作為犯罪行為之**構成要件，實非妥當[6]。**」

(4)王志誠教授復認為：「由於『高價』與『低價』係屬不確定法律概念，有待學說及司法實務加以具體化其內涵。依最高法院74年度台上字第5861號刑事判決：『所謂『連續以高價買入』係指特定期間內逐日以高於平均買價、接近最高買價之價格或以最高之價格買入，或於特定期間，以低於平均賣價、接近最低賣出之價格或以最低之價格賣出而言。』時至今日，雖為多數實務判決所引用，但並未必忠於該判決之文

義。例如最高法院74年度台上字第5861號刑事判決所舉之例，僅限於特定期間內『逐日』為買進或賣出，而多數判決則捨棄不論。應注意者，實務上則罕見連續以低價賣出之行為。蓋公司內部人若利用人頭帳戶炒作股票，通常只要放送不實利空消息，即可達到打壓股票價格之目的，而不必採取連續以低價賣出之行為。再者，**即使行為人特定期間內曾以高於平均買價、接近最高買價之價格或以最高之價格買入有價證券，尚應認定行為人有無影響證券市場行情或引誘他人從事有價證券買賣之主觀意圖，始能以連續交易相繩。**」又王志誠教授再指出：「若參考美國及日本司法實務所採取之認定基準，是否構成連續交易之客觀不法構成要件，主要應從行為人是否為價格之主導者、行為人對某種有價證券是否為市場之支配者或控制者及行為人若停止其買賣是否導致某種有價證券之價格暴跌等因素判斷之[7]。」

(5)末按，曾宛如教授針對最高法院74年台上字第5861號判決提出評論意見，而謂：「事實上要操縱市場行情者未必以高於平均買價、接近最高買價之價格或以最高之價格買入之方式，有時會以反覆洗盤之方式，先拉高後再殺低出貨，一段時間後再拉高方有創新高之可能，完全視當時市場情形及投資人心態而定。**因此不宜侷限在此狹隘之定義中，且重點是連續買進或賣出而非高低價之問題。**」而認為此構成要件有再修正之必要[8]。對此，陳彥良教授亦採取相類似之看法[9]。

3. 對應前開學界之多數看法，近來最高法院105年度台上字第2304號刑事判決闡述意旨如下：「證券交易法第一百五十五條第四款違法炒作股票罪之成立，除應考量上開法條所定構成要件外，對於行為人連續以高價買入或低價賣出特定有價證券行為，客觀上是否有致使該特定有價證券之價格，不能在自由市場供需競價下產生之情形，亦應一併考量。亦即本罪之成立，固不以該特定有價證券價格是否產生急遽變化之結果，或實質上是否達到所預期之高價或低價為必要。但仍須考量其行為客觀上是否有致該特定有價證券之價格，不能在自由市場因供需競價

而產生之情形存在，始符合本罪之規範目的。是行為人是否成立本罪，自應就其連續以高價買入或低價賣出特定股票行為，**如何導致該股票在市場買賣競價上產生異常及影響股價異常**（如盤中成交價振幅、成交價漲跌百分比、盤中週轉率、成交量、收盤價漲跌比等），就其判斷標準，予以說明。」依此判決意旨，不無肯認對於「連續高價買入」之判**斷重心在於是否實際造成特定股票在市場買賣競價上產生異常**，而非僅單純在「委託價格」上做認定，準此，前開判決進一步認定：「……況林爭輝、詹美年一再辯稱係依據臺灣證券交易所股份有限公司（下稱證交所）自九十二年元月起揭露之『五檔買賣價量資訊』（即為使資訊更加透明、交易更公平，提供投資人更充分之資訊作為買賣決策參考，由證交所提供所謂未成交之『最佳五檔』價量資訊，就買方而言，就是撮合後尚未成交買單的最高至第五高有買單的檔位價格與未成交張數；就賣方而言，就是撮合後尚未成交賣單中的最低至第五低有賣單的檔位價格與未成交張數）進行本件股票買賣，倘若無訛，原判決附表三所謂『影響股價』欄之上漲或下跌若干檔之交易價格，是否均在證交所揭示『五檔買賣價量資訊』之價格範圍內？如確係參考上開資訊買賣，何以能認為操縱股票價格？此攸關上訴人等前揭股票交易行為是否有炒作股價之判斷，原判決未詳加認定，並說明憑以認定之依據，自難昭折服[10]。」

　　4. 本文對於上開最高法院之見解，深表認同。蓋於交易實務上，「最佳五檔價格揭示制度」本有助於一般投資人得知其委託是否以最好的價格成交，讓市場上所有的投資人可以在公平的環境下靈活從事理財活動。是影響股價表中「前一盤揭示價格」之委買、委賣價格及數量均在上下五檔揭露資訊範圍。任何投資人以五檔揭露資訊範圍內之價格申報買入或賣出，在價格優先、時間優先撮合制度下，倘導致成交價格跳檔變化，亦係出於交易制度及市場供需所自然形成，未必係屬人為操控。是以，過往司法實務所認定只要委託價格高於「平均買價」即屬高

價之基準，實忽略了市場交易機制之特性，更限制了投資人之交易自主性，將可能致使臺灣證券市場投資人因法令適用之抽象性而籠罩在隨時觸法之陰影中，自不利於臺灣證券市場之發展。

三、投資人以「漲停價」委託究屬交易常態；抑或是操縱市場之原罪？

1. 針對投資人以「漲停價」或「跌停價」委託之合理性，臺灣證券交易所雖曾做出解釋：「證券經紀商之營業員申報買賣，得於當日漲停或跌停價格區間內接受委託人之限價委託（包含漲停價或跌停價），並不受當時價格或因可能影響價格而有所限制[11]。」，惟過往司法實務上見解仍多有分歧。有認為「**漲停價**」委託顯係影響股價者：「連續以漲停價或接近漲停價，買進股票，使該股票價量齊揚，致他人誤認該有價證券之買賣熱絡而買賣該有價證券之行為，造成該有價證券市場價格抬高之情形，此時市場價格之形成，顯係一定成員之刻意拉高，此價格非本於供需而形成之價格，而係人為扭曲價格，此種扭曲市場價格機能之行為，影響正常市場運作。」（最高法院104年台上字第36號刑事判決參照）、「按股票交易市場對於股價漲跌幅雖設有上限，在此限度內為合法容許之價格，然如連續以漲停價或接近漲停價，買進股票，使該股票價量齊揚，故意誤導他人認該有價證券之買賣熱絡而從事買賣該有價證券之行為，造成該有價證券市場價格抬高之情形，此時市場價格之形成既係本於一定成員之刻意拉高，此價格即非本於供需而形成之價格，而係人為之價格，乃因該成員操縱市場行為而得之結果。」（最高法院102年台上字第1583號刑事判決）；**惟亦有認定投資人基於合理正當投資目的而以「漲停價」委託係屬市場常態者**：「被告於上開時段連續高價買入『聯電己』股票，縱造成該股票價格之上漲，亦不能遽行臆斷此必係被告故意操縱抬高該股票之價格所致。況以漲停價取得優先成交之機會，在交易完成前，仍可取消全部或一部買賣之委託。故為確保

以一定價格買到某特定股票，得先以漲停價委託，取得優先成交之順位，以利其以最低價格買入。」（最高法院94年度台上字第1043號刑事判決參照）、「正當投資人本於正當理財決策，如欲取得優先買進或賣出成交之機會，即需以漲跌停板價格申報，亦即『以高於現價買入，低於現價賣出，甚至是漲停價買入跌停價賣出』下單，此已成為證券交易市場上之交易習慣，本身並無可責性可言。」（臺灣高等法院台中分院102年度金上訴41號刑事判決參照）。

2. 對於此一爭議，本文認為，因我國集中交易市場有價證券之交易制度，於盤中交易係採行「價格優先」及「時間優先」競價規則，在此撮合原則下，「價格優先」者，買賣申報優先順序係較高買進申報優先於較低買進申報，較低賣出申報優先於較高賣出申報，而同價位之申報，依時間優先原則決定優先順序；另基於「時間優先」考量：開市前輸入之申報，依電腦隨機排列方式決定優先順序；開市後輸入之申報，依輸入時序決定優先順序，此觀證交所營業細則第58條之2規定即明[12]。而股市變化在瞬息之間，若投資人參考揭露之委買、委賣之價格及數量，以限價（即指定價格）委買或委賣，若買盤強烈，往往一路改價、一路追高，因改價速度往往趕不上時間與價格之變化，因此投資人若看好某一特定股票，買入股票之意願高，往往以市價委託之方式委買，其目的不在於價格，而在於有無成交。職是，對此市場交易機制之現況，投資人之所以會以漲停價委託，有時乃係為了得以順利並優先成交，且以漲停價委託，亦非當然影響股價至漲停價，此種基於交易機制所形成之委託方式，自不應據此即遽認投資人有操縱股價之犯行。

四、司法實務有以「投資人交易於特定時段所占成交比重」作為是否涉有操縱市場行為之爭議

1. 過往有不少實務見解認為投資人於某特定時段買賣超過市場成交量20%以上，確會對市場交易造成一定的影響，此際若行為人再搭配

以相對成交及抬高或壓低股價等舉措，造成集中交易市場交易活絡之表象，所呈現股價跳檔向上或向下移動之趨勢，自可吸引其他投資人一同跟進購買或拋售該特定股票，促使該向上或向下之趨勢更加明顯，進而影響該股票在集中市場之價格。準此，無非以投資人交易於個股特定時段所占成交比重作為是否涉有違反連續交易之認定基準之一。

2. 惟本文認為，證券市場自由化，投資人欲購買多少股票，厥屬自由權利，且其購買時尚未收盤，盤中如何知悉收盤後其買賣股票之百分比；而股票成交量差別性甚大，集中市場之某些「飆股」或「大型股」，因其股本龐大，每日成交量往往數萬仟股（即數萬張），個別投資人買賣所占百分比甚小，但若「小型股」或店頭市場之股票，因其股票小或交易量少，有時投資人單日買入數張，即占百分之百，職是，以單日買賣百分比之評斷，並非有理，此自有最高法院92年台上字第4613號刑事判決、臺灣高等法院93年度上訴字第2662號刑事判決及94年度上訴字第1383號刑事判決意旨可資參照。又根據公司法股份轉讓自由原則，集中市場有價證券為自由化性質並無限制轉讓，任何人均可於證券市場申報買賣，是不宜單就個別投資人買入或賣出占總成交量之比率為認定交易異常之標準，亦經臺灣高等法院90年度上訴字第2563號刑事判決意旨闡明在案。

3. 退步言之，縱法院欲以「投資人交易於個股特定時段所占成交比重」作為是否涉有違反連續交易之認定基準，為避免操縱市場犯行之要件過度抽象模糊，實亦應具體指陳投資人究何以藉由特定成交比重以達影響市場價格之犯行，對此，最高法院102年度台上字第5135號刑事判決即採此見解：「按當日個股投資人買賣成交比重達總成交量20%，是櫃買中心對於異常交易之監理，以作為判斷投資人買賣數量是否對該股票交易價格變化具有影響能力之標準，惟法院判斷行為人是否構成操縱股價罪，仍應於判決理由內將行為人如何以當日買賣特定股票超過該有價證券當日總成交量20%之方法影響及操縱股價進行記載，並說明其

所憑認定證據及理由，否則即有判決不備理由之違法。」此見解應值贊同。

4. 又過往實務見解，在以「投資人交易於個股特定時段所占成交比重」作為是否涉有違反連續交易之認定基準時，對於「特定時段」之取決有採「數分鐘內之成交比重」者；亦有採取「數小時內之成交比重者」，然此見解實有商榷之餘地。蓋我國股市交易市場以交易日單日1整日為計算基準，而買進股票之數量、價格是否足以影響市場之實際交易價格，自以交易日1整日為準，否則以固定時段論其交易之比例值，若該時段無人買進賣出該股票，行為人豈非隨時違反證券交易法第155條第1項第4款規定之可能，此見解亦經臺灣高等法院101年度金上訴字第55號刑事判決所肯認，併予敘明。

肆、操縱市場規範之立法政策與證券市場機制之綜合審思

我國證券交易法自民國57年4月30日公布制定第155條操縱市場行為禁止規範以來，對於連續交易行為禁止之要件認定，在諸多司法實務見解中，始終未臻明確，且無統一之見解，在個案判斷中，難免有法律安定性不足之憾，以至於投資人對於各該要件之標準界線難以衡酌判斷，如此情形下，致令證券投資人可能在「合法之證券交易制度範圍內」為交易，卻仍違反了操縱市場禁止規範之不合理情況，此是否有助於臺灣證券市場，殊值深思。如從主管機關金融監督管理委員會（下稱「金管會」）對於市場監理與市場開放之政策與態度來觀察，金管會於102年9月3日公布，為提升股市動能並活絡股市交易，故推動下列三項活絡股市措施：1.開放投資人先買後賣現股當日沖銷交易；2.擴大平盤下可融（借）券賣出之標的；3.暫行放寬證券自營商得以漲（跌）停板申報買進（賣出）有價證券[13]。此三項措施之目的無非在提升市場動能並活絡

股市交易，其中令原本不得以漲（跌）停板申報買進（賣出）有價證券之自營商皆可「合法地」以漲（跌）停板申報買進（賣出），**此際對於一般散戶投資人如本於自主投資判斷而以漲（跌）停板價格委託，其適法性又應如何判斷？不無疑問**。又過往部分司法實務見解認定投資人以漲停價委託買入特定股票而認定涉有操縱犯嫌，惟為尊重市場、與國際制度接軌，金融監督管理委員會宣布自104年6月1日起，將漲跌幅度由7%放寬為10%[14]。其制度調整之理由在於現行漲跌幅7%限制，已實施多年，綜觀歐美主要市場多無漲跌幅度限制，甚連馬來西亞、泰國、上海等新興市場之漲跌幅度亦達10%～30%。股價主要決定於公司價值與買賣雙方認知價格，現今市場參與者越趨成熟，許多商品，例如權證已不限縮於7%漲跌幅，初次上市普通股首五日及境外指數型受益憑證，亦均無漲跌幅限制；**如漲跌幅限制提高為10%，可加速股價反應，增加市場效率性，為尊重市場、回歸市場，以利接軌國際之機制**。準此，依主管機關對市場制度之調整態度，放寬漲跌幅限制之理由似站在尊重市場自由交易機制之立場而為，而這樣之制度措施，不僅肯認投資人自主投資判斷及市場自然運作機制，更有間接承認一般投資人以漲跌停價格委託買賣股票之合理性，則未來司法單位在為司法審查之過程中，又應如何去調整對於證券交易法第155條第1項第4款要件之認定標準？實值吾人深思。換言之，司法審查對於法規構成要件之判斷雖有解釋適用之權限，惟法院在認事用法之過程中，實應進一步去觀察證券市場交易制度與主管機關政策走向，否則無疑讓投資人身處十字路口而不知何去何從，主管機關一面在倡導如何活絡市場並刺激股市交易而放寬漲跌幅限制；另一方面司法單位卻更加緊縮對於操縱市場行為之要件判斷，如此一來，證券投資人將可能隨時處於違反法令之狀態而不自知，當投資人對其交易行為有可能動輒得咎時，反不利於健全臺灣之證券市場，豈非與我國資本市場之願景背道而馳。

伍、結語

　　貫穿本文脈絡，本意實不在否認操縱行為禁止規範之設置，反而認為為了有效打擊不法集團藉不當交易手段而影響市場交易之公平性或坑殺散戶，證券交易法第155條第1項第4款關於連續交易實屬不可或缺之規範。然而，過往連續交易規範歷經近三十年未變革，反觀市場之交易制度已有顯然之變革及調整，則過往對於何屬操縱市場行為之認定，勢必得要隨著證券市場制度之演進而調整，倘一味墨守舊有之實務判決而引為判斷之基礎，將會使得投資人交易行為是否違法之判斷失真，也將會使得投資人因而無所措其手足。再者，證券市場之犯罪類型多屬重大刑事犯罪，將可能對於投資人之人身自由拘束造成莫大影響，故在構成要件之解讀認定上，自應盡可能具體明確，方可不至使得投資人對於證券市場應遵守之規則與界限產生錯誤判斷而陷落刑罰制裁之風險。申言之，證券交易法對於連續交易規範之本意應在預防或處罰操縱市場之行為人，然立法政策上須考量不應為了處罰市場上5%之犯罪行為人，而致令剩餘95%之一般投資人身處法律要件不明之風險中，故近來證券交易法對於連續交易規範所為修正，雖值肯定，惟未來仍應審酌市場交易機制，對於構成要件之規範朝向更加明確化之方向來做規範，以利在維護市場交易之目的下，能同時兼顧一般投資人自主交易之權利。

 註　釋

1. 參李開遠，〈證券交易法第一百五十五條第一項第四款處罰股價操縱行為—「不法炒作」刑事責任之探討〉，《銘傳大學法學論叢》，93年6月，頁185-186。

2. 按現行交易制度復又有變更之情形，參照臺灣證券交易所股份有限公司網站介紹：「為提升交易效能並與國際制度接軌，並使證券商及投資人漸次適應資訊揭示頻率，市場參與者有較充裕時間因應及調整，規劃分3次縮短盤中集合競價撮合循環秒數：1.102年7月1日將盤中集合競價撮合循環秒數由20秒縮短至15秒。2.103年2月24日將盤中集合競價撮合循環秒數縮短至10秒。另本公司「發行量加權股價指數系列」、「成交及委託統計資訊」及與富時公司、銳聯公司合編之「臺灣指數系列」揭露頻率亦將配合由現行15秒調整至10秒。3.103年12月29日將盤中集合競價撮合循環秒數縮短至5秒，前項指數、成交及委託統計資訊之揭示頻率亦調整至5秒。」（資料來源：https://goo.gl/UaqjZu）。

3. 參臺灣高等法院臺中分院102年度金上訴字第41號刑事判決：「在證券市場之交易時間內，行為人若非緊密接連大量以高價買入或低價賣出有價證券，並無法達到價量齊揚之效果，進而誘使一般投資人跟進買賣，即難以認定行為人有抬高或壓低某種有價證券交易價格之主觀意圖。」

4. 參李開遠，〈證券交易法第155條第1項第4款處罰股價操縱行為—「不法炒作」刑事責任之探討〉，《銘傳大學法學論叢》，93年6月，頁208-209。

5. 參劉連煜，《新證券交易法實例研習》：劉連煜出版，增訂十二版，2014年9月，頁599-600。

6. 參林國全，〈操縱行為之案例分析〉，《證券期貨月刊》第22卷

第12期，2004年12月，頁59-60。

7. 參王志誠，〈連續交易之認定基準及實務爭議〉，《月旦民商法雜誌》，2008年3月，頁18-19。

8. 參曾宛如，《證券交易法原理》，元照出版，2012年8月6版，頁299。

9. 參陳彥良，〈禁止操縱市場條款證交法第155條第1項第4款主觀意圖要件暨高價買入低價賣出認定問題／最高院99台上1634〉，《台灣法學雜誌》第169期，2011年2月，頁179。

10. 在此最高法院見解做成前，臺灣臺北地方法院99年度金訴字第50號刑事判決、臺灣高等法院100年金上訴字第58號刑事判決（確定判決）亦認定：「最佳五檔係市場上已經存在，且最合乎投資人經濟利益及成交機會之買賣價量，投資人委託價格在最佳五檔範圍內，均屬合理，除非有其他證據可資佐證行為人確有操縱股價之意圖或行為，尚不得認係屬證券交易法第155條第1項第4款所稱之『高價』或『低價』；至於揭示成交價並無參考價值，不得因投資人以高於揭示成交價之價格委託買進、以低於揭示成交價之價格委託賣出，即謂有操縱股價之意圖及行為。」

11. 參證交所100年6月29日臺證交字第1000204329號函。

12. 相關交易制度可參臺灣證券交易所股份有限公司網站（資料來源：https://goo.gl/b2ZqZc）。

13. 按臺灣證券交易所營業細則第99條第1項規定，證券自營商買賣有價證券，除該公司另有規定外，不得以漲（跌）停板申報買進（賣出），依據金管會102年所公布之政策，臺灣證券交易所將自102年9月9日起至103年3月8日止，暫行放寬證券自營商得以漲（跌）停板申報買進（賣出）有價證券。此部分資料可參金管會新聞稿（資料來源：https://goo.gl/twIpaj）。

14. 參臺灣證券交易所股份有限公司網站（資料來源：https://goo.gl/ibFg16）。

第二十章

我國金融犯罪之具象與刑事司法析論[**]

施茂林[*]

摘要

金融乃國家財經發展之領頭羊，其安全、秩序與紀律攸關國家經濟發達、社會安全及國家競爭力。面對金融犯罪案件日益增多，犯罪規模日形擴大，破壞社會經濟日益嚴重，需深入探究此類犯罪呈現之圖像，以供刑事司法對策之參據。

本文首先闡述金融犯罪係指犯罪人在金融職務活動中，非法取得金融資產或利用付款工具或擅自經營金融業務而破壞金融管理、秩序之犯罪，進而析論金融犯罪之模式日新月異，態樣愈來愈複雜，常出現新犯罪手法，案案有不同，件件有花招，解析其特性，具高度抽象性與隱密性，屬結構性之智慧型犯罪，呈長期持續性，且將不法資金跨境移動，加上金融法制不完備，規範不明確，增加司法偵審之困難度。

針對金融犯罪之成因，應採取高度之戰略思維，構築打擊犯罪之堅實團隊，厚植辦案專業知能，借重財經專家，建立辦案支援系統，全力追查犯罪不法所得，強力偵辦追訴處罰，並提高金融監理行政效能，推動金融與司法無縫接軌，建構完整之打擊網絡，增加犯罪者風險成本，密切注意新型犯罪，防杜重大弊案發生，強化企業自律倫理，提高其社會責任，同時，加強兩岸打擊犯罪合作，推展國際司法互助，有效遏阻金融犯罪。

關鍵字：金融犯罪、不法舞弊、刑事司法、智能犯罪、犯罪打擊網絡、司法互助

壹、前言

四、五十年來，經國人上下通力合作，共赴事功，經濟繁榮，工商高度發展，全民富庶，社會力日漸充沛，其間，各種破壞經濟秩序之犯罪逐漸發生，金融犯罪案件也日益增多，其犯罪型態多樣化，犯案手法

新型化，掠奪金融資產逐日增大，犯罪規模也日形擴大。

回顧金融犯罪，自一九八五年二月九日爆發臺北市十信金融風暴事件後，陸續發生多件財金案件，如鴻源機構吸金案、國票事件、東隆五金案、國產汽車事件、新聚群案、國揚實業事件、瑞聯建設、中央票券、臺南市農會案、廣三集團案，以迄太電、博達、力霸、東森等財金事件，震撼全國[1]。以人頭戶貸款為例，被害人更是動輒成千上百；又以地下投資公司非法吸金為例，所得金額龐大，被害人更廣更多[2]，在在嚴重破壞經濟與金融秩序，影響社會安定，妨礙國家競爭力之提升。

根據法務部統計，各地方法院檢察署偵查案件終結有犯罪嫌疑而提起公訴、聲請簡易判決處刑、緩起訴處分、職權不起訴處分之人數，由2005年之23萬2,004人，增至2008年之27萬8,347人，2009年則為26萬5988人，2010年為27萬10人，2011年為27萬12人，而新收偵查案件，2012年為392,964件，2013年為394,348件，2014年為413,975件，2015年為432,161件，2016年為459,220件，呈攀升居高不下的趨勢。偵查案件中經檢察官認定屬破壞社會經濟秩序、危害社會經濟利益，並且侵害法益鉅大之經濟犯罪起訴人數，2004年起訴364人，2005年1,144人，2006年828人，2007年1,667人，2008年843人，2009年1,074人，2010年864人，2011年581人，2012年981人，2013年765人，2014年487人，2015年695人，2016年1,086人（未包括緩起訴人數）[3]。根據觀察，經濟犯罪案件通常有三多：被害人數眾多、不法利益金額鉅多、案情複雜度多。因之平均一件結案耗時較之一般偵案為久[4]。

統計上述五年以來，經濟犯罪案件偵查起訴的罪名，以詐欺罪最多，計1,442人、29.8%；其次為銀行法、證券交易法，分別計954人、610人，分占19.7%或12.6%。再其次為背信罪、違反證券投資信託及顧問法案件。經濟犯罪案件經法院判決確定有罪者，亦屬詐欺罪之850人、53.4%居首；證券交易法、稅捐稽徵法居次，分別計954人、610人，或8.2%、8.0%。再其次為銀行法與期貨交易法[5]。由於上開統計資

料，並未就金融犯罪案件特別列計，但仍可看出起訴與判決確定中，類歸金融犯罪之案件占有相當大之比例。再以，臺灣臺北地方法院2003、2004年間受理有關金融犯罪案件數量甚夥[6]，又臺灣高等法院金融犯罪查緝督導小組（金融犯罪）從2002年11月至2006年5月19日止，收結及進行情形之統計數據，亦合計受理407件金融犯罪案件，因其偵辦之案件均偏向重大複雜型，更足徵金融犯罪案件之嚴重性[7]。

多年在檢察機關與法務系統工作，處理與經歷無數金融犯罪案件，體驗金融犯罪案件有質量之變化，明顯有下列**趨勢**[8]，可藉之思索探究金融犯罪所呈現之圖像：

1. 案件由少而多：由全般刑案之小部分，演變快速，已占相當比例。

2. 人數由少而多：由少數人犯罪，轉變至多數人共同集體性犯罪。

3. 金額由小而大：由數千萬元，至數億元，至數十億元，至百億元。

4. 案情由簡單而複雜：由單一而計劃性犯罪，致案情複雜多變。

金融犯罪破壞金融秩序與公義，而重大金融犯罪非但危害社會紀律安全，更是腐蝕國家經濟基石，此等高智能犯罪，運用推陳出新手法，將銀行資產或大眾資金，吸納吞併成私產，再利用法律外衣或表面合理化之非常規手段遮掩，甚而洗錢至國外，甚惡性與危害，顯然遠高於大眾認知之重大刑案，自應深入探究其虛像與實相，進以研究刑事司法對策。

貳、金融犯罪定義與態樣

金融犯罪向乏統一之定義，法務部曾於1980年10月17日函頒經濟犯罪之罪名及範圍，其後於1987年1月13日、9月4日、1994年10月8日等予

以修正，2004年修正爲「檢察機關辦理重大經濟犯罪案件注意事項」，將重大經濟犯罪案件界定爲二類，其一依據犯罪所得或被害金額五千萬元以上，或被害人數達五十人以上之特定犯罪罪名；其二爲違反經濟管制法令或以不正當方法，破壞社會經濟秩序，情節重大者[9]。其中與金融犯罪有關者，可包括：(1)違反銀行法案件、(2)違反金融控股公司法案件、(3)違反票券金融管理法案件、(4)違反信託業法案件、(5)違反信用合作社法案件、(6)違反農業金融法案件、(7)違反金融資產證券化條例案件、(8)違反證券投資信託及顧問法案件、(9)違反保險法案件、(10)違反期貨交易法案件、(11)冒貸詐欺案件、(12)僞造信用卡案件、(13)使用不當方法，破壞社會經濟（金融）秩序案件等。

又臺灣高等法院檢察署曾規定重大金融犯罪案件爲[10]：(1)被害人係一個或一個以上之金融機構，而侵害法益達新臺幣一億元以上之重大經濟犯罪案件。(2)對金融機構信用有重大危害之重大經濟犯罪案件。(3)重大經濟犯罪案件中之主要或關鍵之犯罪行爲（例如：詐欺、僞造文書、洗錢等罪）係在金融機構營業體系內進行之案件。(4)銀行法、保險法、證券交易法、期貨交易法及其他財金主管機關監督業務範圍內之重大經濟犯罪案件。(5)財政部（包括財政部證券暨期貨管理委員會）及中央銀行依其主管機關權責認定之重大經濟犯罪案件。(6)其他嚴重危害金融機構營運或影響社會大眾權益之重大經濟犯罪案件，可見其有關金融犯罪之認定標準已將金融機構犯罪之犯罪人或被害者或以金融機構爲直接犯罪工具以及金融機構職員、雇員關於職務之犯罪，均包括在內[11]。

又法院實務上，將重大經濟犯罪，簡稱爲重經案件，包括[12]：(1)違反銀行法、證券交易法、期貨交易法、洗錢防制法案件且被害法益在新臺幣一億元以上。(2)其他使用不正當方法，侵害他人財產法益或破壞社會經濟秩序，且被害法益在新臺幣一億元以上案件。

金融犯罪非法定概念，又其定義，各學者專家從不同角度分別闡

發，見解不一[13]，惟綜合學者見解、上開規範之意旨及實務上之處理範圍，認金融犯罪係指金融機構內部人員（含董監事、經理人及承辦職員），或外部人員或內部、外部人員共同或各自在金融職務活動中以金融資產為犯罪客體，或利用金融付款支付媒介（如信用卡）或未經政府核准而經營金融業務，足以影響或是破壞金融活動、紀律、管理與秩序之犯罪[14]。

金融機構之範圍甚廣，不單單指銀行[15]，包括：1.農會、2.漁會、3.票券公司、4.信用合作社、5.金融控股公司、6.保險公司、7.信託公司、8.融資租賃公司等[16]。

金融犯罪之客體，以金融資產為主，主要為貸放貨放款項不法舞弊最多；另有利用金融付款支付工具即信用卡犯罪，此不僅偽造者、販賣者及持有者犯罪，即如商業主體亦涉及犯罪[17]。又有未經核准經營收存款業務，形同銀行業務，此即向社會大眾吸金，其金額亦常達數億甚且數十億元已如前述。又作案手法，有為銀行內部人員之不法舞弊，有為銀行以外人員向銀行詐騙，偽造信用狀、偽發信用卡等，亦有銀行內部人員與內部人員勾結舞弊，銀行內部人員之舞弊，如係計畫性犯案，其職務不一定很高，曾見承辦人員以眾人不注意之零頭予以挪移侵占，經年累月，金額亦甚龐大；亦有瞞天過海之方式，利用客戶不注意或久久未進來之機會，逐步小額移挪至一定戶頭予以侵占。

再分析金融犯罪模式有使用新科技犯罪，然仍運用傳統犯罪手法為數仍多，諸如[18]：

1. 掏空銀行資金
2. 收賄貸放款
3. 高估抵押品
4. 製作不實貸款文件向金融機構詐貸款項
5. 貸款戶串通假交易融資
6. 高吸金案

7. 內部控制不良[19]

臺灣屬島國型經濟型態，無論原物料、成品等均需與國外進行跨境流通，在金融往來上更為頻繁，不論合法或非法流通均甚方便，即使外勞匯款回其本國，亦常採取此種模式，造成臺灣地下通匯系統活絡，從數萬元、數百萬元、數億元，至數十億元不等。近年內檢察與司法警察機關曾先後破獲多件重大地下通匯案件，甚而在住處查得數億元現金[20]。衍生諸多金融管理上之漏洞。

一般稱呼地下通匯活動，有多種名詞，以替代性匯款較與其內涵接近。按替代性匯款指提供客戶將資金或可計值物品從一地點移轉到另一地點之金融服務，有別於受規範傳統金融行業之外，其營運方式多類有不同稱呼，包括hawala、hundi、fei-chen及the black market peso exchange等。替代性匯款業者在受理客戶委託移轉金錢（可計值物品）後，透過電話、電報、傳真或電腦網路等各種方式，通知受款者所在地區之替代性匯款搭檔者，付款予受款者，匯款款項完全不經過正規金融行業，而業者間總帳結算，一般運用某一階段透過一次匯款、現金攜帶、貨物交易發票操作或現金以外之高值物品移轉等方式處理，替代性匯款業者，常透過銀樓（珠寶）業、錢幣兌換商、外匯和國際傳真通信場所、其亦有經由代書、航空承攬業、餐飲業、骨董店、旅館飯店、旅行社及貿易公司、零售通路系統等方式，以分散存提、使用人頭帳戶、假造匯款人資料、混合資金以及同業聯繫、相互沖帳等手法隱藏該交易本質，達到隱匿目的[21]。

此種地下通匯行為，違反銀行法第29條之規定，由金管機關會同司法警察機關取締，並移送法辦，構成銀行法第125條第1項之罪名，得處三年以上，十年以下有期徒刑，若犯罪所得逾一億元，處七年以上有期徒刑，並均得併科高額罰金；經營銀行間資金移轉帳務清算之金融資訊服務事業，未經許可擅自營業，同樣處罰，法人犯上開之罪者，處罰其行為人。

由於金融犯罪爲智慧型犯罪，晚近出現諸多計劃型方法，尤其掏空資產，更是高明，其分工與合作之緊密，相關文件之齊備完整，令人嘆爲觀止；有則企業爲護盤包裝美化財務，佯示資金充裕，乃與銀行內部勾串，事先講好，違反授信程序，逕行撥款，事後再予補正，行五鬼搬運。科技日益翻新，不法之徒往往利用新科技犯案；在發現之案例中已有破壞防火牆，自電子銀行帳戶盜取，亦有侵入金融機關電腦乾坤大挪移，私移他人帳戶之存款至其本人或特定帳戶內，亦曾見僞卡集體侵入金融機構電腦系統盜取存錄資料使用。

由於信用卡使用日益普通，犯罪手法逐漸多樣化[22]。有關臺灣僞造信用卡之犯罪，在1996年以前，尚不嚴重，但1997年全年僞卡盜刷金額已達新臺幣5～6億元，1998年激增至14億元，1999年信用卡同業（VISA、MASTER、AE、JCB等）統計，交易損失逾30億元，來自僞造信用卡達28億元，2000年至2002年間僞卡損失合計約70億元，後經檢察與司法警察機關大力查辦，已能適度控制，2004年信用卡交易損失4億多元，僞卡有9仟萬元，成爲亞洲地下降比率最高國家[23]。在中國信用卡犯罪也逐漸增多，其手法也多樣化，包括僞造、使用、竊盜、盜刷信用卡、內外勾結等情形[24]。

分析其犯罪態樣，有違法取得他人信用卡資料、在飛機、百貨公司等信用卡盜刷、信用卡委外從業人員盜辦客戶資料、跨國僞卡集團詐欺[25]。就犯罪主體分析其結構，成金字塔型，底層爲車手，人數最多，中層爲車頭，人數次之，上層料頭、卡頭較少。組織相當完整[26]。

其次，犯罪客體包括原料與機器。原料包括信用卡卡號、僞卡半成品，其中信用卡卡號及內碼之來源有三途徑：使用機器盜錄、自銀行內部流出、有部分係外圍僞卡犯罪集團提供；又僞卡半成品指已印製好卡別、銀行別，惟尚未燙印MASTERCARD、VISA、JCB等防僞雷射標籤之空白信用卡（僞卡圈內稱爲「衣服」、「白卡」、「版仔」）。至於機器，分爲盜錄卡號、內碼機器及加工製造僞卡成品機器等。

　　金融犯罪之態樣複雜，每個具體個案之案情均不相同，所犯之罪名亦案案有異，件件各有其手法，但總匯其犯罪手段與方式，仍具有異中有同，同中有異之現象，約而言之，大致涉及金融詐貸、侵占資金、不合常規交易、財報不實、運用組織進行不法、利用管理漏洞犯罪等，其態樣複雜多方[27]；另地下錢莊之資金借貸，以及延伸之不法行爲，隱密而潛伏社會較基層，易成爲犯罪黑數[28]，凡此均增加偵查與審制之困難度。

■ 參、金融犯罪之特性

一、智慧型犯罪

　　金融犯罪常利用行爲人之社會地位、經濟條件與銀行作業漏洞，並濫用經濟活動之相互信賴關係，甚而內外部相互勾結舞弊，圖取不法利益[29]，不像傳統犯罪模式，其需要運用相當智力，有充分專業知識，瞭解金融作業方式與流程，洞悉銀行從業人員之工作態度與習性，且透過各種工商企業活動，運用不同方式五鬼搬運或巧取豪奪順利取得巨額資金；又如利用資本市場大量買賣股票，入主上市公司，再經由借殼公司從事不法舞弊或冒貸等，一般手法也相當高明[30]。此等人員大多非一般升斗小民或基層人士，在社會上有一定影響力，利用其身分地位容易取信於金融機構，又有能力且容易掩飾其動機與內心犯意，取得高額資金，顯見屬於高智力、高專業、高經驗，具高社經地位人之犯罪[31]。但此等高級金融犯罪者，對於刑事追訴與刑罰制裁之感受與態度與一般犯罪者不同，蓋一經偵查審判，其經濟活動上之信用與累積基礎大受影響，且對刑事處罰制裁之痛苦度，亦較一般犯罪人爲強[32]。

二、高度抽象性

金融犯罪通常不易辨明何人是加害人？何者是被害人？呈現曖昧不明之潛在性[33]，而且自金融機構搬取不法資金，一般人不會察覺到其侵略性，亦不易感受到自有財富受到奪取，而且在眾人不能得悉發覺情況下進行犯罪行為，於犯罪東窗事發後，與自己關連性亦較遙遠陌生，對個人而言，明顯欠缺具體性、實體性、立即性，有時尚會發生無被害人之錯覺，是以金融犯罪縱犯罪者獲利龐大，與一般人感受之損害，無明顯關連性[34]，為超個人法益之犯罪型態，其實際獲取資金之行為，會被誤認非侵害個人財產權之非物質法益，但實際上係對整體金融秩序之破壞，亦可能導致金融機構被掏空發生營運問題[35]，而且犯罪者之獲利與銀行之受損間，產生抽象、間接、複雜之現象。又大都直接與金融機構有關，其不法表徵不易顯露，加上金融機構不一定願意公布內情，致侵害之範圍損失實況，外界不易查覺，明顯具高度抽象性[36]。

三、長期持續性

傳統之財產犯罪，一般屬一次性、短暫性、偶發性之巧取豪奪行為，較少有長期性之財產犯罪，然金融犯罪常係長時間之計劃，常接續性運作實施而達其目的，即時為一次動作，亦即獲取巨額財產利益，觀察其前期準備之作業與動作，仍具有相當長期性，本特定目的持續進行得取巨金之行為[37]，因之，在偵查實務上，不能僅對該獲取之行為調查，應對其逐步達致目標之相關事證一併蒐羅，其整體輪廓方能具體明確，窺得其全貌。

四、複雜性

金融犯罪之態樣多變複雜，犯罪之手法案案不同，使用之不法方式亦件件有異，每次爆發之金融案件規模龐大，犯罪事實需費時費力，

剝絲抽繭，而且作案方法高明，資金流向多層多次，千變萬化，可說龐大複雜，並有利用國內聯貸、國際信貸結算進行犯罪，顯現其複雜多變[38]，而且文件龐大、罪證眾多，稽查不易，有關金融犯之法令，包括銀行法、證券交易法、商業會計法、洗錢防制法、偽造文書等，不同之犯情與案件，適用之法律迥然有別，而且常併同包括多樣性不同犯罪罪名，可謂為複雜性犯罪[39]。

五、隱匿性

金融機構有一定之規模、周詳之作業準則、嚴謹之審查機制以及縝密稽核方式，要從金融機構取得不法財產利益，有其一定困難度，因之以內外勾結方式達成目的，必以外界難以查悉之方式隱密完成；其係內部人員或高層所為，因有銀行之專業背景，有實務操作經驗，加上熟悉銀行作業程序，更容易以隱藏式作案手法達到，此種躲藏深匿內部，不易察覺；再以外人訛詐方式而言，偽造信用卡或授信貸借金額，其準備之文件，提供之證件，表面上均完整，不易察覺其瑕疵，被害人或授信承辦人容易為表面上之表現矇騙，而且金融犯罪完成後，因掩飾得法，亦常經過相當時期方始發覺，若運用人頭，其人數眾多，檢調人員因其隱藏性作為，追查困難[40]。同時，金融犯罪隱匿在金融體系內部，不論內部人員或外部人員犯罪均不易察覺，其犯罪黑數高，更足以凸顯其隱匿性[41]。

六、結構性

金融機構有其嚴密之組織、作業要求、程序控管及稽核機制，犯罪人能從中獲利不法利益，與其結構發生問題有必然關係。蓋在一般情況下，與銀行人員若無相當認識，有相當交易往來，縱小額貸款亦屬不易，根本無從舞弊取利。從已發生之弊案探悉，實出於結構性共犯關係，其中存有同流合污、互相掩護之內情，不論犯罪型態為何，需內外

勾結串通，演出利益共同體戲碼[42]；其為詐欺貸款，亦為內部人員欠缺警覺性，專業與經驗不足，為犯罪人利用而得逞，可謂係結構出狀況，因此，結構性犯罪呈現組織體僵化、監督機制空洞或分工合作犯罪等現象。同時，金融犯罪常集合與運用多數人之智慧能力與人脈網絡達到犯罪目的，明顯具有行業性，亦不失為集體性犯罪[43]。

七、跨境性

金融犯罪逐漸成為常見之白領犯罪，已不僅侷限於某一地區或國家，並因全球化之經濟發展，金融犯罪更趨向國際性[44]。在企業詐欺貸款案例中，企業以關係企業、集團企業、聯鎖企業互開發票要製造假交易或偽造為客票，或開立不實信用狀，其企業往往係境外公司，詐欺手法跨越國內外，詐得之貸款常迅速匯往海外；其為偽造信用卡案件，亦常見自國外偽造信用卡再於國內販售或在國外盜刷詐欺貨品或金額，而且為避免被查緝，金融犯罪所得不法利益，常洗錢至國外，另再利用海外紙上公司犯罪，亦常將獲得金額，匯往境外洗錢，是以金融犯罪中常出現跨境之犯罪計畫、作案手法及洗錢海外等現象[45]。

八、後果嚴重性

金融犯罪常為集體性犯罪，規模相當，分工專業，而且主事者狡猾，經常有計畫且精細完成其掠奪金融資產，近十五年來，所得金額龐大，犯罪數額也越來越高，由原來四千萬元，躍升至一、二億元，而數億元，而數十億元，至數百億元，造成金融資產之重大流失，較諸傳統性犯罪呈現高損害性[46]，此等重大事例屢見不鮮。以前述統計數據觀之，金融犯罪之件數占所有犯罪之比例不高，但其被害之金額所占比例甚高，趨近管理學上二○／八○法則，因之金融犯罪直接間接帶來的損失難以計數，而且其犯罪手段複雜、情節嚴重，涉案之被告眾多，帶給國家、社會與金融體系無法挽回與彌補的後果，亦大大影響國家債信之

評比名次[47]。考其原因，與犯罪者利用複雜之經濟與金融體系，操弄其財經金融專業知識與技巧，加上財金主管機關未能有效監督，公司內部稽控機制失靈，以及專業會計師未盡責任大有關係，謂監督稽核功能失靈，缺乏有效監督，有其重要關連性[48]。

九、社會誤導性

社會一般人對傳統性犯罪，均有強烈之不認同感，犯罪者亦會有罪惡感，但金融犯罪者罪惡感淡薄，一般人亦不會當下表達不認同感。觀察金融犯罪令社會上震撼，往往金額之高之多之大，動輒數億元，數十億元，甚至數百億元，一般人在指摘評述之餘，固然不滿痛斥，但有則對彼等之本事、能耐有所佩服，容易羨慕其擁有鉅金享用；有人視之為聰明高竿，為有本事之企業家，即使知識分子亦未必認其具有可罰性，故非價領悟，較一般暴力犯罪低[49]。甚者，對其多年後方被查辦後，媒體大加報導其間之揮霍享用情節，亦引發觀念偏差者仰慕，致對社會產生不良之示範效應。更有甚者，從被查獲之案件中研究其被查獲之原因，分析其作案之漏洞，竟成為另一批不法者借調整做法犯參案用。同時，金融犯罪者對其犯罪行為，往往缺乏犯罪感與罪惡感，偶而尚有得意狀，直斥銀行有問題，不是其本人有何不對等話，斯情期景，令觀念偏差者，可能起「有為者亦若是」之錯誤觀念，當社會充斥此不良訊息時，顯然道德與價值已有扭曲，值得政府與有識之士警惕[50]。同時，貸款越多，表示有本事，不良企業競相貸借金額，比多少，而不顧還債能力，令人感慨。

十、法律不明確性

金融犯罪之態樣複雜多變，現行法律並不完備，即金融賄賂部分，法規亦有不足[51]，有關非法吸金案件，如何適用銀行法及證券交易

法亦有爭議，加上犯罪行為人用盡腦汁，一再翻新犯罪手法，甚而一層又一層包裝串偽，並藉部分合法極力遮飾，致案情案案不同，事實越來越複雜，以致法律之適用不易確定，發生諸多法律不明確之現象，例如：

1. 詐貸現金事後不依約返還，發生呆帳，究係債務不履行或為詐欺、侵占等犯罪？

2. 向金融機構貸得巨款予以投資開拓營運範圍，究係合理之商業判斷，或為掏空資產[52]？

3. 為順利貸得款項，提供美化或誇大之權據評估資訊等，是貸款之必要手法或者為行使偽造文書行為？

4. 授信人負審核授信案件，擴張裁量權限，核准貸款，係行政責任問題或涉犯背信罪？

5. 貸放款項終致無法催收債權或成為呆帳，係金融機構營運上之經營風險，或有背信之罪嫌[53]？

6. 公營金融機構違反法令作業規範，有無公務員圖利罪問題或涉犯背信罪？又銀行法第125條之2所稱職員之範圍為何？如何適用方符合法意？[54]

7. 金融犯罪之不法所得，是否包括財產與財產上利益？又列屬第三人名下之犯罪資產如何沒收？被凍結扣押及沒收之相關人有不服時，救濟程序為何[55]？

由於合法與違法違規間之界線模糊，再加上事實變化不一，適用上產生紛歧，檢察官看法與法官見解有異，一審與二審，二審與三審間之法律見解亦不同、案件在二、三審間，上下徘徊，有人指其如同「洗三溫暖」，是以定讞不易，對建立司法公信力大有影響。

肆、金融犯罪刑事司法之戰略思維[56, 57]

一、強力打擊重大金融犯罪，實踐公平正義

司法因人民對正義之期待而存在著，司法如不能符合人民對正義之期待，將是法治之嚴重倒退，對於金融犯罪，要符合民眾期待，有效遏阻犯罪，刑事訴訟機關之刑事追訴能力扮演舉足輕重角色，經由追訴確實性，形成嚴密反犯罪網[58]。而且審案用法，以及認定事實，必須符合社會之經驗法則，由於每類案件涉及不同專業，司法官辦案時，必需設法培養自己之專業知能，至少需尊重專業，不要被懷疑這是外行人認定的結果，所以在處理金融犯罪案件時，司法亦更應體認此基本要項，強力嚴辦金融犯罪，遏阻不法行為[59]。

無可諱言，金融犯罪破壞金融制度之完整性，破壞經濟制度賴以建立之基礎，而金融是國家永續發展之基石，防制金融弊端，嚴辦金融犯罪，更是公平執法，提升政府威信之法寶，對司法相關而言，有效打擊金融犯罪，重懲金罰重大不法弊端金融事件，更是彰顯司法功能，實現公平正義，提振司法公信力之憑藉。

金融犯罪之特性複雜多變化，事證相當繁雜，犯罪手法日益翻新，已不能依賴傳統思維之辦案方式辦案，打擊部隊必需密切合作，如同棒球揮出強勁打擊力道[60]，而且實施交互詰問後，事證之檢驗標準提高，對於蒐證偵防之思路應大加調整，考慮到公訴法庭面臨之考驗，有關證據蒐集調查之方法、過程必須採嚴謹規格，注意證據法則之適用，避免通不過法庭無情之檢驗致無罪結局，是以與其嘆息案件功敗垂成，不如提升起訴品質，提升定罪率[61]。

由於金融犯罪有前述抽象、複雜、隱匿及結構性，外界不易洞悉其犯罪手法與態樣，檢調人員又不在金融機關工作，亦不清楚犯罪實況，應建立吹哨子保護法制，藉由內部人員及外部之揭發相當重要，包括金

融業內部員工、協力廠商、金融消費者、線民、消費者運動團體、媒體及民意代表等舉發揭露，一者利於檢調之偵辦，二者可促發不法者之警覺與自制[62]。

二、密切注意新型金融犯罪，防杜重大弊案發生

金融犯罪因屬高度智慧型犯罪，犯罪者之心思細密，所用手法多變，逮到機會即逕行犯罪，配合新科技與新技術，犯罪之模式日新月異，主管機關必須隨時注意社經發展金融趨勢，掌握狀況，密切注意金融盲點與可能發生之弊端，防範未然，尤其跨國企業常尋找低成本區域或國家，設立公司，有意遮掩其不法行為，進行脫法之投資或洗錢行為，將所得保留在國外，形成主管機關監理之困難，須採取有效對策[63]。

金融控股公司本在發揮金融機構綜合經濟效益，強化金融跨業經營之合併監理，促進金融市場健全發展[64]，但常見有違背此精神之併購或擴充情事，有於合併過程中利用、內外募集資金之流程作不當或不符合核准目的之使用、利用或關係企業不法操作，涉及犯罪[65]，而且在陞技電腦、太電、東隆五金等案中所見不法之行為中，常伴隨掏空公司資產之罪行為，關係投資者與交易人之重大權益[66]，檢調機關應主動積極查辦，維護金融秩序。

又不良資產之處理，亦是新型犯罪手法，曾見金融機構製造不實之不良資產，亦有經營階層另行成立資產管理公司，再以低於行情之價錢賤賣不良資產，使資產管理公司容易獲利，再藉此牟利。由於一般人較不注意此區塊業務，且不良資產之價格缺乏市場公開或客觀行情價，容易從中暗搞玄機，低價賤賣，從已發生之案例中，提醒金管主管機關不能忽視，應訂定客觀可行之政策或法令予以監理。

2008年發生金融海嘯，從連帶債引發金融市場骨牌效應，擴散至全球經濟危機，檢視其過往歷程，發現新興金融商品被多層包裝，一再美化[67]，再加上有計畫之強力行銷，使無知之投資大眾盲目投資，造成重

大危害，未來金管單位宜與法務部、財政部多做業務聯繫，對各類金融商品應深入探究，尤其新型商品更應有效掌握，適時提出預警告示或適度監理，防範再度引發不當危機。

三、減弱無被害者犯罪之色彩，增強金融犯罪危害性

金融犯罪案情往往重大，對金融秩序與犯律影響深遠，每次此類案情發生，國人無不深惡痛絕，大力批評責難，但因非直接受害，無被害痛苦與立即傷害感，連接性較為淡薄，直接關係亦相對遙遠，顯現出低非價領悟[68]，對其惡感常僅是短暫性，久而淡忘，而直接受害者，或為金融機構或為少數特定人，主動出擊提出檢舉告訴者較少，即金融機構亦常隱忍不發，顯不如有血淋淋之凶殺暴力傷害案件，有極為強烈之犯罪被害感，一旦時日久遠，金融犯罪已不受關愛眼神，逐漸消失於一般人之腦海中，是以無被害犯罪之感覺成為此類犯罪之特質。

檢調機關偵辦案件，受限於偵查不公開原則，對於腐蝕社會經濟基石之金融犯罪案件，不能任意將案情公之於社會，但本民眾知之需求，宜適度批露，使社會大眾知悉[69]；在審理中，法院除秘密審理外，亦可透過新聞稿向大眾說明案件審理情形，開放供媒體採訪。

案發後時日一久，被害人攻擊力道減弱或無意繼續追究，加上媒體報導減少，無被害犯罪之狀況即逐日潛沉，對於審理之法官有時會受此氣氛影響，加上被告或辯護人大力反駁或遮飾，其犯罪情節容易由重大轉淡，犯罪之惡性逐漸稀釋，法官在不知覺中，忽略其犯罪之嚴重性，在審認量刑上放寬尺度，從輕認定。因此，承辦法官如何心平如水，洞悉案情原貌，探明犯罪原味原滋，查明情弊，合於事實審判量處，是審理金融犯罪案件之核心問題之一；尤其案件上訴至二審，其被害者犯罪之色彩必然淡化；若多次發回更審，其態勢尤為明晰，承辦法官更應有此體認，不被蒙蔽，不自我設限，審明事證，斷獄真實，以得其真情實狀[70]。

四、增加犯罪者風險成本，提高定罪率

從實證經驗，過度依賴法律制裁，並沒有辦法完全遏止或是阻斷犯罪持續進行，應從犯罪成本著手；使犯罪難度提高，對金融犯罪而言，其理亦同，因之要降低金融犯罪，應從增加風險責任與提高其犯罪成本著眼，其對策思維包括[71]：

1. 排除犯罪環境：金融環境如不利於犯罪或使有意犯罪者不方便下手，則犯罪之機率將會下降。以偽造信用卡為例，不法之徒會先瞭解銀行發卡手續之嚴謹度，以及客戶使用信用卡之密度，再著手偽造，販賣行為。再如銀行內部人員有意舞弊，會觀察同事作業是否寬鬆？授信審批人員是否盡責？法令規範是否真正遵守？然後評量其可能性與方便性，是以排除甚至杜絕犯罪環境之盲點，必有助減低金融犯罪之發生。

2. 提高犯罪難度：增加一般罪犯作案之難度，讓犯罪不易產生，是防制一般犯罪之對策之一，對金融犯罪而言，亦應有此思維，例如授信程序嚴密，5P原則確實執行，徵信作業紮實，審查階段嚴格，追蹤稽考勤實等，將會使有意犯罪者，慎重評估其得手可能性，發現犯罪難度高，想不法舞弊其困難度高，則其犯罪動機會降低。

3. 提高成案率：最好的刑事政策，在於提高破案率，乃眾所知悉之名言，就金融犯罪之分析，犯罪之黑數不低，而且形同計算性之賭博，當被逮捕、偵辦與制裁處罰較低時，其犯罪之目的易達到而風險不高，此類犯罪可能性會提高。因之提高犯罪風險，以減阻金融犯罪行為[72]，而且降低罪犯的吸引力，最佳之道，將定罪率加倍，而非將刑期加倍[73]，而且從偵破之原因觀之，常是從無關案件慢慢發展，成為社會關注的大案，是以潛伏金融機構內部之金融犯罪需要設法究辦，使犯罪者無從僥倖或逃遁其刑責。其方法應由金融機構嚴格督導，主管機關加強治理，配合駐會檢察官有效清查不法舞弊案件，當內部稽查人員發現有不尋常異狀，趕緊提出不法事證陳報上級處理，而且檢調機關處理財

金、經濟案件有高度敏銳度，能立即查覺案中案，擴大偵辦。同時，培養並增強全民的正義感，使大家均能見義勇為，當得悉有金融弊端、五鬼搬運、掏空舞弊等情時，趕緊提出檢舉，檢察官對此不能等閒視之，應在民眾提供之資訊中找出黃金，吊出俗大尾的金融犯罪；對於從媒體雜誌而得悉之犯罪嫌疑等，亦作初步瞭解，找出有價值之案件[74]，尤其建立吹哨子制度，鼓勵金融業內部人檢舉或舉報，可由彼等提供之線索、金流過程、財報文件、帳冊等迅速理出頭緒，逐步建立金融犯罪圖像，有效偵破金融犯罪之不法行為[75]。

4. 強化法律處罰：法律規範處罰重不如完全落實罰則，因此立法寬執行嚴謹比立法嚴執法寬重要。當前經融犯罪之刑事法律多且週密，所定之刑奇重，但一般人不易感受金融犯罪行為人真正入監執刑之情狀，其原因與犯罪之成立與判處重刑者少，今後檢調機關當貫徹職責，積極偵破，法院應依法審判，從重處罰，提高定罪率，彰顯公義精神。

5. 落實民事法律責任之求償：公司負責人、董事經選任後，受公司委任執行業務，依公司法第23條第一項之規定，應忠實履行，盡善良管理人之注意義務，如有違反致公司受有損害，應負損害賠償責任，民法第28條、公司法第15、16、34條等亦有賠償責任之規定，是以對於公司負責人、經理人如有違背法令，未盡善良管理人之注意義務，應負賠償責任，此形同增加其不法不當行為之成本，可適度提高其等法令遵循之動力，甚而有主張只要董事會決議違反法令章程及股東會決議，致公司受有損害時，不論董事是否出席、曾否反對、反對有無登記在會議紀錄上，全體董事均需負共同責任[76]。

五、充實辦案專業知能，提升偵審效能

金融犯罪案件，具有隱匿性、抽象性、複雜性，而且金額龐大，常運用人頭帳戶犯罪，偵辦不易，所有參與偵辦之檢察官與司法警察必須擁有相當金融專業知能，方能抽絲剝繭，單點或多面突破，追查出犯罪

事實全貌，將犯罪者一網打盡，有效阻遏一般人觸犯法禁之意圖[77]。

　　為使檢察官偵辦金融犯罪案情勝任愉快，偵辦有方，必須充實其學能，本人主政法務部時，即一再闡釋專業證照之必要性，經內部彙整共識，終而推出三級專業證照制度，要求偵辦重大財金案件之檢察官需持有專業證照，為使檢察官順利取得證照，法務部研擬專業課程分成初、中、高三階段學程，由檢察官等逐級接受研習訓練，習得相當專業，以利辦案[78]；另司法院對於專業之培養，亦相當重視，陸續開辦財金相關課程與研討會。

　　此外，法務部、調查局、金管會等亦陸續舉辦諸多金融、財經犯罪專精講習，鼓勵或調訓檢察事務官、調查員，設定重要且必須瞭解之金融、洗錢、追查資金等專業課程，由淺而深，培養偵辦之專業知識。

　　檢調人員偵辦個案時，可能碰到新興或未曾偵查過之案件，法務部亦建立專家資料庫供同仁商請專家提供專業知識，以利案件判斷偵查，同時，亦可商請主管機關如金管會、證期會等指派專業人士前來協助辦案，減少因與專業不足造成偵辦之困境，另外法官審理金融案件時，亦須具備相當之專業智能，俾審案時得心應手，快速俐落。

六、借重財務金融會計及科技專家，建立辦案支援系統

　　科技發展之快速，超乎預期，以傳統模式辦案必面臨偵辦上的窘境，尤其金融犯罪、洗錢等犯罪行為，迴異於傳統犯罪型態，非以科學方法偵處，實難竟其功，因此，司法官在處理金融案件時，對於金融專業有關知識，應勤於涉獵，廣泛運用在辦案上。以鑑定為例，聲請筆跡、指紋、聲紋鑑定，釐清案情，並突破被告心防；運用測謊亦有相當功效。

　　又金融犯罪具有前述隱匿性、結構性、抽象性等特性，在偵查中對於涉案人之電腦、手機、雲端資訊等存貯放置之資料文書，應設法蒐集，必要時，透過搜索扣押方式取得，再運用科技鑑識方式還原涉案事

實與過程,釐清案情實相[79]。再者,取得之證據,解析不易,需以鑑定來強化證據,最近逐步被重視之鑑識會計,對辦案助益大[80]。

又專家資料庫,業經司法院、法務部、調查局分別有所建制,透過專家諮詢系統,請專家、學者協助釐清專業疑難,能迅速有效掌握案情;再者,推行鑑識會計機制,此不僅在專業知識與技術解讀證據,讓企業及早發現弊案情狀與風險,快速處理財務異常問題,更是調查有無不法弊案之利器,檢調辦案時,可商請會計師本其專業協助調查,亦得由司法院與法務部與會計師公會或聯合會研商辦案支援辦法,協助辦案。

由於司法官負荷重,可借重各部會與各機關人員,或支援或組成專業小組團體辦案[81]。目前在檢察系統設置檢察事務官,其中有諸多具有財經金融背景之專家,對於分析案情、清查資金、鑑識財務報表、會計帳冊等均能勝任愉快;而法務部曾與全國會計師聯合會接洽,由該會推薦有意願具有專精之會計師協助調查、研析案情,使檢調同仁能盡快掌握案情;另大學財經、金融、會計專業之教授亦可多加借重,補強辦案人員專業之不足,期能正確快速辦案結案。又法院審理金融犯罪案件時,亦得經由檢察官之舉證、出證等方式取得專業知能之協助,有效協助釐清案情、解析帳冊,追查資金流向,對案件之進行大有助益[82]。

七、追查犯罪所得資金,遏阻僥倖之路

剝奪犯罪所得,對於打擊金融犯罪有極大之功效,已逐漸成為世界各國採用做法,蓋犯罪者蓄意犯罪,事先不易防範,若於犯罪後,不能動用刑罰公權力、窮追其不法所得,使犯罪者無利可圖,不易杜僥倖之心,何況一味增強偵查技巧打擊犯罪,而未扣押不法所得,仍能坐享其成,金融犯罪將繼續惡化坐大[83]。為免犯罪者於法院判決確定前脫產,於偵查中有實施保全之必要,刑事訴訟法第133條第1項規定:可為證據或沒收之物,得扣押之。犯罪所得中,有應沒收或得沒收之物,當得予

扣押，其不能扣押而為犯罪被害人被非法侵奪之財物，亦得視為證據予以扣押之。

社會對金融犯罪人享用不法所得，難以接受，甚且深惡痛絕，強烈要求司法機關應用心追查，已為全民共同期待，惟此類犯罪智力高、專業強、經驗豐富，所取得金融資產時，常透過各種方法逃避追查，亦常透過洗錢方式漂白或移匯境外，逃避司法機關之追查，法務部已要求檢調辦案時應依法查扣犯罪不法所得[84]，惟因法律規範不夠完備，應克服此困難，有效追及不法所得[85]。現刑法就沒收已有修正之規定，第38條之1並擴大沒收及行為人以外之自然人、法人、或非法人團體，而且刑事訴訟法已於100年6月22日修正公布，建構剝奪被告以外第三人財產、單獨宣告沒收之適用範圍，以及增訂保全沒收、追徵之法官保留與令狀原狀為主，強化強制處分，是以對金融犯罪之不法所得，應體會修法精神，發揮其功能[86]。

由於人權意識高張，法制已逐漸重視個人權益之保障，現行法律中對於個人產財權、隱私權之保護日益完備，一般人對權益保障也日有概念，進而能提出主張，抗衡執行人員，加上刑事訴訟法對於檢察官強制處分權日益縮減，證據能力要求嚴謹，舉證責任落實度高，使檢調人員辦案增加諸多門檻，對於扣押不法財產之限制無形增加，檢調人員應正視此困難與障礙，在法令許可下，靈活機動查出不法所得之範圍所在、轉變貯藏方式，有效予以扣押，真正給犯罪人當頭棒喝[87]。

面對釐清犯罪不法所得之困難，所有辦案人員應有所認識，首應體認此查扣行為，本質上侵害人民財產權，應遵守正當法律程序[88]，平日勤於進修，吸收經驗。法務部與檢調機關應常舉辦實務研討會，介紹查緝要領，遇有個案經歷時，應機會教育，由承辦同仁親身說法，與同仁分享經驗，提升查緝知能與偵證能力[89]。

又金融犯罪不法所得經常匯至國外，要取得其資金去向文件相當不易，司法機關在偵查過程可運用刑法第57條之量刑十項標準、第59條酌

減規定及刑事訴訟法協商程序、緩刑宣告方式，鼓勵被告將國外所得匯回國內，利其從輕處罰。再者，利用臺美等刑事司法互助協定，取得供證之書面資料，請求對方協助凍結、沒收資產等；另可運用個案協助方式，透過外國檢調相當系統取得資訊，協助釐清資金去向，必要時，透過艾德蒙、亞太防制洗錢組織等國際組織協助，取得涉案人金融資訊書件及事證，俾能採取下一步偵查作為。

八、強化金融治理功能，提高監理行政成效

金融產業攸關國家經濟發展，是工商業領頭羊，政府有責任確保金融機關有良好財務實力，提供公平金融服務，包括儲蓄、融資服務、為公眾分散危險、提高公眾福祉[90]。金融監理行政，為現代國家行政權重要權利作用，在經濟自由化潮流下，如何適度運用有效監督金融業務，促進金融產業蓬勃發展，是一大挑戰，而且國際金融市場活動熱絡，影響國內金融業務之推展，有關傳統信用風險、系統風險需格外注意，也是金融監理新課題[91]。

主管機關有智慧考量採用法律或非法律手段之時機、監理與法律之關連運用以及透過「非正式行政行為」如行政指導、行政事實行為等必須得宜，強力監督金融從業人員遵守法律制約，提升企業倫理自覺與自律，加強風險控制，追求經濟正義目標，更是重點[92]。

臺灣金融業務原由財政部主管，2001年金融控股公司法後，金控集團跨行合併與異業結盟者日漸增多，而金融、證券、保險等分屬不同監理機關容易疊床架屋，產生不同管理標準，為使管理一元化，監理單位化，2003年7月23日公布行政院金融監督管理委員會組織法，嗣於2004年7月1日成立行政院金融監督管理委員會（下稱金管會），由原來的多元化改變成垂直整合的一元化監理，健全金融機構業務經營，維持金融穩定以及促進金融市場發展[93]。同時，金融監理不要忽視投保中心的效能，蓋證券投資人及期貨交易人保護法第28條賦予投保中心集體訴訟功

能，透過其運作，得對金融犯罪者負起損害賠償責任，對金融犯罪者有實質之壓力[94]。

金管會之設置，如同英國FSA制度，由機構取向轉為功能取向，並以監理化一元化為目標，但法令規章與相關配合制度，須完備周詳，並規劃完整之監理策略，實施政府監管、行政自律、內部控制、稽核監控及社會監督，防範預測之風險發生，發揮監理功能[95]，而且金管會不僅有機關原有之行政職能，而且銀行法第45條、中央銀行法第38條等所訂金融檢查之實施，使金融檢查是防止金融犯罪弊端之利器，是金管會已有相當權限，應建立一套有效之監督制度，嚴格執行分工，並應檢視現有金融監理法令有無缺失漏洞，速予修正補強，強制金融機構應與主管機關配合，防堵金融犯罪發生[96]。

同時，應破除盡量防止銀行倒閉之迷失，而應強化監督治理效能，大力監督金融業授信要本於安全、適當之公益原則辦理，不宜動輒以人民納稅錢救援經營失敗之金融業，讓金融業能健全營運，建立永續經營體制[97]。

又金融監理方式包括法規、市場工具、專業能力、社會力及程序等，有關檢查之方式可採實地檢查（On-Site Examination）、場外監控（Off-Site Monitoring）方式，檢查時，可直接檢查、會同檢查、委託檢查，其目標在於查核資金運用安全性、業務有無違反金融法令、程序是否完備、內部控制系統是否完整、業務經營績效是否提升等，並要求公布呆帳，提升銀行財務報表透明度，使其財務與風險資訊能反應實際狀況，降低金融詐欺情事。

金融犯罪中向銀行詐貸金融資產，往往納入經營階層或實質控制之幕後操盤手口袋中，其後被起訴後，仍穩坐董事長、總經理寶座或仍擔任重要職位，實際具有經營、操控權、起訴或判罪仍無法改變原有經營結構，因此為能提升其組織文化，強化公司治理效能，金管機關應設法解決此不合理現象，輔導及監督發揮公司治理功能，形塑優質企業文

化，才是對抗企業犯罪之好策略。而在金融機構內發生不法舞弊，金管機關更應劍及履及，發動職權，效法改變其經營階層，導正不良影響防範再發生弊端[98]，並應積極參與國際金融監理組織，與各國金融主管機關簽屬合作備忘錄，參與國家組織活動，進行跨國業務檢查，杜絕洗錢行為[99]。

又金融世界已發達自由化、全球化，逐步朝全球經濟一體化發展，諸多金融機構國際化經營，大量金融資產跨越國界、市場與幣種及銀行而流動，且眾多跨國銀行紛紛在他國設立分支機構，其在臺灣設立分行或從事金融服務業務當有可能涉及金融不法行為，金融犯罪者亦利用跨國性之便利，順利達逐其目的。是以主管機關對之亦應強化行政監理功能，防範可能弊端[100]，並應積極參與國際金融監督組織，與各國金融主管機關簽屬合作備忘錄，參與國際組織活動，進行跨國業務檢查，杜絕洗錢行為[101]。

九、行政司法體系無縫接軌，建立完整之打擊犯罪網絡

解析金融犯罪過程，與金融機構組織是否健全？作業是否實在？公司治理是否確實息息相關，是以主管機關應充分發揮其職權及監理效能發生，而司法機關在其監理過程，與偵審有關部分亦應相互協助，提供有效且無縫接軌，發揮三位一體連續效果，嚴防金融不法弊案之發生。

金管機構負責人違法舞弊之案件，對機構本身及整體金融市場之影響至深且鉅，金管會如未能及時採取適當之監理措施，勢必將對整體社會經濟造成重大傷害。且金融機構負責人一旦遭檢調機關之搜索、羈押，往往會造成廣大投資大眾不安，產生金融機構之擠兌效應，甚而引發系統風險。因之，為維護金融市場之穩定，避免是類案件之偵辦對金融市場造成重大衝擊，並降低其所需付出之社會成本，檢調機關與金管會更有加強聯繫與合作之必要。即國際上逐漸重視之洗錢問題，亦應提早自金融監督、金融檢查著手、與檢調合作擬定防制策略。

　　往昔金融犯罪案件較少，檢調機關受理後，方啓動偵查機制，進行相關偵查作為，但今日金融弊案高度智慧化，手法專業化，傳統偵查方法已無法因應，須主動積極做法，掌握先機，避免在檢調機關介入偵查時，犯罪者業已串供編織掩飾完畢，相關事證資料亦被湮滅。因之，金管會主管機關與檢調系統必需緊密結合，發展一套執法與制裁之有效攻擊策略，通力合作，相互支援。本人於主政法務部時，乃採取檢察官派駐金管會[102]，作好溝通清查工作，防範未然，行政院金融監督管理委員會亦相當配合，雙方合作愉快，目前指派檢察官均係資深及具有查辦金融犯罪經驗之主任檢察官及檢察官，充分與金管會證券暨期貨局、銀行局；臺灣證券交易所，並與經濟部投資審議委員會等主管機關加強業務聯繫[103]。

　　2008年10月1日法務部與金管會成立「金融不法案件聯繫會報」，針對列考案件以及內部簽結，不起訴處分、無罪確定判決等進行檢討，提出改進做法，研析犯罪態樣，就個案犯罪成立要件、證據與作業流程等，提出精進做法，對金融犯罪要件之偵辦有相當助益，此種透過行政協調模式，當可減少移送案件罪證不足之問題。各地檢察官偵辦金融犯罪案件時，亦得透過駐會檢察官之協助，順利取得法令規章、專業協助、人力支持、對辦案之助益良多。

　　金管會主管金融監理，對各金融業實況有完整之資料與訊息，居於能先期發掘犯罪線索之最前哨地位，提供檢調監理查核資料，調取資金流向等，對檢調辦案最能發揮事前規劃、事中執行、事後判決立證之功效[104]，為發揮阻遏，防範與偵辦實效，金管會應提升預警協查功能。

　　由於具有金融領導背景之檢察官不多，但充實檢察官、檢察事務官、調查員專業智能，為當務之急，法務部需協調金管會、證交所等開辦各類專業研習活動，法務部或檢調機關亦透過各種在職訓練，培養能夠長期觀察並閱讀上市、上櫃公司重大訊息及財務報表，並能深入瞭解產業動態，從產業動態，發覺弊端之能力。

對於具體金融案件，如事證尚不充分，承辦調查人員商請駐會檢察官協調與各金管主管機關合作，利用行政檢查或查核方式，掌握相關事證，方便後續偵查工作。同時，有必要時，檢察官商請金管會指派嫻熟之專業人員協助釐清案件提供專業知識。在司法院方面，亦協調金管會派員支援，目前，法官審理案件時，會商請金管會之專業人員充任鑑定證人，對案情盡快釐清，利於審判。

十、強化企業自律倫理，提高其社會責任

金融市場之健全與否，影響金融秩序，其中涉及二大關鍵：金融業與企業界，前者體質之健康程度，涉及金融市場之正常維持；後者涉及企業界自金融體系取得資金之思維與運用，兩者間，均與企業倫理與永續經營思維大有關連[105]。是以，預防金融犯罪，應建立公司內部、外部治理機制，強化自制自律，建立法令遵循制度，避免觸犯法網，落實企業社會責任[106]。

隨著大型企業日益增多，各類違法、不法或犯罪之行為再三叢生，社會大眾對於企業之社會責任越來越重視，期待大企業決策者在處理關係社會多數人利益或多數人所企望之事務時，應捨棄、縮緊營利之意圖，以滿足多數人之期望；進而言之，企業除應遵循法令行事，亦當實踐企業之社會責任，包括倫理責任與裁量責任[107]。申言之，企業社會責任乃在滿足社會大眾對企業在道德、倫理與法律方面之期待水準，並合於道德與誠信之基礎，以生產、行銷、研發、投資、財管等營運行為，增強企業實力，協助社會正面發展[108]，以增進社會利益，此在資金調度、借貸、週轉時，無論企業界或金融界均應有此正確觀念。

倫理係指一般人在社會為人處事應循之道理，亦為辨別是非善惡之基本準則，並成為社會關係通行之普遍價值，以專業、紀律、負責為主軸信念[109]，就企業倫理而言，為企業所作所為是否正確、對錯與否之準

則，各企業應有其中心倫理觀念，供決策層、執行層與員工遵循，是以在金融事務上，企業界與金融界均應有一套核心倫理準則，作為各自行事之依據，強化自我控制效能。

再者，公司治理旨在健全公司之營運及追求利潤最大化，其推展之深度是企業體質良窳之關鍵，亦是當前世界各國法學新趨勢，政府與法令亦在引導、督管各企業做好公司治理工作，強化董事會之自我管理能力，實踐對投資人、債權人與利害關係人所負責任[110]。政府主管機關自應盡行政治理與監督義務，各金融界在處理授信事務時，亦當將之列為審酌之元素[111]。同時，儘速建利吹哨子保護制度，早日法制化，在此之前，將吹哨子保護機制從銀行之自律規範、自治要求，提高至內稽內控，加強監理強度。

對於正軌、正當經營之企業，永續經營必為其信奉之原則，使企業能大、能久，此不僅為推行企業之正常發展，維繫全體股東之投資權益，並能貢獻經濟，開創社會整體之利益，因此，企業在貸借、週轉資金時，金融業當需考量其永續經營之意圖與決心，以及其展現之實績[112]。

十一、加強兩岸打擊犯罪合作，推展國際司法互助

由於金融犯罪之組織運作、犯罪計畫、犯罪手法、資金流轉、不法洗錢以及人犯之藏匿等經常跨越國境，甚而跨及數地區或國家，偵查追緝甚為困難，需有關之地域或國家聯手偵辦追查，國際間之刑事司法互助，誠然為必要之作為[113]。我國已將洗錢防制法作重大修正，在司法處理上可加大力道，並在國際司法互助上有效運用，擴大防治及偵查效果。

聯合國自1999年起積極推動「聯合國打擊跨國組織犯罪公約」，要求批准國家應立法或採行其他必要措施，將洗錢行為、組織犯罪、貪污腐敗行為及妨害司法公正之行為定為刑事犯罪。而為打擊跨國犯罪，採取沒收犯罪所得、加強執法合作、司法協助，及擴大引渡範圍等方式，

共同合作對抗重大跨國犯罪[114]。檢調偵查金融犯罪時,可運用此共同打擊犯罪公約,建立合作模式,並與外國辦案組織與機構聯繫與合作,廣泛建立情資交換、辦案技術、交流資金協查、連結犯罪所得資產,以及人犯追緝等管道,以強化與他國進行刑事司法互助[115]。

又臺灣業與外國訂有司法互助條約或協定,如臺美司法互助協定,應積極運作,現臺美間已有諸多辦案之司法互助案例,彼此間合作無間,對案件之偵辦有相當助益;另可透過國際組織,尋求司法協助。

海峽兩岸為有效打擊犯罪,已簽訂「海峽兩岸打擊犯罪與司法互助協議」自2009年6月25日生效,未來警調在偵辦金融犯罪時,循協議之內容,取得犯罪情資,調取證據,協助緝捕,遣返刑事嫌疑犯,進行必要之合作、協查或偵查等,已定讞之重大金融犯罪列為司法互助重點,全力緝捕遣返歸案,彰顯本協議價值[116]。又海峽兩岸金融合作協議,對兩岸金融合作有更好之立據,除加強兩岸金融監管合作外,透過法律透明度,解決法律上之差異,並強化具體案件之司法互助與合作[117]。

由於歷史因素,兩岸法律制度與規範存有相當大之差異,司法處理之結果亦難期相同,在處理金融犯罪案件時,雙方對彼此之金融法規與監理作為需有相當之認識,化解法律之衝突,而且以雙方認同之金融犯罪犯為基礎,協調一致,加大合作力度[118]。有關協調偵查,追查資金流向、交換情資、協助緝捕、追扣不法所得、遣返刑事犯等,採取協調措施,有效打擊金融犯罪[119]。由於本協議之條文簡約,於具體案件時,雙方見解未必一致,例如金融犯罪之定義與範圍,指標性金融犯罪要犯之遣返,因之雙方有歧見時,需多方磋商,尋求共識,達到有效打擊犯罪之目標[120]。目前兩岸透過司法互助合作,已有相當成效,可擴大辦理[121]。

十二、結合學術研究結晶,匯聚轉化為刑事司法政策

金融犯罪屬於白領階級與高知識層級之犯罪行為,其涉及眾多繁雜型、智慧與連貫性之犯罪手法,運用複雜模式巧取豪奪金融資產,並以

化整爲零等巧妙方式分散資金去處，部分犯罪人並透過洗錢方式將所得轉至國外，掩飾其去處，使調查證據倍加困難。而其犯罪事實如同葡萄串，多而龐雜，涉及諸多法律之適用，檢察官或法官於短暫時間欲全部查明查清，誠非易事，實需學者專家多參與研究，提供結論、具體對策或明確策略，以供參酌借鏡。同時，經由法律、社政、犯罪、矯治等學者專家辛勤研究之智慧結晶，可供訂定刑事政策或司法實踐作爲之重要參據。

教育與學術界人才濟濟，專業知能充足，對金融犯罪又有高度興趣鑽研，政府應多加借重，或商請作專題研究，或指定議題委請研究，或設定專題公開招標，或協請提供建言，或研擬政策草案，再整合其創見或建議或方案或策略[122]，採爲刑事司法政策，必有助於防制金融犯罪[123]。

伍、結語

金融是產業發展之基石，環觀世界已開發之國家，其金融體系龐大，金融功能多元，由金融發射而出之輻射狀經濟國網脈強大有力，成爲一國軟實力最佳表徵，也代表國力之強壯程度。因之，金融是國家社會經濟之命脈，是血液循環系統，自應維護鞏固其根基，防免發生破壞金融紀律、秩序與安全之現象。

犯罪爲社會病態現象，金融市場中自會出現金融犯罪之事件，當金融產業越發達，經濟事務繁榮，金融犯罪必隨之而生，也常隨著社會風氣之變動與金融機構控制機能之強弱，發生諸多重大金融犯罪事件，甚而愈演愈烈，每當報導媒體大幅報導，一般人方驚訝其規模之大、金額之多、影響之深遠。

從以往偵辦財經金融犯罪案件，雖有可觀之成效，但社會上仍有不滿之聲音，認爲財經金融犯罪危害重大，影響國家競爭力，檢調偵辦

力道有待強化。事實上，隨著經濟、金融之蓬勃發展，衍生的經濟犯罪態樣不斷翻新，又此類犯罪所涉案情較一般犯罪專業而複雜，企業集團藉垂直及水平整合方式隱匿資金流向，增加辦案人員釐清的困難度，包括犯罪之隱匿性，多為智慧型犯罪，侵害對象與範圍廣泛，被害人常未提出告訴，而且犯罪技巧有感染性，犯罪手法與技巧經常改進，證據取捨不易，利害關係人協助湮滅證據或脫罪，加上證人心生畏懼，不願作證，司法人力不足，負荷過重，專業知能不足，遭遇偵辦之困難瓶頸。因之偵辦財經金融犯罪應該有全面、正面思考，面對問題提出解決方案，提高辦案人力，提升專業知能，運用鑑識會計等新科技，適度拿捏偵辦之力道辦出好案，有效打擊財經金融犯罪[124]。

檢視金融犯罪之發生，常與金融機構本身之控管稽核能力有關，亦源於金融體制之漏洞，而金管單位監理之落實度亦為關鍵；因此在對抗金融犯罪，必須從此根本著眼，對症下藥，採取預防措施，防堵可能發生不法弊端之缺口，主管機關更需積極強化監理功能。

「先行政後司法」，常為處理財經與環保之指導原則，但此僅侷限為處理法律責任之模式，自可運用此觀念擴大到平日預防與對應之機制上。因之，金管機關除克盡檢查與監理職責外[125]，更應由司法與行政作無縫接軌，相互提供專業，各自運用其法定職權，互相支援協助，釐清行政責任與犯罪刑罰，避免浪費國家資源，從預防風險機制構思合作方案，拓展至事中輔導及風險避讓措施[126]，再共同打擊金融犯罪，由金管機關全力支援辦案所需之專業與人力，司法機關依據法律規範，採取立即有效之強制作為，辦出漂亮之重大金融案件，實現法律之公平正義。

金融犯罪之原因多端，涉及之層面甚廣，而且此類案件之發生並非出在司法系統有漏洞或漏失，每在於金融體系內出現違法亂紀之現象，是以在研究刑事司法對策時，不能僅在刑事領域中作有限性之探討，而必須擴展其視野，將可能之原因與狀況全面性解析，緊密結合，在臺灣更應擴大到兩岸多元性合作，共同打擊金融犯罪，緊密司法互助[127]，並

進而伸展至國際合作中，建立國際性金融犯罪防範組織，進行跨國際合作，共同防阻與打擊金融犯罪。

※本文原登載於朝陽科技大學朝陽商管評論第一期，本次重予增刪修改。

註　釋

* 亞洲大學財經法律學系講座教授。

** 向來關於司法觀念，係將警調、檢察、法院及矯正機關之功能，認為相互獨立，現逐漸認為逮捕、偵查、起訴、審判、矯正等事務為一整體（合）性之「處理人的系統」，各系統間相互關連與依賴，發揮各自效能，建構成刑事司法系統，本文之刑事對策，即本此意旨論述，其中以調查、偵查及審判為主軸，擴及至司法行政事務，參照司法院大法官392號解釋、許春金，《犯罪學》，三民，2000年8月，頁12-13；許福生，《刑事政策》，三民，2005年3月，頁357-359；張平吾，《被害者學》，中央警察大學，1996年10月，頁153-155。

1. 當臺北十信金融事件等各大弊案爆發後，造成社會重大震撼，引發經濟失序之恐慌，金融紀律散亂之危機，政府也疲於救急應付，曾以解救系統危機為救火之重心，臺北十信案甚且造成財政部與經濟部長雙雙下台。而且連同東隆五金案侵占36億元、國產汽車案挪用180億元、臺南市農會案70億多元、台東企銀23億多元、太平洋電纜案171億元、中興銀行726億元、博達70億元、華僑銀行53億元、國華人壽171億元、訊碟26億元、力霸集團超過600億元，這些案件之金額足可造一條蘇花高速公路，若再統計2000年以來，企業犯罪涉案上百家公司，起訴金額逾2,700億元，足見財金經濟犯罪之規模、金額龐大，其危害性與殺傷性至巨且深遠。

2. 回顧地下投資公司之吸金，如同武俠小說之吸星大法，所吸金額相當驚人，鴻源集團於1983年至1990年間，非法吸金961億多元，被害人達16萬餘人，龍祥集團於1985年至1989年間非法吸金480億多元，匯德利集團於1989年至1990年間不法吸金65億多元，被害

人達25,000多人，環僑集團於1987年至1989年間不法吸金119億餘元，被害人達3萬多人，鴻州集團於1988年至1990年間，非法吸金3億8千萬元，鉅眾集團10年間共非法吸金800億多元，至2007年5月間被提起公訴，其後吸金案方興未艾，2012年2月中旬媒體多次報導鼎立集團吸金42億元。參照臺灣高等法院檢察署1990年3月編印《經濟犯罪案例選輯》；陳家彬、廖大穎等，《財經犯罪與證券交易理論實務》，新學林，2009年6月；自由時報2007年5月23日B2版、2012年2月18日中國時報A8版報導。

3. 法務部統計處，《2010年法務統計年報》，法務部，2011年4月出版，頁21；法務部統計處，《法務部統計摘要》，2012年4月19日，頁17；法務部統計處，《2016年法務統計年報》，2017年5月，頁17。

4. 侯秀娟（雲林地方法院檢察署統計主任），《經濟犯罪統計分析》，法務部，2009年5月，頁1-2。

5. 地方法院檢察署經濟犯罪案件起訴及裁判確定有罪主要罪名別：

單位：人、%

項目別	偵查經濟犯罪起訴人數						執行經濟犯罪案件裁判確定有罪人數					
		主要罪名						主要罪名				
		詐欺罪	銀行法	證券交易法	背信罪	證券投資信託及顧問法		詐欺罪	證交易法	稅稽徵捐法	銀行法	期貨交易法
總計	4846	1442	954	610	198	106	1,592	850	130	128	92	46
百分比（%）	100.0	29.8	19.7	12.6	4.1	2.2	100.0	53.4	8.2	8.0	5.8	2.9
2004年	364	177	12	45	8		262	84	30	9	26	22
2005年	1144	593	42	72	79		182	104	19	1	1	3
2006年	828	245	228	86	66	7	168	73	23	8	15	4
2007年	1667	316	317	239	18	80	603	385	33	99	12	14
2008年	843	111	355	168	27	19	377	205	25	11	38	3
年平均	969	288	191	122	40	21	318	170	26	26	18	9

資料來源：法務部2008年、2009年年報及2010年10月統計月報

6. 臺灣臺北地方法院檢察署2003年間偵辦之有關金融犯罪案件，計有久津掏空、中興銀行超貸、臺中企銀、交通銀行、中廣、花蓮企銀超貸、太電掏空、年興掏空、東鼎弊案、燦坤事件、華海吸金、中央租賃案、華聯侵占、戀邦冒貸、太百弊案等35件。2004年亦偵辦逾四十件。

7. 參照本人於立法院第六屆第三會期司法委員會針對「國內重大金融弊案偵辦情形」暨「如何加強防範集中市場內線交易以維護廣大投資人權益」所提報告，頁2-3。

8. 施茂林，《金融犯罪蒐證要領》，臺北地檢署，2004年5月，頁2-3。

9. 檢察機關辦理重大經濟犯罪案件注意事項於二○○四年八月二十六日修正，第二項明定：

(一) 犯下列各目之罪，犯罪所得或被害金額達新臺幣五千萬元以上，或被害人數達五十人以上，足以危害社會經濟秩序者：

1. 刑法第一百九十五條、第一百九十六條、妨害國幣懲治條例第三條之罪。

2. 刑法第二百零一條、第二百零一條之一之罪。

3. 刑法第三百三十六條第二項之罪。

4. 刑法第三百三十九條、第三百三十九條之三、第三百四十條、破產法第一百五十四條、第一百五十五條之罪。

5. 刑法第三百四十二條之罪。

6. 證券交易法第一百七十一條、第一百七十四條之罪。

7. 期貨交易法第一百十二條之罪。

8. 銀行法第一百二十五條、第一百二十五條之二、第一百二十五條之三、第一百二十七條之二第二項之罪。

9. 金融控股公司法第五十七條至第五十八條之罪。

10.票券金融管理法第五十八條至第五十九條之罪。

11.信託業法第四十八條至第五十條之罪。

12.信用合作社法第三十八條之二、第三十八條之三、第四十條之罪。

13.保險法第一百六十七條、第一百六十八條之二、第一百七十二條之一之罪。

14.農業金融法第三十九條、第四十條之罪。

15.金融資產證券化條例第一百零八條、第一百零九條之罪。

16.證券投資信託及顧問法第一百零五條至第一百零八條、第一百十條之罪。

17.稅捐稽徵法第四十一條、第四十二條之罪。

18.懲治走私條例第二條至第六條、第八條之罪。

19.管理外匯條例第二十二條之罪。

（二）違反經濟管制法令，或以其他不正當方法，破壞社會經濟秩序，情節重大之案件，經報請各該檢察署檢察長核定者。

10.臺灣高等法院檢察署2002年11月26日檢文廉字第○九一一○○一三七號令訂定金融犯罪查緝督導小組作業要點法務部2002年11月20日法檢字第○九一○○四四○○○號核定：全文十三點，第二點明定重大金融犯罪要件之範圍。

11.劉傑民，〈金融犯罪態樣與刑罰之研究〉收錄於司法院年報第24輯，司法院司法行政廳，2004年11月1版，頁9。

12.司法院八十八年三月五日（88）院台廳刑一字第○五三八五號函。

13.金融犯罪之定義眾說紛紜，各有其見解，其範圍亦有差異，有主

張金融犯罪係以對信用的詐騙、隱瞞或者違反為特徵，無需依賴物理強制、暴力或威脅而實施，是個人或組織基於私人或商業利益的獲取而實施（美國司法部2005.A1）；有認為金融犯罪係破壞金融活動及金融秩序、紀律之不法行為（施茂林，〈談經濟犯罪〉1980年3月在台中扶輪社演講）；有強調金融犯罪係指以一般商業機構及基層金融機構經營管理者涉及違反金融相關法規，進行超貸、冒貸或其他違法放款行為（廖坤榮〈台灣民主經驗與治理失靈：金融犯罪為例〉，發表於「台灣公共行政與公共事務系所聯合會」學術研討會，臺北大學公共行政系，2005年6月18日）；有認為「金融犯罪」，係指金融機構內部人員，或者外部人共同或各自以金融機構資產為犯罪客體，或利用金融付款支付工具（如信用卡）為犯罪工具或未經政府核准而經營金融業務足以影響金融安定秩序之犯罪，均可稱為金融犯罪（許永欽〈企業法律觀—經濟犯罪如癌細胞〉，2007年6月21日經濟日報A13版）；有主張金融犯罪，是指違反金融管理法規以偽造、變造、非法集資或者其他方法侵犯銀行管理、貨幣管理、票據、信貸管理、證券管理、外匯管理、保險管理以及其他金融管理秩序，侵害金融單位利益，妨礙金融業務的正常開展，擾亂社會金融系統秩序和經濟秩序，使國家、集體和人民個人的財產遭受損失，情節嚴重，依照法律規定應受刑罰處罰的行為（康樹華《犯罪學歷史、現狀、未來》五洲，1999年6月，頁404）；有謂金融犯罪是犯罪的一類，其內涵可以從犯罪學和金融學兩個角度來考察。從犯罪學的角度來考察，金融犯罪指一切侵犯社會主義金融管理秩序，應該受到刑事處罰的行為。從金融學的角度來考察，金融犯罪指一切破壞我國資金聚集和分配體系的犯罪行為，（MBA智庫百科，http://wiki.mabalib.com/）；另有主張「金融犯罪」，係指發生在金融界及金融機構的大規模違法活動，詳而言之，大

多數金融犯罪的行為人，主要是覬覦金融機構龐大的資產，而透過金融機構的作業漏洞，來謀取個人的財富（孟維德，〈白領犯罪成因及防制策略之研究〉，中央警察大學，2001年，頁249-250；林盛煌〈金融犯罪之再省思〉發表於律師雜誌，第333期六月號）；有主張金融犯罪從本質上來看是通過破壞金融制度或經濟制裁已建立之基礎即信用來威脅其完整性，包括內幕交易、大規模詐欺、洗錢、偽造貨幣（劉明祥、馮均主編《金融犯罪的全球考察》人民大學出版社，2008年4月，頁11）；另認為金融犯罪行為在貨幣資金的融通過程中，以獲取非法利潤為目的，違反金融管理法規，從事融資活動，或壞金融秩序，情節嚴重，應受刑罰處罰的行為（同前述書，頁479-480）；有認為金融犯罪是一種古老犯罪，破壞金融管理秩序罪，在我刑法理論界、實務部門及公眾間一般約定俗稱為金融犯罪，簡單地講，就是指違反金融管理法規，破壞金融管理秩序，依法應當受到刑罰處罰的行為（楊興培、李翔，《經濟犯罪和經濟刑法研究》，北京大學出版社，2009年1月1版，頁154-155）；有認為金融犯罪是指金融機構或金融界之大型非法活動，有學者歸納為職業之犯罪，包括內線交易和與金融犯罪有關之犯罪（許春金，《犯罪學》，三民，2000年8月，頁550-551）；有認為金融犯罪是指發生在金融界及金融機構的大規模活動，包括銀行犯罪與內線交易（孟維德，《白領犯罪現象理論對策》，亞太，2001年12月，頁260），又有主張金融犯罪是指發生在金融業務活動領域中的，違反金融管理法規及有關規定，危害國家有關貨幣、銀行、信貸、票據、外匯、保險、證券、期貨等金融管理制度，破壞金融管理秩序，情節嚴重，依照刑法應受刑罰處分的行為，是包含在經濟犯罪中之一類犯罪總稱〈劉憲權，《金融犯罪刑法學專論》，北京大學出版社，2010年10月1版1刷，頁2-3〉。另認為金融犯罪範圍很廣，包括偽造、變

造、持有貨幣、擅自設立金融機構、高利轉貸、騙取貸款、公眾吸金、偽造信用卡、內幕交易、操縱期貨證券交易、金融人員賄賂、侵占、逃匯罪、洗錢、詐騙、破產詐欺、損害上市公司利益等罪（郎勝、陳小雲、劉焰，《金融從業的禁區－金融犯罪刑事法律解讀》，中國長安出版社，2006年9月1版1刷）；又財政部金融局曾在〈金融犯罪違法型態分析〉一文將金融犯罪態樣分為背信、詐欺、侵占、偽造文書、違反銀行法利害關係人授信規定、違反證券交易法六大類，但未多加解說；另有認金融犯罪非法定概念，可區分為兩種範圍：(1)狹義或典型金融犯罪，以有效立法為依據；(2)廣義金融犯罪，以金融市場為據，凡與金融工具、金融交易品種、金融從業主體有關，具有金融要素之犯罪均屬之（毛玲玲，《金融犯罪的實證研究—金融領域的刑法規範與司法制度反思》，法律出版社，2014年6月1版，頁21）。綜合上述各家之見，金融犯罪之範圍顯然有不同見解，本文不採狹義見解，亦不宜過分擴大其範圍，原則上以司法實務處理之案件為準，方便探討。

14. 施茂林，〈金融犯罪之法庭舉證〉，法務部司法官訓練所金融犯罪實務研習會，2004年8月15日，頁3。

15. 我國銀行依銀行法第3條規定，分為商業銀行、專業銀行及信託投資公司，又依功能、業務性質等，有區分為商業銀行、專業銀行、私人銀行、綜合銀行、投資銀行、商人銀行等（參照沈中華，《金融機構管理》，新陸書局，2013年9月3版，頁8-16）。

16. 實務上銀行發生金融犯罪弊案甚多，其他金融機構亦先後發生，2000-2001年間，檢察機關即查辦36家農漁會弊案，例如中央票券金融股份有限公司、臺中市第一信用合作社、國華人壽保險股份有限公司、臺灣土地開發信託投資公司均發生金融弊案，案發時，社會相當矚目，許多人才恍知基層金融體系亦是「有錢人搬

錢的地方」，也體會基層金融體系選舉時，何以競爭如此激烈，甚且發生銀彈攻擊與暴力脅迫等情事，此均值得深思。

17. 最高法院九十年度台非字第二○號刑事判決：「被告係公司負責人，明知信用卡持卡人刷卡消費時，應以實際消費情形之簽帳單，方可持單向信用卡中心清（請）款，乃被告「以假消費、真借款」之方式，於借款人歐信宏等持卡向其借款時，製作其業務上登載之不實之消費簽帳單，並持單向信用卡中心清（請）款，致使該信用卡中心陷於錯誤，而依刷卡金額付款，被告此部分之行為，顯尚犯刑法第三百三十九條第一項之罪。信用卡簽帳單，為商業會計法第十五條規定之商業會計憑證（參照八十八年台上第一一四九號判決），被告以「假消費，真借款」之不實事項，填製銷售商品簽帳單之行為，自應成立商業會計法第71條第1款之罪。

18. 施茂林，《金融案件之態樣及蒐證要領》，台北地檢署，2003年6月，頁11-27。

19. 金桐林在《銀行法》一書內列舉銀行內部控制不良之重大缺失，有監理管理不周、權責劃分不清、未評估業務風險、授信核貸鬆散、未能建立健全信用風險管理制度、稽核不周延、功能不彰、績效管理誘因扭曲、產生道德危險及內部舞弊詐欺等（三民書局，2006年7月修訂6版1刷，頁418-419）。

20. 地下通匯之金額有大有小，但日積月累，其金額不小，如1993年至1995年間金門走私洗錢高達74億多元；劉杉生案，從2001年5月至2004年7月，兩岸通匯達20億元；啓瑞公司案，自2001年1月至2002年11月匯款金額19億74萬元，2005-2007年間法務部調查局先後查獲多件地下通匯案件金額更多，包括兩岸間、臺灣與東南亞國家，其匯兌金額驚人，依法務部調查局統計，2009年未經政府核准辦理國內、外匯兌業務，涉犯違反銀行法者共有39件，金額

達40,088,033,514元；2010年有26件，金額有17,852,577,612元。參見法務部調查局99經濟犯罪防制工作年報，2011年七月，頁43。

21.梁原銘、黃信村，〈2004年亞大防制洗錢組織洗錢類型工作研討會介紹〉，《刑事雙月刊》，第五期，內政部警政署刑事警察局，2005年3-5月，頁51-53。

22.有關信用卡犯罪，有不同分類法，依其犯罪手法，概分為進件徵信犯罪、制卡犯罪、寄卡與開卡犯罪，其中製卡犯罪、包括變造卡、剪貼卡、白卡、偽造卡、及刷卡消費犯罪等。學者分析偽造信用卡之特性，具有組織規模龐大、分工專業化、非暴力性、隨時勢變化、行動隱密性等，而本文主要在說明偽造信用卡之犯罪。參照黃寶瑾，〈信用卡犯罪問題及其預防對策〉，收錄於《刑事政策與犯罪研究論文集（四）》，法務部犯罪研究中心，2001年11月，頁88-94；劉擇昌，〈偽造信用卡犯罪集體歷程實證研究〉，《犯罪學期刊》，第七卷第二期，2004年12月，頁188-189。

23.本人經手偵處之偽造信用卡案件甚多，經綜合辦案之所得，解析其做案模式大同小異，其中本人在桃園、高雄、臺北地檢署任內曾破獲多件規範龐大之案件，2001年四、五月曾查獲涵蓋國內三十五家發卡銀行之偽卡五萬七千多張，查扣之偽造工具、原料、半成品，其偽造規模，為當時空前之最大偵破案件，VISA信用卡國際組織派員檢視版模工具，所印之顯微標誌、暗碼、英文、代碼及阿拉伯數字與真卡相同，精確度令業界驚嘆。

24.鮮鐵可，《金融犯罪定罪量刑案例評析》，中國民主法制出版社，2003年1月1版，頁92-95。

25.鄭克盛，〈信用卡犯罪防治──2005年VISA. risk. management conference in Singepore泛亞地區信用卡風險管理研討會研究報告〉，收錄於《公訴達人務實與飛躍》，臺北地檢署，2005年12

月，頁483-484。

26.偽造信用卡犯罪模式大同小異，惟以往集團性之犯罪手法，以組合與分工所構成之組織體從事犯罪，綜覽司法實務案例，說明如下：

一、料頭

（一）提供（販售）側錄之機器及技術；

（二）協助解碼側錄資料；

（三）提供或販售銀行外洩之信用卡內外碼資料。

二、卡頭

（一）提供販售製卡或加工之機器；

（二）勾結製版及印刷工廠，以網版及平板印刷方式非法印製偽卡半成品；

（三）提供販售有磁帶之白卡

（四）多設廠於大陸，以郵寄或夾帶之方式，提供（販售）半成品至亞洲各地。

三、老闆

（一）向料頭、卡頭收購信用卡內外碼資料及偽卡半成品；

（二）加工製作並提供車手頭偽卡成品；

（三）招募車頭及車手；

（四）指示盜刷之路線及物品；

（五）安排銷贓管道。

四、車頭

（一）招集車手，提供少量偽卡成品；

（二）帶路、駕駛與把風。

五、車手

（一）持偽卡於各百貨公司、大賣場及免稅商店盜刷；

（二）盜刷物品以洋酒、珠寶、鐘錶、化妝品及高價電子產

品為主；

（三）盜刷之財務及偽卡交回車頭，銷贓後拆帳，與車頭
三七分帳。

六、收贓

（一）保證書未蓋店章者，銷贓價格較高；

（二）店家（專櫃）以買回盜刷物品方式提升業績。

另參照賴欣宏，〈偽造信用卡犯罪偵查實務之研究〉，收錄於
《經濟犯罪偵查實務》，內政部警政署刑事警察局，2006年5月，
頁159～160。

27. 重大金融犯罪，因犯罪手法複雜、又多樣，以致其涉及之罪名甚
廣，以常見金融犯罪掛勾企業舞弊，如久津、力霸案、實陞、民
興等企業之舞弊案而言，大玩偷天換日、左手右手交易、虛增銷
售業績、賤賣資產、暗地侵吞、異常交易等遊戲：

一、向金融機關詐貸

提供不實之財務帳冊、報表、部分串通會計師簽證，冒貸款
項，部分則與銀行經營階層勾結，虛偽通過授信程序，順利
貸得巨額資金。

二、侵占公司資金

（一）利用假交易的安排，將公司資金與貸得資金移轉到海
外公司或是人頭帳戶；

（二）直接將公司現金不經正常方式入帳移走。

三、不合常規交易

（一）以遠高於鑑價之高價買入不動產，圖利對方，相互套
利；

（二）以不相當之價格為長期投資；

（三）進行不實之關係人交易。

四、財報不實

（一）利用假交易或不合常規之交易，美化財務報表，隱匿資產遭侵占或挪用；

（二）利用經僞造之財務報表，使金融機構誤信有相當的資產可抵押，且有豐沛營收，順利貸款融資。

五、運用組織結構進行不法行爲

（一）成立海外紙上公司或人頭公司

1.國內部分

透過複雜之交叉持股，安排家族成員、親信、大股東、老臣擔任人頭股東或董事監察人，子公司並未實際的經營或資金投入，藉用少數資本取得母公司或集團金雞母公司的絕對掌控權。負責人或主控公司營運方向者藉此予取予求。

2.國外部分

(1)以開曼群島、維京群島、巴哈馬、巴拿馬等爲註冊地。

(2)設立成本低、交易自由，資本與股東、董事人數限制極低；成立數家公司，甚至資本僅需US＄1元。

(3)享有賦稅方面優惠，其課稅極低、甚至免稅，將利潤保留在海外子公司或人頭帳戶內。

(4)隱密性高，公司登記資料，包括董監事成員，均保密。而且對於轉投資之子公司部分，有則隱藏在海外公司下，無從自財務報表看出端倪。

六、利用管理制度犯罪

（一）上下聯弄

爲順利安排虛僞交易，除充分利用子公司或人頭公司外，就內部員工部分，一則經由公司正常的採購、進出口、進銷貨

與倉管制度，再則商請配合員工，提供豐厚報酬，專門負責假交易流程的安排，透過無異議之董事會，聽話之財務會計部門，得以直接掌握假交易進度與資金運籌；因之，公司內部採購、進出口或是倉管出現多頭馬車，以利上下其手。

（二）完備報表

設法通過ISO標準檢驗，表面備具所有必要的文件，如帳冊、報表與表單，包括詳細之採購招標流程、進出口報關、進貨出貨、驗貨與倉管等文書，但實際上只有資訊跟款項之流動。

28. 地下錢莊一直方興未艾，雖爲一般急需資金或債信欠佳者應急之管道，但卻破壞國家正常金融借貸體系之運作，加上貸借者本身還款能力本即不佳，每每無力償還，衍生諸多索債問題，討債集團應運而生，文討、武討、霸凌、性侵、綁架等，無所不用其極，造成治安重大問題，報章媒體經常報導，學者專家亦有論述，參照湯文章，〈經濟犯罪之態樣與刑罰〉，收錄於《司法研究年報第20輯》，司法院，1990年11月，頁101-107。

29. 楊士隆，《犯罪心理學》，五南圖書，2007年3月4版2刷，頁268。

30. 曾世雄，《理財法學》，元照出版，2015年11月初版1刷，頁237-239。

31. 金融犯罪爲高智慧型犯罪，在犯罪學上可歸類爲白領犯罪（white-collorcrime），但白領犯罪不等於金融犯罪，此種犯罪係由美國犯罪社會學者蘇哲朗（E.H. Suthe-rland）所創設。白領犯罪，指社會上具有相當名望或地位的人（即社經地位上層階級人士）在其職業活動上利用職務與職權，謀取不法利益的犯罪行爲，其特色爲行爲人大半居領導地位，擔任企業負責人、經營者、主管幹部或爲政治人物等，擁有決定權限，再者利用其權限，假藉職務或濫

用裁量權謀取不法利益。參照許春金，《犯罪學》，三民，2000年8月，頁516-522。

32.林山田、林東茂、林燦璋，《犯罪學》，三民書局，2012年11月增訂5版1刷，頁563-564。

33.劉傑民，同前註11，頁10。

34.楊燮蛟，《現代犯罪學》，浙江大學出版社，2010年12月1版1刷，頁167。

35.近幾年來臺灣陸續發生經營者利用金融機構各種不法手段掏空舞弊，導致政府出面指定其他銀行接管，其影響層面甚廣，先後有臺北市十信、彰化市四信、36家農漁會、信用合作社、中華銀行等，每次發生金融弊案，陸續逐步掀開不堪內幕，政府有關機關無不膽震心驚，全力聯防，規劃接納計畫，進而接管，如中華、匯豐銀行等，以免動搖金融體系之運作。

36.黃朝義，〈論經濟犯罪的刑事法問題〉，收錄於《刑事政策與犯罪研究論文集（一）》，法務部，1998年5月，頁140。

37.陳志龍，《財經發展與經濟刑法》，元照，2006年12月，頁41-42。

38.楊興培、李翔，同前註13，頁151。

39.傳統財產犯罪與金融犯罪之行為態樣、犯罪手法、侵害法益，基本上明顯不同，檢警調機關偵辦時，所用偵查作為亦有不同，而且在採取防治對策或刑事政策時，亦有差異。參照林山田，《經濟犯罪與經濟刑法》，政治大學，1987年5月，頁13-14。

40.本人從事偵查、審判多年，依辦案之經驗與綜合檢察官、法官同仁之工作心得，對金融犯罪案件與其他財經案件均強烈感覺到偵查與審理具有高度困難度，尤其長期性計畫作案或運用高智慧犯罪或金融機構內部人員與外部勾結或內部人員，以積沙成塔緩慢遂行其犯罪目的之案件，均難查出其所有作案手法、全部之犯罪

事實以及犯案過程之直接具體證據，因之司法院與法務部從2000年以後，經常自行或合辦或邀集金管會、證券交易所等共同辦理研習活動，傳授金融犯罪案例之經驗與突破案情心法，期檢調與法官偵審案件可以得心應手。

41. 蔡德輝、楊士隆，《犯罪學》，五南，2006年11月，頁267。法務部，《2008年犯罪狀況及其分析》，2009年11月，頁34-35。

42. 陳志龍，同前註37，頁45-47。

43. 楊興培、李翔，同前註13，頁151。

44. 孟維德，同前註13，頁289。

45. 以力霸集團及東森集團為例，1998、1999年間，因經營績效不佳出現鉅額虧損，財務吃緊而資金調度困難，集團公司之股價更大幅降低。又因大量投資台鳳公司股票造成鉅額虧損、因而財務吃緊，資金雪上加霜，調度困難，計劃掏空資金，由負責人與配偶、子女、集團內部親信及員工曲意幫助或配合，又以其親信、友人、親信及集團員工掛名負責人，先後主導成立68家公司（即該集團內部人慣稱「小公司」），自1998年間起，統合力霸集團或其他金融機構之資金予以掏空，分由力霸集團旗下之力霸公司、嘉食化公司、力華票券、友聯產險、中華商銀、亞太固網公司分別以：（一）長期投資小公司；（二）將資金貸與小公司；（三）為小公司作背書保證；（四）為小公司發行商業本票；（五）向小公司購買房地產等不利益集團公司之交易；（六）預付小公司以鑑價不實之房地產超額貸款；（七）購買小公司發行之公司債；（八）與小公司為假買賣、假交易；（九）小公司以鑑價不實之房地產超額貸款；（十）直接侵占集團營收款項等名義或方式，將集團公司內部資產（金）不斷掏空約新臺幣600億6,000萬元，又自其他金融機構詐貸金額約131億元；另以本人及其家族成員名義匯出美金7,372萬3,836元（折合新臺幣約24億2,772萬

5,919元）；以集團內小公司名義匯出美金2,801萬8,688.81元（折合臺幣約9億2,265萬5,395元）與利用EXCEL ORGANIGE等5家海外子公司名義償還國外銀行貸款美金4,531萬1,964.59元（折合臺幣約14億9,212萬2,974元），共計非法洗錢金額高達臺幣619億8,075萬1787元（臺北地檢署96年偵字第15642、12832、164465、16446、16447號起訴書），可以看出本案由國內跨越國境至海外，亦勾勒金融犯罪手法之完整輪廓。

46.袁曉君，〈違法授信的刑事責任〉，2000年，中原大學財經法律研究所碩士論文。

47.參照MBA智庫百科，網址：http://wiki.mbalib.com/，最後瀏覽日：2011年12月20日。

48.陳志龍，〈財經犯罪與刑事法〉，收錄於《民主、人權、正義—蘇俊雄教授七秩華誕祝壽論文集》，元照出版，2005年9月初版1刷，頁206-207。

49.蔡德輝、楊士隆，同前註41，頁268。

50.林山田，同前註39，頁137以下。

51.許永欽，〈我國公務賄賂與商業賄賂之研究〉，《法學叢刊》，第61卷3期，2016年5月，頁125、128。

52.現行公司法對於公司負責人負有忠實義務、注意義務，已有明定，惟對於經濟判斷法則（Business judgment Rule或稱商業判斷原則）並未引進，對公司治理授權之法制上有不足，在具體案件中，經由涉案被告訴訟代理人強力主張並經公司法學者之闡述，已漸為司法實務所接納，是以在金融犯罪案件中，對於涉及刑事責任之被告亦主張經營判斷法則為阻卻違法或責任之事由，未來司法發展為何，在法律未規範前，值得觀察。參照陳錦隆，〈經營判斷法則與司法審查〉，蘇怡慈，〈從比較法規點看經營判斷法則之移植〉，均發表於中興大學主辦之資本市場與企業法制學

術研討會（九），2010年5月25日。（已匯集出版《商業判斷原則與企業經營責任》新學林，2011年12月）

53.最高法院九十三年度台上字第一九一九號判決：「按銀行係從事「風險經營」之行業，其經營特色為在風險承擔的現制情況下，尋求最適當之報酬。惟在經濟活動中，工商企業或有因客觀環境改變無法適應會投資失當營運不善，以致陷於財務危機，走向倒閉厄運；故「承擔風險」為銀行經營所不能避免。因而不能因為銀行放款有呆帳及放款人員有部分失當行為即推定放款人員有圖利之犯行。」，2008年6月。

54.王正嘉，〈從經濟刑法觀點看特別背信罪〉，《台灣法學》，第286期，2015年12月28日，頁54-55。

55.參見法務部調查局編「2007年中華台北接受亞太防制洗錢組織相互評鑑報告」。

56.戰略與相對名詞戰術，原為軍事上常用語。戰略：指戰爭全局所作之總體計畫，即戰爭之策略。鄭畋授武臣邠寧節度使制：「羽起、翦之兵書、用關、張之戰略。」引申而用，泛指一般工作、競賽等活動中的總體方針、計畫、部署等。戰術亦稱用兵術，指在戰場上進退攻守之手段與方法，現亦泛指各種競賽或經營所採用的方法，本文引用戰略一詞，乃指金融犯罪刑事司法之總體策略，基此而應備具之指導思維，參照林文榮，《辭海中冊》，台灣中華，1990年5月，頁1867；劉振強，《學典》，三民，2003年2月，頁451。

57.金融犯罪之態樣多、範圍廣，本章所敘之刑事司法之戰略思維，無法就廣義之金融犯罪一一涵蓋，為便於討論，以授信有關之金融犯罪為主軸，再延伸至其他金融犯罪行為，又防制對策當不限於偵審作為上，應就有金融犯罪之根源與相關因素，一併列入研究範疇，始為週全。至於證券交易法有關之犯罪及公務員協助金

融從事人員舞弊而涉有貪瀆犯罪案部分不予討論。

58. 林山田，〈論防制犯罪的對策〉，收錄於氏著《刑事法論叢（二）》，台大法學院，1997年3月初版，頁465。

59. 本人擔任法務部長時於2006年9月11日宣示將打擊企業貪瀆，列為肅貪重點，所提企業貪瀆包括金融犯罪在內，2007年1月間再宣布整頓企業重大貪瀆時機已到，要求檢調全力偵辦金融犯罪等企業貪瀆案件。2007年6月20日要求檢察機關有效統合進行跨機關合作辦案，並朝五大方案進行：(1)辦新不辦舊、(2)辦大不辦小、(3)辦主不辦從、(4)辦快不辦慢、(5)辦嚴不辦鬆，觀念上「要破傳統，立新招」，辦出好案。參照2006年9月12日、1月12日，經濟日報、工商時報等報紙。法務部第111次部務會報，法務通訊，2007年6月28日，頁2。

60. 當前偵辦金融犯罪之主力，為檢察機關與法務部調查局，警察機關承辦之案件相對為少，依警政單位一直強調其素質已提高，偵查實力增強，主政者宜考量強化其專業能力，增加辦案量。內政部於2002年8月間，有意綜合警政署經濟組與刑事警察局偵七組保二總隊成立經濟警察局，負責偵辦經濟犯罪，包括金融犯罪從擴大戰力，有效運用政府資源，強力打擊金融犯罪，不失為一可行方向。

61. 法務部部長、次長於2007年11月間先後對外宣布檢調不足擴大偵辦作為，還要提高金融犯罪定率達95%目標，並推動財務金融三級證照制度，精緻辦案，強調辦大案不如辦好案。參照工商時報2007年12月1日第六版，經濟日報2007年12月5日聯合報A6版。臺灣高等法院檢察署第118次經濟犯罪防治執行會報報告。

62. 孟維德，《白領犯罪》，五南圖書，2016年9月2版1刷，頁39-43。

63. 謝易宏，《紙醉金迷－經典財經案例選粹》，五南圖書，2010年1

月初版1刷，頁427-428。

64. 金融控股公司法第一條：為發揮金融機構綜合經營效益，強化金融跨業經營之合併監理，促進金融市場健全發展，並維護公共利益，特製定本法。

65. 陳照世、何淑孄，〈關係企業及財經犯罪之研究〉；林盛煌，〈金控法之背信罪及相關適用問題〉，均發表於國際刑法學會台灣分會，《月旦法律雜誌》，元照出版公司等主辦之「金融犯罪與貪瀆犯罪」，2006年11月10日。

66. 王文慶，〈掏空公司資產之經濟犯罪與防制對策－以刑法、公司法及證券交易法之規範有效性，探討掏空刑則與公司管控防制對策〉，臺灣大學法律研究所論文，2002年。

67. 近年來衍生性金融商品之種類日益增多，在營運與財務雙槓桿原理操作下，型態更加複雜，深入研析有高度不確定性，高風險為其靈魂，更帶來諸多法律疑難問題，需要建立法律規制，作適度管理。參照王文宇，〈論衍生性金融商品操作法律問題〉，收錄氏著《民商法理論與經濟分析》，元照，2000年，頁408-409、452-453。

68. 黃朝義，同前註36，頁141；蔡德輝、楊士隆，同前註41，頁268。馬傳鎮，《犯罪心理學新論》，心理出版社，2008年1月初版1刷，頁209。

69. 刑事訴訟法第245條第2項明定偵查不公開，第3項更指明檢察官、檢察事務官、司法警察、辯護人、告訴代理人或其他於偵查程序依法執行職務之人員，不得公開揭露偵查中因執行職務知悉之事項。但有例外條款即依法令成為維護公共利益或保護合法權益必要，得適度揭露。以近幾年來偵查外洩之情形大受詬病指責，不如本此意旨，適度公布，一則滿足民眾知之權利，二則可讓知情者提供情資證據，三則提醒金融機構防範類似情況發生，再者法

務部已訂頒「檢察機關發布新聞處理要點」，臺灣高等法院檢察署亦於2010年2月9日修正頒布「檢察警察暨調查機關偵查刑事案件新聞處理注意事項」，均可作公開偵查內容之依據，當前令外界不滿者，乃偵辦過程隨意公開，何以不能以相關規範正經八百對外宣布，令有識者不解。

70. 觀察金融犯罪案件一、二審判決中，對於認定犯罪事實大致相同者，其量刑之輕重有差異性，一般以二審為輕，此因犯罪時間或案發時間相距一段時間，惟深度分析，實與此無被害者色彩較淡有關，本人曾多次與二審法官商談此事，可體會有此種因素存在。

71. 施茂林、劉清景，《最新法律精解大辭典》，世一，2010年1月，頁924-925。許福生，〈論風險社會與犯罪治理〉，《刑事法雜誌》54卷4期，2010年8月，頁91。

72. 林東茂、蕭宏宜，〈綜合刑犯罪─白領、網路、組織犯罪〉，收錄於《刑事政策與犯罪研究論文集（六）》，法務部犯罪研究中心，2003年10月，頁128。

73. Steven. E. LondBurg著，周曉琪譯，《反常識經濟學》，時報出版，2007年11月，頁123-124。

74. 刑事訴訟法第228條第1項規定：檢察官因告訴、告發、自首或其他情事知有犯罪嫌疑者，應即開始偵查。民眾檢舉之資訊或報章媒體披露之金融弊案，經常係內部人員、知情人士或由承辦職員所傳述，有時尚併送內部或相當機密之文件，初步勾稽比對，即可看出端倪，研訂偵查方向，採取偵查作為。參照林鈺雄，《刑事訴訟法下冊各論篇》，元照，2007年9月，頁12-13。

75. 施茂林、宋明哲、宋峻杰、陳維鈞，《法律風險管理理論與案例》，五南圖書，2016年8月初版1刷，頁523、525。

76. 楊君仁，〈我國公司法董事責任法制之釐正〉，《法令月刊》，

第67卷6期，2016年6月，頁14、44。

77. 黃朝義，〈新世紀經濟犯罪與追訴〉，收錄於楊君仁主編《新世紀的法律課題》，中央大學，2000年11月初版，頁117、139。

78. 檢察機關辦理重大經濟犯罪案件注意事項第十六項規定，法務部或其他機關舉辦經濟犯罪相關之研習時，檢察長應優先調派承辦檢察官參加。自2002年以後，法務部自行或與金管單位陸續開辦偵辦經濟犯罪研習會，以增進檢察官專業能力，2007年規劃檢察官偵辦財務金融專業課程三級證照制度，2010年函頒檢調人員財務金融專業課程三級證照實施計畫，規定自2010年7月1日起實施。

79. 陳茂益，〈企業經營之蠹腐－商業賄賂犯罪現況及面臨問題探討〉，發表於2016年11月24日法務部調查局主辦企業肅貪之回顧與前瞻論壇。

80. 鑑識會計（Forensic Accounting）係運用會計、審計學問知識，對會計財報資料，從事蒐集、偵測、鑑別與判斷等，以鑑定眞僞、識別原委、釐清眞相，俾解決財務會計與法律相關問題，在大陸、香港有稱「法證會計」，有人認爲其由專業人員，運用專業知識與先進科技還原眞相，有如CSI犯罪現場之神探工作，參見吳元曜，〈論經濟刑法之解釋〉，《刑事法雜誌》，49卷5期，2005年10月，頁77、78。陳峰富，〈財務鑑識在民、刑事訴訟與仲裁案件之實務研討〉，發表於中華民國會計師聯合會鑑識會計委員會主辦，鑑識會計高峰論壇研討會，2011年12月6日論文集，頁11、26。

81. 施茂林，〈當前刑事政策與思維〉，收錄於法務部出版《法窗透視錄》，2008年6月初版，頁44。

82. 德國爲處理經濟犯罪，將檢察官和刑事警察的稅務及經濟專組改造成重點專組（其法律上依據規定在法院組織法第一百四十三條

第四項），主要特點在於由有經驗和經常參加經濟培訓課程專組人員，常年在經濟犯罪領域工作。專組人員亦配製「經濟調查官」、「審計專員」，有時以檢察署調查官身分執行任務，多數情形則擔任經濟案件的鑑定人。法官審理此類複雜案件時，「經濟調查官」、「審計專員」會依檢察官的具體指示，對所扣押資料評估是否可作為證據。有時檢察官會指示輔助人員檢視會計簿冊的正確性，而其基於查證公司部冊內容與事實是否相符時，係以鑑定人身分鑑定，在法庭陳述意見，其以專家所作成的鑑定報告，具有證據能力，可作為裁判的基礎。目前這些經濟專家，在檢察官之調查工作及法院之訴訟程序上不可缺，而且運作相當良好，參照德國漢堡高等財政法院院長Jam Grother僧士專題演講〈德國經濟犯罪之審理與防制〉，收錄於《司法周刊司法文選別冊》，第1351期，2007年8月16日，頁8、14。

83.陳雅譽，《論美國洗錢防制下之財產沒收制度報告》，桃園地檢署，2005年10月11日，頁39-40。

84.施茂林，同前註81，頁33，又法務部於2008年5月曾發函與檢察機關，於辦理貪汙、毒品、經濟等案件時，應積極查扣被告之犯罪所得，參見李淑慧、邱金蘭，〈查扣犯罪所得列為偵辦重點〉，經濟日報，2005年5月6日，A4版

85.追查及剝奪犯罪不法所得，給予犯罪人有力制裁，是刑事政策之重罪論點，然我國法制上尚未完備，程序上亦不夠詳盡，有賴修法改進，參照吳天雲，〈我國與日本毒品犯罪所得沒收、追徵制度之比較〉，發表於展望與探索雜誌社主辦「海峽兩岸犯罪問題—關於洗錢問題之探討」研討會，2003年9月24日；蔡名堯，〈如何提升檢察機關之行政效能〉，臺北地檢署，2005年3月，頁36。

86.蔡彩珍，〈我國刑事沒收特別程序之建構與淺析〉，《司法周刊司法文選別冊》，第1805期，2016年7月1日，頁5-19。

87. 由於刑事訴訟法第133條規範不具體，如何扣押，為檢調辦案時常面臨之難題，如採嚴格標準，對扣押之範圍必縮減；如擴張適用，是否適當，亦有爭議，有關可為證據之物，是否限於「可為證明被告有罪之證據之物」，亦有不同見解，如以金融犯罪之特性，宜從寬解釋，參照黃東熊、吳景芳，《刑事訴訟法論（上）》，三民，2005年9月，頁196-197。又九二一地震發生時，中部地區建物倒塌甚多，受災民眾群集要求臺中地檢署主持公道，扣押建商財產，依刑事訴訟法第133條之規定有其困難，檢察官乃透過行政協助立場，建議各地縣市政府於建商申請土地及建物所有權移轉登記時，通知臺中地檢署處理，並函請證管會、地政事務所等建議請暫緩處理涉案人財產異動或處分登記，事實上發揮防止建商脫產效果。對金融犯罪而言，如何能防止犯罪者脫產、扣押其不法所得，需賴檢調人員之智慧與經驗。參見施茂林，〈斷層上的絡痕—九二一集集大地震檢察機關職權發動之具體實踐與作為〉，台中地檢署，2000年6月，頁108-109。

88. 林偉哲，〈論從刑中財產利益之剝奪〉，臺灣大學法律學研究所碩士論文，2006年6月，頁10。吳俊毅，〈我國刑事上追徵、追繳與抵償制度的未來－給這個問題一個當主角的機會〉，《法學叢刊》，203期，2006年7月，頁102-103。

89. 劉承武，〈刑事執行操作查扣原則及流程以削減犯罪所得之方法〉，收錄於《日新2010司法年刊》，屏東地檢署2010年8月，頁150-154。

90. 陳家彬、廖大穎、蘇顯騰、何曜琛、陳怡成、洪秀芬、劉至剛、王富哲，《財經犯罪與證券交易法理論與實務》，新學林，2009年6月1版1刷，頁4-5。謝地、杜莉等，《法經濟學》，北京科學出版社，2009年8月，頁244、246。

91. 蕭長瑞，《銀行法令實務（一）》，台灣金融研訓院，2006年3月

增訂6版，頁39-40。

92.陳櫻琴，〈臺灣經濟行政法之發展趨勢〉，收錄於《憲法體制與法治行政城仲模教授六秩華誕註授論文集（三）行政法各論篇》，三民，1998年6月，頁29、57、84。

93.我國金融監理機關，原有財政部、中央銀行、地方省市財政廳局、中央存款保險局、財政部證券暨期貨管理委員會、臺灣證券交易所、中華證券櫃檯置買賣中心、農委會等，現金管會成立，檢查權與管理權合一，則金融監理之成敗需負全責。參照王文宇，《控股公司與金融控股公司法》，元照，2003年10月，頁335-391。

94.王文宇，《金融法》，元照出版，2005年10月2版1刷，頁12-13。

95.王文宇，同前註94，頁35-37；席月民，〈我國金融監管方式的法定化及合理分配〉，收錄於王曉華、邱本主編《經濟法學新發展》，中國社科出版社，2008年10月，頁374-375。

96.陳志龍教授認為由財經發展趨勢，金融帝國將逐漸建立，在特高建物、透明運物，風水符咒下，加上刻意包裝宣揚，使投資者飛蛾撲火般進入詭異機制，出現財經管理與秩序問題，值得主管機關省思。參照陳志龍，《金控公司與併購～金融改革與財經犯罪》，翰蘆，2006年8月，頁40、41、62-65、462。

97.葉銀華，《公司治理：全球觀點、台灣經驗》，滄海書局，2016年3月初版2刷，頁363-364。廖柏芬，〈我國金融安全網之法律架構分析〉，中央大學產業經濟研究所碩士論文，2002年。謝易宏《繁華落盡－經典財經案例選粹》，五南圖書，2009年2月初版1刷，頁41。

98.台中商銀、中央票券、東港信用、台開、華僑、中興銀行、中央信託局、新銀等10件有名金融弊案，涉案人數達101人，判刑209年3月，其中台中商銀案被告31人，共被判刑113年10月；中興商

銀弊案6人，共判刑35年10月；農漁會等基層金融犯罪共177人涉案，刑期合計220年4月。各銀行經營策略不盡相同，且銀行與農漁會規模大小有別，但兩者犯罪模式雷同，值得金融監理單位檢討，是否已發揮監理效能？未來如何盡善監理職責？參照廖坤榮，同前註13，頁6、7、21。

99. 詹德恩，《金融犯罪的剋星：金融調查》，三民書局，2011年7月初版1刷，頁380-382。

100. 龔柏華，《國際金融法新論》，上海人民出版社，2002年12月1版1刷，頁1、444-448。

101. 詹德恩，同前註99，頁380-382。

102. 法務部95年8月29日法檢決字第0950803638號函法務部訂頒「法務部遴派檢察官赴金管會兼事務要點」，據以辦理。

103. 金融監督管理委員會99年2月24日金管證檢字第0990001814號函頒「金管會與檢調機關加強聯繫辦理金融機構負責人不法案件通案參考原則」以供業務職聯繫協調之依循。

104. 莊正，〈金管會如何協主偵辦金融犯罪及現金金融犯罪偵查的重要課題〉，臺灣雲林地方法院檢察署，《日新司法年刊》，2008年7月，頁247、249。

105. 蔡墩銘，《社會與法律－20世紀台灣社會見聞》，翰蘆圖書，2001年2月1版，頁131。

106. 李智仁、王乃民、康俊明、陳銘祥，《企管管理與法律》，元照出版，2014年9月6版1刷，頁357-358。

107. 劉連煜，《公司監控與公司社會責任》，五南圖書，1995年9月初版，頁75。

108. 錢為家，《企業社會責任實務全書》，商周出版，2009年7月初版，頁56、485。

109. 林火旺，〈專業倫理與社會責任〉，收錄於東吳大學法學院主編

《法律倫理學》，2009年8月初版，頁31-32。姜世明，《法律倫理學》，元照出版，2011年9月2版1刷。劉辛義，〈法律倫理學之意義、範疇與議題〉《月旦法學雜誌》，196期，2011年8月，頁6。

110. 陳彥良，《公司治理法制－公司內部機關組之職權論》，台灣財法研究協會，2007年1月，頁20-21。陳貴瑞，〈公司治理經濟法律制度之探討－以公司內部治理結構及組織運作爲中心〉，《律師雜誌》，310期，2005年7月，頁18、34。曾宛如，〈我國有關公司治理之省思－以獨立董事法制之改革爲例〉，《月旦法學》，103期，2007年，頁61-76。

111. 李智仁、王乃民、康復明、陳銘祥，同前註106，頁313-355。

112. 錢爲家，同前註108，頁35。

113. 國際司法互助分爲民事司法互助與刑事司法互助，其中國際刑事司法互助（international legal assistance in criminal matters,international Rechtshilfe in Strafsachen,entraide judiciaire international en matiere penale）之目的，在基於犯罪行爲對人類危害此一客觀事實而確立的機制，包括刑事訴訟犯罪之移送、犯罪偵查協助、證據調查與搜索之協力、犯罪人之引渡及外國刑事判決之執行，本文所述之司法互助以文書送達、情資交換共享、證據調查之合作協處、犯罪偵查之協助等爲主。參見吳景芳，《刑事法研究第一冊》，五南圖書，1999年8月初版1刷，頁169-170。王乃彥，〈刑事司法互助與證據禁止〉，《眞理大學財經法學》，2011年3月期，頁98-99。

114. 政風新聞，「國際間採行刑事司法互助之型態」，www.judicial.gov.tw/ged/news_detail.asp？id=216（2012.2.12查覽）。

115. 謝立功，《洗錢防治與經濟法秩序之維護》，金融財務研訓中心，1999年3月初版，頁206。徐藝珊，〈財報不實之犯罪偵查與

防治對策研究—以歌唱公司涉嫌不法案為例〉，收錄於《法務部調查局99年經濟犯罪防制工作年報》，2011年7月，頁226-227。

116. 重大案件以各種方式潛逃至國外人數不少，例如，訊碟內線交易案之要犯分別交保50萬元，潛逃海外；廣三案主嫌交保1千萬元，潛逃大陸，另一被告分別匿居美國、中國等地；四汴頭與八里汙水廠弊案主角由立法院出具公函經法院准予解除限制出境，潛逃中國；高雄市議會賄選案被告交保500萬元，潛居國外。每次被提及民眾交相指責，認為司法機關與司法警察機關失職，對司法威信殺傷力不少，兩岸經由協議，如同近日以遣送回國之數件財經貪瀆案件被告，相信對兩岸共同打擊犯罪更具信心。

117. 宋曉燕，〈兩岸金融合作的法律制度保障〉，收錄《第十五屆滬台經貿法律論壇與實務研討會論文集》，2015年7月，頁22-24。

118. 公丕祥，〈海峽兩岸金融合作的司法保障〉，收錄於其主編《海峽兩岸金融法制建設問題研究》，法律出版社，2011年7月1版1刷，頁9。

119. 周成瑜，〈兩岸走私犯罪及相關法治之比較〉，收錄於司法院，《中國大陸法制研究第十二輯》，2003年10月，頁376。謝立功，《兩岸洗錢現況與反洗錢法規範之探討—— 兼論兩岸刑事司法互助》，中央警察大學，2003年4月，頁136-143。

120. 蔡佩芬，〈淺論海峽兩岸共同打擊犯罪及司法互助協定〉，《台灣法學雜誌》，136期，2010年9月，頁105-106。

121. 兩岸共同打擊犯罪及司法互助協議部分，迄2015年12月止，雙方請求司法互助案件有79,091件，自大陸遣返人數有436人，接返大陸地區受刑人19人，在罪贓處理部分也有進一步合作協議，參見法務部司法官學院，《中華民國104年犯罪狀況及其分析—2015犯罪趨勢關鍵報告》，2016年12月初版，頁333-334。

122. 金融犯罪之議題甚廣，涵蓋金融犯罪性質、態樣、偵辦技術、蒐

證技巧、資金流向、所得追查、外國法制借鑒、司法協助、防制對策、監理策略等，司法實務上向以個案處理為軸心，偏向案件之偵審，無法做全面性、系統性、前瞻性研究，不論金融主管機關或司法部門均有必要整合、彙整、規律學者、專家之研究，有助於刑事政策、金融治理與司法實踐作為，對防控、偵審、金融犯罪必有助益。

123. 法務部原設有犯罪研究中心，屬任務編組，平日由保護司同仁負責一般性研究工作，有需要者借重學者專家提供卓見，至1985年時，邀請學者專家提供學術研究論文，開始編著刑事政策與犯罪研究論文集每年一冊，2005年法務部為擴大其功能，重予改組，敦聘學者專家擔任研究委員從事不同議題研究，並規劃犯罪研究或刑事政策主題，委託學者教授研究作為釐定刑事政策參考，現改設在司法官學院，於2013年10月1日開始運作。由於司法保護與犯罪防制牽涉教育、心理、輔導、醫學、社工、法律等領域，國內大學院校相關科系甚多，教授人才濟濟，政府各機關應積極聯繫，將學術研究成果納為政策內容；另外法務調查局、內政部警政署、法醫研究所等政府部門，也有不同方向之研究重點，有關金融犯罪部應予整合，共擬訂題分門研究轉化為政策訂定之重要參據。

124. 施茂林，〈積極辦理金融犯罪〉，2007年11月8日在檢察官金融犯罪研習班講義。

125. 金融重建基金（RTC）從2001年7月設置迄2010年11月底，共處理51家經營不善金融機構，已賠付1,675億元，其中38家農漁會信用部495億元，9家信用合作社433億元，4家銀行747億元，而國庫為打消呆帳，處理問題機構之損失，已逾6,000億元，國家付出慘痛代價，明顯是金融監管嚴重失職，今後不能再輕忽金融管理危機，金管機關必需盡責作好監理工作，避免有心人把私庫

通公庫，大顯五鬼搬運神通。參照彭百顯，〈金融犯罪vs金融監管〉，《Taiwan New》，第613期雜誌，2007年12月20日。

126. 施茂林，〈金融犯罪司法實踐力之建構與實務〉，《刑事法雜誌》，第56卷第2期，2002年4月，頁83-84。

127. 兩岸人民金融犯罪後，有無司法互助必要，論者曾分析其態樣共24種，其中有不必司法互助者，有需司法互助者11種，未來兩岸協商時，不妨將其可能型態列明供參，參照施俊堯，〈兩岸司法互助現況之檢討〉，《刑事法雜誌》，第37卷第4期，1993年8月，頁19-29。

國家圖書館出版品預行編目資料

證券交易法律風險探測／施茂林編著. ——初
版. ——臺北市：五南, 2018.01
　面；　公分
ISBN 978-957-11-9504-9（平裝）

1.證券法規　2.論述分析

563.51　　　　　　　　　106022322

1FOH

證券交易法律風險探測

編　　著 — 施茂林

發 行 人 — 楊榮川

總 經 理 — 楊士清

主　　編 — 侯家嵐

責任編輯 — 黃梓雯

文字校對 — 鐘秀雲

封面設計 — 姚孝慈

出 版 者 — 五南圖書出版股份有限公司

地　　址：106台北市大安區和平東路二段339號4樓

電　　話：(02)2705-5066　　傳　真：(02)2706-6100

網　　址：http://www.wunan.com.tw

電子郵件：wunan@wunan.com.tw

劃撥帳號：01068953

戶　　名：五南圖書出版股份有限公司

法律顧問　林勝安律師事務所　林勝安律師

出版日期　2018年1月初版一刷
　　　　　2018年3月初版二刷

定　　價　新臺幣880元